# 장애인 복지론

이준우 최희철 공저

양서원

# 프롤로그: 책의 배경과 구성

이 책은 대학의 사회복지 학부과정과 사회복지대학원 석사과정에 개설되어 있는 〈장애인복지론(Social Welfare for People with Disabilities)〉 교과목의 교재로 사용하기 위해 집필되었다. 그러므로 이 책의 목적은 사회복지사가 되기 위해 사회복지를 공부하는 학생들로 하여금 장애인이 당면하고 있는 장애 전반에 대해 구체적이며 효과적인 사회복지실천을 하도록 돕는 데에 있다.

이 책의 저자인 우리 두 사람(이준우 · 최희철)은 꾸준히 학부 및 대학원에서 〈장애인복지론〉을 맡아 가르쳐왔다. 그동안은 이준우가 단독으로 쓰거나 혹은 공저자들과 함께 쓴 장애인복지 관련 책들을 교재로 사용해 왔으나 최근 장애인복지 현장이 급격하게 변화되어 전면적인 개정을 해야 하는 상황이 되었다. 또한 기존에 사용했던 책들의 범위와 수준도 장애인복지를 개략적으로 정리하는 데에는 한계가 있었다. 예를 들면 어떤 장애인복지 영역은 매우 심도 있게 다루었고, 반면 어떤 부분은 거의 언급하지 않기도 했다. 이는 책을 쓴 이준우의 관심 분야에 따른 결과였다. 하여 한국의 장애인복지 현장에서 일하게 될 사회복지사들이 알고 있어야 할 기본적인 사항들을 전반적으로 담고 있으면서도 실제 현장에서 유용하게 활용할 수 있는 실천개입 방법과 기술들을 익힐 수 있는 새로운 교재가 필요하였다.

안타깝게도 현재 한국의 사회복지 교육에서 장애와 장애인복지를 이해하기 위한 교과과정은 필수도 아닌 선택과목인 〈장애인복지론〉이 전부라고 해도 과언이 아니다. 그러니 현실적으로 사회복지사들이 장애인복지 실천 현장에 나갈 때, 기본적으로 최소한이나마 준비해야 할 것들을 갖추지 못할 가능성이 크다. 장애란 무엇이며 장애인복지정책과 제도들은 어떤 수준과 범위에서 기능하고 있으며 장애 유형별로 장애인 '한 사람 한 사람'을 개별화해 도울 수 있는 구체적인 실천 접근들은 무엇이 있는지 등을 생각조차 해보지 못한 채, 실무를 담당하게 된다.

더욱이 최근 한국의 사회복지 현장에는 '공공'과 '민간' 할 것 없이 장애 및 정신건강상의 문제를 갖고 있는 서비스이용자가 급증하는 추세다. 이는 단지 장애인복지 분야만이 아니라 사회복지실천의 전 영역에서 장애인에 대한 개입이 필수적으로 요구되고 있음을 말한다. 즉, 장애인복지가 그 어느 때보다도 빈번하게 활용되는 시기라는 것이다. 그래서 우리 두 사람은 비록 〈장애인복지론〉 한 과목이라도 수강한 예비 사회복지사들에게 어떻게든 꼭 필요한 양질의 내용으로 교육해야 할 사명을 늘 갖고 있었다.

이 책은 바로 이와 같은 배경에서 나오게 되었다.

이 책은 '프롤로그'로 시작하여 제1부에서는 장애와 장애인복지의 전반을 살펴보면서 장애인복지의 역사와 이론, 접근 관점을 집중적으로 다루고 있다. 제2부에서는 장애인복지 정책과 실천에 대해 심도 있게 고찰한다. 장애인복지 정책과 관련법을 비롯하여 장애에 대한 생애주기별 접근, 장애인복지 시설과 기관, 장애인복지 실천방법과 기술 등이 일목요연하게 정리되어 있다. 제3부에서는 급격하게 변화되고 있는 현대사회에서 장애인복지와 융합한 실천 접근들을 설명한다. 장애인을 대상으로 하는 재활상담과 장애인 스포츠, 장애인 고용, 장애인의 이동, 접근, 보조공학 등을 제시하였다. 그런 다음, '에필로그'로 마무리하였다.

한편, 이 책의 기본적인 구조와 주요 내용은 아래의 책들에서 가져왔음을 밝힌다. 주로 이준우 교수가 쓰거나 번역한 글이었다. 그러다보니 일일이 각주 처리를 하지 못한 경우도 있었다.

* 김종인 · 우주형 · 이준우(2007). 〈장애인복지론〉. 서현사.
* 줄리엣 C. 로스먼 지음 / 이준우 번역(2008). 〈장애인과 함께 하는 사회복지실천〉. 파란마음.
* 이준우 · 김성태(2010). 〈장애인 직업재활개론〉. 서현사.
* 이준우(2012). 〈장애인복지정책과 실천〉. (주) 나남.
* 이준우 · 정지웅(2017). 〈한국 장애인복지정책의 실제와 대안 2판〉. 신정.

그럼에도 이 책의 내용을 구성함에 있어서는 상당 부분을 우리 두 사람이 논의하여 수정 보완하였다. 실제로 급격한 장애인복지 현장의 변화에 따른 불가피한 수정이 많았다. 기존의 책 내용들을 발췌한 부분조차도 대폭 수정하여 재구성할 수밖에 없었다. 그 결과, 사실상 이 책은 〈장애인복지론〉으로 특화되어 최적화된 완전히 새로운 형태와 내용으로 나오게 되었다.

책을 쓰면서 정연복 시인이 쓴 "좋은 삶"이란 시가 문득문득 생각났다. 그 내용의 일부를 소개하면 다음과 같다.

> 태어나서 / 죽을 때까지 // 딱 한번뿐인 / 삶이요 죽음인데 // 좋게 정말이지 / 좋게 살다가 …… 예쁘게 죽어야지 // 좋은 생각 많이 하고 / 좋은 마음 많이 먹고서 …… 굽이굽이 인생길 / 하루하루 즐겁게 걷다가 // 목숨의 종착역에서 / '참 좋은 삶이었다.' 말해야지

장애인과 비장애인 모두가 "좋은 삶"을 살 수 있는 세상이 되었으면 하는 간절한 바람이 책을 쓰는 내내 가슴 속에서 울컥울컥 솟아났었다.

이 책을 통해 공부하는 예비 사회복지사들이 향후 사회복지사가 되어 장애인복지 현장에서 일하게 되었을 때, 참 좋은 삶을 살고 있는 실천가로 장애인들로부터 평가받았으면 좋겠다. 장애인을 대상으로 장애인과 함께 사회복지실천을 수행하는 사회복지사는 장애인 서비스이용자에게 일방적으로 복지서비스를 제공하는 전문가가 아니라 장애인서비스이용자로 하여금 스스로 생각하게 하고, 스스로 삶의 통제권을 갖고 생활하고 일하며 자기 주도적으로 살아가게끔 하여 스스로 노력하여 원하는 것을 얻게 하는 실천가이어야 한다. 그렇게 장애인 당사자 스스로가 자신의 삶을, 인생을 가꾸어갈 수 있어야 좋은 삶을 누리는 것임을 사회복지사는 명심해야 한다. 그러니 사회복지사는 자신이 전문가라고 과도한 권위 의식을 가져서도 안 되고, 사회복지사가 일방적으로 결정한 실천개입의 방향을 무조건 주장해서도 안 된다. 오히려 사회복지사 자신과 장애인 서비스이용자가 '우리'라고 하는 공유의식 속에서 '함께' 좋은 삶, 원하는 삶, 꿈꾸는 삶의 방향을 모색하고, 장애인 서비스이용자가 그 방향으

로 가도록 돕는 실천가이어야 한다.

또한 이 책을 읽는 예비 사회복지사들은 탁월한 사회복지실천 기술을 발휘할 수 있었으면 한다. 사실 장애인과 함께하는 전문 사회복지실천 기술은 다른 실천에서 활용되는 사회복지실천 기술들과 차이가 없다. 다만 장애인이라고 하는 특화된 대상에 대한 깊은 이해와 존중이 밑바탕에 있어야 하는 것이 중요하다. 장애인들과 함께하는 실천에 있어 가장 중요하게 고려해야 할 점으로는 장애를 갖고 있는 서비스이용자가 사회복지사를 찾았을 때, 장애인의 장애 상태와 장애와 관련한 여러 상황 및 조건을 이해할 수 있는 능력을 개발하는 것이 중요하다. 장애를 가지고 있는 사람들의 삶에서 자신이 생각하고 있는 장애의 핵심적인 사항이라고 가정하고 있는 내용들이 종종 정확하지 않을 뿐만 아니라 장애로 인해 발생 가능할 것이라고 기대하고 가정할 수 있는 상황을 비생산적인 측면에서 생각하는 경우가 많기 때문이다.

장애인에게 주어져 있는 여러 가지 생활 사건들로서 결혼의 문제, 자녀를 갖는 문제, 일상생활에서 겪는 고통스런 경험과 자신의 상처에 관한 문제, 그리고 타인과의 관계를 맺는 데 있어서의 어려움 등은 사실상 일반적으로 대부분의 사람들이 일상적인 문제를 통해 경험하고 있는 문제들과 일치한다. 그래서 사회복지사들이 장애인과 함께하는 사회복지실천을 수행할 때, 그 개입의 시작은 장애 관련 쟁점과 문제를 이해하고 장애의 경험에 관심을 갖는 일에서부터 출발해야 한다. 특히 장애인들과 함께하는 사회복지실천에서 특별한 관심을 요구하는 몇몇 분야가 있는데, 예를 들어, 장애인 가운데 의사소통에 어려움이 있는 경우에는 이들 장애인의 욕구와 민감성에 적절히 대처할 수 있는 특별화된 기술이 요구된다. 그러므로 장애를 가지고 있는 서비스이용자에게 필요한 것을 지원하기 위해서는 장애와 장애인에 대한 전문적인 지식과 기술들이 기본적으로 요구될 뿐만 아니라 장애인을 대변하고 옹호하는 탁월한 기술이 필요하다.

이 책은 장애인을 대상으로 사회복지실천을 해 나갈 때 필요한 전문적인 방법과 기술을 충실하게 설명하는 내용들을 담고 있다. 아울러 자원동원과 연계, 사회운동 등과 같은 활동에 대한 통찰과 전문적인 접근에 대해서도 고민하며 논의하고 있다. 장애를 갖고 있는 서비스이용자는 자신에게 필요한 자원을 요구할 때가 많다. 그러므로 사회복지사는 장애를 갖고 있는 서비스이용자의 욕구에 초점을 맞추고 특정하게 필요로 하는 자원을 제공할 수 있어야 한다. 사회복지실천에 있어 자원이란 공공부문의 자원과 민간부문의 자원을 포함하는데, 장애를 가지고 있는 서비스이용자의 경우에는 가족이나 지역사회의 자원 연계망을 구축하거나 유지하고 지속하는 일에 어려움을 겪는 경우가 많고, 혹은 자원 연계망을 가지고 있더라도 이들 자원의 내용이 부실한 경우가 많다. 나아가 때때로 현존하고 있는 자원들로부터 장애를 가진 서비스이용자가 필요로 하는 자원을 적절하게 제공받을 수 없는 경우도 많다. 예를 들어, 돌봄과 보호서비스, 주거문제, 고용이나 임금문제, 활동지원서비스, 여가나 레크리에이션 서비스 등을 들 수 있는데, 이들 서비스들은 공공부문의 지원을 통해서 직접적이거나 간접적으로 제공받게 된다. 민간부문의 자원은 공공으로부터 수탁 받아 운영하는 장애인복지관, 주간보호센터, 장애인거주시설, 직업재활시설 등이 있으며 비영리단체나 민간기관이 정부 지원보다는 자발적인 민간재정을 동원하여 운영하는 서비스 등이 있다. 이들 민간의 서비스들이 장애를 가지고 있는 서비스이용자의 욕구를 충족시키는 데에 기여한다. 또 다른 민간기관들은 정부나 공공부문의 사회복지실천에서 제공되는 서비스 외에 추가적인 서비스를 제공하는데, 이들 민간기관들에서는 옹호서비스, 다양한 치료재활 지원서비스, 민간기금에 의한 조사연구, 그리고 사회적인 지원이나 혹은 동료집단의 지지를 끌어내는 일 등을 수행하고 있다. 그들은 종종 장애문제에 대한 공개적인 논의, 집단적인 활동, 그리고 사회운동적인 차원에서의 시위나 공청회, 토론회 등을 개최하기도 한다.

우리 두 사람이 이 책을 쓰는 내내 고민했던 것은 다름 아니라 "사회복지사라면 어떻게 할 것인가?"였다. 사회복지사가 수행해야 할 장애인복지실천이란 과연 무엇이며 그와 같은 실천개입을 어떤 역량으로 어느 수준과 범위에서 감당해가야 할지를 끊임없이 질문하며 집필하였다.

우리 두 사람의 간절한 소망은 이 책이 급변하는 현대사회 속에서 장애를 갖고 있는 사람들을 행복한 삶으로 이끄는 사회복지사들이 많아지는 데에 조금이나마 기여하는 것이다.

# 차 례

## 제3부
## 장애인복지와 융합 접근

# 1 장애인복지에 관한 총론적 이해

# 1 장애와 장애인복지의 개요

## 제1절 장애의 개념

### 장애란 무엇인가?

사회복지사에게 장애가 무엇인지에 대한 이해는 대단히 중요하다. 장애에 대한 올바른 인식이 없으면 잘못된 사회복지실천 개입을 할 수밖에 없기 때문이다. 사회복지사들이 자주 만나는 장애인 서비스이용자들은 사회적 취약계층일 경우가 많다. 사회복지사가 장애에 대한 어떤 이해를 갖고 장애인들을 만나서 서비스 개입을 하느냐는 당사자에게는 인생의 향방이 걸릴 정도의 대단한 위력으로 작용한다.

실제로 사회복지사는 장애를 갖고 있는 사람들과 함께 자주 일한다. 장애는 사회적 · 개인적으로만 아니라 서비스이용자와 사회복지사 간의 관계에도 영향을 미칠 수 있다. 개인과 가족, 지역사회가 이해하고 있는 장애에 대한 자각과 통찰의 방식은 사회복지사가 섬세하고 친절하며 충분한 사회복지실천 서비스를 서비스이용자에게 제공하게끔 지원할 수 있다. 그런 맥락에서 사회복지사를 비롯하여 장애 당사자와 그 가족, 그리고 그를 둘러싸고 있는 사회적 체계와 지역사회에서 살아가는 많은 사람들이 장애 및 장애인에 대한 올바른 이해를 가지는 일이 필요하다.

사회복지사에게 영향을 미치는 장애 및 장애인에 대한 사회적 통념은 다양하게 펼쳐져 있다(로스먼 지음 / 이준우 역, 2008 : 5-8). 첫 번째, 가장 일반적인 장애인에 대한 사회적 통념은 장애를 인간의 생물학적이며 신체적인 현상으로만 귀결시키는 장애 인식이다. 즉 장애는 신체적 손상이라는 원인과 그 손상으로 인해 생긴 결과로 보는 것이다. 과거 한국의 사회복지실천은 이와 같은 사회적 통념 안에 대체로 근거를 두고 장애인을 대상으로 개입하였고, 이런 장애 인식들은 장애에 대한 사회적·개인적 신념에 영향을 주었다. 하지만 최근의 현대적 장애 인식들은 장애의 "원인 탐색"에 대하여 사회 관습적 문화·환경의 영향을 고려하고 있다.

두 번째로, 장애를 가진 사람이 어떤 문제들에 직면했을 때, 그 문제들이 장애로 인해 야기되었다고 추정하는 것이다. 장애인으로부터 표출되는 다양한 삶의 문제들이 실은 장애로 인해 발생되었다는 것이다. 하지만 장애가 그와 같은 여러 문제를 야기시켰는지를 판별하기란 쉽지 않다. 많은 장애인들은 당면한 힘겨운 문제에 대한 도움을 받기 위해서 사회복지사를 찾아온다. 그때마다 사회복지사는 장애인이 직면하고 있는 문제와 그 문제의 원인 사이에는 무한정으로 다양한 가능성을 갖고 있는 여러 변인이 있다는 것을 깨달아야 한다. 하지만 장애를 가진 누군가가 사회복지사에게 다가오고 있다고 가정했을 때, 이 두 번째 사회적 통념을 갖게 되면 장애는 사회복지사가 만나는 서비스이용자의 현실적인 면을 부인하고 '인간으로서 존엄한 한 사람'이 아니라 '장애를 가진 한 개인'으로 축소시킨다. 그럼으로써 '사람'이 아니라 '장애'가 중심에 있게 되고, 그 장애가 그 '인간으로서의 사람'의 문제에 있어서 근본적인 원인으로 이해되게끔 한다. 당연히 이러한 인식은 사회복지사로 하여금 부적절한 계획과 실천 개입들을 실행하게끔 할 수도 있다.

세 번째, 사회적 통념으로는 장애를 가진 사람을 "희생자"로 여기는 것이다. 희생자로서의 상태는 무기력, '자기 비난'과 모두 연관되어 있으며, 이 두 가지 중 그 어떤 것도 장애를 가진 서비스이용자의 삶의 경험 일부로 필요한 것이 아니다. 희생자로서 장애인을 인식하는 상태는 사람을 축소시키기도 하며 실제 생활 속에서 장애는 도전 그리고 성장을 위한 기회가 될 수도 있는데 이를 원천적으로 봉쇄한다.

네 번째, 사회적 통념은 장애가 장애를 가진 사람의 자기 정체성, 자아존중감, 대인관계, 사회적 지지체계 등을 형성하는 데에 결정적인 역할을 한다는 것이다. 장애가 장애인의 심리사회적인 기능들을 작동하는 데에 커다란 영향을 미친다고 보는 인식이다. 예를 들면 장애를 가진 사람의 성격과 삶에 대한 태도, 타인과의 원활한 관계형성, 다양한 사회생활을 수행하는 역량 등이 장애로 인해 거의 영향을 받는 것이다. 그러나 최근, 인생 가운데에서 얻게 되는 삶의 경험들, 장애가 발생했을 때의 나이, 장애로 인한 사회적 불이익, 그리고 장애인 본인의 집, 학교, 직장, 놀이 등에서 나타나는 사회적·문화적·환경적 요소 등으로부터 더욱 크게 영향을 받는다는 견해가 급부상하고 있다.

다섯 번째, 사회적 통념은 장애를 갖는다는 것이 도움이나 돌봄, 사회적 지원과 같은 동의어로 단정되는 것이다. 역사적으로 장애가 무력감 그리고 의존감과 연관되는 것으로 비춰져 왔고, 장애를 가진 사람들이 사회적 고립의 상태에서 다른 사람들과 종종 분리되어 왔지만 이것은 사회 안에서 장애를 가진 사람들이 언제나 반드시 경험해야 할 것이 아니다. 오히려 이런 사회적 통념은, 장애를 가진 사람들이 적응하기 위한 능력이나 어떤 필요들을 채우기 위한 대안적 방법들을 개발하고, 삶의 모든 수준에서 자립심을 극대화하기 위한 사회적 자원들을 사용하기 위한 그 사람의 능력을 말하는 것으로 대치되어야 한다. 모든 사람들은 긍정적이고 의미 있는 삶의 방식을 개발하고 적응하기 위한 이와 같은 놀라운 능력을 발휘하며 살아간다. 이것은 장애를 가진 사람들이 결코 도움이 필요하지 않다는 의미는 아니다. 도움이 필요할 수도 있다. 그러나 장애를 가진 개개인이 도움의 종류와 그 도움을 실현할 수 있는 환경들을 스스로 결정한다는 것이 중요하다.

그렇다면 이와 같이 대략 다섯 가지로 제시한 사회적 통념들을 극복할 수 있는 장애에 대한 개념은 무엇인가? 사회복지사는 과연 장애를 어떻게 이해해야 하는가?

단언적으로 말하면 장애는 하나의 '현상'일 뿐이다. 이 세상 가운데에서 나타나는 수많은 현상 중의 하나이다. 그래서 '장애라는 현상'은 모든 인간에게 다 있는 보편적인 현상이기도 하다. 이런 관점에서 보면 모든 인간은 다 장애인이다. 이게 무슨 말인가? 차근차근 생각해 보자. 어머니가 산고를 이겨내고 어린 아기를 출산하였다. 막 태어난 아기가 태어나자마자 "엄마! 수고했어요."하는 아기가 있을까? 당연히 없다. 어린 아기는 아직 말을 할 수 없다. 어떻게 보면 '언어장애'라는 현상을 갖고 있는 것이다. 또한 아기는 엄마를 비롯하여 주변 사람들의 말도 잘 알아듣지 못한다. 바로 '청각장애'라는 현상을 갖고 있는 것이다. 뿐만 아니라 잘 뛰지도, 걷지도 못한다. '지체장애'라는 현상을 갖고 있다. 더욱이 지적인 능력도 부족하며 사회적 상호작용도 잘 하지 못한다. 지적장애와 자폐성장애를 갖고 있는 것이다. 이렇게 인간은 태어나는 순간부터 일반적으로 장애라고 말하는 현상들을 갖고 있다. 놀랍게도 이런 현상들이 사라지고 세월이 흐른 후, 고령이 되면 자연스럽게 노화라는 현상이 나타난다. 이 노화의 현상이 결국은 다양한 장애로 귀결된다. 그러므로 모든 인간은 장애라는 현상을 갖고 태어나서 죽음의 문턱에서 다시금 장애라는 현상을 지니게 된다. 여기서 '장애'와 '비장애'를 구분 짓는 것은 장애라는 현상을 얼마나 오랫동안 갖고 있느냐 없느냐에 따른 것이다. 장애라는 현상을 상대적으로 많은 시간 동안 경험하고 있는 소수의 사람들을 장애인이라고 명명하는 것이고 그 반대의 경우를 비장애인이라고 하는 것뿐이다.

따라서 장애는 각 개개인이 갖고 있는 '개성'이며 장애는 그 현상을 어떻게 보고 이해하는지와 관련될 때, '정체성'이라 할 수 있다. 이와 같은 장애에 대한 이해는 전통적으로 사회복지사들이 견지해 왔던 '유엔(UN) 및 세계보건기구(WHO)의 장애 개념'을 뛰어넘는 것이다.

그럼 우선 유엔(UN) 및 세계보건기구(WHO)의 장애 개념부터 살펴보자.

## 1. 유엔(UN) 및 세계보건기구(WHO)의 장애 개념

장애에 대한 개념은 처음에는 의료적·개별적 모델이 주도하였다. 초기에 세계보건기구에서는 ICD(International Classification of Diseases)의 의료적 분류에 따라 장애를 분류하였고, 이에 따라 장애에 대한 대처도 의료적 치료가 주를 이루었다. 장애는 질병이었으며, 질병의 치료를 통해 장애는 극복될 수 있는 것이었다. 그러나 만성질병 및 후유증의 증가에 따라 질병 자체뿐만 아니라 질병의 결과, 발생하는 현상에 주목할 수밖에 없었으며, 신체적 영역(질병)을 벗어난 개인적 영역, 사회적 영역에서의 불리함에 대한 명명 및 관리가 필요하게 되었다.

이런 문제 제기는 재활복지 전문가들에 의해 이루어졌으며, 이들의 주장이 수용되어 1976년 ICD-9에서는 질병과 불리(handicap)를 구분하여 질병의 결과로 발생하는 현상을 사회적 불리라고 하였다. 그러나 이 개념은 ICD 분류에 통합되지 못하는 보조적인 개념으로 사용되는 수준이었다(WHO, 1997).

장애 개념을 명확히 하고 장애의 사회적 원인을 주장하는 전문가들에 의해 세계보건기구는 1980년에 ICIDH(International Classification of Impairments, Disabilities, and Handicaps)를 발표하게 되었다. 이 분류법은 질병으로 인한 개인적 기능의 상실, 사회적 불리를 포함하고 장애의 원인에 사회적 원인을 포함시킬 수 있는 여지를 남겼다. 그러나 이 분류법은 손상에 따라 기능의 장애가 발생하고 기능의 장애에 따라 사회적 장애가 발생한다는 인과론적 모델이라는 점에서 많은 비난을 받았다. 또한 적용하기에 어려움이 많고, 사회적 환경에 대한 고려가 부족하다는 점도 지적되었다. 특히 사회적 모델에 입각한 경우 장애문제는 질병에 의한 문제가 아니라 질병의 결과를 받아들이지 못하는 사회환경의 문제이기 때문에 사회환경에 대한 고려가 약한 장애 분류라는 비판을 받게 되었다(김용득 외, 2007).

1997년의 ICIDH-2 분류법은 위와 같은 비판을 수용하여 손상, 기능제약, 사회적 장애를 단선적인 원인관계가 아닌 상호관련성을 갖는 것으로 보았다. 또한 기능의 제약, 사회적 장애는 사회의 문화에 따라 다르게 수용될 수 있다고 보았고, 사회환경에 의해 장애를 강조하기 위하여 사회적 맥락을 추가했으며, 사회적 맥락이 각 구성요소의 관계에 영향을 미치는 것으로 파악하였다. 또한 '사회참여'가 장애인 정책의 주요 이슈가 된 점을 감안하여 기능제약과 사회적 장애라는 용어 대신 활동(activity)과 참여(participation)라는 용어를 사용했다(WHO, 1997).

2001년 확정된 ICF(International Classification of Functioning, disability and health) 분류는 ICIDH-2에 대한 세계 각국의 의견을 종합·정리한 것으로, 상황적 요인이 각 구성요소의 관계뿐 아니라 각각의 구성요소에도 영향을 미치는 것으로 보고 있다. 또한 좀 더 적극적이고 긍정적인 용어를 사용하고 있다(김용득, 2002).

이상의 내용을 조금 더 구체적으로 정리해 보자.

### 1) ICIDH(1980)

1980년에 세계보건기구(WHO)에서는 국제장애분류(ICIDH)라는 장애에 관한 개념적 틀을 발표하였다. 여기서 세계보건기구가 장애의 개념에 대하여 새로운 접근방법을 채택하는 이유는 손상(impairments), 기능제약(disabilities), 사회적 불리(handicaps) 등의 개념 구분을 통하여 장애를 설명함으로써 손상이나 기능제약의 측면보다는 사회적으로 불이익을 받는 상황을 강조하기 위한 것이었다. ICIDH는 질병과 손상, 기능제약, 사회적 불리 사이에 명확하게 경계를 구분하기 어려우며, 질병이나 부상, 기능제약 이외에도 기능이나 능력상의 장애와 사회적 불리에 영향을 주는 다른 많은 요인이 존재할 수 있다는 한계를 가지고 있었다. 이러한 한계를 보완하여 1997년 ICIDH-2가 제안되었다. 우선 ICIDH에서 말하는 손상(impairment), 기능제약(disability), 그리고 사회적 불리(handicap)를 상세하게 설명하면 다음과 같다(WHO, 1980).

#### (1) 손상

손상(impairment)이란 장애를 이해하는 가장 기본적인 접근으로서 해부학적인 면에서 생각할 수 있다. 즉, 생물학적 장애로 기능의 감소를 가져다 준 영구적 또는 일시적인 병리적 상태를 말한다. 손상의 차원은 신체 기능 혹은 신체 구조와 관련된 것으로 이러한 기능상의 제한,

신체 일부의 기본적인 기능을 수행하는 데 따르는 기능제한을 손상이라 한다. 손상은 크게 세 가지 종류의 상실을 들 수 있다. 첫째, 뇌졸중이나 뇌병변 장애와 같은 뇌기능 손상, 둘째, 시·청각 상실로 인한 언어장애, 시각장애, 청각장애, 셋째, 심장·호흡기 장애, 정신장애, 노인성 치매 혹은 알츠하이머병 등과 같은 정신적인 장애와 신체적인 장애를 모두 포함하고 있다. 최근 '손상'을 '신체장애' 혹은 '장해'라고 번역하여 사용하는 전문가들도 상당수 있다.

### (2) 기능제약

기능제약(disability)이란 생산적인 일상생활을 하기 위한 기능적 능력의 감소를 말하는 것으로서 기능제약은 정신적·신체적 손상의 결과일 뿐만 아니라 그 상태에 대한 개인의 적응 결과를 말한다. 가령 장애인(people with disabilities), 비장애인(people without disabilities)과 같이 말하는 것이다. 기능제약을 '기능장애' 혹은 '능력장애'라고 부르기도 한다.

### (3) 사회적 불리

사회적 불리(handicap)는 선천적 또는 노령, 질병, 사고 등으로 인하여 신체적·정신적 상태가 일시적 또는 영구적으로 손상되고, 그 결과 자립생활, 교육, 취직 등이 저해되고 있는 상태를 말한다. 뿐만 아니라 사회적 장애로 인해 야기되는 사회적 결과를 총칭하고 있으며, 기능 상실과 사회적 장애는 상대적인 의미를 가지고 있어서 한 개인의 사회적·경제적·교육적 배경 내지는 성격구조에 따라서 사회생활을 영위해 나가는 데 있어서 제한의 요소가 될 수도 있고 되지 않을 수도 있다.

**표 1-1** ICIDH에 의한 장애의 개념

| 개 념 | 의 미 | 차원 |
|---|---|---|
| 건강상태 | • 병리학적 변화로서의 증상 존재<br>• 개인적인 차원에서 어떤 '비정상성'이 발생 | - |
| 손상<br>(impairment) | • 다른 사람이 인식할 수 있는 임상적인 질병 존재<br>• 타인이 개인의 어떤 '비정상성'을 인식 | 신체적<br>차 원 |
| 기능제약<br>(disability) | • 활동상의 능력 제한이 발생<br>• 개인적인 차원에서 활동수행능력이 감소 | 개인적<br>차 원 |
| 사회적 불리<br>(handicap) | • 개인의 활동상의 능력제한에 대하여 참여제한이라는 사회적 반응 발생<br>• 개인은 다른 사람에 비해 불리한 상황에 처함 | 사회적<br>차 원 |

출처: WHO(1980)

### 2) ICIDH-2(1997)

1997년 WHO에서는 장애의 개념, 범주 등에 대하여 ICIDH-2(International Classification of Impairments, Disabilities, and Handicaps-2)를 다음 〈표 1-2〉와 같이 제시하면서 장애인과 비장애인에게 함께 적용 가능한 손상(impairment), 활동(activity), 참여(participation), 상황요인(contextual factors)이라는 세 가지 축을 소개하여 장애의 개념을 크게 확장시켰다. 이 모델은 개별적 모델과 사회적 모델 개념의 차이를 한 체계 안에 제시하였으며, 손상과 활동은 개별적 모델의 개념을, 참여와 상황 요인은 사회적 모델로서 각각 제시하고 있다.

**표 1-2** 다양한 차원에 따른 장애의 개념

| | 손상유형<br>(impairments) | 활동<br>(activities) | 참여<br>(participation) | 상황요인<br>(contextual factors) |
|---|---|---|---|---|
| 기능의<br>수 준 | 신체<br>(신체의 부분) | 개인<br>(전체로서의 개인) | 사회<br>(사회와의 관계) | 환경적 요인<br>(기능상의 외부적 영향)<br>개인적 요인<br>(기능상의 내부적 영향) |
| 특 징 | 신체기능<br>신체구조 | 개인의 일상활동 | 상황에서의 관련 | 사회적 상황 속에서의<br>신체적 · 정신적 상태 고려 |
| 긍정적<br>측 면 | 기능적,<br>구조적 통합 | 활동 | 참여 | 촉진자 |
| 부정적<br>측 면 | 손상 | 활동제한 | 참여제한 | 장벽, 어려움 |

출처 : WHO(1997)

즉, 장애라는 현상을 질병, 종양, 건강조건 등에 의해 직접적으로 야기된 '개인'의 문제로 간주하는 것이 개별적 모델로서, 개인의 장애 '문제'에 그 핵심을 두고, 이러한 문제의 원인이 장애가 발생시키는 근본적인 제한 혹은 심리적인 상실에 기인된다고 보고 있다. 반면 사회적 모델은 장애현상을 장애를 가진 사람의 사회통합이라는 관점에서 '사회적인' 문제로 간주하여, 장애는 개인에게 귀속된 것이 아니고 사회적 환경에 의해 창조된 조건들의 복잡한 집합체로 보는 것이다.

ICIDH-2에서 제시된 정의에 의하면, 손상(impairments)은 신체 구조나 물리적 · 심리적 기능상의 상실이나 비정상성을 의미하는 것으로 이러한 기능상의 제한, 신체 혹은 신체의 부분의 기본적인 기능을 수행하는 데 따르는 불능을 말한다. 활동(activity) 및 활동제한(activity limitation)은 개인적 수준에서 다룰 수 있는 기능의 범위와 본질로서 일상생활과 관계된 개인의 활동을 다룬다. 즉 활동 및 활동제한은 일상의 과업에서 기대되는 개인의 통합된 활동으로서 단순하게는 걷기부터 쇼핑, 직무 완수 등의 복합적인 활동을 포함하는 용어이다.

참여(participation) 및 참여억제(participation restriction)는 손상, 활동, 건강조건, 생활요인과 관련한 생활상황에서 개인의 연관성 정도와 본질로 정의한다. 따라서 참여의 차원은 사회적 현상을 다루며 이는 물리적 · 사회적 · 환경적 요인을 포함하는 것이다. 참여는 환경과 장애를 가진 사람 간의 복잡한 상호작용으로 규정될 수 있으며 이에 따라 참여는 생태학적이고 환경적인 모델에 의한 것이다. 따라서 참여의 차원은 사회적 현상을 다루며 개인의 참여 정도, 참여를 촉진하거나 방해하는 사회적 반응을 의미한다. 한편, 최근에는 장애를 또 다른 가능성이나 능력(The differently abled)으로 표시하고 장애의 긍정적인 강점을 개발하는 장애 개념이 확대되고 있다.

### 3) ICF(2001)

WHO에서 2001년에 발표한 ICF에서는 ICIDH-2에서 제시된 장애의 정의에 관한 대부분의 내용을 계승하고, 분류체계와 용어 사용을 보다 긍정적이며 환경지향적인 맥락에서 수정하여 사용하고 있다. 이것은 장애에 대한 개별적 모델과 사회적 모델의 통합을 위한 노력의 결과로서 제시된 것이며 국제질병분류(International Classification of Diseases, ICD-10)와 병행하여 사용하도록 만들어졌다. ICF는 다양한 전문영역과 실천현장에서 기여할 수 있도록 복합적인 목적을 가지고 있으며 그 내용은 다음과 같이 요약될 수 있다(WHO, 2001; 김종인 · 우주형 · 이준우, 2004 재인용).

첫째, 건강 및 건강과 관련된 상태, 건강관련 성과, 건강관련 결정요소 등을 이해할 수 있는 과학적 기준을 제공하기 위한 목적이 있다. 둘째, 건강보호 전문가, 연구자, 정책입안자, 장애인을 포함한 일반 대중 등의 집단들 간에 의사소통을 증진시키기 위하여 공통적인 언어를 제공하기 위한 목적이다. 셋째, 국가 간, 건강보호 전문분야 간, 서비스 간, 시기 간의 자료와 비교할 수 있도록 하는 목적이 있다. 넷째, 건강정보체계에 대한 체계적인 기록수단을 제공하기 위한 목적이다.

ICF는 인간의 기능과 기능의 제한 요소들의 관련 상황을 기술할 수 있도록 도와준다. 이

체계는 정보를 조직화하기 위한 틀로서, 제1영역에서는 기능과 장애를 다루며, 제2영역에서는 상황요인을 제시하고 있다.

**표 1-3** ICF에 의한 장애 개념

<table>
<tr><th>구분</th><th colspan="2">영역1 : 기능과 장애</th><th colspan="2">영역2 : 상황적 요소</th></tr>
<tr><td>구성요소</td><td>신체기능 및 구조</td><td>활동과 참여</td><td>환경적 요소</td><td>개별적 요소</td></tr>
<tr><td>영역</td><td>신체기능<br>신체구조</td><td>생활영역<br>(과업, 행동 등)</td><td>기능과 장애에 영향을<br>미치는 외적 영향력</td><td>기능과 장애에 영향을<br>미치는 내적 영향력</td></tr>
<tr><td>구성물</td><td>신체기능의 변화<br>(생리학)<br>신체구조의 변화<br>(해부학)</td><td>표준환경에서의<br>과제수행 능력<br>현재 환경에서의<br>과제수행 정도</td><td>물리적 · 사회적 · 인식적<br>측면에서 촉진 또는<br>방해하는 힘</td><td>개별 특성에 의한<br>영향</td></tr>
<tr><td rowspan="2">긍정적<br>측면</td><td>기능적 · 구조적 통합성</td><td>활동과 참여</td><td rowspan="2">촉진 요소들</td><td rowspan="2">해당 없음</td></tr>
<tr><td colspan="2">기능</td></tr>
<tr><td rowspan="2">부정적<br>측면</td><td>손상</td><td>활동제한 및 참여제한</td><td rowspan="2">장벽 / 방해물들</td><td rowspan="2">해당 없음</td></tr>
<tr><td colspan="2">장애</td></tr>
</table>

출처 : WHO(2001)

개인의 기능은 신체의 기능과 구조, 활동, 참여 등으로 표현된다. 이러한 세 가지 차원의 기능들은 건강조건과 상황적 맥락에 속하는 환경요소(사회의 인식, 건축물의 장애요소 정도 등)와 개인적 요소(성별, 나이, 인종, 습관, 대처양식 등)의 양 측면에서 영향을 받는다([그림 1-1] 참조). 예를 들어 호흡기 질환으로 호흡기능에 문제가 있는 상황을 기술하면 다음과 같다. 호흡기능과 호흡기의 구조, 호흡기능의 제한으로 인한 활동제약 정도, 이로 인한 사회적 참여제한 정도는 상호작용하면서 기능을 표현한다. 이러한 각 기능은 호흡기 질환의 정도라는 건강조건과 대기의 청정 정도라는 환경요소, 그리고 당사자의 나이나 문제에 대한 대처양식이라는 개인적 요소의 상호작용에 의하여 규정된다.

ICF에 의한 장애의 설명은 1980년에 제안된 ICIDH와 기능과 장애의 상호작용의 설명에서 근본적으로 차이가 있다. ICIDH에서는 손상, 기능제약, 사회적 불리의 일방향적인 관계를 전제로 손상을 토대로 기능제약이 논의되고, 기능제약의 전제 위에 사회적 불리의 여부를 판단하는 위계적인 체계였다고 할 수 있다. 그러나 ICF에서는 개인적 장애나 질병과 상황적 맥락(환경적 요소와 개별적 요소)과의 상호작용에 의하여 기능과 장애를 설명하고 있다. 즉 특정 영역에서의 개인들의 기능수준은 건강상태와 상황적 맥락의 상호작용의 결과라고 보는 것이다.

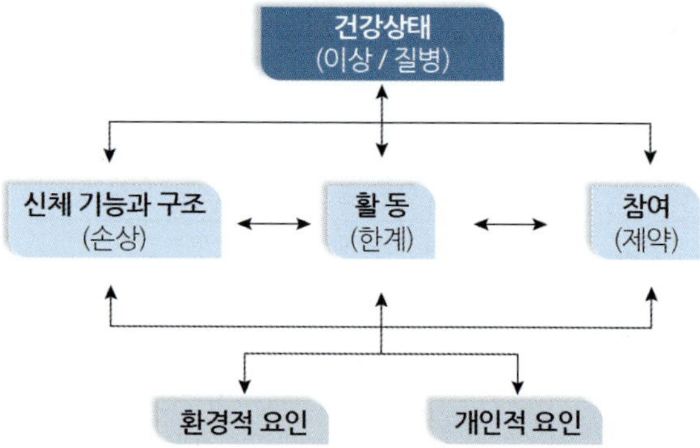


그림 1-1 ICF 구성요소 간의 상호관계

출처: WHO(2001). ICF(International Classification of Functioning, Disability and Health). Geneva; 김도현(2007), 김종인 · 우주형 · 이준우(2007), 김홍덕(2010)이 재인용한 내용을 중심으로 재구성

즉, ICF는 장애를 "사람(신체적 조건)과 상황적 요인(환경적 요인과 개인적 요인)의 결과"로 본다. 따라서 ICF는 장애를 개별적 신체 상태에 따른 결과로 보는 의학적 모델을 극복하고 장애를 신체적 수준(신체적 기능과 구조에 다른 손상), 개인적 수준(활동의 제약), 사회적 수준(사회참여제한)에 따른 기능으로 구분하면서 동시에 이 모든 부분을 합한 것이 장애라는 것이다. 즉 ICF는 의료적 · 개별적 모델에서 말하는 것처럼 장애를 원인과 결과라는 평면적 도식으로 보지 않고, 장애를 다면적인 요인으로 보고 있다는 점과 질병이나 장애가 아닌 바로 '사람'이라는 점에 강조점을 둔다. 이렇게 ICF는 장애인도 인간으로서의 존엄성과 가치를 가지고 행복을 추구할 권리가 있기 때문에 기본권의 보장이 사회제도적 차원에서 실현되어야 한다는 인식을 분명하게 갖게끔 해준다. 또한 장애인도 비장애인과 마찬가지로 사회활동에 완전히 참여하고 평등을 보장받아야 하며 동시에 비장애인과 똑같은 인간적 욕구와 개성을 가진 존재이므로 장애인도 개인의 능력과 개성이 존중되어야 한다. 나아가 장애인도 인간으로서의 성장과 발달이 촉진되어 심신의 조화로운 발달을 도모해야 하기 때문에 전인적 성장이 존중되어야 하는 것이다(이준우 · 정지웅, 2017: 22-23).

이상에서 장애를 설명하는 개념들은 개별 및 의료모델에서 사회적 및 환경중심모델로 전환되어 가고 있다고 할 수 있다. 세계보건기구의 장애 개념 변화에 따른 장애 개념의 세계적 추세를 정리해 보면 다음과 같다(숭실대학교 장애인복지연구회, 2004; 이준우, 2012 재인용).

첫째, 장애 개념을 광범위하게 규정하고 있다. 초기에는 장애로 인한 국가적 보호의 필요성을 인정하는 인구가 극히 제한되어 있었지만 장애에 대한 적극적인 보호와 지원을 표방하는 추세에 부합하게 장애에 대한 개념도 대폭 확대되고 있다.

둘째, 장애를 규정하는 개념이 단순 모델에서 복합 모델로 전환하고 있다. 초기에 장애를 규정하는 모델은 개별적 손상이나 능력의 장애를 강조하는 개별적 모델에 기초한 것이었으나 사회적 모델이 그 설득력을 확장하게 됨에 따라 사회적 모델의 요소를 통합하여 개별적 모델과 사회적 모델을 동시에 설명하려는 시도들이 이루어지고 있으며, 따라서 개념을 설명하는 모델들도 복합적인 내용을 포함하는 추세로 변화하고 있다.

셋째, 장애의 개념 규정에서 환경적 요인들을 점차 강조하고 있다. 환경적 요인을 강조하는 추세는 장애를 광범위하게 규정하는 추세 및 복합적인 모델로 변화하는 추세와 깊은 관련성이 있다고 볼 수 있다. 환경적 요인에 대한 강조는 장애에 대한 국가와 사회의 적극적인 역할을 강조하는 관점과 일치하는 것이라고 할 수 있다.

넷째, 장애의 개념 규정에서 긍정적인 용어 사용을 강조하고 있다. 세계보건기구의 정의를 보면 손상, 기능제약, 사회적 불리 등의 기존 용어 대신 신체구조와 기능, 활동과 참여, 환경적 요인, 개별적 요인 등의 용어들을 사용하고 있다.

이러한 유엔(UN) 및 세계보건기구(WHO)의 장애 개념은 전 세계적으로 통용되고 있다. 하지만 비록 유엔(UN) 및 세계보건기구(WHO)에서 정의한 장애 개념이 모든 사회에 적용된다고 하더라도, 장애 개념에 대한 정의가 사회문화적 상황에 따라 매우 다르다는 것을 주목하는 것은 중요하다.

예를 들면 미국에서 안면장애로 여겨지는 얼굴의 흉터가 서아프리카의 베냉에서는 매우 가치 있는 것이 될 수 있다. 중국의 전족(纏足, footbinding)[1] 풍습은 법으로 금지된 최근까지, 여성의

1) 헝겊을 발에 동여매어 엄지발가락 이외의 발가락을 발바닥 방향으로 집어넣듯 묶어 조그만 신에 고정시켜 발을 기형적으로 자라게 만드는 것. 중국 명대(明代)에 특히 성행했으며, 미인의 조건으로 인식되었다가 지금은 거의 소멸된 풍습이다.

계층과 미(美)의 표상으로 간주되었다(Philips & Rosenberg, 1980 : 11; 이준우 번역, 2008 : 27 재인용). 아동기 초기에 전족을 행한 여아는 절뚝거리며 걸을 수밖에 없고, 때로는 전혀 걷지 못하게 되는 수도 있었다. 그것은 다음과 같은 숨어 있는 근거, 즉 '만약 당신이 부유하다면, 종들이 당신의 이동권을 보장해 줄 것이기 때문에 당신은 걸을 필요가 없다.'라는 것에 의해 지지된 것이다.

비서구(non-western) 사회에서는 매우 다양한 장애인의 역할이 있다. 장애인은 법관, 부랑인, 영웅적인 인물, 성직자이다. 즉 그들은 초자연적인 힘과 연결된 특별한 사람으로, 혹은 불리한 처지에 있는 사람, 또는 사회에 의해 용인되거나 이용당하거나, 사회 질서에 편입되는데 제한이 있는 사람, 자유방임적인 정책 아래 무시당하는 사람 등으로 인식된다(Philips & Rosenberg, 1980 : 11; 이준우 번역, 2008 : 27 재인용).

지역과 문화 양쪽에 관련된 사회적 인식의 다양한 예는 지체장애아동의 역할과 관련된 것에서도 찾아볼 수 있다. 어떤 사회에서는, 지체장애아동은 살해되었다. 그리스와 로마에서는 지체장애아동이 매우 부유한 가정에서 태어나서 부모가 아동을 기꺼이 양육하고자 하는 경우가 아니고서는 유기하는 경우가 많았다. 사회진화론자들의 "적자생존" 개념에 의하면, 지체장애아동들은 유감스럽지만 필연적인 그들의 운명을 받아들여야만 했다. 또 다른 사회에서는 이들은 추방당하고, 격리되며, 방 안에 숨겨지면서 그 어떤 자아존중과 인간관계의 가능성도 부정되었다. 또 어떤 사회에서는 지체장애아동이 여전히 사회 구성원의 하나로 인정되면서도 다른 존재로 수용되기도 했다. 가령, 요정 이야기의 난쟁이가 이런 사회적 태도를 나타내는 것을 예로 들 수 있다.

지체장애아동에 대한 또 다른 가능한 사회적 태도는 '구세주'가 되어야 한다는 시각을 포함한다. 사회는 아동을 구할 수 있고, 그래야 한다고 믿는다. 이는 두 가지 형태로 나타난다. 첫째는 예방이다. 이것의 초점은 지체장애아동의 발생을 경감시키는 과학적 진보에 초점을 맞춘 것이다. 둘째는 교육이다. 이것은 지체장애와 지체장애아동에 대해 사회 구성원들을 교육하는 것이다(Auld, 1927 : 138-143; 이준우 번역, 2008 : 28 재인용).

정신적 장애에 대한 태도도 사회에 따라 다양한 모습을 보인다. 정신건강상의 문제는 어떤 문화에서는 매우 심각한 낙인(stigmatized)이 될 수 있는 반면, 다른 문화에서는 천상의 능력(higher power)에 사람을 연결하는 특별한 능력으로, 또 다른 문화에서는 정신건강상의 문제를 가진 사람에게 미래를 예언하거나, 어려운 문제를 풀거나, 복잡한 사회적 쟁점을 해결하는 사람 등의 특별한 위치나 자격을 부여한다. 정신건상상의 문제를 가진 사람들은 국가의 업무에 자문하거나, 때로는 가정의 일상사를 상담하기도 했다. 이렇듯 사회와 문화에 따른 다양함을 이해하는 것은, 정신건강상의 문제를 정의하는 것과 정신건강상의 문제가 문화와 민족에 따라 어떻게 달라지는가를 밝히는 데에 관한 사고의 폭을 넓혀준다.

## 2. 정체성으로서의 장애 개념

장애를 가지고 있는 개인들은 장애에 대한 각자 다른 다양한 경험을 가지고 산다. 장애 유형에 따라서 서로 다른 독특한 경험과 제한의 경험, 각자 경험하는 환경적인 특징들, 자신이 속한 가족이나 사회환경에서의 경험들, 그리고 장애인 개인의 개별적인 성격과 특성, 자신의 정체성 등 장애를 경험한 모든 사람들은 자신이 경험한 장애에 관한 독특한 경험들을 가지고 있다(송현주, 2019). 종종 일상적인 주제, 예를 들어 장애인은 타인과 다르다는 것, 장애인 자신이 심리적으로 위축되고 기죽게 만드는 억압, 이로 인해 자신의 능력이나 잠재능력을 발휘할 수 없도록 만드는 차별행위, 소외감, 이를 극복하기 위한 사회운동, 이 밖에도 낙인, 낙담, 자괴감 등과 같은 일상적인 이슈는 개인이 장애를 가지고 있으므로 경험하게 되는 독특한 장애 경험의 내용들이다. 따라서 사회복지사는 장애인들이 경험하는 세계와 관련한 다양한 삶의 이슈들을 이해해야 하며, 적어도 장애인들의 목소리를 공정하게 듣고, 장애인들을 이해하는 시각에 균형을 잃지 않아야 할 필요가 있다.

그래서 사회복지사가 장애인을 이해하기 위해서는 장애인이 어떻게 살고 있는지를 이해하는 일이 중요하다. 사회적인 환경과 구조가 장애인에게 긍정적이며 통합적인 구조를 가지고 있는지 여부에 따라 장애를 가진 사람들에게 자기존중감을 강화시켜 준다든지, 사회운동과 옹호활동을 하게 하든지, 그리고 개인들 각자의 가치관을 형성하게 하거나 장애 상태의 조건을 초월해서 살 수 있도록 하는 일 등에 영향을 미치게 된다. 반면 사회구조가 사회통합을 방해하는 구조로 되어 있거나 예외적인 구조, 분리된 형태의 구조인 경우에는 장애인의 사회적 기능을 제한하게 된다. 예를 들면, 장애인이 사회와 상호작용을 하는 데 있어 제한을 가하기도 하고 때때로 장애인이 사회 내의 시설이나 건축물에 접근할 수 있는 접근성에 제한을 가져오는 것이다. 이와 같은 제한은 환경, 사회, 제도 혹은 다양하고 복잡한 활동 전반에 제약을 가하게 된다.

### 1) 장애 정체성

장애인이 자신의 장애로 인해 경험하게 되었던 일상생활의 사건들은 장애가 무엇인지에 대한 자기 정체성을 형성하게 된다(전지혜 역, 2018). 실제로 사람들이 만약 "당신은 누구입니까?" 혹은 "당신은 당신 자신을 어떻게 생각하십니까?"라는 질문을 받게 되면 질문을 하는 사람이나 질문을 받는 사람 모두 자신이 살고 있는 일정한 시간과 공간 혹은 환경이나 상황 등의 각기 특정한 맥락 안에서 그 맥락과 관련한 내용으로서 질문하고 반응하는 것으로 이해하게 될 것이다. 또한 사람들은 "내 자신이 누구인가?"에 관한 응답을 하는 데 있어서도 자기 자신의 일반적인 특성과 함께 주변에 있는 타인과의 상호교류가 이루어지는 가운데 생겨나는 사회적인 맥락에서 자신의 상황을 비롯한 다른 일들과 혼합한 내용으로 자신이 누구인가라는 질문에 대한 대답을 하게 될 것이다.

사람들의 정체성은 복합적인 것이며, 다면적인 모습을 나타내고 있다. 또한 인간의 질적인 면에서도 다양한 특성을 지니고 있다(김도현 역, 2007). 예를 들어 학교에서 이러한 질문을 받게 된다면 학생이라고 하거나 혹은 선생이라 답할 것이다. 사회복지실천 현장에서는 사회복지사, 슈퍼바이저, 책임자, 고용인 그리고 집에서는 아들이며 딸, 어머니, 아버지, 친척들이 된다. 이처럼 각각의 사람들은 한 가지 역할이 아닌 다양한 종류의 역할을 가지고 있으며, 각각의 역할은 그 일을 위해 감당해야 할 특별한 역할과 기능을 가지고 역할을 수행하게 된다. 이 밖에도 각각의 다양한 처지와 환경 등 여러 종류의 맥락에 따라서 같은 질문일지라도 응답은 다양하고 얼마든지 다를 수 있다. 자신의 연령, 인종, 종교, 민족, 성별 그리고 거주지가 어디인지, 조국이 어디인지 등에 대해 대답을 하게 된다. 또한 자신에 대해 설명하라는 질문을 받았을 경우 키, 몸무게, 눈, 머리색 등을 묘사함으로써 자신을 소개할 것이다.

사람들은 역시 자신의 개인적인 특성에 따라서 자신을 확인한다. 이를테면 수줍어하는 성격, 나서기를 좋아하는 외향적인 성격, 조직적이지 못한 성격, 사려 깊은 성격, 창조적인 성격, 평화롭고 조용한 성격, 불같은 성격 등으로 자신의 성격을 묘사하기도 한다. 이 외에도 사람들은 자신의 능력에 대한 질문을 받았을 경우 수학을 잘한다거나, 맞춤법이 약하다, 운동능력이 좋다, 독서능력이 좋다, 질문을 잘한다, 컴퓨터 능력이 좋다는 등으로 자신을 표현하게 된다. 특히 개인의 능력을 중시하는 문화에서는 자신을 확인하고 표현하는 데 있어, 자신이 무엇을 할 수 있다는 능력을 확인하고 강조함으로써 자신을 구체화시키는 방법으로 자신을 표현한다. 다시 말해 사람들은 자신의 능력과 자신과 정체성을 연관시켜 인식하려는 경향이 있음을 의미한다.

사람들은 자신의 가치와 자신이 꿈꾸는 이상의 관점에서 자신을 보게 된다. 자신의 이상과 가치를 자신을 표현하는 핵심적인 요소로서 정의를 내리려는 경향이 있다. 가치, 자유, 평등, 우정, 정의, 진실, 삶, 정직, 성실 등 이러한 개념들을 나열하는 일은 끝이 없다. 사람들은 위에서 나열한 개념들에 가치를 두며, 대부분의 사람들은 평소 자신이 이상적으로 생각하던 유형의 사람으로 구체화되고 개념화된 사람들을 선호하게 된다. 비록 일반적으로 원하는 유형의 사람이 될 수 없을지라도 가능한 자신이 원하는 유형의 사람들과 근접한 삶을 살기 위해서 사람들은 이상적으로 가치 있다고 생각하는 모습에 가까워지려고 한다.

이러한 정체성에 대한 개념을 장애에 어떻게 적용시킬 수 있을까? 장애인의 경우, 다양한 측면에서의 특성을 가지고 있는데, 내가 누구인지에 대해서는 장애와 관련된 특성 외에도 자신이 관련되어 있는 다른 특성들에 관해서 설명할 수 있다(윤삼호 역, 2007). 우선 장애와 관련한 다양한 요소들에 대해서는, 예를 들면 장애의 유형과 정도, 사회문화적인 맥락 그리고 개인의 장애에 대한 이해 등과 같은 요소들에 의해 다면적인 여러 특성의 정도와 내용 혹은 질에 대해 설명하게 된다. 장애인에게 있어 장애라고 하는 한 측면이 다른 측면들보다 매우 크게 느껴지는 경우가 많을 뿐만 아니라 장애 이외의 자신의 다른 측면들에 대해서는 별로 중요하지 않거나 상대적으로 의미 없는 것으로 여겨지곤 하는 것이 문제로 인식된다. 또 다른 장애인들의 경우에는 개인의 장애를 최소화시키거나, 감추고 혹은 장애를 부인하는 경우가 있는데 이처럼 장애라는 한 측면에 거의 완벽하게 하나의 부분으로서 밖으로 나타내 보이는 것에 대해 부인하거나 허용하지 않는 경우가 종종 있다.

그러므로 장애 정체성은 포괄적인 개념으로 장애인의 정체성을 이해하는 데 있어 장애라는 특성 이외에도 다른 특성들을 이해할 수 있어야 하며 혹은 다른 측면의 특성이 될 수 있는 가능성들을 포함해서 이해해야 한다. 장애인으로서 혹은 특별한 장애를 가지고 있는 사람으로서의 정체성을 확인하는 것은 어렵지 않다. 특별한 장애를 가지고 있는 사람의 경우 강한 문화적인 공동체를 가지고 있다. 예를 들어 청각장애를 갖고 수어를 제1언어로 사용하는 농인의 문화와 농 사회를 말할 수 있다. 이렇게 장애인이 가지고 있는 독특한 문화를 중심으로 개인적으로 혹은 일반적으로 장애를 가지고 있는 사람들을 집단적으로 정의하는 것은 가능하다. 장애인이 속한 공동체와 함께 장애인의 정체성을 확인하는 일은 장애인 자신의 집단체계를 결정하는 일 그리고 집단적으로 힘을 부여하여 세력화하는 일이다. 따라서 장애인으로서 자신과 같은 문화를 공유하고 있는 공동체에 속하지 못할 때, 장애를 공유하지 못하는 친구나 친척들을 포함하는 넓은 사회로부터 개인이 때때로 고립되는 경우가 발생하기도 한다.

### 2) 적응

장애를 정체성으로 이해하게 되면 장애는 동시에 적응의 문제와 결부된다. 사실 인간에게 있어 특별하고 독특한 인간의 질적인 특성들 가운데 가장 특징적인 것으로는 인간은 생각하고 이해하며 문제에 대한 대처와 해결이 가능한 지적인 능력을 가지고 있다는 것이다. 인간의 또 다른 특징으로는 인간으로서의 의미 있는 방법을 통해 다양한 환경과 상황에 적응할 수 있는 능력이다. 적응은 다른 상황들 속에서 생존할 수 있음을 확실하게 만드는 것이며, 생존을 위해 필요한 것을 지원 가능하게 만드는 것이다. 모든 사람은 각 개인의 질적인 삶과 기능에 자신을 맞추면서 주어진 환경에 적응하며 살아간다. 사람들은 새로운 직업과 새로운 계획에 적응하고, 결혼과 이혼에 적응하고, 자녀를 양육하는 일에 적응하며, 새로운 가족들과 새로운 이웃들에게 적응하며 산다. 매번 사람들은 적응의 과정을 통해 자신들의 생활 상황 안에서 자신을 변화시키고, 또 다른 적응을 위해 개인적인 자신의 능력을 더욱 향상시키려고 노력한다.

그런데 장애를 입게 되는 경우, 혹은 어떠한 기능적인 면에서 제약을 당하게 되는 경우에 사람들은 자기 자신의 내면에서 자신을 둘러싸고 있는 세계 안에서 새로운 자신을 발견하게 되며 새로운 환경에 적응해야 할 필요를 느끼게 된다. 이때 장애인들은 자신과 자신의 환경 안에서 반드시 변화하지 않으면 안 된다. 사람들은 새로운 의사소통 기술을 배우고 새로운 이동기술을 배운다. 자신들을 둘러싸고 있는 세상 속에서 새롭게 생겨나는 새로운 상황들에 대해 자신과의 관계를 재확인하고 재설정한다.

이렇게 사람에게 적응은 강점으로 인식되며 새로운 상황을 고려할 수 있는 능력으로 인식된다. 적응은 사람들의 삶을 조절하는 능력으로 비춰진다. 변화하는 상황 안에서 적응력이 강한 사람들의 경우에는 발전과 향상을 기대할 수 있다. 장애인을 생각할 때, 장애에 대한 적응과 함께 장애와 관련한 다른 장점들 모두를 인식하는 것이 가능해야 한다. 장애는 극복할 수 있고, 새롭게 변화시킬 수 있는 것이며, 장애인 당사자 자신에게 새롭게 다가올 인생 전체의 관점들과 마주할 수 있게 만들 수 있다.

### 3) 학습된 사회적 역할로서의 장애 정체성

장애 정체성을 이해하는 데에 사회적 역할이론(social role theory)이 도움이 될 수 있다(이준우 역, 2008 : 141-142). 사회적 역할이론의 기본적인 전제, 즉 "사람은 '특별한 장애를 가지고 있는 사람에 대해, 사회적으로 수용되는 행동'을 배운다." 스톤(Stone, 1997)은 시각장애인을 예로 들어서 다음과 같이 말한다.

> '보이지 않는 것'이라는 장애는 사회적 역할에 의해 학습된다. 시각장애인을 특징짓는 다양한 태도와 행동 유형은 그들의 조건에 내재된 것이라기보다는, 통례적(ordinary)인 사회적 학습의 과정에 의해 습득된 것이다. 그러므로 '보이지 않는 것'이라는 현상 안에는, 의존적이고 우울하고 무력한 사람으로 만드는 본래적인 어떤 조건도, 반대로 어떤 이를 자립적이거나 자신이 있는 사람으로 만드는 그 어떤 것도 없다. 시각장애인은 이 세상 모든 사람이 그러한 것처럼, 사회화의 동일한 과정에 의해 만들어진다(Stone, 1997 : 14).

사회적인 역할을 학습하는 것으로서 장애의 개념적인 틀이 만들어졌는데, 이는 파슨즈(Parsons)의 연구결과에서부터 시작되었다. 파슨즈의 이론은 '환자 이론'을 받아들이고 있는데, 장애인과 만성적인 질병을 가지고 있는 사람들을 정상적이지 못한 사람들로 여기는 것이다. 만성적인 질병이나 장애를 가지고 있는 개인들에게 세 가지 조건이 요구된다. 첫째, 반드시 의료적인 검사에 의해 환자로 확인을 받아야 하며, 반드시 의사의 지시에 따라야 한다. 둘째, 바람직하지 못한 조건을 가진 것으로 보인다. 셋째, 모든 정상적인 사회적 역할에 대한 기대를 면제받게 된다(Barnes, Mercer & Shakespeare, 1999 : 40).

사람들은 각자에게 기대되는 역할을 배운다. 자신의 역할을 수행하는 것을 통해 칭찬을 듣고, 인정을 받고, 자신의 역할에 대한 확신을 얻게 된다. 긍정적인 역할을 배우는 것을 통해 자신의 자존감을 강화하고 또한 자립적인 생활을 지원받게 된다. 따라서 사람들이 장애인의 역할을 배우는 것은 자신들의 삶에 부정적인 영향을 받는 것이다. 예를 들어, 미래에 대해 희망을 갖지 못하는 삶 혹은 타인에 의해 움직이는 수동적인 생활을 받아들이는 일 등이다. 사회가 장애인들에게 부정적인 역할을 강화시키려 할 때, 장애인들은 인정받고 관심과 칭찬을 받기 위해 일반 사람들과 같은 방법으로 긍정적인 역할을 배우려고 한다. 사회적인 역할 이론에 의하면 기본적으로 개인적 특성의 내면적인 과정을 이해하는 데 초점을 두기보다는 사회적인 역할 이론을 통해 사회에서 장애인의 정체성을 개발하기 위한 책임을 가지고 있음을 알 수 있다. 사람들은 장애인에게 비장애인들과는 다른 사회적 역할을 기대하고 있다. 장애인은 비장애인들과 다른 사회적 역할을 수행하고 이를 습득하게 되고, 습득된 사회적 역할을 장애인 자신의 정체성의 일부분으로 인식하게 된다.

피아스트로(Piastro, 1999)에 의하면, 정체성에 있어서의 변화는 장애인 자신이 자신의 장애를 받아들이는 것이다. 내면적으로 부정적인 이미지는 자신을 부정하고, 자신을 창피하게 여기며, 자신의 가치를 낮게 여기는 감정 등을 포함하게 된다. 장애인이 현재 가지고 있는 이와 같은 부정적인 이미지는 장애에 대한 의료적 모델의 맥락에서 생겨났으며, 이것은 오늘날에도 장애를 이해하는 가장 대표적으로 인식되는 개념적인 틀로서 지속되고 있다. 장애인에 대해 부정적인 측면에서 자리 잡게 된 내면적인 이미지는 장애인의 자립생활 운동과 장애인 운동가들과 함께하는 장애인의 세력화와 자존감을 개발하려는 활동들이 활성화되면서 변화하기 시작하였다.

### 4) 장애 정체성의 부정

장애를 가지고 있는 많은 사람들은 장애인으로서의 정체성을 인정하지 못하고 있다. 이는 생애 후반 혹은 성인기에 장애가 된 사람들의 경우에 더욱 강하다. 장애는 일을 할 수 있는 능력과 밀접하게 관련되어 있다. 장애인들은 일반적으로 비장애인들이 경험하는 경험의 세계, 즉 일자리를 찾고 일을 하고, 어느 시기에는 퇴직을 하고, 간혹 자신에게 필요한 주택을 찾는 일들을 경험할 수 없는 경우가 많다. 다시 말해 장애인들은 퇴직휴가의 필요성을 느낄 수 없고, 새로운 일자리를 찾는 경험이나 돈을 벌어 멋진 자기 집을 구입하는 일 등과 같은 경험을 하지 못하는 것이다. 장애인들은 이와 같은 장애인의 상황을 개인의 상황으로 받아들이면서 자신의 정체성을 만들어 가고 있다.

장애인 개인을 지원하기 위한 사회복지서비스, 교통수단, 기술적인 지원 등이 장애인에게 필요하다는 인식을 하고 있음에도 불구하고 이런 지원들을 정부기관이나 사회단체에 요구하지 않는 장애인들이 많다. 만약 이들에게 필요한 각종 보조기기들이 적절히 제공된다면, 장애인들의 장애조건이 덜 두드러지게 되고, 때로는 장애조건을 느낄 수 없게 될지도 모른다. 장애인들 가운데 드러나지 않는 장애를 가지고 있는 경우, 혹은 재발 또는 일시적 장애를 경험한 사람들의 경우에 장애인으로서의 자신의 정체성을 더욱 부인하는 사람들이 많다. 이런 이유로 인해 자신들이 비장애인으로서 살아온 기간 동안에 가졌던 정체성이 장애인이 된 이후에 가지는 정체성보다 더 강하게 자신을 대표하는 자신으로 인식하고 있는 경우가 많다. 만약 장애라는 현상에 확신을 가질 수 없거나 비장애인의 정체성을 선택한 경우에는 자신들의 정체성에 장애의 요소를 포함시키는 것보다는 비장애인으로서의 정체성을 유지하게 된다.

실제로 장애라는 용어는 부정적인 의미로 여겨지는 경향이 있다. 사람들이 장애를 회피하는 일을 통해서도 장애에 대해 부정적인 인식이 확산되어 있음을 알 수 있다. 장애는 능력이 없는 것, 완성되지 못한 것, 누군가에게 의존적인 것이고 종속적인 것이라고 암시되고 있다. 장애를 가진 사람은 지속적으로 이러한 부정적인 정형화된 이야기들을 들으면서 성장하게 되고, 그 결과 장애에 대한 부정적인 이미지가 강화되어 왔으며, 대부분의 경우 장애를 가지고 있음에도 불구하고 장애를 가진 사람으로서 정체성을 가지는 것을 가급적 피하고자 하는 특징이 있다.

하지만 또 다른 한편 장애를 가진 사람들은 자신들에 대한 생각에서 장애 정도에 따라 차이는 있으나 자신들이 무엇인가 할 수 있다고 생각하며, 일상적인 생활에 좀 더 제한을 가지고 있는 장애인의 경우에도 장애에 대한 정체성을 가지고 있다. 장애인들은 다른 사람들이 장애인을 돕듯이 자신들도 타인을 도울 수 있다고 믿고 있으며, 도움은 상호 주고받는 것이라고 믿고 있다(Iezzoni & Israel, 2000 : 1162). 또한 장애를 제거하기 위해 혹은 장애인들이 자립적으로 생활하기 위해서는 모든 사람의 상호 평등함에서부터 가능하게 될 것이라고 믿고 있다. 장애인을 위한 재활보조기기를 개발하고 기술적인 발전을 통해 장애인들이 개발된 보조기기를 사용하는 일은 다른 모든 사람들과 같은 방법으로 세상을 살아가기 위해 필요한 것이라고 인식하고 있다.

장애인들이 비장애인으로서의 정체성을 유지하고 싶은 욕구가 있음에도 불구하고, 장애인이라는 명칭을 통해 자신을 확인하도록 요구하는 것은 장애인 자신이 필요로 하는 사회적 지원이나 서비스를 얻기 위해 비자발적인 차원에서 행해지는 것으로 믿고 있다. 예를 들어, 의료혜택이나 사회복지서비스를 받기 위해서 의사의 장애진단을 첨부하도록 하는 것 등이 그 예이다. 장애인으로서 다른 사람들이 받아들여 주는 것으로 자신을 확인하는데, 의사들에 의해 장애를 진단받고 장애인으로 불리는 경우가 많다. 장애인이 의료전문가로부터 장애 진단과 판정을 받는 일은 장애의 의료모델에서 장애인을 위한 서비스에 접근하기 위한 기본적인 순서로서 지속되고 있다(Iezzoni & Israel, 2000 : 1163). 장애인이 자신에게 필요한 요구들을 채우기 위해서, 다시 말해 장애인이 사회적인 자원을 지원받기 위해서는 장애인으로 불리는 것을 피할 수 없는 상황인 것이다.

장애를 피하는 일은 억압 혹은 낙인과 관련되는 일을 피하는 것이다. 장애인들이 사회 안에서 억압과 낙인을 받고 있기 때문에 장애인은 장애라는 명칭을 피함으로써 장애란 명칭이 붙으므로 당하게 될 억압과 낙인을 피하고자 하는 이유에서 비롯되었다. 자신이 비장애인라는 인식을 전혀 할 수 없으면서도 동시에 장애인으로서의 정체성을 갖는 일에도 어려움이 있다(최현 · 이금주 · 이지은 역, 2014).

### 5) 비주류로서의 장애 경험

장애를 가지고 있으며 동시에 성별, 인종적, 문화적, 종교적, 성적인 선호 등에 있어 소수 비주류로서의 경험을 가지고 있는 사람들이 많다. 이러한 경우 넓은 사회 안에서 장애라는 상황에 동시에 비주류로서의 억압과 낙인을 받게 되는 등 이중의 장애 혹은 다중의 장애를 경험하게 된다. 장애를 이해하는 일은 장애의 문화와 그들의 세계를 이해하는 일과 상당히 밀접하게 관련되어 있다. 문화적인 태도에 있어서의 차이는 장애인들의 사회적인 관계나 상호작용에 영향을 미치는데, 때로는 긍정적으로 가능하게 하는 작용을 하고, 때로는 부정적인 해를 가하는 작용을 하게 된다.

장애는 모든 성별, 인종, 종교, 문화, 민족, 성적인 선호 등 다양한 특성들과 경계에 걸쳐서 있는데, 장애인의 경우 장애 유형에 따른 문화적으로 집단화된 문화적 하위집단을 형성하는 경우가 있다. 예를 들면 청각에 장애를 갖고 있으면서 수어를 제1언어로 사용하는 농인은 자신들만의 농사회를 구축하여 살아가는 것을 말할 수 있다. 성별 역시 장애인의 정체성 발달과 함께 중요한 역할을 하게 된다. 여성과 장애인이라는 두 가지 명칭으로 불리고 적용 가능한 이론도 장애 이론부터 여성 이론까지 적용시킬 수 있다. 이 경우 여성으로서 생각할 수 있는 것과 장애인으로서 고려되어야 할 것 등 상처받고 억압당할 수 있는 특성을 인식해야 하는 일은 중요하다. 여성은 제도적으로나 개인적으로 우리 사회에서 상처받기 쉬운 집단으로 이미 인식해 왔기 때문이다. 인종, 문화, 국적 등의 쟁점은 장애인들에게 영향을 더욱 미치게 된다. 국적 · 문화적 · 인종적으로 당하는 억압에 장애인이 당하는 차별이 더해져 더욱 추가적인 어려움을 만들어 내게 된다.

# 제2절 장애인복지의 이념과 특징

## 1. 장애인복지의 이념과 가치

장애인 문제는 장애인 개인의 문제로 보아서는 해결될 수 없는 사회구조적으로 발생될 수밖에 없는 문제로서 사회적 · 국가적 노력이 수반되어야만 한다. 장애인복지의 이념은 모든 사람들에 있어서 기회균등이 권리로 보장되어야 한다는 것과, 인간은 단편적인 부분으로 나눌 수 없는 전인격적 존재이며, 모든 인간은 욕구나 잠재력의 면에서 독특한 존재라는 것에 기초를 둔다. 따라서 사회는 모든 인간에게 주어진 개별적 잠재력과 욕구를 모든 사람에게 동등하게 서비스를 제공하여 잔존능력을 최대한으로 신장시켜 줌으로써 개인적 실현은 물론 사회적 실현까지 이룰 수 있게 한다.

이러한 사회적 가치의 실현은 모든 사람이 행복하게 살며, 인간다운 삶을 영위하도록 한다는 복지국가 실현에의 기여뿐만 아니라 자본주의 사회에서 성취되는 경제적 유용성 또한 크다. 즉 장애인에게 서비스를 공급하여 유급고용에 종사할 수 있도록 함으로써 그 사람이 국가 복지의 수혜대상자로 남아 있을 때보다 세금납세자가 되게 하여 오히려 사회경제적 이익을 가져다준다는 인간개발의 가치에 비중을 둔다(김종인 · 우주형 · 이준우, 2004; 이준우, 2012). 물론 장애인의 능력을 개발한다는 것이 단순히 유급고용만을 뜻하지는 않는다. 예를 들어 아주 중증의 뇌병변장애인이 그저 누워 천장만 보고 있다가 무언가 의미 있는 활동을 행할 수 있게 된다면 그것 역시 하나의 장애인복지실천을 통한 재활의 성과가 될 수 있으며, 언어수용과 표현이 되지 않는 지적장애인이 또한 그 잠재력에 맞는 활동을 할 준비가 된다면 그 역시 재활이 된 것이다. 이것은 장애인 개인별로 독특한 욕구를 수용해야 한다는 것을 의미하는 것이기도 하다.

그러므로 존엄성을 지닌 모든 인간이 사회복지서비스를 누릴 동등한 권리를 통해 자립성(independence)을 획득하여 자신이 스스로의 양질의 삶을 선택할 자유를 실현할 수 있도록 조력하는 것이 장애인복지실천의 목적 가운데 하나가 될 것이다. 여기에서의 자립이란 스스로 자신의 삶을 통제할 수 있는 것으로서 의사결정권, 사회적 역할수행, 직업생활의 영위 등의 범위를 포함한다. 이것을 위해서는 장애인을 사회에 끼워 맞추는 것이 아니라 사회의 여건을 장애인이 자립생활을 영위할 수 있도록 변화시켜야 한다. 개인의 자립성은 장애인 자신의 역량강화로, 개인별로 독특한 능력을 지닌 존재로 인정받으며 동시에 장애인 스스로 자신들의 목소리를 높여 자신들의 권리는 자신들이 주장하고 찾아나갈 수 있게 될 때 더욱 신장될 것이다(유동철, 2017).

일방적인 시혜적 복지시책과는 달리 장애 당사자주의 입장에서 수행되는 사회복지의 관점에서는 장애인 개인은 자신의 욕구를 표현하고 자치성을 보호받을 자유로움, 그리고 개인 삶의 질적 향상을 위한 스스로의 선택권을 지녔다고 본다. 이것으로서 장애인복지실천이 지향하는 개인적 잠재력의 최대한 발휘를 통한 자립생활이 가능해지는 것이다.

장애인에 대한 사회의 눈은 오랜 역사를 통해서 편견과 차별로 일관되어 왔으며, 이들은 인간으로서의 존엄과 권리가 무시되어 왔다. 따라서 장애인이 자신의 장애를 극복하고 자신의 능력을 최대한 발휘하도록 하기 위해서는 우리 사회에 잔존하고 있는 편견과 차별의식이 존재하지 못하도록 이들에 대한 정확한 이해에 바탕을 두고 사회적·문화적 환경을 개선할 필요가 있다. 다시 말해 국가는 장애인들이 정치적·경제적·사회적·문화적인 활동의 모든 영역에서 국가와 사회 구성원으로서 참여할 수 있도록 동등한 기회를 주어야 하며 일반 대중 역시 그들을 자연스럽고 대등한 입장에서 대하는 것이 필요하다.

인간은 누구나 성장함에 따라 자신의 진로와 직업의 선택 등으로 의존적인 태도에서 벗어나 자립하여 자립적인 사회적 개체로서의 역할을 수행하게 된다. 그러한 장애인들은 장애를 이유로 많은 부분에서 제약을 받게 된다. 따라서 국가와 사회는 이러한 차별적 요소를 제거하고, 일반대중은 그들에 대한 편견과 선입견적 의식을 배제하여야 하며, 또한 장애인 본인은 자신에 대한 피해의식과 자괴감에서 자신을 존중하고 스스로가 한 인간으로서의 존엄성과 기회평등을 위해 노력하여야 한다(김종인·우주형·이준우, 2004; 이준우, 2012).

## 2. 장애인복지의 이념과 특징

사회복지는 인간의 행복을 증진시키고 충실한 삶을 영위할 수 있도록 하는 것을 이상으로 하며, 이를 위해 정부나 민간기관이 사회복지제도를 비롯한 사회적 서비스 그리고 각종 사회복지 프로그램을 제공하고 있고, 인간이 인간으로서의 존엄과 가치를 가지며 균등한 기회를 가져야 한다는 기본 가치를 가지고 있다. 사회복지는 사회적 역기능을 예방하고 줄이기 위해 조직적이고 체계적인 노력을 기울이고 있고 사회활동, 사회계획 등을 통하여 인간의 삶의 질을 향상시켜 나가는 것을 목적으로 하고 있다. 이런 점에서 장애인복지는 '장애인'을 대상으로 하는 사회복지이다(문선화 외, 2005).

### 1) 장애인복지의 이념

'장애인'이라는 용어는 「장애인고용촉진 등에 관한 법」이 제정되는 과정에서 장애인계의 의견을 수용하여 1989년 가을 국회 노동위원회 법안심사 소위원회에서 처음으로 사용되었고, 이 법이 처음 국회에 상정될 때에는 '장애자'라는 용어가 사용되었다. 당시 법안 작업의 실무를 맡았던 노동부에서 장애인의 여론을 수용하여 국회에 건의할 때, '장애인'으로 하였고, 이것이 반영되었다. 이 결과 「심신장애자복지법」이 「장애인복지법」으로 개정되었고 이후 '장애인'이라는 용어가 정착되었다. 이와 같이 용어가 정리되면서 장애인은 사회복지의 주요한 대상으로 자리 잡게 되었다. 즉 사회복지의 한 영역으로서 장애인복지는 그 대상이 장애인이며, 장애인이 가지고 있는 잔존능력을 최대한 활용하여 사회적응이 가능토록 하고 구체적인 지역사회복지를 통해 장애인을 지역사회에 통합(integration)시켜야 한다는 보편화(normalization) 이념에 기초하게 되었다.

이렇게 장애인복지의 이념을 보편화(Normalization)와 사회통합(Social Integration)으로 설정하게 된 것은 장애인의 권리 중심으로 장애인복지가 급격한 변화와 발전을 거듭하고 있음을 말해준다. 현대사회에서의 장애인복지는 그 이념에서부터 지역사회 중심, 장애인 고객 중심이다. 한마디로 '서비스를 주는 전문가 입장에서의 장애인복지가 아닌 서비스를 받는 장애인 입장', 즉 철저히 서비스이용자인 장애인 중심으로 장애인복지가 체계화되고 있는 것이다.

### 2) 장애인복지의 특징

장애인복지는 장애인의 신체적·정신적·사회적·직업적·경제적 가용능력을 최대한으로 회복시키는 정책과 제도, 전달체계와 실천으로 구성되어 있다. 이와 같은 장애인복지에는 몇 가지 특징이 있다(장애우권익문제연구소, 2001; 이준우, 2012).

첫째, 장애인 문제가 갖고 있는 복잡성이다. 장애인은 의학적·생리학적으로 불편할 뿐만 아니라 이로부터 파생되는 취학, 취업, 결혼 등의 불이익 때문에 고통을 받고 있다. 이처럼 한 사람의 장애인에게 나타나는 문제는 겹겹이 복잡한 구조를 지니고 있다. 그러다 보니 장애인 문제를 해결하기 위해서는 다각적이며 복합적인 접근을 하게 될 수밖에 없다.

둘째, 장애인복지의 통합성 문제이다. 장애인 문제는 어느 한 면만의 해결로는 충족될 수 없다. 얽히고설킨 실타래를 찬찬히 풀어가는 방식으로 접근해야 할 경우가 빈번하다. 하여 장애인복지는 사실상 사회복지학 영역만이 아니라 의학, 교육학, 심리학, 사회학, 기타 경제학 등의 여러 분야의 학문과 융합되어야 하는 통합성이 요구되는 분야이다.

셋째, 장애인복지의 운동성 문제이다. 장애인복지가 전무하던 열악한 시기에는 장애인복지 정책을 개발하는 일이 최우선 과제였기에 정책수립자, 전문가 중심의 '위에서 아래로' 향하는 접근이 대부분이었으나 점차 장애인 자신의 권리의식이 높아져 장애인복지가 장애인이 행복한 복지공동체 실현을 위한 사회운동 측면도 개발되기 시작하였다. 장애인 운동이 시민의 장애인에 대한 이해를 깊게 하고 공감대를 가지게 함으로써 장애인 스스로가 참여할 수 있는 장애인 권리주의와 장애 당사자주의, 나아가 장애인 고객 중심 즉 장애 서비스이용자 중심 관점을 확보하게 하였다.

## 3. 장애인복지의 기본 개념과 장애인 권리

장애인복지의 기본 개념은 장애인의 완전한 사회참여(total participation)와 사회통합(social integration)을 전제로 하고 있다. 완전한 사회참여와 사회통합을 실현하기 위한 장애인복지의 기본 방향의 핵심은 인간의 존엄성을 보장해 주는 데에 있다. 이를 위해 지역사회에서 충분한 시민권을 장애인에게 보장하도록 뒷받침하는 데에 초점을 두는 것이 장애인복지다. 시민권을 보장한다는 것은 장애인이 지역사회에서 아무런 불편 없이 비장애인과 똑같은 권리를 누리면서 살아간다는 의미이다.

여기에서 말하는 시민권은 바로 지역사회에서 보장되어야 할 장애인의 권리이다. 장애인의 권리는 유엔장애인권리협약에 충실하게 제시되어 있다. 유엔장애인권리협약의 내용을 준용하여 지키면 된다. 유엔장애인권리협약이란 유엔의 여덟 번째 인권협약으로 4년에 걸친 논의 끝에 2006년 9월 제61차 유엔 총회에서 채택된 것이다. 유엔장애인권리협약은 모든 장애인이 모든 인권과 기본적인 자유를 완전하고 동등하게 향유하도록 증진, 보호, 보장하고, 모든 인권의 향유를 명백히 하고, 보호하고 장려하며, 장애인 고유의 존엄성을 존중하도록 장려함을 목적으로 하고 있다(제1조 목적). 이는 유엔 헌장의 정신인 세계 자유와 정의, 평화를 지향하면서 세계인권선언과 인권 관련 국제문서, 장애인권리선언, 경제 · 사회 · 문화적 권리에 관한 국제협약, 시민 · 정치적 권리에 관한 국제협약, 모든 형태의 인종차별철폐에 관한 국제협약 및 여성에 대한 모든 형태의 차별철폐, 아동권리에 관한 국제협약 등 기존의 국제협약의 정신과 의의를 상기하고 인식하는 바탕 위에 있다. 특히 유엔장애인권리협약은 기존의 장애인 인권 관련 규정에 비해 크게 높은 수준의 구체적인 내용과 강제성을 부과하는 특징을 갖고 있다.

즉, 근본적이며 중요한 장애인 권리의 기본 원리들을 제시하고 있다는 것이다. 그 내용을 종합하면 첫째, 장애인이 스스로 선택할 수 있는 자유를 포함한 인간 고유의 존엄성과 개인적 자율성의 존중, 개인의 자립성을 보장해야 한다는 것이다. 둘째, 장애인에 대한 차별을 금지해야 하며 셋째, 완전하고 실질적인 사회참여와 사회통합을 추구하며 넷째, 인류의 다양성과 인간성의 부분으로서 장애의 다양성 수용에 대해 존중해야 한다는 것이다. 다섯째, 기회균등, 여섯째, 접근성, 일곱째, 양성평등을 보장해야 하며 여덟째, 장애아동 역량 개발을 위한 존중과 장애아동의 정체성 보호를 위한 권리 존중 등이다.

또한 유엔장애인권리협약에는 모든 권리의 내용에 있어 현대사회에서 살아가는 장애인들의 실생활과 관련된 구체적이며 실질적인 권리 보장이 이루어질 수 있도록 상세하게 권리의 내용들을 규정하고 있다. 예를 들면 장애인들의 의사소통과 언어 권리의 범주 속에 구어와 수어, 점자, 촉각을 이용한 의사소통, 활자 혹은 문자, 오디오, 인터넷 등을 모두 포함하고 있으며 장애인의 노동과 고용에 있어서의 고용조건 및 고용환경, 장애인의 고용 증진을 위한 공공 및 민간의 노력에 대한 실질적인 보상과 지원, 재활 서비스와 재활 프로그램의 활성화와 실제적인 활용을 강조하는 것 등을 말할 수 있다.

나아가 사회 전 구성원을 대상으로 장애에 대한 인식 개선을 위해 각 국가에서 실질적이고 적절한 대책을 강구하도록 규정하고 있다(제8조). 이를 통해 장애 당사자는 말할 것도 없고 그 가족을 포함한 사회 전체의 장애인에 대한 인식 개선을 위해 장애인 권리에 대한 감수성을 증진하고, 장애인의 역량이 마음껏 발휘되고 장애인이 사회적 공헌을 할 수 있다는 의식을 고취할 뿐만 아니라 직장과 노동시장에서 장애인의 기술, 장점, 능력과 기여에 대한 인식을 장려하며 모든 교육제도 내에서의 장애인의 권리를 존중하는 태도 양성 등을 권장하고 있다.

이와 같은 장애인의 권리에 기초한 장애인복지정책은 국민의 생존권적 기본권 보장을 위한 사회보장으로 공적부조와 사회보험을 들 수 있으며, 구체적인 실천활동으로는 장애인의 자립을 지원하는 전인적인 재활이 있다. 의료재활을 비롯한 심리사회재활, 교육재활, 직업재활 등을 들 수 있다. 또한 일상생활 및 사회통합의 저해요인을 제거, 개선하는 환경 개선으로는 물리적 환경 개선, 관련법 및 제도의 개선, 의식의 개선 등을 들 수 있다. 뿐만 아니라 장애 발생을 예방하는 예방의학 및 계몽활동이 있으며, 이상의 장애인복지의 총체적인 복지로서 장애인의 취업보장을 통한 생활안정과 자아실현 등이 있다.

따라서 장애인이 사회에 참여하고, 복지권 향유 및 인간다운 생활을 할 수 있기 위한 사회적 제 조건은 교육보장, 의료보장, 주거, 교통의 보장 등 광범위하며, 또한 장애인은 인간상호 간의 교류과정 속에서 사회의 일원으로서 참여하고 기여함으로써 자아실현의 기쁨을 느낄 수 있다는 사실이다. 이러한 사회참여의 기본이 되는 것은 스스로 생존을 유지하기 위한 소득을 얻고, 동시에 생산적 활동으로 사회에 기여하는 직업을 통한 사회참여라고 할 수 있다. 이 직업을 통하여 사회에 참여할 뿐만 아니라 생활자원으로서 소득을 얻을 수 있으므로 장애인의 직업적 자립은 장애인복지의 최종적 목적 달성을 위한 주요한 과제이다.

# 2 장애에 대한 이해

인간이 살아가면서 자신을 이해하고자 할 때, 자신이 살고 있는 사회 속에서 현재 자신이 어디에 속해 있는지를 이해하는 일은 매우 중요하다. 고대사회인 그리스의 아리스토텔레스(Aristotle)는 인간에 의해 세상의 모든 것은 동일한 범주끼리 나뉘어져 분류되어 다른 범주들과는 다른 항목으로 구분되는 것은 지극히 자연스런 일이 되어버렸다고 하였다. 오늘날 현대사회에서도 인간을 집단적으로 계층화시키거나 분류하는 일은 일상화되고 있다. 그런데 인간을 구분하는 데 있어서는 인간의 외면적인 조건이나 특성뿐만 아니라 인간의 내면적인 특성을 고려한다. 인간은 독특한 개인적인 성격 특성이라고 할 수 있는 마음의 구조를 가지고 있으며, 이 마음의 구조 가운데에서도 유사한 부분 혹은 다른 부분으로 구분된다. 따라서 인간을 분류하는 데 있어서는 외면적인 특성 외에도 특히 내면적으로 같은 특성을 가지고 있는 사람들끼리 구분하고 이들을 집단화하게 된다.

## 제1절 장애 범주와 유형별 이해

장애 혹은 장애인에 대해서도 장애 특성에 따라 유형화하여 집단화하고 이에 명칭을 붙이고 있다. 예를 들어, 손상의 내용에 따라서 시각장애, 지적장애, 지체장애 등과 같은 범주로 구분된다. 여기에서는 장애의 범주에 따라 장애를 어떻게 구분하고, 각 장애 유형별 특성 등을 어떻게 개념화했는지를 설명하려고 한다. 이로써 장애라 하더라도 다 같은 것이 아니라 다양한 형태를 가지고 있으며, 증상이나 조건들도 제각기 다른 특성을 가지고 있음을 알게 될 것이다.

## 1. 장애 범주와 장애 유형별 이해의 유용성

장애인에 관해 논할 때 장애 범주, 장애 특성, 장애 유형, 그리고 이들 전체에 대해 이해하는 것이 장애인 개인을 사회적 맥락 안에서 어떻게 인식하고, 이해하는가에 도움이 될 것이다. 특히 장애를 이해하고 돕기 위한 방법을 익히기 위해서는 장애인 개인과 장애와 관련된 환경을 이해하는 일이 매우 중요하다. 특정한 장애의 경우에는 사회적으로 부정적인 인식과 두려움을 가지고 있는 경우가 있는데, 예를 들어 에이즈(AIDS)와 같은 경우이다. 대체로 사람이 두뇌에 손상을 입은 경우에는 생의 마지막을 연상하며 비극적인 감정에 빠지기도 한다. 정신장애인에 대해서는 장애인 개인에게 책임의 문제를 따지는 경우가 있다. 지적장애와 자폐성장애를 총칭하는 발달장애는 연령과 발달 정도를 관련지어 생각한다. 다른 장애인들의 경우에는 나이가 많아지면서 운동능력이 떨어지거나 혹은 시력이 떨어질 것이라는 것과 연관해 생각하기도 한다.

사회에서 자신의 장애가 어떻게 비춰지고 있는지에 대한 생각을 완전히 받아들이는 사람, 그들이 사회에 어떻게 적응되는가는 자신들의 장애에 관해 어떠한 생각을 만들어 내는지에 관한 분류 항목에 따라서 장애인의 정체성이 형성되기도 한다. 만약 장애인들이 자신들의 권익을 옹호하기 위한 집단 활동이나 사회운동의 내용에 따라 정체성을 선택한다면, 장애인은 자신과 같은 유형의 장애인 집단 안에서 자신의 장애를 인식하게 되는 방식에 의해 정체성을 결정하게 되는 것이다.

특정 장애인 단체 역시 장애 유형별로 구분된다. 한국농아인협회, 한국지체장애인협회, 한국시각장애인연합회 등을 예로 들 수 있다. 이렇게 장애인 단체를 통해 그 단체에 속한 장애인의 판정 항목이 정해지고, 또한 이들 장애인이 제공받는 서비스나 지원의 내용이 결정되기도 하며, 장애인 단체의 명칭이 서비스이용 대상자를 확인하기 위해 활용되고 있다. 그래서 장애 유형을 이해하는 것은 특정 장애인의 문제를 이해함으로써 이들에게 필요한 서비스를 제공할 수 있다. 즉 장애로 인해 영향을 받게 되는 일상생활, 사회생활, 직장생활 등에 대해 지원 내용을 결정하는 데 도움이 된다.

또한 장애인을 이해하는 데 있어서 의료적 모델에 기초한 장애 개념과 그와 관련한 특성뿐만 아니라 장애인이 가지고 있는 다른 개인 혹은 사회적인 특성 예를 들어, 성, 인종, 종교, 가족사항, 교육수준, 경제력 등에 관해 파악하는 것은 장애인의 또 다른 특성과 이를 통해 영향을 미칠 수 있는 사항들에 대한 이해를 돕는다. 이는 결과적으로 장애인의 장애 외에 겪는 또 다른 문제를 이해하고, 필요한 서비스를 실질적으로 제공하는 데 도움이 된다.

## 2. 장애 범주에 따른 장애 유형별 이해

우리나라에서 장애 범주는 각 법마다 달리 정의되고 있다. 여러 법 중에서 장애인복지 영역에서 가장 많이 활용되고 있는 「장애인복지법」과 「장애인고용촉진 및 직업재활법」을 중심으로 장애 유형별 장애인 이해를 도모하고자 한다.

먼저 우리나라의 「장애인복지법」에 따른 장애인의 개념은 지체장애, 시각장애, 청각장애, 언어장애 등 신체적 장애 또는 정신지체, 정신장애 등 정신적 결함(이하 "장애"라 한다)으로 인하여 장기간에 걸쳐 일상생활 또는 사회생활에 상당한 장애를 받는 자로서 대통령령으로 정하는 기준에 해당하는 자로 정의하였다. 1999년 2월 8일에 개정되어 동년 9월 30일에 확정되고, 2000년 1월부터 시행된 「장애인복지법 시행령」에서 장애인의 개념은 기존 지체장애, 시각장애, 청각장애, 언어장애, 정신지체 이외에 뇌병변장애, 발달장애, 정신질환, 심장장애, 신장장애 등 5개 장애영역이 추가되었다. 또한 2003년 7월부터 호흡기장애, 간장애, 장루장애, 간질장애, 안면장애가 추가로 포함되어 우리나라 장애 유형은 총 열다섯 가지로 분류되었다. 따라서 2019년 현행 우리나라 장애의 정의에는 신체적 또는 정신적 장애라는 의학적 원인이 존재하며, 이러한 원인에 의하여 일상생활이나 사회생활에 상당한 제약을 받고 있는 상태라는 두 가지 조건에 의하여 규정된다.

**표 2-1** 우리나라 「장애인복지법」에 따른 장애분류 및 장애 범주

| 대분류 | 중분류 | 소분류 | 세부분류 |
|---|---|---|---|
| 신체적 장애 | 외부 신체 기능의 장애 | 지체장애 | 절단장애, 관절장애, 지체기능장애, 변형 등의 장애 |
| | | 뇌병변장애 | 중추신경의 손상으로 인한 복합적인 장애 |
| | | 시각장애 | 시력장애, 시야결손장애 |
| | | 청각장애 | 청력장애, 평형기능장애 |
| | | 언어장애 | 언어장애, 음성장애, 구어장애 |
| | | 안면장애 | 안면부의 추상, 함몰, 비후 등 변형이나 기형으로 인한 장애 |

<table>
<tr><th>대분류</th><th>중분류</th><th>소분류</th><th>세부분류</th></tr>
<tr><td rowspan="6"></td><td rowspan="6">내 부 기관의 장 애</td><td>신장장애</td><td>(혈액, 복막) 투석 치료 중이거나 신장을 이식받은 경우</td></tr>
<tr><td>심장장애</td><td>심장의 기능부전으로 인한 호흡곤란 등의 장애</td></tr>
<tr><td>호흡기장애</td><td>폐나 기관지 등 호흡기관의 만성적 기능부전으로 인한 호흡기장애</td></tr>
<tr><td>간 장 애</td><td>간의 만성적 기능부전과 그에 따른 합병증 등으로 인한 간기능장애</td></tr>
<tr><td>장루 · 요루장애</td><td>배변기능과 배뇨기능의 장애로 인하여 장루 또는 요루를 시술한 경우</td></tr>
<tr><td>뇌전증장애</td><td>뇌전증에 의한 뇌신경세포의 장애로 인하여 일상생활이나 사회생활에 상당한 제약을 받아 다른 사람의 도움이 필요한 장애</td></tr>
<tr><td rowspan="3">정신적 장애</td><td colspan="2">지적장애</td><td>정신 발육이 항구적으로 지체되어 지적 능력의 발달이 불충분하거나 불완전하고, 자신의 일을 처리하는 것과 사회생활에 적응하는 것이 상당히 곤란한 장애</td></tr>
<tr><td colspan="2">정신장애</td><td>지속적인 정신분열병, 분열형 정동장애, 양극성 정동장애 및 반복성 우울장애에 따른 감정 조절 · 행동사고 기능 및 능력의 장애</td></tr>
<tr><td colspan="2">자폐성 장애</td><td>소아기 자폐증, 비전형 자폐증에 따른 언어 · 신체적 표현, 자기조절 · 사회적응 기능 및 능력의 장애</td></tr>
</table>

출처 : 보건복지부(2019)

다음으로 장애인 고용정책에 기초가 되는 「장애인고용촉진 및 직업재활법」에서 장애인은 '신체 또는 정신상의 장애로 인하여 장기간에 걸쳐 직업생활에 상당한 제약을 받는 자'로 정의하고 있다. 동법에서는 장애인의 개념과 별도로 중증장애인 정의 규정을 두고 있는데, 여기서 중증장애인이라 함은 '장애인 중 근로능력이 현저하게 상실된 자로서 대통령령이 정하는 기준에 해당하는 자'(장애인고용촉진 및 직업재활법 제2조 제2호)를 말하며, 이를 현행법상 '직업적 중증장애인'이라 할 수 있다.

이상과 같은 장애 범주에 따른 장애 유형화는 향후 각 장애 유형별 개념 정의에서 장애 정체성을 반영하는 접근으로 장애 당사자의 입장을 보다 확실하게 반영할 필요가 있다. 그렇지 않으면 여전히 의료적 · 병리적 시각에서 장애를 보게 되는 오류를 지속적으로 반복하는 결과를 초래할 것이다(조영길 · 김정미 · 노경수, 2016).

한편, 1988년부터 장애인복지서비스 제공 기준이 되어 온 장애등급제가 2019년 7월부터 단계적으로 폐지되고, 그 자리를 종합조사도구가 대체한다. 종합조사도구는 "장애인의 서비스 필요도를 파악하여 필요한 서비스를 지원하기 위해 개인의 욕구와 환경을 포괄적으로 평가하는 종합조사표"이다. 이는 기존의 장애등급제가 지향했던 "의학적 평가 중심에서 벗어나 서비스 필요도를 포괄적으로 평가하고, 궁극적으로 장애인의 지역사회 자립생활을 지원"하는 데에 초점을 둔 것이다. 종합조사표는 △ 기초상담 △ 복지욕구조사 △ 분야별 서비스 필요도 평가 세 개 영역으로 구성된다. 기초상담은 장애 정도, 가족 상황, 주요문제 등을 조사하고 복지지원을 위한 전반적 여건과 환경을 파악한다. 복지욕구조사는 서비스 이용현황, 희망하는 서비스 등을 조사해 공공·민간 서비스 발굴 및 지원과 사례관리에 활용된다. 서비스 필요도 평가에서는 돌봄지원, 이동지원, 소득 및 고용 등 분야별 서비스 필요도를 다양한 평가항목을 통해 계량적으로 평가한다.

### 1) 신체적 장애

#### (1) 지체장애

지체장애란 사지와 몸통의 운동기능장애를 의미한다. 사지는 상지(팔)와 하지(다리)로 구성된다. 상지는 어깨관절에서 손가락 끝, 하지는 골관절에서 발가락 끝까지이다. 몸통은 척추를 중심으로 한 상반신, 목, 머리 부분, 흉부, 복부를 말하는데 내장기관은 포함되지 않는다(나운환 외, 2003). 운동기능장애란 운동기관이 있는 중추신경계, 근육 및 뼈, 관절 등의 부상이나 질병으로 인하여 장기간 일상생활에서 자기 혼자 활동하는 것이 곤란한 상태의 장애를 말한다(권선진, 2005).

① 절단장애

절단은 상지나 하지의 일부분을 잃어버린 상태를 말한다. 상지절단과 하지절단으로 구분된다. 상지절단에는 상완절단(어깨와 팔꿈치 사이), 전완절단(팔꿈치와 손목 사이), 수지절단(손가락)이 있다. 하지절단은 대슬절단(무릎 위), 하슬절단(무릎과 발목 사이)이 있다. 즉, 절단이란 상지나 하지의 일부분을 잃어버린 상태로 서구에서는 하지절단이 약 80%로 많으며, 우리나라의 경우에도 마찬가지지만 서구에 비해서는 상지절단이 상대적으로 많다. 절단의 원인으로 혈관장애에 의한 절단, 산업재해, 교통사고 등 외상에 의해 발생되는 경우가 대부분이다(김종인·우주형·이준우, 2004).

② 관절장애

관절장애는 관절경직, 완전경직, 부분경직의 증상을 갖고 있다. 관절장애는 뼈와 뼈를 연결하고 있는 관절의 운동범위가 제한되어 있는 것을 의미한다. 즉, 해당 관절의 강직, 근력의 약화 또는 마비 관절의 불안정(동요관절, 인공관절 치환 수술 후 상태)이 있는 경우이다. 완전경직은 전혀 움직이지 않는 상태이며 부분경직은 어느 정도 관절운동이 일어나는 경우를 말한다(이준우, 2012).

③ 지체기능장애

지체기능장애는 팔 또는 다리의 마비, 관절의 강직으로 기능에 장애가 있는 경우와 척추의 병변으로 척추강직이 있는 척추장애를 갖고 있는 경우를 말한다(김종인 · 우주형 · 이준우, 2007).

마비는 소아마비, 척수손상 등과 같이 중추신경 또는 말초신경에 장애가 오는 경우이다. 마비는 단마비, 대마비, 편마비, 삼지마비, 사지마비, 양마비, 복마비 등으로 구분된다. 가령 소아마비는 감각에는 이상이 없으나 근육의 힘이 빠지는 이완성 마비로서 보통 비대칭적으로 일정한 유형 없이 불규칙적으로 마비가 오는 것을 말하며 이는 바이러스가 입으로 들어가 목, 내장, 신경계통에 침범하여 근육의 마비를 초래하기 때문이다.

근디스트로피는 통증은 없으나 근육의 진행성 위축을 초래하여 힘이 떨어져서 차차 걷지 못하고 휠체어의 신세를 지거나 자리에 눕게 되는 것이며 제대로 움직이지 못하고 병에 대한 저항력이 떨어지게 되는 경우 호흡이나 심장의 기능이 저하되어 사망에 이르게 된다.

척수장애는 척수의 손상으로 오는 기능장애로 손상부위 아래부터 운동장애와 감각장애가 즉시 나타나고 배뇨에 어려움이 있으며 대변 배설이 잘 안 되고 성기능에도 영향을 받는 것을 말한다. 척수손상의 원인은 교통사고, 산업재해 및 추락사고 등의 외상이 대부분이며 선천성 감염, 혈관질환 등이 질병의 원인이 되기도 한다.

말초신경 손상은 척수나 뇌에서부터 피부나 근육에 이르는 운동신경과 감각신경이 손상되어 감각이 없어지고 근육의 수축이완이 마비되는 것으로서 그 원인은 총이나 칼로 인한 손상, 유리창에 넘어졌을 때, 근육주사를 맞거나 마취 후, 술을 마신 후 깊은 잠으로 인한 특정 신경의 손상, 요골, 비골, 좌골 등의 압박으로 인한 손상 등이며 당뇨병, 요독증, 중금속 중독, 접착제 흡입, 사고 등으로 인하여 그 기능이 저하되기도 한다.

④ 신체변형 등의 장애

신체변형 등의 장애는 신체의 어떤 부분의 외적 모양이 정상과 다른 것을 말하는데, 한쪽 하지가 짧거나 난쟁이와 같이 신체의 전반적인 발육부진으로 왜소한 경우도 변형에 포함된다. 절단은 변형에 포함되지 않는다. 변형은 태어날 때 이미 있었던 선천성 기형보다는 자라는 어린이에게 마비가 있을 때, 뼈의 '성장판'이 손상 받는 경우, 골절 후 잘못 유합된 경우, 오랫동안 진행된 류머티즘 관절염 등으로 인해 발생되는 경우가 많다(김종인 · 우주형 · 이준우, 2007).

### (2) 뇌병변장애

장애인복지법 개정으로 뇌병변장애는 기존의 지체장애 항목에서 분리되었는데, 지체장애와는 다른 특성을 갖기 때문이다(권선진, 2005). 즉, 뇌병변장애란 중추신경의 손상으로 인한 복합적인 장애로 뇌성마비, 외상성 뇌손상, 뇌졸중 등 뇌의 기질적 병변에 기인한 신체적 장애로 보행 또는 일상생활동작에 제한을 받는 것을 의미한다(문선화 외, 2005; 권선진, 2005; 김종인 · 우주형 · 이준우, 2004; 나운환 외, 2003).

① 뇌성마비

뇌성마비는 주로 유아기에 나타나서 시간이 지나도 악화되지는 않는, 운동의 통제에 결함이 생기는 일련의 만성적 장애를 갖는 것을 기술하기 위해 사용되는 포괄적인 장애 용어이다. '뇌성'이라 함은 뇌의 두 반쪽들, 또는 반구를 가리키며 '마비'는 신체운동의 통제에 결함을 일으키는 모든 장애를 말한다. 즉, 뇌성마비는 근육이나 신경의 문제에 의해 발생하는 것이 아니고, 뇌의 운동영역의 손상이나 잘못된 발달이 운동이나 자세의 적절한 통제를 하는 뇌의 능력을 방해하는 상태를 말하는 것이다(김종인 · 우주형 · 이준우, 2007).

뇌성마비는 언어, 학습, 심리적 장애, 지각-감각결손 등의 중복장애가 수반되는 경우가 대부분이다. 뇌성마비 장애인 중 40~50%가 지능장애를 동반하고, 아동 중 약 50%가 사시 등의 시각장애를 수반하며, 언어장애 및 읽기, 쓰기장애로 의사소통에 어려움을 보이고, 감정적 장애를 나타낼 수도 있다. 감정적 장애는 주로 가족의 태도와 주위 환경에 대한 반응태도에 의해 동반된다. 뇌성마비의 원인으로는 출산 전 산모의 과다한 약물복용, 출산 시의 외상으로 인한 출혈과 산소 결핍, 유아기의 심한 황달이나 백일해, 뇌염과 뇌막염, 두부외상 등을 들 수 있다(김종인 · 우주형 · 이준우, 2004).

② 뇌졸중

일반적으로 중풍이라 불리는 것으로, '어떠한 원인으로 인해서 갑자기 뇌혈관이 터지거나 막혀서 뇌 쪽으로 혈액순환이 되지 않거나 직접적인 뇌손상으로 인해 뇌기능에 이상을 일으켜 의식장애, 편마비, 어지럼증, 두통 등이 돌발적으로 발생한 상태'를 말한다. 다시 말해 뇌졸중은 뇌혈관 장애(중풍)로서 편마비 또는 반신불수 등의 신체 반측의 운동 및 감각의 장애를 말하며 뇌의 급격한 혈액순환장애로 일어나는데 혈전이나 경색으로 혈관이 막히거나 출혈로 뇌조직이 눌리고 순환이 되지 않아 발생한다. 대개 동맥경화증이나 고혈압이 원인이 되는 경우가 많으며 심장내막염이나 심장판막염이 그 원인이 되기도 한다(김종인 · 우주형 · 이준우, 2007).

③ 외상성 뇌손상

외상성 뇌손상(traumatic brain injury)은 외상으로 인해 뇌에 손상을 입은 일반적인 상태를 모두 말한다. 폐쇄성 뇌손상(closed head injury), 개방성 뇌손상(open head injury), 그리고 관통성 뇌손상(penetrating head injury)으로 나눌 수 있다. 폐쇄성이냐, 개방성이냐 하는 것은 두개골 안의 경막 손상의 유무로 구분하며 관통성 뇌손상은 외부 물질이 뇌 조직 내에 들어가 손상을 입힌 경우이다(김종인 · 우주형 · 이준우, 2007).

### (3) 시각장애

시각의 기능에는 시력, 시야, 대비감도, 광감도, 색각의 다섯 가지 기능이 있다. 이러한 시각의 기능 중 한 가지 혹은 여러 가지 기능이 복합적으로 손상되었을 때의 상태를 시각장애라 할 수 있다. 시각장애는 '시(視) 기능의 현저한 저하 또는 소실로 인해 일상생활 또는 사회생활에 제약이 있는 사람'을 말하는 것으로 의학적으로 시력장애와 시야결손장애로 구분된다(보건복지부, 2017). 시력이란 물체의 존재나 형태를 인식하는 눈의 능력을 의미하며 시야란 정면의 한 점을 주시할 때 눈에 보이는 범위를 의미한다(송현주, 2019). 우리나라 「장애인복지법 시행령」에서는 시각장애의 기준을 다음과 같이 정하고 있다.

- 나쁜 눈의 시력(공인된 시력표에 따라 측정된 교정시력)이 0.02 이하인 사람
- 좋은 눈의 시력이 0.2 이하인 사람

- 두 눈의 시야가 각각 주시점에서 10도 이하로 남은 사람
- 두 눈의 시야 2분의 1 이상을 잃은 사람

시각장애의 유형을 장애 발생시기에 따라 분류하면 선천성 시각장애, 후천성 시각장애, 중도 시각장애로 분류할 수 있다(송현주, 2019).

- 선천성 시각장애 : 태어날 때부터 시각장애를 가진 경우
- 후천성 시각장애 : 태어난 이후에 질병이나 사고 등과 어떤 원인에 의해 시각에 장애를 입게 된 경우
- 중도 시각장애 : 어려서 실명한 것이 아니라 어느 정도 성장한 이후 또는 성인이 되어 사회에서 생활을 하던 중 시각에 장애를 입거나 실명한 경우

또한 시각장애를 장애 정도에 따라 분류하면 맹(盲)과 저시력(약시)으로 분류할 수 있다(한국장애인고용공단, 2018).

- 맹(盲) : 좁은 의미로는 시력이 0인 경우를 말하나 넓은 의미로는 맹의 한계가 일정하지 못하여 국가마다 혹은 관점에 따라 입장을 달리해 우리나라는 교정시력이 0.04 이하로 밝고 어두움을 구별하는 정도이며 시야는 1m 앞의 손가락을 구별할 수 없는 상태로 정한다.
- 저시력(약시) : 시력이 저하되어 기본적인 일상생활을 불편한 대로 영위할 수는 있으나 우리나라의 경우 교정시력 0.04 이상 0.3 미만으로 정하여 책에 있는 보통 크기의 글자를 읽을 수 없는 상태를 의미한다.

한편, 시각장애인은 공간지각을 위해 시각을 제외한 나머지 감각기관(잔존시력, 청각, 촉각, 후각, 운동감각 등)들에 의존할 수밖에 없는데 전맹인의 경우 손과 발의 감각을 주로 활용하며, 저시력인의 경우 잔존시력을 활용한다(구양회 · 정무웅, 2003; 김인철, 2007). 시각장애인의 잔존시력은 빛과 색상을 감지하기도 한다. 모든 저시력인은 환경단서, 위험물 등을 탐지하기 위해 잔존시력을 활용한다. 건물의 형태를 인지하고, 크기를 대비하거나 빛을 이용한 조명이나 채광을 인지하고, 색채의 무채색 대비를 통해 인지할 수 있다. 그러나 잔존시력을 이용하여 물체를 파악할 때 세밀한 부분을 잘 알지 못하거나 큰 물체에 대한 전체 파악이 어렵고, 전체와 부분을 동시에 파악하기에 어려움이 있다.

또한 청각은 시각장애인의 독립적인 이동에 중요한 단서를 제시하며, 음의 위치 식별과 반향음의 탐지로 공간 크기를 인지하거나 공간정위, 물체 찾기가 가능하며, 안면감각을 통해 뺨이나 전두부에 압력을 느낌으로써 인지한다. 앞사람이 이동하는 소리의 흐름을 통해 방향을 추적하거나 스스로 소음을 발생하여 존재성, 위치추적, 방향 설정이 가능하며 익숙한 목소리 등으로 장소정위가 가능하다.

그리고 시각장애인은 촉각으로 주로 손과 발을 이용하는데 발을 통해서는 바닥마감 등의 지각에 도움을 받고, 손을 통해서는 환경과 환경 사이에 위치하는 물체에 대한 정보를 얻는다. 외부 마감 재질의 인지를 이용하거나 경사각도의 파악을 통한 장소정위가 가능하며, 촉각을 통하여 공간의 형태를 인지할 수 있다.

특히 시각장애인이 공간을 지각하는 데 있어서 나타나는 행동특성을 살펴보면 다음과 같다(임진이, 2006).

- 시각장애인의 보행은 현재의 위치를 파악하고, 목적지의 방향을 결정하는 훈련과정과 목적지를 향하여 걸어가는 이동과정의 결합이다.
- 자신의 위치를 확인할 수 있는 변하지 않는 지형물인 랜드마크가 필요하다.
- 랜드마크와 랜드마크를 잇는 기하학적인 직선보행의 연속이므로 따라 걸을 수 있는 기준선이 있으면 편리하다.
- 단차나 함몰, 돌출 등의 발견이 용이하지 않으면 작은 단차에도 크게 반응하게 된다.
- 일정한 지점이나 방향으로부터의 음향, 빛, 바람 등을 방향 유지의 단서로 활용한다.
- 무릎 이하의 시설물은 위험한 장애물이 될 수 있으며, 키 높이 사이의 가로 시설물이나 나뭇가지 등은 위험하다.
- 저시력인의 경우 색, 혹은 명암 대조를 활용하여 기준선이나 랜드마크를 찾기 위해 이리저리 움직이곤 한다.

### (4) 청각장애

청각장애란 청각기관의 어느 부분이 어떤 원인에 의하여 이상이 생겨서 청력이 지속적 또는 항구적으로 저하되어 있는 상태를 말한다. 「장애인복지법」은 "청각장애로 인하여 장기간에 걸쳐 일상생활 또는 사회생활에 상당한 제약을 받는 자로서 대통령령으로 정하는 기준에 해당하는 자"를 청각장애인으로 규정하고 있다.

그런데 2016년부터 시행되고 있는 「한국수화언어법」에 의하면 청각장애인[2]은 청력 손실과 상실로 인해 의사소통의 장애를 갖고 있는 사람이다. 최근 한국사회에서 청각장애인을 위한 가장 주요한 사회적 대책은 수화를 언어로 인정하고, 삶의 여러 영역에서 수어(手語)가 사용될 수 있도록 사회적 기반을 조성해 나가는 것으로 초점지어지고 있다. 이는 청각장애인을 단지 청각에 장애가 있는 장애인으로 보려는 병리적 시각에서 탈피하여 언어적·문화적 소수집단의 한 구성원으로 이해하려는 사회문화적 관점[3]을 반영하는 경향이라 할 수 있다. 따라서 청각장애인을 '농인(聾人)'이라 지칭하고, 수어를 보급하여 보다 많은 사람이 수어를 이해하거나 사용하려는 변화들이 일어나고 있다.

한편 청각장애의 원인으로는 유전, 모체의 풍진감염, 혈액형 불일치, 조산, 뇌막염 등이 아동기 이전 주요 원인으로 알려져 있고, 성인기에는 각종 사고에 의한 원인이 많다. 어린이 난청의 원인으로는 장애발생 시기에 따라 출생 전에는 유전적 원인과 비유전적 원인(임신 중 질환, 풍진, 바이러스성 질환, 임신 중 약물복용) 등이며, 출생 시에는 미숙아, 출산 시 외상 등이 원인이 된다. 한편 출생 후에는 감염성 질환, 외상, 중이염 등으로 장애가 발생되는 것으로 알려져 있다. 노인성 난청은 진행성 감각신경성 난청의 증세가 대부분으로 보통 65세 이상에서 나타나며, 음향외상성 난청은 소음에 의한 청각장애로서 일반적으로 장기간 소음에 노출되어 생기는 장애로서 폭파음 등으로도 발생될 수도 있다(김종인·우주형·이준우, 2007).

또한 청각장애인은 청력 손실과 상실로 인해 모든 판단을 시각으로 하기 때문에 비장애인보다 수용할 수 있는 정보량이 제한적이고 정보접근성이 낮아 재난이나 위험상황 시 시간상 너무 늦게 정보를 획득하거나 정보를 전혀 얻지 못하는 경우가 있다(김승완 외, 2016, 2017). 실제 환경미화원으로 일하던 청각장애인이 뒤에서 돌진한 차량에 부딪혀 사망한 사건이 발생하였고(연합뉴스, 2016.12.15), 가스온수기에 연결된 호스에서 가스가 노출된 사실을 모르고 있던 중 액화석유가스(LPG)가 폭발해 청각장애인 60대 부부가 화상을 입은 사고가 있었다(비마이너, 2014.5.9). 이처럼 청각장애인은 듣지 못하기에 정보를 습득하지 못하거나 습득하더라도 속도가 늦을 수밖에 없고, 소리가 들리는 것의 의미가 무엇인지에 대해서도 알지 못하기 때

2) 청각장애인 중에서도 수어를 제1언어로 사용하는 경우 농인(聾人) 또는 농아인(聾啞人)이라 칭하지만, 구어(구화) 즉 음성언어를 주로 사용하는 경우 스스로를 구화인(口話人)으로 인식한다.

3) 사회문화적 관점에서 청각장애는 청각 상실보다는 사회적인 장애로 보며 비병리화하는 것으로, 청각장애를 반드시 고쳐야 할 질병으로 보지 않는다. 농(청각장애)이 생물학적인 현상이 아니라 사회문화의 현상이므로 청각장애인은 독특한 그들의 언어와 주체성, 역사, 가치관을 지닌 소수 집단의 구성원으로 인식한다.

문에(김미옥 · 이미선, 2013) 사고 현장에서 청각장애인의 위험발생도가 높은 것은 당연한 일이다(이준우 · 이현아, 2017).

청각장애는 본인이 수어를 사용하기 전까지 장애가 있는 것조차 알기 어렵고 외형상 드러나는 장애가 아니다 보니 위험상황에서 가벼운 장애로 오해를 받기도 하고 장애 정도를 가볍게 생각하는 경향이 있다(이준우 · 김연신, 2011a; 이준우 · 이현아, 2017).

### (5) 언어장애

언어장애는 음성기능 또는 언어기능에 영속적인 현저한 장애가 있는 사람으로 소리를 전혀 낼 수 없든가, 소리는 낼 수 있더라도 음성이나 언어에 의해서 의사를 전달하는 것이 곤란한 장애를 말한다. 언어장애는 소리를 낼 수 없거나 의사소통상의 방해를 받아 사회생활에서 정상적인 적응에 곤란을 겪는 경우로 말을 해도 발음이 정확치 않아 타인에게 쉽게 들리지 않거나, 말의 내용이 적절히 이해되지 않게 말하거나, 음성이 타인이 듣기에 거북하거나, 특정 음성을 변형되게 말하거나, 언어학적으로 불완전하거나, 발성이 어렵거나, 말의 리듬, 음조 또는 고저에 이상이 있거나, 또는 말하는 사람의 연령, 성, 신체적인 발달 정도와 일치하지 않게 말을 하는 경우 등을 일컫는다(김종인 · 우주형 · 이준우, 2004).

언어장애를 세분화하면 다음과 같다(나운환 외, 2003; 김종인 · 우주형 · 이준우, 2004; 권선진, 2005; 문선화 외, 2005 재인용).

① **조음장애**(articulation disorder)

음운장애(phonological disorder)라고도 하며, 말할 때 말소리를 생략, 대치, 왜곡 또는 첨가하는 것을 말한다. 이 조음장애는 기질적 원인과 기능적 원인으로 구분되며, 기질적 원인으로는 구순, 치열, 혀 등의 기형이나 손상 및 신경마비 등을 들 수 있다.

② **음성장애**(voice disorder)

후두, 구강, 비강 등에 장애가 있으면 음성장애를 일으키게 되는데, 음성장애가 후두 내의 기능장애와 관련이 있으면 발성(phonation)장애, 구강 및 비강 통로의 기능장애와 관련이 있으면 공명(resonance)장애라고 한다.

③ **유창성장애**(리듬장애)

말의 흐름에는 유창성, 속도, 리듬 등 세 가지 요소가 포함된다. 이 세 가지 요소 중 일부 또는 전부에 이상이 있으면 말의 흐름에 장애가 있다고 한다. 이를 '리듬장애' 또는 '유창성 장애'라고 하는데 여기에는 말더듬과 속화증(성급하게 말하기)이 있다. 말더듬(stuttering)은 말소리, 음절 또는 조음운동을 비정상적으로 반복 또는 연장하는 것이고, 속화증(cluttering)은 말더듬과 유사하나 말더듬과는 반대로 화자가 자기의 말에 주의를 기울이면 개선되고, 이완되어 있을 경우에는 두드러지게 나타난다.

④ 기타

뇌성마비, 지적장애, 청각장애에 따른 단순언어장애, 언어발달지체, 실어증 등이 있다(김종인 · 우주형 · 이준우, 2007).

- 단순언어장애 : 언어발달지체 또는 언어발달 이상과 구별하여 단순언어장애(specific language impairment)라 지칭할 때는 언어 이외의 다른 영역 즉 사회성이나 인지 등이 전혀 문제가 되지 않지만 언어의 규칙을 이해하고 언어상징을 이해하는 데는 어려움을 보이는 경우를 지칭한다. 그러므로 단순언어장애를 진단하기 위해서는 아동의 생활연령, 정신연령, 비구어적 지능으로 예상되는 언어능력과 아동의 실제 수행 사이에 차이가 있고, 그러한 문제는 청력손실, 정신지체, 정서장애 등에 의한 것이 아니어야 한다.
- 언어발달지체 : 많은 언어 임상가들은 언어발달지체(language developmental delay)와 언어발달이상(language devient)을 나누어 설명한다. 언어발달지체를 가진 아동은 자기 나이보다 어린 아동의 상징체계를 보인다. 즉 생활연령이 같은 아동에 비하여 덜 발달된 또는 늦은 언어 양상을 보이는 것이다. 이에 속하는 대표적인 그룹은 정신지체아동이라고 할 수 있다. 반면에 언어발달이상인 아동은 다른 사람에게 자신의 의도를 전달하는 데 다른 아동에게서는 별로 나타나지 않는 특이한 규칙을 사용하는 경우가 많다. 많은 자폐아동이 이 그룹에 속하게 되는데 한 낱말 단계의 사용을 보이지 않다가 어느 날 갑자기 문장과 비슷한 조합을 보인다든지 반향어 사용이 오래 가고 듣는 사람과 말하는 사람의 입장의 구별이 거의 안 된다든가 하는 것이 그 예이다.
- 실어증 : 한 번 언어를 익힌 사람이 뇌졸중이나 사고에 의하여 언어와 관련된 뇌중추를 손상당하는 경우 이에 의한 언어장애를 보일 수 있다. 이를 모두 실어증(aphasia)이라고 하며 어느 부위를 손상당했는가에 따라 베르니케 실어증, 전도 실어증, 브로카 실어증이나 전반 실어증 등으로 나눈다.

### (6) 안면장애

안면장애는 사회가 고도로 발달하고 산업화되면서 발생하는 산업재해나 각종 사고, 의학의 발달로 인한 유전적 질환을 가진 환자들의 생존율 증가 및 환경오염으로 인한 유전적 질환의 증가 등과 더불어 지속적인 증가 추세에 있다. 안면장애는 간단히 설명하면 안면기형이라고 할 수 있는데 안면기형은 일단 발생하고 나면 현대 의학이 많이 발달하였다고는 하지만 원상회복이 거의 불가능하여 질병이나 상해의 단계에서 장애로 이행하게 된다.

안면장애인들은 원인이 되는 질환 자체로 겪는 어려움과 동시에 경우에 따라 미용수술로 분류되어 보험혜택을 받을 수 없는 비싼 수술비로 인한 경제적 부담이라는 이중고를 겪고 있다. 더 심각한 것은 사회적 적응의 문제와 경제활동 기회의 제한 때문에 환자뿐만 아니라 가족 모두 큰 고통과 어려움을 겪고 있다는 것이며, 선천적 원인이나 어릴 때 입은 화상이나 손상으로 인한 안면기형 환자인 경우에는 심리적 장애까지도 유발하며 평생을 고통 속에서 살아야 한다(김종인 · 우주형 · 이준우, 2004).

이러한 안면장애에는 면상반흔, 색소침착, 모발결손, 조직의 비후나 함몰, 결손이 포함되며 가장 흔한 경우가 화상이다(한상교, 2003). 화상은 열 · 전기 · 화학물질 등으로 인한 외상으로서 일반외상과는 달리 치료과정 중에 엄청난 고통을 동반할 뿐만 아니라 치료 후에는 영구적인 화상 흉터가 남게 되는 심각한 질병이다(김효진, 2004). 안면장애는 화상이든 다른 원인이든 안면부의 장애와 모발결손을 말한다. 안면부라 함은 두부, 안면부, 경부, 이부와 같이 상지와 하지, 몸통 이외에 일상적으로 노출되는 부분을 의미하며, 모발결손은 탈모증에 의한 것은 제외하며 반흔을 동반한 모발결손으로 국한한다(김종인 · 우주형 · 이준우, 2007).

안면장애인의 특성을 안면장애인 중 가장 많은 비중을 차지하고 있는 화상장애인을 중심으로 하여 살펴보면, 화상장애인은 사고 직후 병원응급실로 이송되는데 상처의 특성상 일반병원에서는 치료의 어려움과 낮은 의료수가를 이유로 진료를 꺼리고 있으며, 중환자의 경우에는 국내의 극소수 화상전담 병원에서만 치료를 받고 있는 실정이다. 그래서 위급한 환자의 경우는 전담병원으로 이송되는 과정에서 목숨을 잃는 경우가 허다하다. 이렇게 어렵게 치료를 받게 되는 화상 환자들은 치료를 하는 과정에서 말로 형언할 수 없을 정도의 고통을 겪게 되는데, 목숨을 건진 화상 환자들이 치료과정 중의 고통으로 인하여 차라리 죽는 게 나을 거라는 표현을 할 정도로 화상치료의 고통은 엄청나다(김효진, 2004).

하지만 화상 환자의 고통이 여기에서 끝나는 것이 아니다. 화상장애인들은 치료과정의 엄청난 고통을 감내하며 살아남아서 1차적인 치료를 마쳐도 남겨진 흉측한 상처 앞에서 좌절하게 된다. 이것은 단순한 육체적인 고통에서 벗어나 정신적으로도 견디기 힘든 것이기 때문에 외모의 변형에서 오는 자아의 상실감은 물론이고, 가족이나 이웃으로부터 버림받거나 외면당하는 데서 오는 소외감으로 급기야 화상장애인들을 자살로 몰아가기도 한다(김효진, 2004). 이런 극단적인 상황 외에, 화상장애인들의 얼굴과 몸에 남은 화상 흉터가 징그럽다는 이유 하나만으로 화상장애인들은 일반인들로부터 따가운 시선을 받게 되고, 나아가 학교나 직장 등의 사회생활도 힘든 상태이다(한상교, 2003).

### 2) 정신적 장애

#### (1) 지적장애

지적장애는 '현재 지적기능에 있어서 실질적인 장애가 동반된 상태'를 의미한다. 「장애인복지법 시행령」에 의하면 지적장애인은 정신발육이 항구적으로 지체되어 지적 능력의 발달이 불충분하거나 불완전하고 자신의 일을 처리하는 것과 사회생활에의 적응이 상당히 곤란한 사람을 의미한다(김종인 · 우주형 · 이준우, 2007).

#### (2) 자폐성 장애

자폐성 장애란 뇌손상 또는 뇌의 발달에 문제가 있어서, 인지, 대근육 운동, 소근육 운동, 지각, 언어 등의 모든 영역에서 정상적인 발달을 하지 못하는 광범위성 발달장애를 의미한다. 주요 장애특성으로는 대인관계의 관심이 결여되어 있고, 심각한 의사소통의 장애가 있으며, 자해를 하는 행동도 보이며, 한정된 활동과 흥미만을 보인다는 것이다. 장애인복지법 시행령에 의하면 발달장애인이란 소아기 자폐증, 비전형적 자폐증에 의한 기능 및 능력장애로 인하여, 일상생활 혹은 사회생활을 영위하기 위한 기능 수행에 제한을 받아 도움이 필요한 사람이다(김종인 · 우주형 · 이준우, 2007).

한편 최근에는 지적장애와 자폐성장애를 묶어 발달장애로 통칭하는 추세다. 실제로 「발달장애인 권리보장 및 지원에 관한 법률」 제1장 제2조에 따르면, 발달장애는 국내법에서 국내법에서 지적장애와 자폐성장애로 규정하고 있다(법제처, 2019). 이 같은 입법의 배경에는 대다수의 발달장애인이 지적 능력과 판단력 부족으로 성인이 되어도 사회적응 능력이 부족하며 의사소통의 어려움으로 자신과 관련된 권리를 주장하기 어렵고(정연수, 2017), 타인에게 의존적이거나 원만하지 못한 대인관계 특성을 갖기 때문이다(임혜경 · 박재국 · 이연재, 2017).

### 3) 정신장애

정신장애란 정신병 · 인격장애 · 기타 비정신병적 정신장애를 가진 자로 지속적인 조현병, 분열형 정동장애, 양극성 정동장애 및 반복성 우울장애에 의한 기능 및 능력장애로 인하여 일상생활 혹은 사회생활을 영위하기 위한 기능수행에 현저한 제한을 받아 도움이 필요한 사람이다. 정신장애란 일반적으로 생각, 느낌, 행동이 병리학적으로 특징지어지는 상태를 의미하며, 어떤 조건에 의하여 영구적이거나 반영구적인 정신적 장애를 갖게 되거나 질병으로 인하여 이전의 정신적 기능으로 되돌아갈 수 없는 것을 말한다. 정신장애는 질병 자체의 활발한 진행 이외에 질병으로 인한 기타 사회적 기능까지 손상되어 증상이 사라진 후에도 질병 이전의 상태로 복귀하지 못하는 특징이 있다.

우리나라 「정신건강복지법」 제3조의 정의에 따르면 정신장애인을 정신질환자로 규정하면서 '망상 · 환각 · 사고나 기분의 장애 등으로 인하여 독립적으로 일상생활을 영위하는 데 중대한 제약이 있는 사람'으로 정의하여 중증정신질환자로 축소하여 정의하고 있다(보건복지부, 2019).

여기서 말하는 중증정신질환자는 「장애인복지법」상에서는 만성정신장애인으로 규정하면서 어떤 정신적 또는 정서적 장애와 더불어 일상생활(위생 및 자기 보호, 대인관계, 사회적 교류, 학습과 여가활동 등)의 세 가지 이상 측면에서 기능적 능력의 발달과 경제적 자립을 저해하는 만성적인 장애를 지니고 있는 사람을 지칭한다. 직업적 관점에서 보면, 정신장애인이란 정신적 장애로 인하여 장기간에 걸쳐 일상생활이나 직업생활에 상당한 제약을 받는 사람을 의미한다.

미국정신의학회(American Psychiatric Association)의 '정신장애 진단 및 통계편람(DSM-5)'에서는 대표적인 정신장애로 조현병 스펙트럼 장애, 양극성 및 관련 장애, 우울장애, 불안장애 등을 제시하고 있다.

한편 국내 · 외적으로 가장 널리 사용되는 정신장애진단 및 통계편람(미국정신의학회 : APA)에 따라 정신장애 중 대표적인 조현병 스펙트럼 장애(Schizophrenia Spectrum Disorders)를 세부적으로 분류하면 〈표 2-2〉과 같다.

**표 2-2 조현병 스펙트럼 장애 분류**

| 유형 | 내 용 |
|---|---|
| 망상장애 | 비교적 다른 기능은 온전하지만 한 가지 이상의 망상이 특징적으로 나타나는 경우 |
| 단기 정신증적 장애 | 조현 증상이 1일 이상 1개월 이하로 짧게 끝나는 경우 |
| 조현형 장애 | 조현 증상이 1개월 이상 6개월 이하로 나타나는 경우 |
| 조현병 | 조현 증상이 6개월 이상 지속되는 경우 |
| 조현정동장애 | 조현 증상과 우울증 또는 조증이 함께 나타나는 경우 |
| 조현형 성격장애 | 경미한 조현 증상이 성격의 일부처럼 지속적으로 나타나는 경우 |

### 4) 내부 장애

#### (1) 신장장애

신장은 신체의 노폐물을 제거하고 수분량을 조절하고 건강한 뼈를 조절하고 혈압과 적혈구 생성을 조절하는 역할을 한다. 신장장애는 통칭 만성신부전을 뜻하는 말로 정상적인 신장은 인체의 불순물을 제거하고 체내의 수분을 균형 있게 유지시켜 주지만 만일 만성 신장 질환으로 인해 신장에 이상이 발생하게 되면 신장은 더 이상 정상적인 기능을 할 수 없게 된다. 따라서 신장장애가 생기면 혈액 정화를 목적으로 혈액투석기계를 사용하며, 혈액투석을 하거나 인체의 복막을 이용한 복막투석을 하게 된다. 진료일수가 길고 병원에서 소비하는 시간이 많아 취업 등 사회적 활동의 제약이 있으며, 의료비 부담이 커서 경제적인 고통을 받고 있다(김종인 · 우주형 · 이준우, 2007).

신장장애의 원인으로는 당뇨병, 만성 신장염, 고혈압, 다낭신, 기타 약제, 만성 신우염 등이 있다. 신장장애인의 수는 당뇨병이 계속 증가 추세에 있고, 만성 신장염이 뚜렷한 치료가 없을 뿐만 아니라 말기 신부전증 환자들의 생존율이 증가하면서 전체적으로 크게 늘어나고 있다. 신장장애의 치료는 첫 번째로 식이요법이 있는데 이는 단백질, 수분, 염분 섭취를 제한하는 것이고, 두 번째는 투약치료로 항고혈압제, 빈혈치료제 등을 투약하는 것이고, 세 번째는 신대치 치료법으로 혈액투석, 복막투석, 신장이식 등이 있다(김종인 · 우주형 · 이준우, 2004).

신장장애는 정상적인 타인의 신장을 말기 신부전 환자에게 이식함으로써 정상적인 기능을 유지할 수 있지만 경제적인 문제와 공여자 수의 제한으로 신장장애인들은 혈액정화를 위한 투석요법을 시행받고 있다. 투석요법은 신장 기능의 일부를 대신해 주는 치료법으로 대개 신장 기능이 90% 이상 소실되었을 때 필요하다.

이 투석요법은 진료일수가 길고 병원에서 소비하는 시간이 많아 취업 등 사회적 활동의 제약이 크고, 의료비 부담(월 60~80만원) 등 경제적인 고통이 큰 어려움이 있다. 일부 혈액투석환자는 의료비 부담을 덜고자 의료보호 1종을 지정받기 위해 가족과 따로 떨어져 사는 가족해체라는 극단적인 상황을 감수하기도 한다. 신장장애인의 경우 식사, 수분 섭취, 사회활동에도 제한이 있으므로 환자의 급속한 증가와 함께 신장이식을 추진시키는 노력이 추진되고 있다(권선진, 2005).

신장장애의 판정은 신장의 기능장애가 앞으로 회복할 가능성이 극히 적고 일상생활 활동이 현저히 제한되는 경우를 말하며 현재 혈액투석이나 복막투석을 받고 있는 사람을 대상으로 하며, 신장이식자의 경우 이식 후에는 유예기간을 1년으로 하여 그 후에는 장애인 지정을 취소할 수 있도록 하고 있다.

### (2) 심장장애

심장장애인이란 "심장의 기능 부전으로 인하여 일상생활 정도의 활동에도 호흡곤란 등의 장애가 있어 일상생활 활동에 현저한 제한을 받는 사람"으로 규정되어 있다. 이러한 심장장애는 심장수축력 정도와 운동능력 정도에 따라 판정하는데, 심장수축력은 심초음파의 박출계수로, 운동능력은 활차를 이용하여 측정하게 되며, 다른 장애 유형에 비해 비교적 중증인 경우에만 장애로 인정하고 있다(김종인 · 우주형 · 이준우, 2007).

심장장애인은 일상적인 생활뿐만 아니라 사회생활에서 큰 어려움을 겪게 되며, 특히 직업생활이 어려운 경우가 많아서 경제적 어려움 또한 가중되고 있다고 하겠다. 따라서 정기적인 진단이나 약 복용 등으로 무리한 작업에는 부적합하여 선진국에서는 이들의 직업재활을 위한 재택근무, 시간제 근무 등의 직무 재배치가 시도되고 있다(한국장애인고용촉진공단, 1999).

심장장애는 심장의 기능부전으로 인하여 일상생활 정도의 활동에도 호흡곤란 등의 장애가 있어 일상생활 활동에 현저한 제한을 받는 장애이다. 원인으로는 심장판막결손, 심장근육질환 등 심장의 손상이나 동맥폐쇄질환, 혈전후증후군 같은 현관의 손상, 고혈압과 같은 혈압의 장애 등으로 구분될 수 있다. 심장은 혈액순환의 원동력이 되는 기관으로 수축과 확장을 반복하여 혈액을 신체의 구석구석까지 보내는 펌프 역할을 한다. 심부전은 심장의 펌프 기능이 장애를 일으켜 정맥압을 상승시키고, 충분한 양의 산소를 말초조직에 공급할 수 없는 상태를 말하며 '심기능부전'이라고도 하며, 심부전은 모든 기질적인 심장질환에 기인하여 생긴다(권선진, 2005).

심장장애의 증상에 따라 좌심부전의 경우에는 호흡곤란이 수반되고 심부전이 가벼울 경우에는 운동할 때 증상이 나타나지만 병세가 진행되면 가만히 있을 때에도 호흡이 곤란하게 된다. 우심부전의 특징은 신체 말초조직에서 심장으로 혈액을 운반하는 정맥의 확장과 수분 및 전해질의 저류이며 이들에 의해 경정맥 부족 등의 장애가 발생된다(김종인 · 우주형 · 이준우, 2007).

심장장애의 판정은 1년간 동일 심장질환에 대하여 지속적으로 치료하였다는 것을 증명하는 치료력 또는 의사(순환기분과) 소견서를 확인하고 최근 2개월간의 환자 상태와 임상 및 검사소견으로 장애등급을 판정한다. 판정시기는 1년 이상의 성실하고 지속적인 치료 후에 호전의 기미가 거의 없을 정도로 장애가 고착되었을 때에 장애를 진단한다. 심장장애는 의료적 여건 및 치료 등에 의하여 장애 상태가 변화 가능성이 있으므로 매 2년마다 등급판정을 다시 받아야 한다. 다만, 2회의 재판정(최초판정을 포함하여 3회)에서 동급판정을 받은 경우에는 이후의 의무적 재판정에서 제외할 수 있다. 심장장애에 있어 질환 정도와 질환으로 인한 능력장애 정도는 운동부하 검사, 심초음파, 수술병력, 입원병력, 치료병력 등을 기준으로 판정한다. 심장장애는 의료적 여건 및 치료 등에 의한 장애 상태에 변화의 가능성이 있으므로 매 2년마다 등급판정을 다시 받도록 하고 있으며, 6개월 이내에 1회의 입원경력이 있는 경우에 입원치료로 인하여 검사결과가 다르게(장애등급이 낮게) 나타날 수 있으므로 퇴원 후 2개월이 지난 후에 진단하도록 한다.

### (3) 호흡기장애

호흡기장애란 폐나 기관지 등 호흡기관의 만성적 기능부전으로 인한 호흡기능의 장애로 인하여 일상생활을 하는 데 있어 상당한 제한을 받고 있으며 동시에 진행 중인 장애를 의미한다(진교영, 2005). 호흡기장애의 원인으로서 가장 큰 문제가 되고 있는 것이 장기간의 흡연이며, 다음으로는 대기오염, 그 가운데에서도 질소나 유황의 산화물질이 심각하며 만성 감염증(특히 우리나라의 경우 폐결핵에 의한 대상성 폐기종), 알러지성 자극 및 유전적 소인 등이 있다. 유형으로는 만성 천식, 만성 폐색성폐질환, 기관지 확장증, 결핵성 파괴폐, 진폐증, 폐 섬유화증, 원발성 폐고혈압 등이 있다.

중요하고 흔한 증상은 호흡곤란이며 이로 인하여 삶의 질이 매우 불량하다. 특히 폐렴 등 호흡기에 감염이 발생하면 평소 안정 상태에서는 큰 불편을 느끼지 못했던 증상이 갑자기 악화되어 호흡곤란을 더욱 심하게 호소하게 된다. 그리고 평상시 호흡운동에는 많이 사용하지 않는 호흡보조근육이 동원될 정도로 호흡이 힘들어지고 호흡의 깊이가 얕아지며 호흡수도 빨라지는데 이때 호흡은 더욱 길어지면서 강해진다. 청색증(cyanosis)이 나타나기도 하며 심할 경우에는 며칠씩 잠을 이루지 못해서 거의 탈진 상태에 이르게 되고 더욱 심해지면 의식이 혼미해져 혼수 상태에 빠지기도 한다. 기도가 폐쇄되면 청진상 천명음(whezzing)이 들리며 심한 경우에는 호흡음이 들리지 않을 수도 있다. 기타 다양한 호흡기 증상이 나타날 수 있으며 그 결과로 불안과 우울증이 발생한다(진교영, 2005).

호흡기장애의 판정은 충분한 내과적 치료에도 불구하고 최초 진단 이후 1년 이상 지속적으로 유지되는 만성 호흡기 질환임을 확인해야 하며 최소 2개월 이상의 반복적인 검사결과 중 낮은 등급으로 판정한다. 향후 장애 정도의 변화가 예상되는 경우에는 반드시 재판정을 받도록 하여야 한다. 이 경우 재판정의 시기는 최초 진단일로부터 2년 이상 경과한 후로 한다. 2년 이내에 장애 상태의 변화가 예상될 때에는 장애의 진단을 유보하여야 한다.

#### (4) 간장애

간의 만성적 기능부전과 그에 따른 합병증 등으로 인한 간 기능의 장애로 인하여 일상생활을 하는 데 있어 상당한 제한을 받는 사람 중, 소관 전문의의 최초 진단 이후 1년 이상이 경과하고, 2개월 이상의 적극적인 치료에도 불구하고 호전의 기미가 거의 없는 만성 간 질환자를 간장애인으로 정의하고 있다(박상섭, 2005).

간은 체외에서 유입되거나 체내에서 생성된 각종 물질을 가공 처리하고 중요한 물질들을 합성하여 공급하고, 혈액을 저장하는 역할, 면역기관의 역할 등을 하며, 간은 이렇게 체내의 중요한 기능들을 수행하기 때문에 간 기능이 심하게 저하되면 여러 가지 문제가 발생한다. 간의 손상 원인은 소아의 담도 폐쇄증에서부터 성인의 바이러스성 간염 또는 알코올성 간염, 윌슨씨 병 등으로 구분된다(박상섭, 2005).

간장애 판정은 대상자의 질병 상태 등에 대한 소관 전문의의 최초 진단 이후 1년 이상이 경과하고, 2개월 이상의 적극적인 치료에도 불구하고 호전의 기미가 거의 없는 만성 간 질환의 경우를 대상으로 한다. 충분한 내과적 치료에도 불구하고 장애가 지속적으로 유지되는 간경변증, 간세포암종 등 만성 간 질환임을 확인해야 하며 최소 2개월 이상의 반복적인 검사 결과 중 낮은 등급으로 판정한다. 향후 장애 정도의 변화가 예상되는 경우에는 반드시 재판정을 받도록 하여야 한다. 이 경우 재판정의 시기는 최초의 판정으로부터 2년 이상 경과한 후로 한다. 2년 이내에 장애 상태의 변화가 예상될 때에는 장애의 판정을 유보하여야 한다. 판정기준은 잔여 간기능과 합병증의 평가를 토대로 한다. 합병증은 복수,[4] 자발성 세균성 복막염,[5] 간성뇌증,[6] 만성 뇌증[7]으로 판단한다.

### (5) 장루장애

장루장애란 각종 사고나 질병 등으로 정상적 배변 기능을 상실 당함에 따라 복벽에 외과적인 방법을 통하여 인위적으로 설치해 준 대장 또는 소장의 돌출 누공을 말한다. 바로 이곳을 통하여 소변 또는 대변이 보유자의 의사와는 상관없이 연속적으로 분출되는 것이다. 장루를 가진 장애인은 구조적인 변화와 더불어 기능적인 변화를 수반하는 시술로 신체상 변화와 관리에 따르는 부담을 갖고 살게 된다. 장루 장애인은 배설물에 대한 관념과 배설방법이 변화되고, 신체구조도 변하기 때문에 매우 당황하게 되며, 배설 조절의 상실에 따라 관리가 제대로 안 되었을 때 자아존중감 상실, 부끄러움, 타인과의 접촉 기피, 자기 거부와 절망의 감정을 갖게 된다(박종희, 2004).

### (6) 뇌전증장애

과거 간질이라고 불렸던 뇌전증장애란 대뇌에서 비정상적인 전기적 방전이 발생하여 자신의 의지와는 상관없이 갑작스럽게 폭발적으로 다양한 현상이 반복하여 일어나는 현상을 일컫는 말로 전간(癲癇), 경기(驚氣) 혹은 간기(癎氣) 혹은 경풍(驚風) 등의 한의학적 개념에서 유래하며 서양의학에서도 오늘날의 뇌전증(epilepsy)이란 용어가 발작이란 의미를 포함하고 있는 그리스말 'epilepsia'에서 유래되었다. 현대의학에서는 뇌전증(epilepsy)이란 용어는 대뇌에서 발생하는 질병 상태에 국한되어 사용되고 있으며 오늘날 경련성질환이란 용어는 뇌전

4) 저명한 이학적 소견, 복수 천자, 영상검사(복부 초음파 및 복부 전산화단층촬영 등)에 의해 1개월 이상 지속된 복수가 증명된 경우에서 복수를 일으킬 수 있는 다른 원인이 배제된 경우이다.

5) 복강 내에 외과적으로 치료할 수 있는 감염원이 없고, 복수 다형핵세포수가 250/㎣ 이상이면서 복수 배양검사상 양성이거나 임상적으로 자발성 세균성 복막염으로 진단된 경우이다.

6) 만성 간질환 환자에서 임상적으로 증명된 간성뇌증에서 혼수를 일으킬 다른 원인이 배제된 경우이다.

7) 뇌기능의 장애가 치료를 함에도 불구하고 4주 이상 지속되는 경우이다.

증과 같은 의미로 사용되고 있다(김문수, 2003). 발작이 일어난다는 것은 뇌의 작용 특히 대뇌 기능에 갑작스런 장애가 일어났음을 의미하는 것이다. 따라서 뇌전증이란 만성적으로 경련 발작이나 이와 관련되는 증상들이 반복되어 일어나는 상태를 말하는 것으로 한 가지 질병이 아니기 때문에 정확한 진단에 의한 적절한 치료가 무엇보다도 중요하다(신현숙, 2004).

최근 뇌전증 치료는 진단기술과 치료법의 개발로 인하여 비약적인 발전을 이루었다. 과거에는 경련발작을 조절한다는 개념의 치료법이었으나 요즈음은 경련발작을 완전히 없도록 하는 완치의 개념으로까지 진전을 이루었다. 뇌전증 발병 조기에 적극적으로 치료한다면 대부분의 뇌전증은 평생 약을 먹으면서 지니고 갈 장애가 아니라, 일시적인 기간 동안 적극적인 치료를 통하여 완치될 수 있는 질환이 된 것이다. 하지만 이와 같은 현격한 의학적 발달에도 불구하고 여전히 많은 뇌전증장애인들은 완치되지 못한 채 어려움을 겪고 있다.

## 제2절 장애 발생과 진행, 그에 따른 결과

사회복지실천 현장에서 사회복지사들은 개입실천 대상인 장애를 갖고 있는 서비스이용자에 관한 충분한 이해[8]가 이루어질 때 비로소 관계가 형성되고 서비스이용자가 필요로 하는 서비스를 제공할 수 있게 된다. 그러므로 장애인을 대상으로 하는 사회복지실천에서는 장애인에 대한 바른 이해를 반드시 필요로 하는데, 특히 장애인의 일반적인 특성을 이해하는 데 있어서, 장애와 관련된 개인적인 경험을 이해하는 일은 그 무엇보다도 우선되는 작업이 된다.

장애 경험은 보건의료 및 사회복지시설이나 학교와 기타 삶의 현장에서 살아가는 동안 친구, 가족 또는 다른 여러 사람과 관계를 맺게 될수록 이동성의 제약, 청각과 시각의 한계를 가질 때, 그리고 다른 많은 제한들을 가질 때, 장애로 인한 고통이 더 배가되는 현실에 직면하게 되면서 차곡차곡 쌓여지게 될 것이다. 특히 장애를 진단하고 평가하는 과정 속에서 형성되는 낙인과 편견으로 인해 무수히 생겨나는 분노와 어쩔 수 없는 환경에 적응하려는 누그러짐의 반복 속에서 표출되는 특별한 경험에 대해서 설명할 것인데 이는 장애가 없는 사

8) 제2절 장애 발생과 진행, 그에 따른 결과에서 다루는 장애인의 경험에 관한 대부분의 내용은 줄리엣 C. 로스먼이 쓰고, 이준우(2008)가 번역한 <장애인과 함께하는 사회복지실천>의 '제8장 장애경험의 이해 : 장애의 발생, 진행 그리고 결과'에서 가져왔음을 밝힌다. 물론 내용 중 일부는 한국적인 상황으로 수정하였으며 전반적으로 그 내용을 압축해서 설명하였다.

람들은 예측할 수 없었던 일상의 내용이 될 것이다. 또한 비장애인과 전적으로 외형상 다르게 보이는 장애와 외견상으로는 비슷하지만 생각과 행동에서 큰 차이를 보이는 장애 등 매우 다양하게 나타나는 장애 경험에 대한 사례들도 살펴볼 것이다.

## 1. 장애 발생과 직후

### 1) 장애 진단

사람들은 장애를 입게 되면서, 지금까지 자신들이 생각하고 인식하던 것들에 의해 영향을 받게 되며 그 결과 생겨난 새로운 인식들이 장애인 자신의 장애를 이해하고 받아들이는 것에 영향을 미치게 된다. 예를 들어, 한 장애인이 선천적으로 장애를 가지고 태어나거나 혹은 매우 어린 시절에 장애를 갖게 된 경우에는 그 장애인은 자신의 삶 전반에 걸쳐 생활하면서 여러 가지 면에서 생각하고 이해하고 판단하는 데 장애와 무관하게 인식하는 경우는 없을 것이다. 그러나 인생의 중간 시기에 사고나 질병 등으로 인해 장애를 입게 되는 경우, 즉 중도 장애인의 경우 장애를 새롭게 이해해야 하는 문제와 자신의 장애를 받아들이는 문제는 장애를 입은 당사자에게는 커다란 도전이 된다. 특히 장애가 발생된 즉시, 장애인과 그들의 가족들을 비롯한 주변 사람들이 경험하는 감정은 놀라움과 충격이며 동시에 이를 부인하는 등의 다양한 반응을 나타내게 된다.

#### (1) 아동기 이전의 장애에 대한 경험

인간에게 있어 아동기는 성격 형성이나 자아정체성을 개발하게 되는 중요한 시기이다. 선천적으로 장애를 가지고 태어난 유아 혹은 매우 어린 시기에 장애를 입게 된 경우, 장애를 경험한 순간 이들에게 장애는 한 부분이 된다. 장애인들이 즉각적으로 장애를 경험하게 되는 것은 이들 아동기의 장애인들이 어떠한 장애를 가지고 있는지에 따라서 차이가 있으며, 때로는 장애가 중증인지 혹은 경증인지에 따라서 차이가 있을 수도 있고, 장애가 외면적으로 나타난 사람들 누구나 즉각적으로 인식할 수 있는 장애인지 혹은 내면적인 장애 혹은 정신적인 장애로 인해 사람들에게 즉각적인 인식이 되지 않는 경우 등 여러 형태와 상황에 따라서 다양한 반응을 하게 된다.

그러나 대체로 얼마 지나지 않아 같은 또래의 다른 아동들과 비교하였을 때, 신체상으로

나 외형상으로나 정서, 행동, 혹은 언어 등의 지적인 발달에 있어 차이를 발견하게 되면서 장애에 대한 인식을 구체적으로 하게 된다. 장애아동 부모의 경우, 자신의 자녀와 다른 아동의 차이를 인식하게 되면서 종종 이들 장애아동에 대해서는 다른 아동들과 다른 방식을 취하게 된다. 예를 들어, 부모나 가족들은 장애아동에 대해 과잉보호 혹은 방임, 학대 등을 하는 경우가 있으며, 학교 교사는 이들의 학습을 비롯한 발달과 성취를 낮게 기대하기도 하며, 주변 사람들로부터는 놀라움과 두려움 혹은 경계하는 태도 등을 경험하게 된다.

장애아동과 함께하는 성인, 예를 들어 부모 혹은 가족들의 경우, 이들은 아동에게 장애가 발생한 것에 대한 가장 큰 놀라움과 어려움을 동시에 경험하게 된다. 특히 자신의 아동이 다른 아동들과 차이가 있다는 사실을 발견하면서, 이 장애아동에게 어떻게 행동해야 하는지를 알지 못해 당황하게 되며, 자신의 실수나 불찰로 인해 아동이 장애를 입게 된 것이 아닌가 하는 죄책감과 두려움으로 고통스러워한다. 모든 부모들은 자신의 자녀에 대해 항상 완벽한 아동을 꿈꾸어 왔는데, 이러한 기대가 무너지면서 자신의 자녀가 장애가 있다는 사실과 자신의 자녀가 완벽하지 못하며 동시에 다른 또래아동들에 비해 능력이 떨어진다는 사실에 대해 분노와 좌절 그리고 실망을 하게 된다. 대부분의 사람들이 자신의 자녀를 통해 인간의 완벽한 모습을 기대하였으나 이러한 완벽한 모습에 대한 희망을 포기해야 하는 일, 그리고 자녀의 장애가 자신의 불찰로 인해 발생되었다고 믿는 일이 빈번하게 일어난다.

어찌되었든 장애아동의 부모들은 장애에 대해 처음으로 자신의 자녀가 장애를 가지고 있다는 사실을 경험하는 계기가 되었고, 처음에 경험하는 이런 일들은 지금까지 장애에 대해 무관하게 살아왔기 때문에, 앞으로 장애자녀를 어떻게 양육해야 할 것인지, 어떠한 재활치료와 교육을 받도록 해야 하는지, 그리고 현재의 장애 상태가 앞으로 어떻게 발전할 것인지, 혹은 어떤 변화가 일어날 것인지, 또한 이들을 지원하는 서비스 체계는 있는지, 만약 지원 서비스가 있다면 이러한 서비스에 어떻게 접근하고, 어떤 방법과 절차로 서비스를 이용할 수 있는지, 이 밖에도 아동의 장애 사실을 가족과 주변 사람들에게 어떻게 알려야 할 것인지 혹은 알리지 않아야 할 것인지 등 장애아동 양육과 교육 등에 관련한 다양한 정보에 대한 지식이 전혀 없는 상황이 대부분이다.

다음의 사례는 장애아동의 부모가 경험하는 실제적인 내용을 담고 있다(김종인 · 우주형 · 이준우, 2007 : 233).

> 사랑하는 내 아이가 발달장애라는 진단을 받았다. 하늘이 무너지는 것 같은 고통과 아픔을 겪었다. 남편과도 힘들다. 남편은 아이에 대한 모든 것을 내게 떠넘기다시피 한다. 화가 난다. 어느덧 시간이 많이 흘렀다. 얼마 전부터 겨우 아이의 교육과 사회기술 훈련을 위해 최선을 다하기로 마음을 다잡았다. 아이의 하루생활 계획을 세워 특수교사의 지시에 따라 사회성 훈련에 돌입하게 되었고, 이를 위해 남편과 시어머니 등 가족의 관심과 지원을 요구하였다. 하지만 이러한 교육과 훈련 계획은 아이가 계획적인 생활에 따라주지 않았고, 남편을 포함한 가족의 적극적인 도움도 제대로 이루어지지 못해, 또다시 엄마임에도 불구하고 아이를 포기하고 싶은 마음이 든다. 아이를 시설에 맡기고 이혼을 고려 중이다.

장애를 입게 된 아동의 경우, 이들이 처음으로 경험하는 일은 타인에게 의존할 것을 기대하도록 하는 일이다. 다시 말해 아동이 장애를 입게 된 경우, 주변 사람들은 장애아동이 타인에게 의존하도록 요구하고, 그 결과 아동들은 생활 전반에 걸쳐 타인에게 의존하는 경우가 많다. 장애아동이 타인에게 의존하도록 만드는 것은 장애아동을 돌보는 성인의 입장에서 볼 때, 아동에 대한 이해와 조정 그리고 관리가 용이하기 때문이다. 즉 아동이 성인에게 의존하는 경우, 성인은 아동의 생활 전반 즉 음식물 섭취나 목욕 등 일상적인 생활을 관리하는 일뿐만 아니라 특히 청소년기에는 자녀가 사귀는 친구와의 관계, 특히 이성친구와의 관계나 시청하는 TV 프로그램, 약물복용이나 흡연 등 아동의 모든 것을 쉽게 사정하고 관리하고 조정할 수 있기 때문이다.

많은 부모들과 가족, 식구들은 자녀의 장애를 부인할지도 모른다. 샐리 프렌치(Sally French, 2000 : 195; 이준우 번역, 2008 재인용)는 자신의 저서 『너는 무지개를 볼 수 있니?(Can You See the Rainbow?)』에서 다음과 같이 말했다.

> 어른들은 내가 무엇인가를 잘못 볼 때, 매우 불안해하였다. 눈을 뜨고 진지한 태도를 취하라고 얘기를 들으면서, 내가 할 수 있는 모든 것은 그저 보기 위해 노력하는 것이었을 때, 나는 내 자신이 못나고 다른 사람들과 분리되어 있음을 느꼈다. 어른들은 내가 볼 수 있는 것보다 더 볼 수 있는 것처럼 대했으며, 나는 그런 거짓에 마지못해 동의하며 사는 것이 내 아동기 전체 동안의 중요한 일이었다. … 한 아이로서, 내 자신에 대한 다른 사람들의 드러나지 않은 불쾌함, 언짢음, 거슬림을 경험하는 것은 내가 나의 장애를 부인하고, 침묵 속에 고통하게 하는 큰 문제가 되었다. 이 모든 것은 나에게 매우 이른 나이에 다음

과 같은 것을 가르쳐 주었다. 어른들이 내가 무지개를 볼 수 있는지 그렇지 않은지에 대해 흥분하고 있을 때, 내가 걱정하고 있는 것은 절대로 얘기해선 안 된다는 것을 말이다.

그녀는 어린 시절 장애를 입게 된 경우 자신의 장애에 대한 현실을 부인하게 되는 이유를 다음과 같이 소개하고 있다(French, 2000 : 200; 이준우 번역, 2008 재인용).

첫째, 다른 사람들의 분노와 압력을 피하기 위해서
둘째, 다른 사람들의 실망과 좌절을 피하기 위해서
셋째, 다른 사람들의 불신과 의혹을 피하기 위해서
넷째, 다른 사람들의 불만과 비난을 피하기 위해서
다섯째, 다른 사람들이 가지고 있는 정상적인 생각들로 살아가기 위해서
여섯째, 다른 사람들로부터 놀림을 받지 않기 위해서
일곱째, 자신을 감추기 위해 다른 사람들을 모방하기 위해서

한편 일반적으로 아동들의 경우에는 자신의 성적인 정체성이나 앞으로 성인이 되었을 때 자신의 성적인 면에서의 역할들에 관한 정보를 자신의 부모 혹은 교사, 또래집단 혹은 다른 성인들을 통해 소개받고 있다. 장애아동의 경우에는 비장애아동들에 비해 이성적인 문제에 관한 이야기나 성적인 내용에 대한 정보를 소개받는 일이 적고, 때로는 거의 성적인 문제에 대한 정보를 접하지 못하는 경우가 많다. 일반적으로 성적인 문제에 대해서는 지금까지도 보수적으로 다루려는 성향이 강해, 공개적으로 소개하고 토론하는 일이 흔한 일은 아니었다. 더군다나 장애인의 경우에는 성적으로 무시되는 경향이 강하고, 사람들은 때때로 장애인을 무성으로 여기거나, 성적인 것에는 관심이 없는 사람들로 여기는 경우가 많다. 이러한 상황에서 장애아동이 성적인 내용에 대한 정보를 접할 수 있는 기회가 적을 수밖에 없기 때문에 이들 장애아동이 자신의 성적인 정체성을 키워나가는 데 제약이 되고 있다.

#### (2) 갑작스런 장애 발생에 대한 경험

장애에 대한 진단을 받는 것과 함께 장애의 발생을 경험하고, 장애로 인한 기능 저하 등과 같은 다른 사람과는 전혀 다른 특징이 나타나고, 이로 인해 생활에 중요한 변화가 오는 경우에는 장애 진단을 전후한 시기에 장애에 대한 인식과 장애인으로서의 마음가짐을 갖게 된다. 대부분의 장애는 선천적인 발생보다는 어린 시절이지만 후천적으로 발생하는 경우가

훨씬 많고, 특히 교통사고, 재해 등의 사건들로 인해 예상치 못한 상황에서 장애가 발생되며, 그들이 받는 의과적인 진단은 목숨을 구하기 위한 노력의 일부가 된다. 이렇게 장애 발생과 관련된 사건은 사람들에게 소설과 같은 이야기가 되고, 결국은 장애인 자신의 생애 전반에 걸쳐 자기에게 예기치 못한 채, 발생된 장애에 관한 이야기를 지속하게 된다. 갑작스럽게 발생된 사건은 장애를 유발시키는 원인이 되고 있다. 예를 들어 교통사고로 인해 척수장애인이 될 수 있고, 뇌졸중으로 인해 언어장애, 신체마비 등의 장애를 경험하게 된다. 또한 종양으로 인해 사지절단 장애가 되는 경우가 있다.

이러한 경우 사건 발생 시 고통이 함께 따르게 된다. 예를 들어 사건 발생 시, 진단을 위해 복잡하고 까다로운 각종 검사들, 그리고 의료적인 진단과 수술, 응급실 보호관리, 그리고 지속되는 각종 의료적인 검사들, 이러한 것은 갑작스럽게 사고를 당한 사람들에게는 전혀 익숙하지 않은 일이며, 이러한 불편한 상황이 하루, 한 주일 혹은 몇 달 동안 계속될 수도 있다.

이처럼 중도에 갑작스럽게 장애가 발생하는 경우에는, 자신에게 일어난 일들에 대해 정확히 이해할 수 없으며, 앞으로 어떠한 상황이 전개될 것인지를 예견하는 일은 더욱 어려운 일이다. 특히 사고를 당한 당사자에게 장애 발생에 관한 사실이 전달되는 것은 매우 오랜 시간이 지난 이후에 이루어지고 이는데, 이는 사고를 당한 당사자가 사고의 충격에서 벗어나는 것을 기다린 후, 천천히 본인에게 장애 발생에 관해 알리는 것이 사고를 당한 사람의 정신적인 충격을 줄일 수 있는 방안이 될 수도 있다는 것에서 비롯되고 있다. 한편 개인의 알 권리를 존중해 발생한 사실들에 관해 사고를 당한 당사자 자신에게 속히 알려야 한다는 윤리적인 면도 고려해야 하는 문제이다. 어찌 되었던 대부분의 장애인 개인은 자신의 장애 발생 사실을 다른 사람들을 통해 전해 들어야 하며, 자신의 장애 사실을 알게 된 이후에도 한참 동안 사고를 당한 장애인은 어떠한 판단도 스스로 결정하고 행동할 수 없는 상황이 지속된다. 특히 중도장애인에게는 지금까지의 생활 방식과는 전혀 다른 방식으로 생활해야 함에도 불구하고, 앞으로 자신이 장애인으로 살아가는 데 있어서 어떤 지원이 필요한지 혹은 이러한 도움을 지원해 줄 지원체계는 존재하고 있는지 등에 관한 정보가 부족하다. 이처럼 초기 응급지원체계가 제대로 마련되어 있지 않아 이들이 겪는 어려움은 더욱 가중되고 있는 상황을 경험하게 된다.

중도에 장애를 경험한 장애인의 가족인 경우에는 장애를 입은 당사자와는 장애 발생을 이해하는 시간적인 측면에서나 혹은 이에 대해 반응하는 방식에서 약간의 차이가 있다. 가족은 장애 진단을 받은 장애인 당사자보다는 어느 정도 먼저 이러한 사실을 통보받게 된다. 그러나 가족들 역시 자신의 가족 가운데 한 구성원이 장애 진단을 받았을 때, 충격과 분노 그리고 회피를 경험하게 된다. 그럼에도 불구하고 이들 가족이 어떠한 반응을 하는지에 따라서 앞으로 장애를 입은 사람이 장애인으로서 살아가는 데, 지금까지와는 다른 생활 방식에 적응하고, 미래의 계획을 세우는 데 가장 중요한 영향을 미치게 된다. 특히 사고로 인해 장애가 발생된 경우, 시간이 지날수록 가족의 반응은 달라지는데 그 예는 다음과 같다(이준우 번역, 2008 : 172-173).

최근에 장애를 입은 10대 사지마비 환자의 회상이다.

다친 이후 첫 번째 날: 와! 이것 이상해요. 웃겨요! 움직일 수 없어요. 제 머리 아래로 전혀 느낌이 없어요. 저는 이 침대에 누워 있고 사람들은 계속 저에게 와서 저의 몸 위에 어떤 것을 움직여서 저의 몸을 조절하고 있지만 저는 그들을 느낄 수 없어요. 저는 그들을 볼 수 있지만 느낄 수는 없어요. 저는 이러한 것이 얼마나 지속될 것인지 알 수 없어요. 저는 썸머스쿨의 첫날에 빠지게 될까요? 저의 엄마와 아빠는 정말 저를 정말 미치게 해요.

다친 이후 5일째 날: 저는 누구에게도 어떠한 것을 물어볼 수 없어요. 그리고 저의 목 아래에 있는 이 튜브 때문에 아무 말도 할 수 없어요. 저는 숨 쉬는 법을 다시 배워야 해요. 매일 재활치료사가 저에게 치료를 하기 위해 오지만 저는 그것을 잘 할 수 없어요. 저는 밤에 저의 친구들이 오는 것을 좋아해요. 그들은 농담을 하고 저는 그들에게 제가 얼마나 조금 목 근육을 움직일 수 있는지를 보여주고, 우리 모두 함께 웃어요.

다친 이후 12일째 날: 이것은 더 이상 재미있지 않아요. 저는 여전히 어떤 것도 느낄 수 없고 움직일 수 없어요. 오래도록 죽지 않을 것이란 것 외에는 어느 누구도 저에게 말을 해주지 않아요. 모두가 저를 걱정하고 있고 저는 그것을 구별할 수 있어요. 그들은 제가 죽을 것이라고 생각할까요? 저는 하루 종일 움직이는 연습을 해요. 정말 힘들게 시도하고 있어요. 근육을 움직이고 저의 머리를 움직여요. 그리고 난 뒤 다시 원래의 자리로 움직여요. 아마도 전 이것을 제대로 할 수 없겠죠? 무지하게 노력했지만요. 모든 사람들은 일하러 가거나 학교에 가요. 그들은 매일 밤에 와요. 그러나 그들이 오는 것은 기쁘지 않아요. 저는 간호사에게 더 이상 어떤 방문자들을 원치 않는다고 말했어요.

다친 이후 20일째 날: 많이 불편해요. 저 스스로 편안하게 할 수 없어요. 몸 모두가 아파요. 그리고 저는 이것으로는 죽지 않을 것이라 생각해요. 죽기를 바래요. 저를 스스로

죽일 수 있었으면 좋겠어요. 너무 화가 나서 혀에서 피가 날 때까지 혀를 깨물었어요. 저희 엄마가 무척 흥분하셨죠.

한 10대 음주운전 사고에 연루되었던 여자가 그녀의 경험을 떠올렸다.

저는 병원에서 일어났어요. 전 움직일 수 없었어요. 말도 한 마디 할 수 없었어요. 전 제가 미쳐간다고 생각했지만 저의 가장 친한 친구는 매일 저를 찾아와서 제 손을 잡아주었어요. 전 제 자신을 위해서 아무것도 할 수 없었죠. 마치 갓난아기 같았어요. 그들이 제게 어떻게 기고, 어떻게 걸을지 가르쳐야만 했어요. 그들은 제게 말하는 법을 가르쳐줬지만, 전 제대로 말할 수 없었어요. 전 제가 이전에 말했던 것처럼 빠르게 말하지 못했어요. 전 학교도 가지 않았고, 제 문제에 대해 사람들과 말하지도 않았어요. 제 친구들은 제가 독서 동아리에 가입하길 바랐지만, 그들은 제가 잘 읽지 못하는 걸 알지 못했어요. 길게 생각하지 않아도, 제가 할 수 없는 것들, 심지어 시도하지도 못할 것들이 많을 거라고 생각했죠.

### (3) 점차 장애가 되어가는 상황에 대한 경험

갑작스런 사고 등으로 인해 중도에 장애인이 되는 경우에는 장애 진단을 받게 되는 즉시 즉각적으로 자신이 장애인이라는 사실을 알게 된다. 그러나 신체 속에서 자라고 있는 종양 등으로 인해 신체 일부를 제거해야 하는 경우에는 장애 상황이 개인에게 점진적으로 발병하여 서서히 장애의 특징들이 나타나게 되는데, 이러한 경우 사람들마다 각자 자신들의 질병 혹은 장애를 인식하고 이를 받아들이는 것에 많은 차이가 있다. 일반적인 경우, 사람들은 의사를 방문하고 각종 검사를 받고, 가장 먼저 의사로부터 "당신은 휴식이 필요하니 쉬도록 하십시오." 혹은 "누구라도 이러한 상황에서는 같은 느낌일 겁니다." 혹은 "당신은 마음을 편안하게 먹고, 너무 걱정하지 말고, 특히 부정적인 생각을 하는 것은 좋지 않습니다." 혹은 "전혀 문제가 되지 않습니다. 그리고 모든 것은 다 생각하기 나름입니다." 등의 조언을 듣게 된다.

장애에 관한 생각은 자신의 생각에 달려 있다는 것은 의심의 여지가 없는 이야기이다. 그러나 지금까지 해왔던 직업을 바꾸는 일, 생활방식을 바꾸는 일, 그리고 사람들과의 관계를 바꾸는 일 등 모든 생각과 행동은 장애를 경험하게 된 자신의 머릿속에 있는 것이다. 동시에 마음을 접고 자신의 장애를 받아들이는 일, 지금까지 자신이 일상적으로 하던 일들을 포기하는 일 또한 자신의 머릿속에 있는 일이다. 가족, 친구, 이웃들 모두는 점진적인 발병으로 장애인이 되어가는 사람에 대해 관심을 가지고 염려해 줄 수 있을 것이며, 의사는 이들의 증상을 완화시켜 줄 수 있을지 몰라도, 서서히 장애인이 되어가는 당사자 자신의 머릿속을 바꾸거나 생각을 돌릴 수는 없는 일이다.

누군가가 의사를 방문해 현재의 증상으로 인해 앞으로 장애인이 될 수 있다는 진단을 받는 순간, 스스로 안정을 찾아가는 경험을 하기보다는 대체로 정신적인 충격과 좌절을 경험하는 경우가 많다. 그리고 찾아오는 생각은 "무언가 잘못되었다.", "난 죽지 않는다.", "난 견뎌 낼 수 있을 것이다." 등의 복합적인 감정을 경험하게 된다. 그 후 이들이 취하는 행동은 대체로 유사한 증상을 가지고 있는 주변의 다른 사람들, 특히 방송이나 책 등을 통해 소개된 사람들의 경험을 기억하게 된다. 점진적인 발병으로 장애가 되는 경우에 해당되는 사람들로서는 각종 종양, 동맥경화, 근골격계 질환, 그리고 정신과적 질환으로 인한 우울증, 만성피로증후군, 피부결핵 등이 있다(이준우 번역, 2008 : 174-176).

> 최첨단 진단 방법의 대상이 되었던 존은 자신이 진단받는 과정에 대해 설명하였다.
>
> 처음에 전 제가 제 왼발로 음악의 박자를 세지 못한다는 것을 알았어요. 전 항상 음악적이었고, 왼손잡이였지만 그건 제가 보기에 정말 어색했죠. … 진단과정은 끔찍했지요. 전 11개월 동안 이 의사, 저 의사를 찾아다녔죠. 의사들마다 어깨를 으쓱거렸고, 전 그게 정말 무서웠어요. 전 그들에게 제 머리에 이상이 있는지를 물었죠. 전 그렇게 생각했었거든요. 그런데 그게 아니었어요. 전 척수조영상(myelogram)을 포함해서 수많은 검사를 받았어요. 하지만 모두 어깨를 으쓱거렸죠. 좋은 소식이 있다고 말했던 한 의사가 기억나요. 전 그가 제 문제를 찾아낸 줄 알았어요. 하지만 대신에 그는 제가 뇌종양은 아니라고 말했어요. 그건 제게 좋은 소식이 아니었거든요. 마침내 한 의사가 저는 특별한 이유 같은 건 갖고 있지 않다고 했어요. 그래서 전 또다시 최첨단 진단 방법의 임상 대상이 되어야만 했죠. 근데 전 최첨단 진단 방법에 대해 전혀 설명도 들어보지 못했고, 그 진단을 왜 받아야 하는지 심지어 제가 받는 진단이 뭔지조차 몰랐어요.

장애를 입게 된 이후에 경험하게 되는 자신의 장애에 대한 첫인상이 계속되거나 혹은 완화되는 것은 장애로 인해 발생하는 다양한 삶의 조건에 대한 반응에 전적으로 기인한다. 장애인들은 장애에 적응해 가거나 극복하기 위한 교육과 훈련을 거치면서 장애 경험에 대한 자기 인식의 과정을 밟아 가게 된다. 이는 경미한 장애를 갖고 있든지 아니면 중증의 장애를 갖고 있든지 관계없이 거의 대부분의 장애인들이 공통적으로 거치는 장애 경험의 과정이라고 본다. 이에 대한 결과는 상이하다. 장애 경험으로 인해 의존적인 성격의 사람이 되거나 혹은 부정적이며 까칠하고 예민한 이미지를 주위 사람들에게 갖게끔 할 수 있다. 반면 어떤 사람의 경우에는 통합적이며 수용적인 모습으로 주변 사람들과 더불어 살아가게 된다. 자기 스스로 자신을 가치 있게 생각하며 가족, 친구, 직장 동료, 고용주, 그리고 주변에 있는 여러 관계된 사람들과도 잘 지낸다.

### 2) 장기보호 환자로 되어가는 과정

생애 초반기에 장애 진단을 받고, 장애인이 되면서 때때로 장애와 관련하여 여러 가지 생각을 하게 된다. 그러면서 장애 당사자 스스로 원하든 원치 않든 개인의 의지와 상관없이 의료적인 치료 혹은 재활을 위한 의료활동 세계와 자연스럽게 관련을 맺게 된다. 장애는 치료, 약물처치, 진단을 위한 검사, 인공 보조기 사용 혹은 인공 보철물 장착 외에도 타인의 도움을 필요로 하게 되고, 또한 수시로 찾아드는 고통과 정기적인 의료검진, 병원 입원의 가능성 등이 항상 존재하는 등 장애인 자신의 의지와 상관없이 의료진들의 도움을 받으며 의존적으로 살아야 하는 새로운 형태의 삶이다.

그렇다면 장애인이 자신의 기능을 최고의 수준으로 유지할 수 있는 것은 무엇인가? 이 질문에 대해서 장애 정도에 따라서 자신의 기능 유지가 가능하다고 응답할 수 있으며, 이러한 답은 너무도 당연한 것이다. 모든 사람에게 마찬가지겠지만 장애인들의 경우 살아가면서 자신의 삶의 역할보다 더 많은 부분이 의사 등 의료진들에 의해 관리되곤 한다.

그런데 만약 장애인들이 다양한 선택이 가능한 의료적인 치료와 관심 그리고 의료적인 세계를 접할 수 있게 된다면, 현재 일반적인 사람들이 누리고 있는 삶과 같은 가장 보편적이며 정상적인 삶을 영위하는 것으로부터 절대로 멀리 벗어나지 않게 된다. 장애인을 대상으로 하는 전문가들은 의료보험에 의해 서비스를 제공하고 있는데, 한 사람의 장애인에 대한 치료 등 의료비용은 만만치 않다. 만약 장애인이 좋은 서비스를 기대하게 된다면 많은 비용 부담을 감당해야 한다. 현재의 의료보험체계에서 장애인이 기대할 수 있는 서비스 내용은 제한적이다. 의료보험과 의료보호에 의해 의존하고 있으나 이에 대한 지원은 여전히 미흡한 실정이다. 장애인은 재활과 치료에 소요되는 비용 외에도, 활동지원사나 요양보호사에게 지불되는 보호 부담, 각종 보장구 구입비용 등 의료보호나 의료보험으로 해결할 수 없는 개인

부담이 지속적으로 증가할 수밖에 없는 현실이다. 다음의 사례는 이와 같은 현실을 잘 보여준다(김종인 · 우주형 · 이준우, 2007: 202).

> 심장병을 11년째 앓고 있는 28세 된 아들은 현재 인공심장 박동기구를 부착하고 있다. 병원 치료도 지속적으로 받고 있다. 아들이 받고 있는 대부분의 치료는 의료보험에 해당되지 않는 상황이다. 인공심장 박동기구 사용료를 비롯하여 치료비 등을 포함한 월 4천만 원 이상의 비용이 든다. 남편은 7년 전에 연락도 없이 사라졌다. 아들의 병을 간호하기 위해 파출부 일도 그만두어 수입마저 끊겼다. 현재 아들의 병을 혼자서 간호하는 일에 심신이 다 지친 상태이다. 매달 늘어나는 병원비를 감당하기 어렵다. 그동안 수억 원의 빚을 지고 있는 상태이다. 지금 내 심정은 아들의 심장 박동기구를 떼어내고, 나도 함께 죽고 싶다. 인공심장 박동기구를 떼어내면 아들은 당장 죽는다.

### 3) 직면한 세계

다른 사람들과의 일상생활은 장애인의 삶에 중요한 영향을 미친다. 특히 가족 구성원, 친구 혹은 동료들의 태도와 반응은 장애인 개인에게 지지적인 연계망을 제공하는 경우도 있으며, 또한 때때로 이들 주변 사람들은 장애인에게 어려움을 제공하는 원인 혹은 과도한 스트레스의 원인이 되기도 한다.

#### (1) 보호와 돌봄을 감당하는 가족

가족은 장애인에게 가장 가까운 관계이다. 가족들은 장애인에 의해 가장 영향을 많이 받는 사람들이며 동시에 장애인에게 영향을 미치는 사람들이다. 장애아동을 둔 부모의 경우에는 자녀양육과 관련하여 다양한 욕구를 가지게 되며, 동시에 많은 문제를 가지게 된다. 종종 자녀를 과잉보호하는 부모는 자녀의 고통스런 경험이나 어려움으로부터 자녀를 멀리할 수 있도록 노력하고 있다. 뿐만 아니라 이들 부모는 자신의 자녀를 최대한 자신과 가까운 곳에 머물도록 하고, 장애로 인해 야기되는 필수적인 일들로부터 가급적 멀리 피할 수 있도록 도와 자녀가 부모에게 전적으로 의존하도록 만들고 있다. 이는 아동이 성장하면서 부모는 나이가 들어가는 상황 혹은 부모가 자녀보다 먼저 죽는 상황에서 아동이 스스로 할 수 있는 자신의 일을 수행할 수 없는 일이 벌어지게 되어, 매우 바람직하지 못한 경험이 될 것이다. 그들은 장애자녀의 욕구에 따라 모든 신체적인 보호를 제공하는 방법을 사용하는 데 있어,

장애아동의 부모들은 열성적으로 혹은 수동적으로 그들 자녀의 자립적인 성장을 위해 노력한다. 또한 그들은 자신의 주택이나 개인의 보호를 위해 거처를 정하게 된다. 아동의 부모, 특히 발달장애아동의 부모의 경우에는 낯선 사람들에 대해 두려워하고, 성적인 희롱이나 학대, 사고 혹은 집을 잃어버리는 일 등에 대해 두려움을 가지고 있다. 모든 부모들은 자녀에 대한 다른 사람의 반응에 대해서도 두려워하고 있으며, 또한 이와 같은 반응들이 아동에게 어떤 영향을 미칠 수 있을지에 대해서도 두려워하고 있다. 아래의 네모 박스로 제시한 최근의 신문 기사 내용 중 일부는 시사하는 바가 크다.

**표 2-3** 총체적 위기 상황 속의 자폐성 장애인

**발달장애인 23만 명에 전담 공무원 겨우 2명 … 국가정책은 '걸음마'**

입력 : 2019-02-19 22:22 | 수정 : 2019-02-20 00:30
서울신문 이현정 기자 hjlee@seoul.co.kr

"보통의 부모는 아이가 어릴 때만 육아전쟁을 치르지만 발달장애(지체 · 지적장애) 자녀를 둔 부모는 아이가 태어나 죽는 순간까지 평생 육아를 해야 합니다. 우리 아이는 초등학교 4학년이지만 아직도 밥 먹이고 화장실 뒤처리하는 것까지 어른이 도와줘야 해요. 예전엔 항상 아이를 데리고 죽을 준비를 해 왔어요. 사회가 크게 바뀌지 않는다면 내가 죽는 순간부터 아이에게 지옥이 펼쳐질 게 분명했기 때문이죠."

발달장애 자녀를 둔 류승연(43 · 여)씨의 삶은 아들 동환(10)이가 태어난 이후 180도 바뀌었다. 발달장애 아들을 돌보려고 다니던 직장을 그만둬야 했고, 좋은 기자가 되겠다는 꿈마저 접어야 했다. 지난해 3월 『사양합니다. 동네 바보형이라는 말』이라는 책을 낸 이후 세상을 향해 본격적으로 발달장애인 문제를 외치기 시작했지만, 사회의 변화는 더디기만 하다. 류씨는 19일 "지금 내가 하는 활동은 모두 아이를 데리고 죽지 않으려고 하는 싸움"이라고 말했다.

한편 가족은 장애자녀 외에도 다른 비장애자녀들도 포함되어 있다. 부모들이 장애자녀의 욕구를 들어주고 관심을 갖는 것과 동시에 어떻게 비장애자녀들에게도 관심을 가지고 욕구를 들어주어야 하는지 등 비장애자녀들에 대한 관심도 중요하다. 또한 친척들에게도 어떤 방법으로 자녀의 장애에 대해 알리고 이해시킬 것인지는 매우 중요한 문제이다. 가족이나 친척들에게 장애자녀를 보호하는 데 도움을 청하고, 이들로부터 조언과 관심을 기대할 수 있는지 혹은 어느 정도 기대할 수 있는지 하는 문제도 고려해야 한다.

가족 가운데는 아동이 아닌 성인장애인 가족이 있는 경우가 있다. 이 경우 성인장애인은

자신의 가족에게 큰 영향을 미치는데, 특히 자녀가 있는 가족에게 더욱 심각하게 영향을 미치게 된다. 이들 성인장애인을 돌보는 일은 장애자녀를 돌보는 일에 비해 더욱 어려움이 크다. 특히 성인장애인을 돌보는 일에 있어서 그의 부모들은 이미 나이가 많이 들어 가사노동이 어렵고 더욱이 힘겨운 장애인 보호활동을 할 수 없게 되어 활동지원사를 활용해야 할 필요성이 매우 높다. 정부 지원을 받을 경우는 그나마 감당할 만하지만 그렇지 못할 때 발생하는 비용으로 인해 경제적인 부담이 커지게 된다. 더욱이 자녀가 있는 며느리 혹은 딸, 아들 등이 장애부모를 돌보아야 하는 경우에는, 자신의 자녀 양육과 함께 성인장애인을 돌보는 일이 동시에 이루어져야 하기 때문에 자녀양육에 상당한 고충을 동반하게 된다. 가족 가운데 장애인이 발생하게 되는 경우, 가족들이 어려운 일을 함께 극복하고자 서로 마음을 합쳐 장애인을 돌보는 일에 협력하여 오히려 가족들이 더욱 강한 결속력을 보이는 경우도 종종 있다. 그러나 이처럼 긍정적으로 장애인을 돌보는 일은 그리 흔치 않다.

최근 노인 인구가 급격히 늘어나면서, 장애노인도 늘어나고 있는 추세이다. 특히 장애노인 인구가 증가하고 있는 상황에서는 일반 노인의 경우와 마찬가지로 현재 자신의 일상생활을 그대로 유지하도록 하는 방안을 마련하는 것이 필요하다. 즉 현재까지 함께 지낸 사람들과의 인간관계를 유지하고, 또한 지금까지의 공식적인 역할을 수행할 수 있도록 하고, 친구들과의 관계 혹은 가족들과의 관계를 유지할 수 있도록 하는 것이다. 노인의 경우에는 새로운 방식에 적응하는 것이 매우 어려운 일이다. 뿐만 아니라 지팡이를 사용하고 천천히 걷는 일, 보청기를 사용하는 일, 안경 등 시력보조기구를 사용하는 일 등은 이를 새롭게 필요로 하는 사람들에게 편안하지 않으며 새로운 보조기기에 적응하는 일도 쉽지 않다.

### (2) 또래집단

장애인들 대부분은 비장애인들과 함께하는 세계에서 시간을 보내고 생활하게 된다. 장애인들이 함께하는 학교 친구들, 직장 동료들 대부분은 장애인이 아니다. 아동의 경우, 장애를 입게 되면 주변 사람들로부터 자신의 장애와 관련한 여러 가지 질문을 받게 되고, 이러한 질문에 응답하는 일에 어려움과 스트레스를 느낀다. 특히 초등학교 아동들의 경우에는 장애아동을 피하고, 흉내 내거나 혹은 놀리는 등 상처를 주는 경우가 많다. 교사나 부모들은 이러한 장애아동이 다른 아동과 어떤 관계를 유지하고 있는지에 대해 주의를 가지고 관찰하여야 하며 필요한 경우 적절한 개입을 통해 문제가 심각해지는 것을 막아야 한다. 각별히 주의해야 할 점은 장애아동이 교내 행사나 체육활동에 적극적으로 참여하지 못하거나, 교사의 지시를 따르지 못하는 점을 고려하여 이들 장애아동이 집단활동에서 소외되지 않도록 해야 한다. 아동기에 집단에서 소외되는 경험은 자신의 정체성 개발이나 자아존중감 형성에 있어 매우 부정적으로 영향을 미치기 때문에 이에 대한 특별한 관심이 요구된다(이준우 번역, 2008 : 181).

> 나이 든 한 여성이 고백한 초등학교 시절의 경험은 다음과 같다.
>
> 나는 하반신이 마비된 지체장애인으로서 일어서거나 다니는 데에 불편을 느끼고 있다. 초등학교 시절 운동이나 야외 활동을 할 때마다 항상 참여하지 않으려 교실을 지키고 앉아 있었다. 처음에는 함께 하자던 선생님과 친구들이 점차 이런 내 모습에 익숙해진 어느 순간부터는 어느 누구도 나에게 체육이나 야외 활동을 할 수 있는 기회를 주지 않았다. 지금 생각해 보면 초등학교 선생님들이 나와 같은 장애학생에 대한 차별과 분리, 억압 등의 경험을 지속적으로 가해왔다는 섭섭한 느낌을 지울 수 없다. 어릴 적 고독하고 소외된 감정으로 가슴에 맺혔던 경험들에 대한 기억이 전혀 사라지지 않고, 성인이 된 지금도 생생하게 생각나서 타인과 함께하는 일보다는 무엇이든 혼자서 하는 일에 더욱 편안함을 느끼게 나를 이끄는 것 같다. 그래서일까 성인이 된 지금까지도 왠지 초등학교 교사는 아직도 그 인격 수준이 문제가 있을 것 같은 생각을 지속적으로 하고 있다.

장애아동이나 장애성인의 경우 자신과 같은 장애를 가지고 있는 사람들과 만나고 접촉하는 것은 자신들이 스스로 배우고 자연스럽게 사회화되는 과정을 경험하기 위해 매우 중요하다. 장애인들은 다른 사람들과 자신이 경험하고 생활하고 있는 모든 것에 대해 솔직하게 마음을 열고 이야기 나누는 것이 어려운 경우가 많고, 자신의 장애문제를 비롯한 생활 전반적인 것들, 그리고 생각과 마음을 함께 나눌 수 있는 가까운 친구를 만나는 것이 어렵다. 하지만 장애인들 또한 비장애인 친구들과 만나고 사귀는 일이 매우 중요하다. 물론 성인이 되어 장애인이 된 경우에는 이미 많은 비장애인 친구들을 사귄 경우가 많다.

장애인은 관계를 맺는 데 있어 상대방의 진심과 성향을 확인하는 과정을 필요로 한다. 누군가는 장애인을 소외시켜 인간관계 밖으로 밀어내는 사람이 있는가 하면, 누군가는 장애인을 이해하고 격려하며, 장애인에게 힘을 주기 위한 방법과 과정이 무엇인지 이해하려고 노력하며, 장애인의 경험을 함께 나누려 하는 사람이 있다. 후천적으로 장애인이 된 사람들은 새로운 환경에 적응하며 살아가는 것을 위해 노력하는 일만큼 중요한 일이, 주변의 친구 혹은 여러 사람들 가운데, 자신을 피하고 자신을 피해 떠날 사람 혹은 자신보다 먼저 세상을 떠날 사람들과 자신의 주변에 그대로 남아 있을 친구 혹은 이웃들이 누구인지에 관한 생각을 하는 일이다. 이것은 매우 슬픈 일이지만 동시에 매우 중요한 일이다(이준우 번역, 2008 : 182).

> 한 젊은 여성은 이렇게 썼다.
>
> 음주운전 교통사고로 인해 전신화상을 입고 기적적으로 살아나 수차례 화상치료를 위한 수술을 받았다. 앞으로도 지속적으로 성형수술을 더 받아야 하며, 치료가 끝나도 온몸에 화상 자국은 그대로 남아 있을 것이다. 교통사고 전에 약혼자가 있었는데, 사고가 난 직후부터 약혼자의 가족들이 자신과 헤어질 것을 지속적으로 강요하고, 결국 가족들의 반대를 이유로 파혼을 제기해 왔다. 그렇지 않아도 치료가 어느 정도 마무리가 될 때, 약혼자와의 관계를 정리하고 그를 떠나보내려고 마음을 준비하고 있던 중인데, 먼저 약혼자가 파혼을 요청해서 미련 없이 그를 떠나보냈다. 화상을 입고 장애인이 되어 보니 세상을 보는 눈이 달라지고 있는 것을 느낀다. 비장애인으로 살아왔던 세상에서 볼 수 없던 것들을 새롭게 볼 수 있게 되었다. 그동안 내가 얼마나 세상을 모르고 살았는지, 또 얼마나 장애인에 대한 무지와 무관심으로 살았는지 새롭게 깨닫고 있다. 오히려 약혼자를 떠나보낸 것이 얼마나 다행인지….

### (3) 대중

알지 못하는 사람들, 즉 대중과 만나는 것은 무엇을 의미할까? 거리로 나서는 일, 그리고 대중교통을 이용하고, 영화관에 가는 일, 이 모든 일은 장애인이 대중 앞에 나서는 일이다. 만약 사람들이 장애인을 빤히 쳐다본다면, 혹은 위아래로 훑어보거나, 뒤돌아서서 다시 쳐다본다면, 그리고 장애인이 그 사람들을 보는 순간 눈을 돌리고 장애인과 눈을 맞추는 일을 피하게 된다면 그때 그런 일을 당하는 장애인의 기분은 어떨까? 사람과 사람 사이에서 서로 눈을 맞추는 일은 서로의 관계를 맺는 일에 있어 매우 중요한 일이다. 장애인들은 종종 다른 사람들과 눈을 맞추고 관계를 맺는 일에서 제외된다. 장애인은 항상 왜 자신들이 다른 사람들과 눈을 맞추고 관계를 맺는 일에서 제외가 되어야 하는지에 대해 의문을 제기하게 된다. 내가 그렇게 무서운가? 내 모습이 사람들로 하여금 피해야 할 만큼 혐오스럽고 두려운가? 그들은 나를 쳐다보는 일조차 피하고 있는데, 내 모습이 그렇게도 두려운가?

장애인들은 종종 자신을 바라보는 시선이 여러 종류가 있음을 깨닫는다. 때로는 사람들은 장애인을 보면서 눈을 피하거나 얼굴을 돌리지 않는다. 그렇다고 두려운 눈으로 빤히 쳐다

보지도 않는다. 오히려 장애인을 마치 구제의 대상자로 바라보는 눈도 있다. 또한 때때로 장애인을 참으로 못나고 불쌍하고 한심한 동정의 대상자로 보는 경우도 있다. 그럼에도 불구하고 장애인은 이런 다양한 눈총을 모두 극복해야 한다. 빤히 쳐다보는 눈, 불쌍하게 바라보는 눈, 비참하게 생각하며 열등하게 바라보는 눈, 불쌍하게 바라보다가 구제의 손길을 펴는 사람, 이러한 모든 눈길을 어떻게 이해해야 하는가? 장애인에 대해 지나친 친절로 무조건 도와야 한다고 생각하는 경우가 있는데, 이는 장애인을 돕지 않고, 그대로 내버려 두거나 방치하는 일만도 못한 경우가 많다.

다행스럽게도 우리 사회에서 사회적·물리적 환경이 개선되고, 장애인의 접근권이 확보되면서 장애인의 이동이 많아지고, 공공장소에서 장애인들이 눈에 많이 띄게 되었다. 차츰 많은 장애인이 다양한 장소에 참여하게 되면서, 꿈꾸어 왔던 대로 장애인들이 원했던 삶의 일부로 자리잡아 가고 있다. 사회의 다양한 부분에서도 많은 변화를 가져오고 있다. 특히 장애인의 권리가 증진되고 장애인의 이동과 참여, 그리고 장애인에 대한 동등한 기회의 보장 등에 관한 노력이 성과를 내면서 과거에 비해 많은 변화를 가져왔다.

## 2. 장애 진행과정

장애인이 겪는 경험 세계의 두 번째 요소는 장애의 과정에서 경험하게 되는 일들과 관련이 있다. 대부분의 장애인은 장애 진행과정을 겪게 된다. 롤랜드(Rolland)의 견해에 따르면 일반적으로 장애 진행과정은 세 가지로 구분할 수 있다(이준우 번역, 2008 재인용). 그 과정을 실제적으로 구분해서 살펴보면, 진행성 장애, 만성장애, 그리고 재발 또는 일시적 장애에 대한 각각의 장애 경험 내용들이다.

### 1) 진행성 장애

진행성 장애를 가지고 있는 사람들은 시간이 지남에 따라서 장애의 상태가 더욱 악화되는 경우가 대부분이다. 장애의 발생부터 장애가 진행되는 가운데, 장애 상태가 더욱 악화되는 모든 진행과정을 경험하는 일은 매우 견디기 어려운 고통이 될 때가 있다. 대체로 장애인들은 진행성 질환이란 진단을 받고 앞으로 장애인이 될 것이라는 고통스러운 통보를 들었을 때 매우 심한 좌절감을 느끼게 된다. 현재의 상태가 진행되면서 신체와 정신적인 건강이 더욱 약해지고 심각해지는 것으로는 신체적으로 나타나는 진행성 근육장애 종류, 선천성 조로증, 피부경화증, 각종 암과 정신과적 질환, 이 외에도 알츠하이머병과 노년기 치매 등이 있다.

진행성 장애인들은 분노 혹은 좌절 그리고 두려움 등 일일이 나열할 수 없을 정도의 심리적으로 위축되는 경험을 한다. 동시에 진행성 장애인들은 지금까지 살아오면서 경험한 세상 살이의 가치와 중요성을 다시 한 번 확인하게 되고, 소중한 순간들의 발자취를 다시 한 번 돌아보게 된다.

사랑하는 사람이 진행성 질환에 걸려 앞으로 장애인이 될 것이라는 사실을 접하는 순간 가족들도 두려움과 분노를 경험하게 된다. 앞으로 신체적·정신적으로 의존적인 장애인이 될 가족에 대해 이를 이해하고 수용하는 자세를 보이는 일은 장애인에게 매우 중요하게 영향을 미친다. 어떤 면에서는 진행성 장애인은 자신의 모든 살아온 흔적을 돌아보고, 지금까지 삶의 교훈을 깨닫고, 주변을 정리하는 시간을 갖게 되는 시간이 되기도 한다. 그러나 이러한 시간을 조절하는 것은 매우 어렵다. 그러나 매일매일의 시간을 일상적으로 받아들이고 장애 진행의 모든 과정을 밟아가야 한다.

진행성 장애는 나이 든 사람들에게서 일어나는 경우가 많은데, 머지않은 시간 내에 자신의 활동 기능에 손상이 오고 모든 것을 잃게 되는 것에 대해 큰 슬픔과 상실감을 경험하게 된다. 진행성 장애를 가지고 있는 본인들에게 그 사실을 공개하는 데 있어 두 가지 방법을 생각할 수 있다. 한 가지 방법은 본인에게 진행성 장애를 가지고 있다는 것을 알림으로써 미래에 관해 생각할 수 있도록 하고, 당사자 스스로가 장애를 받아들이도록 함으로써 아직 남아 있는 순간순간을 최대한 가치 있게 살 수 있도록 돕는 것이다. 다른 방법은 본인에게 진행성 장애를 가지고 있다는 사실을 알리지 않고, 가능한 현재 자신이 가지고 있는 활동 기능을 비롯한 모든 것을 잃고 활동을 전혀 하지 못하게 될 때까지 현재 하고 있는 일을 그대로 지속할 수 있도록 한 후, 활동이 전혀 곤란하게 될 때에 편히 쉴 수 있도록 하는 방법이다. 다음의 사례는 많은 생각을 하게 한다(이준우 번역, 2008 : 186).

> 말기 암 환자인 한 여성이 자신이 갖고 있는 가치관을 피력하였다.
>
> 최근에 나는 암 말기 판정을 받았다. 폐를 비롯해 위와 간에 암이 퍼진 상태로서 의사의 진단에 의하면 치료가 불가능한 말기 암으로 판명되었다. 솔직히 내게 나타난 증상은

가벼운 기침과 소화불량이었으나 요즘에는 몸이 점점 더 쇠약해지고 있다. 의료진에 의하면 항암치료를 받을 수는 있으나 치료 효과를 기대할 수 없으며, 오히려 치료가 시작되면 자유로운 시간을 전혀 낼 수 없는 등, 일상적인 생활을 하기가 곤란해질 것이라고 하였다. 특히 의료진의 의견은 진통이 시작되면 통증관리와 호스피스를 권하는데, 이 모든 치료를 받을 것인지 혹은 포기할 것인지 등에 관한 결정은 환자와 가족들의 결정에 따라서 진행할 것이라고 하였다. 가족들은 치료의 효과를 기대할 수 없을지라도 가능한 모든 치료를 받아야 하며 치료는 당장 시작하도록 해야 한다는 의견을 보였다. 그러나 나는 얼마 남지 않은 짧은 인생을 내가 하고 싶은 일을 하면서 원없이 움직이고 활동하다가 죽고 싶다. 다시 말해서 지금까지의 생활을 그대로 유지할 수 있기를 바라는 상황이다.

### 2) 만성장애

만성장애를 가지고 있는 사람의 경우, 진행성 장애인이 직면하고 있는 특별한 경험이나 역할과 일치하는 경험과 역할을 기대하기는 어렵다. 그러나 그들은 과거 젊은 시절부터 장애인이 되었으며, 이미 장애 상황을 받아들여야만 했다. 장애에 대한 적응과 장애인이라는 사실을 수용하는 것은 장애인이 자신이 속한 사회 안으로 통합해 들어가는 것이다. 또한 만성장애를 가지고 있는 이들은 자신이 장애 이전의 상태로 돌아갈 수 없다는 사실을 알고 있다. 또한 자신의 장애 사실을 받아들이고, 자신들이 변해야만 한다는 것, 그리고 사회의 도움과 협력을 통해서 살아가야 한다는 생각을 하게 되고, 그렇게 되기 위한 노력을 하는 것이 바람직하는 것을 알고 있다. 다음의 사례는 사회 속에서 통합되어 살아가는 장애인의 삶의 고충이 무엇인지를 느끼게 해 준다(김종인 · 우주형 · 이준우, 2007 : 308).

하반신이 마비된 장애인인 나는 늘 이동에 불편을 느꼈다. 학교 체육시간에는 매시간 교실을 지키고 앉아 있었으며, 체육교사를 비롯하여 어느 누구도 다른 체육활동을 할 수 있는 기회를 주지 않았다. 이 밖에도 소풍이나 수학여행에도 번번이 참석하지 못했다. 소풍은 대부분 걸어가야 하는 곳이 많다는 은근한 선생님의 압력에 부담이 되었기에 지레 포기하였던 것이다. 지금 생각해 보면 교사들 특히 초등학교 교사들이 장애학생에 대한 차별과 분리, 억압 등을 지속적으로 가해왔다는 생각을 지울 수 없다. 그래서일까 어릴 적 경험이 성인이 된 지금도 타인과 함께 하는 일보다는 무엇이든 혼자서 하는 일에 더욱 편안함을 느끼게 되었는지도 모르겠다.

출생 시 혹은 아동기 이전에 만성장애를 가지고 있는 장애인의 경우에는 자신들이 다른 사람들과 차이가 있다는 것을 잘 알지 못한다. 따라서 새로운 환경이나 상황에 적응하고, 자신의 능력을 최대한 발휘할 수 있도록 배우고, 능력을 성취하기 위해 받아들여야 할 새로운 과업은 중도에 장애를 입은 사람들보다는 적은 편이다. 장애인을 위한 각종 안내지침, 교육의 기회, 그리고 긍정적인 사회적 경험은 이들이 새로운 환경과 상황에 적응하는 데 많은 도움이 된다.

배우자 혹은 아동, 부모, 가족, 친구 그리고 고용주들은 반드시 이들 장애인들이 살아 있다는, 그 자체만으로도 의미가 있다는 것을 보여주고, 이들 장애인들이 속한 사회 속에서 원활하게 적응할 수 있도록 돕기 위한 지원을 해야 하며, 이들의 생활에서 필요한 경우 적절한 보상을 제공할 수 있어야 한다. 장애인들은 의존적인 의미로 여겨질 수 있는데, 가족과 친구들은 장애인들이 의존적으로 비추어지는 의미와 감정을 이해할 수 있어야 한다. 따라서 기본적인 변화는 장애인 자신들이 안정적인 상태를 유지할 수 있도록 관심을 가지고 가족이나 주변 사람들과 통합적인 관계를 유지할 수 있도록 해야 한다. 가사노동이나 부모 역할을 수행하는 일, 학업을 지속하는 일, 그리고 자신의 배우자가 모든 일을 효과적으로 수행할 수 있도록 지원하는 일 등이 잘 이루어질 때, 장애인의 감정은 매우 안정적일 수 있다. 한 여성 장애인의 고백을 살펴보자(이준우 번역, 2008 : 188).

> 누군가 내게 물은 적이 있다. 내가 사용하는 목발이 지겹지 않느냐는 것이다. 한술 더 떠서 목발로 다니는 것이 참 피곤하겠다고 하였다. 나는 거의 미치기 일보 직전이 되어 그녀에게 "넌 숨 쉬는 게 피곤하니?"라고 쏘아 붙였다. 내가 목발을 짚고 다니는 것은 숨 쉬는 것과 같이 매우 자연스러운 일상이다. 나는 피곤하지 않다!

### 3) 재발 또는 일시적 장애

재발 또는 일시적 장애를 겪고 있는 사람들의 역할과 책임은 또 다른 독특한 특성이 있음을 이해해야 한다. 대체로 재발 또는 일시적 장애를 경험하고 있는 사람들은 전혀 예기치 않은 상태에서 장애를 겪게 된 경우이기 때문에 이들은 앞으로의 기대나 목표 혹은 계획을 전혀 생각하지 있기 못한 경우가 대부분이다. 재발 또는 일시적 장애를 가지게 된 경우는 점진적이고 진행성으로 장애를 유발하는 것과 매우 밀접한 관련이 있다. 특히 의료적인 측면 혹은 기능적인 측면에서 정확한 장애조건을 알 수 없다는 점이 있다. 대체로 바이러스 감염이나 다른 전염성 질환에 감염된 경우가 많은데, 이러한 경우 앞으로 병의 진행이 어떻게 전개될 것이며, 병에서 회복되었을 경우 어떤 후유증이 남을 것인지, 혹은 그 후 기능상의 장애는 어느 정도가 될 것인지 등에 관한 정확한 정보를 알 수 있는 경우가 많지 않다.

따라서 현재 나타난 증상으로 본인이나 가족 모두 일시적 장애를 경험하는 것에 대해 분노와 두려움을 나타내게 된다. 앞으로 어떤 문제가 나타날 것인지, 어떠한 기능의 제한을 경험하게 될 것인지, 그리고 고통의 수준은 어느 정도일지, 그 장애로 인해 겪게 될 활동의 제한은 무엇일지, 여러 가지 예측할 수 없는 많은 문제들이 장애인 자신과 그 가족들을 더욱 두렵게 만들고 있다. 일단 장애가 발생되면, 우선적으로 의료진이 개입하게 되면서 의료진에 의한 장애 판정이 이루어지는 등 일정한 순서로 장애인으로서의 삶의 진입 절차를 밟아가게 된다. 간혹 의료진에 의한 장애 판정은 의사 혹은 장애인 자신들이 그 순환을 조절할 수 있도록 만드는 경우도 있다.

대부분의 장애 기간 동안 혹은 장애로 인해 자신의 일 등 중요한 역할을 중단하게 된 기간 동안 분노하고 좌절하는 시간과 정도에는 차이가 있다. 어떤 사람들은 자신의 장애에 대해 매우 분노하는 경우도 있고, 어떤 사람은 장애로 인해 자신이 특정한 일에 제한을 받는 수준의 문제 정도로 가볍게 인식하기도 한다. 장애를 경험하는 시기가 언제인지, 혹은 기간이 어느 정도인지, 혹은 각각의 장애로 인해 제한을 받게 된 사안이 무엇인지 등에 따라서 이들이 분노하고 좌절하는 수준에 차이를 보이게 된다. 앞으로 심각한 장애가 나타날 가능성이 적은 경우에는 이들의 감정은 그럭저럭 편안하게 지낼 수 있다. 그러나 한창 자신의 능력을 발휘하고 사회적인 기반을 다지고 인정을 받아야 할 시기에 장애를 경험하는 경우 그 감정은 달라진다.

또한 장애를 경험한 기간이 시간적으로 어느 정도인가에 따라서도 달라지는데, 특히 자신의 휴직이나 휴학의 기간이 어느 정도 감당할 수 있는 정도인 경우와 그렇지 못한 상황인 경우에 따라서 사람들이 느끼는 분노와 좌절의 감정 상태는 차이를 나타내게 된다. 다시 말해서 급격하게 악화되는 장애를 겪는 과정에서 연령, 사회적인 역할, 재발 또는 일시적 장애의 유형, 과업에 대한 책임감, 일시적 장애 이후 돌아가야 할 사회의 태도 등에 따라서 장애인 각자가 경험한 내용이 다르다. 한 중년 남성의 사례를 살펴보자(이준우 번역, 2008: 190).

초겨울 새벽 뇌경색으로 쓰러졌다. 6개월간 병원에서 수술과 치료를 반복한 결과, 언어장애를 동반한 중증의 편마비 증상이 후유증으로 남게 되었다. 휠체어를 사용하게 되었으며, 직장은 현재 휴직 상태이나 조만간 퇴직을 해야 할 형편이다. 지속적으로 치료가 요구되고 있는 상황이며, 치료를 위해서는 많은 시간과 비용이 필요하다. 그렇다고 완치를 기대할 수도 없는 상황이다. 갑작스런 장애로 처음에는 놀라움과 두려움을 경험하였고, 지금은 앞으로 전개될 일들에 대한 불확실함으로 더욱 불안하고 걱정이 된다.

## 3. 장애 결과

거의 모든 장애인은 자신의 장애를 경험하는 순간부터 혹은 그 이후 장애인으로 살아가면서 지속적으로 각자 개인의 상황에 따라서 각기 다른 독특한 장애 경험을 하게 된다. 물론 장애와 관련한 경험은 장애의 정도가 어떠한지, 혹은 장애의 유형이 무엇인지 등에 따라 결정될 수 있으나 이는 매우 단편적인 것이다. 장애의 유형이나 정도가 비슷한 경우에도 장애인의 개인적인 특성이나 배경 등에 따라서 서로 다른 경험을 하는 경우가 많다. 선천적 혹은 아동기 이전에 장애를 경험한 사람의 경우, 중도에 장애를 경험한 사람의 경우, 진행성 장애인지 혹은 재발하거나 일시적으로 나타난 장애인지에 따라서 각기 다른 장애 경험을 하게 되며, 만성장애를 가진 경우에도 자신들만의 독특한 장애 경험을 하게 된다. 장애인과 함께하는 사회복지실천에서 사회복지사들은 반드시 자신의 서비스이용자의 장애 경험에 대한 공감과 함께 객관적이며 정확한 장애 경험에 대한 이해가 동시에 이루어져야 한다.

한편, 이제는 장애 결과의 마지막 종착지인 죽음에 대해 생각해 보려고 한다. 모든 인간은 죽음을 피할 수 없지만 장애라는 현상을 갖고 사는 사람들에게는 죽음이 일상화되어 있는 경우가 종종 있다. 어떤 장애인들은 매우 짧은 생을 살다가 사망하는 경우도 있고, 물론 그렇지 않은 경우도 있다. 그런데 자신의 수명에 대한 기대를 매우 짧게 생각하는 경우가 장애인들에게는 의외로 많이 있다. 대체로 진행성 장애인의 경우가 그렇다. 그럼에도 진행성 장애를 가지고 있는 사람들이 자신의 죽음을 준비하는 것은 쉬운 일이 아니다. 대부분의 사람들은 대체로 자신이 곧 죽을 것이라는 생각을 하는 것조차 외면하려고 한다. 이처럼 사람들은 자신의 죽음 혹은 가족의 죽음에 대해 생각하고 싶어 하지 않지만, 반드시 죽음에 대한 생각을 해야만 하는 경우가 있다.

만약 가족 가운데 장애를 입어 고군분투하며 삶을 지탱해 왔는데 결국은 가족 중 누군가 의료진으로부터 머지않아 장애를 갖고 있는 가족의 일원이 죽을 것이라는 진단을 받고 그 죽음에 대한 사실을 알게 되었을 때 모든 가족 구성원은 죽음에 대한 두려움과 함께 죽음과 마주하고 있음을 피할 수 없게 된다. 이 경우 장애인은 자신이 죽을 수 있도록 도움을 줄 수 있는 사람을 찾기도 한다. 60세인 한 여성 장애인의 고백을 들어보자(이준우 번역, 2008 : 191).

> 지난 30여 년간 호흡기 장애로 치료를 받아왔다. 나이가 들어가면서 더 심해진다. 이제는 병의 진행을 막을 수 없고, 완치도 불가능하다. 정말 죽고 싶다. 나의 죽음을 도울 수 있는 사람을 떠올려 보았으나, 어느 누구도 그 부탁을 들어줄 사람이 없을 것이라는 것을 깨닫게 되었다. 결국 유언을 통해, 내가 혼수 상태에 빠졌을 때, 자연스럽게 죽을 수 있도록 어떠한 인공물에 의한 생명연장을 하지 않도록 명시할 뿐이다.

장애인으로서 생애를 정리해야 하는 경우, 사회복지사는 반드시 장애인 서비스이용자와 죽음에 대한 이야기를 나누어야 할 필요가 있다. 또한 장애 당사자가 자신이 장애를 겪게 되었을 때 나타날 수 있는 다양한 반응들에 대해 이야기함으로써 자신의 삶을 되돌아볼 수 있어야 하며, 앞으로의 생활에 대한 계획을 수립하고, 남은 인생을 채워가는 데 있어 필요한 지원이 무엇인지에 관한 의견을 나누는 일은 매우 중요하다. 뿐만 아니라 장애인 서비스이용자의 가족이나 친구들이 좋은 지원 체계를 이루고, 지속적으로 지원할 수 있는 방안을 논의하고, 필요한 경우에는 장애인의 옹호자로서의 역할을 수행할 수 있도록 훈련하는 과정도 필요하다. 한 가지 중요한 임무는 장애인을 옹호하는 일을 더 이상 지속할 수 없을 때에는 반드시 장애인 스스로가 편안하게 느낄 수 있도록 해야 한다.

앞으로 전개될 어려운 날들에 대해서 계획을 세우는 일은 매우 고통스러운 일이다. 그러나 동시에 죽음을 준비하는 일은 매우 커다란 위로와 편안함을 제공하게 된다. 사람들은 이러한 일들을 매우 성공적으로 감당하는 경우가 많으나, 한편 이런 일들로 인해 갈등과 어려움을 겪는 경우도 많다. 죽음과 관련한 갈등과 고통은 죽음에 대한 지식이 부족하고 마음의 내면적인 안정과 평화를 찾는 일에 어려움을 겪는 경우, 또한 마음과 신체적인 장애 간에 바람직한 통합이 이루어지지 못하는 경우 나타나게 된다. 어쨌든 죽음에 관해 이야기를 나눠야 하는 경험에 직면한 경우, 사람들은 피할 수 없는 당연한 것으로 이해하기도 하고 또한 자신들의 내면 깊은 곳에서 조용한 평화와 안정을 발견하기도 한다. 다음의 사례를 보자(이준우 번역, 2008 : 192).

> 의료적인 치료로는 회복이 불가능하다는 사실을 전해들은 순간부터, 모든 치료를 중단하고 주변을 정리하고 편안하게 죽음을 맞이하기로 결심했다. 스스로 활동할 수 있는 동안 남은 생애를 의미 있게 살고, 고통이 시작되면 호스피스 병동에 입원해 호스피스 봉사자들의 도움을 받으며 편안하게 생을 마치고 싶다.

대부분의 사람들은 자신의 남은 생애가 얼마 되지 않는다는 사실을 받아들이는 것이 어렵다는 것을 알고 있다. 자신이 머지않아 죽게 될 것이라는 사실을 받아들이는 것은 자신의 생애 전체의 경험의 맥락에서 받아들이는 것이며 각각의 사람들은 저마다 각기 다른 독특한 생활경험이 있기 때문에 생애 전반의 맥락에서 받아들여야 한다. 사회복지사는 죽음에 대한 안내까지도 해야 할 사명을 갖고 사는 존재다.

## 제3절 일상생활에서 직면하는 제한과 편견

장애인은 장애의 발생, 진행, 그리고 장애 상태가 영구히 남아 장애인의 삶으로 진입되는 결과에 이르는 일련의 과정을 거치는 동안 다양한 삶의 측면에서 특별한 제한을 경험[9]하면서 살아간다. 이와 같은 장애인의 독특한 경험을 이해하기 위해서는 일반적으로 모든 장애인들이 경험하는 세계와 특정한 장애인들이 경험하는 독특한 경험의 세계의 차이를 이해하는 것이 중요하다. 특히 장애인을 대상으로 사회복지실천을 하는 사회복지사들은 장애인이 경험하는 실질적인 제한과 한계들, 그리고 사회적 편견에 대한 경험을 이해할 수 있어야 한다. 여기에서는 크게 다섯 가지 항목으로 구분하여 살펴보려고 한다. 즉 첫째, 이동의 제한, 둘째, 생활하는 데에 필요한 활력의 제한, 셋째, 감각의 제한, 넷째, 의사소통의 제한, 다섯째, 이성적인 판단에 있어서의 제한 및 정신기능의 제한이다.

---

9) 제3절 일상생활에서 직면하는 제한과 편견의 주요 내용은 줄리엣 C. 로스먼이 쓰고, 이준우(2008)가 번역한 <장애인과 함께하는 사회복지실천>의 '제9장 장애경험의 이해 : 생활 속의 제한과 선입관'에서 가져왔음을 밝힌다. 대체로 내용을 요약적으로 정리하여 재구성하였다.

## 1. 이동의 제한

장애에 관해 생각할 때 즉각적으로 생각나는 것이 이동의 제한을 받는 문제이다. 이동의 제한은 장애인을 대표하는 제한으로 상징화하고 동일시된다. 흰색으로 휠체어가 그려진 사회적 불리 혹은 장애 표시는 어디에서나 눈에 띄게 볼 수 있다. 이 표시는 시각·청각·언어소통의 장애, 그리고 활력 혹은 정신적인 기능의 장애 등 어떤 종류의 장애와 상관없이 장애를 나타내고 있으며, 이 표지는 모든 장애를 대표하는 장애 상징이 되고 있다. 사회의 구조적인 모델에 의하면, 장애인이 이동의 제한을 경험하게 된 원인은 사회를 건설하는 데 있어 다수와 다른 종류의 이동 수단을 선택하는 사람들에게 적합하지 않도록 만들어졌기 때문에 발생한 것이다.

### 1) 자립적인 휠체어 이동

현대사회에서는 다양한 이유로 휠체어로 이동하는 사람들을 많이 볼 수 있다. 휠체어를 타고 이동하는 사람들이야말로 장애인 이동의 권리를 요구하며 동시에 장애인의 권리를 주장하면서 장애인을 옹호하는 장애운동의 대표적인 사람들이라고 생각할 수 있다. 이들은 장애인 운동의 대표 주자들이며 이들은 항상 장애인의 권리를 찾기 위한 시위를 주도하며, 운동이 전개되고 있는 그 현장에서 반드시 만날 수 있는 사람들이다. 그동안 장애인의 접근성을 높이기 위한 제도들이 만들어지고, 장애인 편의시설에 대한 개선이 일부 이루어지고는 있으나, 그 내용이나 변화 속도는 아직도 미흡한 실정이다. 최근에 와서 장애인의 이동권이 가시적으로 확보되고 있고, 전동 휠체어와 전동 스쿠터를 이용하는 사람들이 지속적으로 증가하고 있고, 앞으로 이러한 이동수단을 사용하는 장애인들이 더욱 늘어날 것을 예상할 수 있기 때문에 장애인 이동을 위한 사회적인 변화는 불가피한 일로 여겨진다.

사람들이 휠체어를 사용하는 것은 모든 사람에게 각기 다른 이유가 있다. 사고로 인한 척수장애 등 전신마비 장애인에서부터 뇌졸중, 뇌성마비, 종양을 제거하기 위해서, 사고나 전쟁 등 부상으로 인해 신체의 일부를 절단한 경우, 신체적으로 허약하거나 혹은 근력이 약해 이동이 자유롭지 못한 경우, 관절염으로 인한 이동의 어려움 등 다양한 원인으로 인해 휠체어 사용이 필요한 사람들이 늘고 있다. 이와 같은 여러 이유로 인해, 휠체어 이용자의 수는 지속적으로 증가할 수밖에 없으며, 휠체어나 전동 스쿠터 혹은 전동 휠체어 등은 우리 사회의 다양한 이동수단 가운데 중요한 이동수단으로 자리 잡아 가고 있다.

휠체어 사용자 수가 늘어나고 이동을 위한 건축, 도로 등의 물리적인 환경이 변화하고 있는 상황에서도, 휠체어 사용자들이 강조하는 독특한 상황들이 있다. 그 예로 휠체어에 앉아 있는 장애인의 경우, 서 있는 타인과의 눈 맞춤에 있어 항상 위로 올려보아야 하는데, 이때 장애인은 불편을 느끼게 된다. 특히 특정 장애인의 경우 항상 고개를 들고 위를 올려다볼 때, 고개와 등 혹은 목 등의 신체적인 고통을 호소하는 경우가 많다. 서 있는 사람들과 대화를 할 때, 서 있는 사람들이 항상 내려다보는 시선, 그리고 줄을 서서 기다리는 경우에도, 뒤에 선 사람이 장애인의 머리 위에서 아래로 내려다보는 시선 등도 불편하게 느껴져 일상생활의 제약이 될 때가 많다. 이 밖에도 휠체어 사용자의 경우에는 일반적인 공공시설을 이용하는 데 있어서도 많은 불편을 경험하게 된다. 예를 들어, 공중전화, 화장실, 출입구, 버스 승강장, 대중교통 수단, 일상의 가전제품, 상품 매장의 계산대, 혹은 빌딩의 안내소 등 수많은 물리적인 장벽을 경험하게 된다.

최근 장애인들이 대중교통 이용을 위한 시설 개선과 변화 노력이 실제적인 성과로 나타나고 있는 상황이지만 지하철과 기차를 제외한 대부분의 대중교통을 장애인이 이용하는 것은 여전히 어려운 상황이라 할 수 있다. 공공시설이나 일반 건축물의 장애인용 화장실, 경사로 등의 편의시설도 많이 좋아졌지만 아직도 휠체어를 이용하는 장애인들의 사회활동을 제약하는 경우가 종종 발생한다.

### 2) 의존적인 휠체어 이동

뇌졸중 등의 원인으로 인해 손, 팔, 다리, 발의 사용이 곤란하여 특정한 제한을 경험하고 있는 장애인이 있다. 예를 들어, 이들은 자신의 신체를 한쪽 방향에서 다른 방향으로 전환하거나 몸을 움직이는 일에 어려움을 느낀다. 휠체어를 사용한다는 것은 개인에 대한 보호 서비스에 있어서도 높은 수준의 의존, 예를 들어 식사, 목욕, 화장실 이용, 교통수단 이용 등에 의존할 수밖에 없음을 의미하고 있다. 전동휠체어가 이들에게 약간의 자립성을 제공할 수는 있으나, 전동휠체어의 관리와 이동에 있어서 또 다른 어려움이 있게 되므로, 여전히 도움을 제공하는 사람이 필요하며 전적으로 의존적인 상태를 벗어나는 일에 어려움이 있다.

## 2. 활력의 수준에 따른 제한

외상 혹은 정신적인 충격, 질병 혹은 다양한 조건으로 인해 장애를 경험한 것이지만, 기력이나 활력 상실, 그리고 심신의 피로와 허약함 등이 원인이 되어 이동을 하는 일에 장애를 경험하고 있는 사람들이 있다. 암이나 종양치료를 위해 방사선 치료나 약물치료 등, 의과적인 치료를 하게 되는데 이로 인해 장애인이 스스로 자리에서 일어나거나 움직이는 데 어려움을 호소하는 등 전반적으로 이동의 제한을 경험하고, 타인의 도움이 요구되는 경우가 종종 있다.

주로 만성적인 피로증후군, 부상 등으로 인한 일시적인 장애를 경험한 경우에는 기력이 낮은 수준을 보이게 된다. 이 밖에도 폐의 기능이 떨어져 산소 호흡기를 착용한 경우, 천식, 폐기종 등 각종 성인 호흡기 질환으로 인해 기력을 상실해 이동의 제한을 경험하고 있는 사람들을 보게 된다.

신체적인 질환만이 오직 신체 활력의 수준을 낮추는 원인이 되는 것이 아니다. 우울증 등의 정신장애 역시 인간의 기력을 상실하게 만드는 원인이 되고 있다. 정신장애를 가진 사람들이 일반사람들과 접촉하는 일, 단순하게 일상적으로 살아가는 것 등은 대단히 많은 활력을 소모하는 일이 되고 있다. 또한 약물치료로 인해 숙면을 제대로 취하지 못하는 경우 무기력해지며 기력을 상실하게 되는 경우가 있다.

## 3. 감각손상으로 인한 제한

시력이나 청력의 손상은 사람들의 감각기능의 제한을 경험하게 만드는 원인이 되고 있다. 예를 들어 시력이나 청력이 완전히 상실된 시각장애인, 청각장애인의 감각기능의 제한은 감각을 완전하게 상실하는 것이다. 청각장애인, 그리고 특정 부분에 있어 일정 수준이 부분적으로 상실한 경우, 특정한 조건들이 주어질 때 상실을 보이는 경우가 있다.

장애인들을 위한 교육에서 가장 먼저 시작된 교육은 시각장애인과 청각장애인을 위한 교육이다. 시각장애인의 교육에서는 점자를 개발하게 되었으며, 점자를 이용하여 장애인들에게도 새로운 지식과 기술을 교육하게 되었고, 그 역사가 거의 170년에 이르고 있다. 오늘날 시각장애인 학생들은 주로 일반 학급에 통합되어 교육을 받고 있는데, 장애인 재활 및 특수교육의 보조 장비를 개발하는 과학기술의 발전으로 시각장애인들을 위한 음성전환 컴퓨터, 점자 프린터 혹은 녹음도서, 다양한 소프트웨어 등의 특수 보조공학 도구를 사용하고 있으며 이들 장비의 보급이 점차 활성화되고 있다. 감각기능에 손상을 입은 장애학생들은 일반학교 혹은 일반학급에 통합되어 교육을 받고 있으며, 이들은 대학진학과 동시에 직업훈련기관으로 진출하는 경우가 늘어나고 있다.

한편 새로운 과학기술의 발전으로 많은 청각장애인들이 다시 소리를 들을 수 있게 되었으나, 이 장비들이 모든 청각장애인들에게 다 적용될 수는 없는 한계로 인해 여전히 수어를 제1언어로 사용하는 사람들이 존재한다.

## 4. 의사소통의 제한

앞서 살펴본 바와 같이, 청각에 장애를 가지고 있는 사람들의 경우 의사소통에 제한을 느끼게 된다. 현대사회에서 청각장애로 인해 의사소통의 제한을 경험하는 것은 다양한 모습으로 삶에 영향을 받게 됨을 의미한다. 의사소통에 제한이 있다는 것 특히 청각장애인 혹은 농인의 문화 속에서 지속적으로 살아가야 한다는 것은 청인이 누리는 음성언어의 정보와 음성언어에 기초한 다양한 경험의 세계를 자유롭게 나눌 수 있는 기회가 제한된다는 것이다. 소리가 없는 고요한 세계에서 더욱 값진 소리를 들을 수 있다는 농 정체성의 측면에서 인식할 수 있는 바도 있으나 다수의 청인과 의사소통하며 교류할 때, 얻을 수 있는 많은 이점과 이익 등을 놓칠 수 있다는 점은 역시 중요한 삶의 제한이 된다.

또한 청각장애인 이외에도 자폐성 장애인을 비롯하여 뇌병변장애인, 언어장애인 등 다수의 의사소통이 원활한 사람들 속에서 의사소통의 제한을 경험한 장애인들의 경우에는 자신의 의견을 자유롭게 표현하는 것이 자유롭지 못한 것부터, 타인과의 교류에 있어서도 어려움을 느껴 더욱 더 세상과의 단절과 고립을 경험하게 되는 경우도 있다. 이렇게 사람이 언어적인 의사교환능력이 상실되었을 때, 몸짓, 손짓, 표정 등 모든 비언어적인 표현인 인간의 원초적인 방법에 의해 의사를 교환해야 한다. 이때 손짓, 몸짓 등으로 표현하는 것을 두뇌로 이해해야 하는데 이와 같은 방법에 의한 의사소통은 매우 어려울 때가 많다. 즉 언어적인 의사소통이 제대로 이루어질 수 없고, 언어적인 의사소통 기능이 상실되었을 때, 의사소통의 제한을 경험하는 장애인들은 홀로 갇혀 있음을 느끼게 되고, 이는 인간이 경험할 수 있는 상황 중에서 가장 고통스러운 상황 가운데 하나가 된다.

## 5. 이성적인 판단에 있어서의 제한 및 정신기능의 제한

정신적인 기능의 제한을 가지고 있는 장애인 집단은 매우 광범위하다. 전반적으로 정신질환을 앓고 있는 정신장애인을 비롯하여 자폐성 장애, 지적장애 등 그리고 알츠하이머병이나 노인성 치매 외에도 각종 뇌손상으로 인한 장애 등을 포함하고 있다. 일반적으로 사람들이 사회 속으로 진입하고, 사회 구성원들과 통합되어 살아가는 데 기본적으로 요구되는 능력으로는 정신적으로 반응하고 기능하는 능력을 우선적으로 꼽을 수 있다.

그러나 정신적인 기능과 관련한 능력이 상실된 경우, 종종 이들은 사회로부터 분리되는 것을 느끼게 되며, 또한 신체적인 장애를 가지고 있는 경우에도 정신적인 장애인이 느끼는 것과 같은 사회로부터의 분리를 경험하게 된다. 이는 자본주의 사회가 신체적인 장애인이나 정신적인 장애인에 대해 사회적 거리감을 두고 있기 때문이다.

한편 의학적인 근거에도 불구하고, 정신기능에 있어서 제한은 다음의 여러 사항과 연계하여 인식되곤 하는데, 예를 들면, 유전적인 원인, 질병에 걸릴 소양을 가지고 있는 특성, 생활의 상황적 조건, 그리고 약물에 의한 중독, 이 밖에도 개인의 생활상의 문제점과 이를 제대로 조정하지 못한 개인의 불찰 등을 원인으로 생각하는 경향이 있다. 또한 지속적으로 정신적인 기능의 제한이 특정한 정신질환이나 약물중독과 같은 것과 관련하여 개인의 무능 혹은 중독이 될 수밖에 없는 개인의 조절능력의 부족이나 생활태도나 행동에 있어 사회적으로 받아들일 수 없는 규범으로부터의 이탈 등으로 생각하는 경우가 많다.

### 1) 정신장애인

정신장애는 분명 사회적 일탈과 같은 행동적 문제를 동반하는 것으로 볼 수 있다. 그리고 그와 같은 행동은 도덕적으로 비판받을 가능성이 있다. 어떤 하나의 행동이 어떤 사회에서는 가치 있는 행동으로 인정받고 사람들에게 용납되고 있으나 같은 행동임에도 불구하고 또 다른 사회구성원들에게는 받아들여지지 않는 경우가 있다. 인간이 사회규범을 어긴다는 것이 사회구조적인 모델로 평가되는 것과 관련되어 있는데 이는 사회규범을 준수하지 않는 것은 도덕적으로 옳지 않다는 것을 의미하는 사회적 인식에서부터 비롯된 것이라 할 수 있다.

그 결과 수많은 사람들이 정신장애로 고통을 받고 있고, 이들의 고통은 개인의 고통만이 아닌 이들의 가족 구성원들에게도 커다란 고통을 주고 있으며, 이와 같은 고통은 전체 사회에 중요하게 영향을 미치고 있다. 실제로 가족 구성원들 가운데 한 사람이 정신장애인 진단을 받게 되었을 때, 그 외의 가족들이 겪는 어려움은 다양하다. 이들을 돌보기 위해 정신적·신체적으로 고통을 호소하기도 하고, 가족들이 겪는 사회적인 낙인을 견디기 위한 정신적인 고통은 더욱 가중되고 있다. 이들 가족들은 분노와 스트레스 등을 자주 경험하게 된다. 지역사회의 지지망이 이들 정신장애를 가지고 있는 개인이나 가족들에게 자신이 속한 사회에서 거부당하지 않도록 하는 일에 옹호자로 나서며, 이들에게 필요한 지원을 제공하는 일을 담당하여야 하는 것이 매우 중요하다.

더욱이 정신장애인들의 경우에는 자신들이 사회에서 경험한 제한에 관한 내용들에 관해서 혹은 자신들의 문제에 관해서 제대로 표현하지 못하는 경우가 빈번하다. 또한 정신장애인들은 자신들의 감정과 사회적인 제약에 관해 글로 남기는 경우도 많지 않아 이들이 경험하는 사회적인 제약을 이해하고 소개하는 일이 쉽지 않다. 그러므로 사회복지실천을 수행하는 사회복지사들은 정신장애인이 느끼는 사회적인 제약의 독특한 경험들에 대해 상세하게 이해해야 한다.

### 2) 발달장애인

발달장애인 중에서도 특히 자폐성 장애인의 경우에는 청각장애인들이 독특한 문화를 가지고 있는 것과 같은 독특한 문화를 가지고 있지 않다. 그럼에도 자폐성 장애인들은 자신들만의 세계에서 살고 있다. 이 세계 속에는 다양한 사람들이 속해 있는데, 예를 들어 자폐성 장애인을 비롯하여 이들과 관련이 있는 사람들 특히 이들을 돌보는 가족, 이들을 교육하는 교사, 이들을 돕는 활동지원사 혹은 근로지원인, 이들을 고용한 고용주 등이 이 세계 속에서 함께 생활하고 있다. 이들의 행동규칙, 자립규칙 등 다른 사람들과 만들어 나가는 규칙들은 이들 자폐성 장애인들이 최대한 자신의 선택에 의해 자신의 방식대로 살 수 있도록 돕고 있다.

한편 자폐성 장애인을 포함한 발달장애인들은 많은 경우 일상의 생활 속에서 신체적·성적 혹은 정서적인 학대를 경험하고 있는데, 이러한 학대는 간혹 이들을 돌보는 가족이나 생활지도교사 혹은 활동지원사 등에 의해 이루어지고 있는 경우가 많다. 그럼에도 불구하고,

이들에게 가해지는 학대는 폐쇄적인 공간에서 발생되고 있기 때문에 외부로 노출되지 않는 경우가 많다. 더욱이 피해를 입은 발달장애인들이 피해 사실에 대한 진술 능력이 떨어지기 때문에 이들에게 가해지는 학대 내용이 사회적으로 무시당하거나 혹은 대부분은 공개되지 않은 채 덮어지는 경우가 종종 있다. 그래서 가장 상처를 많이 받고, 피해를 당하기 쉬운 사람들이 바로 발달장애인들이다. 실제로 발달장애인들과 함께 외출을 한다거나, 이들과 함께 단체로 이동을 해야 하는 경우에는 복잡한 지하철이나 버스 정류장에서 이들 발달장애인을 잃는 경우가 종종 있다. 또한 교육 현장이나 직업훈련기관 등에서 발달장애인들에게 교육하는 일은 지속적으로 대단한 인내가 필요하며 반복적인 훈련을 요한다.

뿐만 아니라 발달장애인은 성적인 면에서도 다양한 문제를 나타내는 경우가 종종 있다. 특히 성적인 학대에 노출될 위험성이 높고, 청소년기 이후에는 이성과의 교제와 관련한 문제, 그리고 주변의 성인들이 이들의 성적인 관계를 부정적으로 인식하는 등 발달장애인의 성적인 문제는 여러 측면에서 논쟁적인 요소들을 만들어 내고 있다. 발달장애인의 특수성을 고려한 특정한 기준을 마련하고, 그 기준에 따라 성적 정체성을 허용하는 시기를 결정해야 할 것인지, 또한 이들에게 언제부터 법률적인 성인으로 인정할 것인지 등 이는 지금 현재 직면하고 있는 상당히 어려운 문제들이다. 분명한 것은 발달장애인의 경우에도 이들이 성장하여 일정한 시기가 되었을 경우에는 성적인 생활이 가능해야 하며, 또한 성적인 내용과 관련한 필요한 정보와 도움이 되는 토론과 교육이 제공되어야 한다는 것이다.

### 3) 알츠하이머병과 노년기 치매

알츠하이머병이나 노년기 치매로 인한 인지기능의 제한은 발달장애로 인한 인지기능의 제한과는 차이가 있다. 알츠하이머병이나 노년기 치매는 주로 인생의 후반부에 발생하는 것으로서 일반적으로 이들의 장애는 이미 자신의 가족, 친구, 고용주 혹은 다른 사람들과의 인간관계를 형성해 놓은 이후 발생하는 것이기 때문에 발달장애인이 경험하는 제한과는 차이가 있다. 모든 인지기능에 제한이 나타나는 장애는 장애인 자신이나 가족들 모두에게 심각한 스트레스를 주게 되는 것이지만, 알츠하이머병이나 치매환자의 경험은 일단 개인의 성격과 행동에 변화를 가져오게 된다. 주로 반응하는 능력, 인식하는 능력에 변화가 나타나며, 이 밖에도 변화와 관련한 주변 일들에도 많은 변화들이 나타나게 된다.

알츠하이머병이나 노인성 치매인 경우 다양한 경험들을 하게 되는데, 많은 사람들이 분노, 흥분, 동요, 폭력적인 경험과 함께 다른 사람들과 대립하는 경우가 있으며, 반면 이러한 일이 일어나는 이외의 시간에는 조용하고 평화롭고 기쁘고 즐거움을 보이는 등 모든 발생 가능한 순환적인 상황을 나타내고 있다. 초기 단계에서는 기억력과 단어사용 능력에 영향을 미친다. 수면을 취하는 일도 불안정하게 되고, 날짜 변화와 시간과 공간에 대한 이해에 혼동을 가져오는 경우가 많다. 약속을 기억하지 못해 직장이나 가정에서 중요한 일을 그르치는 일이 발생하게 되고, 이전에 익숙한 길에서도 길을 잃게 되거나, 종종 사람을 알아보지 못하는 경험을 하게 된다.

이러한 증상들이 진행된 이후에는 이러한 행동들이 좀 더 자주 나타나게 되는데, 이때에는 약물에 의한 치료와 보호자의 지속적인 돌봄과 보호 등을 필요로 하게 된다. 이때 가족들은 정신적인 충격과 함께 여러 면에서 매우 심각하게 영향을 받게 되는데, 자신이 사랑하는 가족을 보내야 하는 슬픔을 경험하게 되며, 또한 이들을 돌보는 일에 정신적·신체적 고통이 따르면서 이들을 미워하게 되는 경험을 하게 되며 결과적으로 더욱 큰 상실감과 자책감을 느끼게 된다. 이때 환자와 가족 모두를 위한 강한 지지체계가 필요하게 된다.

장애인들은 비장애인들이 경험하지 않는 또 다른 세계를 경험하며 살고 있다. 대표적으로 일반사회로부터 가해지는 제한과 편견 등이다. 사회복지사는 이와 같은 제한과 편견을 불식시키는 역할을 실질적으로 수행해야 한다.

# 3 장애인복지의 역사

이 장에서는 서구와 한국의 장애인복지의 역사적 변천과정을 관련 제도와 법들을 중심으로 간략하게 살펴보고자 한다.

## 제1절 서구 장애인복지의 역사와 관점

여기에서는 서구의 장애인복지 역사를 고대, 중세, 근대, 현대 이후로 구분하여 살펴보려고 한다. 본 절의 내용을 학습한다면 장애인을 바라보는 관점은 시대와 장소에 따라 상대적임을 알 수 있을 것이며, 이러한 시각의 변화에 의해 장애인복지의 역사 또한 변화되고 발달되었음을 인식할 수 있을 것이다.

### 1. 고대 시대

고대사회에서의 장애인관은 원시적이고 부정적이었다. 장애는 악령에 의한 것으로 생각하는 미신 숭배에 의해 심신질환(장애)의 원인이라고 간주된 악령을 빠져나가게 하기 위하여 장애인의 머리에 구멍을 뚫기도 하였다. 장애인의 대다수는 죽임을 당하거나 노예가 되거나 신체적 학대와 유기, 방치의 대상이 되었다. 고대사회에서는 절대적인 가부장제로 인하여 아버지가 아이의 생사문제를 결정할 수 있는 절대권을 가졌다. 신체와 정신이 건강한 남자 아이의 출생은 매우 높이 평가된 반면, 딸이나 장애를 가진 아이의 출생은 그 가족에게 치욕이 되었다. 그 시대에는 동물이나 강자로부터 자기 생명과 종족을 보존하고 노동력을 제공하기 위해 건강한 신체는 필수불가결한 조건이었기 때문이다.

스파르타의 리쿠르구스(Lycurgus) 법전에 의하면, 국가적 번영과 인간 최고의 존엄이라는 사상에 입각하여 신체허약자, 지능열등자, 기타 장애인을 산중에 버리는 것을 허용하였다. 그리스와 로마 시대에는 기형아를 둔 아버지가 벼랑에서 아이를 떨어뜨려 죽이거나 노예로 팔았고, 로마인들은 청각장애인들을 리베르강에 던져 익사시키거나 투기장과 흥행장, 귀족연회의 노리갯감으로 이용하였으며, 네로 황제는 장애인을 활쏘기 연습의 표적으로 사용하기도 하였다. 인간의 윤리규범에 지대한 영향을 미친 플라톤은 장애인을 완벽한 사회로 가는 길을 가로막는 장애물로 여겨 '장애인의 자식이나 불구자는 발견되지 않는 아무도 모르는 곳으로 당연히 보내져야 한다.'라고 주장하였다(Mackelprang & Salsgiver, 1999).

그러나 이 야만스러운 고대시대에도 주목할 만한 예외가 있었다. 고대 이집트인들은 유아살해를 범죄로 보았고, 고대 중국에서는 정신병이 있는 사람의 처지에 관심이 있었고 음악가나 철학자와 같이 독특한 재능을 가진 맹인을 존경했다는 기록이 있다. 에드워즈(Edwards, 1997)는 고대 그리스 시대의 장애인들의 경우 신체적 장애를 갖게 된 상황과 장애인이 누구인지에 따라 자위가 다양하게 나뉘었다고 주장하였다. 전쟁터에서 부상을 당한 그리스인에게는 공적 지원을 제공하였고 보장구를 사용하기도 하였다는 것이다. 6세기 유스티니아누스법은 장애인의 권리를 구체적으로 분류하였고 장애 유형과 정도에 따라 권리를 기술하였다(이선우, 2009 재인용).

따라서 고대사회에서 장애인에 대한 인식은 미신적이고 원시적이었지만, 장애인을 동정이나 보호의 대상으로 보려는 인식과 장애인의 상황에 따라 다르게 취급하는 등 예외적인 경우도 발견할 수 있음을 알 수 있다.

## 2. 중세 시대

중세 서구에서는 기독교의 가르침을 기초로 한 빈민이나 장애인에 대한 구제보호사상의 태동기였다. 물론 이 시기에도 장애인에 대한 학대와 유기가 일반적 현상이었다. 장애의 상태를 사악한 영혼이나 악마의 마법, 신의 저주에 의해 생긴 결과로 보거나, 반대로 고통받는 예수를 나타내는 것 혹은 천사에게 축복을 받는 인간 이상의 존재로 여기기도 했다(이선우, 2009).

한편, 중세는 약자의 보호와 구제, 애타정신을 강조한 기독교의 박애사상을 기초로 하여 종교적으로 구제보호가 시작된 시기였다. 기독교는 초기 교회시대를 거쳐 콘스탄티누스 대제에 의한 기독교공인(313년)이 있었고, 니케아종교회의(326년) 이후 그리스나 로마의 장애인 학대는 자비와 동정으로 변화하게 되었다. 이것은 기독교의 가르침, 모든 인간은 하나님 앞에 동등한 의무와 권리를 갖는다는 데서 연유한다.

중세 초기에 종교적 자선사업이 시작되면서 장애인이나 빈민을 구제하기 위한 시설을 설립하기 시작하였으며, 중세 봉건사회가 산업화에 따른 도시의 발달과 더불어 붕괴의 길을 걷게 되면서 구빈대책도 도시를 중심으로 이루어졌다. 예컨대 중세의 장애인 보호는 당시의 차별적이던 시대적 배경에서 볼 때에 획기적인 것이었다. 그러나 중세의 기독교 사상 역시 장애인도 동등한 권리를 가지고 있다는 것을 인식하는 데는 여전히 한계가 있었다(숭실대학교 장애인복지연구회, 2004).

농촌으로부터의 많은 빈민이 유입되자 과거와 같은 종교적 자선으로는 빈민문제를 해결할 수 없게 되었고 영국에서는 1601년 「구빈법」을 제정하게 되는데, 노동능력이 있는 빈민에게는 강제노동이 부과되었고, 장애인과 같이 노동능력이 없는 빈민은 주로 시설에 수용되었다. 이 시기의 장애인 보호사상은 종교적 측면에서 이루어진 자선의 형태였기 때문에 장애인을 비장애인과 평등하게 보는 근대적인 의미의 복지사상과는 거리가 멀었다.

## 3. 근대 시대

근대에는 르네상스, 의학의 발전, 종교개혁의 영향으로 장애인에 대한 인식이 크게 변화되는 계기가 마련되었고, 장애인의 본질을 합리적으로 이해하려는 노력은 장애아동에 대한 교육의 가능성을 제시해 주면서 장애인 교육이 시작되었다. 그러나 근대에 있어서도 장애인에 대한 차별과 편견은 일반적 사회통념으로 이어져 내려와 장애인복지의 제도적 발전은 괄목할 만한 것이 못되었다. 또한 현대까지 영향을 미쳤던 우생학 이론의 영향으로 장애인 시설이 발달하게 되었다.

### 1) 장애인관에 영향을 준 근대 사상

장애인에 대한 운명론적인 사상을 버리고 근대적인 장애인관에 입각하여 교육의 가능성을 모색하게 한 근대적 사상은 다음과 같이 전개되었다(오혜경, 2005).

첫째, 르네상스 운동은 장애인관에 영향을 주었다. 르네상스는 신중심에서 인간중심, 인간존중주의로 환원하려는 특징을 갖는다. 르네상스에 영향을 받은 인문주의자들은 중세의 종교적 편견과 미신에서 탈피하여 장애인의 본성과 본질을 현실적 근거에서 합리적으로 이해하도록 하였으며, 장애인에 대한 교육의 가능성을 탐색하도록 자극을 주었다.

둘째, 종교개혁도 장애인관에 영향을 주었다. 대표적인 종교개혁자인 마르틴 루터(Martin Luther)는 인간의 자율적이고 주체적이며 체험적인 신앙이 신과 인간을 합치시킨다고 보았으며, 청각장애인 혹은 시각장애인, 지적장애인이라 할지라도 그리스도인이 될 수 있다고 주장하였다. 루터의 장애인관은 당시로서는 혁신적인 것이었으며, 지금까지 전승되어 온 편견과 미신에 쌓인 온 장애인의 사회적 처우를 혁신하는 중요한 계기가 되었다. 종교개혁은 두 가지 점에서 중요한 의의를 갖는다. 먼저 교육은 빈부나 능력에 관계없이 모든 국민을 대상으로 한 보통교육이어야 하며, 둘째로 학교의 설립 및 유지는 교회의 의무가 아니라 정부의 책임이라고 주장한 것이다. 종교개혁 교육사상은 인문주의 교육사상의 인간성 본위의 사상에서 진일보하여 보통교육사상에 입각한 국민교육제도의 실시를 주장하였다는 점에서 큰 의의를 가지며, 이것은 장애아동의 학교교육 실현을 위한 사상적 기반이 되었다.

셋째, 의학이 발달함에 따라 장애인의 생리와 병리를 과학적으로 해명함으로써 과학적인 이해에 크게 공헌하였다. 과학적 이해는 종래의 미신적 편견에 의한 인간의 장애에 대한 운명론을 극복하게 하였으며, 합리적이고 과학적인 기초에서 인간의 장애를 이해하게 하였다.

### 2) 장애인에 대한 교육 실시

16세기 근대 초기에 접어들면서 수용보호에만 그쳤던 장애인의 교육이 이루어지기 시작하였다. 17세기에 영국의 경험론자인 프랜시스 베이컨(Francis Bacon)은 인간이해에 대한 선입견을 타파할 것을 주장하여, 당시까지 내려오던 장애인에 대한 편견을 타파하고 전통적인 장애인관을 시정하는 사상적 기반을 마련하였다. 베이컨에 의해 주도된 경험철학은 교육에 있어 실학주의 교육에 영향을 주었는데, 사실과 경험, 실천을 중시하며 인간을 철저하게 이해하고자 했던 실학주의 교육사상은 장애아동의 교육에 새로운 가능성을 열어주게 된다. 18세기에 들어서는 일반서민의 자녀교육에 대한 대책이 마련되면서 특수아동에 대해서도 관심을 갖게 되었고, 19세기 후반부터는 생리학, 의학, 심리학, 사회학 등의 발전으로 인해 아동의 장애 원인을 규명하면서 특수교육이 크게 발전하였고, 1882년 프랑스에서는 장애아동에 대한 의무교육을 실시하게 되었다.

### 3) 장애인 수용시설의 등장

근대에는 르네상스, 의학의 발전, 종교개혁의 영향으로 장애인에 대한 인식이 크게 변화되고 장애인 교육도 시작되는 등 인간에 대한 낙관주의가 대두된 반면, 장애인을 사회적으로 제거의 대상으로 보는 사회진화론과 우생학 이론이 널리 퍼지게 되었다. 사회진화론과 우생학 이론은 장애인을 위험하고 유전적으로 열악한 인자를 보유해서 사회의 제거 대상으로 설명하는 근거가 되었고, 장애인을 따로 시설에 수용해 보호하도록 하는 이론적 근거가 되었다(Rothman, 1971). 우생학 이론이 유행했던 나라에서는 사회적으로 유용한 유전질의 번식은 제한하는, 품질 위주의 인구정책을 중시하여 열악한 유전인자를 보유한 자들에 대한 출산억제정책을 펼치는 데 우생학 이론을 과학적 근거로 삼았다. 장애인에게 생식기능을 빼앗는 불임수술법안을 마련해 지적 장애와 정신장애를 지닌 장애인에 대한 불임수술이 행해지기도 하였다(Rhodes, 1993).

19세기 후반 발달한 우생학 이론은 20세기에도 많은 영향을 미쳐서 20세기 초의 우생운동으로 발전하였고, 20세기 초에 대규모 수용시설이 등장하는 것에도 지대한 영향을 미쳤다.

## 4. 현대 시대

장애인복지의 일대 전환점이 된 시기는 두 차례에 걸친 세계대전이었다. 군인들이 전쟁을 겪으며 부상을 입어 장애인이 된 상태로 돌아오자, 이들에 대한 국가의 지원대책이 필요하였다. 이에 장애를 개인의 문제가 아닌 국가의 책임으로 인정하면서 현대적 의미의 장애인복지가 시작되었다고 볼 수 있다.

### 1) 1910~1960년대

서구 사회에서 이 시기는 전쟁으로 부상을 입어 장애인이 된 상이군인을 위한 직업재활, 의료재활을 중심으로 장애인제도가 마련되기 시작하였다. 제1차 세계대전(1914~1918)이 끝나고 영국에서는 1919년 임의할당제도로서 퇴역상이군인을 일정비율 이상 고용하고 있는 고용주의 방명록제도를 설치하였고, 이는 「신체장애인고용법」의 근간이 되었다. 이탈리아에서는 1921년 전쟁에서 장애를 입은 전장장애인의 고용의무를 정한 법률이 제정되었으며, 1923년 국제노동기구(ILO)는 퇴역상이군인을 중심으로 한 신체장애인의 고용촉진 방법을 연구하기 위해 제네바 전문가회의에서 법률에 의한 고용의무라는 수단이 필요함을 지적하였다.

제2차 세계대전(1939~1945)은 세계 전역에서 걸쳐 제1차 세계대전보다 훨씬 더 많은 피해를 가져왔으며, 이 전쟁이 끝난 후 세계 각국에서는 장애인의 고용에 관한 법률을 적극적으로 제정하였다. 1944년 영국에서는 「신체장애인고용법」이 제정되었고, 1947년 이탈리아에서는 산업재해와 직업병에 의해 신체장애인이 된 자에 대하여 의무고용을 규정하는 「산재장애인 의무고용법」과 1950년 「전쟁신체장애인의무고용법」, 1953년 「국가봉사신체장애인 의무고용법」이 제정되었다. 독일은 1953년 종전의 법률을 통일하여 「신체장애인고용법」을 제정하였고, 프랑스는 1955년에 「할당고용법」, 1957년에 「재활기준법」을 제정하였다.

한편 1955년에 열린 국제노동기구(ILO) 총회에서는 장애인 직업재활에 관한 국제적 기준을 권고하게 되는데, 이 총회에서는 비장애근로자의 해고나 이동을 하지 않는다는 조건하에 일정비율의 장애인을 고용할 것, 장애인을 위하여 지정된 직종을 유보할 것, 중증 장애인에게 적합하다고 인정되는 직종에는 고용의 기회나 우선권을 주는 조치를 취할 것 등을 제시하였다.

1960년대는 세계 경제의 고도성장기로 노동력의 필요에 따라 각국이 노동정책을 더욱 강화시킨 시기로서, 벨기에는 1963년에 「장애인고용법」, 오스트레일리아는 1969년에 「보호고용법」을 제정하였다. 미국은 1967년에 지난 1920년에 제정된 「직업재활법」을 개정하여 중도장애인의 직업훈련을 확대하였다. 이처럼 선진국에서는 직업재활을 위한 카운슬링, 직업평가, 직업적용훈련, 기능훈련 등 직업재활과정에 대한 체계기반이 강화되었으며, 일부 국가에서는 자국의 특성에 따른 보호고용제도가 개발되었다(정무성 외, 2012).

### 2) 1970년대

이 시기는 1960년대 들어 시설중심의 장애인 보호를 반대하는 보편화(normalization) 운동의 흐름에 따라 장애에 관한 기존 정책의 대안으로서 자리를 잡게 되고, 세계 각국으로 파급되어 1971년 UN에서 '정신지체인 권리선언'을 채택하는 이념적 배경이 되었다. 이어 1975년 '장애인 권리선언(The Declaration of the Rights of Mentally Retarded Persons)'을 채택하여, '모든 장애인은 인간으로서의 존엄성을 존중받아야 할 권리가 있으며, 모든 사회활동에 참여할 권리가 있다'고 하였으며, 이에 모든 국가는 장애인의 권리를 보호하고 이를 보장하는 적극적 시책을 펼칠 것을 촉구하였다.

미국은 1970년에 「발달장애인 서비스 및 시설건축물법」을 제정하였고, 1975년에는 「장애아동교육법」을 제정하여 모든 장애아동이 장애 정도와 상관없이 비장애아동과 마찬가지로 학교에서 교육을 받도록 하였다. 또한 1972년 캘리포니아 '버클리 자립생활센터'에서 시작된 자립생활운동이 전국으로 빠르게 퍼져나가 1977년에 52곳이던 자립생활센터는 10년이 안 되어 약 300여 곳으로 늘었으며, 1978년 연방의회가 연방정부 재활국장에게 자립생활센터를 운영하고 있는 주에 예산을 지원할 수 있는 재량권을 주게 되었는데, 이는 장애인들이 스스로 운영하는 프로그램에 필요한 예산을 확보할 수 있게 되었다는 것을 의미한다(Shapiro, 1994). 또 세계 최초로 '건축물 설비에 관한 미국기준설계서'가 작성된 후, 1970년대에 들어와서는 영국, 스웨덴, 캐나다, 뉴질랜드, 독일, 일본 등의 선진국은 도로, 공공시설, 도시계획에 있어 장애인 생활권의 장벽제거정책(Barrier Free)을 시행하게 되었다.

결국 1970년대는 장애인권리선언과 보편화 운동 등의 영향을 받아 생활시설 중심의 장애인복지로부터 지역중심의 직업재활이 강화된 시기이며, 자립생활운동 등의 중증장애인 사회통합을 지향하는 장애인 복지의 형태로 변하기 시작한 시기라고 할 수 있다.

### 3) 1980년대

이 시기에 들어서는 국제적 협력체계가 수립되어 유엔에서 1981년을 '세계장애인의 해'로 정하고, 회원국의 장애정책의 지속적 추진을 위해 1983년부터 1992년까지를 'UN 장애인 10년(UN Decade of Disabled Persons)'으로 선포하고 이를 실천하기 위한 구체적인 지침으로 '장애인에 관한 세계행동계획'을 발표하였다. 이 행동계획은 '완전한 참여'를 실현하는 내용으로 장애인의 주체적 사회생활 운영, 장애인의 사회적 공헌, 장애인의 정책결정단계의 참가 등을, '평등'을 실현하는 내용으로는 다른 국민과 같은 수준의 생활, 평등한 분배 등을 실천하도록 하였다.

1980년 세계보건기구(WHO)에서는 국제장애분류(International Classification of Impairment, Disabilities and Handicaps : ICIDH)를 발표하고 이 분류기준을 적용할 것을 권장하였다. 1981년 미국에는 전미자립생활협의회가 설립되어 장애운동을 활발히 펼치기 시작하였는데 1980년대에 미국 전역은 물론 전 세계적으로 확산되었고 1984년 미국에서는 「발달장애인법(Developmental Disabilities Act)」이 제정되었다.

### 4) 1990년대 이후~현재

1990년대 들어 역사적으로 가장 중요한 일은 1990년 「미국장애인법(Americans with Disabled Act : ADA)」의 제정이었다. 이 법은 장애라는 이유로 차별을 받지 않도록 하기 위해 장애인 고용시 차별금지 규정, 교통정책과 관련된 규정, 건축물에 관한 규정, 통신 관련 규정 등 사회적 · 물리적 환경에 대한 내용을 포괄적으로 다루고 있다(에이타 야시로 외; 송영욱 역, 1993; 임종호 외, 2018). 미국에서의 법 제정에 이어 호주가 1992년, 그리고 영국이 1995년에 각각 「장애인차별금지법」을 제정하였다.

유엔은 장애인의 인권과 관련해서 '정신지체인 권리선언', '장애인 권리선언' 등을 1970년대에 이미 채택하였지만, 이 선언들은 법적 구속력을 가지지 못하였다. 이에 보다 강력한 규정인 '유엔장애인권리협약'을 2006년 유엔총회에서 채택하였으며, 회원국은 각국의 입법기관에서 정식 비준절차를 밟고 협약의 내용을 준수하도록 하고 있다. 이 협약은 모든 장애인이 인권과 기본적 자유를 완전하고 동등하게 향유하도록 보장하고 보호하고 장려하여, 장애인 고유의 존엄성을 존중하도록 함을 목적으로 하고 있다.

## 제2절 한국 장애인복지의 역사와 발전과정

여기서는 한국의 장애인복지의 역사를 크게 근대 이전과 근대 그리고 현대로 구분하여 살펴보려고 한다. 근대 이전에는 삼국시대, 고려시대, 조선시대의 장애인 지원과 관련된 기록을 볼 수 있고, 근대는 1890년대~정부수립 이전까지로, 현대에 와서는 '정부수립 후 1980년', '1981~1988년', '1989~1998년', '1999년 이후'로 장애인복지에 영향을 미친 주요 분기점을 중심으로 구분해 볼 수 있다.

## 1. 근대 이전 시대

### 1) 삼국시대

삼국시대에는 장애인에 대한 구제활동을 병자나 빈민, 고아 등을 대상으로 하는 일반구제 활동에 포함시켜 전개하였다. 삼국시대에 실시된 구제사업 중 장애인과 가장 관련있는 제도는 사궁구휼(四宮救恤)이다. 이는 홀아비, 고아, 아들 없는 이와 같이 무의무탁한 빈민을 구제하는 것으로 왕이 의류나 곡물, 관제 등을 급여하였다. 이 시대에는 장애인에 대한 자립된 명칭 없이, 즉 병자와 엄격한 구별 없이 사용되었고, 이들에 대한 구휼제도는 국가의 제도로 정착된 것이 아니었고 왕명에 의해 임시적이고 사후대책적인 성격으로 이루어진 것이었다.

### 2) 고려시대

고려시대는 불교사상의 영향을 받아 구제사업이 더욱 제도화되는 경향을 보였다. 이 시대에는 창제(倉制), 이재민에 대한 조세와 부역면제 등 각종 구휼제도가 실시되었다. 태조 원년의 흑창, 성조 5년의 상평창, 충선왕 5년의 유비창 등이 발달하여 진대사업용 곡식을 비축해서 춘궁기나 재해로 인해 빈민이 발생할 때 대여하여 가을이나 풍년에 상환하도록 하는 제도가 발달하였다. 또한 맹인을 위한 직업대책을 정부가 유도하여 점복, 독경, 악사와 같은 직업을 갖고 스스로 생활할 수 있도록 해서 맹단 대부분은 직업을 갖고 활동을 했다는 기록이 있다. 고려 초부터 국가에서는 복업(卜業)을 과거제도에 포함시켜 복인을 선발함으로써 복업이 제도화되었다.

### 3) 조선시대

조선시대에는 유교사상의 영향으로 구휼사업이 이루어졌다. 태조 2년에 노약폐질자로 자립할 수 없는 자에게 노동면제 및 구휼을 실시하였고, 세종 원년에 환과고독, 폐질자에게 쌀과 콩 등으로 구제하였으며, 폐질자 모두에게는 노동을 면제하였다는 기록이 있다. 세조 3년에 가난한 사람들의 의료와 이식을 지원해 주던 동서활인원에서는 장애인, 맹인에 대한 진휼을 실시하였고, 정조 7년에는 불구폐질자를 맹인, 절름발이, 문둥이, 간질, 벙어리, 꼽추, 고자 등으로 규정하여 벙어리와 고자는 자력해결에 맡기고 맹인은 복술을, 절름발이는 그물 짜는 일 등을 하도록 하여 자립할 수 있게 하였다. 그밖에 이 시대에는 민간 자체의 구제 형태인 계나 향약이 있었고, 향약의 네 가지 덕목 중 하나인 환난상휼은 가장 중심적인 사업으로 향리주민의 문제와 고난을 감소시키는 데 공헌을 하였다. 이상의 내용을 종합해 볼 때, 조선시대 장애인에 대한 구제대책으로는 맹인의 점술업 허가, 노약폐질자에 대한 노동면제 및 구휼 등 미미한 구제책만이 있어 대부분의 장애인은 친족부양에 의존하였음을 알 수 있다.

## 2. 근대 시대

우리나라에서 최초로 장애인을 보호하고 교육을 시켰던 시기는 고종 31년(1894)에 미국인 선교사 부인인 홀(Hall) 여사가 한 맹인 여학생에게 점자지도를 시작한 것이 한국특수교육의 기원이 되었다. 한일병합 이후 1911년에 경성고아원을 총독부가 접수하여 제생원이라 칭하고 고아의 양육, 맹아교육, 정신장애인의 구료를 목적으로 재단법인을 설립하였다. 이 기관은 일종의 복지시설형 특수교육기관이었다. 이후 일본은 1944년에 '조선구호령'을 제정하였는데, 그 대상은 65세 이상의 노쇠자, 13세 이하의 유아, 임신부, 불구, 폐질, 상이, 정신 및 신체장애로 인해 노동을 못하는 자로 되어 있다. 이들을 대상으로 신청에 의해 생활부조를 실시하였으나 식민지 통치를 정당화하기 위해 실시된 수단으로 도입하였다는 데 기본적인 한계가 있었다.

8 · 15 해방 이후에는 국가의 공공행정은 물론이고 정책과 제도도 미군으로 이관되었다. 미군정청이 일본으로부터 제생원을 인수받아 보건후생부 산하에 두고, 교명도 국립맹아학교로 바뀌었다. 1948년에 이문형이 정신박약아 수용시설인 중앙각심학원을 설립하였는데, 이 기관이 우리나라 최초의 정신박약보호시설이며, 이후 국립재활원이 되었다.

## 3. 현대 시대

### 1) 정부수립 후 1980년까지

정부수립 이후 1980년까지는 현대적 의미의 장애인복지가 태동한 시기라 할 수 있다. 현대적 의미의 우리나라 장애인복지는 1950년대 이후 상이군경을 대상으로 한 국가보훈사업이 최초라 할 수 있는데, 이 시기는 주로 외국의 원조단체에 의해 행해졌으며, 1950년 「군사원호법」과 1951년 「경찰원호법」이 그 시초이다.

1960년 이전까지 우리나라에서는 일반적인 장애인에 대해서는 법제나 국가의 개입은 없었으며, 장애인 문제는 자립적으로 인식되지 못하고, 빈곤 문제의 일부로 다루어졌다. 우리나라 정부가 소위 '일반장애인' 문제에 본격적으로 개입을 시작한 것은 1961년 12월 「생활보호법」이 제정된 다음부터이다. 이 법의 보호대상에 65세 이상의 노쇠자, 18세 미만의 아동, 임산부와 함께 '불구, 폐질, 상이 기타 정신 또는 신체의 장애로 인하여 근로능력이 없는 자'가 포함되어, 빈곤장애인에 대한 국가의 보호가 시작되었다고 볼 수 있다. 한편, 1963년 제정된 「산업재해보상보험법」에 의해 산업재해 장애인에 대한 지원이 시작되었다.

1970년대는 서구 장애인복지 역사에서 살펴본 것처럼 국제적으로 장애인의 권리에 대한 관심이 증폭된 시기로, 이 시기에 제정된 장애인권리선언 등은 이후 우리나라 장애인복지가 제도화되는 데 많은 영향을 미치게 되었다. 1977년에는 장애관련 법으로는 최초로 「특수교육진흥법」이 제정되었다. 또한 1978년에는 생활시설 장애아동을 중심으로 한 심신장애자종합대책을 발표하기도 하였다. 그러나 1970년에 제정된 「사회복지사업법」은 목적사업에 장애인복지사업을 포함하지 않아 장애 전반에 관한 제도나 법령은 존재하지 않은 시기였다.

한편 민간단체는 1952년 우리나라 최초의 지체장애인복지시설인 삼육아동재활원을 시작으로 하여 한국불구자협회(1954, 현 한국장애인재활협회), 연세재활원 내에 최초 재활병원인 소아재활원(1959), 한국특수교육협회(1962), 세브란스특수학교 초등과정(1964), 삼애회(1965, 현 한국소아마비협회) 등이 설립되었다. 1972년 4월 20일에는 한국장애인재활협회 주최로 제1회 '재활의 날'(현 장애인의 날)을 지정하는 등 민간활동이 시작되기도 하였다.

### 2) 1981~1988년

1980년대는 우리나라 장애인복지의 제도적 틀이 형성되는 시기라 할 수 있다. 국제적으로는 세계장애인의 해(1981), UN장애인 10년(1983~1992)과 행동계획 등이 채택됨으로써 UN은 세계 각국에 장애인복지정책 수립과 이행을 권고하게 된다. 이때 우리나라는 1988년 서울올림픽을 유치하면서 국제적인 흐름을 의식하여 장애인복지 관련법을 제정하고 시설을 현대화하여 직업재활 대책 마련에 노력을 기울이게 된다(김윤정, 1997).

1981년에는 장애인복지의 종합적 법률이라 할 수 있는 「심신장애자복지법」을 제정하고 4월 20일을 장애인의 날로 정하였다. 이 법에서는 심신장애자의 기준, 재활상담 및 의료기관 또는 심신장애자 복지시설에의 입소·통원조치, 보장구의 교부, 고용촉진, 시설 우선 이용, 공공건물·교통·통신 등의 편의시설, 장애자 부양수당, 심신장애자복지시설의 종류와 설치·운영, 보장구 제조·수리업의 허가 등에 관하여 규정하였다. 비록 법률의 대부분 내용이 선언적인 것임에도 불구하고 이 법률제정 이후 수용·보호중심의 장애인 시설에서 한 걸음 나아가 장애인복지관 등의 재활시설(이용시설), 심신장애자 근로시설(직업재활시설), 점자출판시설 등이 생기게 되었다.

한편 이 시기 장애인의 직업재활에 관한 정부의 개입으로는 1982년부터 한국장애자재활협회를 통한 장애인취업알선이 있었다. 또한 1986년에 노동부가 「직업훈련법」을 개정하여 장애인이 일반인을 위한 직업훈련시설에서 직업훈련을 받을 수 있도록 하였고, 같은 해 보건사회부는 중증장애인을 위한 보호작업장 운영계획을 수립하고 자립작업장을 시범운영했다. 이는 장애인에게 직업훈련을 통해 재활을 도모하고자 한 조치였다.

1988년 장애인올림픽 개최에 힘입어 대통령 직속 장애자복지대책위원회를 구성하여 11개 부분의 정책건의안을 대통령에게 제출하였다. 한국장애인재활협회를 통해 장애인기능경기대회 개최(1981), 국제장애인기능경기대회 참가(1981), 장애인취업알선 시범사업(1982), 지역사회중심재활사업(CBR) 시범실시(1985~1987), 정부주도 장애인의 날 개최(1982) 등 장애인복지정책과 제도의 핵심사업을 시작하였다. 그리고 1982년 서울장애인종합복지관을 시작으로 각 시·도에 장애인복지관 설치, 서울시 지방공무원 9급 행정직에 장애인공무원 특별채용(1987), 장애인등록제 시범사업(1987) 등도 이 시기에 이루어졌다.

이 시기는 우리나라 장애인운동의 역사에 있어서 중요한 시기다. 1980년대 이전의 장애인운동이 장애인문제와 관련된 단발적인 사안에 대해 곧바로 대응하는 방식으로 전개되었다면, 이 시기는 장애인 단체를 중심으로 조직적으로 대응하는 장애인운동 방식을 전개하기 시작하였다는 점에서 의의가 있다. 따라서 장애인문제를 개인적 차원보다는 사회적 차원에서 새롭게 인식하면서, 장애인 관련 단체들이 높은 의식화와 조직화를 보인 시기다(이동석, 2004). 이러한 움직임의 배경은 무엇보다 88장애인올림픽을 계기로 장애인의 권익을 확보하려는 단체들의 대규모 집회가 열리게 된 것이 계기가 되었다. 그러나 당시 정부는 '선성장, 후복지'라는 정책기조에 입각해 사회정책을 추진하였기 때문에 극소수의 시설 장애인과 저소득장애인에 대한 재활정책을 제공하는 데 그치는 수준이었다(김용득, 2012).

### 3) 1989~1998년

이 시기는 제도적으로 형성된 정책들이 1988년 장애인올림픽 이후 증가된 장애인 욕구에 부응하여 제도적 틀을 재정비하면서 본격적인 복지급여제도가 시행되기 시작한 시기였다. 또한 재가장애인을 위한 서비스와 장애인복지단체가 다양한 분야에서 활발한 활동을 펼쳤던 시기이기도 하다. 1989년에는 장애자를 장애인으로 용어를 변경하는 것 등을 주요 골자로 「장애인복지법」의 전면개정이 이루어졌고 장애인등록제를 실시하였다. 개정법에 따라 장애인에 대한 복지서비스가 확대되어, 저소득 장애인에 대한 의료비·자녀교육비 지급, 보장구 교부, 자립자금 대여, 생업지원, 자립훈련비 지급, 생계보조수당 등 저소득 장애인에 대한 경제적 지원이 시작되었다. 또한 일반장애인에 대한 경제적 지원도 확대되어 1989년에는 전화요금 감면, 1990년에는 장애인 승용자동차 LPG 연료 사용 허용에 관한 시책 등 간접적 소득지원제도도 확충되었다.

1990년에는 「장애인고용촉진 등에 관한 법률」이 제정되었는데, 이 법은 장애인 의무고용 제도를 처음 도입한 것으로, 300이상의 근로자를 고용하는 사업주는 그 근로자 총수의 2% 이상을 장애인으로 고용하도록 법으로 의무화한 것이다. 이 법에 근거하여 장애인 고용촉진 기금 및 공단이 만들어져 장애인 고용에 관한 재원과 행정체계가 갖추어진다. 또한 「특수교육진흥법」이 개정(1994)되고, 「장애인·노인·임산부 등의 편의증진보장에 관한 법률」이 제정(1997)되었고, 1989년에는 장애인의 날(4월 20일)이 법정기념일로 지정되었다.

1997년에는 보건복지부에 장애인복지심의관실을 두고 장애인제도과와 재활지원과를 두었다. 1997년에는 국무총리실 산하에 장애인복지대책위원회를 설치하였고, 장애인복지발전 5개년 계획(1998~2002)이 수립되었고, 특수교육발전 5개년 계획(1997~2001)이 수립되었다. 또한 1997년에는 한국장애인재활협회 주관으로 아태장애인 10년 중간평가회의, RI(세계재활협회) 세계대회, UN ESCAP(유엔 아시아 태평양 경제사회위원회)회의, RNN(아태장애인 10년 민간단체협의체) 캠페인 등을 한국에서 동시에 개최하였다. 또한 이 시기에는 재단법인 한국장애인복지체육회(1989), 한국장애인고용촉진공단(1991), 국립특수교육원(1994) 등의 법정단체를 비롯하여 다양한 민간 장애인복지단체가 설립되었다.

특히 장애인올림픽을 계기로 사회적 관심이 장애인에 초점이 맞추어지기 시작하였으며, 장애인 단체를 중심으로 장애인운동이 조직적으로 전개되었다. 1980년대 말 조직된 한국장애인총연맹과 장애우권익문제연구소 등을 중심으로 법안 개정 및 제정 운동을 펼치면서 정부 주도의 장애인복지정책에 이의를 제기하였고 장애인복지정책의 주체 세력이 장애인임을 분명히 하는 전기를 마련하였다. 장애인단체들은 상시적인 조직을 결성할 필요성을 느끼고 1995년 '한국장애인복지공동대책협의회'를 결성하여 상시적인 단체연대의 틀을 마련하였고, 1998년에는 전 장애계를 포괄하는 한국장애인 단체총연맹이 정식으로 조직되었다(이동석, 2004).

### 4) 1999년~현재까지

1999년 이후부터 현재까지는 우리나라 장애인복지가 도약하고 있는 시기라 할 수 있다. 1998년부터 2002년까지 장애인복지발전 5개년 계획(1998~2002)을 수립 · 시행하였다. 이후 2차, 3차, 4차, 5차 계획이 추진되고 있다. 1999년 「장애인복지법」 개정이 이루어졌고, 1999년 「특수교육진흥법」이 개정되었으며, 2000년에는 「장애인고용촉진 및 직업재활법」의 개정이 이루어짐으로써 4대 장애인 관련법이 시행되어 사회 구성원으로서 장애인이 누릴 기본권이 제도적으로는 구비된 것으로 보인다. 그러나 아직 법률의 생활화 측면과 법률 시행을 위한 정부의 의지 면에서 많은 과제를 남기고 있다. 이 시기는 장애 당사자 운동이 본격적 이슈를 중심으로 추진되는 경향을 보였다.

#### (1) 장애인복지발전 5개년 계획

1996년 12월 '장애인복지대책위원회' 제1차 회의에서 '장애인복지발전 5개년 계획'을 수립하도록 결정함에 따라 기존에 발표된 장애인복지시책을 기본으로 복지와 고용부문을 유기적으로 연계하여 OECD 회원국에 걸맞은 장애인복지 수준을 달성하기 위하여 중 · 장기 종합계획을 수립하여 1998년부터 2002년까지 5년간의 장애인복지증진을 위한 계획을 추진하였다.

여기서는 장애인복지의 확대를 위하여 장애 발생의 예방, 장애인의 생활안정지원 강화, 사회참여 확대 및 편의시설 확충, 장애 범주 확대 등의 사업을 추진하고 아울러 장애아동의 교육기회 확대, 특수교육의 내실화, 특수교육 지원체계의 효율화를 통해 특수교육을 강화하고, 장애인 고용촉진을 위하여 장애인 직업능력개발 증진, 중증장애인 고용환경 개선, 사업체의 장애인 고용촉진 등의 사업을 연차적으로 시행하는 것을 내용으로 하였다. 이후

2003~2007년까지 제2차 장애인복지발전 5개년 계획, 2008~2012년까지 제3차 장애인복지발전 5개년 계획, 2013~2017년까지 제4차 5개년 계획을 수립하여 이행하였다. 2018~2022년까지는 제5차 장애인복지발전 5개년 계획을 수립하여 이행하고 있다.

#### (2) 장애인 · 노인 · 임산부 등의 편의증진보장에 관한 법률 제정

1997년 4월 「장애인 · 노인 · 임산부 등의 편의증진 보장에 관한 법률」이 제정되어, 1998년 4월부터 시행되었다. 이 법률은 장애인 · 노인 · 임산부 등이 생활을 영위함에 있어 안전하고 편리하게 시설 및 설비를 이용하고 정보에 용이하게 접근하도록 함으로써 이들의 사회활동 참여와 복지증진을 도모하려는 것을 목적으로 제정되었다. 이 법의 제정을 통해 편의시설 개선의 급속한 진전은 없었으나, 공공기관에 경사로 설치, 장애인 전용주차장 설치 등은 어느 정도 효과를 거두었다.

#### (3) 한국장애인 인권헌장 제정

1998년 12월 9일 정부는 '한국장애인 인권헌장'을 선포하였다. 한국장애인 인권헌장은 장애인의 인간존엄과 가치를 확인하고 건전한 사회 구성원으로 장애인의 자립노력과 인권보호, 사회참여와 평등을 보장하는 기본원리와 장애인의 기본적 권리를 명시하고 있다.

#### (4) 장애인복지법 개정

1989년 제정된 「장애인복지법」이 1999년 2월에 전면개정되었다. 개정된 장애인복지법에서는 지체, 시각, 청각, 언어, 정신지체로 한정되어 있던 장애인의 범주를 신장, 심장, 정신장애, 발달장애 등 내부기관의 장애로까지 확대하고 뇌병변장애를 지체장애에서 분리하여 10종 장애로 확대하였다. 2003년에는 2차로 장애 범주를 확대하여 호흡기장애, 간장애, 안면변형장애, 장루장애, 간질장애까지 포함하면서 장애 범주가 15종 장애로 확대되었다. 우리나라 장애인의 범주는 다른 선진국들에 비해 협소하게 규정되어 있어 앞으로 더욱 확대될 전망이다.

#### (5) 특수교육법 개정

1977년 제정된 「특수교육진흥법」은 1999년 전면개정되었다가 2007년에는 「장애인 등에 대한 특수교육법(이하 특수교육법)」으로 변경되었다. 1999년에는 의무교육 조항에 무상교육에 대한 내용이 포함되고, 순회교육·통합교육·개별화교육·치료교육·직업 및 진로교육 등 다양한 교육방법들이 규정되었다. 2007년 「특수교육법」 개정의 특징은 기존의 「특수교육진흥법」이 특수교육 현장에 배치된 장애학생들에게 충분한 교육적 지원을 제공하지 못하고 있는 현실을 개선하기 위하여 특수교육에 있어서 유치원 및 고등학교 과정의 의무교육을 도입하고, 장애의 조기발견체계를 구축하면서 장애영아교육은 무상으로 하여 조기교육의 기회를 부여하며, 대학의 장에게 장애학생지원센터의 설치와 편의제공을 의무화하고, 국가 및 지방자치단체 등이 장애성인평생교육시설을 설치하여 장애인에 대한 생애주기별 교육지원체계를 확립하도록 규정하고 있다.

### (6) 장애인 고용촉진 및 직업재활법 개정

1990년 제정된 「장애인 고용촉진 등에 관한 법률」은 2000년에 「장애인 고용촉진 및 직업재활법」으로 전면개정이 이루어졌다. 개정된 법의 주요 내용은 기존의 법률이 경증장애인의 고용촉진에 비중을 두어 노동부 주관으로 집행되었던 정책에서, 보건복지부가 노동부와 함께 장애인 직업재활사업을 수행하면서 중증장애인을 위한 직업재활과정을 강조하는 정책으로 바뀐 것이 특징이다. 2002년에도 개정이 되어 의무고용대상 사업체가 300인 이상에서 50인 이상으로 범위가 확대되었으며, 2005년 개정에서는 경찰이나 소방직 등 특수직종을 제외하고 정부 부문의 의무고용 적용 제외를 단계적으로 폐지하도록 하여 공공부문에서 장애인의 고용기회가 확대되었다. 이 법에서는 상대적으로 소외되었던 중증장애인의 고용촉진과 직업재활을 강조하였는데, 특히 지원고용, 보호고용, 자영업 장애인 지원 등의 항목을 신설함으로써 장애인의 직업재활을 위한 좀 더 다양한 조치와 방안이 제시될 수 있는 법적 근거를 마련하였다. 또 직업재활 과정을 직업지도, 직업적응훈련, 직업능력개발훈련, 취업알선, 취업, 취업 후 적응지도의 과정으로 세분하였다.

### (7) 유엔장애인권리협약 국회 비준

유엔은 2006년 12월 13일 장애인의 모든 인권과 기본적인 자유를 완전하고 동등하게 향유하도록 촉진하는 것을 목적으로 50개 조항으로 이루어진 「UN장애인권리협약」을 채택하였다. 우리나라는 2007년 3월 서명하고, 협약비준 정부안이 2008년 12월 국회를 통과하였고, 2009년 1월 국내에서 발효되었다.

### (8) 장애인차별금지 및 권리구제 등에 관한 법률 제정

장애인단체 및 활동가, 학자, 법률가들의 노력의 결과 2007년 4월 「장애인차별금지 및 권리구제 등에 관한 법률」이 제정되었고, 2008년 4월부터 시행되었다. 이 법은 모든 생활영역에서 장애를 이유로 한 차별을 금지하고 장애를 이유로 차별받은 사람의 권익을 효과적으로 구제함으로써 장애인의 완전한 사회참여와 평등권 실현을 통해 인간으로서의 존엄과 가치를 구현하려는 것을 목적으로 한다. 여기서는 고용, 교육, 재화와 용역의 제공 및 이용, 사법·행정절차 및 서비스와 참정권, 모·부성권과 성, 가족·가정·복지시설과 건강권 등 여섯 가지 영역에서의 차별행위를 금지하도록 규정되어 있다. 장애가 더 이상 장애인의 개별적인 책임에 의한 것이 아니라 사회 공동의 노력 부재로 인한 것임을 인정한 획기적인 전환점이 될 것으로 보인다(김용득 외, 2007).

### (9) 장애인연금법 제정

2010년 4월 「장애인연금법」이 제정되었으며, 2010년 7월부터 시행되었다. 이 법이 제정되기 전 자립생활 및 생계안정을 위해 기존의 장애수당 수준을 뛰어넘는 무기여장애인연금 도입에 대한 주장이 2000년대 들어 본격화되었다. 기존의 사회적 배제로 인해 교육도 못 받고, 일도 못하고, 결과적으로 국민연금에도 가입이 안 되어 평생에 걸쳐 경제적 어려움을 겪어야 하는 중증장애인들이 사회에서 통합적으로 살기 위해서는 일정 수준의 생계지원이 필요하다는 인식하에 중증장애인을 중심으로 한 '장애인연금법 제정 공동대책위원회'가 결성되었고, 장애인연금법의 제정을 강력히 주장하였다. 정부는 장애수당의 범위를 확대하고 수준을 높이는 방향으로 개선해 가고자 법안의 제정을 미루었으나, 계속되는 장애계의 요구에 따라 입법되어 시행되었다. 이 법에서 장애인소득지원제도는 18세 이상의 중증장애인을 대상으로 하는 장애인연금, 장애인연금지급 대상에서 제외된 과거의 장애수당 지급대상이었던 18세 이상의 경증장애인에게 지급되는 장애수당, 18세 미만의 장애아동을 대상으로 하는 장애아동수당 등으로 구성되었다.

### (10) 장애인활동지원에 관한 법률 제정

2000년대에 들어서면서 중증지체장애인을 중심으로 한 자립생활운동이 본격화되었다. 자립생활을 위해서는 무엇보다도 사회적 환경의 조성과 지원이 중요하며, 이를 위해 장애인들은 활동보조서비스 시행을 강력히 요구했다. 2005년 4월 전국 10개의 장애인자립생활센터를 통해 시범사업으로 활동보조서비스를 시행하였고, 이에 대한 검토를 바탕으로 2007년 4월 「장애인복지법」을 개정하여 자립생활에 대한 장을 신설하고 활동보조서비스에 대한 지원근거를 마련하여 장애등급 1급 및 이에 준하는 최중증장애인을 대상으로 장애인활동보조사업을 실시하였다. 이후 2011년에 제정된 「장애인활동지원에 관한 법률」에 의해 그동안의 활동보조사업에 방문목욕, 방문간호 서비스를 추가한 장애인활동지원제도를 시행하고 있다.

### (11) 장애아동복지지원법 제정

2011년 8월 「장애아동복지지원법」이 제정되어, 2012년 8월부터 시행되었다. 이 법이 제정됨으로써, 장애아동과 그 가족에 대한 종합적인 지원 대책이 마련되는 계기가 되었다. 이 법은 총 7장 41개 조항으로 구성되어 있으며, 18세 미만의 장애아동을 대상으로 한다. 장애아동 서비스에 대한 신청과 심사체계가 새로이 도입되고, 중장장애아동지원센터와 지역장애아동지원센터가 설치되어 장애아동서비스 전달체계가 자립적으로 구축될 수 있는 토대가 마련되었다, 그 내용으로는 장애아동과 가족을 위한 지원대책, 복지지원사업 연구개발, 조기발견을 위한 홍보, 전달체계 구축, 복지지원 수급 및 이용에 대한 관리감독 등을 위한 국가와 지자체의 임무를 제시하였으며, 중앙장애아동지원센터 및 지역장애아동지원센터, 장애아동 및 가족에 대한 실태조사와 복지지원의 제공 등의 내용을 포함하고 있다.

### (12) 발달장애인 권리보장 및 지원에 관한 법률 제정

2014년 5월 30일 「발달장애인 권리보장 및 지원에 관한 법률」이 제정되어 발달장애인의 의사를 최대한 존중하면서 그들의 생애주기에 따른 특성 및 복지욕구에 적합한 지원과 권리옹호 등이 체계적이고 효과적으로 제공될 수 있도록 필요한 사항을 규정하여 발달장애인의 사회참여를 촉진하고 권리를 보호하도록 하였다. 법률은 총 7장 44개 항목으로 구성되었으며, 발달장애인의 자기결정권 보장, 성년후견제 이용지원, 의사소통도구 개발 및 전문인력 양성 등을 규정하였다. 또한 발달장애인 자조단체 구성 및 지원, 발달장애인 전담조사제, 발달장애인 대상 범죄의 신고의무, 발달장애인지원센터 조사권 부여, 보호가 필요한 발달장애인을 위한 위기발달장애인쉼터 등의 내용을 포함한다.

### (13) 기타 주요 변화 내용

2005년에 「교통약자의 이동편의 증진법」이 제정되어 대중교통에 있어서 저상버스 등의 편의시설 설치와 이동권 보장을 위한 교통체계를 구축하게 되었으며, 2008년 3월 「중증장애인 생산품 우선구매 특별법」을 제정하였다.

2012년에는 「장애인·고령자 등 주거약자지원에 관한 법률」을 제정하여 장애인의 주거안정과 주거수준 향상을 위해 필요한 사항을 지원하게 되었고, 2015년 12월에는 「장애인건강권 및 의료접근성 보장에 관한 법」을 제정하여 장애인들의 의료보장에 대한 욕구를 충족하기 위해 필요한 사항을 지원하게 되었다. 또한 2015년 12월 29일 「장애인·노인 등을 위한 보조기기 지원 및 활용촉진에 관한 법률」이 제정되었는데, 이 법은 보조기기의 지원과 활용촉진에 관한 내용을 규정하여 장애인과 노인 등의 활동제약을 최소화하고 삶의 질 향상에 기여하기 위한 목적을 갖는다.

이상에서 다룬 우리나라 장애인복지의 역사에서 주목해야 할 장애인복지 관련법에 대한 주요 연혁을 정리하면 다음 〈표 3-1〉과 같다.

**표 3-1** 우리나라 장애인복지 관련법 주요 연혁

| 시행일시 | 내 용 |
|---|---|
| 1950. 4. 4 | 군사원호법 |
| 1951. 4. 12 | 경찰원호법 |
| 1971. 12. 30 | 유엔 정신지체인 권리선언 |
| 1975. 12. 9 | 유엔 장애인권리선언 |
| 1977. 12. 31 | 특수교육진흥법 제정 |
| 1981. 6. 5 | 심신장애자복지법 제정 |
| 1984. 5. 7 | 장애인편의시설 의무화(건축법 시행령) |
| 1989. 12. 30 | 장애인복지법 제정 |
| 1990. 1. 13 | 장애인고용촉진 등에 관한 법률 제정 |
| 1996. 12 | 장애인복지발전 5개년 계획(1998~2002) 수립 결의 |
| 1997. 4. 6 | 장애인·노인·임산부 등의 편의증진 보장에 관한 법률 제정 |

| 시행일시 | 내　용 |
|---|---|
| 1998. 12. 9 | 장애인 인권헌장 제정 · 공포 |
| 1999. 2. 8 | 장애인복지법 전면개정 실시, 장애범주 확대실시(10개 유형) |
| 2000. 1. 12 | 장애인고용촉진 및 직업재활법 개정 |
| 2003. 7. 1 | 장애범주 2차 확대(15개 유형) |
| 2005. 1. 27 | 교통약자의 이동편의 증진법 제정 |
| 2007. 3. 6 | 장애인복지법 전면 개정 : 활동보조인 파견 및 장애인자립생활지원 내용 포함 |
| | 장애인차별금지법 제정 |
| 2007. 4. 30 | 장애인 등에 대한 특수교육법 제정 |
| 2008. 3. 21 | 중증장애인 생산품 우선구매 특별법 제정 |
| 2008. 3. 30 | 유엔장애인권리협약 서명(협약비준 국회통과 2008.12.12) |
| 2010. 4. 12 | 장애인연금법 제정 |
| 2011. 1. 4 | 장애인활동지원에 관한 법률 제정 |
| 2011. 8. 4 | 장애아동복지지원법 제정 |
| 2012. 2. 22 | 장애인 · 고령자 등 주거약자 지원에 관한 법률 제정 |
| 2014. 5. 20 | 발달장애인 권리보장 및 지원에 관한 법률 제정 |
| 2015. 12. 29 | 장애인 건강권 및 의료접근성 보장에 관한 법률 제정 |
| | 장애인 · 노인 등을 위한 보조기기 지원 및 활용촉진에 관한 법률 |

장애인복지실천 현장에서 일하는 사회복지사는 서구와 한국의 장애인복지 역사를 잘 알고 있어야 한다. 역사적 변천과정을 구체적으로 이해할 때, 사회복지사는 장애인을 대상으로 장애인과 함께 여는 사회복지실천이 보다 더 발전적으로 수행될 수 있는 미래를 조망할 수 있을 것이다. 역사는 과거를 거울 삼아 현재와 미래를 성공적으로 펼쳐가게 하는 소중한 자산임을 사회복지사는 명심해야 한다.

# 장애를 설명하는 이론 4

장애를 인식하고, 묘사하는 관점은 인류 역사와 함께 변화해 왔으며, 장애에 대한 의학적 접근이 이루어지기 전에는 장애는 논리적으로 설명할 수 없는 신이 내린 저주의 결과라는 인식이 지배적이었다. 그러나 의학의 발전과 함께 장애는 의학적으로 설명이 가능하며, 의료적 처치를 통해서 개선이 가능한 질병의 한 종류로 받아들여졌다. 또한 산업혁명 이전에는 장애는 무가치한 노동력으로 인식되기보다는 지역사회의 보호가 필요한 사람 정도로 인식되었으나 산업혁명을 거치면서 노동능력을 중심으로 하는 사회적 인식이 주류를 이루면서, 장애는 생산에 기여할 수 없는 무가치하고, 사회에서 제거되어야 하는 것으로 인식되었다(나운환 외, 2003).

하지만 두 차례에 걸친 세계대전 즉 엄청난 전쟁을 통해서 많은 전쟁 장애인들이 속출하였으며, 이로 인해 장애인에 대한 새로운 사회적 입장이 정해지게 되었다. 다시 말해서 이들은 국가 공로자로 일정수준 이상의 예우가 필요하다는 사회적 논의가 활발히 제기되었던 것이다. 또한 급속한 산업화 과정은 부정적 부산물로 각종 산업재해와 질병을 야기하게 되었으며, 이 과정에서 장애를 입은 사람들은 '산업역군'으로 묘사되었으며, 이들에 대해서 국가가 일정한 책임을 수행하여야 한다는 논의들이 정당성을 얻게 되었다(고용개발원, 2005).

이러한 가운데에 1960년대 북유럽을 중심으로 전개되기 시작했던 장애인도 다른 사람들과 동일한 상황에서 동일한 양식으로 살 수 있도록 해야 한다는 보편화와 사회통합 이념이 세계적으로 파급되어서, 장애에 관한 대안적인 패러다임으로 자리 잡게 되었다. 이에 1990년대 말부터 우리 사회에서도 개별적·자선적 접근 중심의 장애인복지에서 사회적·제도적 접근으로 발전, 변화되어 오면서 '보편화와 사회통합의 강조', '장애인의 자립생활 운동', '장애당사자주의' 등과 같은 장애인복지 패러다임이 정착되었다.

# 제1절 보편화와 사회적 역할 강화

1980년대 중반부터 우리나라에 점차 보급된 보편화(normalization) 이념은 1990년대를 거쳐 2000년대에 와서 장애인복지의 대표적인 이념으로 자리매김하였다. 보편화 원리는 장애인도 비장애인과 같은 권리와 의무를 가져야 한다는 이념이자 이론으로서, 이는 1950년대에 덴마크에서 일어난 지적장애인 부모회와 전문가의 운동을 통해서 구체화되었다. 이후 보편화 이론은 국제연합선언에서 주장되었고, 1981년 국제장애인의 해의 주제인 '완전참가와 평등'의 기본 사상으로도 나타났다. 최근 지역사회를 기반으로 하는 탈시설화, 통합, 그룹홈, 보통생활(ordinary life), 권리옹호 등의 어휘는 보편화 이론의 발전 속에 전개되어 온 개념으로서, 이제 보편화 이론은 차별이나 권리가 침해되어 있는 모든 영역에서 일반적으로 적용되어야 할 대인 서비스의 원리로서 이해되고 있다.

## 1. 배경

보편화 이념 혹은 이론은 20세기 중반 스칸디나비아의 지적장애인 서비스 발전에서 그 기원을 찾아볼 수 있다. 1943년 고용정책 조사를 위해 조직된 스웨덴의 한 정부 위원회는 그 업적의 지도원리가 될 사회정치적 개념을 개발해 내었다. 그 개념이 바로 보편화 원리였다. 1945년 이후 스웨덴에서는 노동조합 운동 세력의 적극적 개입과 함께 주요 정당들 사이에서 국가 복지개혁에 관한 합의가 이루어지게 되었다. 사회적 연대 및 평등에 대한 신념이 새로운 사회복지 프로그램의 기반이 되었다. 사회민주주의자들이나 노동조합주의자들은 특히 노동계층 및 화이트컬러 노동자들의 복지에 집중하였지만 노동계급 외부에 있는 사람들을 지원하기 위한 노력 또한 강력하게 대두되었다.

포괄적인 사회복지제도하에서 장애인, 노인, 아동 등과 같은 주변적인 집단 즉 아웃사이더로 인식되던 대상이 하나의 권리이자 전반적인 사회복지의 일환으로서 양질의 서비스와 지원을 제공받게 되었다. 따라서 보편화 원리는 사회 전반에 걸쳐 복지정책 실천에 대한 논의가 활발히 진행되고 있는 동안 발전한 것이다. 복지국가를 만들겠다는 야심찬 계획을 실현하기 위해서는 모든 시민으로 하여금 훌륭한 삶을 살 수 있게 해줄 사회서비스와 의료서비스를 발전시킬 필요가 있었다.

보편화 이론은 모든 사람이 시민으로서의 혜택을 완전히 누려야 한다는 권리의 철학으로부터 나온 것이었다. 이러한 관점은 보편화 원리가 어떤 한 개인의 창조물이 아니라 광범위한 대중적 지지를 기반으로 형성된 사회적 합의로부터 도출된 하나의 이데올로기임을 말해준다.

이러한 보편화 이념 혹은 이론은 1959년 덴마크의 지적장애인 법을 만드는 데 큰 사상적 영향을 끼치게 된다. 이 법에는 이 법의 주된 목적이 '지적장애인을 가능한 한 최대로 정상적인 생활조건(normal living condition)에 가깝게 생존하도록 하는 것'이라고 정의되어 있다. 여기서부터 보편화 이론은 모든 국민을 위한 전반적 사회복지 이념에서 장애인을 대상으로 하는 사회복지 이념으로 적용되기 시작했다. 지금 우리가 말하는 장애인의 보편화 이론의 시작이 이때부터인 것이다.

## 2. 보편화 이념 주창자들의 견해

> 보편화 이념 그 자체는 장애인(여기서는 지적장애인)도 비장애인과 같은 권리와 의무를 가져야 한다고 하는 것 이외에 어떠한 표현도 추가되지 않는다. 보편화는 지적장애인을 이른 바 비장애인으로 만드는 것을 목표로 하는 것이 아니라 그들이 가지고 있는 장애를 함께 수용하는 것으로서 이들에게 보편적인(normal) 생활조건을 제공하는 것을 말한다. 즉 최대한 능력을 개발할 수 있도록 장애인 개개인의 욕구(needs)에 적절한 처우나 교육 또는 훈련을 포함하여 다른 모든 시민에게 주어지는 것과 동일한 조건을 제공하는 것을 의미한다(성명옥 번역, 2004).

이것은 세계에서 처음으로 보편화 이념을 명확하게 규정한 덴마크의 뱅크미켈센(N. E. Bank-Mikkelsen, 1919-1991)의 말로서, 이 말 속에는 보편화 이념의 기본적인 사고방식이 서술되어 있다. 이어지는 뱅크미켈센의 주장은 보편화 이념이 법적인 제도화로 연결되었음을 분명하게 보여준다.

> 덴마크에서는 1959년에 보편화 이념을 근거로 한 법률이 제정되었으며, 이 법률에는 보편화 이념이 충분하게 도입되어 있다. 또한 1980년의 법률에서는 장애인에 대한 서비스가 중앙정부에서 지방자치단체로 권한이 이행되는 동시에 모든 특별법이 폐지되어 일반사회법이 장애인을 포괄하게 되었다. 이 새로운 법률에서, 서비스는 개인의 장애를 위해 있

> 는 것이 아니라 각 개인의 욕구에 따라 주어져야 한다고 명시되어 있으며, 주요한 특징은 장애인을 표현하는 모든 범주(시각장애, 청각장애, 언어장애, 지체장애, 지적장애 등)를 삭제시킨 점이다. … 원조의 기준은 이들이 속해 있는 장애의 범주를 근거로 분류하는 것이 아니라 개인의 욕구를 근거로 하는 것이다. … 이 새로운 제도는 완전한 참여와 평등을 위해 최선의 가능성을 부여하는 것이었다(성명옥 번역, 2004).

덴마크에서 법률로서 구체화되었던 보편화 이념은 1952년 당시 시설개혁을 요구하는 지적장애인 부모모임의 요구로서 시작되었다. 이러한 노력은 서술한 바와 같이 1959년 법으로서 결실을 맺었고, 이후 뱅크미켈센, 스웨덴의 니르제(B. Nirje), 미국의 울펜스버거(W. Wolfensberger)에 의하여 1972년경까지 '보편화 이념' 사상에 대한 정의가 활발하게 논의되어 왔다. 또한 영국에서는 1980년대에 토웰(D. Towell), 타이네(A. Tyne)에 의해 이 사상이 전개되었다. 보편화 이념의 체계화와 함께 보편화 이념의 실천으로서 장애인서비스 측면에서는 탈시설화, 시설개혁, 지역사회보호, 사회통합 등의 개념을 발전시켰다. 이러한 보편화 이념을 함축적으로 표현하면 국제장애인의 해 주제인 '완전참여와 평등'으로서, 지역사회의 모든 시민과 동등한 '보통의(당연한) 생활을 하는 것'이다(이성규, 2001; 성명옥 역, 2004; 이준우 역, 2008; 김종인 · 우주형 · 이준우, 2007; 이준우, 2012).

장애인이 인간으로서 존중받고 비장애인과 같은 생활을 하는 것은 당연한 것이다. 너무나도 간단하고 당연한 이 사상을 우리 사회에 완전히 정착시키기 위해서는 많은 시간과 노력이 필요할 것이며, 또한 사회적 상황의 개혁과 함께 사회 구성원의 의식 변화가 선행되어야 한다. 이러한 의미에서 볼 때 보편화 이념은 말하기는 쉽지만 실천하기는 어려운 사상이라고 할 수 있다.

## 3. 정의

보편화 이념은 어떻게 정의되고 있는가?

보편화 이념이 형성되기까지의 변천과정을 통해 그 정의와 개념을 구체적으로 살펴보자(이성규, 2001; 성명옥 역, 2004; 이준우 역, 2008; 김종인 · 우주형 · 이준우, 2007; 이준우, 2012; 이준우 · 정지웅, 2017).

뱅크미켈센은 1959년 법의 제정에 깊게 관여했으며 동법의 '내각행정령'에 명시된 "지적장애인의 생활을 가능한 보통의(normal) 생활 상태에 가깝게 만든다."라는 표현은 보편화 이념의 가장 간단명료한 정의이다. 또한 뱅크미켈센은 1976년에 "지적장애인에게 주거, 교육, 일, 여가 등을 포함하여 다른 모든 시민들이 가지고 있는 인간의 기본권을 제공하는 것을 의미한다."고 하여 1959년의 정의보다 좀 더 구체적으로 진술하고 있다.

1960년대를 거치면서 이 보편화 개념은 특히 지적장애인들을 위한 서비스 개발과 법규의 신설에 많은 영향을 미치게 되는데, 스웨덴에서도 1969년 니르제(Nirje)에 의해 도입된다. 니르제는 이 개념을 스웨덴의 맥락에서 다시 정의하게 되는데, 간추려 보면 "모든 지적장애인의 생활방식과 하루하루의 생활이 그 사회의 일반적인 환경과 생활방식에 가장 가깝도록 만드는 것"이라고 하였다. 나아가서 하루, 일주일, 일 년 동안의 생활리듬 및 인생을 살아가면서 각 단계에 맞는 성장을 하는 것, 결혼과 이성 간의 사랑, 경제적 · 환경적인 기준 등을 비교적 자세하게 고려하면서 보편화의 개념을 재정의하였다. 이는 삶의 기본권 보장뿐만 아니라 비장애인의 삶의 질과 견주어 부족함이 없는 상태를 지향하는 것이다.

중요한 것은 이러한 보편화 개념이 주로 인간의 기본권 보장에 초점이 맞추어져 있다는 사실이다. 장애인도 인간이므로 다른 비장애인들이 누리고 있는 기본권들을 보장해 주어야 한다는 것이다. 뱅크미켈슨은 '보편화가 주는 가장 뚜렷한 메시지는 모든 사람이 법 아래에서 법적으로 또 행정적으로 평등한 대접을 받아야 한다는 것'이라고 주장하였다.

이들의 주장에서 매우 독특한 결론을 도출해 낼 수 있다. 이들은 평등권의 보장이 보편화의 궁극적인 목적이기 때문에 서비스에서 평등성만 보장된다면 장애인이 처해 있는 공간적인 형태는 아무래도 좋다고 하였다. 다시 말하면 평등이라는 것은 장애인들을 비장애인과 분리시킨 환경 속에서도 얻어낼 수가 있다는 것이다. 이들의 주장 속에서 보편화는 목적가치이며 통합이나 분리는 실천적인 수단 가치이기 때문이다. 즉, "분리되었지만 평등할 수 있다(equal but separate)"는 접근방식은 이후 수많은 연구자들의 공감을 일으키게 된다.

하여간 니르제는 앞서 설명한 대로, 1969년에 보편화 이념이란 "모든 지적장애인의 생활방식과 일상생활이 지역사회의 '보편적인(normal)' 환경과 생활방식에 가장 가깝도록 만드는 것"이라고 정의하였으며, 보편화 이념이 지향하는 구체적인 목표를 다음과 같이 서술하고 있다.

첫째, 사생활 보호, 다양한 활동 및 상호 책임이 요구되는 매일의 일상적인(normal) 생활리듬, 가정에서 생활하면서 통학과 통근을 할 수 있고, 지역사회와 교류를 가질 여유가 있는 일주일의 일상적인 생활리듬, 가정 생활양식의 변화와 주기적으로 지역사회에서 주최하는 다양한 행사를 경험할 수 있는 일 년 동안의 일상적인 생활리듬을 지역사회 주민들과 함께 할 것

둘째, 인생을 살아가면서 각 단계에 맞는 성장 경험의 기회를 가질 것

셋째, 지적장애인의 무언의 소원 내지 욕구 그리고 자기결정의 표현에 대해서 존중할 것

넷째, 이성 간의 관계는 지역사회에서 분리되지 않고 협동하는 관계일 것

다섯째, 다른 모든 시민과 같은 경제적인 수준이 보장될 것

여섯째, 일상적이고 일반적인 환경수준이 보장될 것

일곱째, 부모나 직원의 환경도 일상적이고 일반적일 것

스칸디나비아에서 발전한 보편화 이념의 이론과 실천은 1970년을 전후로 울펜스버거에 의해 미국에 소개되었다. 그는 덴마크, 스웨덴을 1969년에 방문했다고 한다. 울펜스버거는 '스칸디나비아적 개념의 북미화', '사회학적 설명', '보편성'을 통하여 보편화를 재정의하였으며 1972년에 미국에서 처음으로 출판된 보편화 이념에 관한 자신의 저서를 통해 보편화 이념을 "가능한 한 문화적으로 통상되어 있는 수단을 이용하는 것으로서, 최대한 문화적으로 통상되는 인간의 행동과 특성을 확립하고 보유하는 것"이라고 진술하고 있다(성명옥 번역, 2004).

또한 그는 1980년의 논문에서 "적어도 다른 모든 시민과 같은 생활상태(수입, 주거, 보건서비스 등)를 가능하게 하기 위해서, 또한 장애인의 행동(기능이나 능력 등)을 가능한 개발하거나 향상시키고, 지지하기 위해서 문화적으로 통상되어 있는(가치 있는 것으로 되어 있는) 여러 수단(익숙한 것이며 가치 있는 기술, 도구, 방법 등)을 이용하는 것"이라고도 진술하고 있다. 앞서 진술된 뱅크미켈센과 니르제의 견해보다는 울펜스버거의 주장은 다소 보편화 이념을 난해하게 했다는 지적도 있다(성명옥 번역, 2004).

하지만 울펜스버거는 보편화 이념을 장애인들에 대한 '가치(관)'의 문제로 사회 구성원들에게 인식시키는 데에 큰 기여를 하였다. 즉 보편화 이념이 우리 사회에 왜 필요한 것인가라는 문제를 실제적으로 제기하였던 것이다. 이는 장애인에 대한 가치(관)를 기본적으로 인정하는 것을 전제해야만 가능한 물음이며 그 가치는 장애를 가진 사람들에 대해 항상 우리가 가지고 있는 내적 의식으로서의 가치라고 하는 것에 문제를 제기하는 것이다.

울펜스버거가 약 1983년경부터 '보편화'라는 개념을 대신해 '사회적 역할의 실현(Social Role Valorization: SRV)'이라는 개념을 사용하게 된 것도 '보편화'라는 개념이 오해받기 쉬운 개념이라는 이유와 장애인이 가지고 있는 인간으로서의 고유한 가치를 소중히 여겨야 한다는 것을 주장하기 위해서이다. 그는 '사회적 역할의 실현(Social Role Valorization: SRV)'의 기본이념으로서 장애를 가진 사람들의 '사회적 이미지를 향상시키는 것'과 '능력을 향상시키는 것'을 설정하여, 이 두 가지 개념을 어떻게 서비스 시스템 속에서 실시되고 있는가를 분석하는 '서비스 시스템의 보편화 목표 이행에 관한 프로그램 분석(Program Analysis of Services Systems' Implementation Goals: PASSING)'을 개발했다. 이러한 PASSING은 보편화 이념의 이행 상황을 검토하거나 보편화 이념을 근거로 한 훈련에 이용되고 있다(김용득 · 김진우 · 유동철, 2007).

어쨌든 '사회적 역할의 실현(Social Role Valorization: SRV)' 이론은 장애인복지에서 무엇보다도 중요한 것은 바로 장애인에게 가치 있는 역할을 사회에서 제공해야 한다는 점을 보편화의 핵심 의제로 정착시켰다. 즉, 동정이나 자선이 아닌 권리와 책임으로서 장애인복지가 주어져야 하며 장애인복지는 장애인에게 가치 있는 사회적인 역할을 가져다 줄 수 있는 방향으로 초점이 모아져야 한다는 것이다. 장애인의 인간적 존엄성 존중, 생명 존중, 생존권 존중 등의 내용을 담고 있는 추상적 개념들을 가지고 있는 사회복지의 이념은 현실적으로 장애인이 사회적 역할을 주체적으로 수행할 수 있을 때 비로소 실현될 수 있는 가치 개념이다. 따라서 장애인복지 실천과정에서 현실적으로 수행하여야 할 목표 중 하나는 사회적 역할을 수행할 수 있는 '장애인의 전인적인 능력 개발'이 되어야 한다. 실제로 장애인은 장애로 인해 능력이 손상 내지는 손실되었다 할지라도 정도의 차이는 있지만 잔존능력과 잠재능력을 가지고 있다. 장애인복지 실천과정을 통해 잠재능력과 잔존능력을 촉진, 개발하여 사회적 역할 기대에 대응할 수 있는 주체적 능력으로 전환시키는 것이 '장애인 개인의 전인적인 능력 개발'로 이루고자 하는 바이며, 이는 장애인복지의 이념 중 하나가 되어야 한다.

하지만 최근 올리버(Oliver) 등을 중심으로 하는 급진적인 장애학 연구자들에 의해 SRV 이론은 신랄한 비판에 직면하였다. 가치 있는 사회적인 역할을 전문가가 장애 당사자에게 부여해 주는 것이 아니라 장애 당사자가 '사회적 권리'를 획득하게 되면 자연스럽게 장애인의 입장에서 사회적인 역할을 창출해 갈 수 있다는 것이 핵심이다(윤삼호 역, 2006).

## 4. 영국의 보편화 이념

미국 보편화 이념의 영향을 받은 영국 보편화 이념이 독자적인 표현으로서 발표된 것은 1980년 토웰 등이 간행한 '보통생활(Ordinary Life)'에서이다. '보통생활'은 부제목이 '지적장애인을 위한 지역사회 기반의 포괄적인 거주서비스'라고 명명되어 있듯이, 거주시설에서 퇴소하여 자신이 살던 지역사회로 되돌아간 장애인 거주서비스 상태를 논하고 있다(이준우, 2012; 이준우 · 정지웅, 2017).

이 책에서는 직접적으로 보편화 이념을 정의하거나 논의하지 않았지만 미국 보편화 이념의 구체적인 실천모델인 네브라스카주의 ENCOR[10) 모델을 적극적으로 도입하고 있고, 특히 거주서비스를 지역사회에 정착시키기 위해 어떻게 해야 할 것인가를 구체적으로 논하고 있다. 표제인 '보통생활'이란 장애인도 도심에 있는 보통주택에서 살고, 비장애인과 같은 선택의 기회를 가지며, 장애인이 아닌 지역사회의 사람들과 평등하게 생활하는 것을 의미한다. 이 책이 간행되고 난 후 '보통생활'은 장애를 가진 사람들을 위한 서비스의 목표가 되었다(성명옥 역, 2004).

그리고 '보통생활'의 핵심은 거주조건에 있는데 '보통생활'의 거주조건은 '보통주택'이다. 이 주택을 미국 등에서는 '그룹홈'이라고 한다. 거주서비스는 탈시설화로 인해 필연적으로 생기는 서비스이기는 하지만 생활의 거점으로서 매우 중요하다. 또한 탈시설화나 주거조건은 장애를 가진 사람의 생활에 있어서 '자유'와 깊게 관련되어 있다. 미국에서는 '자유 최대화 환경, 또는 자유 최소 제약환경(the least restrictive alternative or environment)'이라는 용어를 통해 호소하고 있는 것처럼, 생활환경의 조건은 생활에 있어서 자유의 문제와 깊게 관련되어 있는 것이다. 다른 나라와 같이 영국에서도 오랜 기간 지속적으로 운영되어 온 대규모 시설의 주거공간은 사생활보호에 대한 보장도 없이 개인 침대만 덩그러니 놓여 있는 잠자고 먹고 사는 최소한의 생활공간에 지나지 않았다. 이에 비해 '보통주택'은 도시 속에 나란히 늘어서 있는 일반주택들과 함께 있어, 장애인이 거주하는 주택이 특별히 눈에 띄지 않고 장애인도 한 명의 시민으로서 보통생활을 하고 있는 것이다(이준우 · 정지웅, 2017).

---

10) ENCOR는 '동부 네브라스카 지역 지적장애국'의 약어이다. 이는 1970년 미국에서 처음으로 보편화 이념을 근거로 한 지적장애인 복지서비스 시스템의 중심조직으로 장애를 가진 사람이 시설에서 퇴소하여 지역사회에서의 생활을 가능하게 한 시스템이다(성명옥 역, 2004).

이렇게 뱅크미켈센, 니르제, 울펜스버거, 토웰과 타이네 등에 의해 개발되어 온 보편화 원리는 "지역사회에서(in the Community) 장애인에게 '충분한 시민권(Full Membership)'을 보장해 주는 것"으로 정리할 수 있을 것으로 본다(이준우, 2012).

## 5. 보편화 이론의 원칙

현대 장애인복지는 보편화 원리를 철저하게 강조하고 있다. 그런데 장애인의 보편화는 단순히 일반학교에 특수학급을 두고 장애학생을 통합교육하거나 때에 따라 장애인의 사회통합을 위해 일회성 행사를 하는 것으로 국한되던 데서 벗어나 지역사회에서 장애인이 비장애인과 동등한 삶의 기회를 철저하게 보장받는 데에까지 이르고 있다. 즉, 보편화 이념의 목표는 장애인의 권리와 평등을 보장하는 것이다. 이와 같은 보편화 이념은 몇 가지 원칙으로 설명될 수 있다(이준우, 2001, 2012).

### 1) 원칙 1

보편화는 하루, 일주일, 그리고 1년을 사는 데 있어 생활의 일상적인 리듬을 갖고 활동하며 상호책임을 나누는 것을 의미한다. 장애인들도 다른 사람과 마찬가지로 일상적인 리듬에 따라 살 수 있는 집과 활동할 수 있는 일터가 필요하며, 배움의 기회가 제공될 수 있는 학교와 사회적 교류가 일어나는 장이 필요하다.

### 2) 원칙 2

보편화는 인생주기(life cycle)의 일상적인 성장을 경험할 수 있는 기회를 의미한다. 장애를 가진 사람도 하나의 인간으로서 비장애인이 경험하는 성장발달 과정을 통한 인생주기에 맞추어 경험하고 있음이 인식되어야 하며, 장애인복지 전문가들은 이들이 각 과정에 따라 보통 사람들처럼 다양한 경험을 할 수 있도록 도와주어야 한다. 예를 들면, 어린이는 집에서 사는 것이, 그리고 성장한 자녀는 집에서 독립해 나오고 독자적인 삶을 구성하는 것이 가장 일상적이라고 일반적으로 이해되고 있다면, 이들처럼 장애인에게도 그와 같은 기회가 동등하게 제공되어야 한다는 것이다.

### 3) 원칙 3

보편화는 장애인이 갖는 표현되지 않은 바람이나 표현된 자기 의사에 대한 일상적인 이해와 존중을 의미한다. 예를 들면 장애인의 남녀관계도 보통사람과 같을 것이고, 경제 · 정서 · 사회 · 문화적인 욕구 역시 보통사람과 비슷할 것이므로 이들과 동일한 패턴이 허용되어야 한다는 것이다.

### 4) 원칙 4

보편화는 만약 장애인이 더 이상 자신의 집에서 가족과 함께 살 수 없을 때 사회에서 제공되는 주거 역시 일상적인 가정의 크기여야 하며, 일상적인 주거지역에 위치해야 한다는 것을 뜻한다. 사회교류와 사회통합을 하는 데 방해가 되지 않도록 너무 큰 시설이어서도 안 되며 일반 주거지역과 멀리 떨어져 격리되어서도 안 된다.

결국 보편화 원칙은 가능한 한 많은 장애인이 지역사회 생활의 주류(mainstream)에 동참할 수 있도록 하는 것을 의미하며, 최대한 긍정적인 방향으로 지역사회에서 법적 · 제도적 보장을 받으면서 더불어 사는 것으로 이해될 수 있다. 그러나 사회적 환경 일반은 이 의미를 이해하지 못하고 사회로부터 이들을 차별하여 격리시키며 사회적 참여의 기회를 박탈하는 경우가 많다.

보편화의 구체적 실행을 특수학교 운영이나 장애인복지관 설립 등으로 제한하고 있는 것에서 그 차별의 예를 찾아볼 수 있겠다. 진정한 보편화는 일반학교에서 특수교육을 받고 일반 시설에서 특수서비스 프로그램을 제공받는 것까지 포함하는 것이다. 그렇다고 해서 장애인을 장애가 없는 것처럼 대하고 비장애인으로 만드는 것이 보편화는 아니다. 이것은 불가능한 일이며, 또한 있어서도 안 될 일임을 주지하여야 할 것이다.

이들이 갖고 있는 장애를 무시한 채 비장애인 대하듯이 한다고 하여 이들의 장애가 없어지는 것은 결코 아니기 때문이다. 따라서 이들이 보편화 과정 속에서 지역사회에 적응해 나가는 속도와 정도에 맞추어 각종 장애인복지 서비스의 정도를 차등화해서 제공해야 한다. 어떤 사람에게도 하나의 '정상 혹은 보편'의 기준은 없다. 보통 사람과 장애인이 자연스럽게 어우러져 있는 것이 보편적인 사회이며 보편화 이론의 실체이다.

## 제2절 개인적 모델과 사회적 모델

장애의 개념적 모델은 크게 개인적 모델과 사회적 모델로 구분할 수 있다. 개인적 모델은 장애를 개인이 가진 의학적·기능적 문제라고 보는 시각이며, 치료모델 또는 개인중심의 모델이라고 할 수 있다. 반면에 사회적 모델은 장애인이 살고 있는 사회 환경의 문제를 중요하게 인식하는 시각이며, 사회행동모델 또는 환경중심의 모델이라고 할 수 있다(김미옥 외, 2004). 아래의 〈표 4-1〉은 개인적 모델과 사회적 모델에 관련된 여러 이론들을 일목요연하게 나타내 준다.

**표 4-1** 개인적 모델과 사회적 모델의 비교

| 개인적 모델(the individual model) | 사회적 모델(the social model) |
|---|---|
| 개인적 비극 이론(personal tragedy theory) | 사회억압이론(social oppression theory) |
| 개인적 문제(personal problem) | 사회적 문제(social problem) |
| 개별적 치료(individual treatment) | 사회적 행동(social action) |
| 의료화(medicalisation) | 자조(self-help) |
| 전문적 권위(professional dominance) | 개별적, 집합적 책임(individual and collective responsibility) |
| 숙련가(expertise) | 경험(experience) |
| 조절(adjustment) | 긍정(affirmation) |
| 개별적인 정체성(individual identity) | 집합적 정체성(collective identity) |
| 편견(prejudice) | 차별(discrimination) |
| 태도(attitudes) | 행위(behaviour) |
| 보호(care) | 권리(rights) |
| 통제(control) | 선택(choice) |
| 정책(policy) | 정치(politics) |
| 개별적인 반응(individual adaptation) | 사회변화(social changes) |

출처 : Oliver, M.(1996); 고용개발원(2005 재인용)

장애라는 현상을 질병, 종양 및 건강조건 등에 의해서 직접적으로 야기된 '개인'의 문제로 간주하는 개인적 모델은 근본적으로 다음 두 가지 점을 강조한다. 첫째는 개인의 장애 '문제'에 그 핵심을 둔다는 점이다. 둘째는 장애가 발생시키는 근본적인 제한 혹은 심리적인 상실로 인해 이러한 문제가 비롯된다고 보는 점이다. 이러한 관점은 장애의 개인적 비극 이론을 구성하는 것으로서 장애는 불행한 개인에게 발생하는 끔찍한 사건이라는 것이다(Oliver, 1996; 이성규, 2001 재인용). 이 관점은 '의료전문가에 의한 개별적 치료'라는 형태의 의료보호를 해결책으로 제시하며 장애관리의 초점을 개인의 보다 나은 적응과 행위의 변화에 둔다.

반면, 장애라는 현상을 장애인의 사회통합이라는 관점에서 '사회적인' 문제로 간주하는 사회적 모델은 개인적 모델에서 전제하고 있는 두 가지 핵심내용을 완전히 새롭게 바라보는 것에서 시작된다. 즉 장애를 개인에게 귀속된 것이 아니라 사회적 환경에 의해 창조된 조건들의 복잡한 집합체로 보는 것이다. 장애는 사회 내에 존재하는 것으로서 장애인 개인에 내재하는 개별적인 제한이 아니라 장애인의 욕구를 사회 내에서 수용하고 이에 적합한 서비스를 제공하는 데 대한 사회의 실패를 의미하는 것이다. 이러한 사회의 실패 결과는 단순하고 무작위로 개인에게 주어지는 것이 아니고 이러한 실패를 경험한 집단으로서의 장애인들에게 제도화된 차별을 통하여 전달되는 것이다.

따라서 장애문제를 관리・해결하기 위해서는 '사회행동'을 필요로 한다. 그리고 장애인이 전 영역의 사회생활에 완전히 참여할 수 있도록 하기 위해 환경의 개조가 필수요건이며, 이를 실천하는 것은 사회의 집합적인 책임이라는 것이다. 이 모델은 사회적 변화를 요구하는 이데올로기적인 것이며 정치적으로는 인권과 관련된 것이다. 따라서 장애문제 해결을 위한 모든 의도와 목적은 매우 정치적이어야 하며, 주요과제는 장애인들이 직면하고 있는 편견과 차별의 해결에 있다고 한다(김미옥 외, 2002).

## 제3절 재활모델과 자립생활모델

1990년대 이전까지 장애정책을 지배해 온 장애이론은 재활모델이었다. 재활모델에 의하면, 장애인은 일상적 활동을 부적절하게 수행하여 자신의 능력을 적절히 발휘할 수 없거나 수입을 얻을 수 있는 직업을 갖기 위한 준비가 충분히 이루어지지 않아 경쟁고용에 의한 유급취업에 대비하기에 부적절한 것으로 정의되어 왔다.

이 경우 모든 문제는 개인에게 있는 것이 된다. 변화가 필요한 쪽은 장애인 개인이다. 장애인들은 자신들의 문제를 극복하기 위하여 의사, 물리치료사, 작업치료사, 직업재활 상담가 등의 지도에 따라야 한다. 즉, 장애인 개인은 '환자'나 '서비스이용자'의 역할을 하도록 기대될 뿐이다. 신체적 기능의 회복이나 수입이 있는 직업을 얻는 것이 재활의 목적이므로 재활의 성공은 환자나 서비스이용자가 이미 규정된 치료체계에 얼마나 잘 순응하느냐에 달려 있는 것이다(이준우, 2005).

그런데 이러한 재활 패러다임으로는 설명할 수 없는 특징들이 나타났다. 장애 정도가 너무 심해서 재활서비스를 통해서는 특별한 성과를 기대하기 어려울 것으로 간주되었던 중증장애인들이 적절한 지원서비스를 통해 지역에서의 자립생활이 가능하다는 것을 보여주었다. 이러한 사실이 특수한 것이 아니라는 생각이 퍼져 나가면서 대부분의 장애인, 그중에서도 중증장애인들은 재활모델을 부정하고 새로운 패러다임, 즉 자립생활모델을 찾게 되었다(김종인 외, 2001).

자립생활모델에 의하면, 문제는 개인에게 있는 것이 아니며 오히려 전문가들에 의해 주도되는 재활모델이 제공하는 해결방안에 있다. 재활모델의 해결책은 의사와 환자 혹은 전문가와 서비스이용자로 규정되는 관계의 의존성이 내포되어 있다. 즉 문제는 장애인 개인에게 있는 것이 아니라 재활과정이나 물리적인 환경과 사회통제기제를 포함하는 환경에 있다는 것이다. 이러한 환경적 장애물에 대처하기 위해서 장애인은 환자 혹은 서비스이용자 역할을 벗고 소비자 역할을 수행해야 한다. 권익옹호, 동료상담, 자조, 자기 관리, 소비자 주권회복, 사회적 장애의 제거가 실천방안이 된다(Parker & Szymanski, 1998).

자립생활모델은 장애인의 문제를 장애인 당사자가 가장 잘 이해하고 있으므로 장애인이 삶을 영위하는 데 있어 스스로의 '선택권'과 '자기 결정권'을 신장하고, 서비스 제공에 있어서는 장애인의 '주도적인 참여'가 보장되어야 한다는 이념에 기초한다. 또한 장애인의 문제는 장애인이 가지고 있는 신체적 문제보다는 그러한 요소를 문제화시키는 사회환경에서 비롯되므로 자립생활은 물리적·심리적 환경의 개선에 관심을 가진 강력한 권익옹호의 지향성을 담고 있다(김종인 외, 2001).

여기서 자립이란 자신의 생활 전반을 조정하고 관리하는 것이며, 자신의 모든 과업을 수행하는 것을 의미하는 것은 아니다. 자립이란 장애인들의 신체적 또는 지능적인 능력에 연관된 것이 아니고, 아무런 지원 없이 이룰 수 있는 것도 아니다. 장애인들이 스스로 필요한 원조와 지원을 다양한 지원체계를 통해 제공받음으로써 장애인의 자립생활이 이루어지게 되고 결국 이로 인해 자립이 가능하게 된다(Brisenden, 1989; 김미옥 외, 2004 재인용). 결국 '자립생활'은 장애인이 의존성에서 벗어나 스스로의 선택과 결정 그리고 주도적인 역할을 바탕으로 지역사회에서 통합되어 살아가는 것을 목표로 한다. 재활모델과 자립생활모델 간의 차이점을 살펴보면 〈표 4-2〉와 같다.

**표 4-2** 재활모델과 자립생활모델의 비교

| 항 목 | 재활모델 | 자립생활모델 |
|---|---|---|
| 문제의 정의 | 신체적 손상, 직업기술의 결여, 심리적 부적응, 동기와 협력의 부족 | 전문가, 친척 등에 의존, 부적절한 지원 서비스, 건축물의 장애, 경제적 장애 |
| 문제의 위치 | 개인 | 환경 내, 재활과정 내 |
| 문제의 해결 | 의사, 물리치료사, 작업치료사, 직업재활상담원 등에 의한 전문적 개입 | 동료상담, 옹호, 자조, 소비자주권, 사회적 장애의 제거 |
| 사회적 역할 | 환자, 서비스이용자 | 소비자 혹은 고객 |
| 통제, 조정자 | 전문가 | 소비자 혹은 고객 |
| 요구되는 결과 | 최대한의 ADL(일상생활활동), 유급취업, 심리적 적응, 증대된 동기화, 완벽한 신변처리 | 자기관리, 최소한의 제한된 환경, 생산성(사회적 · 경제적) |

출처: Dejong(1981)

이상에서 장애를 설명한 이론들을 사회복지사는 면밀히 파악하여 충분하게 이해하고 있어야 한다. 그렇게 함으로써 사회복지사는 개입실천을 수행할 때, 어떤 이론에 의해 장애인 서비스이용자를 바라보고 있는지를 알게 된다. 중요한 것은 장애를 갖고 있는 서비스이용자의 권리와 욕구, 요구를 최대한 반영할 수 있는 입장을 견지하는 것이다.

# 5 장애인복지 접근방법

장애인복지는 실천현장에서의 경험에 바탕을 둔 검증된 이론적 관점 안에서 이루어져야 한다. 이것은 장애를 갖고 있는 서비스이용자와 사회에 대한 책임성을 의미하기도 한다. 사회가 부여한 책임성을 실현하기 위한 하나의 방법은 경험적으로 검증된 관점에 입각하여 구체적 형태의 변화를 일으키는 실천을 수행하는 것이다. 이론적 관점에 기초하지 않는 실천은 임의성에 바탕을 둔 일상적인 되풀이에 불과하거나 기반이 없는 공허한 활동이 될 수 있다. 반면에 실천현장에 바탕을 두지 않은 이론적 관점은 현실성이 결여될 수 있다(이준우 외, 2006). 따라서 이 책에서는 장애인복지 접근에 유용하다고 판단되는 두 가지 관점을 구체적으로 소개하고자 한다.

## 제1절 생태체계 관점

### 1. 생태체계 관점의 개념

생태체계 관점은 일반체계 이론의 주요 개념들과 생태학적 관점을 결합하여 인간과 환경을 상호작용하는 하나의 전체로 보는 통합모델로 인간과 환경의 상호작용 방법에 관한 것이다. 생태체계 관점을 이해하기 위해서는 우선 체계와 생태학의 의미를 이해하는 데서 출발해야 하는데, 생태체계 관점은 일반체계 이론의 기본 요소에 생태학적 관점이 결합된 것으로 인간과 그를 둘러싸고 있는 다양한 체계 간의 상호작용을 이해하는 접근방법이다.

일반체계 이론은 개방과 폐쇄체계, 총체성, 상호 연관성 개념 등을 통해 인간이 환경과의 상호작용 속에서 끊임없이 변화하는 존재라는 관점을 제시하였다. 또한 생태학적 관점은 적응과 상호 호혜성 개념을 통해 인간과 환경이 어떻게 상호교류하며, 이를 통해 서로가 어떻게 변화되고 적응하는지를 이해하는 데 중요한 준거틀이라고 할 수 있다. 따라서 생태체계 관점은 개인과 개인을 둘러싼 환경체계의 중요성을 인식하고, 이 둘 사이의 상호작용 속에서 발생하는 문제나 역기능을 예방하고 해결하는 사회복지실천방법의 기본적 관점으로 유용하게 사용되어 왔다(이준우, 2005).

생태체계 관점에서 '체계이론'은 개인을 하나의 체계로 또, 개인의 환경을 하나의 체계로서 파악하고, 생태학적으로 인간과 환경 간의 적응과 상호작용을 바라봄으로써 통합된다. 인간은 신체적 · 심리적 · 정치적 · 경제적(직업적) · 교육적 · 정신적 · 사회적 · 성적인 다양한 부분들로 이루어진 하나의 체계이다. 환경은 두 가지 주요한 부분들, 즉 보호하고 발달시키는 부분(가족, 친구, 지역사회)과 지속 · 유지시키는 부분(제도, 조직, 프로그램)으로 구성된 하나의 체계이다. 이러한 생태체계 관점은 다양한 부분 사이에서 그리고 인간과 환경의 공유 영역에서 일어나는 상호작용과 상호교류를 강조함으로써 환경 속의 인간에 대한 견해를 강조한다.

이처럼 개인과 환경 간에 상호작용과 상호교류를 추구하다 보면 개인은 스트레스를 받게 된다. 스트레스는 욕구와 환경적인 상황, 환경의 질이나 다른 조건들과 같은 서비스 제공 가능성 사이에 나타난 모순이나 불일치에 의해 일반화되는 것이다. 장애 혹은 장애인이란 이러한 불균형으로 인해 만들어지는 것이다. 욕구와 의존은 지속적으로 증가하게 되는데, 이것을 채워줄 수 있는 서비스 제공의 가능성 혹은 서비스의 내용은 줄어들게 되는 것이다. 환경은 늘어나는 욕구를 채워줄 수 있는 능력이 없으며, 개인과 환경 사이를 조절해 주거나 엮어주는 기능이 떨어지게 됨에 따라서 스트레스가 생겨나게 되는 것이다(오혜경, 2005).

대체로 다음 세 가지 영역에서 스트레스가 발생하게 된다. 첫째, 삶의 변화 혹은 전환을 경험하거나 위기에 처했을 때, 둘째, 환경적인 압력, 예를 들면 사회체계나 구조로부터 반응이 없을 때, 셋째, 인간관계의 상호과정에서 잘못된 적응이 이루어졌을 때 등이다. 이러한 관점에서 보면 출생 시 혹은 어린 시기에 장애를 가지게 된 장애인의 경우와 생애 중간 혹은 나이가 들어 장애를 얻게 된 경우의 사람들 간에 차이가 있다는 것이다.

장애를 오랫동안 가지고 있는 사람들의 경우에는 일반적으로 위기를 극복하는 일에 시간이 걸린다. 특히 사회적인 조직이나 기관과의 기능적인 관계를 만들어 나가는 일, 그리고 사회적인 상호작용을 하는 일 등에 있어 극복하는 시간이 좀 더 오래 걸리게 된다. 장애의 발생이나 장애로 인해 상황이 갑자기 악화되고 조건이 갑자기 변화하는 경우에는 위기상황이 시작되는 것 혹은 삶의 전환이 일어나는 것으로 이해할 수 있는데, 이때 매우 중대한 스트레스를 경험하게 된다(오혜경, 2005).

또한 개인의 대처능력, 특히 개인의 장애와 관련해 발생되는 상황에 대한 대처능력은 다양한 차원에서 만들어지게 된다. 예를 들면 개인의 장애문제에 적절히 반응하지 못하는 사회체계, 오히려 장애문제를 더욱 악화시킬 가능성이 있는 사회환경체계 그리고 다양한 사회 구성원들의 생각과 견해 등과 상호작용에 의해 타협이 이루어지고 절충되어 개인의 대처능력의 내용과 수준이 결정된다.

이렇게 생태체계 관점은 장애인복지를 전망하고, 중재의 표적을 설정하기에 가장 적절한 관점이다. 이것은 전체에 직접적 관심을 두고자 할 때 적절하며, 장애인 개인 상황의 한 부분이나 한 체계나 한 가지 특징에 관심을 두지 않는다. 이는 결과적으로 복합적이며 다양한 문제체계로 둘러싸여 있는 장애문제를 해결하는 데에 매우 유용한 관점으로 기능한다.

## 2. 생태체계적인 장애인복지를 위한 개념적 틀

생태체계 관점은 장애인의 다양한 개성과 장애 특성 및 장애인과 사회적 환경 간의 관계를 이해하는 방법을 제공한다. 생태체계 관점은 장애인 서비스이용자 체계가 어떻게 기능하는지에 대한 내용과 사회복지사들이 장애인과의 역량강화 관계를 실제적으로 형성하고 장애인 서비스이용자 체계의 자원을 발굴하고, 장애인 서비스이용자 체계의 능력을 향상시킬 수 있는 개념적 도구를 제공한다(이준우 외, 2006).

### 1) 초점체계의 확인

생태체계 분석에서 첫 단계는 다음 분석을 위한 준거점을 제공하는 초점체계를 확인하는 것이다. 초점체계는 다양할 수 있다. 가령 우리 자신의 이해를 증진시키고자 한다면, 우리 자신의 생각, 감정, 다른 사람과의 상호작용을 포함하는 우리 자신에 초점을 둘 수 있다. 우리가 장애인 서비스이용자 체계의 기능을 평가하려 한다면, 장애인 서비스이용자가 초점체계이다. 개입전략을 수행하려 할 때에는 장애인 서비스이용자 체계, 장애인 서비스이용자 체계의 하위체계, 장애인 서비스이용자의 환경인 다른 영향력 있는 체계를 포함하는 변화를 위한 몇몇 체계 중의 하나가 표적이 될 수 있다.

### 2) 체계 내부에서의 기능

장애인 서비스이용자 체계의 기능에 대한 각 관점은 가치 있는 정보를 제공한다. 구조적 관점은 장애인 서비스이용자 체계의 성원, 경계, 위계 등에 관한 정보를 제공한다. 상호작용적 관점을 강조하는 것은 장애인 서비스이용자 체계의 성원들이 의사소통하는 방식, 그들이 발달시키는 유형, 그들이 균형을 유지하는 방법 등에 관한 정보를 제공한다. 가치, 신념, 태도, 의사소통 유형, 규범 등의 문화적 영향을 고려하는 것은 초점체계의 내부 기능에 대한 사회복지사의 이해를 돕는다.

### 3) 체계 외부에서의 기능

초점체계의 물리적·사회적 환경의 영향을 조사한다. 이는 환경-체계의 상호 교류의 나머지 절반, 즉 환경을 검토하는 것이다. 사회복지사는 환경체계의 구조, 상호작용, 사회문화적 차원을 검토한다. 많은 체계들이 같은 환경의 측면들을 공유한다 할지라도, 어떤 한 체계의 특정 생태체계는 초점체계에 대해 독특한 유형을 갖게 되므로 환경은 초점이 되는 특정 체계에 따라 다양하다. 가령 장애인 중에서도 청각장애인과 지적장애인의 초점체계는 다를 가능성이 높다. 왜냐하면 장애의 특성이 크게 차이가 나며 이는 결과적으로 외부 체계와의 상호작용 방식도 다르게 기능할 수 있기 때문이다.

### 4) 내부와 외부의 연결

환경과 체계의 공유 영역, 상호교류는 특히 장애인복지실천의 사정 및 개입의 주요 표적이다. 상호교류 또한 하나의 체계이기 때문에 다른 체계를 정의하는 똑같은 차원들이 상호교류를 분석하는 데 유용하다. 어떤 체계의 상호교류를 분석하는 것은 현재 일어나고 있는 것에 대한 이해를 제공하고, 앞으로의 변화 가능성에 관한 생각을 자극한다.

### 5) 체계의 활동

생태체계 관점은 장애인 서비스이용자 체계 발달의 진보적 성질을 강조한다. 체계는 지속적으로 내적·환경적 사건에 반응하여 적응하고 변화한다. 체계 내부·외부, 두 체계 간의 연결을 검토하는 것은 이러한 지속적 적응 및 변화에 대한 단기적 견해를 제공한다. 장기적 견해는 다양한 체계를 이해하는 또 다른 차원을 제공한다. 개인에서 사회에 이르는 모든 수준에서의 체계는 기대된 것과 예기하지 않은 사건에 반응하여 그들의 발달경로를 따라 움직인다. 유능한 사회복지사는 이러한 변화의 영향을 주의 깊게 점검하고, 장애인이 그들의 문제 및 관련 사건들에 생산적으로 반응할 수 있도록 돕는다.

## 제2절 강점 관점

### 1. 강점 관점의 개념

강점 관점은 장애인의 강점을 강화시키는 과정을 통해서 장애인의 역량을 향상시킬 수 있으며 이것이야말로 가장 신속하게 장애인에게 문제해결 능력과 권한을 부여할 수 있다는 전략적 인식이다(이준우, 2005). 이 관점에서는 문제의 발생 원인에 관한 관심보다는 해결점을 발견하고 강점을 강화시키는 데 주요 초점이 있다.

강점 관점에 의하면 모든 사람들은 원조과정에서 확인되어야만 하는 강점을 가지고 있기 때문에 사회복지사는 강점 관점에서 복지 소비자인 장애인의 장점, 능력, 재원, 자원과 열망 등에 대한 깊은 이해와 존중을 통해 우선적으로 강점을 이끌어 낼 수 있어야 한다. 이는 모든 장애인 개인과 집단이 능력, 에너지, 용기, 저항력, 통합능력 그리고 다른 많은 강점을 가지고 있다는 것을 간과하지 않아야 가능한 일이다. 강점은 좋지 않은 결과의 가능성을 줄이는 어떤 요소로 정의될 수 있고 이런 강점들은 과거의 문제해결 혹은 대처기제가 실현될 때 명확해진다.

따라서 강점 관점은 문제에 대한 관심보다는 장애인이 해결점을 발견하고 강점을 강화시키는 데 주요 초점이 있으므로 장애인을 독특한 존재로서 다양성을 인정하고 존중하면서 장애인의 결점보다는 강점에 초점을 두고 가능한 모든 자원을 활용하여 장애인의 역량을 실현해 나가도록 돕는 것이라 할 수 있다(Dunst, Trivette & Deal, 1994).

장애인의 강점은 변화를 이끌어 내는 자원으로서 모든 사람은 강점을 가지고 있다는 철학에 기초한다. 사회복지사가 이러한 내재된 힘을 지지할 때, 장애인은 긍정적 성장의 가능성을 고양시킬 수 있다. 강점 관점은 장애인복지의 근본적 가치라고 할 수 있는 인간 중심의 실천 관점이다. 강점 관점에 의하면 사회복지사와 장애인 간에는 협력적 동등한 관계가 형성되어야 한다. 따라서 장애인이 아무리 보잘것없고, 장애가 심하며 아무리 실패하였다 할지라도 그들의 내면에 숨어 있는 강점을 발견하여 인지하게 하는 것이 강점 관점인 것이다. 강점 관점은 장애인들의 과거 병력과 현재의 장애 그리고 그로 인한 다양한 문제가 걸림돌이 되지 않고, 오히려 발전과 성장을 위한 기반이 되도록 돕는 실천 관점이라고 할 수 있다 (이준우, 2005).

## 2. 강점 관점 중심 장애인복지의 전제 조건

강점 지향적 사회복지사들은 모든 장애인 서비스이용자 체계의 강점은 변화 과정을 발생시키고, 에너지를 부여하고 지속시키는 자원임을 믿는다. 사회복지사는 장애인 서비스이용자 체계 내에서 그리고 환경적 맥락에서 보다 효과적으로 기능할 수 있도록 이용 가능한 자원을 끌어낸다(Dunst, Trivette & Deal, 1994). 강점 관점의 실천을 위한 전제 조건은 다음과 같다 (이준우, 2005).

첫째, 장애인은 성장 및 변화를 위한 개별적·본래적 능력을 갖고 있다.

둘째, 장애인 서비스이용자 체계는 이미 유용한 자원과 활용 가능한 외부 체계와의 상호작용 능력을 갖고 있다.

셋째, 상호작용과 협력은 새로운 자원을 구축하기 위해 기존의 자원을 증대시킨다.

넷째, 긍정적 변화는 희망과 미래의 가능성을 위해 구축된다.

다섯째, 장애인 서비스이용자 체계는 그들 자신이 자신에게 처해진 상황을 가장 잘 알며, 대안이 주어지면 가장 좋은 해결책을 스스로 결정할 수 있다.

여섯째, 무력감을 증대시키기보다 완수감과 능력을 증대시키는 과정이 문제해결에 훨씬 크게 도움이 된다.

일곱째, 체계의 결함을 단점으로 강조하기보다는 결함을 체계 간의 상호 교류 과정에서 해결해야 할 도전과 관심으로 인식한다.

## 3. 강점 관점으로부터 발생하는 세부 시각들

강점 관점을 기초로 장애인복지를 실천하는 사회복지사는 다음과 같은 세부시각들을 실현해야 할 책임이 있다.

### 1) 역량강화

역량강화는 개인, 집단, 가족 그리고 지역사회가 장애인의 내부와 장애인을 둘러싸고 있는 자원과 도구들을 발견할 뿐만 아니라 확장시킬 수 있도록 돕는 일련의 과정이다. 강점 관점을 기초로 장애인복지를 실천하는 사회복지사는 보다 만족스런 삶을 창조하는 장애인 자신의 세계, 문제, 영감, 강점을 정의하도록 격려함으로써 장애인의 역량을 강화하려고 노력한다(Fast & Chapin, 2002).

### 2) 소속감 증진

장애인은 그들의 문화적 · 지리적 기반으로부터 떨어져 있어서 취약하고 차별을 경험하거나 아니면 주류 사회로부터 소외되기 쉽다. 그리하여 그들은 소속의 감정이 결핍된다. 부분적이라도 소외된 사람들은 소속의 개념이 결핍되기 때문에 그들의 강점과 가능성과도 접촉하지 않는다. 강점 관점은 장애인복지를 통해 원조하는 모든 장애인들이 소속감에서 오는 존엄과 존중 그리고 책임감을 부여받아야 한다는 인식에서 출발하는 것이다. 그러나 장애인복지 서비스가 전달되는 대부분의 장애인들은 소속될 곳도 소속감도 가지고 있지 않을 경우가 많다. 구성원이나 시민이 되기 위해 그리고 참정권과 책임감, 안전의 혜택을 누리고자 하는 장애인의 욕구가 해결되는 것이 강점 관점의 첫 번째 단계라고 할 수 있다.

### 3) 적응력

적응력은 장애인 개인의 고난과 충격적 삶의 경험을 경시해 버리거나 생의 고통을 본질적으로 무시해 버리는 것이 아니라 이러한 고통에도 불구하고 굴하지 않는 능력이라 할 수 있다. 손상은 이미 생겼고, 정서적 · 신체적 상처들이 그 증거가 된다. 적응력은 하나의 특징이나 통계적 현상이 아니라 계속적 성장, 능력, 지식, 통찰력 그리고 한 개인의 삶에서 도전과 욕구를 충족시키는 가운데 생겨나는 미덕을 연결시키는 것이다. 적응력에 기초한 장애인복지는 이상적으로 위험 요소를 감소시키고 보호 요소를 증가시키는 두 가지 초점을 가진다(Oliver, 1996).

### 4) 회복

회복은 장애, 질병 그리고 분열에 직면했을 때 저항하고 갱생하려는 신체와 정신기능이 복원되는 것을 의미한다. 또한 회복은 개인과 더 큰 사회 및 물리적 환경 사이의 유익한 관계를 요구한다. 회복은 스스로 복원하기 위해 사회복지사나 개인이 조직과 동맹을 이룰 때 생겨나는 것이기 때문에 항상 본질적 생명지원체계로 작용하고 장애인 대부분이 필요로 하는 것이다. 이는 장애인에게 무엇이 최선인지를 단지 장애인복지 전문가만이 알고, 치료, 복원 또는 변형이 오로지 외부의 원천에서만 온다는 질병모델의 가정과 반대되는 것이라 할 수 있다.

### 5) 대화와 협력

장애인은 타인과의 창조적이고 새롭게 발생하는 관계를 통해 존재를 확인한다. 그러한 교류가 없다면 장애인 개인의 힘의 발견과 시험, 지식, 자각의 증진 그리고 내부의 강점들은 있을 수 없을 것이다. 대화를 함으로써 다른 사람들의 중요성을 확인하고 자신과 타인 그리고 제도 사이의 불화를 회복하기 시작한다(Pilling, 1992).

대화는 감정이입을 통해 타인을 포함시키고 동일시해야 한다. 대화가 사랑, 겸손, 믿음에 기초할 때, 대화자 간의 상호 신뢰가 논리적 결과가 되는 수평적 관계가 되는 것이다. 장애인의 인식과 강점을 찾아낼 때 사회복지사는 장애인의 개성을 계속적으로 존중하고 신뢰해야 한다. 장애인과 협력하는 것은 전문적 대답을 제공하는 것이 아니라 장애인과 상의하고 협상하는 것이다(이준우, 2001).

### 6) 객관성의 추구

장애인복지 현장에서 언어적 보고가 가장 기본적 정보의 원천이기는 하지만, 한편으론 언어적 보고는 그릇된 회상, 왜곡된 인식, 편견, 그리고 장애인 편에서는 제한된 자기 인식의 가능성 때문에 실책을 범할 수 있는 취약점을 가지고 있다. 그러므로 장애인의 견해, 설명 그리고 보고 등을 진실과 관계된 확실한 주장으로 수용하는 경향을 피해야 한다고 하였다(Pilling, 1992). 또한 장애인에 의해서 표출된 느낌이 그릇된 인지에서 나올 수도 있고, 불합리한 것들이 조합된 것일 수도 있음을 인식해야만 한다. 객관성의 추구가 비록 단기적으로는 어려움이 있어도, 장기적으로는 사회복지사와 장애인 간의 역량강화 관계에서 협동이라는 큰 희망을 가져다 줄 것이다.

## 4. 주요 개념

강점 관점을 적용하기 위해, 사회복지사들은 장애인복지에 대한 전문가로서의 지향, 장애인 서비스이용자 체계에 대한 전문가적 견해, 장애인 서비스이용자 문제에 대한 전문가적 해석을 재검토할 필요가 있다.

### 1) 문제가 아닌 도전

문제는 오랫동안 장애인복지 실천개입의 초점이었다. 전형적으로 장애인들은 그들 스스로, 혹은 다른 사람들이 문제라고 생각하는 어려움을 갖고 있기 때문에 사회적 서비스 전달체계로 들어온다. 그러나 문제를 상세히 말하는 것은 장애인 자신의 실패를 확인시키고, 불가능성으로 압도하여 무력감에 사로잡히게 하고, 문제 중심의 견해를 일반화시키며, 문제라는 낙인이 장애인 자신의 정체성을 사라지게 만든다. 문제를 과도하게 강조하는 접근을 이용하는 사회복지사는 장애인이 극복해야 하는 바로 그 어려움만을 강조하는 결과를 초래하기 쉽다. 사회복지사가 장애인의 문제를 도전, 전환점, 성장의 기회로 바라볼 때, 자신의 관점을 의미 있게 변화시킬 수 있다(Roessler & Rubin, 1998).

### 2) 병리가 아닌 강점

강점에 초점을 두는 사회복지사들은 장애인이 가져오는 어려움을 무시하지 않는다. 병리적 관점은 장애인의 독특한 능력을 숨기게 되기 쉽다. 흔히 병리적으로 장애를 진단하는 것은 장애인 개인의 강점을 덮어 버리는 경우가 많다. 부정적 명칭은 협소한 정의를 낳고, 부정적 기대를 확립시킨다. 사회복지사가 장애인을 향한 지향점을 강점으로 돌릴 때, 장애인은 병리에 초점을 두는 함정을 피하게 된다(이준우, 2005).

### 3) 과거가 아닌 미래

강점 지향적 사회복지사들은 미래의 성장을 위해 이용될 수 있는 자원을 발견하기 위해 현재를 탐색한다. 미래에 초점을 둔다면, 사회복지사와 장애인이 갖고 있는 것, 배운 것, 다가올 도전을 맞는 데 이용 가능한 추가적 자원들을 통합할 기회를 가질 수 있다(Roessler & Rubin, 1998).

## 5. 강점 관점의 원리

장애인복지에서 적용되어야 할 강점 관점의 원리는 다음과 같다(이준우, 2005, 재인용; Saleebey, 2002).

첫째, 모든 개인 집단, 가족과 지역사회는 강점을 가지고 있다는 것이다. 사회복지사가 실천을 할 때 간과하기 쉽지만 장애인 개인이나 가족 그리고 그들을 둘러싼 지역사회는 사회복지사 자신도 몰랐던 자산, 자원, 지혜, 지식을 처음부터 가지고 있다. 그리고 강점 관점은 그러한 자원을 식별하고, 불운을 극복하고 질병에 직면하고 통증을 없애며 목표에 도달하기 위해 장애인이 가진 잠재력을 존중하는 것이다. 장애인들은 사회복지사가 그들에게 정말 관심이 있는지, 영향력이 있는지, 그들의 이야기를 경청할 것인지, 과거 경력에 상관없이 그들을 존중할지 여부를 알고 싶어 하고, 사회복지사는 장애인의 내부 자원과 주변의 자원들로 무언가 가치 있는 것을 만들 수 있다고 믿고 싶어 한다. 그러나 무엇보다도 장애인은 그들이 역경을 이겨내고 변화와 성장을 향해 오를 수 있는가를 믿고 있는지 알고 싶어 한다.

둘째, 정신적 외상, 학대, 질병 그리고 투쟁의 경험은 해롭지만, 동시에 도전과 기회의 원천이 될 수 있다는 것이다. 장애인들은 그들의 강점이 지지될 때 긍정적으로 변화하고 장애 극복을 향해 더욱 동기화되며 결과적으로 크게 성장한다. 그래서 그들과 그들 가족의 문제가 무엇인지 묻는 대신, 사회복지사는 그들이 가족에게 가져다줄 강점이 무엇이고 그들이 생각하는 다른 가족 구성원의 강점이 무엇인지를 물을 수 있다. 이 과정을 통해 사회복지사는 장애인과 그들 가족의 능력을 발견하고 그들 자신에 관해 생각하는 새로운 방법을 형성하도록 도울 수 있다.

셋째, 성장하고 변화할 가능성의 최고 한계선이 결정되지 않았다고 가정하고 장애인 개인, 집단 그리고 지역사회의 열망을 심각하게 받아들여야 한다는 것이다. 장애인들은 사회복지사가 그들의 약속과 가능성에 대해 개방적 계약을 맺을 때에 더 좋은 서비스를 받을 것이다. 이는 사회복지사가 장애인에 대해 높은 기대를 가지고 있어야 하고 그들의 희망, 비전 그리고 가치를 소중히 다루어야만 함을 의미한다.

넷째, 장애인과 협력을 통해 가장 좋은 서비스를 제공할 수 있다는 것이다. 장애인복지 담당 사회복지사의 역할은 장애인의 강점과 유능한 자질을 평가하는 데 가장 유리한 입장을 제공할 수 없다. 장애인 당사자 자신이야말로 가장 분명한 자신의 강점을 확인할 수 있다. 이에 사회복지사는 장애인과 함께 장애인 서비스이용자의 모든 강점을 함께 창조하고 발견해 나가야 한다.

마지막으로, 모든 환경은 자원으로 가득 차 있다는 것이다. 즉 모든 환경이 복지자원화될 수 있는 재료라는 것이다.

## 제1부 생각다듬기

**제1장** 만약 당신이 장애 현상을 갖게 된다면 당신은 자신의 장애 현상에 대해 어떻게 느끼며 대처해 나가시겠습니까?

**제2장** 일상적인 활동(Activities of Daily Living: ADL)에 대한 제한이 당신에게 있다면 그것은 무엇입니까? 가령 요즈음 코로나 바이러스19 사태로 비대면 프로그램인 "줌"과 같은 것을 사용하거나 배달앱 등을 이용하는 것이 일상화되었는데 이것들을 잘 활용하지 못할 경우 등을 들 수 있겠습니다.
만약 장애인이 동일한 상황 속에 놓인다면, 어떤 제한들이 발생할지를 생각해 보시기 바랍니다.

**제3장** 장애인을 클라이언트 내지 환자로 인식했던 과거의 병리적 시각을 거부하는 인권적 관점을 견지하는 사회복지사가 이번에는 과도하게 장애인의 입장에서 막강한 권한으로 장애 당사자주의를 주장하는 서비스 이용당사자인 장애인을 만나게 되었을 때, '인권'과 '장애 당사자의 권한 남용'을 어떻게 구분할 수 있겠습니까? 아울러 그러한 딜레마를 어떻게 해결해 나갈 수 있겠습니까?

**제4장** 제4장에서 다룬 장애를 설명하는 이론 내지 모델들 중 어떤 모델이 당신에게 가장 설득력 있게 다가오십니까?
만약 당신이 사회복지사로서 장애를 가진 사람들과 함께 일을 할 때, 어떤 모델을 사용할 수 있다고 생각하십니까?

**제5장** 장애를 가진 사람들을 어떤 관점으로 바라봐야 하겠습니까?
그리고 대중매체의 시대 속에서 장애인의 권익 옹호와 관련하여 미디어의 올바른 역할은 무엇이라고 생각하십니까?

# 2 장애인복지 정책과 실천에 대한 이해

# 6 장애인복지 정책과 관련법

## 제1절 소득보장

장애인소득보장정책은 크게 연금, 수당, 공공부조로 나눌 수 있다. 연금은 일반적으로 재정을 각 개인의 기여(contribution)에 의존한다. 반면 수당과 공공부조는 재정을 일반조세에 의존하게 된다. 수당은 비기여, 비소득자산조사를 통해 급여가 제공되고, 공공부조는 소득 및 자산조사를 통해 일정기준 이하의 빈곤층에게 급여가 제공된다(이선우, 2009). 이러한 특징을 고려하였을 때, 여기에서 알아보는 장애수당 및 장애인연금은 공공부조의 성격을 띤 장애수당의 성격이 강하다. 즉 이 정책들은 빈곤층에게만 제공되지 않지만, 소득 및 자산조사를 통해 급여에 차별이 존재하기 때문이다. 이러한 장애인소득보장정책의 모호함은 아직까지 우리나라의 장애인복지정책이 장애인의 구체적인 삶의 욕구들을 충분하게 담아내지 못하고 있음을 나타내는 것이라 판단된다.

### 1. 장애수당, 장애아동수당

#### 1) 개요

인간이 스스로에 대한 존엄과 가치를 느끼기 위해서 필요한 기초적 요건 중 하나가 생활비용을 충당하게 해주는 현금소득이다. 하지만 장애인은 '장애'라는 특성 때문에, 비장애인에 비해 노동시장의 진입이 어렵고, 재활 · 의료 등에 추가적으로 발생하는 비용이 많아져, 상대적으로 현금소득의 충족이 어려운 상황이라 할 수 있다.

실제로 장애인이 비장애인에 비해 가구 및 개인소득이 낮다는 것은 유수한 국내 · 외 선행연구를 통해 실증적으로 입증되어 왔으며, 특히 우리나라의 경우에는 장애인과 비장애인 간

소득의 격차가 OECD회원국 내에서 최하위권에 있을 만큼 장애인의 소득수준은 상대적으로 더욱 열악한 실정이다(윤상용 · 김태완, 2009).

이러한 상황을 고려하여, 주요 국가에서는 장애로 인한 소득 상실을 보전하기 위한 급여와 장애로 인한 추가비용 지출을 보전하기 위한 급여를 장애인 소득보장제도의 두 축으로 삼고 제도를 운용하고 있다. 대개의 경우 소득상실 보전급여는 기여식 사회보험(공적 연금 중 장애관련 연금) 또는 비기여식 사회수당(기초연금) 방식으로, 추가비용 보전 급여는 사회수당 또는 사회부조 방식으로 제공되는 것이 일반적이다. 우리나라에서는 소득상실 보전급여로서 국민연금의 장애연금이, 추가비용 보전급여로서는 장애수당이 가장 대표적인 제도라고 할 수 있다(윤상용, 2006).

우리나라에서는 「장애인복지법」에서 장애수당을 장애수당(법 제49조)과 장애아동수당 및 보호수당(법 제50조)으로 명시하고 있다. 장애수당은 장애인의 장애 정도와 경제적 수준을 고려하여 장애인의 소득보전을 위한 수당이며, 장애아동수당은 장애아동에게 보호자의 경제적 생활수준 및 장애아동의 장애 정도를 고려하여 장애로 인한 추가적 비용을 보전(補塡)하게 하기 위한 것이고, 보호수당은 장애인을 보호하는 보호자에게 그의 경제적 수준과 장애인의 장애 정도를 고려하여 장애로 인한 추가적 비용을 보전하게 하기 위한 수당이다. 현재 우리나라에서는 법적으로 명시된 위 세 가지 수당 중, 예산의 제약으로 인해 장애수당과 장애아동수당만 제공되고 있는 형편이다. 이에 본 절에서는 장애수당과 장애아동수당을 중심으로 그 내용과 전망에 대해 살펴본다.

### 2) 장애수당의 대상자 및 지급액

장애수당의 대상자는 18세 이상의 등록장애인 중 3~6급(경증)의 장애등급을 가진 자로 생계 · 의료 · 주거 · 교육급여 수급자 및 차상위계층이 해당된다. 장애등급이 3급이면서 중복장애를 가지고 있는 경우는 중증장애인으로 분류되므로, 장애수당의 수급권이 인정되지 않는다. 중증장애인은 장애수당의 수급권자가 아닌 장애인연금의 수급권자가 된다. 반대로 18세 이상의 경증장애인은 장애인연금의 수급권이 인정되지 않는다. 경증장애수당 수급자가 장애등급 재판정 결과, 중증장애인으로 등급이 변경된 경우에는 장애인연금 지급 신청(금융정보등 제공동의서 제출)을 한 후, 자산조사를 거쳐 장애인연금 지급 여부를 결정받게 된다. 이때 중증장애인으로 등급이 결정된 때부터 경증장애수당은 지급이 중지된다.

2019년을 기준으로, 장애수당의 지급액은 국민기초생활보장제도의 생계급여, 의료급여, 주거급여, 교육급여 수급자 및 차상위[11] 경증장애인은 월 4만 원, 보장시설 입소(생계 및 의료급여 수급자)[12] 경증장애인은 월 2만 원이다.

### 3) 장애아동수당의 대상자 및 지급액

장애아동수당의 대상자는 18세 미만의 등록장애인으로 생계 · 의료 · 주거 · 교육급여 수급자 및 차상위계층으로, 신청월 현재 만 18세 미만인 자, 또는 18~20세로서 「초 · 중등교육법」 제2조[13]에 따른 학교에 재학(휴학) 중인 자가 해당된다.

2019년을 기준으로, 장애아동수당의 지급액은 국민기초생활보장 수급자 유형 및 소득수준, 장애 정도에 따라 월 2만 원에서 월 20만 원까지 상이하며, 자세한 사항은 아래 표에 나타난 바와 같다. 보장시설에서 생활하는 생계 또는 의료 수급자의 경우는 장애수당과 같이, 퇴소 시 일반수급자 장애아동수당을 지급한다.

**표 6-1** 장애아동수당 지급액

| 구분 | 일반수급자<br>(생계, 의료급여 수급자) | 차상위계층<br>(주거, 교육급여 수급자) | 보장시설수급자 |
|---|---|---|---|
| 중증장애인 | 월 20만 원 | 월 15만 원 | 월 7만 원 |
| 경증장애인 | 월 10만 원 | 월 10만 원 | 월 2만 원 |

주1 : 중증장애인이란 장애등급이 1급 또는 2급 및 3급 중복장애(3급 중복장애란 3급의 장애인으로서 3급에 해당하는 장애유형 외에 다른 유형의 장애가 하나 이상 있는 자를 의미한다. 가령, 주된 장애가 3급이며, 5급 또는 6급의 부장애가 등록되어 있을 경우이다. 단, 4급+4급 장애로 인하여 3급으로 등급이 상향 조정되신 경우는 3급 중복장애인에 해당되지 않는다.

주2 : 경증장애인은 장애등급이 3~6급인 자를 의미한다.

출처 : 보건복지부(2019a)

---

11) 주거 또는 교육급여 수급자(생계 또는 의료급여 미수급자)는 법적으로 기초생활수급자이나, 차상위계층에 해당하는 혜택을 부여한다.

12) 국민기초생활보장 수급자는 일반(재가)수급자 및 (보장)시설수급자로 구분된다. 일반수급자는 국민기초생활보장법에 의한 수급권자의 범위에 해당하는 자로 보건복지부장관이 정하는 선정기준에 의한 수급자로 선정된 자이며, 시설수급자는 상기 일반수급자 이외의 보호시설에 거주하는 자로 보건복지부장관이 정하는 선정기준에 의한 수급자로 선정된 자를 말한다(보건복지부, 2011b).

13) 「초·중등교육법」 제2조에 규정된 학교의 종류는 초등학교·공민학교, 중학교·고등공민학교, 고등학교·고등기술학교, 특수학교, 각종학교 등이다. 특수학교의 전공과정도 「초·중등 교육법」 제2조에 따른 학교에 포함된다.

## 2. 장애인연금

### 1) 개요

장애인연금제도란 중증장애인에게 근로능력의 상실 또는 현저한 감소로 인하여 줄어드는 소득과 장애로 인하여 추가로 드는 비용을 보전하기 위하여, 매월 일정액의 연금을 지급하는 제도를 말한다. 이 제도의 재원은 별도의 연금 보험료가 아닌, 세금에서 확보가 된다.

장애인연금은 다음과 같은 몇 가지 측면에서 그 의의를 찾을 수 있다(유동철, 2017).

먼저, 다층적 안전망의 기본 구도가 완성된다는 것이다. 통상적으로 소득보장제도는 하나의 제도보다는 다층 안전망으로 운영되는 경우가 많다. 1차적으로는 사회보험제도, 즉 기여에 기반한 제도(국민연금 내 장애연금), 2차적으로는 국민연금 가입 이전에 장애가 발생하거나 장애연금 수급요건이 되지 않는 경우를 포괄하는 무기여 방식의 기초장애연금 혹은 장애부조, 마지막으로 일반 공공부조제도가 그것이다. 기초장애연금은 이 중 장애인을 위한 2차 소득보장안전망에 해당된다.

둘째, 장애인연금(장애수당)의 급여수준에 대한 법적 근거가 마련되었다는 것이다. 현행 장애수당의 급여수준에 대한 법적 기준은 없다. 「장애인복지법」 제49조와 동법 시행령 제30조에 의해 그 성격과 대상자에 대한 기준만 설정되어 있을 뿐이다. 반면 장애인연금은 그 법률적 토대를 마련함으로써 급여수준이 행정기관의 재량적 조치에 의해 결정되는 한계를 극복할 수 있게 되었다.

셋째, 장애인연금은 기초노령연금과 함께 기초연금의 현실적 토대를 마련하였다는 점에서 그 의의를 찾을 수 있다. 장애인연금의 기초급여부분은 기초노령연금액과 동일하게 설정되어 있는데, 이는 장애인연금이 기초노령연금과 함께 향후 기초연금의 전면적 도입 가능성을 열어 놓았다는 것이다.

넷째, 그동안 장애수당이 소득보전의 성격인지 추가지출비용의 보전 성격인지 명확하지 않은 점이 있었다. 법에서는 소득보전을 위해서 지급한다고 규정되어 있지만, 시행령에서는 추가지출비용을 고려해서 지급한다고 규정되어 있어 두 성격이 한 제도 안에 불분명하게 혼재되어 있었다. 그러나 장애인연금은 기초급여와 부가급여를 구분하여 기초급여는 소득보전의 성격을 띠는 것으로, 부가급여는 추가지출비용보전의 성격을 띠는 것으로 명확히 구분하고 있어 분명성을 기했다는 면에서 의의가 있다.

### 2) 장애인연금 수급 대상자

장애인연금의 수급 대상자는 첫째, 만 18세 이상[14]의 등록한 중증장애인[15] 중, 본인과 배우자의 소득인정액이 선정기준액 이하인 자,[16] 둘째, 직역연금[17]을 받을 자격이 있는 사람과 그 배우자(직역연금을 받은 사람과 그 배우자는 대상에서 제외)가 된다.

2019년 기준, 장애인연금 수급 선정기준액은 단독가구 장애인이 122만 원, 부부가구 장애인이 195.2만 원이다(보건복지부, 2019a).

소득인정액은 본인과 배우자의 소득평가액과 재산의 소득환산액을 합산한 금액이 되며, 이를 보다 자세히 살펴보면, 아래 [그림 6-1]과 같다.

- **소득인정액 = 월 소득평가액+재산의 소득환산액**

  └ = [{(일반재산 – 기본재산액[3]) + (금융재산 – 2,000만 원[4]) + (자동차액) – (부채)} × 재산의 소득환산율(연 4%) ÷ 12개월] + (고급자동차, 고가회원권의 재산가액[5])

  └ = (기타 월소득 합계[1] + (상시근로소득 – 상시근로소득 공제[2])

주) 1. 기타 월소득 합계 : 사업소득, 재산소득(이자소득, 연금소득), 공적이전소득, 사적이전소득

2. 상시근로소득 공제 : 1인당(본인과 배우자 각각 적용) 월 69만 원 기본공제 후 30% 추가 공제

 * 상시근로소득 반영액 = (상시근로소득 – 77만 원)×70%

3. 기본재산액 공제 : 대도시 1억 3천5백만 원, 중소도시 8천5백만 원, 농어촌 7천2백5십만 원

4. 금융재산 공제 : 가구별 2,000만 원(인별로 적용하는 것이 아님)

14) 다만, 만 20세 이하로서 「초 · 중등교육법」 제2조에 따른 학교에 재학(휴학 및 의무교육대상자 중 유예자도 포함됨) 중인 자는 제외된다.

15) 등록한 중증장애인은 신청일 현재, 「장애인복지법」 제32조에 따라 등록한 중증장애인으로 장애등급 1급, 2급 및 3급 중복 장애인을 말한다. 여기서 3급 중복장애는 장애등급 3급의 장애인으로서 3급에 해당하는 장애유형 외에 다른 유형의 장애가 하나 이상 있는 자(다만, 중복 합산으로 3급으로 상향 조정된 자는 제외됨. 가령, 4급+4급 → 3급이 된 자는 중복 장애에 해당하지 않음)가 해당된다. 「장애인복지법」 제32조의2에 따라 장애인 등록한 '난민인정자'는 예외적으로 장애인연금 지원 가능하다.

16) 국민기초생활보장제도 수급자는 장애인연금제도의 선정기준액을 당연 충족하는 것으로 본다.

17) 공무원연금법, 사립학교교직원연금법, 군인연금법, 별정우체국법, 국민연금과 직역연금의 연계에 관한 법률 제10조와 관련된 연금을 의미한다(보건복지부, 2019a).

5. 고급자동차, 각종 회원권의 재산가액은 월 100% 소득으로 환산하여 적용됨. (일반재산에서 제외)
   * 고급자동차의 기준 : ① 배기량이 3,000cc 이상이거나 ② 차량가액이 4,000만 원 이상 승용차, 승합차 또는 이륜차로서 ③ 차령이 10년 미만인 차량

※ 사적(공적)이전소득 : 정기적으로 지급되는 각종급여, 수당, 연금 및 고소득가구 중증장애인의 경제적 수준을 평가하기 위해 세대별 주민등록표를 같이 하는 부모, 자녀와 그 배우자의 주택 및 건강보험료를 조회하여 추정하는 소득

※ 공제액이 해당 소득·재산을 초과하는 경우 해당항목은 0원으로 처리, 남는 금액으로 금융재산을 공제하지 않음에 유의

주 : 2019년 기준.
출처 : 보건복지부(2019a)

**그림 6-1** 장애인연금 소득인정액 환산 방법

### 3) 장애인연금의 급여 내용

장애인연금의 급여는 기초급여와 부가급여로 나뉜다. 기초급여는 근로능력의 상실 또는 현저한 감소로 인하여 줄어드는 소득을 보전해 주기 위하여 지급하는 급여이며, 부가급여는 장애로 인하여 추가로 드는 비용의 전부 또는 일부를 보전해 주기 위하여 지급하는 급여를 말한다. 먼저 기초급여는 만 18~65세[18]가 되는 전달까지 수급권을 유지하고 있는 자가 수급 대상이며, 부가급여는 만 18세 이상 장애인연금 수급자 중 국민기초생활보장 수급자[19]와 차상위계층,[20] 차상위초과자[21]를 대상으로 한다. 소득수준과 연령에 따른 기초급여액과 부가급여액은 아래 〈표 6-2〉와 같다.

18) 65세 이상의 중증장애인은 동일한 성격의 급여인 기초노령연금으로 전환하여 지급하고, 기초급여는 미지급한다. 즉, 만 65세가 되는 달의 전달까지 기초급여 지급하고, 만 65세가 되는 달부터 기초노령연금 지급한다.
19) 생계 또는 의료급여 수급자
20) 주거 또는 교육급여 수급자(생계 또는 의료급여 미수급), 기준중위소득 50% 이하 해당자
21) 기초생활수급자, 차상위계층에 해당되지 않으면서 장애인연금 선정기준액 이하에 해당되는 자

**표 6-2** 장애인연금액 (매월, 단위: 원)

<table>
<tr><th colspan="2" rowspan="4">구분</th><th colspan="5">급여(기초급여+부가급여)</th></tr>
<tr><th colspan="4">기초급여</th><th rowspan="3">부가급여</th></tr>
<tr><th rowspan="2">단독</th><th colspan="2">부부의 경우</th><th rowspan="2">초과분 감액 여부</th></tr>
<tr><th>1인 수급</th><th>2인 모두 수급 시 (1인당)</th></tr>
<tr><td rowspan="2">기초(재가)</td><td>18~64세</td><td colspan="2">250,000</td><td>200,000</td><td>X</td><td>80,000</td></tr>
<tr><td>65세 이상</td><td colspan="2">-</td><td>-</td><td>-</td><td>380,000</td></tr>
<tr><td rowspan="2">기초(보장시설)<br>(시설수급자 급여특례)[1]</td><td>18~64세</td><td colspan="2">250,000</td><td>200,000</td><td>X</td><td>-</td></tr>
<tr><td>65세 이상</td><td colspan="2">-</td><td>-</td><td>-</td><td>70,000</td></tr>
<tr><td rowspan="2">차상위<br>(차상위 급여특례)[2]</td><td>18~64세</td><td colspan="2">250,000</td><td>200,000</td><td>O</td><td>70,000</td></tr>
<tr><td>65세 이상</td><td colspan="2">-</td><td>-</td><td>-</td><td>70,000<br>(140,000)</td></tr>
<tr><td rowspan="2">차상위 초과</td><td>18~64세</td><td colspan="2">250,000</td><td>200,000</td><td>O</td><td>20,000</td></tr>
<tr><td>65세 이상</td><td colspan="2">-</td><td>-</td><td>-</td><td>40,000</td></tr>
</table>

주) 1. 보장시설수급자 급여특례: 2010년 7월 1일 당시 만 65세 이상인 자(1945년 6월 30일 이전 출생자) 이고 종전 장애수당(기초생활 수급자)수급자로서 그 당시 보장시설 수급자

2. 차상위계층 급여특례: 2010년 7월 1일 당시 차상위계층이고, 종전 장애수당(차상위계층)수급자로서 계속 차상위계층을 유지하다가 2017.8.8.까지 만 65세에 도래한 자(1952.8.8. 이전 출생자)

출처: 보건복지부(2019a)

## 제2절 고용

여기에서는 장애인 의무고용 정책으로서, 장애인 의무고용제도 및 장애인 고용부담금에 대하여 살펴본다. 장애인 의무고용제도는 할당고용제(quata system)라고도 하며, 고용인의 일정 비율을 장애인으로 고용하도록 의무화하는 제도다. 이 제도는 우리나라뿐 아니라 여러 선진국과 OECD 회원국들도 많이 채택하고 있다. 장애인의무고용제도는 노동시장의 수요와 공급을 왜곡할 수도 있다는 비판이 있지만, 장애인의 노동권을 적극적으로 보장하며 실제 장애인이 노동시장에서 차별을 받고 있는 것도 엄연한 현실임을 고려할 때, 정책적으로 순기능이 더 높다고 판단된다.

## 1. 장애인 의무고용제도

### 1) 개요

현대사회에서 직업은 사회생활을 영위하는 데 기본적인 요건으로서, 생계유지의 수단일 뿐만 아니라 사회 구성원으로 사회·경제적 역할수행을 할 수 있게끔 하는 자아실현의 중요한 수단이다. 이것은 장애인에게 있어서도 마찬가지로, 직업은 동기, 자기 확신, 대인관계 등에 큰 변화를 이끌어 내고, 실제적인 성취 경험을 통해 자아존중감을 향상시키며, 전반적인 삶의 만족도를 높이는 역할을 한다(Bell, 1996). 그러나 우리나라 장애인의 고용상황은 매우 열악한 수준에 있다. '2018년 장애인 통계'에 따르면, 2018년 5월 기준 장애 인구의 경제활동 참가율과 고용률은 각각 37.0%, 34.5%로 전체 인구에 비해 절반 정도 낮은 상태를 보이며, 장애 인구의 실업률은 6.6%로 전체 인구 4.0%에 비해 2.6% 높게 나타났다(한국장애인고용공단 고용개발원, 2018).

장애인의 열악한 고용상황을 살펴보았을 때, 장애인의 고용을 증대시키기 위한 사회적인 지원이 필요함을 알 수 있으며, 이러한 지원책으로서 장애인 의무고용제도가 도입되었다. 장애인 의무고용제도는 비장애인에 비해 고용상 취약한 상황에 놓여 있는 장애인의 고용 기회를 넓히기 위하여, 일정 수 이상의 근로자를 고용하는 사업주에게 의무적으로 장애인을 고용하도록 하는 제도를 말한다.

본 제도는 「장애인고용촉진 등에 관한 법률」이 제정된 이후 시행되어 오고 있으며, 본 제도를 통해 장애인 고용의무제도는 계속 확대되고 있는데, 의무고용률이 상향될 경우 장애인 의무고용 일자리 수는 지속적으로 증가할 것으로 추정되어 장애인고용의 안정성을 보다 더 확보하는 효과를 얻게 될 것이다.

장애인 의무고용제도의 적용대상인 장애인은 「장애인고용촉진 및 직업재활법」상의 장애인으로, 구체적으로는 「장애인복지법」상의 등록장애인, 「국가유공자 등 예우 및 지원에 관한 법률」에 의한 국가유공자가 포함된다.

### 2) 장애인 의무고용률 추이

장애인 의무고용제도는 민간기업, 국가·지자체, 공공기관에 따라 장애인 의무고용률을 달리 하여 적용함으로써 시행되고 있다. 〈표 6-3〉에서와 같이 2019년을 기준으로 의무고용률의 비율은 3.4%에서 3.1%로 설정되어 있으며, 국가, 지자체, 공공기관의 경우 민간기업보다 의무고용률이 높음을 알 수 있다. 또한 의무고용률은 장애인 의무고용제도가 실시된 이래로 점차 상향되고 있으며, 이러한 추이는 앞으로도 지속될 것이라 예상된다. 한편, 의무고용률은 전체 인구 중 장애인의 비율, 전체 근로자 총수에 대한 장애인 근로자의 비율, 장애인 실업자 수 등을 고려하여 5년마다 정한다.

**표 6-3** 공표된 장애인 의무고용률

<table>
<tr><th>구분</th><th>2016년</th><th>2017년</th><th>2018년</th><th>2019년</th></tr>
<tr><td>국가 및 지자체(공무원)<br>공기업 및 준정부기관<br>기타공공기관 및 지방공기업</td><td>3%</td><td>3.2%</td><td>3.2%</td><td>3.4%</td></tr>
<tr><td>민간사업주</td><td rowspan="2">2.7%</td><td rowspan="2">2.9%</td><td rowspan="2">2.9%</td><td>3.1%</td></tr>
<tr><td>국가 및 지자체(공무원이 아닌 근로자)</td><td>3.4%</td></tr>
</table>

출처 : 한국장애인고용공단 홈페이지. https://www.kead.or.kr

### 3) 사업체별 장애인 의무고용률

민간사업주의 의무고용률을 살펴보면, 「장애인고용촉진 및 직업재활법」 제28조에 의거하여, 상시근로자 50인 이상을 고용하고 있는 사업주(건설업에서 근로자 수를 확인하기 곤란한 경우에는 공사 실적액이 고용노동부장관이 정하여 고시하는 금액 이상인 사업주)에게 그 소속 근로자의 일정비율의 장애인을 고용하도록 하고 있다. 하지만 특정한 장애인의 능력에 적합하다고 인정되는 직종에 대하여는 장애인을 고용하여야 할 비율을 대통령령으로 따로 정할 수 있으며, 이 경우 그 비율은 의무고용률로 보지 않는다. 민간부문의 장애인고용률은 2015년 2.51%에서 2017년 2.67%로 증가하였다.

다음으로 국가 및 지자체의 장애인 의무고용은 공무원을 채용할 경우와 공무원이 아닌 근로자를 채용할 경우로 나뉘어진다. 먼저 공무원의 의무고용률의 경우, 「장애인고용촉진 및 직업재활법」 제27조에 따라 국가와 지방자치단체의 장은 장애인을 소속 공무원 정원에 대하여 다음 각 호의 구분에 해당하는 비율 이상 고용하여야 한다. 1천분의 34 이상의 비율로 장애인을 의무적으로 고용하여야 하며, 장애인공무원이 3%에 도달 시까지 신규채용인원의 6%를 장애인으로 채용하여야 한다. 정부부문의 장애인 고용률은 '91년 제도 도입 이후 계속적으로 증가하고 있으며, 2017년 말 기준으로 국가 및 지방자치단체 등 604개 기관에 장애인공무원은 21,531명, 비공무원 9,104명 등 총 30,635명의 장애인이 근무하는 것으로 나타났다.

한국장애인고용공단과 고용노동부는 정부부문 장애인 고용률 향상을 위하여 제도적인 대책마련 및 행정안전부의 중증장애인 특별채용 추진 등을 지원하고 있다.

**표 6-4 장애인 의무고용률 현황** (단위: %)

| | 2009 | 2010 | 2011 | 2012 | 2013 | 2014 | 2015 | 2016 | 2017 | 2018 |
|---|---|---|---|---|---|---|---|---|---|---|
| 정부부문 고용률 | 1.97 | 2.4 | 2.52 | 2.57 | 2.63 | 2.65 | 2.8 | 2.81 | 2.88 | 2.78 |
| 민간부문 고용률 | 1.86 | 2.21 | 2.24 | 2.3 | 2.41 | 2.48 | 2.51 | 2.56 | 2.64 | 2.67 |

주: 장애인고용률 = (장애인근로자수/상시근로자수) × 100
출처: 국가지표체계. www.index.go.kr

자유경쟁을 원칙으로 하는 자본주의 사회에서 심신의 장애로 인해 취업의 어려움이 있는 장애인의 고용 현장을 확보한다는 것은 어려운 일이다. 이에 따라 장애인의무고용제도가 시행되고 있음에도 불구하고, 민간기업은 여러 가지 합리적·비합리적 이유로 의무고용률을 채우는 경우가 적은 것이 사실이다. 따라서 정부는 장애인고용의 의무 정도를 현수준보다 강화하고 장애인고용을 장려하는 정책 및 효과적인 직업교육과 직종개발을 통한 종합적인 고용대책을 확대할 필요가 있다(이준우, 2007).

## 2. 장애인 고용부담금

### 1) 개요

「장애인고용촉진 및 직업재활법」 제27조 및 제28조에서는 장애인에 대한 고용을 촉진하기 위하여 민간사업주와 국가와 지방자치단체에 일정한 비율로 장애인에 대한 고용의무를 부과하고 있다. 장애인 고용부담금제도는 사업주가 장애인 고용의무를 불이행하게 되었을 때 의무고용인원에 미달하는 인원수만큼 납부하게 되는 금액을 의미한다. 그러나 의무고용률 이상 고용한 사업주에 대해서는 규모에 상관없이 초과인원에 대해 장려금이 지급된다.

이는 사회연대책임의 이념을 반영하여 장애인을 고용하는 사업주와 고용하지 않는 사업주의 경제적 부담을 평등하게 조정함으로써, 장애인고용에 따른 비용을 보전해 주기 위한 공동 갹출금의 성격을 지니고 있다.

장애인 고용부담금은 장애인 고용의무의 부과와 함께 1차적으로는 장애인에 대한 고용촉진을 유도하는 목적을 갖는 것이며, 2차적으로는 그로 인하여 조성된 재원으로 장애인 고용촉진 및 직업재활 기금이 설치되어, 장애인 고용 관련 융자지원, 장려금 지급 등 장애인고용촉진을 위한 각종 사업에 지원되고 있는 바, 장애인 고용부담금은 사업주가 장애인을 고용하지 않았다는 이유로 부과되는 강제금으로서, 향후에도 지속적으로 부담금의 지출 용도는 장애인 고용과 직접적인 관련이 있는 사업에 지출이 되는 것이 바람직하다(김성수, 2009; 이준우, 2007).

장애인 고용부담금 액수는 고용부담금 산정의 기초가 되는 금액으로, 장애인고용정책심의회의 심의를 거쳐 고용노동부 장관이 고시하고 있다. 고용부담금의 액수는 장애인 고용에 필요한 시설·장비의 설치 및 수리, 장애인 고용 관리, 기타 장애인 고용에 특별히 소요되는 비용의 평균액을 기초로 하여 결정된 부담기초액을 근거로 산출된다. 부담금은 장애인 고용의무인원 대비 고용하고 있는 장애인 근로자 비율이 3/4 이상인 경우에 적용한다. 그러나 장애인이 근로하기에 현저히 적합하지 않은 직종에 대해서는 제외 업종과 비율을 따로 정하고 있다.

### 2) 장애인 고용부담금 납부 대상 사업주

장애인고용부담금 대상 사업주는 「장애인고용촉진 및 직업재활법」 제33조에 의하여, 월평균 상시 100명 이상의 근로자를 고용하는 사업주가 장애인 고용의무를 이행하지 않았을 경우 고용부담금 신고·납부대상 사업주가 된다. 즉, 장애인 의무고용의 대상 사업체는 50인 이상의 근로자를 고용하는 사업체가 되지만, 고용부담금제도 대상 사업체에서 상시 50명 이상 100명 미만의 근로자를 고용하는 사업주는 제외된다.

또한 사업주의 장애인 고용의무불이행에 따른 부담금의 납부는 경제적 상황 등을 감안하여 연차별 적용 또는 면제하고 있다. 부담금은 대통령령으로 정하는 대로 분할 납부를 하게 할 수 있으며, 이 경우 분할 납부를 할 수 있는 부담금을 제5항에 따른 납부 기한에 모두 납부하는 경우에는 그 부담금액의 100분의 5 이내의 범위에서 대통령령으로 정하는 금액을 공제할 수 있다.

### 3) 장애인 고용부담금 산정 및 납부

「장애인고용촉진 및 직업재활법」 제33조에 의거 장애인 고용부담금을 산정하며, 사업주가 의무고용률에 따라 고용하여야 할 장애인 총수에서 매월 상시 고용하고 있는 장애인 수를 뺀 수에 제3항에 따른 부담기초액을 곱한 금액의 연간 합계액으로 한다. 보다 구체적인 부담금 산정방법은 아래 [그림 6-2]와 같다.

○ 부담금
=《'월 미달고용인원 × 고용 의무 이행 수준별 적용 부담기초액'의 연간합계액》
-《장려금의 연간 합계액》-《연계고용 부담금 감면 승인액》

○ 월별 고용의무인원 =《월별 상시근로자수 × 31/1000》(소수점은 버림)

○ 부담금 납부총액 = 매월 부담금의 연간 합계액

※ 공공기관 및 지방공기업의 경우 《월별 상시근로자 수 × 34/1000》(소수점은 버림)

○ 월별 미달고용인원 =《월별 의무고용인원 - 월별 장애인근로자 수》

그림 6-2 장애인 고용부담금 산정기준(2019년 적용기준)

출처 : 한국장애인고용공단 홈페이지. https://www.kead.or.kr

부담기초액은 장애인을 고용하는 경우에 매월 드는 비용[22)]의 평균액을 기초로 하여 고용정책심의회의 심의를 거쳐 「최저임금법」에 따라 월 단위로 환산한 최저임금액의 100분의 60 이상의 범위에서 고용노동부 장관이 정하여 고시하되, 장애인 고용률(매월 상시 고용하고 있는 근로자의 총수에 대한 고용하고 있는 장애인 총수의 비율)에 따라 부담기초액의 2분의 1 이내의 범위

22) 여기서의 비용이란, 동법 제33조에 의거, 장애인을 고용하는 경우 필요한 시설·장비의 설치, 수리에 드는 비용, 장애인의 적정한 고용관리를 위한 조치에 필요한 비용, 그 밖에 장애인을 고용하기 위하여 특별히 드는 비용 등을 의미한다.

에서 가산할 수 있다. 다만, 장애인을 상시 1명 이상 고용하지 아니한 달이 있는 경우에는 그 달에 대한 사업주의 부담기초액은 「최저임금법」에 따라 월 단위로 환산한 최저임금액으로 한다.

○ 부담기초액 : 1,048,000원
- 장애인 고용의무 인원 대비 고용하고 있는 장애인 근로자 비율이 3/4 이상인 경우에 적용한다.

○ 장애인 고용률에 따라 가산한 부담기초액
※ 비율에 따른 인원에 소수점이 있는 경우 소수점 이하의 인원은 버림

| 구분 | | |
|---|---|---|
| 장애인 고용률에 따라 가산한 부담기초액 | 의무고용인원의 3/4 이상 고용한 경우 | 1,048,000원 |
| | 의무고용인원의 1/2이상 ~ 3/4에 미달하는 인원 | 1,110,880원 |
| | 의무고용인원의 1/4이상 ~ 1/2에 미달하는 인원 | 1,257,600원 |
| | 의무고용인원의 1/4에 미달하는 인원 | 1,467,200원 |
| | 장애인을 한 명도 고용하지 않는 경우 | 1,745,150원 |

그림 6-3 장애인 고용부담금 부담기초액(2019년 적용기준)

출처 : 한국장애인고용공단 홈페이지. https://www.kead.or.kr

고용노동부 장관은 제22조의4 제1항에 따라 인증을 받은 장애인 표준사업장 또는 「장애인복지법」 제58조 제1항 제3호의 장애인 직업재활시설에 도급을 주어 그 생산품을 납품받는 사업주에 대하여 부담금을 감면할 수 있다.

사업주는 다음 연도 1월 31일(연도 중에 사업을 그만두거나 끝낸 경우에는 그 사업을 그만두거나 끝낸 날부터 60일)까지 고용노동부 장관에게 부담금 산출에 필요한 사항으로서 대통령령으로 정하는 사항을 적어 신고하고 해당 연도의 부담금을 납부하여야 한다. 그러나 사업주가 제5항에서 정한 기간에 신고를 하지 아니하였을 때에는 고용노동부 장관이 이를 조사하여 부담금을 징수할 수 있다. 또한 사업주가 신고한 부담금이 실제로 납부하여야 할 금액에 미치지 못하는 경우, 사업주가 납부한 부담금이 신고한 부담금에 미치지 못하는 경우, 사업주가 신고한 부담금을 납부하지 아니한 경우에 고용노동부 장관은 이를 조사하여 해당 사업주가 납부하여야 할 부담금을 징수할 수 있다.

# 제3절 교육

2017년도 장애인 통계에 따르면 장애인의 고졸 이상 교육수준 비율이 43.4%이나 전체 인구 기준인 72.5%에 비해 현저히 낮은 것으로 드러난다. 특히 남성장애인의 고졸 이상 비율(54.7%)에 비해 여성장애인은 27.9%로 상당히 격차가 큰 것으로 나타난다. 2017년 장애인의 교육 정도를 보면, 고등학교 졸업(30.4%), 초등학교 졸업(27.3%), 중학교 졸업(16.7%), 대학 이상 졸업(15.1%), 무학(10.4%) 등의 순으로 나타났으며, 청각장애인, 언어장애인 무학의 비율이 18.6%로 가장 높고, 간장애인은 대학 이상의 비율이 34.6%로 가장 높아 장애유형별로 차이가 있는 것을 확인할 수 있다.

장애아동의 경우 72.0%가 보육시설에 다니지 않고 있는 것으로 나타났으며, 이용보육시설 형태는 장애아 통합 보육시설과 장애아 전문보육시설이 동일하게 12.2%로 나타났고, 일반보육시설을 이용하는 경우는 3.6%에 불과했다. 2017년 12월 말 특수보육어린이집 현황을 살펴보면, 장애아전문 어린이집은 총 178개소로 6,161명의 장애아동을 담당하고 있고, 장애아통합 어린이집은 총 946개소로 4,066명의 아동을 보육하고 있으며, 전년대비 35개소 증가했다.

2018년 장애영역별 특수교육대상학생 수를 살펴보면, 지적장애가 48,747명(53.7%)으로 가장 많고, 자폐성 장애 12,156명(13.4%), 지체장애 10,439명(11.5%) 순으로 나타난다. 한편 일반학교 일반학급(전일제 통합학급)에 다니고 있는 학생은 지적장애(4,268명), 지체장애(2,714명), 발달지체(1,968명) 순으로 나타났다.

## 1. 장애아 무상보육료 지원

어린이집을 이용하는 장애아의 보육료를 지원하여 부모의 경제적 부담을 경감하기 위해 시행된다. 장애인복지카드(등록증)를 소유한 미취학 만 12세 이하의 장애아동을 대상으로 지원한다. 단, 다음의 아동에 대해서는 예외적으로 지원할 수 있다. 첫째, 「장애인 등에 대한 특수교육법」 제15조에 따라 특수교육 대상자로 선정된 만 3~5세 아동이 특수교육대상자 진단・평가결과 통지서를 제출한 경우에 대상자가 된다. 둘째, 취학연령이 되었음에도 부득이하게 질병 등의 사유로 일반 초등학교 및 특수학교에 취학하지 못한 장애아동의 경우 대상자가 된다. 셋째, 장애인복지카드 또는 특수교육 대상자 진단·평가결과 통지서를 미소지한 만 5세 이하 영유아도 장애소견이 있는 의사진단서를 제출할 경우 대상자가 된다. 넷째, 장애아가 부득이하게 휴학한 경우에도 보육료 지원이 가능하다. 그러나 장애아동이 정부지원을 받는 특수학교(유치부 또는 초등학교 과정)를 이용할 경우 장애아 무상보육료 지원이 불가하다. 대상자 선정기준은 보호자의 소득수준에 관계가 없으나, 장애인복지카드(등록증), 장애소견이 있는 의사의 진단서 또는 특수교육대상자 진단·평가결과 통지서를 제출해야 한다.

## 2. 여성장애인 교육지원

「장애인복지법」 제7조(여성장애인의 권익보호 등)와 「장애인복지법」 제9조(국가와 지방자치단체의 책임) 제2항에 따라 장애와 여성이라는 이중 제약으로 교육 기회를 갖지 못한 여성 장애인들에게 교육서비스를 제공하여 여성장애인의 역량강화를 통한 사회참여 기회 확대 및 삶의 질 개선에 기여하는 여성장애인 교육을 지원한다. 「장애인복지법」 제32조(장애인등록)에 의한 등록 여성장애인을 대상으로 여성장애인에 대한 교육지원 기초학습, 인문, 사회 및 체험, 보건 및 가족 등의 교육을 제공한다.

## 3. 평생교육바우처

만 25세 이상 저소득층 성인이 평생교육 기회를 가질 수 있도록 평생교육바우처를 제공한다. 지원 대상은 기초생활수급자 및 차상위 계층, 기준중위소득 65% 이하의 성인이어야 하며, 대학생의 경우 국가장학금과 중복 수혜가 가능하지 않다. 1인당 연간 35만 원 이내에서 평생교육바우처를 지원하며, 바우처를 신청할 수 있는 평생교육기관 및 수강 가능한 평생교육 프로그램은 '평생교육바우처 지원시스템'이나 국가평생학습포털 '늘배움'을 통해 확인 가능하다.

## 4. 장애인 정보화교육

장애인에게 다양한 정보화 교육을 실시하여 정보사회 적응능력을 배양하고, IT에 소질이 있는 장애인에게 전문교육을 실시하여 소득창출 기회를 제공함으로써 장애인의 경제적 자립을 도모하기 위해 장애인 정보화교육을 실시한다. 본 교육은 모든 장애인을 대상으로 하며, 장애의 정도가 심한 경우 방문교육을 진행한다.

### 5. 장애대학생 도우미 지원

장애대학생이 장애에 구애받지 않고 자유롭게 공부할 수 있도록 교육활동의 기회를 제공한다. 대학교에 재학 중인 장애 정도가 심한 장애인을 지원하며, 이는 「장애인복지법」 시행규칙 제2조 관련 '장애인의 정도표'를 따르되, 특별지원위원회 심사 등을 거쳐 지원 필요성이 큰 경우에는 장애 정도가 심하지 않은 장애인 또는 기준 외 학생도 포함할 수 있다. 대학별 지원계획 수립 시 중증 및 취약계층을 우선지원한다.

## 제4절 의료와 재활

사회복지정책의 대상집단 중, 의료(medical care) 및 재활(rehabilitation)정책의 필요 정도가 가장 높은 집단은 장애인과 노인이라고 할 수 있다. 이는 노인과 장애인의 신체적 기능이 다른 집단에 비해 약화되어 있는 경우가 많기 때문이다. 특히 장애인은 노인과 달리 모든 생애주기에 걸쳐 의료 및 재활정책이 필요한 경우가 되기 때문에 보다 다각적이고 세밀한 정책적 접근이 요구된다.

장애인을 위한 의료 및 재활정책은 장애인복지의 향상을 위한 기본적인 조건에 해당된다. 왜냐하면 인간은 신체의 건강과 기능회복이 생존과 직결된 사항이기 때문이다. 제3부에서는 이렇듯 장애인복지의 매우 중요한 요소 중 하나인 장애인을 위한 우리나라의 의료 및 재활정책 현황에 대해 알아본다.

장애인은 비장애인보다 더 많은 건강문제에 직면하게 되고, 취약한 건강 상태로 인해 만성질환이 조기 발병할 수 있으며, 이차적인 기능장애가 발생하는 경향이 있다. 또한 장애인가구는 비장애인 가구에 비해 의료비 지출이 더 크다. 장애인의 취약한 건강 상태 및 과중한 의료부담을 해소하기 위해서는 공공의 지원이 필요함을 알 수 있으며, 이에 따라 우리나라에서는 장애인 의료비 지원, 보장구 건강보험(의료급여)급여, 지역사회중심재활(CBR)사업 등을 시행하고 있다. 여기에서는 이상의 정책에 대해 살펴보고자 한다.

# 1. 장애인의료비지원 및 장애인 보조기구 교부

## 1) 개요

장애인의 의료비 지출은 비장애인에 비해 상대적으로 많은 편이다. 보건복지부(2018e)에 따르면 2017년 기준 전체 가구의 월평균 소득액은 362만 원인 것에 반해 장애인가구의 월평균 소득액은 242만 원으로 전체 가구 대비 66.9%의 수준이다. 이 중 장애인가구의 장애로 인한 월평균 추가비용 총액은 165,100원이며, 추가비용의 가장 많은 비중을 차지하는 것은 의료비(65,900원)로 나타났다. 또한 2017년 장애인 실태조사에 따르면 장애인구의 미충족 의료경험률[23]은 전체 인구의 미충족 의료경험률인 12%보다 5.2% 높은 17.2%인 것으로 조사되었다. 최근 1년간 본인이 원하는 때에 병·의원에 가지 못한 이유에 대해서는 '경제적인 이유'가 58.8%로 가장 많고, 다음은 '교통이 불편해서'가 15.2%로 대체로 경제적인 이유가 가장 크게 작용하는 것으로 나타났다. 이러한 상황에서 생활이 어려운 저소득 장애인에게 의료비를 지원하여 생활안정 및 의료보장을 도모하기 위한 목적으로 장애인의료비지원 제도가 시행되고 있다.

장애인의료비지원 제도의 근거법령은 「장애인 건강권 및 의료접근성 보장에 관한 법률」 제17조 제1항으로, "국가와 지방자치단체는 의료비를 부담하기 어렵다고 인정되는 장애인에게 장애 정도와 경제적 능력 등을 고려하여 장애 정도에 따라 의료비에 사용되는 비용을 지급할 수 있다"라고 규정하고 있다. 동법 시행규칙 제8조 제1항에 의거하여 「국민기초생활 보장법」 제7조 제1항 제1호에 따른 생계급여 수급자 또는 같은 항 제3호에 따른 의료급여 수급자인 장애인, 제1호에 준하는 사람으로서 의료비를 지급할 필요가 있다고 인정되는 장애인에게 의료비를 제공하는 것으로 명시하고 있다.

또한 장애인에게는 장애인의 건강 유지 및 증진을 위해 보장구(補裝具)의 역할이 매우 중요하다. 보장구란 장애인의 활동을 도와주는 기구로서, 의료급여법 제13조에 "시장·군수·구청장은 「장애인복지법」에 따라 등록한 장애인인 수급권자에게 「장애인·노인 등을 위한 보조기기 지원 및 활용촉진에 관한 법률」 제3조 제2호에 따른 보조기기에 대하여 급여를 실시할 수 있다"는 규정에 따라 지원받을 수 있다.

23) 19세 이상을 대상으로 조사한 것으로 최근 1년 동안 병의원(치과 제외)에 가고 싶을 때 가지 못한 경험률을 나타낸다.

한편, 장애인의료비지원은 암환자 의료비지원, 치매 치료관리비 지원사업, 의료급여(본인부담 보상금, 본인부담 상한금), 긴급복지 의료지원, 의료급여본인부담면제, 희귀질환자 의료비지원사업과 중복해서 받을 수 없다.

## 2) 지원대상 및 의료비지원의 내용

장애인의료비지원 제도의 대상은 「의료급여법」에 의한 의료급여 2종 수급권자[24)]인 등록장애인으로, 구체적으로 살펴보면 국민기초생활보장법에 의한 수급자 중 근로능력세대의 등록장애인이 해당된다. 또한 차상위 본인부담 경감대상 등록장애인(만성질환자, 18세 미만 장애아동)은 장애인의료비지원 대상이다. 그러나 장애인 의료비는 장애인에게만 지원되므로 당해 장애인과 세대를 같이하는 비장애인인 가족원은 지원대상이 아니다.

장애인의료비지원 제도의 내용은 크게 의료비지원과 보장구 구입비 지원이 있다. 먼저 의료비는 의료급여 2종 대상자나 차상위 본인 부담 경감대상자가 의료기관 이용 시 발생하는 본인 부담금에 대한 일부 또는 전액을 지원한다. 1차 의료급여기관(의원급)에서 외래진료 시 본인부담금 750원을 지원 받을 수 있으며, 2차 또는 3차 의료급여기관(병원급 이상)의 외래진료일 경우 전액, 1·2·3차 의료급여기관에 입원하여 진료할 경우 전액을, 특수장비촬영(CT, MRI, PET)을 이용 시 전액을 지원받을 수 있다. 자세한 사항은 아래 표에 나와 있다.

**표 6-5** 장애인의료비지원 제도의 지원내용

<table>
<tr><th>구분</th><th colspan="2">의료급여기관</th><th>구분</th><th>본인부담금 지원</th><th>장애인의료비 지원내용</th></tr>
<tr><td rowspan="7">외래</td><td colspan="2" rowspan="2">제1차 의료급여기관 (의원, 보건의료원)</td><td>원내 직접 조제</td><td>1,500원</td><td>750원</td></tr>
<tr><td>그 이외의 경우</td><td>1,000원</td><td>750원</td></tr>
<tr><td rowspan="4">제2차 의료 급여 기관</td><td rowspan="3">제17조 만성질환자</td><td>원내 직접 조제</td><td>1,500원</td><td>전액</td></tr>
<tr><td>그 이외의 경우</td><td>1,000원</td><td>전액</td></tr>
<tr><td>특수장비촬영 (CT, MRI, PET)</td><td>특수장비총액의 15% (차상위 14%)</td><td>전액</td></tr>
<tr><td>만성질환자 외</td><td colspan="2">의료(요양)급여비용 총액의 15%(차상위 14%)</td><td>전액</td></tr>
<tr><td colspan="2">제3차 의료급여기관</td><td colspan="2">의료급여비용 총액의 15%(차상위 14%)</td><td>전액</td></tr>
</table>

24) 우리나라 「의료급여법」에서는 의료급여 수급권자를 1종 수급권자와 2종 수급권자로 구분한다. 수급권자 구분의 기준은 「의료급여법」 제3조 및 동법 시행령 제3조에 규정되어 있다.

| 구분 | 의료급여기관 | 구분 | 본인부담금 지원 | 장애인의료비 지원내용 |
|---|---|---|---|---|
| 입원 | 제1 · 2 · 3차 의료급여기관 | 의료급여비용 총액의 10%(차상위 14%) | | 전액 |
| | | 본인부담 식대 | | 없음 |
| 약국 | 약국에서 의약품을 조제하는 경우 | 처방조제 | 500원 | 없음 |
| | | 직접조제 | 900원 | |

출처 : 보건복지부(2019b)

### 3) 장애인보조기기 교부

장애인보조기기 교부사업은 저소득 장애인에게 일상생활에 필요한 장애인보조기기를 지원하여 장애인의 자립생활 및 복지 증진을 도모하기 위하여 시행되고 있다. 본 사업의 대상은 장애종별로는 「장애인복지법」 제32조의 규정에 따라 등록한 지체 · 뇌병변 · 시각 · 청각 · 심장 · 호흡 · 발달 · 언어 장애인이며, 소득수준으로는 「국민기초생활보장법」상 생계, 의료, 주거, 교육급여 수급자 및 차상위계층이 되는데, 이중 교부의 우선순위 대상자는 장애등급이 상위인 자, 「국민기초생활보장법」상 수급자, 1가구에 2인 이상의 장애인이 거주하는 자, 재가장애인, 당해사업으로 교부 받은 지 더 오래된 자 등이 된다.

한편, 교부 제한자 및 제한기준으로는 첫째, 2018년도에 동 사업지침에 따라 동일한 품목의 장애인보조기기를 교부받은 자 또는 이전에 받은 동일한 교부 품목이 내구연한에 이르지 아니한 자이다. 단 전년도와 다른 품목으로는 교부가 가능하다. 둘째, 2018년도 또는 금년도에 사회복지단체 등으로부터 금년도 교부품목의 장애인보조기기를 지방자치단체를 통하여 지원받은 자이다. 단, 파손 등으로 시 · 군 · 구청장이 재교부 필요성을 인정하는 경우에는 재교부 가능하나 본인의 과실에 의한 분실 시 재교부가 불가하다. 셋째, 타 교부사업[25]에 의하여 지급 받고 교부 물품이 내구연한(재교부연한)에 이르지 아니한 자이다. 이는 장애인보조기기 신청 시 행복e음을 통해 중복 여부를 확인할 수 있다. 넷째, 당해연도 보조기기 신청 시 1인 1제품 지원이 원칙이며, 다만 지원받은 품목 및 지원기준액에 상관없이 5만 원 이하의 1개 제품은 예외 사항으로 당해연도에 추가로 중복 지원이 가능하다. 추가지원 가능

25) 타 교부사업이란 보험급여, 기초의료수급, 요양보험, 산재보험, 고용보험, 국가유공자대상 보장구 교부사업, 정보통신보조기기 보급사업 등 동일 품목에 대한 교부사업을 말한다.

제품은 교부품목의 지원기준액과 상관없이 5만 원 이하의 제품이 해당되고, 동일 제품으로는 중복 지원이 불가하다(보건복지부, 2019b).

장애인보조기기 예산지원 기준은 아래 표와 같다.

**표 6-6** 장애인보조기기 예산 지원기준

| 지원품목 | 품목코드 | 지원기준 | 내구연한 |
|---|---|---|---|
| 욕창 예방용 방석 및 커버 | 04 33 03 | 35만 원 | 3년 |
| 와상용 욕창예방 보조기기 | 04 33 06 | | |
| 음성유도장치(음향신호기리모컨) | 12 39 09 | 2만 원 | 2년 |
| 음성시계 | 22 27 12 | 2만 원 | 2년 |
| 시각신호표시기 | 22 27 03 | 15만 원 | 2년 |
| 진동시계 | 22 27 12 | 3만 원 | 2년 |
| 보행차 | 12 06 06 | 20만 원 | 5년 |
| 좌석형 보행차 | 12 06 09 | | 5년 |
| 탁자형 보행차 | 12 06 12 | | 5년 |
| 음식 및 음료 섭취용 보조기기 | 15 09 03 | 5만 원 | 1년 |
| 식사도구(칼-포크), 젓가락 및 빨대 | 15 09 13 | | |
| 머그컵, 유리컵, 컵 및 받침접시 | 15 09 16 | | |
| 접시 및 그릇 | 15 09 18 | | |
| 음식 보호대 | 15 09 21 | | |
| 기립훈련기 | 04 48 08 | 150만 원 | 3년 |
| 헤드폰(청취증폭기) | 22 06 24 | 12만 원 | 2년 |
| 영상확대 비디오(독서확대기) | 22 03 18 | 80만 원 | 2년 |
| 문자판독기(광학문자판독기) | 22 30 21 | 80만 원 | 2년 |
| 목욕의자 | 09 33 03 | 60만 원 | 5년 |
| 녹음 및 재생장치 | 22 18 03 | 50만 원 | 3년 |
| 휴대용 경사로 | 18 30 15 | 30만 원 | 8년 |
| 이동변기 | 09 12 03 | 60만 원 | 5년 |
| 미끄럼 보드, 미끄럼 매트 및 회전좌석 | 12 31 03 | 35만 원 | 4년 |
| 장애인용의복 | 09 03 05 | 15만 원 | 2년 |
| 휠체어용 탑승자 고정 장치 및 기타 액세서리 | 12 24 30 | 10만 원 | 5년 |
| 독립형 변기 팔 지지대 및 등지지대 | 09 12 25 | 25만 원 | 5년 |
| 환경조정장치 | 24 13 03 | 40만 원 | 3년 |
| 대화용장치 | 22 21 09 | 60만 원 | 4년 |

출처: 보건복지부(2019b)

## 2. 발달재활서비스 및 언어발달지원사업

### 1) 개요

개인의 장애로 인하여 발생하는 사회적 박탈은 장애인이 속한 연령집단에 따라 매우 다르게 나타난다. 가령 아동기나 학령기에 속한 장애인은 인생의 주요 발달과업을 성취해야 할 중요한 시기가 되며, 이에 따라 신체적 · 인지적 · 사회적 발달을 지원하기 위한 특화된 서비스가 요구된다. 이를 위해 정부에서는 특수교육 및 장애아동수당 등의 정책을 실시하고 있으며, 발달재활서비스 역시 이러한 맥락에서 수행되고 있는 중요한 제도라고 할 수 있다.

발달재활서비스는 장애아동의 정신적 · 감각적 기능 향상을 위해 필요한 서비스를 지원하고, 장애아동을 양육하는 가정의 경제적 부담을 경감하기 위한 목적으로 시행되었다. 본 제도는 2007년 장애아동재활치료 바우처 사업으로 시작되었다. 본 제도의 법적 근거는 「장애아동 복지지원법」 제21조 제1항의 "국가와 지방자치단체는 장애아동의 인지, 의사소통, 적응행동, 감각 · 운동 등의 기능 향상과 행동발달을 위하여 적절한 발달재활서비스를 지원할 수 있다"를 들 수 있으며, 제2항에서는 "제1항에 따른 발달재활서비스를 지원할 때에는 장애아동의 장애유형 · 장애 정도와 그 가족의 경제적 능력 등을 고려하여 지원할 대상 및 내용을 결정할 수 있다"라고 규정하고 있다.

한편, 언어발달지원사업은 시각 및 청각장애를 가지고 있는 부모의 비장애자녀에게 필요한 언어발달지원서비스를 제공하여 아동의 건강한 성장지원 및 장애가족의 자체 역량 강화하는 것을 목적으로 한다.

### 2) 사업 대상

발달재활서비스의 서비스 대상자는 만 18세 미만[26]의 뇌병변, 지적, 자폐성, 청각, 언어, 시각장애아동으로 「장애인복지법」상 등록장애아동에 한하며, 만 6세 미만의 영유아[27]는 발달재활서비스 의뢰서, 세부영역 검사결과서 및 검사자료로 발달재활서비스가 필요하다고 인정된 경우에 예외대상이 된다. 또한 소득기준이 기준중위소득 180% 이하인 가정이어야 한다. 단, 소득기준이 기준중위소득 180%를 초과하는 경우에는 장애아 두 명 이상 가구, 부모

26) 연령은 신청일을 기준으로 판정하되, 지원기간은 대상자로 선정된 장애아동이 만 18세가 되는 달까지로 한다.
27) 장애등록이 안 된 대상자가 만 6세 도래 시에는 만 6세가 되는 달까지만 지원한다.

중 한 명 이상이 중증장애인(1, 2급 및 3급 중복장애) 가정에 대하여 시 · 군 · 구청장이 인정하는 경우에는 예산범위 내에서 마형(본인부담금 8만 원)을 지원할 수 있다.

언어발달지원사업의 서비스는 감각적 장애부모의 만 12세 미만[28]의 비장애아동이어야 하며, 한쪽 부모 및 조손가정의 한쪽 조부모가 시각 · 청각 · 언어 · 지적 · 자폐성 · 뇌병변 등록장애인이 경우 대상이 된다. 소득기준은 기준중위소득 120% 이하여야 하며, 양쪽 부모가 시각 · 청각 · 언어 · 지적 · 자폐성 · 뇌병변 등록장애인일 경우 우선 지원하고, 동일 가구 내 서비스 대상 아동이 두 명 이상인 경우에는 각각 바우처 지원을 받을 수 있다.

### 3) 사업내용 및 서비스 제공기관

발달재활서비스의 사업은 언어 · 청능(聽能), 미술 · 음악, 행동 · 놀이 · 심리, 감각 · 운동 등 발달재활서비스로 구성되어 있으며, 장애아동 및 부모의 수요에 따라 사업 실시 기관에서는 다양한 서비스 개발이 가능하다. 본 서비스는 장애인복지관, 사설치료실 등 시 · 군 · 구의 지정을 받은 제공기관에서 서비스 대상자가 이용을 원하는 제공기관과 계약 후 서비스 이용할 수 있다. 서비스단가는 월 8회(주 2회), 회당 27,500원으로 하는 것을 기준으로 하되, 시 · 군 · 구에서 제공기관 지정 시 해당지역의 시장가격, 전년도 바우처가격, 타지역가격, 제공인력의 자격 및 경력 등에 의해 지역마다 상이하게 나타난다.

**표 6-7** 장애아동재활치료사업 소득 기준별 정부지원금 및 본인부담금

| 소 득 기 준 | 바우처지원액 | 본인부담금 |
|---|---|---|
| 기초생활수급자 (다형) | 월 22만 원 | 면제 |
| 차상위계층 (가형) | 월 20만 원 | 2만 원 |
| 차상위 초과 기준중위소득 65% 이하 (나형) | 월 18만 원 | 4만 원 |
| 기준중위소득 65% 초과 ~ 120% 이하 (라형) | 월 16만 원 | 6만 원 |
| 기준중위소득 120% 초과 ~ 180% 이하 (마형) | 월 14만 원 | 8만 원 |

출처 : 보건복지부 사회서비스 전자바우처, www.socialservice.or.kr

언어발달지원사업은 언어발달진단서비스, 언어치료, 청능치료 등의 언어재활서비스 및

28) 대상 자녀의 연령은 신청일을 기준으로 판정하되, 지원기간은 대상자로 선정된 수급 대상아동이 만 12세가 되는 달까지로 한다.

독서지도, 놀이지도, 수화지도 등의 내용으로 이뤄진다. 그러나 논술지도·학습지도 등과 같은 교과목 수업과 학습지를 이용한 지도는 제공하지 않는다. 서비스단가는 대상자의 소득기준에 따라 바우처 지원액 및 본인부담금 차등적으로 이뤄지며, 1회당 제공되는 치료서비스는 부모상담을 포함하여 50분 동안 진행된다.

**표 6-8** 언어발달지원사업 소득별 바우처지원액 및 본인부담금

| 소득수준 | 바우처지원액 | 본인부담금 |
|---|---|---|
| 기초생활수급자 (다형) | 월 22만 원 | 면제 |
| 차상위계층 (가형) | 월 20만 원 | 2만 원 |
| 차상위 초과 기준중위소득 65% 이하 (나형) | 월 18만 원 | 4만 원 |
| 기준중위소득 65% 초과 ~ 120% 이하 (라형) | 월 16만 원 | 6만 원 |

출처: 보건복지부 사회서비스 전자바우처, www.socialservice.or.kr

## 3. 지역사회중심재활(CBR)사업

### 1) 개요

법정 장애인의 수는 지속적으로 증가하고 있으며, 장애인의 재활에 대한 욕구 역시 확대되어 가고 있어, 장애인의 재활은 이제 재활전문가만의 역할이 아닌, 장애인 당사자와 가족 및 지역사회가 통합적으로 참여하는 체계를 구축함으로써 달성될 수 있는 것이 되었다. 이러한 인식하에 WHO에서 장애인들의 재활사업을 촉진시키기 위해 연구·보급해 온 사업이 지역사회중심재활(Community-Based Rehabilitation: CBR)이다. 지역사회중심재활은 지역사회 장애인 건강관리 및 건강사업의 원활한 수행을 위해 보건소를 중심으로 지역사회의 인적·물적 자원을 최대한 개발·활용하여 재활서비스를 체계적으로 제공함으로써 장애인의 재활 촉진 및 사회참여를 증진시켜 보다 건강한 삶을 누릴 수 있도록 하는 것을 목적으로 한다. 이는 시설중심재활(Institution Based Rehabilitation: IBR)과 대조되어 설명된다. IBR이란 재활서비스가 장애인생활시설에 수용되어 있는 시설장애인을 대상으로 제공되는 것을 말한다. 시설보호는 시설을 아무리 증설하여도 전체 장애인을 모두 수용할 수 없고 비용이 많이 들며 장애인의 사회적 격리를 초래하여 사회통합에 역행하는 것이기에 탈시설화와 함께 CBR 접근법이 논의되기 시작한 것이다(박옥희, 2010).

우리나라에서는 1992년부터 장애인복지관을 중심으로 지역사회중심재활이 수행되었다.

보건복지부에서 설정한 CBR의 기본 방향은 첫째, 사회통합을 위한 장애인 기능 증진으로 지역사회 중심의 장애예방 및 조기발견, 재활치료, 장애인의 건강증진, 가족지지, 지속적 관리체계를 개발함으로써 장애를 최소화하고 일상생활에의 자립능력을 증진하는 것, 둘째, 지역사회 역량강화로 지역주민들의 재활의식 개선 및 관련기관 간 연계관계를 구축함으로써 지역사회 내 재활서비스 제공 역량을 강화하는 것, 셋째, 통합적 네트워크 구축으로 지역사회의 자발적인 참여와 유기적인 연계를 위한 지역사회재활 협의체를 운영하여 다양한 자원을 통한 포괄적인 재활서비스를 제공하는 것, 넷째, 지역유형별 모형 개발로서 지역사회 여건에 맞는 재활사업의 전략 및 프로그램을 개발·시행·평가하여 지역유형별 사업모형을 보급 및 확산하는 것 등이다. 최근에는 국립재활원에서 지역사회중심재활사업을 추진하고 있으며, 사업의 목적을 "보건소를 중심으로 지역사회의 인적·물적 자원을 최대한 개발, 활용하여 재활서비스를 체계적으로 구축, 제공함으로써 장애인의 재활 촉진 및 사회참여 증진을 도모하는 지역사회중심재활(CBR)사업의 수행에 필요한 사항을 정함"으로 설정하고 있다.

### 2) CBR의 세부 사업내용

CBR 사업의 주요 내용은 장애인 건강보건관리사업, 장애인 사회참여사업, 장애발생 예방사업, 지역사회재활협의체 구축, 연계병원 퇴원관리 상담활동 등이 있다. 이상의 사업을 통해 장애인의 지속적인 재활관리체계를 구축함으로써 병원 및 전문 시설과의 연결된 재활서비스를 제공할 수 있으며, 장애 발생부터 지역사회까지 연계된 재활프로그램을 제공할 수 있다. 그리고 장애인에게 가족 및 지역주민과 함께 일상생활을 통해 재활 기회를 부여함으로써 조기에 최대한의 재활효과를 얻고 사회적응력 및 삶의 질 향상에 기여할 수 있을 것이다. 또한 지방자치단체의 자발적 참여를 유도하여 장애인 재활 및 건강증진사업이 활성화되며, 지역주민의 장애예방 인식과 실천능력을 고양하게 될 것이다.

CBR의 사업내용을 보다 구체적으로 살펴보면 다음과 같다.

첫째, 건강보건관리사업은 재활치료 프로그램으로서 거동불능장애인 방문재활, 이동가능장애인 재활교실, 장애아동 재활교실, 보조기구 지원서비스 등이 있으며, 건강증진 프로그램으로서 장애인 건강검진 지원 서비스, 장애인 건강관리 서비스, 장애인 건강보건정보 서비스, 장애인 및 가족 건강교육 등이 있다. 이를 보다 자세한 내용은 아래 〈표 6-9〉와 같다.

표 6-9 장애인 건강보건관리사업 내용

| 재활치료 프로그램 | 건강증진 프로그램 |
|---|---|
| 거동불능장애인 방문재활<br>(일상생활동작 관리, 욕창/피부관리, 삼킴장애 관리, 배뇨 · 배변관리, 호흡재활 등) | 장애인 건강검진 지원 서비스<br>(직접검진 · 이동검진, 검진지원 : 수검독려 전화 및 홍보, 이동차량 지원, 검진기관 정보제공 및 연계) |
| 이동가능장애인 재활교실<br>(관절운동, 작업치료, 기능평가, 근력증진, 보행 및 이동동작 관리, 통증치료 등) | 장애인 건강관리 서비스<br>(재활운동, 고혈압 · 당뇨 등 만성질환관리, 투약관리, 영양 · 비만교실, 금연 · 중독관리, 구강관리 등) |
| | 장애인 건강보건정보 서비스<br>(건강보건 관련 정보 제공 및 상담, 건강보건 교육 · 홍보) |
| 장애아동 재활교실<br>(삼킴장애 관리, 감각운동, 미술 · 놀이 · 음악치료 등) | 장애인 및 가족 건강교육<br>(자가관리 교육, 만성질환교육, 뇌졸중 재발 방지, 낙상/화상예방 등) |

출처 : 국립재활원, www.nrc.go.kr

둘째, 장애인 사회참여사업으로는 장애별 자조모임, 재활스포츠/레크리에이션, 가족지지/동료상담, 외출/나들이/체험프로그램, 운전교육 프로그램, 취미활동 프로그램 등이 있다.

셋째, 장애발생 예방사업으로는 장애발생 예방프로그램과 가옥 내 편의시설 지원서비스가 있으며, 이를 살펴보면 아래 〈표 6-10〉과 같다.

표 6-10 장애 발생 예방사업

| 장애발생 예방프로그램 | 가옥 내 편의시설 지원서비스 |
|---|---|
| 시각장애의 봉사체험, 소감문 작성, 지체장애의 휠체어 등 체험 | 낙상예방교육, 뇌졸중예방교육, 교통안전교육, 산업안전교육, 허약노인장애예방 |

출처 : 국립재활원, www.nrc.go.kr

넷째, 기타 사업으로는 가옥진단, 안전바, 문턱 제거, 경사로 등 편의시설 설치 등을 하는 가옥 내 편의시설 지원서비스와 장애인운전지원서비스, 보건소 연계사업(지역사회 통합건강증진사업 연계서비스) 등이 있다.

### 3) 사업추진 체계

지역사회중심재활사업의 추진체계를 살펴보면 다음과 같다. 보건복지부의 건강정책과와 장애인정책과를 중심으로 사업의 총괄이 이루어지며, 국립재활원의 공공재활의료지원과에서 세부추진전략 수립 등이 이루어진다. 이후 시 · 도 및 시 · 군 · 구, 읍 · 면 · 동의 보건복지 관련 조직의 지원을 통해, 보건소/보건지소/보건진료소에서 지역별 세부실천계획을 수립하며, 서비스를 제공한다. 지역사회중심재활사업을 수행하고 있는 기관은 보건소 254개소, 권역재활병원 6개소,[29] 의료재활시설 20개소[30] 등이 있다.

**그림 6-4** 지역사회중심재활사업의 추진체계

출처 : 국립재활원, www.nrc.go.kr

29) 경인의료재활센터병원, 대전충청권역의료재활센터, 강원도재활병원, 영남권역재활병원, 호남권역재활병원, 제주권역재활병원

30) 서울재활병원, 삼육재활병원, 삼육부설재활의원, 주몽재활의원, 성동재활의원, 넥슨어린이재활병원, 천성의원, 인제재활병원, 인천재활의원, 경인의료재활센터, 성세병원, 성화대전요양병원, 강원도재활병원, 충북재활의원, 충남장애인사랑의원, 혜림재활의원, 경북재활병원, 홍익재활병원, 마하재활병원, 제주춘강의원

# 제5절 주거

## 1. 주택 특별공급 및 입주자 선정 특례

### 1) 국민주택

「주택공급에 관한 규칙」 제35조 제1항에 따라 국민주택은 그 건설량의 10퍼센트의 범위에서 입주자모집공고일 현재 무주택세대구성원(「주택공급에 관한 규칙」 제27호의2에 해당하는 경우는 제외)인 장애인(장애인등록증이 발급된 사람만 해당)에게 관계기관의 장이 정하는 우선순위 기준에 따라 한 차례에 한정하여 1세대 1주택의 기준으로 특별공급할 수 있으며, 주무부 장관이나 특별시장·광역시장·특별자치시장·도지사 또는 특별자치도지사의 승인을 받은 경우 10퍼센트를 초과하여 특별공급할 수 있다. 「주택공급에 관한 규칙」 제35조 제1항 제17호에 의하여 장애인이 정신지체인, 정신장애인 및 3급 이상의 뇌병변장애인의 경우에는 그 배우자를 장애인의 범위에 포함한다. 또한 「주택공급에 관한 규칙」 제51조 제2호에 따라 사업주체가 5층 이상의 주택을 건설·공급하여 입주자 선정을 하는 경우 당첨자 또는 그 세대에 속한 자가 「장애인복지법」에 따른 장애인인 경우 주택의 최하층(해당 주택의 분양가격이 바로 위층 주택의 분양가격보다 높은 경우는 제외)을 희망하는 때에는 해당 최하층을 그 당첨자에게 우선 배정할 수 있다.

### 2) 공공임대주택

#### (1) 영구임대주택

「공공주택 특별법 시행규칙」 제14조 제1항 및 별표 3 제1호 바목에 따라 영구임대주택을 공급하는 경우 입주자모집공고일 현재 무주택세대구성원으로서 장애인(장애인등록증이 발급된 사람만 해당)[31]인 공급신청자를 1세대 1주택의 기준으로 1순위로 선정한다.

장애인인 공급신청자가 1순위의 입주자격을 가지기 위해서는 아래의 요건을 충족해야 한다. 첫째, 해당 세대의 월평균소득은 전년도 도시근로자 가구당 월평균소득의 70퍼센트 이하인 자이며, 둘째, 「공공주택 입주자 보유 자산 관련 업무처리기준」에 따른 영구임대주택의 자산요건을 충족하는 자여야 한다.

---

31) 장애인이 지적장애인·정신장애인 및 제3급 이상의 뇌병변장애인의 경우에는 그 배우자를 장애인의 범위에 포함한다.

### (2) 국민임대주택

「공공주택 특별법 시행규칙」 제15조 제1항 및 별표 4 제2호 나목에 따라 국민임대주택을 공급하는 경우 공급비율의 20퍼센트 범위 내에서 무주택세대구성원인 장애인(장애인등록증이 발급된 사람만 해당)[32]에게 1세대 1주택의 기준으로 우선 공급할 수 있으며, 이 경우 공급신청자 중 입주자로 선정되지 못한 사람에 대하여는 별도의 신청절차 없이 일반공급 신청자에 포함하여 입주자를 선정해야 한다.

장애인이 국민임대주택의 우선 공급대상이 되기 위해서는 일반공급의 입주자격을 충족해야 하며, 이 경우 입주자 선정순위는 장애등급이 높은 순서로 정해진다.

## 2. 주택개조비용 지원

「장애인 · 고령자 등 주거약자 지원에 관한 법률」 제15조 제1항에 따라 장애인, 장애인이 세대원으로 있는 세대주 또는 장애인에게 임대할 목적으로 주택을 개조하고자 하는 임대인은 활동능력에 적합하도록 주택(임대용 주택 포함)을 개조하기 위하여 필요한 비용을 지원받을 수 있다. 주택개조비용 대상자는 주택을 개조하기 위하여 필요한 비용의 지원을 받기 위하여 다음의 요건을 모두 갖추어야 한다.

**표 6-11** 주택개조비용 지원대상자

| 신청인 | 요건 |
|---|---|
| 장애인<br>장애인이 세대원으로 있는 세대주 | ▪ 장애인이 속한 해당 가구의 월평균 소득이 「통계법 시행령」 제22조에 따라 통계청장이 고시하는 지정통계에 따른 전년도 도시근로자 가구당 월평균 소득액 이하<br>▪ 임대용 주택에 거주하는 장애인 또는 임대용 주택에 거주하는 세대주로서 장애인이 세대원으로 있는 사람이 지원을 신청하는 경우에는 미리 해당 임대인의 동의를 받아야 한다.<br>▪ 「장애인 · 고령자 등 주거약자 지원에 관한 법률 시행령」 별표 1에 따른 주거약자용 주택의 편의시설 설치기준을 충족하는 시설을 설치하기 위하여 주택(임대용 주택 포함)을 개조 |
| 장애인에게 임대할 목적으로 주택을 개조하고자 하는 임대인 | ▪ 「장애인 · 고령자 등 주거약자 지원에 관한 법률 시행령」 별표 1에 따른 주거약자용 주택의 편의시설 설치기준을 충족하는 시설을 설치하기 위하여 주택(임대용 주택 포함)을 개조 |

출처 : 「장애인·고령자 등 주거약자 지원에 관한 법률 시행령」 제7조

32) 지적장애인 · 정신장애인 및 제 3급 이상의 뇌병변 장애인의 경우에는 그 배우자를 포함한다.

# 제6절 활동지원과 자립생활 지원

장애인 활동지원과 자립생활 지원정책은 장애인복지정책 중 비교적 가장 최근에 등장하고 발전한 것이다. 이는 사회복지정책의 발달사를 고찰해 봤을 때, 공공부조, 사회보험에 이어 사회서비스의 발달이 제일 나중에 전개된 것과 일맥상통한다. 즉, 장애인활동지원 및 재활을 지원하기 위한 정책은 개인적인 대인서비스(human service)에 가까운 것으로서, 기본적인 소득보장 및 의료보장이 된 이후에 장애인 개개인의 특화된 욕구에 부합할 수 있도록 마련된 서비스라고 할 수 있다.

실제로 우리나라에서 장애인의 활동지원을 돕기 위해 마련된 장애인활동지원제도는 2011년부터 실시되고 있으며, 장애인의 자립생활(independent living)을 지원하기 위한 제도 역시 서구에서도 최근에 등장한 장애인복지 실천이념이 된다. 여기에서는 활동지원 및 재활정책으로서 장애인활동지원제도, 중증장애인 자립생활 지원사업, 발달재활서비스에 대해 살펴본다.

## 1. 장애인 활동지원제도

### 1) 개요

장애인 활동지원제도는 노인장기요양보험제도를 마련하는 과정에서 함께 논의가 시작되었다. 즉, 65세 이상 노인(장애인 포함)은 노인장기요양보험제도를 통해 요양서비스를 이용하고 있지만, '64세 이하 장애인의 요양 욕구는 어떻게 지원할 것인가'라는 문제는 정부가 풀어야 할 과제였다. 이에 정부에서는 '장애인활동지원에 관한 법률안'을 마련하였고, 2010년 12월 8일에 법률이 국회를 통과하여 2011년 10월부터 장애인활동지원 서비스가 제공되고 있다.

「장애인 활동지원에 관한 법률」 제1조에는 본 제도의 목적을 신체적 · 정신적 장애 등의 사유로 혼자서 일상생활과 사회생활을 하기 어려운 장애인에게 활동지원급여를 제공하여 장애인의 자립생활을 지원하고 그 가족의 부담을 줄이는 것으로 규정하고 있다.

본 제도의 의의는 첫째, 장애인복지정책의 패러다임 전환으로서 장애인의 사회참여, 선택, 자기 결정을 강조하였다는 것이고, 둘째, 장애인의 권리가 대폭 강화되었다는 것이다. 과거 시행되었던 '장애인활동보조서비스'를 확대하여 도입하는 것으로, 2010년에는 활동보조서비스 대상자가 3만 명이었지만, 향후 활동지원제도로 개편되면서 사업 첫해 지원대상이 5만 명까지 확대되었기 때문이다. 또한 활동보조서비스에서 제공되던 신체, 가사활동, 외출이동 등 일상생활지원뿐만 아니라 방문간호, 방문목욕, 주간보호 등의 급여가 추가되어 간병, 요양 등 다양한 욕구를 가진 장애인도 서비스를 이용할 수 있게 되었기 때문이다. 셋째, 본 제도를 통해 활동보조인의 형태로 일자리가 창출되는 효과를 기대할 수 있게 되었다.

### 2) 장애인 활동지원급여 신청 대상

장애인 활동지원제도의 신청자격은 만 6세 이상~만 65세 미만의 자로 「장애인복지법」상 등록 1~3급(중복합산 장애등급 포함) 장애인이 된다. 만 65세 이상이 되면 일상생활지원서비스를 노인장기요양제도를 통해 받게 되어, 장애인 활동지원제도의 대상자에서 제외된다. 하지만 만 65세 이후 「노인장기요양보험법」에 따른 장기요양급여를 신청하여 받지 못하게 된 사람(장기요양급여 등급 외)으로서 장애특성상 활동지원급여가 적절하다고 판단되어 활동지원급여를 희망하는 경우 서비스 대상이 된다(보건복지부, 2019c).

본 제도를 통해 활동지원급여를 받기 위해서는 시 · 군 · 구(읍 · 면 · 동) 혹은 국민연금공단 지사에 신청을 해야 하며, 이후 국민연금공단 직원이 방문조사를 실시하고, 시 · 군 · 구에 설치된 수급자격위원회에서 심의하여 수급자격 및 등급을 결정하게 된다. 공단의 직원이 방문조사를 할 때에는 등급판정도구(활동지원 인정조사표)를 활용하여 신청인에 대하여 신체 · 정

**표 6-12** 장애인활동지원제도 인정조사표 조사항목

<table>
<tr><th colspan="2">영역</th><th>항목수</th><th>내용</th></tr>
<tr><td colspan="2">일상생활동작(ADL)영역</td><td>7</td><td>옷 갈아입기, 목욕하기, 식사하기, 잠자리에서 자세 바꾸기, 옮겨 앉기, 걷기, 화장실 사용하기</td></tr>
<tr><td rowspan="2">수단적 일상생활 수행능력 (IADL) 영역</td><td>만 15세 이상 대상</td><td>8</td><td>전화 사용하기, 물건 사기, 식사 준비, 집안일, 빨래하기, 약 챙겨 먹기, 금전관리, 대중교통수단 이용하기</td></tr>
<tr><td>만 6세 이상 15세 미만 대상</td><td>6</td><td>전화 사용하기, 물건 사기, 약 챙겨 먹기, 금전관리, 대중교통수단 이용하기, 본인 물건 관리하기</td></tr>
<tr><td colspan="2">장애특성 고려영역</td><td>5</td><td>휠체어 사용, 청각, 시각, 인지, 정신 기능</td></tr>
<tr><td colspan="2">사회환경 고려영역</td><td>4</td><td>사회활동 참여, 위험상황 대처능력, 장애인보조도구 사용능력, 단위나 문장을 보고 이해하기</td></tr>
</table>

출처 : 보건복지부(2019c)

신적 기능 상태 및 서비스욕구 등을 객관적으로 파악하게 된다. 활동지원 인정조사표는 일반사항, 인정등급 판정을 위한 기본조사, 생활환경 영역 조사, 욕구조사 등 4개의 조사를 실시하게 된다(보건복지부, 2019c).

먼저 인정등급 판정을 위한 기본조사는 일상생활동작 영역, 수단적 일상생활수행능력 영역, 장애특성 고려 영역, 사회환경 고려 영역에서 총 20개의 항목을 조사하게 된다.

다음으로 추가급여 제공을 위한 조사는 1인가구, 취약가구, 출산, 자립준비, 학교생활, 직장생활, 보호자 일시부재, 나머지 가구 구성원의 직장생활 등 8개 항목을 조사하게 된다.

**표 6-13** 장애인 활동지원제도 추가급여 제공을 위한 조사 내용

| 영역 | 내용 | 제출서류 |
|---|---|---|
| 1인가구 | ▪ 인정점수가 400점 이상으로 독거(1인가구)인 경우<br>▪ 인정점수가 380~399점으로 독거(1인가구)인 경우<br>▪ 인정점수가 380점 미만으로 독거(1인가구)인 경우 | 주민등록등본 |
| 취약가구 | ▪ 인정점수가 400점 이상으로 수급자를 제외한 가구 구성원 모두가 1~3급 장애인 또는 만 18세 이하 또는 65세 이상인 경우<br>▪ 인정점수가 380~399점으로 수급자를 제외한 가구 구성원 모두가 1~3급 장애인 또는 만 18세 이하 또는 65세 이상인 경우<br>▪ 인정점수가 380점 미만으로 수급자를 제외한 가구 구성원 모두가 1~3급 장애인 또는 만 18세 이하 또는 65세 이상인 경우 | 주민등록등본 |
| 출산 | ▪ 수급자 또는 수급자의 배우자가 출산하는 경우(출산 예정일 3개월 전날부터, 출산일로부터 6개월 이내에 신청 가능하며 최초 추가 급여 개시일로부터 만 6개월이 되는 날이 속한 달의 말일까지 제공. 다만, 부부 모두 수급자일 경우에는 둘 중 한 사람만 신청 가능) | 출생신고 이전인 경우 임신확인서, 출생증명서 중 택 1<br>(출생신고를 완료한 경우 제출서류 없음) |
| 학교생활 | ▪ 법령에 따른 정규학교(어린이집, 유치원, 초 · 중 · 고등학교, 대학(대학원), 특수학교 전공과, 장애인평생교육시설 등)에 다니고 있는 경우 | 재학증명서, 수업료 납부 증명서, 입학예정통지서 등 재학 중이거나 재학예정임을 증빙할 수 있는 서류 중 택 1 |

| 영역 | 내용 | 제출서류 |
|---|---|---|
| 직장생활 | ■ 직장에 다니는 경우(장애인직업재활시설 포함) | 근로자: 4대보험 중 직장생활을 하고 있음을 증빙할 수 있는 서류 중 택 1<br>이용자: 직업 재활시설 이용확인서<br>프리랜서 근로자: 사업소득 원천징수영수증 또는 사업소득지급명세서를 통해 확인 |
| 자립준비 | ■ 거주시설 등에서 퇴소하여 자립을 준비하는 경우(퇴소일로부터 6개월 이내에 신청 가능하며, 최초 추가급여 개시일로부터 만 6개월이 되는 날이 속한 달의 말일까지 제공) | 시설퇴소확인서, 퇴소계획서 중 택 1 |
| 보호자 일시부재 | ■ 가족(실질적 보호자) 등의 결혼, 출산, 입원 등으로 보호자가 일시적으로 부재한 경우 | 혼인신고서, 사망진단서 · 사망신고서, 임신사실을 증명할 수 있는 진단서, 입원확인서 · 진료비영수증, 해당 시 · 군 · 구에서 확인 |
| 나머지 가구원의 직장생활 등 | ■ 인정점수가 400점 이상으로 수급자를 제외한 가구 구성원 모두가 다음 어느 하나에 해당하는 경우<br>* 직장생활, 학교생활, 1~3급 장애인, 만 18세 이하 또는 65세 이상 | |

출처: 보건복지부(2019c)

다음으로 욕구조사에서는 일상생활부문 및 사회활동부문, 활동지원급여 이용의향 부문, 근로욕구 조사 등 3개 영역에서 22개 항목을 조사하게 된다.

**표 6-14** 장애인 활동지원제도 욕구조사 내용

| 영역 | 항목수 | 제출서류 |
|---|---|---|
| 일상생활부문 및 사회활동부문 | 9 | 신체수발, 가사활동지원(집안일 및 식사준비), 목욕지원<br>이동지원, 통학지원, 학습보조(학교 등), 통근지원, 업무보조(직장 등), 의사소통지원 |
| 활동지원급여 이용의향 부문 | 11 | 신체수발, 가사활동지원(집안 일 및 식사지원), 목욕지원, 이동지원, 통학지원, 학습지원, 통근지원, 업무보조, 의사소통지원, 간호서비스지원, 기타 |
| 근로욕구 조사 | 2 | 취업 희망 여부, 장애인 고용 사업장, 직업재활시설, 고용알선기관 등에 취업 희망 희망 의사 전달 동의 여부 |

출처: 보건복지부(2019c)

### 3) 급여 내용

활동지원급여는 활동보조, 방문목욕, 방문간호 등 세 가지로 구성되어 있다. 첫째, 활동보조는 신체활동지원, 가사활동지원, 사회활동지원, 그 밖의 제공 서비스이다. 둘째, 방문목욕은 활동지원인력인 요양보호사가 목욕설비를 갖춘 장비를 이용하여 수급자의 가정 등을 방문하여 목욕을 제공하는 것이며, 이동목욕용 차량을 이용하여 차량 내에서 목욕을 제공하거나 욕조, 펌프, 호스릴 등 장비 일체와 차량 내 온수를 사용하여 가정 내에서 목욕을 제공한 경우에만 인정된다. 셋째, 활동지원인력인 간호사 등이 의사, 한의사 또는 치과의사의 지시서(이하 '방문간호지시서 [별지 제19호 및 제20호 서식]'라 함)에 따라 수급자의 가정 등을 방문하여 간호, 진료의 보조, 요양에 관한 상담 또는 구강위생 등을 제공하는 것이다. 이상의 서비스에 대한 이용료는 본 제도에서 제공되는 활동지원급여와 본인부담금으로 지불하게 된다. 활동지원급여는 기본급여 및 추가급여로 나뉘어진다(보건복지부, 2019c). 2019년을 기준으로 기본급여액의 월 한도액은 아래 <표 6-15>와 같다.

**표 6-15** 장애인 활동지원제도 기본급여액

| 지원등급 | 인정점수 | 월 한도액 |
|---|---|---|
| 1등급 | 380~470점 | 1,530,000원 |
| 2등급 | 320~379점 | 1,219,000원 |
| 3등급 | 260~319점 | 921,000원 |
| 4등급 | 220~259점 | 610,000원 |

출처 : 보건복지부(2019c)

추가급여액은 가구의 특성에 따라 2019년을 기준으로 다음 <표 6-16>과 같이 제공된다.

**표 6-16** 장애인 활동지원제도 추가급여액

| 분류 | 추가급여액 |
|---|---|
| ① 인정점수가 400점 이상으로 독거(1인 가구)인 경우 | 3,539,000원 |
| ② 인정점수가 380~399점으로 독거(1인 가구)인 경우 | 1,037,000원 |
| ③ 인정점수가 380점 미만으로 독거(1인 가구)인 경우 | 260,000원 |
| ④ 인정점수가 400점 이상으로 수급자를 제외한 가구구성원이 1~3급 장애인, 18세 이하 또는 65세 이상인 가족만으로 구성된 경우 | 3,539,000원 |
| ⑤ 인정점수가 380~399점으로 수급자를 제외한 가구구성원이 1~3급 장애인, 18세 이하 또는 65세 이상인 가족만으로 구성된 경우 | 1,037,000원 |
| ⑥ 인정점수가 380점 미만으로 수급자를 제외한 가구구성원이 1~3급 장애인, 18세 이하 또는 65세 이상인 가족만으로 구성된 경우 | 260,000원 |
| ⑦ 수급자 또는 수급자의 배우자가 출산한 경우 | 1,037,000원 |
| ⑧ 생활시설 등에서 퇴소하여 자립을 준비하는 경우 | 260,000원 |
| ⑨ 학교에 다니는 경우 | 130,000원 |
| ⑩ 직장에 다니는 경우 | 519,000원 |
| ⑪ 가족(실질적 보호자)등의 결혼, 출산, 입원 등으로 보호자가 일시적으로 부재한 경우 | 260,000원 |
| ⑫ 인정점수 400점 이상으로 수급자를 제외한 나머지 가족의 직장생활·학교생활 등으로 인하여 보호가 필요한 경우 | 947,000원 |

출처 : 보건복지부(2019c)

본인부담금은 소득, 재산, 부양의무자 등의 기준에 따라 차등적으로 부과된다. 「국민기초생활 보장법」 제7조 제1항 제1호에 따른 생계급여 수급자 또는 제7조 제1항 제3호에 따른 의료급여 수급자는 본인부담금이 면제이며, 기초생활보장 수급자를 제외한 「의료급여법」상 수급권자, 「국민기초생활 보장법」상 차상위계층(다만, 「국민기초생활 보장법」 제7조 제1항 제1호 및 제3호에 따른 생계급여 또는 의료급여를 받지 아니하는 수급자와 그 가구원을 포함)은 2만 원이며, 차상위초과자는 기본급여에 대한 본인부담금과 추가급여에 대한 본인부담금을 합산하여, 소득수준에 따라 월 한도액의 6~15% 부과하되 상한선을 설정한다. 또한 추가급여액에 대한 본인부담금은 월 한도액의 2~5%에 해당하는 금액을 부담한다.

활동지원급여를 제공하는 활동지원기관은 시설 및 인력기준을 충족한 기관 중에서 지정기준에 따라 시 · 군 · 구에서 지정하며, 활동지원기관은 활동보조기관뿐만 아니라, 방문목욕 및 방문간호 기관(장기요양기관 중에서 장기요양기관 평가 결과 등을 고려하여 지정)도 지정될 수 있다. 활동지원인력은 학력 제한 없이 만 18세 이상의 신체적 · 정신적으로 활동보조가 가능한 자로서 보건복지부 장관이 정하는 교육기관에서 교육 과정을 이수한 자가 되며, 활동지원인력 전문교육을 위한 활동지원교육기관은 시 · 도에 복수(2개소 이상) 지정이 된다(보건복지부, 2019c). 한편, 급여의 서비스제공기관을 운영하고자 하는 자는 활동지원급여를 제공하는 데 필요한 시설 및 인력 등을 갖추어 특별자치도지사, 시장, 군수, 구청장으로부터 지정을 받아야 한다. 또 신체활동, 가사활동, 외출이동 등의 활동보조서비스를 제공하는 활동보조인은 지방자치단체에서 지정받은 교육기관에서 보건복지부 장관이 정하는 교육과정을 수료하거나 대통령령으로 정하는 일정자격을 갖추어야 한다.

## 2. 중증장애인 자립생활 지원사업

### 1) 개요

장애인복지에 있어 자립생활이란 장애인이 스스로 자신의 삶의 방식을 결정하고 구체적으로 의사결정이나 일상생활 활동에 참여함을 의미한다. 미국에서는 1960년대부터 이러한 이념을 기반으로 자립생활운동이 시작되었으며 재활법(Rehabilitation Act of 1973)과 ADA법(Americans with Disabilities Act of 1990)의 제정을 통해 장애인 복지정책과 연구에 새로운 방향을 제시하는 패러다임으로 자리 잡게 되었다(김봉선, 2010).

본 제도의 목적은 장애인을 대상으로 자립생활 정보 제공, 권익옹호 활동, 동료상담, 자립생활기술훈련, 개인별 자립지원, 거주시설 장애인 탈시설 자립지원 등의 서비스를 통하여 장애인의 자립생활 역량강화와 지역사회에서의 다양한 사회참여 활동을 지원하기 위한 것이다(보건복지부, 2019d).

본 제도의 법적근거로는 우선 「장애인복지법」 제53조부터 제56조를 들 수 있다. 우선 동법 제53조에서는 "국가와 지방자치단체는 장애인의 자기 결정에 의한 자립생활을 위하여 활동지원사의 파견 등 활동보조서비스 또는 장애인보조기구의 제공, 그 밖의 각종 편의 및 정보제공 등 필요한 시책을 강구하여야 한다"라고 규정되어 있으며, 이를 위해 제54조에서는 중증장애인자립생활지원센터를 서비스 전달체계로 명시하고 있다. 또한 활동지원급여와 장애동료 간 상담 등이 이루어져야 함을 동법 제56조에 나타나 있다.

정부에서는 본 제도 운영의 기본적인 철학을 다음과 같이 정리하고 있다(보건복지부, 2019d).

첫째, 중증장애인자립 생활(IL)지원센터의 모든 활동은 영리활동, 특정 종교활동 등에 연관되거나 이용할 수 없으며, 자립생활 이념에 기반을 두고 장애인의 자기 선택권과 결정권을 최대한 존중하며 장애인의 참여를 최우선으로 한다. 둘째, 중증장애인자립 생활(IL)지원센터는 「장애인차별금지법」에 명시한 차별행위나 어떠한 활동에도 차별 없이 장애인에게 동등한 서비스를 제공해야 한다. 셋째, 의사결정, 서비스 제공, 운영 규정 등을 포함한 센터의 운영은 장애인이 중심이 된다. 넷째, 장애인들 간에 서로 지원하고 옹호하는 동료지원(peer support) 모델이 자립생활 서비스 제공의 원리이다. 다섯째, 장애인들은 누구나 모든 서비스에 동등하게 접근할 수 있어야 한다.

### 2) 중증장애인 자립생활 지원사업 지원대상 및 사업내용

중증장애인 자립생활 지원제도의 지원대상은 모든 유형의 장애인으로 하되, 사업내용에 따라 1급 및 2급 중증장애인을 우선 대상으로 한다. 사업의 운영 주체는 각 시·도지사가 선정한 중증장애인자립 생활(IL)지원센터가 된다.

본 제도의 사업내용은 크게 기본사업과 선택사업으로 나뉜다. 기본사업은 총 네 가지로 구분되는데, 권익옹호 지원, 동료상담, 개인별 자립지원, 거주시설 장애인 탈시설 자립지원이 있다. 선택사업은 지역사회 서비스지원에 대한 내용이다. 중증장애인자립 생활(IL)지원센터는 중증장애인에게 자립생활 지원을 제공하는 기능과 역할을 충실히 수행하기 위하여 주요기능을 중심으로 지역 특성과 개별 장애인들의 욕구를 고려하여 사업을 수행한다. 또한 주요기능 중 기본사업은 중분류를 기준으로 1개 사업 이상을 수행하여야 하며, 선택사업은 센터 여건에 따라 특정 서비스를 한 개 이상 제공하거나 제공하지 않을 수 있다.

다음으로 선택사업은 자립지원 서비스로 활동보조서비스, 이동 서비스 및 보장구지원, 주거서비스(주택개조, 자립생활 주택 등), 문화 여가 활동, 평생교육 및 문해교육, 응급안전서비스, 자립 자원 발굴(후원개발 등) 등이 있다.

표 6-17 중증장애인자립 생활(IL)지원센터 기본사업 유형 및 내용

<table>
<tr><th></th><th>중분류</th><th>주요사업(예시)</th></tr>
<tr><td rowspan="2">권익옹호 지원</td><td>차별예방 및 권리침해구제</td><td>■ 차별대응 및 권리구제 지원<br>■ 인권침해 긴급지원 및 자원연계<br>■ 장애인권 및 권리옹호교육<br>■ 차별 모니터링 및 구제활동</td></tr>
<tr><td>지역사회 역량 강화 활동</td><td>■ 제도 및 서비스 개선 및 구축 활동<br>■ 정책제안 및 모니터링<br>■ 장애인권익향상 네트워크 활동</td></tr>
<tr><td>동료상담</td><td>동료상담 및 동료상담가 지원</td><td>■ 정보제공<br>■ 개별 및 집단 동료상담<br>■ 동료상담가 양성<br>■ 동료상담프로그램 개발</td></tr>
<tr><td>개인별 자립 지원</td><td>개인별 자립생활지원 및 자립생활기술훈련</td><td>■ 개인별 자립생활지원 계획 수립 및 지원<br>■ 모니터링 및 사후지원<br>■ 자립생활기술훈련 지원</td></tr>
<tr><td rowspan="2">거주시설 장애인 탈시설 자립지원</td><td>탈시설 장애인 자립지원 기획 및 관리</td><td>■ 탈시설 계획 수립 및 홍보<br>■ 탈시설 전환 간담회 및 교육<br>■ 탈시설 관련기관 협력</td></tr>
<tr><td>자립생활체험홈(실) 운영 지원</td><td>■ 체험 홈 등 자립지원 시설 관리<br>■ 자립생활 서비스 지원</td></tr>
</table>

출처 : 보건복지부(2019d)

## 제7절 이동편의

### 1. 교통편의 지원

#### 1) 장애인이 사용하는 자동차에 대한 표지

「장애인복지법」 제39조 제2항에 따르면 "시장 · 군수 · 구청장은 장애인이 이용하는 자동차 등을 지원하는 데에 편리하도록 장애인이 사용하는 자동차 등임을 알아볼 수 있는 표를 발급하여야 한다"고 규정하고 있다. 장애인사용자동차 등 표지는 차량을 주로 사용하는 장애인 자동차의 명의와 보행상 장애 유무 등에 따라 구분하여 발급된다. 대상이 되는 자동차

는 「자동차관리법」에 따른 자동차로서, 다음의 어느 하나에 해당하는 차량에 대하여 장애인 사용자동차 등 표지를 발급해야 한다. 자세한 사항은 아래 표의 내용과 같다.

**표 6-18 장애인사용자동차 등 표지 발급대상**

| | 발급대상 |
|---|---|
| 1 | 「장애인복지법」에 따른 장애인복지시설 및 장애인복지단체의 명의로 등록하여 장애인복지사업에 사용하는 자동차 또는 지방자치단체의 명의로 등록하여 장애인복지시설이나 장애인복지단체가 장애인복지사업에 사용하는 자동차 |
| 2 | 아래의 어느 하나에 해당하는 사람의 명의로 등록하여 장애인이 사용하는 자동차<br>✓ 「장애인복지법」에 따라 등록한 장애인<br>✓ 장애인과 주소를 같이 하면서 함께 거주하는 장애인의 배우자, 직계 존·비속, 직계비속의 배우자, 형제·자매, 형제·자매의 배우자 및 자녀<br>✓ 「재외동포의 출입국과 법적 지위에 관한 법률」에 따라 국내거소신고를 한 재외동포나 「출입국관리법」에 따라 외국인등록을 한 외국인으로서 「장애인복지법 시행규칙」 제28조 제1항 각 호의 어느 하나에 해당하는 장애가 있는 사람 |
| 3 | 「장애인복지법」에 따라 등록한 장애인이 1년 이상의 기간을 정하여 시설대여를 받거나 임차하여 사용하는 자동차 |
| 4 | 「노인복지법」에 따라 노인의료복지시설의 명의로 등록하여 노인복지사업에 사용되는 자동차 |
| 5 | 「장애인 등에 대한 특수교육법」에 따라 장애인의 통학을 위하여 사용되는 자동차 |
| 6 | 「영유아보육법」에 따라 장애아를 전담하는 어린이집의 명의로 등록하여 장애아 보육사업에 사용되는 자동차 |
| 7 | 「교통약자의 이동편의 증진법」에 따른 특별교통수단으로서 장애인의 이동편의를 위해 사용되는 자동차 |

출처 : 보건복지부(2019d)

### 2) 장애인전용주차구역

시설주[33] 등은 주차장 관계 법령과 「장애인 · 노인 · 임산부 등의 편의증진 보장에 관한 법률」 제8조에 따른 편의시설의 설치기준에 따라 해당 대상시설에 장애인전용주차구역을 설치해야 한다. 장애인전용주차구역은 보행상 장애가 있는 사람에게 발급되는 주차가능 장애인 자동차 표지를 부착하지 않은 자동차, 혹은 표지를 부착하였더라도 보행상 장애가 있

33) 시설주 또는 「장애인·노인·임산부 등의 편의증진 보장에 관한 법률」 제7조에 따른 대상시설의 설치를 위하여 「건축법」 등 관계 법령에 따른 허가나 처분(「건축법」 제29조에 따른 협의를 포함)을 신청하는 등 절차를 진행 중인 자를 말한다.

는 사람이 탑승하지 않은 자동차가 주차할 경우 10만 원의 과태료가 부과된다, 또한 장애인 전용주차구역에 물건을 쌓거나, 통행로를 가로막는 등의 행위로 주차를 방해하면 50만 원의 과태료가 부과된다.

### 3) 장애인자동차 등 지원

「장애인복지법」에 따라 등록한 장애인이나 그 장애인의 보호자(배우자, 직계 존비속, 직계 존비속의 배우자, 배우자의 직계 존비속, 형제 · 자매)가 소유 · 사용하는 승용자동차 중 1대에 대하여 액화석유가스(LPG)를 자동차 연료로 사용할 수 있다. 본 서비스는 차량 명의를 장애인 본인으로 하거나 주민등록표상 장애인과 세대를 같이하는 보호자 1인과 공동명의자, 또는 보호자 단독 명의로 하는 경우에만 LPG연료 사용이 허용되며, 보호자의 자격으로 LPG차량을 소유 · 사용하는 자가 장애인과 세대를 분리하는 경우 해당 자동차를 소유할 자격이 상실되며, 자격이 상실된 경우 6개월 이내에 차량 구조변경, 명의변경, 매각 등 조치를 취하거나 자격을 회복해야 한다.

### 4) 장애인 운전교육

민간운전학원에서 운전교육을 받기 어려운 장애인 중 운전보조기기가 장착된 차량이나 수어로 교육이 필요한 장애인에게 장애인의 이동권 보장과 사회참여를 확대하기 위하여 장애인 운전교육을 무상으로 시행한다. 교육대상은 제1종 및 제2종 보통 면허(수동, 자동) 취득 희망자 및 소지자로 지체장애인, 뇌병변장애인, 청각장애인을 대상으로 한다.

## 2. 대중교통 이용 편의지원

### 1) 노선버스 및 도시철도의 이용 보장

「교통약자의 이동편의 증진법」 제14조 제1항에 의거하여 노선 여객자동차운송사업을 경영하는 자는 교통약자가 안전하고 편리하게 버스를 이용할 수 있도록 승하차 시간을 충분히 주어야 하고, 승하차 편의를 제공해야 하며, 일반버스와 저상버스 등의 배차순서를 적절히 편성해야 한다. 또한 저상버스의 경우 특별시와 광역시의 운행하려는 버스 대수의 2분의 1의 비율이 운행되어야 하며, 특별시와 광역시를 제외한 시의 경우에는 운행하려는 버스 대수의 3분의 1이 운행되어야 한다. 그리고 휠체어 탑승설비를 장착한 버스는 운행하려는 버스 대수의 2분의 1의 비율로 운행되어야 한다.

민간사업자가 운영하는 버스를 제외한 시·군·구 등 지방자치단체에서 직접 운영하는 버스는 각 지방자치단체의 조례로 정하는 바에 따라 할인대상 및 할인율을 정하여 장애인 대상자의 편의를 보장해야 한다.

「교통약자의 이동편의 증진법」 제15조 제1항에 따라 도시철도운송사업의 면허를 받은 자는 도시철도사업에 사용되는 차량의 10분의 1 이상에 해당하는 부분을 교통약자 전용구역으로 배정해야 한다. 교통약자 전용구역의 좌석은 교통약자가 이용하기 편리한 구조와 재질로 조성되어야 하며, 일반좌석과 구분된 색상으로 교통약자 전용구역으로 지정된 차량의 내·외부에 교통약자가 이용할 수 있는 시설물임을 표시하는 그림표지가 부착되어야 한다. 또한 휠체어 사용자를 위한 전용공간이 두 곳 이상 지정되어야 하며, 휠체어 고정설비 및 손잡이가 설치되어야 한다.

또한 「장애인복지법」 시행령 제2조의 규정에 정한 자로 1~6등급 장애인과 중증장애인 (1~3급 장애인)을 직접 보호하여 도시철도를 이용하는 자 1인에게 도시철도의 운임요금을 제하여 주고 있다.

**표 6-19** 장애인 대상 교통비 지원내용

| | 내 용 |
|---|---|
| 지하철, 전철 | ■ 요금의 100% 지원 |
| 철도요금 | ■ 1~3급 : 50% 감면(보호자 1인 포함)<br>■ 4~6급 : 30% 감면(KTX, 새마을호는 토·일, 공휴일 제외 주중에 한함) |
| 항공료 | ■ 대한항공(1~4급) 50%, (5~6급) 30% 국내선 할인,<br>■ 아시아나항공(1~6급) 50% 국내선 할인(1~3급 장애인은 동행하는 보호자 1인 포함) |
| 연안여객선 운임 | ■ 1~3급 50%(1~3급 장애인은 동행하는 보호자 1인 포함) 할인<br>■ 4~6급 20% 할인 |

출처 : 보건복지부(2019d)

### 2) 특별교통수단의 운행

「교통약자의 이동편의 증진법」 제2조 제8호에 따라 이동에 심한 불편을 느끼는 교통약자의 이동을 지원하기 위하여 휠체어 탑승설비 등이 장착된 차량을 특별교통수단이라 칭한다. 특별시장 · 광역시장 · 특별자치시장 · 도지사 · 특별자치도지사는 이동에 심한 불편을 느끼는 교통약자의 이동편의를 위하여 「장애인복지법」에 따라 등록한 제1급 및 제2급 장애인 200명당 1대 이상의 특별교통수단을 운행해야 한다. 단, 해당 지방자치단체의 조례로 「장애인복지법」에 따라 등록한 제1급 및 제2급 장애인 중 특정 종류의 장애인에 대해 특별교통수단 외의 방법으로 이동편의를 제공하고 있는 경우에는 해당 장애인의 수를 특별교통수단 운행 대수 산정대상에서 제외할 수 있다.

특별교통수단의 이용대상자는 「장애인복지법」에 따라 등록된 1급 또는 2급 장애인으로서 버스 · 지하철 등의 이용이 어려운 사람을 대상자로 한다. 또한 교통약자에 준하는 사람으로서 지방자치단체의 조례로 정하는 사람과 해당 장애인을 동반하는 가족 및 보호자까지 이용대상자로 본다. 운행되는 차량의 종류는 다음 〈표 6-20〉과 같다.

**표 6-20 특별교통수단 운행차량의 종류**

| | 운행 차량의 종류 |
|---|---|
| 셔틀운행 | ■ 현재 위치에서 목적지까지의 이동을 지원하는 차량<br>✓ 중형버스는 대규모 영구임대단지 등 장애인 집단 거주지역, 장애인복지시설, 공공청사 및 종합병원 등 장애인 밀집지역과 이용빈도가 높은 시설 간 셔틀 운행<br>✓ 셔틀운행의 경우 이용료는 무료 |
| 콜운행 | ■ 정기적으로 지정된 노선을 순회 이동하는 차량<br>✓ 소형승합차는 중증장애인을 대상으로 예약신청을 받아 콜운행<br>✓ 콜운행의 경우 해당 택시이용 요금 범위 내에서 실비징수 가능(다만, 국민기초생활보장 수급자는 무료) |

주 : 특별교통수단에는 교통약자가 휠체어를 탄 채로 승차할 수 있도록 휠체어 리프트 또는 휠체어 기중기 등의 승강설비, 휠체어 고정설비 및 손잡이를 설치하여야 한다.
출처 : 보건복지부(2019d)

## 3. 장애인 보조견 지원

「장애인복지법」 제40조 및 「동법 시행규칙」 제29조, 제30조에 의거하여 시각장애인의 안전하고 독립적인 보행 및 청각장애인의 소리 인지 등의 보조서비스를 통하여 장애인의 사회활동 참여를 증진하기 위하여 장애인 보조견을 지원한다.

장애인 보조견의 종류는 아래 〈표 6-21〉과 같다.

**표 6-21** 장애인 보조견의 종류

| 구분 | 내용 |
|---|---|
| 시각장애인 안내견 | 시각장애인의 안전한 보행을 돕기 위해 공인기관에서 훈련된 개 |
| 청각장애인 보조견 | 청각장애인을 위해 일상생활의 전화, 초인종 등 소리를 시각적 행동으로 전달하도록 공인기관에서 훈련된 개 |
| 지체장애인 보조견 | 지체장애인에게 물건전달, 문 개폐, 스위치 조작 등 지체장애인의 행동을 도와주도록 공인기관에서 훈련된 개 |
| 치료도우미견 | 정신적 혹은 신체적 장애가 있는 사람들과 같이 어울림으로써 기분개선, 여가선용, 치료 등을 위해 훈련된 개 |

출처 : 보건복지부(2019d)

국가와 지방자치단체는 장애인의 복지 향상을 위하여 장애인을 보조할 장애인 보조견의 훈련·보급을 지원하는 방안을 강구하여야 하며, 보건복지부 장관은 장애인 보조견에 대하여 장애인 보조견 표지를 발급한다. 장애인 보조견 표지의 발급대상은 장애인 보조견 전문훈련기관에서 훈련 중이거나 훈련을 이수한 장애인 보조견을 대상으로 한다.

한편, 「장애인복지법」 제40조 제3항에 따라 누구든지 보조견 표지를 붙인 장애인 보조견을 동반한 장애인이 대중교통수단을 이용하거나 공공장소, 숙박시설 및 식품접객업소 등 여러 사람이 다니거나 모이는 곳에 출입하려는 때에는 정당한 사유 없이 거부하면 300만 원 이하의 과태료가 부과된다.

## 제8절 성년후견

### 1. 성년후견제도의 추진과정

우리나라의 성년후견제도는 발달장애를 가진 자녀를 둔 부모들이 자신의 사후에 합법적으로 자녀의 신상을 보호받을 수 있는 방안을 요구하면서부터 시작되었다. 실제로 과거 우리나라에서는 발달장애인이 주변에서 돌보아줄 가족이 없는 경우 노동력을 착취당하거나 이들의 명의를 도용하여 자신들의 재산상 이득을 취하는 사례가 빈번히 발생하였었다. 이러한 문제 해결을 위해 장애인단체, 장애인부모회 등을 중심으로 성년후견제도의 입법을 줄기차게 요구하였다. 이들은 주로 법 이론적 관점이 아닌 사회복지적인 관점에서 입법을 청원하였고, 입법의 추진도 주로 보건복지부를 통해서 이루어졌으나 번번이 입법이 좌절되는 고초를 겪어야 했다.

그러던 중 2009년에 대통령 공약 사항 중 하나였던 성년후견제도 도입이 국정과제로 선정되었고, 해당 법률을 민법 개정으로 가닥이 잡히면서 주무부처 또한 보건복지부에서 법무부로 바뀌게 되었다. 이후 민법개정위원회가 구성되어 각계각층의 폭넓은 의견 수렴 후 입법을 추진한 결과 마침내 2011년 3월 성년후견제 도입을 위한 민법개정안이 제정되었고, 2013년 7월부터 성년후견제도가 시행되는 것이다. 동시에 성년후견제의 안착을 위해 2013년 3월에는 가사소송법과 가사소송 규칙이 개정되고 후견등기에 관한 법률도 제정되었다.

## 2. 성년후견제도의 주요 내용

성년후견제도는 본인의 의사와 장애 정도에 대한 고려 없이 행위능력을 획일적으로 제한한 "금치산", "한정치산" 제도와는 달리 피후견인의 의사와 잔존능력을 존중하는 제도이다. 또한 경제적 문제 외에 신상보호 등 다양한 영역에서의 후견업무 수행을 전제하여 피후견인의 실질적인 권리보호가 가능토록 법제화되었다.

### 1) 성년후견제도의 개념

법원의 심판 또는 후견 계약으로 선임된 후견인이 질병, 장애, 노령 등의 사유로 인한 정신적 제약으로 사무를 처리할 능력이 결여되거나 부족한 성인의 의사결정을 도와주는 제도이다.

### 2) 성년후견인의 종류와 임무

성년후견인 제도는 크게 '법정 후견인'과 '임의 후견인'으로 구분할 수 있고, 법정 후견인은 다시 피후견인의 사무처리 능력 제한의 정도에 따라 '성년 후견인', '한정 후견인', '특정 후견인'으로 구분할 수 있다. 특히 임의 후견의 내용은 당사자들의 계약에 정한 바에 따른다. 임의 후견 계약은 가정법원이 임의 후견 감독인을 선임하여야만 효력이 발생한다.

표 6-22 성년후견인의 종류

| 구분 | 성년후견인 | 한정후견인 | 특정후견인 | 임의후견인 |
|---|---|---|---|---|
| 선임요건 | ■ 사무처리 능력의 지속적 결여 | ■ 사무처리 능력이 부족 | ■ 일시적 혹은 특정한 사무에 관한 후원 필요 | ■ 당사자 간의 계약 |
| 후견인의 권한 | ■ 법정대리권, 재산관리권<br>■ 신상결정 동의권 (법원 권한부여 범위 내)<br>■ 신분행위 동의권 (결혼 등) | ■ 법원이 위임한 범위<br>■ 신상결정 동의권 (법원 권한부여 범위 내)<br>■ 신분행위 동의 불가 | ■ 법원에서 결정된 특정기간 및 특정 사안에 대해서만 대리권 보유 | ■ 계약내용에 따름. 다만 가정법원이 임의후견감독인을 선임하여야 효력 발생 |

이와 같은 성년후견인은 피성년 후견인의 재산관리의 대리, 의료행위 동의 등 신상 결정의 대행, 혼인, 이혼 등 신분 결정의 동의 등 중요한 역할을 담당한다. 다만, 사안에 따라서는 법원의 사전 또는 사후 허가를 요한다.

하지만 피성년 후견인의 치료 등의 직무에 대하여는 성년후견인이 결정할 수 없고, 가정법원의 허가를 받도록 하고 있다. 성년후견인이 피성년 후견인을 대리하여 피성년 후견인이 거주하고 있는 건물 또는 대지에 대하여 매도, 임대, 전세권 설정, 저당권 설정, 임대차 해지, 전세권 소멸, 그밖에 이에 준하는 행위를 하는 경우에는 가정법원의 허가를 받도록 하고 있다.

### 3) 성년후견인의 선임과 변경

가정법원은 본인, 배우자, 4촌 이내의 친족, 후견인, 검사 또는 지방자치단체장의 청구에 의하여 성년후견인을 선임하도록 하고 있다. 또한 임의 후견인으로 선임된 경우라도 후견계약에서 정한 임무에 적합하지 아니한 사유가 있는 자의 경우에는 가정법원은 임의후견 감독인, 본인, 친족, 검사 또는 지방자치단체장의 청구에 의하여 임의후견인을 해임할 수 있다.

또한 성년후견인은 정당한 사유가 있는 경우에는 가정법원의 허가를 받아 사임할 수 있고, 가정법원은 피후견인의 복리를 위하여 후견인을 변경할 필요가 있다고 인정하면 직권으로 또는 피후견인, 친족, 후견감독인, 검사, 또는 지방자치단체장의 청구에 의하여 후견인을 변경할 수 있다.

### 4) 성년후견감독인

후견인의 사무를 감독하며, 후견인이 없는 경우 성년후견인의 선임을 청구하는 역할을 한다. 후견감독인은 피후견인의 신상이나 재산에 대해 급박한 사정이 있는 경우 그의 보호를 위해 필요한 행위 또는 처분을 할 수 있고, 성년후견인과 피후견인 사이에 이해가 상반되는 행위에 관하여 후견감독인이 피후견인을 대리할 수 있도록 하고 있다.

## 3. 과제

성년후견제의 도입은 장애인뿐만 아니라, 치매노인 등 의사결정능력이 부족한 사람을 위한 국가 사회복지서비스이며, 어느 특정한 사람만을 위한 선별적 복지서비스가 아닌 보편적 복지제도이다. 이런 점에서 성년후견제는 성공적으로 운영되어야 한다고 본다. 무엇보다도 민관협력을 통해서 피성년후견인의 자기 결정권이 확고하게 보장되게끔 제도가 시행되어야 할 것이다.

여기에서 중요한 관건은 이렇게 성년후견제가 보편적 서비스로 정착되기 위해서는 경제적 약자인 저소득층(복지 소외계층) 장애인 등에게 성년후견서비스를 이용할 수 있도록 경제적 부담을 덜어주어야 하며, 지원기준 결정 시에도 재산 정도뿐만 아니라 장애 정도를 고려한 세밀한 기준 설정이 요구된다는 데에 있다. 이러한 후견서비스의 기본원칙은 피후견인 중심의 서비스가 제공되어야 하며, 이 제도의 신설이 어느 특정 단체의 일자리 창출 등의 사회경제적 이익이 발생되는 데에 초점이 모아져서는 안 될 것이다. 동시에 앞으로 후견서비스를 이용하게 될 장애인부모 및 가족 그리고 대상 고령자들은 이 제도를 장애인활동지원서비스 및 노인장기요양서비스 등과 혼돈하여 생활상의 단순한 의사결정지원에 도움을 주는 제도로 인식해 과도한 서비스 수혜(예 : 과도한 방문서비스를 제공받기를 기대하는 일 등)를 기대해서도 안 될 것이다.

이제 본격적으로 성년후견제가 우리 사회에 정착되기 위해서는 성년후견 담당 법원의 역할과 후견업무를 담당할 성년후견인의 양성과 공급이 중요한 과제일 것이다. 왜냐하면 후견인의 업무는 후견대상인의 재산관리에 관한 법률적인 사항뿐만 아니라 당사자 본인의 신상과 관련하여 고령자나 장애인의 신체적 · 정신적 특성, 각종 생활시설의 처우와 상황 그리고 이들이 이용 가능한 공공 및 민간 복지서비스의 내용 등이 관계되어 있기 때문이다. 따라서 성년후견인제도가 성공적으로 운영되기 위해서는 성년후견인을 선발하고 교육하는 업무와 성년후견인을 지원하고 관리하기 위한 관리시스템의 기능과 역할에 대해서 진지하게 고민해야 할 것이다.

또한 성년후견제도는 각 지방자치단체의 지역별로 분화되어 시행이 예상되므로 정부와 지방자치단체 간의 다양한 방면에서 상호 협력과 재정적 지원 협력을 유도하는 실질적인 대처가 시급하다고 본다.

한국적인 상황에서는 민관협력이 자칫 관 주도로 흐를 가능성이 매우 높다. 그러므로 실질적인 민간의 역할과 능력을 끌어내기 위한 성년후견센터를 설립·운영하는 것은 민관협력을 성공적으로 수행하는 데 있어서 가장 핵심적인 요체라 할 수 있다.

결론적으로 향후 성년후견인으로 활동하게 될 잠재적인 구성원인 국민들로 하여금 보다 쉽게 이해할 수 있도록 성년후견제도에 대한 적극적인 인식계몽과 홍보가 필요하다. 성년후견제도는 단순히 취약계층만을 위한 제도가 아니라 모든 국민의 권리와 인권을 보호하는 최소한의 제도라는 인식이 공유되고 확산되어야 한다. 이를 위해서도 성년후견센터와의 실제적인 연계협력은 중요하다.

# 7 장애에 대한 생애주기 접근

일반적으로 개인의 성장과 발달의 단계를 설명하는 포괄적인 기준은 개인의 생애주기(life cycle)와 각 생애주기에 따른 발달과업이라고 볼 수 있다. 최근 국내 · 외적으로 이와 같은 생애주기를 강조하는 경향은 보편화와 사회통합이라는 보편적인 장애인복지 이념의 강조와 자립생활, 장애 당사자주의 등과 같은 패러다임의 변화와 더불어 주목을 받기 시작했다.

이러한 변화의 흐름과 관련하여 생애주기의 관점을 장애인복지 서비스에 도입하는 시도는 다음의 세 가지 방향과 관련을 갖는다고 볼 수 있을 것이다(김용득, 2000).

첫째, 장애인의 성장과 발달에 대한 일반적인 관점을 대폭 강조하는 방향과 관련이 있다. 즉, 문제를 어떻게 치료할 것인가의 관점보다는 장애 발생 또는 장애 발생 이후의 특정 인생시기에 있어서 필수적인 발달상의 어떤 지원이 요구되느냐를 더 강조하는 방향과 부합한다고 볼 수 있다.

둘째, 수평적 팀워크를 강조하는 방향과 관련이 있을 것이다. 즉, 특정 인생시기에 개인이 필요한 포괄적인 서비스를 받을 수 있도록 하기 위해서는 현 서비스 제공시점에서의 관련 전문분야 간의 팀워크가 강조된다는 방향과 관련이 있을 것이다.

셋째, 수직적 팀워크를 강조하는 방향과 관련이 있다. 이는 장애인의 성장과 발달에 따라 다음의 생애발달단계로 이전할 때 전 단계에서 다음 단계로의 서비스 계획의 이전을 강조한다는 방향과 관련이 있을 것이다.

# 제1절 생애주기 접근의 개념

## 1. 생애주기의 개념

모든 개인은 출생에서 사망으로 끝나며, 이 양자의 시간적 간격을 생애기간(life-span)이라고 한다. 『웹스터 사전』에 의하면 생애주기(life cycle)란 '유기체가 그 최초의 단계에서 다음의 세대와 같은 단계의 재현에 이르기까지 나타나는 일련의 발달상 모든 변화'라고 정의한다. 즉, 생애주기란 개인의 출생에서 사망까지의 과정을 의미하고, 그 과정에는 개인이 공동으로 반복되는 발달상의 모든 변화 형태가 내재되어 있다. 이는 입학 · 진학 · 취직 · 결혼 · 직업전환 · 은퇴 등의 일정한 지표에 의해 표시될 수도 있다. 이러한 지표 설치방법은 개인이 생활하고 있는 문화에 따라 다르겠지만 지표가 설치되어 있는 순서는 공통으로 연령과 관련되어 있다. 개인의 출생에서 사망까지 직 · 간접적으로 경험되는 모든 변화는 나이를 먹는 과정의 일정한 순서로 진행되고 모든 사람의 일생 가운데 반복되면서 다음 세대로 접속된다. 이 전체를 생애주기라 하며 생애주기를 도식적으로 표현하면 생애기간의 중요한 생애사건(life events)이 연령단계별로 수직적 선으로 연결될 것이다(김종인 · 우주형 · 이준우, 2004).

## 2. 생애주기 도입의 필요성

장애와 관련하여 생애주기의 개념을 도입하는 시도는 지극히 당연하다고 볼 수 있다. 장애인이 일반적인 사회에서 일반적인 사람들과 같이 살아갈 수 있도록 하는 서비스 이념인 보편화와 사회통합은 일반적인 사람들과 똑같이 장애인의 경우에도 생애주기와 발달과업에 대하여 집중적인 관심을 기울일 것을 강조하고 있다. 따라서 생애주기에 대한 논의는 장애인복지의 이념과 패러다임의 변화와 긴밀한 관련성을 갖는 것이라고 볼 수 있다(김용득, 2002).

## 3. 장애와 생애주기의 관련성

최근 장애인복지의 방향은 '개인과 상황에 대한 균형적인 접근'으로 요약된다. 이는 개인이 가지고 있는 능력의 손상 또는 제약에 관심을 집중시켜 온 과거의 방법론에서 탈피하여 개인이 처한 상황에 대한 적응 및 대처의 과정에서 발생하는 사회적 관계에 대하여도 동시에 관심을 기울여야 한다는 점을 강조하는 경향이라고 볼 수 있다.

개인의 장애로 인하여 발생하는 사회적 박탈은 개인이 속한 연령집단에 따라 매우 상이하다. 즉, 특정 연령단계에서의 과업수행에 문제가 생기는 상황이 곧 장애를 유발하는 상황이라고 볼 수 있다. 가령 학령기에 있는 장애아동의 경우는 학습과제의 수행이 가장 중요한 과업이 될 것이며, 이 연령단계에 있는 장애인에 대한 사회적 대처는 학습과업을 잘 수행할 수 있도록 하는 것이다.

또한 장애청소년의 경우는 동료관계의 형성, 이성관계의 탐색, 미래에 대한 준비 등이 가장 중요한 과업이 될 것이며, 이 연령단계에 있는 장애인에 대한 사회적 대처는 아동기에서 성인기로 넘어가는 전환과정의 이슈를 잘 처리할 수 있도록 돕는 것이다(이준우, 2005).

이처럼 장애를 가지고 있는 사람들의 과업은 일반적인 생애주기에 따라 큰 차이를 보이고 있으며, 따라서 장애인복지 정책의 수립, 서비스 제공, 각종 지표의 제시 등에서 생애주기 및 생애과업이 구체적으로 다루어지고 있다(김용득, 2002).

## 제2절 생애주기별 특성과 주요 서비스

생애주기는 학자에 따라 조금씩 다르게 분류되고 있다. 생애주기는 듀발(Duvall, 1975)에 의해 8단계로 정리되어 제일 먼저 제시되었다. 올슨(Olson, 1984)은 생애주기를 7단계로 분류하였다. 즉, 부부기, 해산기, 학령기, 청소년기, 자녀의 결혼기, 후기 부모기, 노부모기로 분류된다(Olson et al., 1992). 여기에서는 에릭슨의 전 생애에 걸친 발달이론을 기초로 출생에서 노년기까지의 단계를 영유아기 및 초기 아동기(0~6세), 학령기(7~18세), 성인기(19~60세), 노년기(61세 이상)의 4단계로 생애주기를 분류하여 각 단계별 특징과 서비스 욕구를 살펴보고자 한다.

### 1. 영유아기(0~2세) 및 초기 아동기(3~6세)

장애의 상당 부분은 출생 또는 바로 그 직후에 발생한다. 유아기나 걸음마기에 장애를 갖게 되는 아동은 생애주기에서 그 이후에 장애를 가지게 되는 사람들과는 다른 삶을 경험한다(숭실대학교 장애인복지연구회, 2004).

삶의 초기에 가지게 된 장애가 내포하는 중요한 의미 가운데 하나는 개인들이 그들의 장애를 인식할 수 있는 인지능력을 가지기 이전에 장애가 있다는 것이다. 그들의 첫 번째 경험은 장애에 대한 시각(perspective)으로부터 시작한다. 가족들은 영유아기부터 장애를 가지고 있다는 것을 알고 있으며, 다시 말해서 자신들의 아이가 장애를 가진 아동임을 인식하게 된다. 특히 아이를 돌보는 데 있어서 의료적 모델 접근에 의해 강하게 영향을 받은 가족들은 장애아동을 비장애아동과 다르게 양육하게 된다.

영유아기의 주요 발달과업은 주변 환경에 대한 신체적 · 인지적 통제력을 획득하는 것인데, 장애아동은 이러한 측면에서 비장애아동보다 많은 어려움을 가진다. 그러나 장애아동이라 할지라도 지지적인 환경 제공과 효과적인 생활기술 훈련을 받는다면 영유아기에 요구되는 발달은 비장애아동과의 차이 내지 간격을 최소화할 수 있을 것이다.

그러므로 영유아기의 발달과업을 성취하기 위해서는 장애아동의 환경을 최대한 확대하는 것이 필요하다. 한편 영유아기는 장애아동에 대한 부모의 조기교육 관련 욕구가 크게 나타나고 있는데, 장애유형 중 언어장애와 정신지체 영역의 조기교육 욕구가 높고, 일반적으로 장애 정도가 심할수록 조기교육의 욕구가 강하게 나타나고 있다.

## 2. 학령기(7~18세)

이 시기에 속한 아동들은 학교를 다니게 되면서 친구의 수가 증가하고 사회적 · 지리적으로 그들의 세계가 확장되며, 해로운 문제와 상황을 해결할 수 있는 구체적인 문제해결 기술과 능력이 발달한다. 또한 많은 기회를 위한 시기이면서, 발전이 제한될 수 있는 문제의 시기이기도 하다. 그 이유는 아이들이 가족으로부터 떨어져 성인이 되기 위한 첫 번째 단계에 접어들었기 때문이다. 장애아동이 이 시기의 발달과업을 성공적으로 달성하기 위해서는 본래의 교육적 이념을 희생시키지 않고 장애아동을 비장애아동과 균형 있게 통합시켜 주는 것이 그들을 위한 지지적인 환경과 기술을 제공하는 것이라고 할 수 있다.

예를 들면 인지적인 측면에서의 장애아동은 비장애아동과 내용이 다른 교육적인 프로그램이 필요한 것이지 기본적인 교육의 기회를 제공한다는 것에서는 비장애아동과 차이가 나서는 안 된다는 것이다. 어떠한 차별대우도 없이 장애를 가진 학생의 욕구에 부딪칠 근본적

준비를 한다는 측면에서 교육적 환경은 그들에게 중요하다. 아동들이 배워 가는 과정에는 개별교육이 필요할지도 모르며, 특히 이 시기에는 장애를 가진 친구와 의미 있는 접촉이 중요하다.

신체적 장애를 가진 아동들은 장애에 대해 널리 퍼진 부정적인 의미의 대상이 되기 때문에 보통 자신이 장애를 갖지 않은 것으로 장애의 존재를 부정하게 된다. 또한 치료 상황이 주는 제한에 직면하게 될 것이며, 가족에 의해 과잉보호되어 타인에게 의존하려는 경우가 많으며, 다른 경험을 시도할 수 있는 기회를 박탈당하는 상황에 놓일 수 있다. 그리고 새로운 것을 시도하고 다소간의 위험을 감수하는 도전적인 행동이 차단되며, 자신의 장애를 부적절한 행동의 결과에 의한 벌이라는 부정적인 느낌을 가질 수 있다. 그리고 다른 아동들과 어울려 놀 수 있는 기회가 적고 친구들을 사귈 수도 없게 된다.

이런 문제들은 장애아동이 아동기에 나타나는 발달이나 역할들을 제대로 수행할 수 없게 되며, 장애에 대한 적응도 현저히 감소하고 그로 인해 자기 개념이 형성될 수 없으며 비장애아동과 상호교류가 적어지고 사회활동의 감소로 사회에 재진입할 수 있는 기회를 상실하게 된다. 그리고 가족의 관심이 장애아동에게 집중되는 경우에 발달에 적합한 형제자매 관계의 경험도 부정적이 될 수 있다.

학령기 후반에 이르는 청소년기는 개인들의 정체감과 삶의 의미를 찾기 위해 노력하는 단계로서, 사춘기와 함께 나타나는 신체적·성적·사회적인 변화에 어떻게 대처하느냐가 중요한 이슈이며, 성인으로 나아가기 위한 하나의 전환시기라고 볼 수 있다. 또한 2차 성징의 발달과 함께 자신의 성적 성숙에도 적응을 해야 하며 부모나 자기를 둘러싼 기성세대로부터의 경제적·정신적 자립을 준비하기 위한 정체감 확립의 시기이기도 하다.

이 시기에 장애를 얻은 장애인들은 장애를 가지지 않은 비장애인과의 도전적인 상황에 마주치게 된다. 때론 장애 이전의 친구관계를 잃어버리거나, 비장애인들로 하여금 다른 동료와 다른 활동을 하도록 강요당할 것이다. 장애를 가진 상태에서 정체성의 발달은 특히 장애 발생 이후 몇 달 동안 어려울 수 있고 혼란을 일으킬 수 있다.

따라서 이 시기의 발달적 필요를 고려하고 장애를 확인하는 지지적인 환경이 중요하다. 새로운 동료 그리고 좋은 조언자 관계를 개발하는 것뿐만 아니라 친구관계와 가족관계를 유지하는 기회는 이 과정에서 중요한 도움이 될 수 있다. 한편, 이 시기의 장애인들은 방과 후에 이용할 수 있는 다양한 서비스 및 고등학교 졸업 후 자신의 미래를 어떻게 결정할 것인가에 관심을 가지고 있으므로 이에 적절한 상담과 지원체계가 필요할 것이다.

## 3. 성인기(19~64세)

이 시기는 성인 초기에서 후기에 이르기까지 그 시기가 길다고 할 수 있으며, 비장애인과 마찬가지로 이 시기에는 원가족으로부터 떨어져서 자립을 하게 된다.[34] 즉, 이 시기는 일차적인 친밀한 관계가 이전의 가족관계에서 새로운 가족관계로 이동하는 때이다. 가령 젊은 성인이 성공적으로 이 시기의 삶의 도전을 맞이하는 것은 가족들이 이들 장애인을 얼마나 잘 준비하여 자립적인 삶으로 내어보내는가에 달렸다고 할 수 있다(오혜경, 2005).

사회적인 지원이 주어지면 자립이 가능한 성인장애인에게는 시설보다는 지역사회에 할당된 자원이 생활의 선택에 대한 다양한 접근을 가능하게 한다. 직업과 교육적 기회, 대중교통과 과학기술에 대한 접근은 특히 중요하다. 성인장애인들에게 필요로 하는 적절한 자원들의 제공이 없다면, 결과적으로 장애인들은 의존을 벗어나지 못하게 되며 스스로 자신의 조정과 통제에 대한 가능성이 적어지게 된다.

일반적으로 이 시기는 가족과의 친밀한 관계가 사랑하는 사람과의 새로운 가족관계로 이동하는 때이지만, 흔히 장애를 가진 성인은 학교나 직업 전 훈련기관 등을 졸업한 이후 이 시기에 요구되는 자신이 필요한 것들과 만날 수 없는 경우가 훨씬 많기 때문에 요양원과 같은 큰 시설에 위탁되는 경우가 많았던 것이 우리의 현실이었다. 이와 같은 소외를 방지하기 위해서 성인 초기에는 적절한 사회적 자원의 도움을 받을 수 있게끔 해야 한다(이준우, 2005).

또한 이 시기에 장애를 입은 사람들은 일반적으로 자기 생활을 가지고 있으며, 그들은 이미 개발된 자기 이미지와 개성을 가지고 있다. 얼마 되지 않은 결혼과 같은 새롭게 형성된 친밀한 관계는 만약 배우자의 한쪽이 장애를 얻게 되면 특히 어려움을 겪게 된다.

30세가 넘게 되면 성인으로서 사회적인 삶의 방법과 내용을 준비하여 지역사회와 통합적인 생활을 위해 결정해 나아가야 할 시기이다. 이 시기에 중요한 발달과업은 대인관계와 사회참여의 형태와 자립생활의 주요수단으로서의 직업생활에 대한 적절한 적응력이다.

34) 물론 비장애인에 비해 자립하는 경우가 절대적으로 많지는 않다. 아니 상당수의 장애인들이 여전히 원가족의 보호와 돌봄 속에 있는 것이 우리의 현실이기도 하다. 그럼에도 최근 그룹홈이나 활동지원인 제도의 활성화 등에 의해 점차 자립하는 경향이 강해지고 있는 것도 사실이다.

이 시기에는 가족의 보호능력이 감소해 가면서 자립적인 능력을 최대화하고 부모 외의 사회적인 보호체계를 대비하는 계획이 요구되는 시기이다. 성인기의 대표적인 발달과업은 대인관계의 성숙, 사회적응 기술, 직업적 기능, 성적 적응 등이라고 볼 수 있다. 특히 장애인은 장애로 인해 사회적 활동과 관계형성의 기회에 제한을 받아 왔기 때문에, 관심의 초점을 점차적으로 사회생활과 다른 사람에게 확대해 가는 것이 필요하다(오혜경, 2005).

한편, 성인기에는 치료 및 수술과 물리치료의 의료적 재활 이외에도 자립생활을 준비하기 위한 취업알선 및 직업훈련 등을 포괄하는 직업재활에 대한 욕구가 높다고 할 수 있다.

## 4. 노년기(65세 이상)

우리나라의 65세 이상 노인인구는 UN이 분류한 기준을 적용할 때, 2000년에 7.2%를 상회하여 고령화 사회에 진입하였고, 2019년에는 14%를 넘어 고령사회에 진입할 전망이고 2026년에는 20%를 넘어 초고령사회가 될 것으로 추계되고 있다(최성재 외, 2003).

이렇게 고령화된 사회에서는 다양한 장애발생 원인에 의해 노령층에서의 장애 출현율이 높아지고 있고, 장애인이 노령화되는 경향도 높아지고 있다(김형수, 1996; 김성희 외, 2004 재인용). 그러므로 인구노령화에 의한 장애노인의 수는 앞으로 더욱 증가할 것으로 전망된다. 이는 신체적 · 정신적 도움을 필요로 하는 장애노인들의 숫자가 증가함을 의미하며(변용찬 외, 2001), 결과적으로 이들을 위한 신체적 수발, 간병서비스, 가사원조, 보호서비스 등을 보장하는 장애인복지정책의 수립이 긴급한 상황을 초래하게 되었다.

사실상 장애를 갖고 있는 노인은 장애인복지와 노인복지의 두 가지 복지에 해당하는 이중의 어려움을 겪고 있다(윤경아 외, 2000; 김성희 외, 2004; 이준우, 2005 재인용). 즉, 장애노인[35]은 장애 발생 원인에 따라 노인이 되기 전 중도장애로 인해 젊어서 장애가 발생하여 장애인으

35) 장애노인이란 언어적 의미로는 “장애를 가진 나이 많은 사람” 또는 “노령으로 인한 장애인”으로서 사용될 수 있다. 일반적으로 “노인이란 육체적·정신적으로 그 기능 및 능력이 감퇴되어 가고 있는 시기에 접한 사람으로 생활기능을 정상적으로 발휘할 수 없는 사람”이라는 의미(이혜원, 1998)를 가지고 있고, 장애는 인간의 기능을 신체적 기능과 개인 전체의 기능, 그리고 사회 속에서 개인의 기능 등 세 단계로 나누고 있다. 이러한 기능이 소실된 경우를 손상·기능장애(Impairment), 활동제한(Activity Limitation), 그리고 참여제약(Participation Restriction)으로 구분하여 장애의 여부를 신체적 또는 정신적인 손상이나 결함보다는 이로 인한 기능의 저하, 일상생활을 영위하는 데 필요한 활동에의 제약이나 제한에 초점을 맞추고 있다(ICF, 2001; 이준우 외, 2004 재인용). 이에 따라 본서에서는 노화와 장애를 가지고 있으면서 건강상태에 따라 손상, 활동, 참여 각각에 영향을 미치는 노인을 장애 노인으로 정의하였다.

로 노령에 이른 노령화된 장애노인과 노인이 되어서 장애가 발생한 노인성 장애노인으로 구분될 수 있는데, 이들 모두 노인문제와 장애문제에 직면하게 되어 사회적으로 소외될 가능성이 높은 집단이며 이 결과 노인문제와 장애문제가 복합된 형태로 나타나게 된다. 따라서 장애를 가진 노인의 문제는 일반 장애인의 문제보다 더 심각하며, 또한 일반 노인문제보다 더 심각한 노인문제라고 말할 수 있다(김형수, 1996). 결국 우리나라 장애노인은 노인의 문제와 장애의 문제를 동시에 떠안게 됨으로 인해 우리 사회에서 가장 소외되고 취약한 계층으로 판단된다.

그러므로 점차 증가하고 있는 장애노인의 문제는 더 이상 장애인 당사자와 가족 내에서의 문제이기보다는 국가나 지역사회의 국가적 개입을 필요로 하는 정책적 과제인 것이다. 특히 다음과 같은 점에서 장애노인을 위한 서비스와 정책을 개발하는 복지전략은 점점 더 중요해질 것이다(윤경아 외, 2000; 김성희 외, 2004; 이준우, 2005 재인용).

첫째, 일반 노인집단에 비해 신체적·경제적 의존성과 사회복지서비스에 대한 욕구가 높은 장애노인 인구의 규모와 비율이 증가한 점이다. 1995년과 2000년, 2005년 전국장애인 실태조사에 의하면 연령이 높을수록 장애인구의 비율이 높게 나타나 전체 장애인 중에서 노인이 차지하는 비율은 45%를 넘어서고 있다(한국보건사회연구원, 2006; 변용찬 외, 2001). 이러한 경향은 인구의 고령화와 함께 더욱 증가될 것으로 보인다.

둘째, 장애노인을 부양하는 문제가 크게 대두되고 있다는 점이다. 의존성이 강한 장애노인의 규모가 증가되었고, 인구의 고령화 현상과 더불어 앞으로 장애노인의 규모가 더욱 증가될 추세지만 전통적으로 장애노인을 부양하던 가족의 기능은 오히려 약화되었다. 반면 가족의 기능 약화를 보완할 수 있는 사회복지서비스나 정책은 미비한 형편이다(윤경아 외, 2000). 향후 의존적인 장애노인의 욕구뿐만 아니라 노인을 부양하는 가족의 부담을 경감시킬 수 있는 서비스나 정책이 확대되지 않는다면, 그 부담은 결국 가족과 국가의 몫으로 되돌아오게 될 것으로 판단된다.

셋째, 장애노인집단에 대한 실증적인 연구조사가 부족하다는 점이다. 장애노인집단은 장애의 종류나 정도 혹은 연령에 따라 상당히 다양한 집단이다. 그렇다면 장애노인이 가진 특성에 따라 어떠한 점이 어떻게 다른가에 대한 연구들이 진행되어, 이를 바탕으로 장애노인을 위한 서비스나 정책이 개발되어야 한다. 그러나 국내에서는 보건사회연구원에서 1985년부터 시행하는 장애인 실태조사를 제외하면 장애노인에 대한 특성이나 복지욕구, 필요한 서비스나 정책에 대해 집중적인 연구가 거의 이루어지지 않고 있다. 그 결과로 인해 장애노인에 대한 실질적이고 현실적인 복지적 대책이 수립되지 못하고 있는 실정이다. 점차 확대되고 있는 장애노인 문제의 심각성과 중요성에 비해 사회제도적인 복지대응전략은 여전히 미흡한 것으로 보인다.

## 5. 생애주기별 주요 서비스의 분류

루이스(Lewis et al., 2003)의 연구에 의하면, 지역사회 차원에서 제공되는 서비스의 분류는 직접 서비스와 간접 서비스라는 분류와 지역사회 서비스(거시적 측면 강조)와 서비스이용자 서비스(미시적 측면 강조)라는 분류의 조합을 통하여 네 가지 형태로 제시되고 있다(숭실대학교 장애인복지연구회, 2004; 이준우, 2005 재인용).

첫째, '직접 서비스이용자 서비스'로서 서비스이용자에 대한 직접적인 상담이나 아웃리치 서비스가 대표적인 예라고 할 수 있다.

둘째, '간접 서비스이용자 서비스'이다. 이는 특정 개인이나 집단의 문제에 관련된 소규모 환경을 변화시키기 위한 활동으로서 서비스이용자 권익옹호나 자문이 그 대표적인 예라고 할 수 있을 것이다.

셋째, '직접 지역사회 서비스'이다. 이는 지역사회 전체 구성원과 직접 접촉하는 서비스로서, 대표적인 예로 다양한 이슈에 대한 예방교육을 들 수 있다.

넷째, '간접 지역사회 서비스'이다. 이는 지역사회의 환경과 정책이 서비스를 필요로 하는 사람들에게 보다 우호적으로 변화할 수 있도록 하는 활동으로서 공공정책에 영향을 미치는 활동이 그 대표적인 예라고 할 수 있다. 이상의 분류를 표로 제시하면 다음의 〈표 7-1〉과 같으며, 다시 이를 각 생애주기별로 세부적으로 나타내면 〈표 7-2〉와 같다.

**표 7-1** 서비스의 분류

| 구 분 | 서비스이용자 서비스 | 지역사회 서비스 |
|---|---|---|
| 직접적 접근 | 상담, 아웃리치 | 예방교육 |
| 간접적 접근 | 서비스이용자 권익옹호, 자문 | 정책에 영향을 미치는 활동 |

출처 : 숭실대학교 장애인복지연구회(2004)

**표 7-2 생애주기별 서비스**

| 생애주기 | 직접적 접근 | | 간접적 접근 | |
|---|---|---|---|---|
| | 서비스이용자 서비스 | 지역사회 서비스 | 서비스이용자 서비스 | 지역사회 서비스 |
| 영유아기 및 초기 아동기 | ■ 장애사정 및 재활 계획수립<br>■ 장애 및 가족 관련 상담<br>■ 각종 교육, 치료 (조기교육, 언어치료 등) 프로그램 | ■ 장애예방자료 제작 및 보급 | ■ 권익옹호프로그램<br>■ 생활환경의 조정<br>■ 부모자조 네트워크 형성 지원<br>■ 이용가능한 자원의 개발과 연결<br>■ 각종 상황에 대한 자문 | ■ 장애예방조치를 위한 입법 및 조례 제정 운동<br>■ 관련 조사연구활동(*) |
| 학령기 | ■ 장애사정 및 재활 계획 수립<br>■ 장애 및 가족 관련 상담<br>■ 각종 교육, 치료 프로그램<br>■ 생활적응훈련 프로그램 | ■ 장애예방자료 제작 및 보급 | ■ 권익옹호 프로그램<br>■ 학교 및 가정환경에 대한 원조<br>■ 부모 자조 네트워크 형성 지원<br>■ 이용 가능한 자원의 개발과 연결<br>■ 각종 상황에 대한 자문 | ■ 장애예방조치를 위한 입법 및 조례 제정 운동<br>■ 관련 조사연구활동(*) |
| 성인기 | ■ 장애사정 및 재활 계획 수립<br>■ 장애 및 가족 관련 상담<br>■ 생활적응훈련 프로그램<br>■ 각종 직업재활 프로그램<br>■ 장애유형별 재활 프로그램 | ■ 장애예방자료 제작 및 보급 | ■ 권익옹호 프로그램<br>■ 가정환경에 대한 원조<br>■ 자조 네트워크 형성 지원<br>■ 이용 가능한 자원의 개발과 연결<br>■ 각종 상황에 대한 자문 | ■ 장애예방조치를 위한 입법 및 조례 제정 운동<br>■ 관련 조사연구활동(*) |
| 노년기 | ■ 장애사정 및 재활 계획 수립<br>■ 장애 및 가족 관련 상담<br>■ 물리치료, 주간보호 등의 프로그램<br>■ 생활적응훈련 프로그램<br>■ 장애유형별 프로그램 | ■ 장애예방자료 제작 및 보급 | ■ 권익옹호 프로그램<br>■ 가정환경에 대한 원조<br>■ 자조 네트워크 형성 지원<br>■ 이용 가능한 자원의 개발과 연결<br>■ 각종 상황에 대한 자문 | ■ 장애예방조치를 위한 입법 및 조례 제정 운동<br>■ 관련 조사연구활동(*) |

(*) 표시는 간접 지역사회서비스로 보기는 어려우나 편의상 포함시킨 것이다.

출처 : 숭실대학교 장애인복지연구회(2004)

### 1) 생애주기에 따른 부모 및 가족의 역할

장애자녀들의 성장을 돕기 위해 취해야 할 부모와 가족의 역할은 각 생애주기에 따라 분명하게 나누어지는 것은 아니다. 어느 특정 연령시기에서 특히 강조되어야 할 부모 혹은 가족의 역할이 있는가 하면, 장애인의 전 생애에 걸쳐 강조되어야 할 역할도 있다. 또한 장애자녀와의 직접적 관계를 통해 그 자녀의 교육적·심리사회적 발달을 도모하기 위한 역할이 있는가 하면, 장애인들의 권익옹호와 사회복지기관 등에서의 대외적 활동을 통해 장애인복지의 발전을 도모하기 위한 역할도 있다. 여기에서는 생애주기별 부모 및 가족의 역할을 영유아기 및 초기 아동기, 학령기, 성인기로 이어지는 3단계를 중심으로 하여 살펴보고자 한다.

#### (1) 영유아기 및 초기 아동기(0~6세)

- **올바른 모델로서의 역할**: 부모로서의 올바른 정신자세와 일관성이 있는 언행으로 좋은 모델이 되도록 노력해야 한다. 부모의 수치심, 죄책감, 불안감과 부정적인 태도는 곧 자녀의 정서에 좋지 못한 영향을 미치게 되므로 장애자녀를 있는 그대로 이해하고 수용하는 태도가 필요하다. 그리고 상황에 따라 다른 판단을 적용하는 부모의 비일관적인 태도는 장애자녀를 혼란에 빠트리는 데 기여할 뿐 그 자녀의 교육적·심리사회적 발달을 저해할 수 있으므로 일관된 부모의 양육태도가 요구된다고 할 수 있다.
- **자신감 향상을 위한 촉매자로서의 역할**: 도와주는 일과 스스로 하는 일을 분별할 수 있어야 한다. 맹목적 사랑으로 인한 과잉보호보다는 자녀가 스스로 하는 일에 칭찬과 격려를 아끼지 않는 것이 장애자녀의 자신감을 길러 주는 첩경이 된다. 이때 부모가 각별히 유념해야 할 점은 자녀의 생활연령에 맞는 기술범위 내에서 자녀가 모험을 경험할 수 있는 기회를 가능한 한 많이 제공하도록 힘써야 한다는 것이다.
- **자녀에 대한 정확한 정보제공자로서의 역할**: 장애아동의 효과적인 재활과 치료를 위해서는 장애아동에 관한 다양한 정보, 가족의 강점, 가족의 욕구를 기초로 한 가족목표를 개발해야 한다. 이를 위해서는 분명하고 정확한 정보가 형성되어 있어야 한다. 이때 부모는 장애자녀에 대해 가장 많은 것을 알고 있으므로 구체적이고 정확한 정보제공자로서의 역할을 충실하게 감당해야 할 필요가 있다.
- **기능적 기술 훈련가로서의 역할**: 항상 자녀의 앞날에 대해 생각하고, 자녀가 미래에 필요

로 할 기능들을 미리 탐색하여 어린 시절의 자녀에게 가장 알맞은 기능을 익히려는 노력이 필요하다. 일반적으로 비장애아동 부모들은 아동의 미래에 초점을 두는 반면, 장애아동 부모들은 근심스럽게 미래를 바라보게 되고, 학교 문제, 사회생활 부적응, 실직, 평생 돌봄 등과 같은 어려운 현실에만 집착함으로써 좌절에 몰입되기 쉽다. 그러나 부모들은 자신의 장애자녀들이 할 수 있는 능력을 어느 누구보다도 잘 알고 있으며 장애자녀의 잠재된 능력을 끌어내어서 앞으로 살아가는 데에 필수적인 일상생활 기술이나 사회생활과 직업 활동에 도움이 될 만한 기능적인 기술들을 습득하게끔 도울 수 있다.

- **긍정적 지도자로서의 역할**: 자녀의 잠재적 가능성을 믿고 끈기 있는 노력으로 그 가능성을 실현하도록 힘써야 한다. 이때 '가르치고 도우면 변할 수 있다.'는 확신을 갖는 것이 중요하며, 눈앞에 보이는 성취기대를 버리고 '작은 변화에도 만족할 줄 아는 자세'가 필요하다. 자녀들이 할 수 있는 일에 초점을 맞추고 작은 변화에도 만족해하는 자세로 꾸준히 하나씩 가르쳐 나간다면, 이들도 배울 수 있다는 사실을 눈으로 확인할 수 있을 것이다.

- **부모조직 구성원 및 정치적 주창자로서의 역할**: 부모조직이 주로 기여하는 세 가지 필수 기능은, 첫째, 서로의 문제와 욕구를 이해하고 서로가 불안과 좌절을 해소하도록 돕는 비공식적인 부모집단의 제공, 둘째, 서비스와 잠정적 자원에 관한 정보제공, 셋째, 장애아동을 위한 필수적인 서비스를 얻기 위한 조직의 제공을 들 수 있다.

- **가족의 일 구성원으로서의 역할**: 1990년대 초기까지만 해도 장애자녀를 대상으로 한 모든 역할은 전형적으로 '부모' 특히 '어머니'에게 초점이 맞추어졌다. 그러나 최근 전문가들은 가족의 일 구성원으로서의 부모역할을 강조하고 있다. 이러한 변화는 1980년대 중반부터 시작된 '성공적인 가족생활은 모든 가족 구성원의 욕구를 고려한 것이어야 한다.'는 주장을 전제로 한다. 즉, 한 가족의 각 구성원은 매우 밀착된 관계에 있기 때문에 한 구성원에 영향을 미치는 경험은 가족 모두에게 영향을 미칠 것이라는 것이다. 이제까지는 가족을 장애아동 대 부모(특히 어머니)의 이원적 관계로 보았던 것에 반해 현재는 전 식구의 다양한 욕구 인식에 점점 더 초점을 두어 장애아동 대 가족 전 구성원, 전문가 대 부모(특히 어머니)의 관계보다는 전문가 대 가족의 관계를 더 중시하는 양상으로 바뀌어 가고 있다.

### (2) 학령기(7~18세)

- **사회복지사와의 협력자로서의 역할**: 장애가족을 대상으로 한 역할은 가족의 전 구성원들이 그 책임을 나누어 가져야 한다는 생각의 변화는 사회복지사와의 협력관계에서도 적용된다. 즉, 사회복지사와의 협력관계는 그 대상이 반드시 부모(특히 어머니)에게만 국한되는 것이 아니고, 또 그렇게 제한되어서도 안 되며, 사회복지사와의 협력자라 했을 때 그 의미는 부모만이 아닌 장애학생에 대한 장애인복지실천 개입을 지원하고 향상시킬 수 있는 모든 인적 자원들을 의미하는 것으로 바뀌었다. 사회복지사와 부모가 효과적으로 협력하기 위해 필요한 기본적 자질이 있다. 우선, 사회복지사와 부모가 자기 통찰, 자아수용을 통해 장애아동을 돕는 동반자로서 서로를 수용해야 하고, 사회복지사는 물론이고 부모도 장애자녀를 위해 할 수 있는 것을 배우기 위해 모든 노력을 기울이고 지식을 쌓아야 하며, 의무감을 갖고 자신의 시간과 노력 그리고 재능과 자원을 기쁜 마음으로 투자해야 한다.
- **교육자로서의 역할**: 자녀와 직접적으로 상호작용하는 데 중요한 부모의 역할은 교육자로서의 부모역할을 수행하는 것이다. 부모는 자녀에게 관습, 전통적인 것, 일상생활 기술, 사회성 기술, 이동성, 학업 전 기술 등을 가르칠 수 있다. 부모가 교육자의 역할을 할 때, 다음 요소들이 고려되어야 한다. 첫째, 교육자 역할의 필요성, 건강, 재정, 가족 상황에 관한 부부간의 합의, 둘째, 도움을 제공해 줄 전문가(예: 사회복지사, 특수교사, 치료사 등)의 참여 가능성, 셋째, 방해받지 않고 그 자녀에게 전념할 수 있는 시간의 유무, 넷째, 자녀가 느끼는 부담감과 싫증, 다섯째, 교육시간 중 좌절, 실망, 성급함에 대한 부모의 자제력, 여섯째, 장애아동의 사회성 기술, 흥미개발 등의 기회 감소 여부, 일곱째, 교육자 역할에 의한 가족 구성원 간의 긴장 조성 유무, 여덟째, 부모의 교육자 역할에 대한 선호도 및 만족도이다.
- **자원봉사자로서의 역할**: 부모는 자원봉사자로서 장애아동에게 제공되는 서비스 향상을 위해 의미 있게 공헌할 수 있다. 장애자녀가 교육받고 있는 학교의 특수교사의 일상적인 업무량을 덜어 주고, 특수교사의 업무를 보조하기 위해 개인지도를 하며, 장애아동들의 경험을 넓혀 주고, 학교문제에 대한 광범위한 지원을 할 수 있다. 장애자녀들과 직접 관련된 활동 외에도 교사 주선에 의한 부모 파트너 프로그램에서 다른 부모에게

정보를 제공하고, 의견을 교환하는 역할이나, 행동수정 프로그램 등과 같은 재활, 치료, 특수교육 활동에서 성공경험을 한 부모가 다른 부모들에게 정보를 제공해 주는 역할 또한 이에 포함된다. 자원봉사자 역할을 하기 위한 주요조건으로는 장애자녀를 돕고자 하는 마음, 주어진 임무수행을 신뢰 있게 하는 태도, 지시 따르기를 기꺼이 하는 태도 및 다른 사람과의 원만한 관계형성을 들 수 있다.

### (3) 성인기(19~64세)

성인기에 속해 있을 때 부모들이 갖는 주요 관심사로 적합한 성인 주거지에 대한 요구 논하기, 장애자녀가 가정 밖에서의 사회화 기회에 대한 요구, 진로선택 혹은 직업 프로그램 시작하기 등이라고 할 수 있는데, 이 시기는 학교 졸업 이후의 시기로 진로선택과 취업, 주거지 선택이 본격적으로 이루어지는 시기이다.

비장애자녀가 성인이 되면 가정을 이루고 부모로부터 자립하는 것이 전형적인 삶의 과정이다. 그러나 장애를 지닌 성인자녀들이라 하여 부모가 운명을 달리하게 되는 그날까지 부모와 같이 살 수는 없는 것이고, 그때를 대비하여 부모 대신 장애 자녀가 사회 속에서 생산적인 일꾼으로 직업을 유지하면서 안전하게 삶을 영위하도록 인도해 줄 방도가 필요한 것이다. 이 시기에 가장 주된 부모의 역할은 성인 장애인서비스 개발자로서의 역할과 성인자녀 자립생활 감독자로서의 역할이다.

끝으로 장애인 가족의 생애주기에 따른 관심사를 부모와 형제로 구분하여 〈표 7-3〉과 같이 정리해 보았다.

**표 7-3** 장애인 가족의 생애주기에 따른 관심사

| 생애주기의 단계 | 부모의 관심사 | 형제들의 관심사 |
|---|---|---|
| 영유아기 | ■ 정확한 진단을 받는 것<br>■ 형제나 친지에게 알리는 것<br>■ 서비스를 찾아다니는 것<br>■ 장애가 있다는 것에 대한 긍정적인 의미를 발견하는 것<br>■ 의사결정을 좌우하는 개인적인 관점을 분명히 하는 것<br>■ 낙인의 문제에 대처하는 것<br>■ 커다란 기대를 가지는 것 | ■ 형제들의 욕구에 대해 부모의 시간과 에너지 할애가 줄어드는 것<br>■ 관심이 줄어드는 것에 대한 질투의 감정<br>■ 장애에 대한 잘못된 이해와 관련된 두려움 |
| 학령기 | ■ 가족기능의 수행을 위해 일상적인 생활을 조정하는 것<br>■ 교육에 관련된 문제들에 대해서 적응하는 것<br>■ 일반학급 통합과 특수학급 분리에 따른 문제를 분명히 하는 것<br>■ 개별화 교육회의에 참여하는 것<br>■ 지역사회 자원을 찾고 활용하는 것<br>■ 교과목 이외의 아동의 활동을 조정하는 것 | ■ 신체적 보호의 욕구에 대한 책임을 분담하기<br>■ 여자 맏이들이 위기를 맞을 가능성<br>■ 레크리에이션과 여가를 위한 가족의 자원이 제한되는 것<br>■ 친구나 선생님에게 장애형제를 알리는 것<br>■ 동생이 장애를 가진 형이나 누나를 앞지를 가능성<br>■ 장애형제의 통합에 따라 같은 학교에 다니게 되는 문제<br>■ 장애에 대한 기본적인 정보의 욕구 |
| | ■ 장애적 조건의 만성화 가능성에 대해서 정서적으로 적응하는 것<br>■ 성적인 문제의 등장에 대한 이해<br>■ 또래들의 거부와 배제 가능성에 대하여 대처하는 것<br>■ 직업생활에 대해 계획하는 것<br>■ 여가생활에 대해 계획하는 것<br>■ 사춘기의 신체적 정서적 변화에 대처하는 것<br>■ 학교 교육 이후의 생활에 대해 계획하는 것 | ■ 형제에 대한 과잉동일시<br>■ 사람들 사이의 차이점에 대한 폭넓은 이해<br>■ 장애의 영향이 직업의 선택에 미치는 영향<br>■ 낙인의 가능성에 대해서 대처하기<br>■ 형제 훈련 프로그램에 참여하는 것<br>■ 형제 지지집단에 참여하는 것 |
| 성인기 | ■ 후견인의 필요성에 대한 준비<br>■ 성인으로서의 적절한 주거의 형태를 구상하는 것<br>■ 성인에게 의존성이 가지는 함의에 대해서 정서적으로 적응하는 것<br>■ 가족 밖에서 사회화의 기회를 가질 수 있도록 대처하는 것<br>■ 취업이나 직업훈련 프로그램을 시작하는 것 | ■ 재정적 지원에 대해 책임을 질 가능성에 대한 문제<br>■ 유전적 문제와 관련된 걱정을 해결하는 것<br>■ 결혼으로 인한 새로운 가족을 장애인에게 소개하는 것<br>■ 직업 주거문제에 대한 정보의 욕구<br>■ 형제들의 옹호인으로서의 역할을 분명히 하는 것<br>■ 후견인 문제의 가능성 |

출처 : 숭실대학교 장애인복지연구회(2004)

### 2) 생애주기별 서비스 모델 적용과 전망

일반적으로 특정 분야의 서비스를 개발하기 위해서는 대체로 세 가지 조건이 갖추어져야 한다. 첫째, 서비스의 이념과 철학을 마련하는 것이다. 둘째, 서비스의 이념과 철학을 구체화시킬 수 있는 수단이 되는 실행 틀(framework)을 갖추는 것이다. 셋째, 서비스의 방향과 이에 부합하는 실행 틀 속에 구체적인 내용을 채워 넣는 것이다. 그리고 이러한 틀 속에 구체적인 내용을 채워 넣는 과정에서 서비스를 제공받는 사람들의 욕구를 실증적으로 조사할 필요가 있다(김용득, 2002; 숭실대학교 장애인복지연구회, 2004 재인용).

생애주기별 서비스 모델은 장애인 재활과 관련하여 몇 가지 의의가 있다.

첫째, 재활서비스를 삶의 전 과정이라는 거시적 관점에서 계획하고 실시함으로써 재활서비스의 종적인 연결이 이루어질 수 있다. 우리의 삶은 단절적인 것이 아니라 연속적인 것임에도 불구하고 재활서비스를 제공하는 기관의 행정가와 직원의 안목은 생애의 어느 한 시기에 단절되는 경우가 많다. 그러나 그 단절을 접고 연속적인서비스 전달체계를 모색하는 것이 필요하다.

둘째, 이 모델에서는 생애주기별 발달특성을 고려한 서비스를 시도하고 있다. 아동기, 청소년기, 성인기, 노년기는 각기 인간발달 측면에서 갖는 특성이 있고, 또한 공통적으로 필요한 재활서비스가 있을 수 있는데, 생애주기별 분석을 토대로 서비스를 제공함으로써 재활서비스의 적절성을 높일 수 있다.

셋째, 이 모델에서는 재활서비스를 제공함에 있어서 수요자들의 요구와 필요를 보다 적극적으로 반영할 수 있을 것이다. 서비스를 계획하기 이전에 수요자의 욕구를 조사하고 분석함으로써 기관이 편의에 의한 서비스가 아니라, 수요자의 욕구에 기초한 서비스를 제공할 수 있는 것이다.

생애주기별 서비스 모델이 갖는 여러 가지 장점에도 불구하고 우리가 유의해야 할 점들도 있다. 생애주기별 서비스 모델을 보다 잘 정착시키기 위해서는 다음과 같은 네 가지의 유의점을 검토해 보는 것이 좋겠다(숭실대학교 장애인복지연구회, 2004).

첫째, 기존의 서비스를 제공하는 궁극적인 목적에 대하여 공통된 인식을 가질 필요가 있다. 다시 말하면, 각 생애주기별로 주어지는 서비스의 목표는 궁극적으로 한 개인의 전체적인 삶과 연계되고 일관성을 가질 수 있어야 한다.

둘째, 한 생애주기에서 다음 생애주기로 이동하기 전에 서비스의 연계가 원활하게 이루어질 수 있도록 연계체계를 마련하는 것이 필요하다.

셋째, 생애주기별 서비스를 제공함에 있어서 장애인들이 보다 많은 선택권을 가질 수 있고, 그 서비스가 그들의 자립능력과 생존에 적극적으로 기여하는 방향으로 구성되어야 한다. 기관의 서비스가 생애주기별로 제공하는 것과 그 서비스를 통하여 장애인 스스로의 역량강화(empowerment)나 권익(advocacy)을 도모할 수 있는 것과는 별개라고 할 수 있다. 따라서 생애주기별로 주어지는 서비스가 장애인들의 자조능력 신장과 적극적인 자기 역할 수행에 기여할 수 있도록 해야 한다.

넷째, 생애주기별 서비스는 각 주기별로 가장 자연스러운 환경에서 1차적으로 관련되는 사람들과 함께 실시될 수 있어야 한다. 예를 들면, 아동기에는 가정이나 가족의 역할이 매우 중요하므로, 아동기의 서비스는 가정이라는 환경을 보다 적극적으로 활용하고 가족을 중요한 파트너로 인정하여 서비스를 제공하는 것이 보다 자연스러울 것이다. 그리고 청소년기에는 학교와 지역사회가, 성인기에는 사업체와 지역사회가, 노년기에는 지역사회와 가정이 서비스 제공의 환경으로 중요하게 고려되어야 한다(박희찬, 2000).

## 제3절 장애아동과 가족과의 관계

과거에 비해 오늘날에는 장애인복지실천 현장에서 부모가 참여해야 한다는 철학이 크게 확대되었다. 이와 같은 변화로 인해 실천개입의 초점도 대폭 변화되었다. 즉, '아동'에서 '아동-양육자'로 그리고 '가족 내에서의 아동'으로, 다음은 '지역사회 내에서의 가족'으로 이동하였다. 장애인복지실천 프로그램이 효과적이기 위해서 아동과 부모에게 영향을 주는 많은 생태학적 체계를 고려해야 한다고 조기 장애인복지실천 전문가들, 다시 말해서 장애아동을 대상으로 실천 개입하는 사회복지사와 특수교사 등이 부모 참여의 중요성을 점점 더 인식하고 있다는 것이다(Parke & Tinsley, 1982; Barber, Tunbull, Behr, & Kerns, 1988; 유수옥, 2005 재인용).

가족 간의 상호 호혜적인 본질을 생각할 때 가족을 상호작용하는 하위체계가 있는 하나의 체계 관점으로 보아야 한다. 어느 가족 구성원도 다른 가족 구성원으로부터 고립되어 기능하지 않는다. 한 가족 구성원에게 개입실천을 했을 때 다른 구성원에게도 영향을 미치며 또한 가족 내의 상호작용에 영향을 주기 때문이다(Hanson & Lynch, 1995). 그러므로 아동과 부모 혹은 형제자매의 요구는 전체 가족의 맥락 안에서 보아야 한다. 더욱이 효과는 직선적이 아니고 체계의 각 구성요소가 상호작용하는 것에 의해 발생한다. 체계적 관점에서 볼 때 전체는 부분의 합보다 훨씬 크다(김종인 · 우주형 · 이준우, 2007 재인용).

## 1. 가족 기능의 네 가지 모델

로빈슨과 그의 동료들(Robinson, Rosenberg, & Beckman, 1988)은 성장하는 아동을 위한 상황으로서 가족의 중요성을 인식할 수 있는 가족기능의 네 가지 모델을 제시하였다. 이러한 모델에는 가족체계 관점, ABCX 모델, 생활주기모델, 그리고 상호영향모델이 있다.

### 1) 가족체계 관점

턴벌과 턴벌(Turnbull & Turnbull, 1997)은 네 개의 가족 하위체계를 설명하였다. 결혼 하위체계(부모-부모), 부모 하위체계(부모-아동), 형제 하위체계(아동-아동), 그리고 확대가족 하위체계(가족-확대가족)로 나누었다. 물론 실제 가족 구성은 크게 다를 수 있다. 가령 편부모 가족은 결혼 하위체계가 없을 수 있다. 그렇지만 편부모 가족이라도 할머니, 할아버지와 같은 확대가족 일원이 적극적으로 포함된다면 부모 역할 수행이 한 명 이상이 될 것이다.

장애아동의 출현은 네 개의 가족 하위체계에 영향을 준다. 장애아동의 특별한 요구는 결혼 하위체계에 부가적인 스트레스를 줄 수 있다. 스트레스가 가중되면 장애아동의 탄생에 불안을 느껴 임신을 피하게 될 수 있다. 그렇게 되면 형제 하위체계는 생겨날 수 없게 된다. 때론 나이가 든 형제의 경우 결혼 하위체계나 부모 하위체계의 스트레스를 덜어 주기 위해 부모역할을 담당할 수도 있다. 한 하위체계 내에서 발생하는 어떤 것은 다른 모든 체계에 영향을 미친다. 우리는 이러한 하위체계 속에서 가족 구성원이 차지하는 역할들에 대해 인식하고 있어야 한다.

개개의 가족 구성원이 각각의 하위체계 내에서 수행하는 역할은 각각의 가족 구성원들이 얼마나 주어진 역할을 기능적으로 수행하는가에 달려 있다. 가족체계이론에 따르면, 장애인복지실천에 개입하는 사회복지사들이 각각의 하위체계 안에서 가족 구성원이 맡은 다양한 역할을 파악하고, 그와 같은 가족의 역할들이 시간이 지남에 따라, 환경이 바뀜에 따라 변화한다는 역동적인 본질을 이해하고 있다면 서비스 개입의 효과성이 크게 강화된다고 본다(Turnbull, Simmer & Brotherson, 1983).

### 2) ABCX 모델

로빈슨과 그의 동료들(1988)의 ABCX 모델은 가족 전반에 걸친 여러 가지 반응의 다양한 변화 가능성을 설명하는 데 매우 유용하다. ABCX 모델은 네 개의 구성 요소를 가지고 있다. 스트레스 사건(A)은 가족 자원들(B)과 사건에 대한 가족의 정의(C)와 상호작용하며, 이러한 상호작용을 통해 가족에게 위기가 되는 사건의 범위를 결정한다(X)(Turnbull, Summers & Brotherson, 1983).

가령 장애자녀의 출현은 스트레스 사건(A)이 될 수 있다. 이 모델에 의하면, 스트레스에 대처하는 가족의 능력은 이용할 수 있는 자원의 수와 형태(B)에 의해 결정된다. 사회적 지원과 휴식이 있는 보살핌을 제공할 수 있는 친구들을 가지고 있을 때 가족들은 장애아동의 탄생을 과도하게 부정적인 사건으로 지각(C)하지 않을 수도 있다. 그러므로 이러한 경우에 스트레스 사건은 가족에게 심각한 위기가 되지는 않는다(X). 아버지가 아프거나, 친구가 없거나, 도움을 줄 수 없는 할머니와 할아버지를 가진 가족일 경우, 똑같은 스트레스라 할지라도 이 가족에게 장애아동의 출생은 큰 위기를 가져올 수 있다.

### 3) 생활주기모델

생활주기모델은 가족들은 일련의 발달적 단계를 통하여 진화한다는 전제에 근거를 두고 있다. 가족이 성숙함에 따라 다음과 같은 단계를 거치게 된다. 부모만 있는 가족, 학령 전 아동이 있는 가족, 학령기 아동이 있는 가족, 청년이 있는 가족, 자립하는 가족이 있는 시기의 가족, 중년시기 가족, 은퇴시기 가족이다.

생활주기모델은 현재는 존재하지만 시간이 지남에 따라 변화해 가는 가족들을 보는 흥미로운 관점을 제공한다. 그렇지만 장애아동이 있는 가족은 이러한 각각의 단계에 도달하지 못할 수 있다(Robinson et al., 1988). 가령 심각한 장애를 가진 아동이 있는 가족은 가족에게서 사회적 자립을 하는 청년이 있는 가족의 단계에 도달하지 못한다.

### 4) 상호영향모델

이 모델에서 가족들은 각 구성원에게 영향을 주고받을 뿐만 아니라 생물학적 요인과 환경적 요인 사이에 지속되는 상호작용에 영향을 받는 것으로 설명된다. 장애아동과 양육자 사이의 상호작용은 각 참여자와 그들의 반응 내력에 영향을 받는다. 상호영향모델은 세 가지 중요한 특성이 있다. 첫째, 가족이라는 상황 속에서 장애아동의 문제들을 객관적으로 이해할 수 있는 체계를 제공한다. 둘째, 가족의 역동성이 장애아동에게 미치는 영향에 대한 실제적인 설명을 제공한다. 셋째, 아동 개인의 문제에서 가족 전체의 문제로 시각을 확대함으로써 가족 구성원 전체에 대한 포괄적인 실천개입을 하게끔 한다.

만약 장애아동과 가족들이 살고 있는 사회적 환경이 아동의 발달에 중요한 영향을 미친다고 가정한다면, 장애인복지실천 계획은 장애아동에게 적절한 목적과 목표에 근거를 두어야 하지만, 이러한 목적과 목표는 가족 상황을 통해 반드시 여과되어야 한다는 것이다. 사머로프(Sameroff, 1987)에 의해 상세하게 설명된 아동 발달의 상호영향모델은 조기개입을 추구하는 사회복지사들이 가족 내에서의 장애아동과의 연속적이면서 역동적인 상호작용을 이해하도록 도와주는 데 큰 역할을 하였다고 본다.

## 2. 장애아동과 가족과의 관계 : 가족체계 관점

20세기 후반부터 국내·외 사회복지사들이 장애아동을 가족체계에 속한 하나의 단위로 인식하기 시작하면서부터 아동중심 일변도에서 가족중심 접근으로 장애인복지실천이 점차 변화하게 되었다. 부모-장애자녀 관계에 있어서도 부모가 자녀에게 일방적으로 영향을 미친다는 과거의 인식이 사라지고 부모와 자녀가 양방향으로 서로에게 영향을 미친다는 논리가 최근에 보편화되면서, 장애인복지실천에서 가족지원은 더욱 중요한 개념으로 등장하였다.

장애아동을 바라보는 견해로 부모와 자녀를 넘어서는 더 넓은 구조의 이웃과 지역사회 안에서의 영향력을 강조하는 생태체계적인 관점이 제시되었으며, 가족은 하나의 조직적인 단위로 존재하면서 서로 균형을 이루기 위해 갈등하고, 시간이 지남에 따라 서로에게 지속적으로 영향을 미친다는 가족체계 이론이 강력하게 대두되었다.

장애인복지실천과 특수교육, 재활 등에서 장애아동과 가족 구성원 중의 일부에게 제공되는 가족지원이 장애아동을 포함하는 기타 가족 구성원들에게 영향을 미친다는 사실을 재인식하게 되었으며, 이를 통하여 장애인복지실천에서는 가족지원의 중요성이 크게 강조되기 시작하였다(Bailey & Simeonsson, 1988).

특히 가족체계의 관점에서 보게 될 때, 부모와 가족의 양육 및 심리사회적 태도가 장애아동에게 큰 영향을 미치게 되며 역으로 이렇게 영향을 받은 장애아동의 실제 생활 속의 다양한 행동들은 동시에 부모와 가족에게 또다시 영향을 준다는 것이다. 이에 따라 가족체계의 관점에서 장애자녀에 대한 부모와 다른 가족 구성원들의 반응은 부모와 가족 그리고 장애자녀 모두에게 매우 중요한 영향을 끼치는 것으로 볼 수 있다.

### 1) 장애자녀에 대한 부모의 반응 단계[36)]

자녀의 출생은 가족에게 커다란 영향을 미친다. 부모는 자신의 자녀가 장애를 가졌다는 것을 알았을 때, 비탄에 빠지게 된다. 그들은 건강하고 정상적인 자녀에 대한 기대를 버리고 특별하고 지속적인 보호가 필요한 자녀를 자기의 아이로 받아들여야 하는 것이다. 부모는 자기의 아이가 장애를 가졌다는 것을 알고 난 후에 일련의 정해진 순서의 반응을 거쳐서 바람직한 수용의 단계에 이르게 된다(Kubler-Ross, 1969; Cook et al., 2004).

#### (1) 충격과 부인의 단계

부모는 자기 자녀가 장애를 가졌다는 사실을 알게 되고 나서 커다란 충격을 받게 된다. 그런 다음 일반적으로 부모들은 이를 부인하는 반응을 나타내게 된다. 이러한 반응은 자연스러운 것으로 고통스러운 현실을 피하려는 충동에서 생겨난다. 따라서 이들은 누군가 좀 더 자신들이 받아들일 만한 다른 진단을 내려 주지 않을까 하는 생각에서 여러 다른 전문가들과 효능이 증명되지 않은 새로운 치료방법들을 찾아다닌다.

이러한 경우 장애아동에게 필요한 서비스를 조기에 마련해 주지 못하는 경우가 나타나기도 한다. 부인 뒤에 종종 나타나는 것이 죄의식이다. 부모들은 장애자녀의 출생에 대하여 자신이나 주위 환경 또는 다른 사람이나 신을 비난한다. 특히 자신의 어떠한 잘못으로 천벌을 받는 것이라고 생각하기도 한다.

이때 사회복지사는 이상과 같은 느낌이 장애자녀를 둔 부모들이 가질 수 있는 정상적인

36) 장애자녀에 대한 부모의 반응이나 부모의 장애수용 여부 등은 영유아기뿐만 아니라 아동 및 청소년기에도 지속적으로 나타나는 경우가 빈번하다.

감정이라는 것을 이해시키도록 해야 한다(이준우, 2001). 부모들의 이야기를 수용적인 자세로 들으면서 부모와 사회복지사가 함께 장애자녀를 위해 노력할 수 있는 방법에 부모가 신경을 쓰도록 도와주어야 한다. 이 단계에서 부모에게 자녀의 한계를 인식하도록 요구하는 것은 오히려 부모로 하여금 자신을 방어하게 하므로 바람직하지 않다.

### (2) 분노와 원망의 단계

자녀의 장애 상태를 더 이상 부정할 수 없게 되면 부모들은 화를 내고 다른 사람을 원망하게 된다. 이들은 지적으로는 자녀의 장애를 인정하나 정서적으로 자녀문제에 긍정적으로 접근하지 못한다. 심지어는 진정으로 자신을 돕고자 하는 사람에게도 화를 내기도 한다.

이 단계에게 사회복지사는 전문성을 나타낼 필요가 있다. 장애자녀가 할 수 있는 과제를 주면 부모의 분노가 약화되거나 사라지게 할 수 있다. 그렇다고 해서 장애자녀가 급격하게 진전을 보이지는 않지만 부모는 자녀가 무언가를 할 수 있고 변화할 수 있음을 인식해야만 한다. 부모를 좀 더 바쁘게 만드는 것도 한 방법이 될 수 있다.

### (3) 타협의 단계

이 단계에서는 부모들은 자신이 받아들일 수 없고, 믿을 수 없는 운명을 인지적·정서적으로 수용해야 하는 것을 지연하고자 한다. 또한 대단한 결심을 하고 부지런히 장애자녀를 위해 애쓴다. 부모들의 이러한 태도는 마치 "만약 당신이 원하는 대로 내가 할 수 있는 한 모두 한다면 내 아이의 문제는 없어지겠죠."라는 것과 같다. 어쩔 수 없는 현실에 대한 인지적인 수용을 하면서 단호하게 장애자녀를 위해 일한다. 그러나 자녀에게 기대한 바처럼 진전이 크지 않다면 좌절과 낙담의 단계로 넘어간다(유수옥, 2005).

사회복지사는 부모의 감정을 깊은 이해로 수용하고 공감해 주어야 한다. 그리고 그들의 감정이 자연스럽고 정상적인 것임을 이해하게 해 준다.

### (4) 좌절과 낙담의 단계

열심히 노력해도 자녀에게 진전이 보이지 않으면 '도대체 무슨 소용이 있느냐', '신경을 쓸 필요가 뭐 있겠느냐'는 등의 태도를 갖게 된다. 사실 처음 시도하는 것보다 시도하였다가 낙담하여 다시 시도하는 것이 더욱 어려운 일임에 틀림없다. 좌절과 낙담의 상황에서 새로운 힘을 내기란 쉽지 않다(이준우, 2001). 그래서 이 시점에서는 자신이 바라던 정상적으로 발달하는 아이에 대한 기대가 사라짐에 따라 마치 고별을 하는 것 같은 애도의 감정을 나타내게 된다. 일단 이러한 애도의 감정이 일어나고 나서 자녀를 있는 그대로 수용하기 시작하고, 자녀문제의 생산적 해결에 초점을 두게 된다.

사회복지사는 장애자녀가 발전하게끔 가르치고 치료하고자 하는 부모의 열정과 노력을 긍정적으로 인정해 주고, 그와 같은 열의가 자녀의 발전으로 연결되지 못하는 데 따르는 좌절감을 해소하게끔 지원하여야 한다. 만약 계속 깊은 좌절감을 느끼는 부모의 경우, 전문가의 상담을 받도록 주선할 필요도 있으며 가능하다면 비공식적인 부모들의 모임이 크게 도움이 될 수 있다.

### (5) 수용의 단계

이상의 여러 단계를 거쳐 많은 부모들은 수용의 단계에 도달하게 된다. 이들은 자신의 자녀가 장애를 가졌음을 인정하며 더 이상 죄의식을 느끼거나 사회를 원망하지도 않는다. 수용의 단계에 들어서면 부모들은 무언가 이룰 수 있음을 깨닫고 무언가 배우고자 하며, 새로운 지식을 적용하고자 한다. 어떤 부모들은 이러한 수용의 단계에 빨리 도달하는데, 어떤 부모들은 그 속도가 느리며, 일부의 부모들은 오랫동안 자녀의 장애 상태에 현실적으로 직면하지 못하기도 한다.

모든 부모들이 동일하게 정해진 반응의 단계를 보이는 것은 아니다. 우리는 아동뿐만 아니라 가족도 개별적으로 감정이나 행동이 다를 수 있다는 사실을 인정하고 반응해야 한다. 그러므로 이러한 정해진 단계 이론 적용에 유의해야 한다. 부모들의 반응은 장애아동 행동에 영향을 주므로 부모가 수용하지 않을 때 아동들은 정서적으로 안정되지 않고 불안정하고 화를 잘 내기도 한다.

사회복지사는 장애자녀를 가진 부모들끼리 만나서 서로 자기 아이에 대해 의논할 기회를 가지도록 격려하고 새로운 부모-자녀 간의 상호작용 방법을 알려줄 수 있다. 장애자녀가 진보를 보일 때 부모를 칭찬하는 것도 매우 중요한 일이 될 것이다.

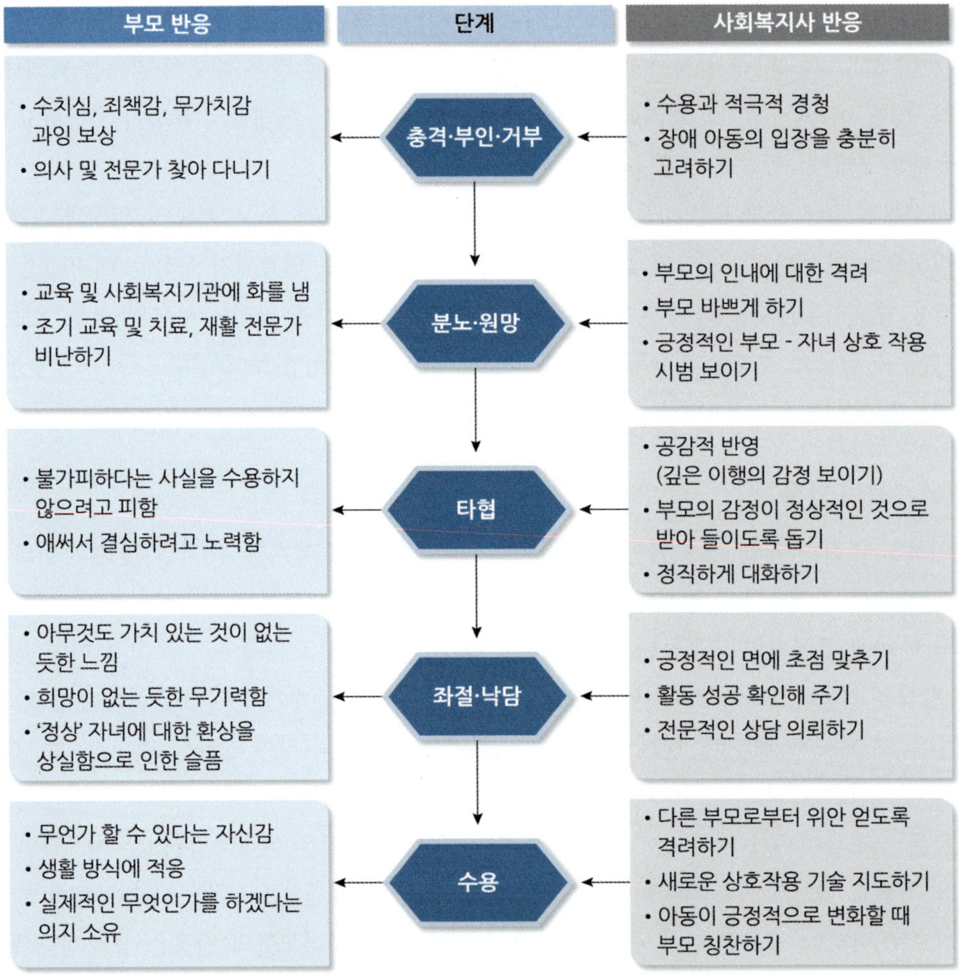


**그림 7-1** 장애자녀에 대한 부모의 반응 단계

출처 : Cook, R. E., Tessier, M. D., & Klein, A.(2004). Adapting early childhood curricular for children in inclusive setling, Upper Saddle River, NJ : Peason Prentice Hall

### 2) 부모와 장애자녀가 경험하는 문제들

벨런틴(Valentine, 1991)은 장애아동과 부모가 경험하는 문제들의 특성을 다음과 같이 네 가지로 제시했다(김종인 · 우주형 · 이준우, 2004, 재인용).

#### (1) 과보호

부모가 장애아동에 대해 지나치게 과보호(protective)하게 되어 아동이 주변 환경과의 충분한 상호작용과 경험을 가질 수 없어 영유아기의 연령에 기대되는 적절한 지적 · 인지적 · 신체적 능력을 발달시키지 못하게 된다.

#### (2) 고통스러워하는 아이와 부모

장애아동은 장애에 대한 치료로 인해 그들의 주변 환경을 고통스럽게 인식할 위험에 처해 있다. 수술, 주사, 물리치료, 그리고 약물치료가 그 예이다. 그러므로 치료의 효과가 최대화되는 내에서 장애아동이 주변 환경과 다른 사람과의 관계에서도 안전하고 신뢰할 수 있음을 인지시키도록 부모는 노력하여야 한다. 하지만 실제 현실에서는 오히려 부모가 더욱 고통스러워하고 불안해함으로써 장애자녀도 동시에 고통이라는 심리적 상태에 빠지는 경우가 종종 있다.

#### (3) 학대와 유기에 대한 유혹

장애아동은 비장애아동보다 버림받거나 학대받을 가능성이 아주 높다. 장애아동의 부모는 늘 학대와 유기에 대한 심리사회적 유혹을 갖게 된다.

#### (4) 낮은 기대감

대부분의 가족들과 주변 환경은 장애아동에게 낮은 기대(expectations)감을 가지며, 이는 아동의 능력에 제약과 한계를 가하게 된다.

부모는 이상의 문제들을 파악하고, 극복하기 위해 노력해야 한다. 또한 부모는 장애자녀가 발달시기에 따른 과업을 달성하는 데 있어서 장애 자체 이외에도 장애에 따른 여러 어려움에 직면하고 있음을 구체적으로 인식하면서 이를 고려한 지지적인 환경을 조성해 나가도록 노력해야 한다(정영숙 외, 2003).

### 3) 장애아동의 형제자매들에게 발생되는 심리사회적 문제들

장애아동의 일반 형제자매들도 그들의 부모 못지않은 많은 스트레스를 겪게 되고, 이로 인해 다양한 심리사회적인 문제를 가지게 된다(이준우, 2001).

- **자기 비하**: 장애인 형제 혹은 자매가 자신의 가정에 존재한다는 사실에 대해 많은 형제자매들은 자기가 열등하다고 느끼거나 자신의 가치와 가문의 혈통에 대해 별 볼일이 없다고 비하시키는 경향이 있다. 또한 자신의 장래와 운명, 결혼문제에 대해서 불안을 갖거나 비관하기도 한다.
- **수치감**: 비장애인 형제자매들이 장애를 갖고 있는 형제 혹은 자매에 대하여 수치스럽다고 생각하고 드러내기 싫어하는 경향이 있다.
- **죄책감**: 장애를 갖고 있는 형제자매에게 형 혹은 언니, 동생, 오빠로서 역할을 제대로 못하는 것에 대해 미안한 마음과 형제자매와 함께 대화해 주는 시간이 없어서 미안하다는 마음 그리고 때때로 그런 형제나 혹은 자매가 없어져 버렸으면 좋겠다고 느끼는 것에 대한 죄책감이 있다. 특히 자신에게는 이러한 장애가 없는 것에 대해 심한 죄책감에 빠지기도 한다.
- **부모의 비장애 형제자매에 대한 보상심리에 따른 부담감**: 부모가 장애아동을 포기하는 대신 그 모든 기대가 비장애아동에게 과잉기대로 변해서 가지게 되는 부담감이 있다.
- **분노**: 장애아동의 비장애 형제와 자매들이 가지는 분노의 감정과 갈등은 주로 장애 형제자매의 존재 자체에 대한 감정과 그 태도나 외모에 관한 것, 그 형제로 인해 자신이 받게 되는 피해와 상처에 관한 분노이다.
- **장애아동의 장래에 대한 걱정**: 부모의 사망 후 장애아동의 장래에 대한 보호의 부담감이 있다.
- **장애에 대한 두려움**: 미래에 자신도 장애아동을 낳지 않을까 하는 장애에 대한 두려움을 갖게 될 경우가 있다.

이와 같은 장애아동의 형제자매들에게 발생되는 심리사회적 문제들은 장애아동만이 아니라 그들의 형제자매들에 대해서도 구체적인 장애인복지실천 개입이 수행되어야 함을 의미한다. 또한 정보, 상담, 훈련 등에 있어서도 부모뿐만 아니라 형제자매에게도 제공되어야 함을 시사한다(이준우, 2001).

이에 따라 사회복지사는 장애아동의 형제자매들을 위한 실제적인 프로그램을 계획하고 실행해야 할 필요가 있다. 우선적으로 형제자매들을 존중하고 인정하는 자아기능 강화나 자아정체성을 확립하는 장애인복지실천 프로그램을 수행하여야 한다. 그들은 스스로 서야 하고 가족 이외, 특히 그들의 형제자매를 떠나 자신의 정체성을 확립시켜야 한다. 일반 형제자매는 자신의 부모에 의해 개인으로 존중받고자 하는 강한 욕구가 있다.

다음으로는 장애에 대한 이해와 관련 정보를 제공하는 프로그램이 있어야 한다. 일반 형제자매는 장애 형제자매에 대해 구체적이고 사실적으로 알기 원한다. 다른 형제와 달리 그들의 생활은 장애 형제자매와의 생활과 관련된 별도의 중압감 및 제반 문제로 인해 왜곡될 수 있다. 이러한 문제에 대해 객관적이고 합리적인 정보를 제공할 필요가 있다. 일반 형제자매는 장애 형제자매에 대한 의문에 솔직하고, 직접적으로 이해할 수 있는 정보를 갖기 원한다(손광훈, 2004). 예를 들면 장애 형제자매의 장애가 갖고 있는 다양한 특성과 일상생활상의 대처방식, 학교, 특수 서비스, 보호, 치료, 재활방향, 미래의 자립생활 여부 등이 있다.

무엇보다도 중요한 프로그램으로는 상담과 훈련을 들 수 있다. 어떤 일반 형제자매는 사회복지사나 다른 형제자매가 개입되는 것을 필요로 한다. 이렇게 함으로써 자신의 감정을 나누고 상대방으로부터 배울 수 있기 때문이다. 또한 훈련도 필요하다. 많은 일반 형제자매가 부모을 도와 장애 형제자매를 돌보고 싶은 강한 욕구를 가지고 있다. 효과적으로 장애인을 돕기 위해서는 형제들의 훈련이 필요하다. 어떤 일반 형제자매는 장애 형제자매의 특정 행동을 다루고, 학습시키는 방법, 함께 놀고, 관심을 갖기 위한 방법을 배우기를 원한다(손광훈, 2004).

## 제4절 가족 참여의 철학적 변화

### 1. 가족 참여의 변화 단계

앞서 지적한 대로 최근 장애아동을 대상으로 하는 장애인복지실천 현장에서 가족의 참여가 확대되어야 하며 가족역할의 재개념화가 이루어져야 할 필요성이 과거에 비해 현저하게 강조되고 있다(이준우, 2005). 이는 가족 참여에 대한 새로운 관점이 생겼을 뿐만 아니라 확대되고 있음을 말한다. 가족이 서비스 전달을 제공하는 사회복지사에게 예속되는 위치에서 어떠한 서비스가, 어떻게 전달되어야 하는가를 결정하는 의사결정자와 프로그램 계획 시에 파트너와 같은 위치로 이동한 것이다.

이미 우리나라에서도 장애인복지실천 프로그램에서 적극적인 부모 참여는 다양하고 폭넓게 이루어지고 있다. 이는 미국을 비롯한 서구 복지선진국의 적극적인 부모 참여가 조기 장애아동 실천개입 프로그램을 제공받는 장애아동의 변화와 발달에 긍정적인 효과를 미쳤다는 등의 연구를 통해서 증명되고 있는 현실이다(Torres & Buceta, 1998; 김종인 · 우주형 · 이준우, 2007 재인용). 이러한 이유 외에도 장애아동의 특별한 욕구를 충족시키기 위해 계획된 프로그램은 다음과 같은 이유로 가족을 참여시켜야 한다고 본다(Gargiulo & Graves, 1991).

첫째, 장애아동의 부모들은 정상적으로 발달하는 부모들보다 의미 있게 더 긴 기간을 책임질 것이기 때문에 부모들은 추가의 양육 및 교육훈련 기술을 필요로 한다.

둘째, 부모들은 그들 자녀의 일상적인 행동수행에 관해 사회복지사들에게 많은 가치 있는 정보를 제공할 수 있다.

셋째, 프로그램 목적이 효과적이기 위해 가정과 장애인복지기관, 학교 간에 협력이 이루어져야 한다.

이러한 이유로 장애아동의 특별한 요구를 충족시키기 위해 조기개입과 지속적인 장애인복지실천 및 특수교육과 재활 등에서는 부모를 협력자로 참여시켜야 한다. 장애인을 대상으로 하는 휴먼 서비스(Human Service)[37] 현장에서의 부모참여 철학은 다음의 4단계를 거쳐 발달해 왔다(Dunst, Johanson, Trivette, & Hamby, 1991; Bricker, 1989; 유수옥, 2005 재인용).

---

37) 휴먼 서비스(Human Service)는 일반적으로 의료, 보건, 사회복지, 상담, 특수교육, 재활 등과 같은 인간을 돕는 전문적인 실천 개입 활동을 의미한다.

- **1단계 : 전문가중심 접근**(전문가가 통제하는 단계) : 이 단계에서는 전문가들만이 장애아동을 평가하였고, 장애인복지실천, 재활 및 치료, 교육 계획을 세우고, 개입을 수행하고, 최소한의 부모 참여가 허용되었다. 이 단계에서는 가족들이 자기들의 문제를 해결하는 데 있어서 무능력하다고 생각하였다.

- **2단계 : 가족-제휴 접근**(가족참여) : 이 단계에서 전문가들은 장애아동을 위한 개입 노력에 가족 구성원들을 부분적으로 참여시켰다. 대부분의 전문가들이 진단과 평가를 수행하고, 개입의 내용과 절차를 계획하였다. 이 시기에 부모들은 개별화된 치료나 재활, 교육 등의 프로그램에 동의하거나, 전문가들이 구체적으로 제시한 재활, 치료 등의 실천 개입을 가정에서 수행하도록 기대되어졌다. 부모는 전문가들로부터 착실한 안내를 요하는 서비스 수행의 보조적 도구 내지 집단으로 인식되었다.

- **3단계 : 가족초점 접근** : 이 단계는 아동중심 접근 방식에서 아동과 가족중심 접근으로의 전환을 반영한다. 가족의 욕구와 자원을 장애아동에게 적절한 치료와 개입 프로그램을 계획하는 데 기본적인 것으로 보는 것이다. 이에 따라 가족들을 좀 더 긍정적으로 인식하기 시작하였으며, 전문가와 협력할 수 있는 능력이 있다고 생각하게 되었다. 이러한 변화 후에 가족초점보다 한 차원 높은 가족중심 접근(가족이 이끄는 접근)의 토대가 마련되었다.

- **4단계 : 가족중심 접근** : 이 접근에 따르면 대부분의 가족들은 장애자녀에 대한 나머지 가족들의 감정과 요구를 그들 스스로 분별할 수 있다는 것이다. 그리고 장애아동에게 필요한 중요한 변화의 목표와 서비스 개입 이후의 성과를 만들어 내는 데 가족이 큰 역할을 할 수 있다고 본다. 전문가는 장애아동의 변화 목표를 가족과 함께 설정하고, 가족과 함께 실행함으로써 계획한 성과를 실제로 생산할 뿐만 아니라 장애아동의 치료와 재활 등에 필요한 자원들을 가족이 찾을 수 있도록 전문가는 가족을 도와주는 역할에 충실해야 한다는 것이다. 즉 이 접근에서 전문가들의 역할은 장애아동을 평가하고 욕구를 결정하는 역할로부터 가족들이 원하는 목표와 목적을 도달하도록 가족을 지원해 주는 역할로 옮겨가게 되었다. 전문가는 철저한 조력자로서 기능해야 하며 가장 본질적인 실천 개입의 주체는 장애 당사자와 그 가족이 되어야 한다는 것이다.

## 2. 가족중심 접근의 이론적 근거

조기 개입과 장애인복지실천에서의 가족 참여 형태가 가족중심으로 변화하게 된 것은 가족체계 이론의 등장 이외에 다음 다섯 가지의 현실적이고, 법적인 이론적 근거가 영향을 미쳤다고 볼 수 있다(Bricker, 1989).

### 1) 부모와 장애아동 간의 접촉시간

가족중심 접근으로의 변화는 부모와 장애아동 간의 접촉시간과 관계가 있다. 일반적으로 부모는 조기개입 실천가나 사회복지사, 특수교사, 그리고 치료사보다 더 많은 시간을 장애자녀와 함께 보낸다. 대부분의 시간을 장애아동들과 보내는 사람을 포함하지 않고, 효과적인 장애인복지실천 프로그램을 생각하기는 어렵다.

가령 가정환경을 포함하지 않고 배변훈련 프로그램을 실시한다면 부분적으로만 성공할 수 있다. 배변훈련은 장애아동들이 화장실을 자주 사용하는 가정이나 탁아기관과 연계하여 시작하는 것이 효과적이다. 표현언어도 당연히 장애아동이 일반적으로 많은 시간을 보내는 곳과 연계하여 가르쳐진다면 좀 더 빨리 습득될 수 있을 것이다. 장애아동과 많은 시간을 보내는 부모의 참여는 지속성과 많은 학습기회를 가지기 때문이다.

### 2) 경제적 요소와 개인적 요소

가족중심 접근으로의 변화는 경제적 요소와 개인적 요소와 관련된다. 장애나 장애위험이 있는 영유아기 아동과 관련되어 있는 장애인복지실천기관이나 아동교육기관들은 많은 대상자에게 확장된 서비스를 제공하고자 노력한다. 이러한 욕구들을 충족시키고, 좀 더 질적인 서비스를 제공하기 위해서는 좀 더 효과적이고 경제적인 전략들이 필요하다. 사회복지적, 치료적, 특수교육적 서비스를 필요로 하는 많은 장애아동에 실천 개입을 제공하는 조기개입 사회복지사나 특수교사의 부족에 대한 하나의 해결책으로 실천 개입 서비스에 부모와 다른 가족 구성원을 참여시키는 것이다.

많은 가족들은 그들의 자녀에게 경제적 투자뿐만 아니라 심리적 투자를 하고 있다. 그들은 사회복지, 재활, 특수교육 등의 서비스와 관련하여 다른 어떤 사람보다 많은 에너지를 쏟고 있다. 전문가의 지원과 도움으로 가족은 장애자녀에게 효과적인 전문가가 될 수 있다. 가족이 조기개입 사회복지사나 특수 교사, 재활 및 치료사와 함께 협력하여 일하는 것은 조기 개입과 조기 재활 및 장애인복지실천, 특수교육에 경제적으로 합당한 하나의 전략이다.

### 3) 법적 규정

가족중심 접근으로 변화하게 된 또 하나의 이유는 법적 규정 때문이다. 물론 이는 미국의 경우이다(유수옥, 2005). 미국의 '3~5세 아동을 위한 공법 99-457의 파트 B'는 부모가 그들 자녀의 개별화 교육 프로그램 개발에 완전히 포함되어야 한다고 상세히 명시하고 있다. '0~3세 영아를 위한 공법 99-457의 파트 H'는 개별화된 가족 서비스 계획 개발을 요구하였다.

이 법 조항의 목적은 그들의 자녀와 그들 자신을 위한 가족의 목적을 촉진시킬 수 있는 형식적이고 비형식적인 지원을 파악하고 조직하기 위해서이다(Johnson, McGonigel & Kaufmann, 1989). 만약 가족 구성원이 적극적으로 팀 구성원으로 참여하게 되면 의미가 있을 뿐만 아니라 생산적인 결과를 가져올 수 있다는 것이다.

### 4) 부모 참여 조기 개입 프로그램의 성과

가족중심이 되어야 하는 것은 수많은 연구에서 적극적으로 부모에게 초점을 맞추거나 개입 프로그램의 중요한 부분에 부모를 참여시킨 조기 개입 프로그램이 부모 참여가 없는 프로그램보다 장애아동의 의미 있고 효과적인 긍정적 변화와 발전을 가져 왔기 때문이다(Bronfenbrenner, 1975; Shonkoff & Hauser-Cram, 1987).

### 5) 기본 권리

가족중심 접근으로 변화하게 된 것은 부모가 장애인복지실천 개입 과정과 계획 수립 및 결정 과정에 포함되는 것이 그들의 기본적인 권리이기 때문이다(Turnbull, Turnbull & Wheat, 1982). 장애와 장애 위험이 있는 자녀를 위한 효과적인 장애인복지실천과 특수교육 서비스를 계획하는 데 부모만큼 중요한 사람은 없다고 본다. 장애아동에 대한 책임은 가족에게 있으므로 가족과 함께 개입실천 목표를 결정해야 한다. 실질적으로 가족의 안내 없이 장애아동에게 적절하고 가족에게 만족스러운 개입실천 목표를 세우는 것은 어려운 일이다. 효과적인 업무수행을 위해서 전문가들은 개별적인 가족의 가치를 이해하고 파악하고 존중해야 하며, 이러한 가치와 모순이 없는 장애인복지실천 프로그램을 계획해야 한다(Kaiser & Hemmeter, 1989).

## 3. 가족초점 접근과 가족중심 접근

가족중심 접근에서 가족에게 제공되는 개입실천은 전문가에 의해 미리 무엇을 할 것인가가 계획되어서는 안 되며, 전문가가 모든 과정을 결정해서도 안 된다. 오히려 가족중심 접근은 활동계획하기, 실행하기, 평가하기에 양육자와 관심 있는 가족 구성원의 참여를 요구한다. 그리고 가족이 필요하다고 할 때, 개입실천을 시작해야 한다. 그리고 준비가 되기 전에 도움을 받으라고 가족에게 강요하는 것은 바람직하지 않은 결과를 가져올 수도 있다. 가족

**표 7-4** 가족초점 접근과 가족중심 접근 비교

| 가족초점 접근 | 가족중심 접근 |
|---|---|
| ■ 가족과는 개별화된 프로그램 계획 시 우선순위와 서비스 결정을 함께 한다. | ■ 가족은 우선순위와 서비스를 포함한 개별화된 프로그램의 내용을 결정한다. 가족은 전문가와 관련 서비스 제공자의 의견을 거부할 수도 있다. |
| ■ 가족은 목표들에 대하여 전반적인 결정을 한다. 전문가와 관련 서비스 제공자는 전문적인 결정을 한다. | ■ 가족은 전반적인 것과 특별한 것을 결정한다. 전문가와 관련 서비스 제공자는 이를 실시한다. |
| ■ 전문가와 관련 서비스 제공자는 가족에게 장애아동을 가정에서 돕는 법을 지도한다. | ■ 전문가와 관련 서비스 제공자는 가족이 도움을 요청할 때만 가정에서 수행해야 할 지도내용을 가르친다. |
| ■ 가족 구성원은 장애아동의 사정과 평가에 동등한 파트너로서 참여한다. 그러나 다양한 전문가로 구성된 팀이 그들을 안내한다. | ■ 원한다면 가족 구성원이 장애아동의 사정과 평가의 전문적인 것까지 모든 면을 결정한다. |
| ■ 가족 구성원이 연간 목표를 정하면 전문가와 관련 서비스 제공자는 실천개입 과정과 자료를 선택한다. | ■ 가족구성원은 원한다면 목표뿐만 아니라 프로그램 진행 과정과 자료도 선택한다. |
| ■ 가족 구성원과 전문가와 관련 서비스 제공자는 배치와 통합의 수준을 선택할 때 팀으로 일한다. | ■ 가족 구성원이 원한다면 배치와 통합의 수준을 선택할 수 있다. |

출처: 유수옥(2005)

들은 그들의 상황을 평가하도록 격려될 수는 있지만, 프로그램 참여가 강요되어서는 안 되며, 압력을 받아서도 안 된다.

가족초점 접근은 가족의 관심과 욕구에 의해 평가가 진행되는 반면 가족중심 접근은 장애아동을 돌보는 가족의 욕구사정과 평가를 통해 무엇을 할지를 결정하는 것이라고 할 수 있다. 물론 평가는 다학문적으로 훈련받은 전문가에 의해 실시되어야 한다. 당연히 가족 구성원도 이러한 팀의 중요한 구성원이어야 한다. 가족중심 접근은 가족이 개별적인 선호도를 가진 협력자로서 전문가와 동등한 위치에서 장애아동의 실천 프로그램에 참여할 때 실현될 수 있다(DEC, 1993). 이제 과제는 가족이 자녀지원에 참여를 하는 데 있어 이러한 새로운 역할을 잘 하도록 가족을 어떻게 가장 잘 지원하는가이다(Bowe, 1995).

한편 빈센트와 베케트(Vincent & Beckett, 1993)는 가족 참여는 자기 정의적이며, 여러 차원과 강도의 수준에 따라 다양해야 하며, 가족 참여는 프로그램의 모든 수준(직원 고용, 프로그램 계획 수행, 평가 등)에 필수적이라고 하였다. 그리고 가족은 조기 개입의 모든 수준에 참여할 수 있다고 하였다.

턴벌과 그의 동료(1983)는 가족은 그들이 의사결정하고 싶은 범위를 정할 수 있다고 하였다. 가족은 모든 결정을 할 수도 있고, 하나도 하지 않을 수도 있다. 아니면 가족은 계획의 어떤 부분에 대해서만 의사결정을 할 수도 있다고 하였다. 또한 파트너로서 가족을 지원하기 위해 장애인복지실천 프로그램에 충분한 예산을 포함할 것을 주장하였다. 가족 구성원이 위원회, 회의, 조기 개입 정책이나 계획에 참여할 때, 그들의 전문적 평가, 시간, 비용에 대해 대가를 지불해야 한다고 하였다.

## 4. 가족 사정과 평가

이상에서 계속 강조되고 있는 것처럼 장애인복지실천 현장에서 가족중심 접근이 요구되고 있으며, 개별화된 장애아동 개입실천 프로그램 개발과정에 적극적인 가족 참여가 현실화되고 있다면 장애인복지실천의 사정과 평가 과정에도 장애아동에 대한 사정과 평가만이 아니라 반드시 가족 사정과 평가도 포함해야 한다고 본다.

가족의 강점과 관심사 판별은 가족들을 지원하는 데에 크게 유용할 수 있다. 그럼에도 가족을 사정하거나 평가함에 있어서 사회복지사는 매우 주의해야 할 필요가 있다. 가족에 대한 사정과 판별을 통해서 형성된 많은 정보들은 함부로 유출되거나 유통되어서는 안 된다. 그리고 가족 기능 강화에 직접적으로 적용될 수 있는 정보들만이 수집되어야만 한다. 가족에게 부적절하고 불필요한 질문과 사정 및 평가를 위한 조사는 강요하지 않는 것이 중요하다. 가족이 그들의 자원, 우선순위, 그리고 관심에 관한 평가에 참여할 때, 그들은 그 정보가 그들의 이익을 위해 사용되기를 기대할 권리를 가지고 있다.

이에 따라 가족 사정과 평가는 반드시 자발적인 가족의 자유의지에 의해서, 적절하게 훈련된 전문가에 의하여, 그리고 개별적인 인터뷰를 통해 가족에 의해 제공된 정보에 근거를 두어야 한다. 사정 및 평가 도구들과 방법들은 가족의 사생활을 침해하지 않도록 선택되어야 하고, 또 한편으로는 가족이 사정과 평가에 참여하지 않았기 때문에 장애아동의 서비스가 거절되지 않도록 제도화되어야 한다(Mclean, Bauley, & Wolery, 1996).

가족 사정과 평가는 장애아동 사정과 평가와 마찬가지로 다양한 방법에 의해서 정보가 수집되어야 한다. 여기서 말하는 다양한 방법이란 비형식적 정보 수집, 인터뷰, 질문지 및 평가척도, 직접 관찰 등의 방법을 포함한다. 현재 미국에서 가장 많이 사용되고 있는 가족 사정과 평가를 위한 질문지 및 평가 척도들(유수옥, 2005)에는 가족 욕구 조사서(Family Needs Survey : Bailey & Simeonsson, 1992), 가족 욕구 평가 척도(Family Needs Scale : Dunst, Cooper, Weeldreyer, Synder, & Chase, 1998), 가족 강점 목록(Family Strengths Inventory : Stinnett & DeFrain, 1985), 가족 강점 척도(Family Strengths Scale : Olson, Larsen, & McCubbin, 1983), 부모 욕구 조사서(Parent Needs Survey : Seligman & Darling, 1989), 가족의 지역사회 지원 체계 조사(Your Family Community Support System : Vincent & Laten, 1988), 장애아동 가족의 스트레스 조사(Stressor for Families with Specail-needs Children in the Early Years : Turnbull, Summers, & Brotherson, 1983) 등이 있다.

가족 사정과 평가를 실시할 때, 가장 중요한 것은 대상 가족이 가장 선호하는 방법으로 사정과 평가를 실시해야 한다는 것이다. 턴벌과 턴벌(2001)은 가족 사정과 평가는 가능한 한 '가족-우호'적인 사정과 평가이어야 함을 강조하면서 비형식적인 사정과 평가를 추천하였다. 일반적으로 가족과 부모는 지필검사나 구조화된 인터뷰로서 완성하기보다는 개방형 질문이나 대화를 통한 정보 수집을 선호하므로 비형식적 검사가 권장되고 있다는 것이다.

## 5. 가족지원

가족지원은 장애아동을 양육하는 가족들을 지원하는 데 목적을 두고 있으므로 가족지원은 "가족체계의 강화 및 유지 작용을 하는 모든 행동, 특히 아동의 장애에 대한 가족의 수용과 이해와 관련이 있는 행동"으로 정의된다(Dunlop & Fox, 1999). 가족 지원은 정보 공유하기부터 탁아 프로그램 지원, 그리고 행동기법의 훈련에서부터 정서적 지원과 상담, 그리고 개인의 미래 계획에서 옹호에 이르기까지 다양한 활동을 포함할 수 있다(Barber, Turnbull, Behr, & Kerns, 1988; Powell, Hecimovic, & Chirstensen, 1992).

던스트 등(Dunst, Trivette, Gordon, & Pletcher, 1989)은 사회복지사와 특수교사는 감정이입을 하는 청취자, 자원, 상담자, 후원자, 개입실천가라고 하였다. 이런 역할들의 목록이 가리키는 것처럼 전문가는 부모에게 무엇을 해야만 하며, 어떻게 해야 하는가에 대해 말하는 것을 피해야만 한다는 것이다. 전문가의 가장 주된 책임은 부모가 협력할 수 있는 파트너가 되는 것을 배우도록 지원하는 것이다.

그러므로 지글러와 버만(Zigler & Berman, 1983)은 가족지원 프로그램의 목적은 가족들에게 직접적인 서비스를 제공하는 것이 아니라 부모의 능력을 강화하는 것이라고 하였다. 즉, 가족들이 자신 및 자신의 자녀를 도울 수 있도록 능력을 갖추는 데 두어야 한다. 바이소보우드와 커건(Weissbourd & Kagan, 1989)은 가족지원 프로그램은 부모, 양육자, 그리고 제공자로서의 그들의 역할에 있어 능력을 강화하고 촉진하는 서비스를 가족들에게 제공하는 것이라고 하였다.

그러므로 실제적인 가족지원이 이루어지기 위해서는 장애아동 및 그 가족의 욕구를 사정한 후, 개별 가족의 필요에 따라 각 가족이 가지고 있는 욕구들을 충족시킬 수 있는 다양한 형식적 · 비형식적 자원 및 서비스를 확인한 후, 그 가족의 기능을 강화하는 방법을 지원함으로써 자녀를 대상으로 하는 실천 개입에 대한 효율적인 참여능력을 갖추게 하여 자녀 발달을 촉진하고자 하는 것이다. 사회복지사는 가족과 협력관계를 형성함으로써 참여를 통한 실질적인 성과를 높이고, 가족들이 지원과정에서 스스로 자신의 강점과 자원을 활용하여 자립적인 문제해결자가 되도록 강화한다.

### 1) 가족 역량강화

가족 역량강화는 가족들이 자신이 원하는 것을 얻는 능력으로 정의되며, 가족 역량강화를 통해 점점 더 자신의 삶에 대한 통제능력을 가지게 되는 것을 의미한다(Turnbull & Turnbull, 2001). 가족지원 체계 및 전문가가 가족으로 하여금 필요한 자원을 보다 많이 이용하도록 하고, 가족이 선택하도록 더 많이 격려하고, 가족이 다양한 방법으로 참여하기를 촉진하면 할수록 가족의 능력은 더욱더 강화된다(Johnson et al., 1996).

가족을 강화한다는 것은 전문가가 아니라 가족에게 장애자녀의 삶에 영향력을 가지고, 의사결정을 할 수 있는 진정한 기회를 주는 것이다. 그래서 가족 역량강화는 가족지원 프로그램에서 최우선적으로 고려되어야 한다. 가족 역량강화를 통해 가족이 첫째, 필요한 자원에 접근하는 능력, 둘째, 결정을 내리고 문제를 해결하는 능력, 셋째, 사회적인 교류과정에서 다른 사람과 효과적으로 상호작용하는 능력을 가진 사람이 되는 것이다(Dunst et al., 1988). 전문가들은 부모들과의 협력을 통해서 필요한 정보를 제공하거나 적절한 정보를 얻을 수 있는 방법을 알게 한 후에 부모의 선호도에 따른 지원을 제공하게 된다.

**표 7-5** 가족 역량강화를 격려하는 지침

| 가족 역량강화를 위한 격려 지침 |
|---|
| ▪ 도움을 제공할 때는 긍정적이고 적극적일 때가 유용하다.<br>▪ 가족이 도움을 요청하기를 기다리기보다 먼저 도움을 제공할 때 더 잘 받아들이는 경향이 있다.<br>▪ 도움을 받는 가족이 도움의 시기와 내용 등을 결정하도록 할 때 도움이 훨씬 더 효과적이다.<br>▪ 제공되는 도움이나 지원은 표준적이고 일반적이며 자연스러운 것이 좋다. 즉 특이하거나 일탈적인 도움은 오히려 가족에게 부담을 줄 수 있다.<br>▪ 제공되는 도움이나 지원이 가족의 문제해결과 욕구의 내용과 일치될 때 가장 효과적이다.<br>▪ 도움 찾기와 도움 받기의 반응 대가가 이익보다 크지 않을 때 호의적으로 받아들이게 된다.<br>▪ 서로 주고받을 수 있게 되고, 보답의 가능성이 있다면 호의적으로 받아들일 것이다.<br>▪ 가족이 문제를 해결하거나 욕구를 충족시키는 데 있어서 즉각적인 성공을 경험할 때 큰 이익이 있을 것이다.<br>▪ 도움을 제공할 때 전문가가 모두 다 책임지는 형태가 아니라 자연스럽게 가족의 사회적 조직망을 사용하도록 하는 것이 좋다.<br>▪ 도움을 제공할 때 가족의 욕구를 충족시키고 문제를 해결하는 데 공동 협력과 공동 책임 의식을 가지면 보다 더 긍정적인 기능이 증진될 것이다.<br>▪ 도움을 제공할 때 도움에 대한 지속적인 욕구를 감소시킬 수 있는 가족의 효과적인 행동 습득을 증진시키는 것이 좋다.<br>▪ 가족이 성숙해져서 가족 스스로가 문제해결 능력이 향상되었음을 지각하고 스스로 자신의 변화를 가져오는 책임 있는 존재로 여기게끔 도와야 한다. |

출처: Dunst, C. J., Trivette, C. M., & Deal, A. G. (1988). Enabling and empowering families: Principles and guidelines for practice. Cambridge, MA: Brookline Books.

장애인복지실천에서 가족에게 역량강화를 격려하는 모델 중의 하나로 '가족 능력 소유' 프로젝트가 있다(Dunst, Trivette, & Deal, 1988). 이 '가족 능력 소유' 모델에서 서비스 개입 실천가들은 가족과 상호작용할 때마다 가족 능력을 지속적으로 평가하면서 실시한다. 이 모델에서 가족 역량강화 과정은 다음 4단계를 포함한다.

첫째, 가족은 그들의 욕구와 바라는 것을 결정한다. 둘째, 가족이 삶의 사건에 어떻게 대처하고 가족체계의 여러 측면이 잘 운영되는가를 파악하기 위해 가족체계가 조사된다. 셋째, 가족의 개인적 · 사회적 조직망은 판별된 욕구와 바라는 것, 성취에 사용될 수 있는 현존하고 있거나 가능성이 있는 도움과 지원을 판별하기 위해 분석된다. 넷째, 전문가는 그들의 판별된 목표를 성취하도록 가족을 도와준다.

## 2) 가족지원 프로그램

던스트(Dunst, 1990)는 가족지원 프로그램을 개인 및 가족 기능을 강화하고, 개인 및 가족 전체의 성장과 발달을 향상시키는 방법으로 가족지원을 촉진하기 위해 고안된 노력이라고 정의하였다. 또한 그는 가족지원 프로그램은 가족의 능력을 강화하는 결과를 가져오며, 가족과 그 구성원들이 보다 유능해질 수 있는 방법으로 개입하는 것이라고 하였다. 가족들은 각기 가족 특성, 상호작용 형태, 기능, 현재 처해 있는 생애주기에 따라 개별적인 차이를 나타낸다. 그러므로 가족 사정과 평가를 통해 가족의 다양한 생태학적 환경이나 개별성을 파악하여 자연스러운 생태학적 환경 내에서 다양하고 적절한 지원을 이들에게 제공해 주어야 할 것이다.

개별 가족의 다양한 욕구에 의해서 가족지원 프로그램의 내용이 달라져야 한다는 것은 프로그램이 다음과 같은 특성을 지녀야 함을 의미한다. 첫째, 융통성, 둘째, 대안적 선택권, 셋째, 개별화 요소를 가져야 한다. 다시 말해서 어느 특정 프로그램이 모든 가족들이 지니는 특성과 욕구들을 모두 충족시킬 수 없기 때문에 가족지원 프로그램을 계획할 때는 융통성 있고, 다양하게, 또한 개별화된 접근에 의해서 프로그램의 내용이나 방향을 결정하고 조절해야 한다는 것이다.

던스트와 그의 동료들(1988)은 다음과 같은 측면에서 가족 지원을 해야 한다고 제시하였다. 제시한 바에 의하면, 가족의 욕구 목록은 열두 가지 범주, 즉 경제적 욕구, 성인교육 욕구,

물리적·환경적 욕구, 자녀교육 및 개입실천 욕구, 음식 및 의복 욕구, 탁아 욕구, 의료적 욕구, 여가 욕구, 고용 및 직업 요구, 정서적 요구, 문화적 욕구, 사회적 욕구, 교통수단에 대한 욕구 등을 포함한다.

번과 커닝햄(Byrne & Cunningham, 1985)은 가족의 감정을 조정하고, 가족과 친구들의 반응을 다루는 데 있어서의 도움, 아동의 장애와 생활 전반에 관한 정보 제공, 이용할 수 있는 서비스와 이익에 관한 자문, 아동의 발달을 촉진하고 행동문제를 관리하는 데 있어서의 도움을 주어야 한다고 주장하였다.

바이소보우드(Weissbourd, 1993)는 전문가와 참여자, 참여자와 참여자, 그리고 프로그램과 주위에 있는 지역사회 간의 신뢰와 배려관계가 있어야 하며 이러한 형태의 신뢰와 협력에 도움을 주는 다섯 가지 원리를 제시하였다.

첫째, 전문가와 부모 간의 협력과 의사결정을 공유한다.

둘째, 지역사회 기관이나 조직과 협력적 관계를 가진다.

셋째, 부모 또래 지원 조직망을 양성하고 촉진한다.

넷째, 가족의 욕구를 충족시킬 수 있고, 가족과 개인적 강점을 강화시킬 수 있는 프로그램을 계획한다.

다섯째, 가족의 문화와 가치에 적합하고 적절한 프로그램을 제공하도록 프로그램을 계획한다.

결론적으로, 장애아동과 그 가족이 그들의 자녀에 대한 장애인복지실천에 효과적으로 참여할 수 있도록 하기 위해서는 가족 지원이 이루어져야 한다. 또한 가족 참여를 위한 지원은 단순히 가족에게 필요한 욕구를 충족시켜 주는 것이 아니라 그러한 욕구를 충족시키는 과정을 더욱 중요하게 여겨야 한다(Dunst et al., 1988). 물론 가족지원 프로그램을 전개해 나가는 과정에서 많은 의문점이 발생될 수 있다. 하지만 의문과 고민이 없는 것보다는 오히려 다양한 의문점의 해결을 통해 건강한 가족으로 성장해 나갈 수 있다. 좋은 가족지원 프로그램은 장애아동과 가족의 삶에 변화를 가져다주며 가족들 스스로의 필요를 충족시킬 수 있는 환경을 구성할 수 있게끔 하며 가족 스스로 자립적인 문제해결 능력을 지니고 있음을 깨닫게 도와준다. 이를 통해 장애자녀와 가족들은 자신들의 삶이 질적으로 향상되는 것을 알게 된다. 나아가 장애를 가진 자녀는 자립적인 사회인으로 살아갈 수 있는 자기 역량을 강화해 나가게 된다.

### 3) 비형식적 지원

지원은 학교, 사회복지기관, 치료 및 의료기관의 전문기관과 전문가 등 공적관계에서 받는 형식적 지원과 가족이나 친구, 이웃 등 사적 관계에서 받는 비형식적 지원으로 나눌 수 있다. 가족은 형식적 지원뿐만 아니라 비형식적 지원도 필요로 한다. 두 차원의 충분한 지원이 장애아동 부모의 성공적인 적응에 중요한 변인이므로 장애아동의 가족에게 이들이 필요로 하는 다양한 지원을 제공하여야 한다.

장애인복지실천이 특별한 전문가의 서비스나 치료로만 이루어진다면, 이것은 매우 한계가 있고 답답할 것이다. 이에 사회복지사들은 비형식적 지원의 긍정적 효과의 가능성을 인정하는 것이 중요하다. 비형식적 지원의 효과는 매우 크므로 비형식적 지원이 무시되어서는 안 된다. 던스트와 그의 동료들(1988)은 "가족의 욕구들은 형식적 지원보다는 가능한 정도까지 비형식적 지원의 이용을 증진시킴으로써 충족되어야만 한다."고 하였다.

비형식적 지원은 배우자, 친척, 함께 일하는 사람, 사회적 기관들, 친구와 이웃 등을 포함한다. 교회도 상담과 탁아의 형태를 제공함으로써 가족에게 사회·정서적 지원과 직접적 지원을 제공한다. 부모들은 비슷한 상황에 있는 다른 가족들과 자신이 경험하고 있는 스트레스나 좌절에 대한 자신들의 관심사를 이야기함으로써 정서적 지원을 받고자 하기도 하고 특정 관심이나 전문성을 중심으로 구성된 사회적 조직망을 통해서 지원받기를 원하는 경우도 있다.

그러므로 사회복지사들은 "부모를 돕는 부모들"과 같은 장애를 가진 자녀를 가진 부모들이 모임에서 장애 자녀와 관련된 이야기를 서로 터놓고 할 수 있는 사회적 조직망을 형성하도록 도움을 주고 지원해 주어야만 한다(박지연 외 역, 2006). 이러한 지원에는 부모가 원할 때, 처음 모임에 동행해 주는 것도 포함된다. 그리고 가족 참여를 어머니뿐만 아니라 아버지와 형제를 포함한 가족교육 프로그램으로 확대해 실시하되, 가족 구성원 전체를 대상으로 한 프로그램뿐만 아니라 개인별 가족 구성원을 대상으로 한 프로그램 또한 실시할 필요가 있다.

# 8 장애인복지 시설과 기관

이번 장에서는 우리나라에서 장애인복지서비스 전달을 최일선에서 담당하고 있는 장애인복지시설 및 기관에 대해 소개하고자 한다. 장애인복지시설은 장애인복지법 제58조에 의하여 장애인 거주시설, 장애인 지역사회재활시설, 장애인 직업재활시설, 장애인 의료재활시설, 장애인 생산품판매시설로 분류할 수 있다. 이외에 장애인복지서비스를 제공하는 대표적인 기관으로 장애인 자립생활지원센터, 발달장애인지원센터, 장애인 권익옹호기관을 중심으로 살펴보고자 한다.

## 제1절 장애인 거주시설

### 1. 장애인 거주시설의 개념 및 현황

「장애인복지법」 제58조는 장애인거주시설을 '거주공간을 활용하여 일반가정에서 생활하기 어려운 장애인에게 일정기간 동안 거주 · 요양 · 지원 등의 서비스를 제공하는 동시에 지역사회생활을 지원하는 시설'로 규정하고 있다. 2011년 「장애인복지법」 개정 전에는 장애인생활시설이라는 명칭을 사용하였으나, 이러한 용어는 장애인을 대규모 수용하거나 혹은 시설 내에서 모든 생활이 이루어진다고 하는 부정적 개념을 담고 있다는 지적이 제기되었고(김용득, 2008), 지역사회에서의 삶을 강조하는 측면에서, 그리고 한 공간에서 24시간 생활하는 개념이 아닌 일반가정의 주택에서 거주하는 개념으로 전환하여야 한다는 것을 강조하여 거주시설이라는 용어를 사용하게 되었다.

**표 8-1** 장애인생활시설에서 장애인거주시설로의 명칭 변화

| 개정 전 | 개정(2011. 3. 30) 이후 |
|---|---|
| 제58조 (장애인복지시설) | 제58조 (장애인복지시설) |
| ① 장애인복지시설의 종류는 다음의 각 호와 같다.<br>1. 장애인생활시설: 장애인이 필요한 기간 생활하면서 재활에 필요한 상담·치료·훈련 등의 서비스를 받아 사회복귀를 준비하거나 장애로 인하여 장기간 요양하는 시설 | ① 장애인복지시설의 종류는 다음의 각 호와 같다.<br>1. 장애인거주시설: 거주공간을 활용하여 일반가정에서 생활하기 어려운 장애인에게 일정 기간 동안 거주·요양·지원 등의 서비스를 제공하는 동시에 지역사회 생활을 지원하는 시설 |

장애인 거주시설 운영의 기본이념은 '이용장애인의 보호, 재활 및 사회복귀에 최대의 노력을 경주하여야 하고, 시설 및 장애인이 정치활동, 영리활동 및 본인의 의사에 반한 특정 종교활동 등의 부당한 목적에 이용되지 않도록 하여야 하며, 정당하지 않은 이유로 입소 또는 통원을 거부하여서도 안 되고, 인도주의적 원칙하에 이를 이용하는 장애인의 인간적 존엄성과 기본적 권리가 항상 유지되도록 노력하여야 한다'라고 명시되어 있다(보건복지부, 2019e).

법정 장애인 거주시설의 종류는 장애유형별 거주시설, 중증장애인 거주시설, 장애영유아 거주시설, 장애인 단기거주시설, 장애인 공동생활가정 등이 있으며, 이 중 장애유형별 거주시설, 중증장애인 거주시설, 장애영유아 거주시설은 운영상에 있어 유사한 측면이 많다. 각 시설의 기능을 살펴보면 〈표 8-2〉와 같다.

**표 8-2** 장애인 거주시설의 종류 및 기능

| 구 분 | 기 능 |
|---|---|
| 장애유형별 거주시설 | 장애유형이 같거나 유사한 장애를 가진 사람들을 이용하게 하여 그들의 장애유형에 적합한 주거지원, 일상생활지원, 지역사회생활지원 등의 서비스를 제공하는 시설 |
| 중증장애인 거주시설 | 장애의 정도가 심하여 항상 도움이 필요한 장애인에게 주거지원, 일상생활지원, 지역사회생활지원, 요양서비스를 제공하는 시설 |
| 장애영유아 거주시설 | 6세 미만의 장애영유아를 보호하고 재활에 필요한 주거지원, 일상생활지원, 지역사회생활지원, 요양서비스를 제공하는 시설 |
| 장애인 단기거주시설 | 보호자의 일시적 부재 등으로 도움이 필요한 장애인에게 단기간 주거서비스, 일상생활지원서비스, 지역사회생활서비스를 제공하는 시설 |
| 장애인 공동생활가정 | 장애인들이 스스로 사회에 적응하기 위하여 전문인력의 지도를 받으며 공동으로 생활하는 지역사회 내의 소규모 주거시설 |

출처: 장애인복지법 시행규칙 [별표 4] 재구성

장애인 거주시설은 2017년 12월 말 기준, 총 1,517개소가 있으며, 장애유형별 시설 중 지체장애인 39개, 시각장애인 17개, 청각언어장애인 7개, 지적장애인 313개소이고, 중증

장애인 233개, 장애영유아 9개, 단기거주시설 147개, 공동생활가정 752개소이다. 시설을 이용하고 있는 장애인들의 현황을 포함하여 이를 정리하면 〈표 8-3〉과 같다.

**표 8-3** 장애인 거주시설 현황

| 구 분 | 인 원 | 시설 수 |
|---|---|---|
| 지체장애인시설 | 1,690 | 39 |
| 시각장애인시설 | 700 | 17 |
| 청각언어장애인시설 | 232 | 7 |
| 지적장애인시설 | 12,008 | 313 |
| 중증장애인요양시설 | 10,996 | 233 |
| 장애영유아시설 | 429 | 9 |
| 단기거주시설 | 1,699 | 147 |
| 공동생활가정 | 2,939 | 752 |
| 계 | 30,693 | 1,517 |

출처: 보건복지부(2018a). 2018년 장애인복지시설 일람표

## 2. 장애인 거주시설의 서비스 내용

### 1) 장애유형별 · 중증장애인 · 장애영유아 거주시설

장애인 거주시설 중 장애유형별 거주시설, 중증장애인 거주시설, 장애영유아 거주시설은 운영상에 있어 유사한 측면이 많다. 장애유형별 거주시설의 분류기준은 먼저 각 장애인 거주시설별로 대상 장애인이 달라지며, 또한 무료입소냐 실비입소냐에 따라 달라진다. 장애인 거주시설별 대상 장애인을 살펴보면 〈표 8-4〉와 같다.

**표 8-4** 장애인 거주시설별 입소대상 장애인

| 대상시설 | | 시설별 대상 장애인(장애등급) |
|---|---|---|
| 장애유형별 거주시설 | 지체 · 뇌병변장애인을 위한 시설 | 지체 · 뇌병변장애인(중복장애 포함) |
| | 시각장애인을 위한 시설 | 시각장애인(중복장애 포함) |
| | 청각 · 언어장애인을 위한 시설 | 청각 · 언어장애인(중복장애 포함) |
| | 지적 · 자폐성장애인을 위한 시설 | 지적 · 자폐성장애인(중복장애 포함) |
| 중증장애인거주시설 | | 1급, 2급 중증장애인 |
| 장애영유아거주시설 | | 6세 미만의 장애영유아 |

출처: 보건복지부(2019e)

장애인 거주시설의 무료입소 대상은 국민기초생활보장수급자인 등록장애인 혹은 수급자가 아닌 경우는 등록장애인으로 부양의무자가 없거나 부양의무자가 있어도 부양능력이 없거나 부양을 받을 수 없는 자, 그리고 입양기관의 보호아동이 된다. 실비입소제도는 소득수준과 무관하게 거주시설의 서비스 이용권을 보장하기 위하여 시행 중이며, 실비입소 대상자는 시설서비스 이용 욕구가 있고 거주시설 서비스가 필요하다고 인정되는 등록장애인으로, 입소대상 범위는 개별 시설 정원의 30% 수준으로 하되, 필요할 경우 지역별 실비입소 수요에 따라 지자체별로 자율적으로 결정한다. 장애인 거주시설에서 제공되는 재활사업은 의료, 심리사회, 직업, 보호, 생활지도, 특수교육, 시설이동, 보호조치 등의 기준을 갖고 각 시설의 종류에 따라 상이하게 결정된다.

### 2) 장애인 단기거주시설

장애인 단기거주시설은 보호자의 일시적 부재 등으로 도움이 필요한 장애인에게 단기간의 주거서비스, 일생생활지원서비스, 지역사회생활서비스를 제공하는 시설을 말한다. 여기서 '단기간'이란 30일 이내를 기본으로 한다. 장애인 단기거주시설은 기본적으로 첫째, 일반주택, 아파트, 연립주택 등과 같은 일반 주거형태로 하되, 신규시설을 설치하더라도 지역사회의 일반 주거지역 내에 설치할 것, 둘째, 장애인복지관 등 지역사회재활시설과 인근에 위치하도록 하여 이용장애인의 편의를 도모할 것 등이 있어, 단기거주시설 이용장애인의 시설이용 적응도 및 원가정 복귀의 효율화를 도모하고 있다(보건복지부, 2019e). 이용대상은 단기간의 보호가 필요한 장애인으로서, 1개 시설당 정원은 최소 10인 이상으로 하고 30인이 초과되지 않도록 노력해야 한다. 본 시설은 24시간 운영되며, 제공되어야 할 재활사업의 내용은 아래의 〈표 8-5〉와 같다.

**표 8-5** 장애인 단기거주시설 수행사업 내용

| 수행사업 | 서비스 내용 |
|---|---|
| 개별서비스 지원 | 이용자 개인의 희망과 욕구를 최대한 보장할 수 있도록 개별서비스지원을 계획하여 개인의 욕구와 선택을 강화하고 이용자의 참여와 권리를 보장하도록 한다. |
| 자립생활 지원 | 일상생활(식생활, 의생활, 개인위생관리, 건강관리 등)에 필요한 지식과 기술을 지원하여 장애로 인해 발생하는 의존성을 최소화시키도록 한다. |

| 수행사업 | 서비스 내용 |
|---|---|
| 사회적 인지기술 지원 | 사회의 한 구성원으로 삶을 영위할 수 있도록 지역사회를 바르게 이해시키는 교육으로 사회적응훈련을 통해 진정한 사회통합을 이루도록 한다. |
| 정서안정 · 여가 지원 | 단조로운 일과에 변화를 주고 새로운 환경과 정보를 접할 수 있도록 야외활동, 취미생활, 종교활동 및 정서안정 지원활동을 통한 사회적응력을 키우고 배운 기술이 일반화되도록 한다. |
| 기타 | 이용장애인과 그 가족과의 상담을 통해 욕구를 파악하여 지원한다. |

출처 : 보건복지부(2019e)

### 3) 장애인 공동생활가정

장애인 공동생활가정(group home)은 장애인들이 장애인복지 전문인력의 지원을 받으며 공동으로 생활하는 지역사회 내 소규모 주거시설을 말한다. 그 목적은 지역사회 내 일반주택을 이용하여 장애인들이 스스로 사회에 적응하도록 가정생활, 사회활동 등의 자립생활을 지원하는 데 있다(보건복지부, 2019e).

장애인 공동생활가정의 입주정원은 1개소당 네 명 이내로 하며, 전문인력은 1개소당 사회재활교사 1인을 배치한다. 입주대상자는 시설 및 재가장애인으로서 그룹홈에서 생활하는 것이 재활 및 자립에 더 효과적이라고 인정되는 자, 낮시간 동안 근로, 고용훈련, 교육 및 재활훈련 등에 참여하고 있는 자, 혹은 사회재활교사의 도움을 받아 공동생활을 하는 데 큰 지장이 없는 자 중에서 입주를 희망하는 본인, 부모 또는 보호자의 신청으로 선발하게 된다.

입소한 입주자는 사회구성원으로서 자신의 책임하에 개인생활과 공동생활의 구성원으로서 의무를 지키면서 사회적 자립을 달성함을 목적으로 설정하고, 사회재활교사와 협의하여 개인위생관리, 주택관리, 가사 등 역할부담을 하고 필요시 규정을 정할 수 있다. 또한 낮시간에는 장애인복지관, 보호작업장, 근로시설, 직장 등에 다니는 것을 원칙으로 하지만, 질병 등 특별한 사유가 있는 경우는 제외한다.

사회재활교사는 입주자들을 인격적으로 존중하며, 이들이 가정적인 분위기 속에서 정서적인 안정을 갖도록 지원하고, 입주자의 개별적인 잠재능력과 잔존능력, 특성을 최대한 고려하여 효과적이고 전문적인 교육방법을 활용하는 것이 필요하다. 또한 입주자들이 여러 사람과 대인관계를 갖도록 협조하여 지역사회자원 활용의 기회를 최대한 제공하도록 해야 한다.

그룹홈에서 운영되는 프로그램은 자립생활, 사회적응, 지역사회유대, 가족유대, 여가, 직업, 정서 등의 분야로 나뉘어 종합적으로 운영되며, 이에 대한 상세한 내용은 아래의 〈표 8-6〉과 같다.

**표 8-6** 장애인 공동생활가정 운영 프로그램 예시

| 목표 | 하위목표 | 세 부 내 용 |
|---|---|---|
| 자립 생활 | 개인위생관리 | 대 · 소변처리, 세면, 생리처리, 면도, 손·발톱 깎기, 이발, 화장품 사용 등 |
| | 건강관리 | 건강관리, 의료(보험)카드 관리, 정규적인 약물복용 확인, 종합건강검진 |
| | 식생활관리 | 식사 준비, 시장 보기, 설거지, 가스 및 가전제품 사용 등 |
| | 의생활관리 | 속옷 갈아입기, 세탁, 옷 정리, 장소와 계절에 맞는 옷 선택 |
| | 가사관리 | 열쇠 사용, 문단속, 청소, 가계부 정리, 공공요금 지불, 주문과 수선 등 |
| 사회 적응 | 사회편의시설활용 | 슈퍼, 약국, 문구점, 음식점, 이·미용실, 관공서, 세탁소, 커피숍, 목욕탕 등 |
| | 대중교통수단활용 | 시내버스, 택시, 기차, 전철 |
| | 대인관계 | 예의, 개별적인 친구관계 유지, 바른 말, 적절한 감정 표현 등 |
| | 전화사용 | 가정용 전화 · 공중전화 및 휴대폰 사용, 시외전화 |
| | 안전보행 | 횡단보도 이용, 신호등 지키기, 위험물 주의, 육고, 지하도 이용 |
| | 금융기관 활용 | 은행 이용, 통장 만들기 및 입 · 출금, 현금카드 활용, 저축 습관 |
| | 성교육 | 적절한 성 인식과 성 지식, 바람직한 이성관계, 결혼에 대한 준비 |
| | 위험에의 대처 | 길 잃었을 때 도움 요청, 위험한 상황에서 자기 방어 및 도움 요청 |
| 지역 사회 와의 유대 | 지역주민과의 교류 | 인사, 동네 청소, 상호 가정방문, 독거노인 지원, 동네 가정 돕기 |
| | 사회행사와 활동에 참여 | 반상회, 일반인들의 초대, 일반과정과의 교류, 바자회 참여, 종교활동, 축제 등에의 참여, 투표에의 참여, 소외계층 돕기 |
| | 지역주민의 활용 (자원봉사자) | 입주자와 개별적인 친분관계 맺기, 여가생활 및 지역사회활동에 함께 참여, 공동가정의 운영에 물질적·사회적으로 지원 |
| 가족 과의 유대 | 가족과의 유대 | 입주자의 가족들 초대, 입주자와 가족원들의 상호 안부 |
| | 가정방문 | 입주 · 퇴거 시 가정환경 조사를 위한 직원의 방문 |
| | 휴가 | 주말 휴가(2~3일), 동 · 하계 휴가(7~14일) |
| 여가 생활 지원 | 여가생활 | 스포츠 관람, 산책, 독서, 컴퓨터, 음악, 영화와 연극 관람, 헬스 등 |
| | 여가기술습득 | 탁구, 배드민턴, 수영, 볼링, 화훼, 사진촬영기술 지도 |
| 직업 생활 지원 | 직장생활상담 | 담당 업무의 난이도와 직장 내에서의 대인관계, 출 · 퇴근지원 |
| | 직장과 관련된 사람들과의 관계 | 안정된 직장생활을 유지하는 데 영향력 있는 사람들 초대, 빈번한 교류 |
| | 취업알선 및 교육 | 취업지의 소개, 전직훈련, 직업교육 위탁 등 |

| 목표 | 하위목표 | 세 부 내 용 |
|---|---|---|
| 정서 안정 | 가족적인 분위기 조성 | 구성원 간의 분위기를 편안하고 안락하게 하기 위해 대화, 개인의 사생활과 개인용품의 확보, 존중, 실내 · 외 환경을 밝고 가정적인 분위기로 장식 |
| | 개별적인 생일파티 | 개개인의 생일을 축하함으로써 자존감 증진 |
| | 행동수정 | 폭력행동, 불안행동, 야뇨증, 손톱 물어뜯기, 눈 마주침, 지시 따르기, 남의 물건 인정 |
| | 개별상담 | 장래에 대한 희망과 책임감, 권리행사에 대한 지원, 대인관계에서 비롯되는 갈등과 고민에 대한 경청, 조언, 정보제공, 정서적 지지 |
| | 집단상담 | 공통의 문제에 대해 토론을 유도, 자기 표현력과 타인의 의견을 수렴하는 경험 |
| | 위기개입 | 도벽, 싸움, 공격적인 행동 등의 문제행동에 대한 즉각적인 조치, 사고 등의 긴급한 상황에 대한 신속한 개입과 조치 |
| | 부모상담 | 입주자 부모의 효과적인 역할을 인식케 하고 수행하도록 지원 |

출처 : 인천광역시(2019). 2019 장애인복지 사업안내

## 제2절 장애인 지역사회재활시설

### 1. 장애인 지역사회재활시설의 개념 및 현황

「장애인복지법」 제58조는 장애인 지역사회재활시설을 '장애인을 전문적으로 상담 · 치료 · 훈련하거나 장애인의 일상생활, 여가활동 및 사회참여활동 등을 지원하는 시설'로 규정하고 있다. 장애인 지역사회재활시설은 장애인이 지역사회에서 자립적인 삶을 영위할 수 있도록 전반적인 서비스를 제공하는 시설로 장애인 거주시설과의 차이는 거주기능을 제공하지 않는다는 점에서 주된 기능을 달리한다. 장애인 지역사회재활시설은 다음의 〈표 8-7〉과 같이 9개 유형으로 분류할 수 있다.

**표 8-7** 장애인 지역사회재활시설의 종류 및 기능

| 종 류 | 기 능 |
|---|---|
| 장애인복지관 | 장애인에 대한 각종 상담 및 사회심리 · 교육 · 직업 · 의료재활 등 장애인의 지역사회생활에 필요한 종합적인 재활서비스를 제공하고 장애에 대한 사회적 인식 개선사업을 수행하는 시설 |
| 장애인 주간보호시설 | 장애인을 주간에 일시 보호하여 장애인에게 필요한 재활서비스를 제공하는 시설 |

| 종 류 | 기 능 |
|---|---|
| 장애인 체육시설 | 장애인의 체력증진 또는 신체기능 회복활동을 지원하고 이와 관련된 편의를 제공하는 시설 |
| 장애인 수련시설 | 장애인의 문화 · 취미 · 오락활동 등을 통한 심신수련을 조장·지원하고 이와 관련된 편의를 제공하는 시설 |
| 장애인 생활이동지원센터 | 이동에 상당한 제약이 있는 장애인에게 차량 운행을 통한 직장 출퇴근 및 외출 보조나 그 밖의 이동서비스를 제공하는 시설 |
| 장애인 수어통역센터 | 의사소통에 지장이 있는 청각·언어장애인에게 수어통역 및 상담 서비스를 제공하는 시설 |
| 점자도서관 | 시각장애인에게 점자간행물 및 녹음서를 열람하게 하는 시설 |
| 점자도서 및 녹음서 출판시설 | 시각장애인을 위한 점자간행물 및 녹음서를 출판하는 시설 |
| 장애인 재활치료시설 | 장애아동을 포함한 장애인에게 언어 · 미술 · 음악 등 재활치료에 필요한 치료, 상담, 훈련 등의 서비스를 제공하고 서비스를 이용한 자로부터 비용을 수납하여 운영하는 시설 |

출처 : 장애인복지법 시행규칙 [별표 4] 재구성

장애인 지역사회재활시설은 2017년 12월 말 기준으로 총 1,314개소가 있으며, 장애인복지관 237개소, 주간보호시설 690개소, 장애인 체육시설 33개소, 장애인 생활이동지원센터 157개소, 수어통역센터 194개소, 점자도서관 20개소, 점자도서 및 녹음서 출판시설 1개소, 장애인 수련기관 1개소가 있다. 이를 정리하면 〈표 8-8〉과 같다.

표 8-8 장애인 지역사회재활시설 현황

| 종류 | 개소 수(단위 : 개소) |
|---|---|
| 장애인복지관 | 237 |
| 장애인 주간보호시설 | 690 |
| 장애인 체육시설 | 33 |
| 장애인 생활이동지원센터 | 157 |
| 장애인 수어통역센터 | 194 |
| 점자도서관 | 20 |
| 점자도서 및 녹음서 출판시설 | 1 |
| 장애인 수련기관 | 1 |
| 계 | 1,314 |

출처 : 보건복지부(2018a). 2018년 장애인복지시설 일람표

## 2. 장애인 지역사회재활시설의 서비스 내용

여기에서는 장애인 지역사회재활시설의 전체 유형 중 2019년 보건복지부의 장애인복지시설 사업안내에 설명되어 있는 장애인복지관, 장애인 주간보호시설, 장애인 체육시설, 장애인 생활이동지원센터, 장애인 수어통역센터 등 5개 유형의 서비스 내용에 초점을 두어 다루고자 한다.

### 1) 장애인복지관

장애인복지관은 관할 지역 내 장애인의 복지증진을 위해 종합적인 재활과 자립지원서비스를 제공하는 장애인복지센터로서의 기능과 역할을 충실히 수행할 수 있도록 필요한 사업을 선정하여 수행할 수 있다. 〈표 8-9〉는 대표적으로 이루어지는 아홉 가지의 사업을 예시적으로 정리한 것이다. 복지관에 따라 이러한 사업들 중 일부를 진행하기도 하며, 장애유형별로 특화된 복지관의 경우에는 자체 사업이 추가되기도 한다. 최근에는 장애인에 대한 사례관리 기능 및 권익옹호 기능이 강조되고 지역사회와의 네트워크가 더욱 더 중요해지고 있는 추세이다.

**표 8-9** 장애인복지관의 주요 기능 및 사업

| 구분 | 대분류 | 중분류 | 주요사업 예시 |
|---|---|---|---|
| 1 | 상담 · 사례관리 | 사례 발굴 | 사례관리자 발굴 및 상담, 사례대상자 연계 |
| | | 접수 및 사정 | 접수상담, 각종 진단 및 사정 |
| | | 개입계획 | 개별지원계획 수립 및 의뢰, 연계, 사례관리 계획수립(단순, 일반, 집중) |
| | | 개입 | 긴급대상자 위기사례관리, 집중관리대상자 사례관리, 직접서비스 제공, 자원연계 및 서비스 중개, 모니터링 및 재사정, 종결 및 사후관리 |
| | | 지역회의 | 지역사회 통합사례회의, 지역사회 솔루션위원회 |
| 2 | 기능강화 지원 | 운동 · 지각 향상 | 운동발달(물리치료), 작업활동(작업치료), 다감각촉진활동(심리안정치료, 심리이완치료, 심리안정 반응촉진치료 등), 수중운동, 감각통합활동 |
| | | 의사소통 향상 | 언어활동(언어치료) |
| | | 학습능력 향상 | 특수교육 |
| | | 사회적응력 향상 | 심리운동, 특수체육, 음악활동(음악치료), 미술활동(미술치료), 놀이활동(놀이치료) |
| 3 | 장애인 가족지원 | 상담 및 교육 | 가족지원 전문상담, 정보제공, 가족교육 |
| | | 가족기능강화 | 가족 휴식지원, 가족조력교실, 중도장애인 가족지원, 가족역량강화지원(부모역할, 부부관계지원, 비장애형제지원, 부모모임지원 등) |
| | | 양육지원 | 가족돌봄지원, 케어서비스(주간 및 단기보호), 방과 후교실, 방학프로그램, 야간 및 주말프로그램, 가족단위 문화프로그램 |

| 구분 | 대분류 | 중분류 | 주요사업 예시 |
|---|---|---|---|
| | | 여성장애인 복지 증진 | 여성장애인 상담실 및 쉼터운영, 임신 · 출산 · 양육 · 가사보조활동 지원, 결혼 주선 등 |
| | | 장애인 무료급식 | 결식우려 장애인 무료급식소(식당) 운영, 거동불편 저소득 재가장애인 식사배달 등 |
| 4 | 역량강화 및 권익 옹호지원 | 역량강화 및 지역 사회참여 활동지원 | 동료상담, 자조모임 육성, 동아리활동 지원, 주거서비스, 이동지원서비스, 보조기구 관리, 수리, 임대 |
| | | 권익옹호 | 장애인차별금지법 준수운동 권리침해 해소, 인권옹호, 법률적인 지원 |
| | | 정보제공 | 장애인정보화교육 등 정보화지원, 시각장애인 도서(시청각자료 등) 제작 · 출판 · 보급 · 대여, ARS 운영, BBS 운영 |
| | | 수어관련 | 수어교실, 수어통역 봉사원 양성 및 파견, 수어자막 및 비디오 등 영상물 제작 · 보급 · 대여 등 |
| 5 | 직업지원 | 직업상담 및 평가 | 직업상담, 직업평가, 구인 및 구직상담 |
| | | 전환교육 | 전환교육, 중등/고등 직업준비프로그램 |
| | | 직업적응 및 역량 개발훈련 | 직업적응훈련, 직업훈련, 취업알선(지원고용 등), 현장훈련, 취업 후 지도 |
| | | 사업체 개발 및 관리 | 사업체 개발, 사업체 관리 |
| 6 | 지역사회 네트워크 | 지역사회장애인 복지 서비스 개발 및 지원 | 지역유관기관 장애인복지서비스 자문, 장애인서비스 개발컨설팅 |
| | | 지역의 사회통합 환경조성 | 장애인 및 장애인 가족에 대한 인식개선, 장애발생예방 캠페인, 지역사회통합 환경 진단 및 계획수립 |
| | | 주민조직 지원 | 주민조직체 형성 및 교육, 지역행사 및 정보제공 |
| | | 민간협력 네트워크 구축 | 지역사회복지협의체 활동, 각종 지역위원회 활동,<br>지역사회장애인 중심기관 역할 |
| | | 지역자원개발 및 관리 | 자원봉사자 발굴, 교육, 활동, 관리, 후원자 개발 및 관리 |
| 7 | 문화여가 지원 | 문화 및 스포츠 지원 | 스포츠 · 문화여가 프로그램, 문화예술인 및 스포츠선수 육성, 체육관 및 수영장 운영 |
| | | 평생교육 | 평생교육, 취미활동 지원 |
| | | 정보접근 지원 | 정보화교육 |
| 8 | 사회서비스 지원 | 장애인 활동지원 | 활동보조, 방문간호, 방문목욕 |
| | | 장애아동 재활치료 | 언어 · 청능치료, 미술 · 음악치료, 행동 · 놀이 · 심리운동치료, 기타 재활서비스, 장애조기발견 및 발달진단서비스, 중재를 위한 부모상담 서비스 |
| 9 | 운영지원 및 기획 | 총무 | 인사 및 조직관리, 각종위원회 운영, 회계 및 문서관리, 시설 및 차량관리, 식당 운영 |
| | | 기획 | 사업계획 수립 및 평가, 조사연구사업, 직원개발사업, 실습지도 |
| | | 홍보 | 홍보물제작, 지역홍보, 온라인홍보 및 홈페이지 운영, 견학안내 |
| | | 고객만족 윤리경영 | 이용자 참여, 고객만족사업, 윤리경영 |

출처 : 보건복지부(2019e)

### 2) 장애인 주간보호시설

장애인 주간보호시설은 장애인을 주간에 일시 보호하여 장애인에게 필요한 재활서비스를 제공하는 시설을 말한다. 이는 다른 사람의 도움 없이는 일상생활 및 사회생활을 영위하기 어려운 장애인에게 낮시간 동안 활동 위주의 프로그램 및 교육지원 등의 기회를 제공하여 장애인 가족 구성원이 안심하고 사회·경제활동을 영위할 수 있도록 하는 목적으로 운영되고 있다(보건복지부, 2019e).

주간보호시설의 수행사업을 살펴보면, 재활치료사업, 여행·견학 및 취미생활지원, 교육지도, 자원봉사자 개발 및 실습생 교육지도, 교통편의 제공, 상담 등이 있으며, 이에 대한 세부적인 내용은 〈표 8-10〉과 같다.

표 8-10 장애인 주간보호시설 수행사업

| 사업구분 | 세부내용 |
|---|---|
| 재활치료사업 | ■ 물리치료, 작업치료 및 일상생활훈련 등을 통해 자립생활능력을 배양 |
| 여행, 견학 및 취미생활 지원 | ■ 단조로운 보호시간에 변화를 주고 새로운 환경과 정보를 접할 수 있도록 여행·견학 등을 실시하고 취미생활 및 정서함양을 통한 자기발전을 도모 |
| 교육지도 | ■ 일상생활에 필요한 언어·인지 및 사회 등을 교육 |
| 자원봉사자 개발 및 실습생 교육지도 | ■ 보호시설에서 활용할 수 있는 자원봉사자를 발굴, 양성하고 장애인에 대한 이해와 가정에서 필요한 각종 재활교육을 실시 |
| 기타 | ■ 차량, 인력 등 허용범위 내에서 장애인 주간보호시설 이용을 위한 교통편의를 제공<br>■ 보호시설을 이용하는 장애인과 그 가족과의 상담 등을 통해 욕구를 파악하고, 자원봉사자들을 통한 목욕 및 이·미용 서비스를 제공하고 중식 및 간식을 제공 |

출처: 보건복지부(2019e)

### 3) 장애인 체육시설

장애인 체육시설은 「장애인복지법」 제28조 및 제29조, 제58조 「장애인 건강권 및 의료접근성 보장에 관한 법률」 제15조에 근거하여 장애인의 체육활동을 통한 신체기능 회복과 재활을 목적으로 설치되었으며, 이용 우선대상은 지역 내 시설(특수학교 포함) 및 재가장애인으로 하되, 지역 실정을 감안하여 지역주민이 함께 이용토록 하여 사회통합에 기여하게 할 수 있다(보건복지부, 2019e).

현재 대부분의 장애인 체육시설은 장애인의 신체기능 회복을 위한 재활프로그램을 중심으로 운영되고 있으며, 일반 장애인보다는 전문 장애인선수들이 주로 이용하고 있다. 장애인체육관 설립 목적의 범위 내에서 장애인체육관련 각종 국제대회 파견 및 국내 주요 대회 참가선수 훈련 시 적극 개방하고 있는데, 향후에는 신체재활이나 엘리트 스포츠 중심의 접근에서 벗어나, 치료만의 목적이 아닌 생활체육 중심의 프로그램을 확대하고, 일반장애인들의 접근이 보다 용이할 수 있도록 시설운영 방향을 전환할 필요가 있다. 장애인 체육시설의 주요사업을 살펴보면, 아래의 〈표 8-11〉과 같다.

표 8-11 장애인 체육시설의 주요사업

| 사업분야 | 사업내용 |
|---|---|
| 운영지원사업 | 기획 · 홍보, 조직 · 인사, 총무 · 회계, 장애인권익지원, 윤리경영, 고객지원(안내), 고객복리후생(구내식당, 매점, 휴게실 등) 등 |
| 시설관리사업 | 전기설비 · 영선 등 기관실관리, 상하수 및 수질관리, 소방안전, 장애인 편의증진시설관리, 셔틀차량운영, 시설환경관리(탈의실, 미화, 주차관리) 등 |
| 재활체육사업 | 운동상담, 신체측정평가 및 재활체육계획수립 등<br>- 재활운동(특수체육, 맞춤형 개별운동 등)<br>- 수중재활(뇌병변, 척수손상, 관절질환 등)<br>- 수중운동(심리수중운동, 아쿠아로빅 등) |
| 생활체육사업 | 기초체력증진(헬스장), 종목별 장애인생활체육 프로그램 운영, 어울림생활체육 프로그램 운영, 각종생활체육대회 개최 및 참가지원 등 |
| 문화여가사업 | 여행지원, 계절스포츠캠프, 각종문화여가 및 행사지원, 체험행사지원 등 |
| 지역연계체육사업 | 시설대관, 체육동호회지원, 찾아가는 체육서비스, 자원개발(후원, 자원봉사자, 재능기부 등) |
| 사회서비스사업 | 발달재활서비스, 장애인 건강권법(재활운동 및 체육), 스포츠강좌이용권 등 |

출처 : 보건복지부(2019e)

### 4) 장애인 생활이동지원센터

장애인 생활이동지원센터란 이동에 상당한 제약이 있는 장애인에게 차량운행을 통한 직장 출 · 퇴근 및 외출 보조, 기타 이동서비스를 제공하는 시설로서, 장애인의 이동권 보장과 사회활동 기회를 확대하기 위한 서비스 제공을 목적으로 운영되고 있다(보건복지부, 2019e).

장애인 생활이동지원센터의 이용대상은 센터가 소재한 지역의 「장애인복지법」 제32조에 의한 등록장애인을 우선으로 하되, 인근 지역 장애인의 요청이 있는 경우 센터 업무의 특별한 사정이 없는 한 이용할 수 있도록 지원한다. 단, 지자체의 실정에 따라 이용장애인의 유형과 등급을 제한할 수 있으며(보건복지부, 2019e), 현재는 대부분의 지자체에서 시각장애인, 지체장애인 등을 주 이용대상자로 설정하고 있다.

장애인 생활이동지원센터의 사업내용을 살펴보면, 이동에 제약이 있는 장애인에게 차량운행을 통하여 민원업무 보조, 직장 출·퇴근, 시장 보기, 외출 보조 및 병원이용 보조 등 각종 이동서비스 및 안내 보조 등을 들 수 있다.

향후 보다 나은 장애인 생활이동지원센터의 운영을 위해서는 현재 시각장애인에게 집중되어 있는 이용대상층을 지체장애인 및 기타 거동불편 장애인으로 확대할 필요가 있으며, 차량 개조 등을 통해 다양한 장애인에게 서비스가 제공될 수 있도록 해야 할 필요가 있다. 또한 센터의 이용을 위한 선착순 예약제에서, 서비스 대상 우선순위 결정에 장애종류 및 정도, 소득수준, 이용목적 등을 반영한 방법으로 전환하는 것을 고려해야 할 것이다. 그리고 장애인 콜택시, 기타 장애인복지기관과의 네트워크 강화를 통해 서비스접근성을 향상시키는 것 역시 중요한 과제가 된다(이호상, 2005).

### 5) 수화(수어)통역센터

수어통역센터는 의사소통에 지장이 있는 청각·언어장애인에 대한 수어통역 및 상담서비스를 제공하는 시설로서, 원활한 일상생활 및 사회생활을 도모하기 위한 서비스 제공을 목적으로 운영되고 있다(보건복지부, 2019e).

수어통역센터의 이용대상은 「장애인복지법」 제32조에 의거하여, 센터가 소재한 지역의 등록 청각·언어장애인을 우선으로 하되, 센터 소재지 외의 인근 지역 등록 청각·언어장애인과 업무적으로 의사소통을 할 필요가 있는 관내 주요 관공서, 기타 청각·언어장애인과 의사소통이 필요한 일반 개인 등으로부터 요청이 있는 경우 특별한 사정이 없는 한 이용할 수 있도록 지원해야 한다(보건복지부, 2019e).

수어통역센터의 사업내용을 살펴보면, 다음 〈표 8-12〉와 같다.

**표 9-12** 수어통역센터의 주요 사업

| 사업 구분 | 세부내용 |
|---|---|
| 청각 · 언어장애인 상담지도 | 개별상담(접수, 의료, 직업, 일반상담) 및 사후관리 |
| 출장 수어통역서비스 제공 | 각종 민원해결(법률, 취업, 관공서 이용), 가족문제 상담, 심리적 부적응에 대한 출장서비스 |
| 기타 | 기타 예산의 범위 내에서 수어교육 및 보급사업, 청각·언어장애인의 복지 증진을 위한 사업 |

출처 : 보건복지부(2019e)

# 제3절 장애인 직업재활시설

## 1. 장애인 직업재활시설의 개념 및 현황

「장애인복지법」 제58조는 장애인 직업재활시설을 '일반 작업환경에서는 일하기 어려운 장애인이 특별히 준비된 작업환경에서 직업훈련을 받거나 직업생활을 할 수 있도록 하는 시설'로 규정하고 있다. 장애인 지역사회재활시설의 목적은 장애인이 자신의 능력과 적성에 맞는 직업생활을 통하여 인간다운 생활을 할 수 있도록 장애인 직업재활과 관련된 제반 서비스(보호고용, 직업상담, 직업능력평가, 직업적응훈련, 직업훈련, 작업활동, 취업알선, 취업후 지도, 장애인생산품 판매 및 판로 확대 등)를 제공하고 취업기회를 제공하여 직업을 통한 장애인의 자활 · 자립을 도모하는 데 있다. 장애인 직업재활시설은 다음의 〈표 8-13〉과 같이 3개 유형이 있으며 각 시설의 종류와 기능을 살펴보면 다음과 같다(보건복지부, 2019e).

**표 8-13** 장애인 직업재활시설의 종류 및 기능

| 종 류 | 기 능 |
|---|---|
| 장애인 보호작업장 | 직업능력이 낮은 장애인에게 직업적응능력 및 직무기능 향상훈련 등 직업재활훈련 프로그램을 제공하고, 보호가 가능한 조건에서 근로의 기회를 제공하며, 이에 상응하는 노동의 대가로 임금을 지급하며, 장애인 근로사업장이나 그밖의 경쟁적인 고용시장으로 옮겨갈 수 있도록 돕는 역할을 하는 시설 |
| 장애인 근로사업장 | 직업능력은 있으나 이동 및 접근성이나 사회적 제약 등으로 취업이 어려운 장애인에게 근로의 기회를 제공하고, 최저임금 이상의 임금을 지급하며, 경쟁적인 고용시장으로 옮겨갈 수 있도록 돕는 역할을 하는 시설 |
| 장애인 직업적응훈련시설 | 작업능력이 극히 낮은 장애인에게 작업활동, 일상생활훈련 등을 제공하여 기초작업능력을 습득시키고, 작업평가 및 사회적응훈련 등을 실시하여 장애인 보호작업장 또는 장애인 근로사업장이나 그밖의 경쟁적인 고용시장으로 옮겨갈 수 있도록 돕는 역할을 하는 시설 |

장애인 직업재활시설은 1989년 「장애인복지법」에 의해서 근로작업장과 보호작업장의 2개 유형으로 시작하여 2000년도에 근로작업시설, 보호작업시설, 작업활동시설, 직업훈련시설, 생산품판매시설 등의 5개 유형으로 분류되었다. 그후 2008년 「장애인복지법」의 개정으로 장애인 보호작업장과 장애인 근로사업장의 2개 유형으로 개편되었고, 2015년 장애인직업적응훈련시설이 추가되었다. 2017년 12월 말 기준, 총 625개소가 있으며, 장애인 보호작업장 553개, 장애인 근로사업장 62개, 장애인 직업적응훈련시설 10개소이다. 시설을 이용하고 있는 장애인들의 현황을 포함하여 이를 정리하면 〈표 8-14〉와 같다.

표 8-14 장애인 직업재활시설 현황

| 구 분 | 인 원 | 시설 수 |
|---|---|---|
| 장애인 보호작업장 | 14,960 | 553 |
| 장애인 근로작업장 | 2,724 | 62 |
| 장애인 직업적응훈련시설 | 157 | 10 |
| 계 | 17,841 | 625 |

출처 : 보건복지부(2018a). 2018년 장애인복지시설 일람표

## 2. 장애인 직업재활시설의 서비스 내용

### 1) 장애인 보호작업장

장애인 보호작업장의 이용대상은 의료, 직업능력, 심리, 교육평가 등의 결과와 초기면접의 정보들을 토대로 전문가들이 참여한 위원회에서 적격 여부를 평가한 결과, 당장 경쟁적인 고용시장이나 장애인 근로사업장에서 생산능력을 발휘하기 어려운 장애인을 대상으로 하되, 장애등급 3급 이상인 장애인이 장애인근로자의 80% 이상 유지되도록 하여야 한다(보건복지부, 2019e).

장애인 보호작업장의 근로장애인은 최소 10명 이상으로 하고, 작업활동 프로그램을 운영할 경우에도 근로장애인이 10명 이상이 되도록 하여야 한다. 장애인근로자의 임금은 최저임금 이상을 지급하기 위하여 노력하여야 하며, 장애인 보호작업장에서 작업활동 프로그램을 운영하는 경우에는 소정의 훈련수당을 지급할 수 있다(보건복지부, 2019e). 장애인 보호작업장에서 실시하는 사업운영 내용을 살펴보면, 다음의 〈표 8-15〉와 같다.

**표 8-15** 장애인 보호작업장의 사업 운영

| 구분 | 장애인 보호작업장 |
|---|---|
| 사업 운영 | ③ 재활프로그램<br>(가) 장애인 보호작업장의 재활프로그램은 장애 유형, 장애 정도, 연령별 특성과 해당시설에서 수행 중인 업종의 특성을 반영하여 계획이 수립되어야 하며, 그 계획에는 일반고용으로의 전환을 위한 내용이 포함되어야 함<br>(나) 재활프로그램은 직업적응훈련, 문제해결훈련, 직업평가, 직무기능 향상훈련, 지역사회 자원 활용 훈련의 내용으로 주 8시간 이상 실시하여야 함<br>④ 장애인 보호작업장에 작업활동 프로그램을 운영하는 시설은 장애인들이 일정 기간 훈련을 통하여 유상적인 임금을 받을 수 있도록 교육·훈련과 재활프로그램을 실시하여야 함<br>- 교육 · 훈련 : 장애인이 사회에 적응할 수 있도록 하기 위하여 장애유형, 장애 정도, 직무수준별 특성, 연령별 특성 등을 고려한 재활프로그램을 지속적으로 개발하고 실시하며, 이들이 보호고용과 지역사회에 적응할 수 있도록 지도하여야 함<br>- 재활프로그램 : 일상생활 및 가사생활훈련, 사회적응훈련, 작업훈련, 통근훈련, 취미 및 여가활동 등 |

출처 : 「장애인복지법 시행규칙」제41조 및 제42조 관련 〔별표 5〕재구성(개정 2015. 8. 3) 장애인복지시설의 종류별 사업 및 설치 · 운영기준

## 2) 장애인 근로사업장

장애인 근로사업장의 이용대상은 의료, 직업능력, 심리, 교육평가 등의 결과와 초기면접의 정보들을 토대로 전문가들이 참여한 위원회에서 적격 여부를 평가한 결과, 교육, 건축 환경의 접근성이나 적응의 문제로 경쟁적인 고용시장에서의 취업이 어려운 장애인을 대상으로 하되, 장애등급 3급 이상인 장애인이 장애인근로자의 60% 이상 유지되도록 하여야 한다(보건복지부, 2019e).

장애인 근로사업장의 근로장애인은 최소 30명 이상으로 하고, 장애인 보호작업장 프로그램이나 작업활동 프로그램을 운영할 경우에는 근로장애인이 10명 이상이 되도록 하여야 한다. 장애인근로자의 임금은 최저임금 이상을 지급하기 위하여 노력하여야 하며, 장애인 근로사업장에서 작업활동 프로그램을 운영하는 경우에는 소정의 훈련수당을 지급할 수 있다(보건복지부, 2019e). 장애인 근로사업장에서 실시하는 사업운영 내용을 살펴보면, 다음의 〈표 8-16〉과 같다.

**표 8-16** 장애인 근로사업장의 사업 운영

| 구분 | 장애인 근로사업장 |
|---|---|
| 사업운영 | ② 재활프로그램<br>(가) 장애인 근로사업장의 재활프로그램은 장애 유형, 장애 정도, 연령별 특성과 해당시설에서 수행중인 업종의 특성을 반영하여 계획이 수립되어야 하며, 그 계획에는 일반고용으로의 전환을 위한 내용이 포함되어야 함<br>(나) 재활프로그램을 필요에 따라 실시한다면 사회적응훈련, 직무기능 향상훈련, 작업 태도 및 기술훈련 그리고 직무개발 및 경쟁적인 고용시장으로의 전이를 위한 조치의 내용으로 탄력적으로 운영할 수 있음 |

출처: 「장애인복지법 시행규칙」제41조 및 제42조 관련〔별표 4〕와〔별표 5〕재구성(개정 2015. 8. 3) 장애인 복지시설의 종류별 사업 및 설치·운영기준

### 3) 장애인 직업적응훈련시설

장애인 직업적응훈련시설의 이용대상은 의료, 직업능력, 심리, 교육평가 등의 결과와 초기면접의 정보들을 토대로 전문가들이 참여한 위원회에서 적격 여부를 평가한 결과, 당장 장애인 보호작업장이나 장애인 근로사업장에서 생산능력을 발휘하기 어려운 장애등급 3급 이상인 장애인을 대상으로 하되, 장애인 직업적응훈련시설을 이용하는 장애인은 발달장애인이 80% 이상 유지되도록 하여야 한다(보건복지부, 2019e).

장애인 직업적응훈련시설을 이용하는 훈련장애인은 최소 20명 이상으로 하고, 시설은 훈련장애인이 장애인 보호작업장 또는 장애인 근로사업장이나 그밖의 경쟁적인 고용시장으로 옮겨갈 수 있도록 노력하여야 한다. 장애인 직업적응훈련시설의 훈련장애인에게는 소정의 훈련수당을 지급할 수 있다(보건복지부, 2019e). 장애인 직업적응훈련시설에서 실시하는 사업운영 내용을 살펴보면, 다음의 〈표 8-17〉과 같다.

**표 8-17** 장애인 직업적응훈련시설의 사업 운영

| 구분 | 장애인 직업적응훈련시설 |
|---|---|
| 사업운영 | ② 교육 · 훈련<br>훈련장애인의 사회통합을 위해 장애인의 유형별 · 연령별 특성 등을 고려한 재활사업을 지속적으로 개발, 실시하여야 하며, 이들의 사회적응을 위해 지도하여야 함<br>③ 재활기능 기초훈련<br>훈련장애인의 신변자립과 자립생활에 필요한 기초기능을 개인 상태에 맞추어 습득시키기 위해 아래의 내용으로 개별훈련계획에 따라 실시되어야 함<br>(가) 기초적 생활기능: 식사, 화장실 이용, 위생관리, 옷입기 등 |

| | |
|---|---|
| | (나) 건강관리 기능 : 기초영양섭취, 일상의약품 사용, 자기투약관리, 응급시 처치, 치아 보철 관리, 보조기구 관리 및 사용 등<br>(다) 의사소통 기능 : 언어개발 및 용어 사용, 상황별 의사표시방법, 전화기 사용 등<br>(라) 대인 및 사회기능 : 상호협조, 책임, 동성 및 이성관계에 따른 행동, 연령과 사회규범에 따른 행동 등<br>(마) 고용 및 작업준비 기능 : 직업 전 평가, 직업의 목적과 가치, 필요성 교육 등<br>(바) 이동 기능 : 교통수단 이용, 지리적 위치 및 방향 알기 등<br>(사) 시간관리 기능 : 시간계획 짜기, 계획에 따른 시간관리, 공동체 내에서 개인적 시간관리, 여가시간 관리 등<br>(아) 개인별 재정관리 기능 : 개인비용의 효율적 사용, 비상금의 용도 및 사용, 개인적 필요 경비 등<br>(자) 생활학습 기능 : 필요한 대화 및 사람에 대한 주의력 습득, 수/시간/장소 등과 관련된 기억능력훈련, 일상활동 구분, 변별 및 연합훈련 등<br>④ 직업기초기능훈련<br>훈련장애인이 사회적, 경제적으로 자립할 수 있도록 장애인의 직업적응과 준비, 직업적응 지도를 통하여 다음과 같은 훈련을 실시하여야 함<br>(가) 노동관련 프로그램 : 개인의 욕구에 대해 전반적인 접근(사회적, 심리적, 신체적, 학문적 접근)이 필요<br>(나) 직무수행 : 자립기능, 개인 및 대인관계 행동, 정보처리, 학습 및 대안전략, 직업적 기능 등<br>(다) 보상기능훈련 : 감각운동, 학습준비, 언어 및 행동적응훈련 등<br>(라) 직업훈련 : 구체적인 직업기술 개발 |

출처 : 「장애인복지법 시행규칙」제41조 및 제42조 관련〔별표 4〕와〔별표 5〕재구성(개정 2015. 8. 3) 장애인복지시설의 종류별 사업 및 설치 · 운영기준

## 제4절 장애인 의료재활시설

「장애인복지법」 제58조는 장애인의료재활시설을 '장애인을 입원 또는 통원하게 하여 상담, 진단 및 판정, 치료 등 의료재활서비스를 제공하는 시설'로 규정하고 있다. 장애인의료재활시설의 목적은 장애인을 위한 의료재활사업을 효율적으로 수행하도록 하는 데 있다. 장애인 의료재활시설은 2017년 12월 말 현재 전국에 19개소가 설치, 운영되고 있는데 서울에 6개, 인천과 대전, 경남에 각 2개소가 있고, 설치되지 않은 지역도 있으며 대부분 1개소씩 설치, 운영되고 있다(보건복지부, 2018e). 장애인 의료재활시설의 주요사업으로는 첫째, 입원 및 통원, 낮병원을 통한 장애인 진료, 둘째, 장애의 진단 및 포괄적이고 전문적인 재활치료, 셋째, 장애인에 대한 의료재활상담, 넷째, 장애인의 기타 질환에 대한 진단 및 치료, 다섯째, 장애인

보조기구의 제작, 판매, 검수 및 수리, 여섯째, 장애인 재활 및 재발방지에 관한 교육, 일곱째, 장애인 등록을 위한 진단 등이 있다.

## 제5절 장애인 생산품판매시설

「장애인복지법 시행규칙」 [별표 4]에 따르면, 장애인 생산품판매시설은 '장애인 생산품의 판매활동 및 유통을 대행하고, 장애인 생산품이나 서비스 · 용역에 관한 상담, 홍보, 판로개척 및 정보제공 등 마케팅을 지원하는 시설'로 규정하고 있다. 장애인 생산품판매시설은 「중증장애인생산품 우선구매 특별법」에 따른 중증장애인 생산품생산시설에서 생산되는 모든 제품에 대한 홍보와 판매 촉진을 위하여 노력하여야 하며, 그밖의 장애인복지시설 및 단체, 재가장애인이 생산하는 물품의 판매에도 노력하여야 한다.

2007년 장애인복지법이 전면 개정되기 전 장애인 생산품판매시설은 장애인 직업재활시설의 한 유형에 포함되었으나, 2018년 12월 말 현재 장애인복지시설 중 하나의 유형으로 재분류되어 운영되고 있고, 전국에 17개 시 · 도에 각 1개소씩 설치, 운영되고 있다. 장애인 생산품판매시설의 주요사업으로는 상담, 판촉, 홍보, 개발, 조달 등의 사업이 있다(보건복지부, 2019e).

## 제6절 장애인 자립생활센터

### 1. 장애인 자립생활센터의 개념 및 현황

「장애인복지법」 제54조는 중증장애인 자립생활지원센터를 '중증장애인의 자립생활을 실현하기 위하여 각종 서비스를 제공하는 기관'으로 규정하고 있다. 장애인 자립생활지원센터의 목적은 장애인을 대상으로 포괄적인 자립생활 정보제공, 권익옹호 활동, 동료상담, 자립생활기술훈련, 개인별 자립지원, 거주시설 장애인 탈시설 자립지원 등의 서비스를 통하여 장애인의 자립생활 역량강화와 지역사회에서의 다양한 사회참여 활동을 지원하는 데 있다(보건복지부, 2019d). 곧 장애인복지의 이념 중 하나인 장애인 자립생활 실현을 직접적인 목표로 하고 있는 곳으로 장애인 거주시설이나 장애인 직업재활시설 등과는 달리 장애인들의 직접적인 참여와 운영을 강조하는 특성을 갖고 있다.

아울러 장애인 거주시설과 장애인 지역재활시설은 시설로 규정되어 있으나 자립생활지원센터는 시설로 분류되지 않는다는 점에서 차이가 있다. 자립생활지원센터의 목표 중의 하나가 장애인이 시설로부터 벗어나는 탈시설을 통해 지역사회에서 삶을 살아갈 수 있도록 하는 것이기 때문에 시설로 규정되는 것은 기관의 목표와 기능상 맞지 않기 때문이다. 그러나 시설로 분류되지 않을 경우 국가 및 지방자치단체로부터 안정적인 보조금을 받기가 어려운 현실적인 문제가 상존하고 있어, 시설로 개편하자는 일부 의견도 있는 상황이다.

2018년 12월 말 현재 전국적으로 약 62개소의 자립생활지원센터가 운영되고 있다. 이를 정리하면 〈표 8-18〉과 같다.

**표 8-18** 중증장애인 자립생활지원센터 현황

| 시도 | 개소 수 | 시·도 | 개소 수 |
|---|---|---|---|
| 서울 | 7 | 강원 | 3 |
| 부산 | 6 | 충북 | 3 |
| 대구 | 5 | 충남 | 4 |
| 인천 | 4 | 전북 | 3 |
| 광주 | 4 | 전남 | 5 |
| 대전 | 3 | 경북 | 2 |
| 울산 | 1 | 경남 | 4 |
| 세종 | 1 | 제주 | 2 |
| 경기 | 5 | 합계 | 62 |

출처: 보건복지부 정보공개 사전정보공표. 중증장애인 자립생활지원센터 현황 통계표.

## 2. 중증장애인 자립생활지원센터의 서비스 내용

중증장애인 자립생활지원센터의 이용대상은 모든 장애인이 대상이 되며, 시설거주 장애인, 탈시설 장애인, 재가장애인 등 자립생활을 희망하는 장애인이 우선 지원대상이 된다. 자립생활지원센터는 중증장애인에게 자립생활지원을 제공하는 기능과 역할을 충실히 수행하기 위하여 주요 기능을 중심으로 지역적 특성 및 개발 장애인들의 욕구를 고려하여 사업을 수행한다(보건복지부, 2019d). 주요기능 중 기본사업은 중분류를 기준으로 1개 사업 이상을 수행하여야 하며, 선택은 센터 여건에 따라 특정 서비스를 한 개 이상 제공하거나 제공하지 않을 수 있다. 이를 정리하면 아래의 〈표 8-19〉와 같다.

**표 8-19** 중증장애인 자립생활지원센터 주요 기능과 사업

| 구분 | 대분류 | 중분류 | 주요사업 예시 |
|---|---|---|---|
| 기본 사업 | 권익옹호지원 | 차별예방 및 권리침해 | ■ 차별대응 및 권리구제 지원<br>■ 인권침해 긴급지원 및 자원연계<br>■ 장애인권 및 권리옹호교육<br>■ 차별 모니터링 및 구제활동 |
| | 동료상담 | 지역사회 역량 강화 활동 | ■ 제도 및 서비스 개선 및 구축활동<br>■ 정책제안 및 모니터링<br>■ 장애인권익향상 네트워크 활동 |
| | 개인별 자립지원 | 개인별 자립생활지원 및 자립생활기술훈련 | ■ 개인별 자립생활지원 계획수립 및 지원<br>■ 모니터링 및 사후지원<br>■ 자립생활기술훈련 지원 |
| | 거주시설 장애인 탈시설 자립지원 | 탈시설 장애인 자립지원 기획 및 관리 | ■ 탈시설 계획 수립 및 홍보<br>■ 탈시설 전환 간담회 및 교육<br>■ 탈시설 관련기관 협력 |
| | | 자립생활 체험홈 운영 지원 | ■ 체험홈 등 자립지원 시설 관리<br>■ 자립생활 서비스 지원 |
| 선택 사업 | 지역사회 서비스 지원 | 자립지원 서비스 | ■ 활동보조서비스<br>■ 이동서비스 및 보장구 지원<br>■ 주거서비스(주택개조, 자립생활주택 등)<br>■ 문화여가 활동<br>■ 평생교육 및 문해교육<br>■ 응급안전서비스<br>■ 자립 자원 발굴(후원개발 등) |

출처 : 보건복지부(2019d)

## 제7절 발달장애인 지원센터

발달장애인 지원센터는 「발달장애인법」 제33조에 의하면, 발달장애인의 적절한 발달과 원활한 사회통합을 촉진하기 위한 기관을 말한다. 사업목적은 「발달장애인 권리보장 및 지

원에 관한 법률(이하 발달장애인법)」에 근거하여 발달장애인 지원센터(중앙 · 지역)를 설치 · 운영하고, 발달장애인에 대한 통합적 지원체계를 마련하는 데 있다.

발달장애인 지원센터는 2018년 12월 현재 중앙 1개소, 지역(광역) 17개소가 설치, 운영되고 있는데 예산지원은 중앙센터는 국비 100%, 지역센터는 국비 50%, 지방비 50% 이상을 배정하도록 되어 있다(보건복지부, 2019f). 발달장애인 지원센터의 주요 사업은 아래의 〈표 8-20〉과 같이 정리할 수 있다.

표 8-20 발달장애인 지원센터 주요 사업

| 사업내용 | 개 념 |
|---|---|
| 개인별 지원계획 | 발달장애인이 개인의 특성을 고려한 복지서비스를 제공받을 수 있도록 수립한 개인별 복지서비스에 관한 제공계획을 일컬음 |
| 권리구제 지원 | 「발달장애인법」에 따라 센터가 행하는 유기 등 발달장애인 대상 범죄의 신고접수와 조사, 보호조치를 의미함 |
| 공공후견 지원 | 의사결정능력 부족으로 자립적인 사회생활과 법률행위를 하는 데 어려움을 겪고 있는 성인발달장애인에게 후견인을 두어 공공후견서비스를 지원함 |
| 발달장애인 부모교육지원 | 발달장애인 자녀를 둔 부모와 보호자의 양육 역량강화를 위한 전문정보 및 교육을 지원함 |

출처 : 보건복지부(2019f)

## 제8절 장애인 권익옹호기관

장애인 권익옹호기관은 모든 장애인을 위한 기관으로, 장애인 학대의 예방 및 대응, 피해장애인에 대한 지원 업무를 수행하는 전문기관이자 자립적인 장애인 학대 감시기관이라 할 수 있다(보건복지부·장애인권익문제연구소, 2017). 2018년 「장애인복지법」의 일부개정에 따른 「장애인복지법 시행령」 제36조에 의하면, 장애인 권익옹호기관의 사업목적은 장애인에 대한 학대를 예방하고, 장애인 학대로 피해를 입은 장애인(이하 피해 장애인)을 사후 지원하기 위한 전담기관을 지역사회에 설치하여 피해 장애인의 권익옹호를 강화하고자 하는 데 있다(보건복지부, 2018b).

「장애인복지법 시행령」 제36조에 따라 장애인 권익옹호기관의 운영은 공공기관 또는 장애인학대 예방 및 방지를 목적으로 하는 비영리법인 등이 보건복지부의 위탁 공모를 통해 선정되어 맡도록 되어 있다. 2018년 12월 현재 (지역)장애인 권익옹호기관은 모두 전국 17개 시 · 도에서 각 1개소씩 설치 · 운영되고 있다.

장애인 권익옹호기관의 주요 사업내용을 살펴보면, 먼저, 중앙 장애인 권익옹호기관은 지역 장애인 권익옹호기관에 대한 지원, 장애인학대 예방 관련 연구 및 실태조사, 교육과 홍보 등의 업무를 맡게 된다. 그리고 지역 장애인 권익옹호기관은 학대받은 장애인을 발견 · 보호 · 치료하기 위해 장애인학대 사건의 신고접수, 현장조사 및 응급보호, 피해 장애인에 대한 사후관리 등의 업무를 담당하고 있다. 즉 장애인 권익옹호기관의 업무는 연구, 조사 및 네트워크 구축을 통해 지역기관이 효과적으로 업무를 수행할 수 있도록 지원하는 중앙기관과 학대 신고접수 후 현장에 출동하여 사건의 처리부터 피해 장애인에 대한 사후관리까지 실질적인 역할을 수행하는 지역기관으로 분담되어 있다(보건복지부, 2018b).

이상에서 다룬 장애인복지시설과 기관들을 사회복지사는 충실하게 파악하고 있어야 한다. 장애인복지가 실천서비스로 현실화되는 실제적인 현장이 바로 장애인복지시설과 기관이기 때문이다. 사회복지사가 자신이 일하는 터전에 대한 분명한 이해를 갖고 있어야만 효과적이며 효율적인 전문화된 사회복지실천을 수행할 수 있는 것이다.

# 9 장애인복지 실천방법과 기술

사회복지사가 사회복지실천을 수행할 때, 가장 먼저 고려해야 할 사항은 서비스이용자를 이해하는 것이다. 사회복지사가 서비스이용자를 이해하는 데 있어 가장 기본이 되는 것은 “서비스이용자가 지금 어떤 상황에 처해 있는지를 분명하게 확인하고, 바로 그 처한 상황과 위치에서부터 실천개입을 시작”하는 것이다. 서비스이용자의 이야기를 경청하고, 이해하고, 서비스이용자의 문제에 대해 서비스이용자가 인식하고 있는 것을 수용하고, 사회복지실천을 시작하는 데 있어 근거가 확실한 서비스이용자의 욕구를 확인해야 한다. 특히 장애인을 대상으로 하는 사회복지사는 서비스이용자의 장애 상황에 관심을 가질 필요가 있다. 이를 위해 사회복지사는 장애를 가지고 있는 서비스이용자에게 서비스를 제공하는 데 있어서, 의사소통의 방식을 알아야 하고, 서비스이용자에게 접근이 가능할 수 있도록 해야 하며 그들에 대한 사정기술을 알아야 할 뿐만 아니라 장애를 어떻게 이해할 것인지, 서비스와 프로그램의 개발과 활용방법 등에 관해 정통해야 한다. 이러한 기술들은 장애인 서비스이용자에게 서비스를 제공하기 위해서 필요한 것뿐만 아니라 장애와 관련된 여러 쟁점에 대한 개입의 과정에도 반드시 필요한 사안들이다.

장애인을 대상으로 하는 사회복지실천을 위한 핵심적인 요소들 가운데 하나는 장애인에 대한 지식이며, 장애인에게 영향을 미치는 주요한 이슈나 논의해야 할 사항들에 관해서도 알아야 한다. 가령 척수장애인을 대상으로 사회복지실천을 수행하는 경우, 좋은 실천 지식과 조건을 갖추기 위한 기본적인 단계로서 서비스이용자의 장애 발생 당시의 상황, 장애의 진행상황, 그리고 장애의 결과로 인해 서비스이용자 개인에게 영향을 미치는 잠재적인 요인, 장애에 대한 적응 혹은 조정 등과 관련한 지식이 요구된다.

이번 장에서는 사회복지사가 장애를 가지고 있는 서비스이용자를 대상으로 사회복지실천을 수행함에 있어 가장 먼저 고려해야 할 사항인 의사소통의 문제에 관해서 먼저 살펴보면서 사회복지사가 빈번하게 만나는 몇몇 장애 유형과 장애 정도에 따라서 어떤 의사소통 기법을 활용하면 좋을지, 또한 사회복지사가 반드시 알고 습득해야 할 내용들에 대해서도 알아볼 것이다. 더욱이 사회복지실천에 있어 서비스이용자와 사회복지사 사이의 신뢰관계를 형성하는 작업이 대단히 중요한데, 장애인과 함께하는 사회복지실천에서는 어떤 측면에서 신뢰관계를 형성하고 유지할 수 있는지 등에 관해 꼼꼼하게 살펴볼 것이다. 이 외에도 장애인과 함께하는 사회복지실천에서 서비스이용자 개인과 지역사회의 사정의 방법과 내용 등을 살펴보는 일도 매우 중요하다. 이에 관해서도 구체적으로 정리해 볼 것이다. 뿐만 아니라 장애인은 개인으로서만이 아니라 지역사회의 일원으로서도 생활하게 된다. 이에 지역사회 차원까지 포함하여 장애인과 함께하는 실천 현장의 여러 장면에서 사회복지사들이 반드시 익히고 습득해야 할 실제적인 실천방법과 기술을 살펴볼 것이다.

## 제1절 의사소통과 사정

### 1. 의사소통 방법과 기술

사회복지실천에 있어 개인을 대상으로 하는 실천이나 지역사회를 중심으로 하는 실천이든지 상관없이 모든 서비스이용자와의 의사소통을 원활하게 하는 일은 매우 중요하다. 의사소통은 사회복지사와 서비스이용자의 관계 형성의 기초가 되며 사람들의 생각과 행동, 모든 인간의 삶을 이해하는 데 있어서도 가장 기본이 되는 소중한 일이다.

장애인을 대상으로 하는 사회복지실천 현장에서 사회복지사들은 종종 효과적인 의사소통이 이루어지지 못해 어려움을 경험하곤 한다. 장애는 효과적인 의사소통에 방해 요소로 작용할 뿐만 아니라 개인과 개인 간의 인간관계를 형성하고 긴밀한 상호작용을 유지해 나가는 데 있어서도 부정적으로 작용하곤 한다. 의사소통에서 발생되는 장애와 관련된 어려움은 사회복지사나 서비스이용자 혹은 두 사람 모두에게 제한이 되고 장벽이 될 가능성이 있다. 그러므로 의사소통을 원활하게 할 수 있는 능력은 대단히 중요하다. 장애를 갖고 있는 서비스이용자가 겪는 의사소통 문제의 종류에 관해 알고, 의사소통을 위해 활용할 수 있는 가능한 접근은 무엇인지를 알아가는 일은 사회복지사가 서비스이용자와 일하는 데 있어 큰 도움이 될 것이다.

한편 콤튼과 갤러웨이(Compton & Galway, 1994 : 307)에 의하면 온전한 의사소통은 한 사람이 이야기한 내용을 전달받는 다른 사람이 상대방이 이야기한 내용, 이야기한 사람의 생각, 그리고 감정 등을 완전히 이해하는 것인데, 일반적으로 온전한 의사소통이 완벽하게 이루어지는 것은 불가능한 일이다. 상대방이 진술한 내용의 타당성을 이해하는 것과 더불어 상대방이 이야기한 내용에 대해서 완전하게 이해하는 일도 아직까지는 불가능하다고 봐야 한다. 그럼에도 어느 정도는 사회복지사의 노력 혹은 헌신 등을 통해 서비스이용자와의 의사소통에서 나타나는 장애나 주변에 놓여 있는 의사소통의 장벽들을 극복할 수 있다. 무엇보다도 서비스이용자의 장점과 능력을 활용하는 방법을 사용함으로써 그리고 사회복지사의 기술을 효과적으로 사용함으로써 의사소통의 문제로 인해 발생하는 다양한 장벽들을 극복할 수 있는 것이다.

사람들이 다른 사람들과의 의사소통을 하는 데 있어 어떤 의사소통이 효과적인가를 안내해 주는 일반적인 지침들이 있다. 여기에서 제시되는 의사소통을 위한 기본 지침은 장애인을 대상으로 수행되는 사회복지실천에서 활용되는 장애인과의 의사소통에도 마찬가지로 기본이 되고 있다. 쉐퍼, 호레이시와 호레이시(Sheafor, Horejsi & Horejsi, 2000 : 136-137)가 제안한 의사소통의 진행과정은 계획(planning), 전송(sending), 그리고 수신(receiving) 단계를 거치게 된다. 의사소통 계획 단계에는 반드시 시간에 대한 고려가 있어야 하며, 의사소통의 기본적인 특징을 만들어 나가야 한다. 그리고 전송 단계에는 어떻게 메시지를 조직함으로써 메시지를 전달받는 사람의 혼돈을 줄이고 잘못 이해하는 실수를 최소화시킬 수 있을 것인가를 고려하게 된다. 수신이 이루어지는 과정에는 언어의 사용을 단순하고 명확하게 하는 것이 기본이며 복합적인 메시지를 여러 개로 나누어 단순한 메시지, 그리고 구분이 확실한 메시지로 만드는 작업이 요구된다. 이 외에도 행동, 몸짓 등 비언어적인 의사소통을 인식할 수 있어야 하며, 이를 통해 언어적 혹은 비언어적인 의사소통이 동시에 함께 사용하는 일이 가능하게 된다. 수신의 단계에는 의사소통에 관심을 가질 수 있도록 하는 신호를 주는 것이 중요하다. 의사소통의 신호를 주는 것은 그 대화에 집중하게 되고, 방해하는 것을 피할 수 있게 되고, 의사소통의 메시지와 관련된 내용을 질문할 수 있고, 명확하고 적절하게 질문할 수 있게 된다.

헵워쓰, 루니(Rooney)와 라슨(Hepworth, Rooney & Larsen, 1997 : 180-181)은 의사소통의 장벽에 관해 설명하고 있는데, 의사소통의 장벽은 의사소통의 유형에서 나타난 문제들에 대해 기본적으로 자기 관찰과 자기 성찰을 요구한다. 이들은 물리적인 참여의 가치를 강조하고 있는데, 예를 들어 눈을 맞추는 일(문화적으로 눈을 맞추는 일을 피하는 경우에는 예외), 몸짓에 관련한 문화적인 차이에 대한 인식, 그리고 비언어적인 의사소통의 형태를 취하는 것 등을 활용하는 것이 중요하다고 했다. 이들은 역시 언어적인 의사소통의 장벽에 초점을 맞추고 있는데, 예를 들어 도덕적인 도리를 강조하는 것, 시기적으로 이른 조언을 하는 것이나 혹은 문제해결, 강의, 위협을 가하는 것, 판단, 비판, 분석과 평가, 너무 불쌍히 여기거나 과도하게 위로하는 일들, 행동에 대해 무턱대고 용서하는 일 등은 의사교환에 있어 장벽이 된다고 강조한다(Hepworth, Rooney & Larsen, 1997 : 183-190).

언어 소통에 있어 서비스이용자가 어려움을 경험하는 경우가 있다. 특정한 유형의 장애를 가지고 있는 경우, 의사소통에 직접적으로 영향을 미치기도 하고, 서비스이용자와 사회복지사 두 사람 모두에게 특별한 도전의 기회가 될 수 있다. 이에 해당되는 예는 감각기능에 손상을 입은 경우인데, 청각과 시각, 혹은 이 두 기능 모두에 손상을 입은 경우, 즉 청각장애나 시각장애, 혹은 시청각장애를 말할 수 있다. 이 외에도 정신장애, 발달장애, 그리고 인지기능에 손상을 입은 사람들도 이와 같은 경우에 해당된다.

여기에서는 각각의 기능에 손상을 입은 장애인들의 특성과 이들과 원활한 의사소통을 위한 사회복지사들이 활용할 수 있는 의사소통의 기술과 방법 등에 관해 알아보고자 한다. 사회복지사들이 장애인과 함께하는 사회복지실천에서 이들과의 의사소통은 사회복지실천의 기본이며 실천과정의 첫 단계에서 마지막 단계까지 전 과정에 걸쳐 중요한 실천 요소가 되고 있다. 장애인들과의 의사소통에서는 사회복지사들의 개인적인 경험이나 특정한 장애조건에 관한 지식 등이 보조적인 기술적인 측면들과 함께 제공될 것이다.

사회복지사와 서비스이용자와의 관계를 형성해 나가는 일에 있어 서비스이용자 개인들 각자의 장점을 인식하는 일은 매우 중요하다. 서비스이용자가 의사소통과 관련하여 다양한 기술을 습득하는 일은 자신의 문제를 해결하는 일이 한층 용이해질 수 있으며, 의사소통과 관련한 자신의 어려움을 더욱 잘 이해할 수 있게 된다. 의사소통이 원활하게 이루어지는 것은 서비스이용자가 자신의 목표를 향해서 나아가는 데 도움이 되고 서비스이용자의 역할을 기능적으로 수행하는 데 도움이 된다.

그러나 언어장애 등 서비스이용자의 특정 부분에 있어 기능 수행이 제대로 이루어지지 않는 경우, 서비스이용자의 잔존 기능의 개발을 통해 기능 수행이 가능하게 될 수 있다. 서비스이용자의 기능 수행의 어려움으로 인해 현실로부터 탈락되거나 소외되는 경우에는 서비스이용자 자신의 목표 달성에는 도움이 되지 않는다. 만약 그 상황에서 서비스이용자 자신이 민망함을 경험하게 되는 경우 혹은 대립되는 경우, 잠재적인 위험에 직면하게 되는 경우였다면, 그 상황으로부터 서비스이용자가 자신을 닫아버릴 수도 있다. 사회복지사는 자신의 서비스이용자의 강점을 이해하기 위해 시간을 가지고 노력해야 하며, 나아가 서비스이용자와 사회복지사 사이의 효과적인 의사소통은 상호 신뢰를 구축하는 데에도 크게 도움이 된다.

### 1) 감각기능에 손상을 입은 서비스이용자와의 의사소통

감각기능에 손상을 입어 이로 인해 의사소통에 어려움을 경험하는 사람들이 많이 있다. 이들은 부분적인 청각기능의 손상, 완전 청각장애, 완전 시각장애, 그리고 부분적인 시각기능의 손상 등을 경험한 장애인이 해당된다. 의사소통의 과정을 중심으로 살펴보면, 감각기능의 손상에 의해 의사소통의 장애를 경험한 사람의 경우에는 대체로 수신과정에서 의사소통의 장벽을 경험하게 된다. 즉 의사소통의 수신 단계에서 장애인 본인이 다른 사람이 이야기한 것을 수신하게 되는데 이 과정에서 감각에 손상을 입은 장애인은 일종의 장벽을 경험하게 되는 것이다. 전혀 소리를 들을 수 없는 청각장애인의 경우 혹은 부분적으로 청각기능에 손상을 입은 경우에는 수신자가 언어적인 의사소통을 수신하는 데 장애를 겪게 된다. 이때 귀로 타인의 목소리를 수신하기 위해서는 귀의 청각기능을 대신할 수 있는 다른 대안적인 대체 자원을 이용하여야만 한다. 그것이 보청기나 인공와우 등과 같은 보조기기들이 될 수도 있고, 수어와 같은 언어적 의사소통의 도구가 될 수도 있다. 중요한 것은 대안적인 장치나 접근을 이용해야만 한다는 것이다. 더욱이 수신과정에 있어서의 제한은 해석의 과정에도 영향을 미치게 되며, 또한 의사소통에 있어 정확한 이해를 하는 일에도 제한이 되고 있다. 사회복지사는 사회복지실천 기술을 사용할 때, 가장 우선적으로 감각기능에 손상을 입은 서비스이용자와 정확한 의사소통을 보다 더 확실하게 할 수 있는 의사소통의 능력을 갖추어야 한다.

### (1) 청각에 손상을 입은 서비스이용자

① 청각 손상에 대해 이해하기

청각기능의 손상은 손상 정도, 질, 그리고 상황 등에 따라 그 내용이 매우 광범위하다. 따라서 청각기능에 손상을 입은 서비스이용자와 함께하는 사회복지실천에서는 서비스이용자가 경험하는 제한의 조건을 이해하기 위한 모든 시도가 우선되어야 한다. 그럼으로써 의사소통이 가능한 가장 효과적인 방법을 확인할 수 있게 된다. 초기 만남에서 듣는 정도와 수준 등에 관한 직접적인 질문을 해야 하며 사회복지사는 서비스이용자에 대한 정보가 담겨진 파일, 다른 전문가로부터의 정보, 그리고 이전에 담당했던 사회복지사들로부터의 정보 등을 수집해야 한다. 이는 서비스이용자의 문제 상황을 정확하게 파악하기 위함이다.

만약 이러한 정보들을 알 수 없는 상황이라면 서비스이용자와의 면담을 통해 구체적인 상황을 이해하는 기회를 만들어야 한다. 가령 사회복지사 자신에 대한 소개를 하는 일, 쾌적한 면담의 분위기를 조성하면서 사회복지사들이 서비스이용자를 직접적으로 마주하고, 공식적으로 대화를 나누는 일을 통해 사회복지사의 역할을 인정받고 지위를 부여받아 진정성 있는 소통이 가능하게 되는 것을 들 수 있다. 그런데 이는 서비스이용자가 구화[38]에 익숙한 경우에 가능한 방법이 된다.

하지만 청각기능에 상당한 손상을 입은 사람들 가운데 구화가 안 되는 경우에는 서비스이용자와의 의사소통의 어려움을 최소화하기 위해서 짧은 설명이나 간단한 안내를 할 수 있어야 하며, 이러한 역할을 서비스이용자와 함께하는 사회복지실천의 초기단계에 진행하는 것이 좋다. 아울러 사회복지사가 수어를 사용할 수 없다면 반드시 수어통역사를 통한 통역이 실천개입에 병행되어야 한다. 수어통역사의 수어통역 능력은 천차만별이다. 그러므로 유능한 수어통역사를 농인과의 실천개입 장면에서 확보하는 일은 대단히 중요하다. 사회복지사는 수어통역사들과의 긴밀한 네트워크를 사전에 하고 있어야 한다. 어쨌든 청각장애를 갖고 있는 사람들과의 함께 하는 사회복지실천에서 첫 번째 관건은 서비스이용자와 문제 상황에 대한 정확한 이해를 사회복지사가 해야 한다는 사실이다.

② 의사소통이 원활하게 진행될 수 있는 환경을 마련하기

서비스이용자들은 사회복지사가 이야기하는 것을 이해하기에 어려워할 수 있다. 이 경우

38) 구화는 입술을 읽는 행위를 의미한다.

자신의 문제에 관해 사회복지사와 함께 이야기하는 것 자체에 흥미를 느끼지 못할 수도 있다. 따라서 사회복지사는 서비스이용자의 비언어적인 의사소통의 내용을 조심스럽게 관찰함으로써 서비스이용자가 사회복지사와 함께하는 대화에 흥미를 느끼고 있는지 등 다양한 서비스이용자의 감정과 상황을 인식할 수 있어야 한다.

몸짓과 얼굴표정은 혹시 긴장을 느끼고 있는 것은 아닌지, 사회복지사가 집중적으로 표현하고 있는 언어 혹은 단어에 대해 서비스이용자가 익숙하고 밀접하게 느끼고 있는지 혹은 거리를 두고 있는지 등을 파악하는 것이 중요하다. 이 외에도 서비스이용자가 사회복지사의 질문이나 진술 등에 적절하게 응답하고 반응하고 있는지, 사회복지사가 의도하며 표현하는 지적이나 다른 행동들에 대해 서비스이용자가 다르게 경험하는 것은 아닌지 등을 이해하는 것이 매우 중요하다. 사회복지사의 개입은 서비스이용자의 관계나 심리적인 상태에 따라서 이루어지는데, 이때 사회복지사는 서비스이용자가 개입 초기에 제시한 기본 주제에 대해 어느 정도 편안한 느낌을 나타내고 있는지를 확인해야 한다.

한편 보청기 혹은 인공와우를 통해 들을 수 있는 경우에는 어느 정도로 말소리를 분별할 수 있는지를 파악하고 대화하는 것이 의사소통을 효과적으로 하는 데 도움이 될 것이다. 자주 사회복지사는 서비스이용자에게 자신이 하는 말이 확실하게 이해하고 있는지 질문하고, 만약 확실하게 이해되지 못한 부분이 있을 때는 반드시 확인해야 한다. 문장의 문맥을 잃어버리게 되면 전혀 다른 내용이 전달될 수 있기 때문이다. 아울러 서비스이용자들이 어떤 위치에서 자신들이 최상의 조건으로 소리를 듣게 될 수 있는지, 이 외에도 입술을 읽는 구화를 사용하는 경우에는 서비스이용자의 앉는 자리와 방향, 그리고 위치 등 서비스이용자가 사회복지사의 목소리를 들으며 입 모양을 보는 데 최상의 조건이 무엇인가를 확인해야 한다.

또 다른 한편 수어로 진행되는 면담일 경우에는 사회복지사와 청각장애를 갖고 있는 농인의 중간에 수어통역사가 중개하는 형태여야 한다. 이때 마치 삼각형과 같은 대형으로 면담이 이루어질 수 있다. 무엇보다도 사회복지사는 수어통역사를 존중하고 신뢰해야 하며 미리 사전에 수어통역사와의 협의가 있어야 한다. 예를 들면 서비스이용자의 정보 권리 및 비밀보장, 서비스 내용과 절차 등 농인의 삶과 관련된 실제적인 사항 등에서 수어통역사로 인해 농인 서비스이용자에게 혹이라도 문제가 발생하거나 피해가 생기지 않도록 철저하게 논의해야 한다. 그런 면에서 사회복지사가 협업하는 수어통역사는 가급적이면 지역에 연계되어 있는 수어통역센터 소속의 공인 수어통역사들이어야 할 필요가 있다. 청각에 장애를 갖고 있는 사람들의 권리를 보장하는 것이 모든 사회복지실천 개입의 기본적인 원칙이기 때문이다.

하여간 사회복지사와의 만남에서 많은 서비스이용자들은 자신에 대한 기본적인 특징과 자신의 장애와 관련한 손상 등 자신에 관한 정보를 소개하게 되는데, 이때 사회복지사는 반드시 서비스이용자와의 의사소통 방식에 적응하고 서비스이용자의 이야기를 편안하게 경청할 수 있어야 한다.

**③ 사생활을 보장하기**

사회복지사와 청각기능에 손상을 입은 서비스이용자에게 나타나는 문제들은 청각기능의 제한으로 인해 소리를 잘 들을 수 없기 때문에 이에 대한 대처방법으로 소리를 높이고 큰 소리로 이야기하는 일을 시도하는 경우가 종종 있다. 서비스이용자가 큰 소리로 말을 하는 경우에는 서비스이용자 자신의 목소리를 확실하게 들을 수 없는 경우이기 때문이며, 또 다른 경우에는 큰 소리로 말하는 것이 사회복지사가 서비스이용자 자신의 메시지를 잘 이해할 수 있을 것이라고 믿기 때문이다. 자연스럽게 사회복지사도 큰 소리로 이야기하게 된다. 하지만 서비스이용자들은 큰 소리로 이야기하는 것이 자신의 사생활에 침해를 가져올 수 있다는 것을 인식하지 못하는 경우가 있다.

이때 사회복지사는 서비스이용자에게 사생활의 노출이나 침해 가능성에 관해서 알리는 문제에 관심을 가져야 한다. 사회복지사는 서비스이용자와 이야기하는 동안 방문을 닫거나 서비스이용자를 안락한 장소로 안내하여, 서비스이용자의 사생활이 노출되는 것을 방지할 수 있는 장소로 옮겨 이야기하는 방법을 택할 수 있다. 당연히 수어통역사와 함께 의사소통할 경우에도 마찬가지다. 수어통역사가 음성통역으로 사회복지사에게 전달하는 내용이 주변의 다른 사람들에게 들리지 않도록 주의해야 한다.

필요한 경우에는, 사회복지사는 서비스이용자에게 직접적으로 이러한 문제점에 대해 이야기를 함으로써 서비스이용자의 사적인 정보 노출의 문제를 강조하는 데 초점을 맞추도록 고려해야 한다. 사회복지사가 이와 같은 분위기를 마련하고 사생활 보호에 노력하는 것은 청각기능에 손상을 가진 서비스이용자가 자신의 문제를 자신의 목소리 혹은 수어로 마음껏 털어놓고 이야기할 수 있도록 동기화하는 데 도움이 되기 때문이다. 이와 같은 방법은 일정한 간격마다 반복적으로 언급하는 것이 좋다. 이렇게 함으로써 서비스이용자의 사생활이 보호되고 있음을 확인시키는 데 도움이 되기 때문이다.

사회복지사는 서비스이용자와의 대화에서 서비스이용자 자신의 개인적인 사생활과 관련되면서 문제해결에 매우 유용한 이야기인 경우에는 말이나 수어로 표현하는 것을 녹음 혹은 영상 녹화할 수도 있음을 알려주고, 만약 허락을 하게 되면 자료로 형성할 수 있다. 이렇게 자료로 저장하거나 기록한 정보들은 서비스 실천개입이 종료된 후에 확실하게 파기하는 것이 필요하다. 이러한 파기과정은 사회복지사가 서비스이용자의 사생활을 보호하고 서비스이용자를 존중하고 있다는 사실을 자연스럽게 보여줄 수 있다.

### (2) 농인 서비스이용자

청각장애를 갖고 있는 서비스이용자들과의 사회복지실천에서 사회복지사가 특히 주목해야 할 대상은 수어를 제1언어로 사용하는 농인들이다. 수어가 음성언어와 동일한 지위를 획득하고 언어로서 인정을 받고 있는 현실에서 농인은 청각장애라는 측면에서만이 아니라 언어적·문화적 소수집단의 한 구성원으로 보아야 한다. 다시 말해 미국에 있는 한인사회와 같은 존재로서 이해해야 한다는 것이다. 이런 측면에서 농인을 대상으로 사회복지실천을 수행하는 사회복지사는 수어에 능통할 필요가 있다. 사회복지사는 서비스이용자가 사용하는 수어를 이해하고 실제로 사용하는 것이 서비스이용자에게 편안함을 느낄 수 있게 만든다. 만약 사회복지사가 서비스이용자의 수어를 모르는 경우, 서비스이용자는 사회복지사의 불편함을 즉각적으로 알아차리게 되고, 이는 서비스이용자와 사회복지사 간의 상호작용에 있어서도 부정적인 영향을 미치게 된다.

물론 앞서도 다루었던 것처럼 수어통역사와 함께 실천개입을 할 수도 있다. 수어통역사는 수어를 제1언어로 사용하는 청각장애인 즉, 농인에게는 가장 소중한 삶의 동반자이기도 하다. 하지만 수어를 사용하는 사람들 가운데에도 농 사회와 농 문화의 한복판에서 수어를 제1언어로 사용하며 살아가는 농인들의 경우에는 수어통역만으로는 역시 한계가 있다. 그런 면에서 농인들을 자주 서비스이용자로 만나는 사회복지사들은 가급적 수어통역을 할 수 있을 정도의 유창한 수어사용 능력을 갖추는 것이 좋다.

#### ① 농과 농 문화, 농 사회에 대해 배우기

농인 서비스이용자와 함께하는 실천을 위해 준비해야 할 것은, 농인에 대한 이해가 우선되어야 한다. 그리고 농 혹은 청각장애로 인해 영향을 미치는 것은 무엇인지, 농인들이 의사소통을 위해 사용하는 수어에 대한 언어학적인 이해를 가장 우선 할 수 있어야 한다. 나라마다 약간의 차이는 있지만, 대체로 농인의 문화는 그 사회의 독특한 하위문화로서 인식되고 있으며, 뿐만 아니라 농 문화를 형성하고 있는 조직들이 매우 체계적으로 구성되어 있다. 농인을 위한 각종 정보제공이나 교육, 옹호활동 등 다양한 프로그램과 사회서비스들이 개발되어 농 문화를 향유하는 농 사회 구성원들에게 제공되고 있다. 이 외에도 조직적인 체계를 통해 농인 구성원들의 일상생활을 비롯한 다양한 활동에 대해서도 적극적으로 지원하고 있다. 우리나라의 경우 한국농아인협회와 수어통역센터, 농인복지관 등이 이와 같은 농 문화와 농 사회의 주축으로서 기능하고 있다.

만약 사회복지사가 농인일 경우에는 농 문화에서 일하는 데 편안함을 느낄 것이다. 그러나 사회복지사가 농인이 아닌 경우에는 서비스이용자가 속한 농 문화를 이해하고 이들과 함께 실천하는 데 정신적으로 매우 큰 혼란과 어려움을 겪게 될 것이다. 예를 들어 농 문화에서 농인이 아닌 청인(농인이 아닌 사람) 사회복지사의 개입을 거부하는 경우도 있을 것이며, 농인 서비스이용자와 함께하는 실천에서 농인 서비스이용자들로부터 충분한 신뢰를 쌓는 일에서 어려움과 고통을 겪게 될지도 모른다. 따라서 사회복지사는 강한 결속력으로 형성된 농 문화의 정체성을 이해하는 일에 상당한 시간과 노력을 투입해야 한다.

한편 청각장애를 갖고 있는 서비스이용자들 가운데 일부는 자신의 정체성을 확인하는 과정에서 농 문화를 인식하지 못하는 경우가 있는데, 특히 중도에 청각장애인이 된 사람들의 경우에 더욱 이런 특징을 보이게 된다. 농인으로서의 정체성을 인식하지 못하는 청각장애 서비스이용자의 경우에는 농인의 공식 언어인 수어를 사용하지 못하는 경우가 대부분이다. 효과적인 의사소통의 방법을 개발해 내기 위해서는 이들 서비스이용자와 함께하는 도전적인 실천이 요구된다. 특히 이들은 생애 후반기에 청각기능을 점차적으로 상실하게 된 경우가 많기 때문에, 다른 사람의 입술을 읽는 구화를 선호하게 되지만 청각기능 상실이 점점 더 심각해짐에 따라서 결국 구화 등 다른 의사소통도 어렵게 되면서 어쩔 수 없이 수어를 배우게 된다.

#### ② 수어사용 능력 키우기

사회복지사가 농인이 아닌 경우, 농인과 함께하는 사회복지실천에서 중요한 준비단계로서 수어를 배우고 수어사용 능력을 배양하는 것은 반드시 필요하다. 그러므로 사회복지사의 실천능력을 향상시키기 위해 수어를 배우는 일에 대해 계획을 수립하는 일은 농인을 대상으로 하는 사회복지실천에서 요구되는 첫걸음이라 할 수 있다. 수어를 이용한 의사소통은 서비스이용자와 명확한 의사소통을 가능하게 하며, 아울러 서비스이용자들이 사회복지사와 함께하는 실천에 관심을 갖도록 한다. 사회복지사가 수어를 습득해야 할 필요성을 느낀다면, 한국농아인협회 중앙회 혹은 각 지역의 지회에서 개설한 수어교육 프로그램에 참여하면 된다. 그 외에도 농인복지관들이나 서울수어전문교육원, 경기도수어교육원 등 양질의 수어교육을 실시하는 기관 등에서 수어를 배울 수 있다. 좀 더 전문적으로 수어를 공부하고 수어통역사 자격까지 취득하기를 원한다면 강남대학교 일반대학원 수어통번역학과를 비롯하여 나사렛대학교 재활복지대학원, 총신대학교 사회복지대학원, 한국복지대학교 등에 개설된 수어 관련 학과에 진학할 수도 있다. 물론 여러 권의 수어학습서들과 유튜브 등과 같은 다양한 수어교육 관련 콘텐츠 등을 활용하여 수어를 익힐 수도 있을 것이다.

한편, 사회복지사가 사용하는 수어보다 서비스이용자가 좀 더 많은 것을 수어로 이야기하고 있는 경우가 많다. 이렇게 서비스이용자가 사회복지사보다 의사소통을 위한 수어 이용이 앞설 경우에, 사회복지사는 인내를 가지고 주의 깊게 관찰하여 서비스이용자가 사용하는 수어를 이해하기 위해 노력해야 하는데 안타깝게도 농인 서비스이용자와의 실천을 포기하는 경우가 종종 발생한다. 수어는 인간이 사용하는 또 다른 완벽한 의사소통 수단이며 음성언어와 마찬가지로 독립적인 하나의 언어체계다. 수어를 쉽게 익히기란 매우 어렵다. 하나의 언어를 습득하는 과정이 요구되기 때문이다. 그러므로 사회복지사가 농인 서비스이용자의 생각이나 감정, 그리고 표현하는 수어의 의미를 완전하게 이해하기 위해서는 자신의 생각을 천천히 표현하고, 상대방은 오해하지 않도록 조심스럽게 그 의미를 이해할 수 있어야 한다.

어려운 일이지만 언어가 다르고 문화가 다르기 때문에 농인과 함께하는 실천에서 사회복지사는 그들의 언어인 수어를 반드시 익히는 것이 필요하다. 사회복지사가 수어를 익히고, 사용할 수 있을 경우에만, 서비스이용자의 생각과 감정 등을 정확하게 이해하고, 사회복지사의 의견을 전달하는 일 등이 가능하게 되기 때문이다. 만약 사회복지사가 수어 사용을 원하지만, 수어로 하는 의사소통이 충분하지 못한 경우에는 특별한 교육과 훈련이 필요한데, 사회복지사가 서비스이용자와의 원활한 의사소통을 위해 노력하는 것은 전문가로서의 윤리적인 쟁점에 관한 일이다. 서비스이용자가 전문가의 도움을 필요로 하여 사회복지사를 찾은 경우 반드시 효과적인 의사소통이 이루어져야 하는 것은 서비스이용자의 권리문제이다.

만약 사회복지사가 수어에 대한 지식이 제한적인 경우에는, 사회복지사와 서비스이용자의 만남에서 서비스이용자가 자신의 모든 것을 사회복지사에게 성실하게 이야기함에도 불구하고 서비스이용자의 생각과 감정 등 전체적인 서비스이용자의 상황과 처지, 그리고 서비스이용자의 문제와 욕구에 관해 완전하게 이해하는 일은 기대할 수 없게 된다. 이때 사회복지사는 서비스이용자와의 의사소통 과정에서 사회복지사 자신에게 초점을 맞추는 일을 전적으로 피하고 오직 서비스이용자의 의사소통 방식에만 초점을 맞춘다. 이렇게 함으로써 서비스이용자가 자신의 생각들을 사회복지사에게 쉽게 전달하게 되고, 사회복지사는 자신에게 전달된 서비스이용자의 문제를 이해하고 이에 관해 이야기를 나눌 수 있도록 하는 일이 중요하다. 만약 서비스이용자의 수어를 이해하는 사회복지사의 능력이 효과적이지 못하다는 표시가 나타나게 되면, 앞서도 강조했던 바와 같이 서비스이용자와의 면담 시에 자격을 갖춘 전문 수어통역사의 도움을 받아 서비스이용자와의 의사소통이 가능할 수 있도록 준비하는 것이 필요하다. 그러나 사회복지사가 수어를 익혀 가능한 사회복지사와 서비스이용자의 의사교환이 가능할 수 있도록 하는 노력이 더욱 필요하고 중요하다.

**③ 자격증이 있는 수어통역사의 도움을 받고 있는 서비스이용자와의 의사소통하기**

본인이 직접 유창하게 수어사용을 하지 못하는 사회복지사가 한국농아인협회나 수어통역센터 등에 소속되었거나 혹은 수어통역사 자격증을 갖고 프리랜서로 활동하는 전문 수어통역사의 도움을 받아 서비스이용자와 의사소통을 시도하는 일은 당연한 실천개입 내용 중 하나다. 이렇게 수어통역사와 함께 해야만 농인 서비스이용자의 생각과 감정을 신속하고 정확하게 이해할 수 있게 된다. 의사소통은 결국 빠르고 효과적인 것이 가장 중요한 요소가 된다.

하지만 서비스이용자와 사회복지사 사이의 관계에서 또 다른 사람을 개입시키는 것은, 의사소통은 가능하게 하지만 새로운 문제가 발생한다. 그 이유는 특히 사회복지실천에서 서비스이용자에 대한 비밀보장과 사생활 보호의 문제에 어려움이 예상될 수 있기 때문이다. 이 부분에 대해서는 앞에서도 잠시 언급한 바가 있다. 그럼에도 또다시 반복하는 것은 그만큼 중요하기 때문이다. 농인의 인권과 직결될 수 있는 사안이기 때문이다. 그러므로 사회복지사는 수어통역사에게 충분히 서비스이용자에 관한 비밀보장에 대한 인식을 갖도록 고지하고 교육하는 것이 필요하다. 수어통역사의 도움으로 사회복지사와 서비스이용자 간에 의사교환이 잘 이루어지고 있음에도 불구하고, 서비스이용자와 사회복지사 사이에 수어통역사가 제삼자로서 개입되어 있다는 것은 서비스이용자와 사회복지사의 원활한 상호작용에 상당한 영향을 미치게 되는 것은 불가피한 현실이다.

수어통역사가 전문가로서의 충분한 자격을 갖춘 사람이 아닌 경우, 예를 들어 가족 구성원이나 친구가 통역을 하게 되는 경우가 있는데, 이때는 서비스이용자와 사회복지사와의 상호작용에 더욱 큰 영향을 미치게 된다. 이러한 경우에는 서비스이용자는 자신의 감정을 솔직하게 표현하는 데 주저하게 되고, 자신의 감정을 편안하게 이야기할 수 없는 경우가 종종 있다. 대체로 서비스이용자는 사회복지사와 둘만 있을 때 자신을 자유롭게 표현하게 되고, 사회복지사 역시 서비스이용자와 둘만 있을 때 서비스이용자의 표현에 대해 좀 더 자유로운 반응을 할 수 있는데, 서비스이용자와 사회복지사 사이에 수어통역사가 관여되어 있는 상황에서는 이 두 사람 간의 상호작용에 어려움이 따르게 된다.

특히 실천 경험이 적은 사회복지사의 경우에는 수어통역사가 사회복지사의 이야기를 듣고, 사회복지사의 능력을 평가할지도 모른다는 생각에 더욱 마음에 불편함을 느끼는 경우도 많다. 사회복지사는 자신이 반드시 서비스이용자에게 전하고자 하는 내용, 서비스이용자에게 질문하고자 하는 것, 사회복지사의 질문 내용에 대한 서비스이용자의 반응, 그리고 서비스이용자의 진술이나 이에 대한 사회복지사의 대응, 조언 그리고 서비스이용자에게 알리고자 하는 정보 등 서비스이용자와 상호 의사교환에서 반드시 이해되어야 할 내용들이 수어통역사를 통해 정확하게 전달될 수 있게 해야 한다. 다시 말해 일상적인 반응이나 상식적인 조언을 포함하여 사회복지사가 서비스이용자로부터 정확히 전달받고 또한 서비스이용자에게 정확하게 전달하고자 하는 모든 내용들을 수어통역사가 정확히 통역하고 전달하는 일은 서비스이용자와의 의사소통에서 매우 중요하다. 만약 수어통역사가 서비스이용자와 잘 아는 사람인 경우, 예를 들어 친구나 가족 등일 때, 사회복지사는 상호작용에 있어 개인적인 면에서 영향을 미칠 수 있는 것들에 관해 고려하여야 한다.

실천 현장에서 사회복지실천의 핵심적인 가치인 서비스이용자의 자기결 정권은 분명하게 보장되어야 한다. 이를 위해서 사회복지사는 서비스이용자와의 의사소통을 통해 서비스이용자가 우선적으로 중요하게 생각하는 것이 무엇인지 질문하는 것이 필요하다. 현행 우리나라의 장애인복지법과 장애인차별금지법, 한국수화언어법 등과 같은 법적 체계에서는 사회복지사는 서비스이용자와의 효과적인 의사소통을 통해 서비스이용자를 존중하고, 반드시 서비스이용자의 자기 결정권이 지켜지고 자신이 원하는 선택이 이루어질 수 있도록 요구하고 있다. 서비스이용자가 수어통역사와 함께하는 것을 원하지 않는 경우, 사회복지사는 서비스이용자의 선택을 존중하여 수어통역사의 도움 없이 서비스이용자와의 대화를 진행해야 한다. 일부 특정한 서비스이용자들은 자신의 사적인 문제에 대한 노출을 꺼려 수어통역을 원하지 않는 경우도 있으나 다른 서비스이용자의 경우에는 수어통역사의 도움을 원하는 경우도 있다. 서비스이용자의 관점에서 의사소통이 효과적으로 이루어지기 위해 필요한 모든 요소들을 통합적으로 고려하는 일이 필요하다.

그래서 수어통역사들이 지켜야 할 역할들을 규정하는 일이 중요하다. 이는 사회복지사와 서비스이용자와의 관계에서 수어통역사의 역할을 명확하게 제시하기 위해, 수어통역사는 서비스이용자의 사생활이나 비밀보장에 대한 존중, 사회복지사와 서비스이용자 간의 의사소통에 있어서 정확한 의사소통이 가능하도록 하는 역할이 명확히 지켜야 한다. 이를 위해서는 수어통역사도 서비스이용자에 대한 바른 이해가 이루어져야 할 것이다. 수어통역사의 도움을 받는 경우에는 사회복지사와 서비스이용자의 두 사람 사이의 의사전달이 정확하게 이루어지고 있는가를 수어통역사에게 확인하는 경우가 많기 때문에 언어적인 의사소통과 수어가 반복적으로 이루어져야 하는 등 의사소통 과정에서 강한 인상을 받을 수 있다.

사회복지사와 서비스이용자의 관계에서 수어통역사의 개입 효과를 최소화하기 위해서 수어통역사는 사회복지사의 오른쪽 혹은 왼쪽으로 약간 뒷부분에 자리를 잡도록 해야 한다. 이는 서비스이용자가 수어통역사를 잘 볼 수 있도록 하는 것이며, 사회복지사와 수어통역사 사이에 직접적인 어떠한 상호작용의 가능성도 생겨나지 않도록 하기 위함이다. 앞서 설명했던 것처럼 어떻게 보면 삼각형의 모습을 띠게 될 것이다. 또한 서비스이용자와의 대화에서 비언어적인 의사소통은 매우 중요하기 때문에 특히 사회복지사의 몸짓이나 얼굴표정, 머리 움직임 등은 직접적으로 서비스이용자를 향해 이루어져야 한다. 사회복지사는 조명이 적절하게 되어 있는지를 확인하여야 하며, 만약 수어통역사가 햇살이 밝은 창문 앞에 자리하는 경우에는 서비스이용자가 수어통역사의 수어를 정확히 볼 수 없게 되므로 이를 확인하는 일 등이 반드시 이루어져야 한다.

면담이 진행되는 동안에 사회복지사의 관심의 초점은 지속적으로 서비스이용자에게 맞춰져야 한다. 수어통역사는 통역이 진행되는 동안 서비스이용자를 한 인간으로서 존중하며, 서비스이용자 자신이 가치 있는 사람이라는 것을 알 수 있도록 하는 것이 중요하다. 뿐만 아니라 현재 서비스이용자 자신이 적절한 노력을 하고 있다는 사실을 사회복지사가 인식하고 있음을 알리는 것도 중요하다. 이러한 일들은 상담이 진행되는 동안만이 아니라 상담이 끝나는 마지막 시점까지 지속적으로 이루어지는 것이 최상이다.

### (3) 시력에 손상을 입은 서비스이용자

① 시력손상에 대해 배우기

시력에 손상을 입은 서비스이용자의 경우 첫 번째 단계는 손상에 관해 이해하는 것이다. 시력손상과 관련하여 몇 가지 주요 항목들이 있는데, 시야가 좁아지는 장애, 반점이 생기는 현상, 눈의 특정 부분(중간 부분 혹은 가장자리 부분)의 시력을 상실하는 장애, 눈동자가 흐릿해지는 현상 혹은 시력이 시간적으로 변동하는 현상 등의 장애를 경험하게 된다. 이러한 서비스이용자의 경우에는 자신이 어떤 종류의 증상으로 인해 시력에 손상을 입게 되었는지를 이해하는 것이 중요하며, 시력손상을 측정하기 위해 어떤 종류의 검사를 실시하였으며, 그 검사가 적절하였는지 등에 관해 알아보는 것이 필요하다.

② 비언어적인 의사소통에 대해 주의하기

시력에 손상을 입은 서비스이용자와 사회복지사와의 의사소통은 문제가 없다. 서비스이용자는 사회복지사의 음성의 높낮이를 이해할 수 있으며, 무슨 이야기를 하려고 하는지 언어적인 수단과 종종 곁들이는 손짓, 몸짓 등 비언어적인 것까지 대략적인 느낌으로 인식할 수 있기 때문에 대부분 진행되는 대화 내용에 대한 이해가 가능하다. 그럼에도 시력에 손상을 입은 서비스이용자는 종종 비언어적인 의사소통을 완벽하게 이해하지 못할 때가 있다. 이로 인해 사회복지사가 전하고자 하는 메시지의 일부를 잘못 이해하거나 혹은 그 내용을 일부 누락하고 이해하는 경우도 있다.

사실 전혀 볼 수 없는 서비스이용자를 포함하여 어느 정도 시력에 손상을 가지고 있는 서비스이용자의 경우, 사회복지사는 서비스이용자의 시력의 범위 안에서 잘 보이는 곳에 자리를 잡는 것이 좋다. 상담을 위해 자리를 배치해야 하는 경우, 사회복지사가 서비스이용자의 면전에 자리를 잡기보다는 서비스이용자와 나란히 옆으로 자리를 잡는 것이 좋다. 사회복지사들은 시각장애인과의 상담이 이루어지기 전에 서비스이용자의 인적사항과 관련 정보들을 검토함으로써 서비스이용자의 장애 정도와 조건 등을 파악하는 일이 우선적으로 이루어져야 한다. 사회복지사가 서비스이용자와 자리를 잡는 경우, 간단하게 "제가 잘 보이십니까?"

혹은 "지금 저를 보는 것이 편안하십니까?" 혹은 "제가 여기 앉아도 괜찮겠습니까?" 등의 질문을 함으로써, 서비스이용자의 반응을 살피고 면담을 시작할 수 있다. 서비스이용자가 원하는 가장 좋은 위치에 사회복지사가 자리를 잡게 되면, 다음은 조명의 위치를 살피고, 음성이 명확하게 들릴 수 있는지를 확인해야 한다.

사회복지사는 면담 중에 필요한 경우를 제외하고는 가급적 몸의 움직임을 최소화하도록 하며, 비언어적인 의사소통을 하여야 할 경우에는 서비스이용자가 확실히 이해할 수 있도록 확인하는 것이 필요하다. 시각장애를 가지고 있는 사람들은 타인과의 대화에서 비언어적인 의사소통에 제약을 받기 때문에 사회복지사는 이들과 대화를 할 경우에는 좀 더 많은 언어적인 의사소통 방식을 사용하여야 하며, 서비스이용자에게 자신과의 대화의 내용을 정확히 이해하고 있는지 수시로 확인하는 것이 필요하다.

### (4) 시각장애 서비스이용자

#### ① 시각장애인에 대해 배우기

완전히 시력을 잃은 시각장애 서비스이용자의 경우에도 언어적인 의사소통에 있어서는 직접적으로 영향을 받지 않는다. 다만 완전히 시력을 잃은 경우에는 모든 비언어적인 의사소통을 할 수 없게 되는 경우로 이해할 수 있는데, 이때에는 서비스이용자에게 수시로 대화의 내용을 확인하는 과정을 통해 사회복지사와의 대화 내용을 충분히 이해할 수 있도록 애써야 한다. 뿐만 아니라 다양한 모습의 시각장애인을 위한 보조기기들이 개발되어 시각장애인과의 의사소통이 원활하게 이루어질 수 있도록 돕고 있기 때문에 필요한 경우 이들 도구들을 사용할 수 있다. 완전히 시력을 잃은 시각장애인을 대상으로 하는 사회복지실천에서는 사회복지사 자신이 이들 서비스이용자를 편안한 마음으로 대하고 면담에 임할 때에 서비스이용자에게 질적으로 좋은 서비스를 제공할 수 있다.

#### ② 시각장애 서비스이용자와 만나기

시각장애 서비스이용자와 함께하는 실천에서 사회복지사는 자신의 관심과 행동에 있어서 특별한 준비와 이해가 요구된다. 서비스이용자와 만날 때 서비스이용자가 장벽을 느끼지 않도록 사무실 가구를 배치하는 일이나 서비스이용자와 악수하는 것 등 세심한 접근이 필요하다. 이 밖에도 서비스이용자에게 사회복지사 자신의 사무실 위치를 알려주고 찾아오는 길을 설명하는 것, 서비스이용자를 안내하기 위해 서비스이용자가 사회복지사의 팔을 잡도록 하는 방법 등에 대해서는 특별히 고려해야 할 부분이다.

서비스이용자에게 사무실의 위치나 모임의 장소를 안내할 경우에는 서비스이용자가 그 위치를 정확히 인식할 수 있도록 필요한 배려를 모두 해야 한다. 가급적 넓은 통로나 장소로 안내하며, 주변의 건물이나 특이한 모습을 설명해 주는데, 특히 앞에 놓여 있는 장애물의 모양이나 위치, 예를 들어 계단, 출입문 등의 위치에 대해서는 서비스이용자가 그 장소에 접근하기 전에 알려주어야 한다. 아울러 서비스이용자에게 설명을 해주는 동안 편안한 마음을 갖도록 하는 것이 중요하다.

한편 사회복지사가 시각장애 서비스이용자 외에 시각장애가 없는 다른 사람과 함께 이야기를 나누는 경우에는 시각장애 서비스이용자도 시각장애인이 아닌 사람과 함께 공유하는 것을 똑같이 공유할 수 있도록 서비스이용자에게는 좀 더 구체적이며 부가적인 설명과 안내를 제공하는 것이 필요하다. 면담 장소나 사무실에 도착한 이후에는 서비스이용자와 사회복지사의 자리를 정하는데, 의자를 서비스이용자의 다리 뒷부분에 가볍게 대고, 서비스이용자가 앉을 수 있도록 배려하고 서비스이용자가 편안하게 자리를 잡은 다음에 사회복지사의 팔을 뗄 수 있도록 하는 것이 좋다.

시각장애인의 가정을 방문하게 되는 경우, 실내의 불빛이나 조명이 어두운 경우가 있는데, 이러한 상황을 비장애인의 조명과 같은 수준으로 간단하게 이해해서는 안 된다. 실내 조명이 아무리 밝다 해도 이들의 시력에 도움이 되지 않기 때문에 실내 조명이 어두운 것으로 이해할 수 있다. 만약 사회복지사 자신이 좀 더 밝은 조명이 필요하다고 느끼는 경우에는 서비스이용자에게 정중하게 "조명을 높여도 괜찮겠습니까?"라고 물어 서비스이용자의 허락을 얻은 후 조명을 밝히거나 커튼을 걷는 것이 필요하다.

자신의 집에서 대부분의 서비스이용자는 사회복지사의 도움 없이도 집안을 돌아다니는 일을 할 수 있기 때문에, 가구 배치에 관한 일이나 주변의 장벽이 막혀 있는 일 등에 대해 언급하지 않아도 된다. 이 외에도 서비스이용자가 자신의 주방에서 음료수를 준비하는 일 등이 가능하기 때문에 특별히 도움을 청하지 않는 경우에는 도움을 제공할 필요가 없다. 사회복지사는 자신이 어디에 앉는 것이 좋은지, 서비스이용자는 어디에 앉을 것인지를 확인하는 일이 중요하며, 혹시 자리를 정하는 데 있어 하나 혹은 둘 정도의 자리를 놓고 사회복지사가 어디에 앉는 것이 서비스이용자에게 더 좋겠는가를 확인하는 일도 가능하다.

앞에서 이미 언급을 하였지만, 시각장애 서비스이용자가 자신의 문제로 인해 사회복지사를 찾는 경우에는 자신의 장애로 인해 생겨난 문제일 수도 있으나 대부분 장애의 문제 이외의 가족문제, 자녀문제, 건강문제, 다른 사람과의 인간관계와 관련된 문제 등 모든 사람이 겪을 수 있는 문제인 점을 기억하고, 서비스이용자가 가지고 있는 시각장애를 문제의 초점으로 삼고 시각장애를 부각하고 이에 무조건 실천의 초점을 맞추는 일이 없도록 주의를 기울여야 한다.

**③ '안내견'을 고려하기**

시각장애인에게 있어 '안내견'은 장애인의 자립적인 생활을 유지하는 데 있어 매우 도움이 되는 중요한 대상이다. '안내견'은 시각장애인을 안내하기 위한 특별한 훈련을 받고 거리, 건물, 공원, 기타의 공공장소나 민간시설 등에서 시각장애인을 안전하게 안내하고 있다. 사회복지사들은 시각장애인과 함께하는 실천에서 '안내견'에 대한 이해를 해야 한다. 이에 사회복지사가 반드시 알아두어야 할 '안내견'과 관련한 몇 가지 지침을 소개하고자 한다.

첫째, '안내견'은 애완견이 아니다. '안내견'은 일하는 개다. '안내견'을 애완견처럼 다루어서는 안 된다. 이들에게 먹을 것을 주어서는 안 된다. 서비스이용자의 요구가 있기 전에는 '안내견'에 대한 관심을 보이거나 호의나 애정을 보여서는 안 된다.

둘째, '안내견'은 자신의 주인과 함께 훈련을 받는다. 따라서 서비스이용자가 사회복지사에게 자신의 '안내견'을 보호해 달라고 하는 요구가 없는 한 '안내견'을 다른 곳에 머물게 하는 일은 반드시 금지하며, '안내견'과 서비스이용자인 주인과 분리시키는 일은 금해야 한다.

셋째, '안내견'은 자신의 주인과 언제나 함께 있어야 한다. 일반 개의 출입을 금하고 있는 장소인 경우에도 '안내견'의 출입은 가능함을 인식해야 한다.

넷째, '안내견'은 특별한 복장인 마구를 걸친다. '안내견' 복장인 마구를 잡는 경우에는 '안내견'은 안내하는 역할을 하게 된다. '안내견'이 입고 있는 마구에 연결된 가죽 끈 혹은 손잡이는 시각장애인이 서거나 앉거나 혹은 위치를 바꾸는 것을 하게끔 한다. 서비스이용자가 사무실에 앉아 있는 동안에는 가죽 끈이나 손잡이를 잡고 있을 것이며, 사무실을 떠날 때는 마구를 잡게 될 것이다. 또한 서비스이용자가 이동하는 동안에는 가죽 끈이나 혹은 손잡이를 잡고 있게 될 것이다.

다섯째, 만약 '안내견'이 너무 커서 사회복지사가 불편함 혹은 무서움을 느끼는 경우에는 이는 사회복지사 자신의 감정이라는 것을 이해하는 것이 중요하다. 만약 시각장애인과 함께 하는 사회복지사의 경우에는 자신의 불안함을 표시하는 일에 특별히 주의를 기울여야 한다. 아무리 좋은 훈련을 받은 개의 경우에도 사람들에게 불안감을 줄 수 있으며 간혹 위협적인 행동을 할 수도 있다. 따라서 사회복지사는 자신의 불안을 서비스이용자에게 이야기하고 자신의 감정을 서비스이용자와 함께 공유하는 것이 좋다. 이 경우, 서비스이용자는 자신의 '안내견'을 자신과 더 가까이 있도록 하는 등 필요한 조치를 취하게 될 것이다.

### 2) 언어기능에 손상을 입은 서비스이용자와의 의사소통

인간에게 언어는 가장 기본이 되는 의사소통의 수단이 되고 있다. 따라서 완전히 혹은 부분적으로 언어에 손상을 입게 된 경우에는 자신을 표현하기 위한 의사소통의 수단으로 언어 이외의 다른 대체적인 의사소통의 수단을 만들어 나가야 한다. 언어손상을 가지고 있는 사람들은 언어적인 의사소통의 부호화, 송신, 수신의 과정에 문제를 보이고 있다. 대체로 의사소통에서의 문제는 송신을 하는 과정에서 나타나게 되는데, 일부 서비스이용자는 부호화 과정에서 문제를 나타내는 경우가 있다.

언어기능에 손상을 입은 서비스이용자의 언어는 간혹 왜곡되거나 혼합적인 경우가 있어 이들 서비스이용자가 이야기하는 것을 이해하는 일에 어려움을 겪게 된다. 일부 뇌졸중 등으로 장애를 입은 서비스이용자의 경우 신체마비와 함께 언어장애를 동반하게 되는데, 이들과의 언어적인 의사소통은 상당한 어려움이 있다. 일부 장애인 가운데는 입술을 움직이는 일은 가능하나 목소리가 나오지 않아 소리를 들을 수 없는 경우도 있다. 또 다른 경우에는 신체마비로 인해 글을 쓰는 일이나 몸을 움직이는 일이 불가능하며, 말을 전혀 할 수도 없는 경우가 있다.

사회복지실천에서 서비스이용자와의 상호작용을 하게 되는데, 이때 사회복지사는 정서적으로 복잡한 감정을 느끼게 된다. 사회복지사에게 있어 서비스이용자의 정확한 메시지를 전달받고 이해하는 일이 매우 중요한데, 언어적인 의사소통이 원활하지 않는 경우에는 의사소통을 위한 대안적인 방법을 활용하는 것이 필수적이다. 사회복지사가 언어기능에 장애가 있는 서비스이용자와 실천을 하는 경우에는 통역을 도와주는 사람들과 함께하는 것이 매우 도움이 된다. 이들 통역사들은 면담하는 동안 함께 하며 사회복지사가 이야기한 내용을 소개하고 서비스이용자의 생각과 의견을 통역하여 전달해 주게 된다.

정신과적인 문제, 즉 우울증이나 충격 등으로 인해 실어증을 경험하고 언어적인 의사소통에 어려움을 겪는 서비스이용자가 있다. 이들 서비스이용자와의 의사소통을 위해서는 의사소통이 가능한 대안적인 의사소통의 방법을 찾는 것부터 시작된다. 사회복지사는 서비스이용자와의 의사소통을 위해 대안적인 의사소통 체계를 확인하고 습득하는 일이 필요하게 되는데, 이때 필요한 정보와 자원은 언어치료사(혹은 언어재활사 또는 청각재활사 등)나 언어병리학자 등 이 분야에 관한 전문지식을 가지고 있는 사람들이나 관련단체 등을 통해 얻는 것이 가장 좋은 방법이 될 것이다.

한편, 언어적 장애를 갖고 있는 서비스이용자 가운데, 손과 팔을 사용할 수 있는 서비스이용자인 경우에는 여러 가지 의사소통 보조기기를 활용한 의사소통을 추진하는 경우가 많다. 장애 유형과 특성에 따라 '보완대체의사소통기구'로서의 기능을 충실하게 하는 실제적인 소프트웨어들과 보조기기들이 나와 있다. 사회복지사는 이러한 의사소통 보조기기들을 적극 활용하여 서비스이용자와의 원활한 의사소통을 할 수 있어야 한다.

또한 손이나 팔을 움직일 수 없는 장애인의 경우에는 눈동자를 움직여서 컴퓨터에 글자를 입력하고 이를 음성으로 전환하는 방법이 있다. 이는 고도의 과학기술 발전이 가져온 결과로서 이해할 수 있는데, 예를 들면 눈동자 인식 컴퓨터를 이용한 음성전환기 등이 있다. 개인적으로 눈동자 인식 컴퓨터나 음성전환기 등을 마련하는 일이 어려우나, 장애인 기관이나 시설 등에서는 이와 같은 장치를 이용하여 의사소통이 가능한 곳이 종종 있어, 사회복지사들이 이러한 기기사용이 익숙해질 수 있도록 적절한 교육과 훈련을 받는 것이 필요하다.

### 3) 정신장애가 있는 서비스이용자와의 의사소통

사회복지실천에서 정신질환이나 정신장애가 있는 서비스이용자와의 의사소통이 모두 어려운 것은 아니다. 간혹 정신장애인들 가운데 의사소통에 어려움이 있는 경우가 있는데 대부분의 서비스이용자와의 대화는 명확하게 이루어지고 있다. 정신장애 서비스이용자와의 대화에서 특징적으로 나타나고 있는 문제는 의사소통에 혼돈을 느끼고, 이야기를 간단명료하게 하지 못하는 점, 이야기하는 일에 매우 주저하는 점, 의사소통에 있어 우려와 걱정, 공포 등을 느끼는 점, 그리고 중도에 이야기를 그만두는 점 등을 들 수 있다. 이들 장애인들과의 의사소통을 위해 자리를 마련하고 효과적인 의사소통의 방법을 선택하는 일은 사회복지사에게 있어 매우 도전적인 일이 될 수 있다.

정신장애는 정도와 수준에서 차이가 많다. 정신장애인의 경우, 같은 종류의 진단을 받았다고 해도 서비스이용자 개인에 따라서 그 정도와 수준이 일정하지 않고, 또한 이들 서비스이용자의 기능 수행 능력도 개인에 따라서 매우 다른 차이를 보이고 있다. 뿐만 아니라 동일한 서비스이용자의 경우에도 아침, 점심, 저녁 등 시간에 따라서 혹은 장소에 따라서 나타내 보이는 기능에 차이가 있다. 이러한 차이들은 서비스이용자의 장애조건의 일부로 이해하여야 한다. 이와 같은 점을 감안할 때, 이들 정신장애인과 함께 실천하는 사회복지사들은 이들과의 대화를 이끌어 내는 데 특별한 어려움이 있을 것을 미리 인식하고 필요한 준비를 고려하게 된다. 이들 서비스이용자와 의사소통 체계를 개발하고, 활용하는 데 특별한 노력과 관심이 요구되는데, 우선적으로 사회복지사가 이들 서비스이용자의 특성과 특징, 그리고 서비스이용자의 문제가 무엇인가 등에 대한 충분한 이해가 이루어져야 한다. 특히 정신장애인은 기능적으로 여러 가지 면에서 제한을 가지고 있는데, 이들이 경험한 사회적 제한, 혹은 기능적인 제한이 무엇인지, 이들의 장애와 관련된 조건이 무엇인지, 그리고 문제가 무엇인지 파악하고 이해하는 일이 필요하다.

이들 정신장애인과의 의사소통에서 가장 중요한 것은 사회복지사가 구사하는 언어가 명확하고, 단순하며 명료하고 구체적이어야 한다는 점이다. 특히 전문가들이 사용하는 전문적인 용어는 반드시 피하고, 다양한 의미를 가지고 있는 복합적인 단어나 문장의 사용을 피하고, 또한 의미가 모호한 내용의 단어 사용을 금한다. 만약 정신장애인과의 대화에서 사회복지사들이 일상적으로 사용하는 전문용어나 복합적인 단어 혹은 문장 등을 사용하는 경우에는 이들 서비스이용자는 대화에서 쉽게 피로를 느끼고 그 대화에 흥미를 잃어 지속적으로 대화를 유지하는 일이 어렵게 될 것이다.

이 밖에도 사회복지사들은 동일한 서비스이용자인 경우에도 사회복지사에게 대하는 태도나 의사소통 방식 혹은 사회복지사에 대한 반응이 시간에 따라서 다르고, 날씨나 요일에 따라서도 달라질 수 있으며, 사회복지사를 만나는 장소에 따라서도 달라질 수 있다는 점을 반드시 명심해야 할 것이다. 이 외에도 서비스이용자 자신이 현재 자신의 내면에서 무슨 생각을 하고 있는지 혹은 어떤 감정을 느끼고 있는지 등 서비스이용자의 내면적인 움직임과 감정 상태에 따라서도 이들이 나타내 보이는 태도, 반응, 모습, 그리고 언어적인 의사소통의 내용과 방법이 전혀 다르게 나타날 수 있음을 기억해야 한다.

따라서 사회복지사는 이들 정신장애 서비스이용자와 의사소통을 해야 하는 경우에는 매번 이들의 정서적인 반응을 살피고 이에 따라서 필요한 조치와 적절한 대처가 요구된다. 사회복지사는 자신의 몸짓과 얼굴 표정들이 서비스이용자에게 어떻게 반응하는지를 아는 것이 이들 정신장애인과 함께하는 실천에 도움이 되는데, 그 이유는 정신장애 서비스이용자들에게 사회복지사가 적절한 태도를 취하고 감정을 표시함으로써 서비스이용자의 마음을 끌어낼 수 있기 때문이다. 이와 같은 사회복지사의 서비스이용자에 대한 관심과 보호는 이들을 진정으로 이해하고자 하는 진정한 마음에서 비롯되는 것이다.

사회복지사가 정신장애 서비스이용자와의 의사소통이 어려운 경우, 이들 정신장애인이 사용하는 비언어적 의사소통 체계를 이해하는 것이 중요하다. 서비스이용자가 자신의 생각을 모두 다 이야기하기 위해 노력을 하더라도 그 내용을 정확하게 전달하는 일이 어려울 때가 많다. 이때 사회복지사는 서비스이용자의 표정이나 몸짓 등 비언어적인 의사소통으로 서비스이용자가 사실상 말하고자 하는 것이 무엇인지를 이해할 수 있게 된다. 예를 들어, 서비스이용자가 "요즘 난 잘 지내고 있으며, 아무런 문제가 없다"고 이야기한 경우에도, 서비스이용자의 표정이나 몸짓, 그리고 눈빛 등 비언어적인 모습을 통해서 과연 서비스이용자가 전혀 문제 없이 잘 지내고 있는지를 정확히 이해할 수 있게 된다. 이처럼 비언어적인 표현은 언어적인 표현과는 전혀 다른 것을 나타낼 때가 많다.

특히 정신장애인과의 의사소통에 있어서 다음에 소개하는 특성들이 나타났을 때, 사회복지사는 어떻게 이런 상황을 이해하고 수용하여야 할 것인지를 제시한다. 사회복지사에게 매우 유용할 것이다.

첫째, 증상 혹은 특징을 대할 때, 이해 혹은 수용하기 위해 애써야 한다.

둘째, 실제 사실에 대해 혼란을 느낄 때, 간단히 말하고 직접적으로 이야기한다.

셋째, 집중에 어려움을 느낄 때, 간편하게 말하고 반복한다.

넷째, 너무 많은 자극이 주어질 때, 알려주는 것을 제한하고 집중토론은 피한다.

다섯째, 판단에 어려움을 느낄 때, 합리적인 토의에 대한 기대를 하지 않는다.

여섯째, 내면적인 세계에 몰두하고 있을 때, 관심과 주의를 갖는다.

일곱째, 흥분, 동요가 일어날 때, 흥분을 인식하고 사람의 퇴장을 허락한다.

여덟째, 감정적인 변동이 급격하게 발생할 때, 어떠한 말도 하지 않으며, 개인적인 행동을 금한다.

아홉째, 계획의 변동이 생길 때, 한 가지 계획에 흥미를 잃을 수 있음을 인식한다.

열 번째, 다른 사람에 대한 감정이입을 할 때, 동정으로 인식한다.

열한 번째, 탈퇴나 중단을 요구할 때, 우선적으로 대화가 필요하다.

열두 번째, 혼미해지는 경우 토론이나 논의를 중단한다.

열세 번째, 두려워하는 경우 조용히 기다린다.

열네 번째, 불안함을 느낄 때, 사랑으로 대하고 수용한다.

열다섯 번째, 낮은 자아존중감을 보일 때, 긍정적으로 대하고 존중의 감정을 표한다.

### 4) 발달장애 서비스이용자와의 의사소통

장애를 진단하는 기술이 발전하면서, 지적장애와 자폐성 장애를 아우르는 개념인 발달장애로 판정 받는 인구가 늘어나고 있다. 사회복지실천에서 발달장애인과 함께하는 경우, 통합적인 사회복지실천 혹은 사례관리서비스를 제공하고 있으나, 이들과 좋은 관계를 형성하고 지속적인 대화를 가능하게 할 수 있는 효과적인 의사소통 체계를 마련하는 것은 사실상 소홀히 해왔다. 발달장애인과 함께하는 사회복지실천에 있어서 가장 중요한 것은 발달장애인과의 의사소통을 어떻게 원활하게 할 수 있는가 하는 문제이다. 발달장애 서비스이용자와의 원활한 의사소통은 서비스이용자의 욕구에 대한 정확한 사정을 가능하게 할 수 있으며, 이에 따라서 이들이 필요로 하는 욕구를 충족시키는 일이 가능하게 된다.

발달장애 서비스이용자와의 의사소통은 다양한 방법의 기술적인 의사소통 체계를 포함하고 있는데, 의사소통은 항상 간단하고, 기본적인 단어만을 사용하며, 명확하게 소개하고 기술하도록 하는 특징이 있다. 발달장애인과의 의사소통에서는 가장 단순하고 기본적인 단어를 사용하는 것이 최상이다. 의도적으로 아름답게 표현하고자 하는 단어 혹은 상징적인 의미를 지닌 단어의 사용은 피하는 것을 원칙으로 한다. 그리고 서비스이용자와의 대화 중에도 서비스이용자가 이야기하는 내용이 무엇을 뜻하는지 혹은 어떤 목적을 표현하려는 것인지 등 그 의미를 정확히 이해하기 위해 노력하여야 한다. 대부분의 발달장애인의 경우에는 매우 제한된 최소한의 단어만을 사용하여 자신의 생각을 표현하기 때문에 서비스이용자가 의미하는 것을 오해하는 경우가 있는데, 사회복지사들은 이러한 점을 인식하고 서비스이용자의 생각을 정확히 이해할 수 있도록 노력해야 한다.

일부 발달장애인의 경우에는 언어적으로 의사소통이 상당히 잘 이루어지는 경우도 있다. 그러나 또 다른 경우에는 무엇을 이야기하려는 것인지 정확히 이해하는 일이 어려울 수도 있고, 비언어적인 의사소통으로 자신의 생각을 표현하려는 발달장애인들도 있다. 대다수 발달장애인의 경우에는 신체상 언어 구조가 정상적이지 못한 경우도 있기 때문에 서비스이용자가 언어를 사용하는 데 발음이 정확하지 않은 경우가 많다. 일반적으로 혀는 길고 두껍고, 입에서 혀를 앞으로 길게 뺄 수 있는 특징이 있는데, 일부 발달장애인의 경우에는 혀의 운동이 정상적이지 못한 경우가 있다. 이 경우 이들의 발음이 정확하지 못할 수도 있으며, 이로 인해 사람들은 발달장애인이 하는 말을 정확하게 알아듣는 일에 어려움을 느끼게 된다.

사람의 혀가 구조적으로 정상적이지 못한 경우 외에도 턱의 구조, 입과 코의 구조가 비정상이어서 의사소통에 어려움을 경험하는 경우가 있다. 발달장애인의 경우에는 이와 비슷한 특징들이 보여 의사소통에 어려움을 겪는 경우가 많다. 그러다 보니 발달장애인과의 대화에서 사람들은 이들의 이야기를 경청하려 노력하기보다는 쉽게 포기하고 이들과의 대화를 피하는 쪽을 택하는 경우가 많은데, 사회복지사도 예외는 아니다. 사회복지사가 발달장애인과의 대화에서 발달장애인을 정확히 이해하기 위해서는 이들의 언어적인 의사소통 외에도 이들의 비언어적인 의사소통 체계를 정확히 이해하는 것이 중요하다. 의사소통을 위해 도구를 사용하는 것도 한 가지 방법이 된다. 의사소통 도구에는 간단한 그림이나 문자 혹은 상징들이 그려져 있어 자신이 표현하고자 하는 것을 이 도구를 통해 표현하는 등 서비스이용자와 사회복지사 사이에 의사소통이 가능하게끔 돕는다. 이 밖에도 서비스이용자의 표정, 자세, 몸동작 등을 조심스럽게 관찰하고, 이러한 모습들이 의도하는 것이 무엇이며, 이를 통해 무엇을 이야기하려는 것인가를 확인하는 일이 필요하다.

발달장애인과의 의사소통에서는 비언어적인 방법에 의한 의사소통도 제한이 많기 때문에 서비스이용자와 자유롭게 의사소통 하는 일은 어려움이 따른다. 사회복지사가 서비스이용자와의 의사소통을 원활하게 하기 위해서는 언어적 · 비언어적 의사소통 도구 등을 혼합적으로 사용하는 등 서비스이용자와의 의사소통이 최대한 가능할 수 있도록 도움이 되는 방법을 적극적으로 활용하는 것이 필요하다. 예를 들어, 어제, 오늘, 내일 등을 날짜나 시간의 흐름을 설명하기 위해 그림을 이용한다든지, 세월의 흐름을 느낄 수 있는 장치 등을 만들어 의사소통이 가능할 수 있도록 하는 방법이다. 발달장애인과의 의사소통을 위해 의사소통의 도구와 틀을 만드는 일은 순전히 사회복지사의 의지와 노력에 달려 있으며, 동시에 사회복지사의 역량을 발휘할 수 있는 기회이며 도전이 될 수도 있다.

한편 발달장애인들은 사회복지사의 질문에 무조건 '예'라고 응답하는 경우가 많다. 이들의 반응이 실제로 정확한 것인지 확인하기 위해서는 같은 질문을 시간을 달리하거나 날짜, 장소 혹은 내용을 달리해서 질문함으로써 실제로 서비스이용자의 생각이 무엇인지를 검증하고 확인하는 것이 유용하다. 예를 들어 '배가 고픕니까?'라는 질문에 서비스이용자는 '예'라고 대답한 경우, '지금 배가 고픕니까?', '먹을 것을 줄까요?', '무엇을 먹고 싶으세요?', '밥을 드릴까요?' 등 다양한 질문을 함으로써 서비스이용자의 현재 생각과 느낌을 확실히 이해하고 파악할 수 있게 된다. 따라서 발달장애 서비스이용자에게는 '예' 혹은 '아니오'와 같은 반응이 나올 수 있는 질문은 처음부터 피하는 것이 좋다. 대신에 서비스이용자의 반응이 한 단어 이상 혹은 한 문장 이상으로 표현이 가능한 질문을 하는 것이 바람직하다.

당연히 사회복지사의 발달장애인에 관한 지식이나 이해의 수준에 따라서 서비스이용자와 사회복지사 사이의 관계에서 사회복지사의 관점에 영향을 미치게 된다. 서비스이용자는 사회복지사를 전적으로 회피하기도 하고 때로는 전적으로 따르고 신뢰하기도 하는데, 이러한 정서적인 반응은 사회복지사가 서비스이용자에 대해 어떤 관점에서 대하고 있는지에 따라서 다르게 나타난다. 바로 여기에서 사회복지사는 발달장애인을 진정성 있게 대해야 하며 최선을 다해 의사소통하여야 한다. 잘 모르는 것 같지만 실은 발달장애인들이 사회복지사가 어떤 자세로 자신들을 대하는지 이미 다 알고 있을 수도 있다. 표현이 안 되고 언어 수용이 미흡해 보일 뿐이지 나름대로는 스스로 생각하고 이해하고 있다는 사실을 사회복지사는 결코 잊어선 안 된다.

혹여나 사회복지사가 발달장애인에 대한 이해가 부족한 상태에서 이들을 너무 쉽게 생각하고 실천에 임하는 경우에는 서비스이용자의 비언어적인 의사소통을 통한 이들의 감정이나 생각을 정확하게 이해하지 못하고 의미 있는 소중한 부분을 놓치는 일이 빈번하게 발생할 수 있다. 발달장애인과의 실천에서 중요한 것은 서비스이용자를 수시로 격려하고 스스로 힘을 낼 수 있도록 정서적인 지지를 제공해 주어 발달장애인 스스로 자신의 자립적인 생활이 가능하고 스스로 자기 삶을 조절하고 관리할 수 있도록 하는 것이 중요하다. 그럼에도 발달장애인과의 의사소통은 오랜 시간을 요한다. 그게 현실이다. 그래서 지속적으로 관심을 가지고 이해하는 일이 사회복지사에게 절대적으로 요구된다. 실제로 사회복지사가 발달장애인들과의 대화를 활발하게 하기 위해서는 서비스이용자의 지적 수준을 이해해야 한다. 대체로 서비스이용자가 사용하는 단어들이 정확하지 않거나 혹은 그들이 사용하는 단어를 이해하는 일조차 어려울 때가 많다. 사회복지사는 서비스이용자가 무슨 말을 하고 있는지, 무슨 말을 하고자 원하는지를 확실히 이해해야 한다. 동시에 사회복지사가 하고자 하는 이야기를 서비스이용자가 정확히 이해하고 있는지를 확인하는 일도 중요하다.

절대 그래선 안 되지만 놀랍게도 발달장애인들은 폭력 혹은 성폭력에 자주 노출되고 있으며, 타인으로부터 다양한 종류의 학대를 당하는 경우도 있다. 사회복지사가 이들 서비스이용자와의 의사소통 체계를 구축하였을 경우에는 이들이 당한 학대 사실을 옹호하고 대변하는 일이 가능하게 된다. 발달장애인들의 경우에는 학대 사실을 진술하는 과정에서도 오직 '예'만으로 대응하는 경우가 있어 진술 내용에 일관성이 없고, 정확한 사건 경위를 설명하는 능력도 부족해서 폭력이나 성적인 학대 등의 피해를 입고도 피해보상을 받기는커녕 상대방에게 오히려 억울하게 해를 당하거나 누명을 쓰는 사례가 종종 있다. 그러므로 사회복지사들은 발달장애 서비스이용자의 언어사용과 관련한 특징을 이해하고 필요한 언어소통 도구, 비언어적인 방법, 언어적인 의사소통 방법 그리고 사회복지사가 개발한 언어소통의 틀이나 모형 혹은 사진을 이용한 도구, 이 밖에도 의사소통에 도움이 될 수 있는 부가적인 소품(장난감, 집 모형, 인형 등) 등 서비스이용자와 의사소통이 충분히 이루어질 수 있도록 필요한 모든 방법과 기술을 동원하여 자신의 서비스이용자를 위한 옹호활동을 할 수 있어야 한다.

여기에서는 장애인과 함께하는 사회복지실천에서 의사소통 상의 어려움을 가장 많이 경험하게 되는 장애 유형을 중심으로 사회복지사들이 반드시 익혀야 할 다양한 실천기술들 가운데 특별히 장애 서비스이용자와의 의사소통에 관해 집중적으로 살펴보았다. 사회복지실천에 있어 의사소통은 서비스이용자와 사회복지사 사이에 관계형성의 기본이 되며, 타인의 생각, 말, 행동 등을 이해하는 데 가장 중요한 도구가 된다. 장애인들은 각자 가지고 있는 장애 혹은 손상된 기능에 따라서 의사소통에 장애를 경험하게 된다. 따라서 사회복지사는 장애를 가지고 있는 서비스이용자에게 의사소통에 있어 장벽이 되는 제한점과 장애조건을 이해하는 일이 매우 중요하다. 각 장애 유형별 특성을 이해하고 각자 다른 형태의 장애조건과 장벽을 뛰어넘어 서비스이용자와 의사소통을 가능하게 함으로써 서비스이용자의 욕구충족과 동일한 기회 제공, 그리고 사회복지실천의 중요한 가치인 서비스이용자 자기 결정을 실현할 수 있도록 도와야 한다.

## 2. 사정 방법과 기술

사정과정은 첫 방문에서부터 시작되고 접촉을 통해 계속된다. 이 과정은 사회복지실천 대상에 대한 개념과 특성, 관련된 분야의 수준과 범위를 정하거나 한계를 설정하는 것을 포함한다. 또한 서비스이용자 상황과 관련된 정보를 수집하고, 사회복지사와 서비스이용자가 수집된 정보를 의미 있게 만들려고 노력하는 사고의 과정을 포함한다.

장애를 갖고 있는 서비스이용자 개인이나 서비스이용자 집단의 문제, 이들이 가지고 있는 자원, 이들이 필요로 하는 요구 그리고 이들이 처한 상황 등은 제각기 독특하다. 장애인과 함께하는 사회복지실천에 있어서 서비스이용자에 대한 사정에는 우선 서비스이용자의 개별적인 욕구가 확인되어야 한다. 동시에 서비스이용자인 장애인 집단 전체의 공통적인 문제를 인식할 수 있는 사회적인 쟁점들, 가령 장애인들의 사회적인 배제, 고용 차별, 부적절한 주택 문제 등에 관해 인식하는 것을 들 수 있다. 서비스이용자에 대한 사정과정은 서비스이용자를 지원하는 단체와 사회복지사가 속한 각각의 기관들에서 이루어질 뿐만 아니라 각각의 기관과 단체가 상호연관을 맺고 상호연계망을 형성하는 방식으로 수행되기도 한다. 다시 말해 장애인과 함께하는 사회복지실천의 사정은 서비스이용자, 사회복지사, 지원 단체 및 기관 등 각 체계들의 경험을 연계하여, 서비스이용자에 대해 실시함으로써 서비스이용자를 개별적으로 사정할 뿐만 아니라, 서비스이용자가 속한 집단과 지역사회에 이르기까지 이해함으로써 서비스이용자를 둘러싸고 있는 환경을 포함하여 서비스이용자의 삶의 전면을 사정할 수 있는 장점이 있다.

사정은 잠재적이며 무제한적인 과정이다. 사정은 서비스이용자 개인, 서비스이용자가 속한 집단과 지역사회, 서비스이용자가 처한 상황 등 서비스이용자와 관련된 모든 것, 특히 서비스이용자에 관한 새로운 것들을 이해하는 것이다. 특히 서비스이용자를 사정하는 일은 서비스이용자와 사회복지사 사이에서 상호작용을 통해 지속적으로 진행되는 사정과정을 통해 이루어지게 된다. 사정은 사회복지사의 역할 가운데 일차적인 기능이다.

한편 사정과정은 사회복지사와 서비스이용자가 서비스이용자 세계에 관해 이해하고 또한 반드시 강조해야 할 욕구나 문제들을 확인하고 이해하는 과정이다. 사회복지실천으로서 사정은 중립적인 과정이다. 사회복지사와 서비스이용자 모두는 정보, 경험, 생각과 접근 내용 등에 관해 상호 공유해야 하는 중요한 역할이 있다. 옹호나 역량강화, 자기 결정권에 관한 서비스이용자의 강점을 강조하는 중립적인 과정의 중요성은 사정과정의 핵심에서 서비스이용자의 참여를 최대화하는 것이다. 그 이유는 장애를 가지고 있는 서비스이용자의 경우에는 종종 학습된 무력화를 경험하기 때문이다. 이들 장애를 가지고 있는 서비스이용자의 경우에는 자신의 선택이 제한을 받는다고 느끼는 경우가 있는데, 이는 장애를 가지고 있는 자신의 조건 때문이라고 생각하는 경우가 있다.

따라서 사회복지사와 서비스이용자 간의 상호관계가 사회복지실천의 핵심사항으로 인식되며 그 중요성이 더욱 강조되고 있다. 특히 장애인 서비스이용자가 경험한 세계를 통해서 효과적인 사정을 위한 필수조건이 무엇인지를 살펴보고, 충실하게 의사소통을 하면서 사회복지사는 다면적인 차원에서 사정을 실시해야 한다. 즉 장애와 사회문화적 체계 등에 관한 이해, 억압의 경험에 대한 이해, 생활경험으로 인한 영향에 관한 이해, 생물-심리사회발달의 사건, 개인을 조사하기 위해, 개인의 문제를 해결하고, 개인을 안정적인 상태로 만들기 위해, 개인의 문제를 개선하기 위해 지원이 가능한 지역사회 자원과 지원 연계망 등에 관한 정보들이 사정의 범위 속에 포함된다.

사정과정을 통해, 사회복지사와 서비스이용자는 대상의 실체를 이해하기 위해 탐색하게 된다. 대상의 실체는 눈으로 비춰지는 대상의 겉모습보다 훨씬 많은 내용으로 존재하고 있다. 대상의 현재 실체를 이해하는 것은 반드시 완성해야 하는 과업이다. 사람들이 자신의 내면이나 외면적인 세계에 대해 점검하는 것은 자신들의 적응과 반응에 대한 대처방식에 영향을 미치게 된다. 서비스이용자의 개인적인 반응, 그리고 그것이 의미하는 일이 사건이나 과정 때문이라고 생각하는 것, 그리고 자신들에 관한 느낌들도 역시 실체라고 보아야 한다.

특히 장애를 가지고 있는 서비스이용자의 경우에는 장애로 인해 자신이 속한 환경과 자신 사이에서 매우 복잡하고 혼란스러울 수 있는데, 이러한 점을 고려하는 일은 장애인을 사정하기 위해 사정도구를 만들고, 도구에 의해 정확한 사정을 하는 일이다. 사정도구 제작부터 사정을 실시하는 모든 과정은 매우 조심스럽게 이루어져야 할 것이다. 애플비, 콜론, 그리고 해밀턴(Appleby, Colon, & Hamilton, 2001)에 의하면, 장애를 가지고 있는 서비스이용자의 경우에는 장애를 가지고 있지 않은 사람들과 동일한 조건에서 생활할 때, 발생하게 되는 쟁점을 반드시 강조하여야 하며 동시에 장애라는 조건에 의해 연관되어 있는 여러 가지 어려움이 가중되어 있는 사실 또한 반드시 조사하여야 한다고 했다.

장애인들과 함께 하는 사회복지실천을 하는 사회복지사의 경우, 분노, 좌절, 절망, 변화의 과정에 참여하고자 하는 열망이 없는 상황 등에 대해 관심을 두어야 한다. 이러한 조건들이 장애인 서비스이용자들이 자신의 장애조건으로 인해 나타내는 반응의 일부가 될 것이다. 또한 사회복지사들은 우리 사회와 환경조건이 장애인이 성취하고자 하는 것을 방해하는 장벽으로 작용하는 경우가 많다는 사실에 관심을 가져야 한다. 이러한 사회적인 장벽과 같은 조건으로 인해 이들 장애인이 자신의 열망을 포기하는 경우가 많아, 결국 의미 있는 삶에 대한 생각이나 자신의 성취나 능력을 발휘하기 위한 노력에 제한이 되고 있음을 인식하여야 한다.

또한 사회복지사가 인식하여야 할 것은 객관적인 현실이다. 예를 들어, 사지의 일부를 잃었거나, 시력을 상실하거나, 청력에 손상이 온 경우, 근육의 힘이 손상되거나 마비된 경우, 이러한 상황에서는 대단히 많은 다른 경험을 하게 되는데, 이는 장애를 경험하지 않은 사회복지사와 장애를 경험한 서비스이용자 간에 상당한 간격이 있을 수 있음을 의미한다. 한편 주관적 현실은 세상을 보는 눈, 경험의 세계, 그리고 대처 능력 등이 다르다는 것이다. 사회복지사와 서비스이용자가 장애의 조건을 공유하거나 그렇지 않을지라도, 장애를 가진 서비스이용자는 조심스럽게 서비스이용자의 주관적인 현실로서 이해되어야 하며, 또한 사회복지사와 서비스이용자 사이의 잠재적인 차이를 인식하여야 한다. 그리고 서비스이용자 자신이 가지고 있는 현실적인 문제와 이와 함께 수반될 수 있는 것은 무엇인가에 대한 가정과 함께 이에 관한 인식이 필요하다.

사회복지실천에서의 사정은 개인과 환경의 틀, 생태적인 접근을 통해 이루어진다. 개인과 환경의 틀이나 생태적인 접근은 개인 서비스이용자와 서비스이용자가 속해 있는 환경체계 간에 조화롭게 작용하는 것들에 초점을 맞추어 사정하고 이해하는 내용이 포함되어 있다 (Meyer, 1995 : 263). 더욱이 강점 관점에서는 개인과 환경의 긍정적인 강점에 초점을 맞추는 것을 통해 사회복지실천이 이루어지고 있는데, 서비스이용자를 강점 관점에서 초점을 맞추어 실천하는 것은 사회복지사와 서비스이용자가 변화를 위한 계획을 만들어 나갈 수 있게 한다. 특히 장애를 가지고 있는 서비스이용자와 함께하는 사회복지사의 경우에는 강점 관점에서 접근하는 것이 실천에 도움이 되는데, 이는 사회복지사와 서비스이용자 모두에게 도움이 되고 있다. 장애인에 관한 사정에서 장애의 조건과 관련된 욕구 혹은 문제에 우선적으로 초점을 맞추기보다는 이들 장애인이 가지고 있는 강점을 확인하고, 찾기 위한 것에도 도움이 되고 있다.

장애가 있는 서비스이용자에 대한 강점 사정을 위해서는 두 가지 실천틀이 기본적으로 활용된다. 하나는 서비스이용자의 문제를 조사하기 위해 다른 관점들이 추가적인 정보와 도움이 될 수 있는 자원들로서 제공된다. 다른 몇몇의 실천틀은 사정과정 동안에 여기에 제시되게 된다. 즉 생태, 심리, 사회적 관점, 특정 장애 관점, 그리고 삶의 질 관점, 이 모든 것은 사정에 있어 의미 있는 기여를 하게 된다. 삶의 질 쟁점에 초점을 맞추는 것은 질병이나 장애가 있는 서비스이용자와의 관계에서 활용되는 접근방법이다. 그러나 이러한 방법은 사정을 위해 유일하게 사용하는 접근방법이 아니다. 삶의 질은 환경의 요소들에 의해 매우 강하게 영향을 받게 된다. 더불어 삶의 질을 사정하는 것은 항상 주관적인 과정이며, 이는 사회복지사의 주관적인 경험과 이러한 사정에 부당하게 영향을 미치는 것을 이해하는 것에 잠재적으로 작용하게 된다.

생태적인 접근이나 서비스이용자의 강점을 기반으로 한 실천틀, 이 둘 모두는 지역사회, 집단, 그리고 개인에 대한 사정을 위해 사용된다. 지역사회의 욕구 사정은 지역을 사정하기 위한 추가적인 방법으로서 제공되고 있다. 서비스이용자의 집단 혹은 지역사회는 폭넓은 의견, 경험, 관점으로 서비스이용자의 주변을 둘러싸고 있다. 사정의 과정과 접근방법은 서비스이용자 체계의 규모와 현재 활용되고 있는 이론적인 틀에 따라서 매우 중요하게 활용되고 있다는 사실을 이해하는 것이 매우 중요하다. 한 사람의 서비스이용자 혹은 서비스이용자가 속한 집단, 혹은 지역사회와 함께 실천하는 경우, 사회복지사는 사정이 가능한 모든 도구, 혹은 특정한 도구의 활용이 가능할 수 있어야 한다. 사회복지사가 어떤 사정도구를 사용할 것인지를 결정하는 데 있어서는 우선 고려하고 있는 것, 서비스이용자가 더 선호하는 것, 기관의 정책, 그리고 문화적으로 더 선호하며, 적절하다고 인식되는 것, 문제나 욕구에 적합하게 적용할 수 있는 것 등에 의해 어떠한 사정 내용이 포함될 것인지가 결정된다.

다음은 경기도 무한돌봄복지과에서 발간한 〈2014년 경기도 무한돌봄 사례관리 두 번째 이야기〉에서 이준우와 권자영이 집필한 부분(pp. 104-109)을 발췌 요약한 내용이다. 이상에서 다룬 사정 기술이 발휘되어 사정 내용이 체계적으로 잘 정리되어 있는 사례여서 소개한다. 이 사례는 위기상황에 있는 장애인 가정에 대한 사례관리 중 사정한 내용이다.

**표 9-1** 무한돌봄 사례

| 대상자 | 맹영자(가명) | 상담일자 | 2014. 01. 20. | 1차 상담 |
|---|---|---|---|---|
| 생년월일 및 성별 | 53.08.**.(만 60세)/여 | 주소 및 연락처 | 경기도 ○○시 ○○구 (기○교회 내) | ☎ (본인)<br>☎ ( 부 ) |
| 요청 경로 | □ 대상자 요청 ( )<br>■ 통장 및 이웃주민 등<br>□ 사례관리자의 발굴<br>□ 기타( ) | 상담장소 | ■ 가정방문<br>□ 내방( )<br>□ 기타 : | ■ 국민기초수급자<br>□ 법정차상위<br>□ 저소득가구 |
| 가구 유형 | □ 소년소녀가구<br>■ 한부모가구<br>□ 부부중심가구 | □ 독거노인가구<br>□ 노인부부가구<br>□ 기타( ) | □ 조손가구<br>□ 청장년1인가구 | ■ 장애인가구<br>□ 다문화가구 |

| 가계도 | 생태도 |
|---|---|
| 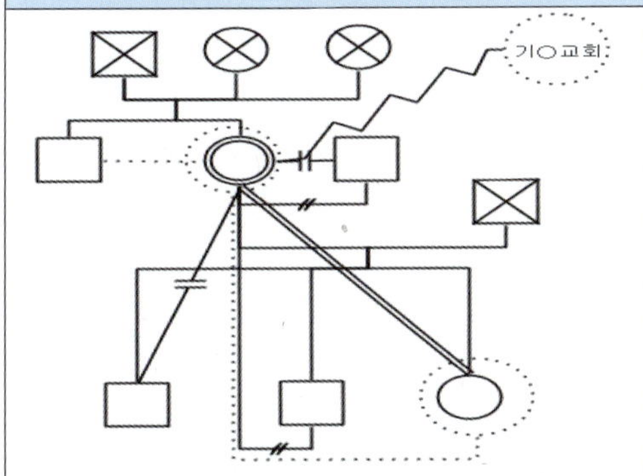 | 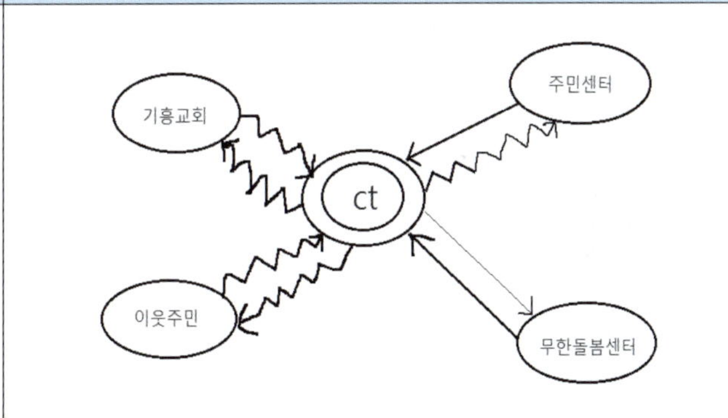 |





| 가족 사항 | 관계 | 이름(가명) | 생년월일 | 동거여부 | 학력 | 직업 | 건강상태(장애 및 질병) |
|---|---|---|---|---|---|---|---|
| | 서비스이용자 | 맹영자 | 5308**(만 60세)/여 | 동거 | 고졸 | 무직 | 편집성인격성향. 망상장애의심 |
| | 자 | 김은진 | 9010**(만 25세)/여 | 동거 | 고3 | 고등학생 | 지적장애 3급 |

| 주거 및 소득 현황 | | | | |
|---|---|---|---|---|
| | 주거 상태 | □자가(시가만원) □전세(만원) □월세(보 만원/월 만원) □임대주택(월 만원) ■무상임대 | | |
| | 가옥 형태 | □단독주택 □다세대/연립 □아파트 ■기타(교회유아실 사용) ■부엌(무) ■난방(전기) ■화장실(공용/수세식) ■식수(공용) | | |
| | 수입 | □근로소득 : ■정부보조금(공적수입) : 544,870원 □사적이전소득 : 만원 □기타 : 만원 | | |
| | 지출 | ■생활비 : 50만원 이상 □의료비 : 만원 □교육비 : 만원 □저축액(보험) : 만원 □부채상환 : 만원 | | |
| | 부채 | 1천 5백만원(본인 주장 미확인) | 부채사유 | 생활비 및 부채 |

| | |
|---|---|
| 대상자의 상황 | - 서비스이용자(맹영자)의 친모는 아주 어렸을 때 사망하여 서비스이용자는 친모에 대한 기억이 없으며 친부와 계모 밑에서 자라게 됨. 위로는 오빠 세 명 아래로 남동생 두 명이 있고 어린 시절부터 오빠와 사이가 좋지 않았다고 함.<br>- 고등학교를 졸업한 서비스이용자는 집에서 벗어나기 위하여 23세 때 만난 남자와 결혼함. 서비스이용자는 생맥주 집에서 서빙을 하면서 돈을 잘 벌었지만 남편은 약 5년 후 서비스이용자를 떠났다고 함.<br>- 30세 때 찻집을 운영한 서비스이용자는 중동에서 일을 하여 돈을 많이 벌었다는 두 번째 남편을 만났고 그 남자의 돈을 보고 결혼을 한 후 아들 둘과 딸을 낳았음. 하지만 경제적으로 넉넉하지 않은 삶 속에서 남편의 일이 변변치 않아 힘든 삶을 살게 되었다고 함.<br>- 남편의 폭행 및 외도로 서비스이용자는 딸만 데리고 집을 나와 차량에서 양말을 팔며 생계를 유지하였음. 어느 날 남편의 보호를 못 받던 아들 둘이 서비스이용자와 연락이 되어 서비스이용자는 자녀 셋을 모두 양육을 하게 됨.<br>- 2004년 남편은 췌장암으로 사망을 하였으며 서비스이용자는 교통사고를 당하여 척추가 손상되어 운전을 하지 못하게 되면서 생활이 더욱 힘들어졌다고 함.<br>- 고등학교를 졸업 후 서비스이용자는 ○○동에서 약 25년을 살았음. 하지만 집 계약이 완료되고 집주인이 집을 허물기 위하여 집을 비워줄 것을 요구하며 이사 비용도 지불해 준다고 하였음. 하지만 서비스이용자는 본인이 계속 살아야 함을 주장하며 약 1년을 버티다가 2013년 12월 12일 강제집행 당하여 쫓겨남. 서비스이용자는 본인이 강제로 쫓겨난 상황이 불합리하다고 주장하며 ○○시청에 지속적으로 탄원서를 제출하였음.<br>- 거주지를 잃은 서비스이용자는 딸(김은진)과 함께 ○○교회 예배당안의 유아실에 살림살이를 가지고 와 생활하기 시작함. 교회에서는 추운 겨울을 지내고 서비스이용자와 그의 딸이 알아서 나가기를 원하였으나 서비스이용자는 교회에서 지내는 것을 당연히 여기며 교회 관계자들에게 큰 피해를 입힘.<br>- 서비스이용자는 '목사가 나랑 친구하자고 한다. 어떻게 목사가 과부에게 그런 말을 하느냐.' 라고 이야기하며 목사와 사모에게 불신감을 갖게 됨. 서비스이용자의 딸은 점점 폭력적으로 변하며 '목사새끼 개새끼. 죽여 버려.' 등의 욕설을 퍼부으며 교회 관계자들에게 폭언 및 폭력을 가함. 이러한 딸을 바라보는 서비스이용자는 힘든 세상 속에서 자신을 지켜주는 딸이라고 표현함.<br>- 딸은 좁은 교회를 나가고 싶어 하며 서비스이용자에게 폭언 및 폭력을 가하기도 함. 서비스이용자와 딸이 서로의 질병 및 장애를 인정하지 못하고 싸울 때, 서비스이용자는 딸을 시설에 보내고 싶다고 함. 하지만 실질적으로 시설에 대한 안내를 하면 말을 번복하며 본인(딸)이 가지 않으면 어쩔 수 없다고 이야기함.<br>- 서비스이용자는 상황에 따라 말을 수시로 번복하고 다른 사람의 말을 믿지 않았으며 의심이 많은 성향으로 말도 안 되는 것을 막무가내로 요구함. 또한 서비스이용자는 ○○동주민센터에 자주 방문하여 자신의 요구(금전적 지원)를 들어주지 않는다며 고래고래 소리를 지르고 딸은 그 옆에서 사람들에게 폭력을 휘두름. 어느 날 서비스이용자는 주민센터 민원화장실에서 성인인 딸의 옷을 모두 벗기고 목욕을 시키기도 함.<br>- 서비스이용자의 성향으로 인하여 딸은 폭력성이 점점 심해지면서 죄의식 없이 모든 문제를 행동으로 표현하며 과격해짐. 서비스이용자 또한 다양한 문제행동을 보아 정신과적 치료가 필요 할 것으로 여겨지기에 대상 가구에 대한 지속적이고 전문적인 접근이 필요한 상황임. 아들들은 서비스이용자와 지적장애를 앓고 있는 서비스이용자의 딸을 부담스러워 하며 본인들의 삶을 살고자 집을 나갔고 현재 아들들과는 연락이 단절된 상태라고 함.<br>- 서비스이용자는 우여곡절이 많았던 자신의 삶을 제7일 안식일 교회에 다니며 정신적으로 의지를 많이 하였다고 함. |

<table>
<tr><td>사례관리<br>진행상황</td><td>
2013.12.12. - 긴급사례발생<br>
- 월세거주 중이던 집에서 강제퇴거집행 당한 후 기○교회에 임시거주 함. 2013년 주거문제로 매입임대주택 신청 후 선정되었으나 본인이 거부하여 포기하였음.<br>
↓<br>
2014.01.24. - 사례관리자 가정방문 : 욕구조사 실시<br>
- 현장 확인 후  상담을 통하여 욕구조사 실시. 주거문제해결을 위해 타 지역도 함께 알아보길 권유했으나 ○○동 기○교회 부근에 집을 얻기를 희망하면서 타 서비스연계 거부함.<br>
- 주거문제 외에도 정신과적 치료 등 사례관리 필요하여 서비스연계 실시함.<br>
↓<br>
2014.03.10. - ○○시 정신건강증진센터의뢰<br>
- 서비스이용자는 정신과 진단이 없으며 이상소견이 보이지 않기 때문에 정신재활 해당서비스에 해당되지 않는다고 함.<br>
↓<br>
2014.03.28. - 권역사례회의 진행<br>
- 정신건강증진센터, 장애우 권익문제연구소, 정신과 등 관련기관 전문가와 진행 상황 점검 및 개입방안 모색.<br>
- 대상자의 경우 전문가 진단에 의한 치료가 반드시 필요하며, 매입임대주택 신청을 권유하여 이사를 갈 수 있도록 함. 지속적인 폭력이 이루어질 경우 모녀 분리 등 대책을 논의함.<br>
↓<br>
2014.04.07. ~ 정신과 상담 및 전체검사 실시<br>
- 정신과 치료를 위한 검사결과 서비스이용자는 편집성인격성향을 지닌 망상장애 의심 진단을 받았으며 딸은 폭력적인 성향이 강한 지적장애로 주치의는 딸의 교육을 위하여 서비스이용자와 딸의 분리가 필요할 것이라고 함. 서비스이용자는 의사의 진단하에 약물치료 시작함.<br>
↓<br>
2014.05.16. ~ 성인발달장애인 공공후견지원 신청예정<br>
- 딸의 정서적 안정 및 적절한 교육을 통한 사회성 향상 그리고 폭력적인 성향의 문제 해결을 위하여 발달장애인 공공후견지원 사업 신청을 위하여 서비스이용자와 딸을 설득할 예정임.<br>
↓<br>
2014.05.19. ~ 매입임대주택 신청<br>
- 서비스이용자에게 안정된 주거 환경이 제공될 수 있도록 매입임대주택에 신청하도록 함.
</td></tr>
</table>

| | |
|---|---|
| 자원현황<br>(서비스 이력 등) | 1. ○○동주민센터 ( ~ 현재)<br>- 기초생활수급자로 이웃돕기 후원금(품) 지원하며 복지서비스 안내함.<br>2. 기○교회 ( ~ 현재)<br>- 거주할 곳 없는 대상가구에게 주거지를 지원하고 있으나 교회에서는 서비스이용자가 나가기를 원함.<br>- 집을 구하여 나갈 경우 약 300만원 미만의 보증금을 지원할 의향이 있다고 함.<br>3. ○○고등학교 ( ~ 현재)<br>- 성인이 된 딸(김은진)이 다니고 있는 고등학교로 주 3회 학교를 다니며 딸이 유일하게 외부사람들과 교류를 하고 있는 장소임.<br>4. 박○○ 신경정신과 (2014.04.07. ~ )<br>- 서비스이용자가 비자발적이긴 하지만 현재 정신과적 문제를 위한 검사를 실시한 후 약물 치료를 실시하고 있음. |
| 대상자의 욕구 | ※ 편집성인격성향을 지닌 서비스이용자는 상황에 따라 욕구가 수시로 바뀌어 서비스이용자의 정확한 욕구를 파악하는 데 어려움이 있음. 집에서 쫓겨 날 당시 그 거주지에 집을 지어 달라고 하였으나 현재는 매입임대에 선정되면 이사를 간다고 하나 정확하지 않음. 또한 딸이 사회생활을 못하여 돈을 못 벌어 와 본인이 돌보기 힘들어 시설에 보내고 싶다고 하였으나 또 어느 순간에는 딸은 나쁜 사람들(유부남)에게서 자신을 지켜주는 방패라고 이야기하는 것으로 보아 시설에 보낼 의향도 확실하지 않음. 베이비시터 또는 간병인 일자리를 구해 준다면 일을 하고 싶다고 하나 현재는 장애진단을 받아 현금지원을 더욱 받기를 원하며 일은 할 수 없다고 함.<br>※ 서비스이용자의 욕구<br>- 경제적인 어려움 : 현금 지원을 더 많이 받기를 희망하며 주민센터에 지속적으로 요구함. |
| 대상자의 문제<br>(담당자 관점) | 1. 서비스이용자의 정신적 문제<br>편집성인격성향 및 남자에 대한 불신으로 인한 망상장애의심 진단을 받은 서비스이용자는 전체검사 실시 후 약을 복용하고 있음. 하지만 서비스이용자는 망상장애의심 진단으로 장애등급을 받아 복지혜택을 희망하고 있으나 본인의 질환에 대한 병식이 전혀 없음. 현재 밑져야 본전이라는 식으로 약을 복용하고 있으나 스스로 집에서 약을 복용하며 병식을 깨우치기 어려울 것으로 보임.<br>2. 서비스이용자와 딸의 관계<br>서비스이용자는 딸의 지적장애에 대한 이해 없이 딸이 정상적인 생활을 할 수 없다고 비난함. 그러다가도 주변인들에게 공격이 필요할 때는 딸을 부추겨 딸이 주변인들에게 폭력을 가하는 것을 방관하며 딸이 자신을 지켜준다고 하고 딸의 폭력은 이유가 있다고 표현함.<br>3. 딸(김은진)의 폭력성 심화<br>어린 시절부터 딸은 서비스이용자에게 심하게 맞고 살았다고 함. 서비스이용자는 본인의 지적수준에 맞는 적절한 교육을 받지 못하고 긍정적인 대인관계 형성을 하지 못하여 오로지 서비스이용자의 영향을 그대로 전달 받게 됨. 따라서 딸은 서비스이용자가 분노하면 함께 분노하고 더 나아가 주변인들에게 폭력을 가하고 죄책감을 느끼지 않게 됨. 그리고 폭력을 휘두르면 아무도 본인을 건드리지 않는다는 생각을 하게 되면서 폭력이 점점 빈번해짐. 서비스이용자는 딸을 전혀 돌보지 않고 하루 종일 밖으로 돌아다니기 때문에 딸이 집에 있는 날은 하루 종일 스마트폰으로 인터넷만 하여 정서적으로 매우 좋지 않음.<br>딸의 지적기능은 초등학교 고학년 수준으로 스스로 위생관리가 가능하나 딸의 위생은 청결하지 못한 편임. |

**사정 내용 요약** : 이 사례는 편집성 인격장애 성향을 보이는 서비스 대상자의 경제적 어려움과 함께 살고 있는 딸과의 갈등, 딸의 폭력성, 그리고 현재 주거하고 있는 곳을 이사해야 하는 복합적인 문제들을 해결해 나가야 하는 과제들로 이루어져 있다. 더욱이 서비스 대상자는 수시로 자신의 욕구를 다르게 표출함으로써 주변 사람들과 사례관리자를 힘들게 하고 있다. 또한 자립 의지를 갖고 있는 것 같아 보이다가도 실제로는 장애 진단을 받아 현금 지원을 지속적으로 더 많이 받기 원하며 주민센터에 끊임없이 요구하고 있다. 딸에 대해서도 딸의 지적장애를 비관하거나 비난하면서도 때때로 주변 사람들에게 강하게 대응할 일이 생길 경우에는 딸을 이용해서 딸이 주변 사람들에게 폭력을 행사하게끔 하고 있다. 딸의 지적인 기능은 초등학교 고학년 수준으로 기초적인 위생관리만 하고 있으며 실제 위생 상태는 청결하지 못한 가운데에 있다.

이상에서 제시한 사례의 사정 내용은 알렌 미어즈와 로(Allen-Meares & Law, 1993 : 8-10)가 개발했던 여섯 가지 사정의 차원으로 구성된 사정의 내용을 충실하게 반영한 것이라 할 수 있다. 장애인을 대상으로 하는 사정은 다차원적으로 정보가 수집되어 정리되어야 종합적으로 문제 상황을 파악할 수 있다. 구체적인 내용은 다음과 같다.

첫째, 사정은 서비스이용자와 상호작용이 이뤄지고 있는 체계들을 파악하는 것인데, 예를 들면 가정, 학교, 직장, 이외 서비스이용자가 속해 있는 다면적인 생태체계로부터 자료가 수집되어야 한다.

둘째, 정보 자원은 서비스이용자와 서비스이용자 체계 내에서 서비스이용자에게 중요한 사람들과의 접촉을 기반으로 사회복지사에 의해 수집되는데, 때론 사회복지사는 이들을 관찰함으로써 중요한 정보 자원을 수집하기도 한다.

셋째, 서비스이용자와 서비스이용자의 상황과 관련된 모든 변수들이 설명되어야 하는데, 서비스이용자의 상황은 두 가지 차원, 개인(성격, 행동, 신체적 조건)과 환경을 포함하고 있으며, 이 두 가지 상황 안에서 반드시 서비스이용자에 관한 사정이 이루어져야 한다.

넷째, 정보는 포괄할 수 있는 한 모든 것을 다 포괄하여야 한다.

다섯째, 자료는 지적인 방식에 의해 조직적으로 정리되어야 한다.

여섯째, 사정은 개인과 환경 모두에게 적용이 가능한 다양한 개입 방식과 연계되어야 한다.

## 제2절 역량강화와 옹호

대부분의 장애를 가지고 있는 서비스이용자들은 고립감을 경험하고, 자신이 낙인을 당하고 있음을 경험하고 있다. 또한 이들 서비스이용자들은 억압을 경험하기 때문에 서비스이용자 자신들이 겪은 경험으로 인해 스스로 자신에 대한 존엄성과 존중이 크게 상실되는 경우가 있다. 사회복지실천에 있어서 임파워먼트(empowerment) 모델에 따른 개입 기술의 핵심은 서비스이용자의 역량을 강화하는 데에 있다. 즉, 스스로 희망이 없다고 믿거나 자신이 능력이 없다고 믿고 있는 서비스이용자 내면의 강점을 자극하여 그 강점을 극대화하여 이끌어 내는 기술이 역량강화 기술인 것이다.

사회복지사들은 장애가 있는 서비스이용자와 함께하는 사회복지실천에서 임파워먼트 모델을 활용함으로써 서비스이용자가 스스로 역량강화가 될 수 있도록 돕고, 서비스이용자에게 필요로 하는 다른 욕구들을 채우기 위한 지원을 활성화시킨다. 이와 같은 역량강화 기술을 사회복지사가 사용할 때, 서비스이용자에 대한 사회복지실천의 목표는 서비스이용자가 자신들의 생활이나 자신을 스스로 돌보는 일, 자신을 관리하는 일 혹은 서비스이용자가 자신의 역할을 활동적으로 수행해 나갈 수 있도록 돕는 데에 둘 수 있게 된다.

그러므로 역량강화 기술은 서비스이용자의 자립을 최대화하기 위해 서비스이용자 자신의 생활을 주관하는 일이나 서비스이용자의 전반적인 삶에 있어 필요로 하는 모든 선택을 하는 데 있어, 서비스이용자 스스로 주인의식을 갖도록 하고, 서비스이용자 자신의 심리적인 안정과 자신에 대한 신뢰를 개발하기 위한 다양한 활동들로 구성된다. 여기서 서비스이용자는 활동과 변화의 가장 일차적인 활용 자원이 된다. 그러나 장애를 가지고 있는 모든 서비스이용자가 충분하게 역량강화가 될 수 있는 것은 아니다. 서비스이용자가 충분히 역량강화가 된다는 것은 서비스이용자 자신의 목표를 설정하고, 이 목표를 달성하기 위한 것 그리고 그들의 자립적인 삶을 위한 욕구를 충족하는 것이다.

### 1. 사회복지실천 가치를 반영하는 핵심 기제로서의 역량강화

사회복지실천의 핵심 가치는 인간의 존엄과 개인에 대한 존경을 인식하는 것에 초점을 맞추고 있으며, 또한 핵심 가치는 사회복지사들이 이와 같은 가치를 우선적으로 존중하여 서비스이용자의 자기 결정에 대한 관점을 가지고 사회복지실천을 수행하게 된다. 서비스이용자의 자기 결정은 사회복지실천 계획을 수립하고 서비스를 이행하는 데 있어서 서비스이용자의 목표와 대상을 우선순위에 놓고, 정하는 것을 포함하고 있다. 서비스이용자 중심의 사회복지실천은 서비스이용자가 문제 결정과 사정 그리고 개입 계획에 활동적인 역할을 선택할 수 있도록 격려하는 것을 중요시한다. 사회복지사는 서비스이용자의 강점을 만들어 나가는 것을 인식하고 중립적인 특성을 존중한 내용에 기초하는 사회복지실천을 개발해야 한다. 이와 같은 면에서 역량강화는 사회복지실천의 핵심 가치를 반영하는 매우 중요한 기제가 된다.

그렇다면 역량강화가 장애인을 대상으로 하는 사회복지실천에서 왜 그렇게 중요할까? 이는 무엇보다도 장애인이 여러 면에서 취약하기 때문이다. 아울러 이는 기능적으로 제한을 갖고 있기 때문이기도 하지만 또 다른 면에서는 사회적인 제한에 의해 구속당하는 경우도 많기 때문이다. 그 결과 사회적인 낙인, 억압, 차별, 편견, 거부, 배제, 분리 등을 경험할 가능성이 높을 뿐만 아니라 개인의 자존감이 낮은 경우, 무력감을 강하게 느끼며 자조능력의 부족 등과 같이 개인적 차원에서도 취약한 사람들인 경우가 많다. 역량강화 기술은 장애인이 속한 환경과 사회정책 가운데, 서비스이용자가 잠재적인 변화나 향상을 위한 변화를 성취하게끔 하는 것인데, 결국 장애인들의 역량강화가 실현된다는 것은 사회정의의 향상이 가능하게 됨을 의미한다.

물론 여전히 사회는 장애인에 대해 개인적 비극 내지 불행한 일로 희생된 사람이라는 인식을 갖고 있다. 사회는 단지 이들에게 꼭 필요한 기본적인 지원을 제공하면 된다고 보는 경향이 강하다. 역량강화는 바로 이와 같은 잘못된 사회적 통념을 뒤집는 것에서부터 출발한다. 이는 곧 장애에 대한 사회적 인식을 다시 새롭게 정의하는 것에서 시작한다. 장애에 대해 다시 정의하는 일은 개인에게 무엇이 잘못인지에 초점을 맞추는 일이 아니다. 장애인이 살아가는 데 사회에서 구조적으로 제한을 가하는 것이 무엇인지에 초점을 맞추어야 한다. 이처럼 장애에 대한 정의가 장애를 이해하는 과정에서 장애의 개별적 모델, 의료적 모델 등에서 장애의 문제를 사회적인 측면, 사회적인 제한 등 사회와 환경이 부적절하게 구성되어 있음을 지적하는 장애의 사회적 모델, 나아가 장애를 사회문화적 정체성으로 보는 사회문화적 인식으로 옮기는 것이 역량강화의 첫걸음이 된다.

따라서 역량강화를 지향하는 사회복지실천을 하게 되면 자연히 장애 서비스이용자를 사정할 때에도 개인의 특성에 초점을 맞추는 것보다는 장애인이 속한 환경과 사회적인 제약과 제한점 등이 장애인에게 어떻게 영향을 미치고 있는지 등 장애로 인한 문제를 사회적인 측면에서 사정하는 일이 요구된다. 그러면서 동시에 역량강화를 도모하는 실천개입을 수행하게 되면 장애인에 대한 강점 사정이 반드시 요구된다. 서비스이용자의 강점에 초점을 맞추는 일은 사회복지사가 서비스이용자를 도와 스스로 행동할 수 있도록 동기화하는 것을 돕게 된다. 동시에 동기화 과정을 통해 서비스이용자가 누군가에 의해 행동이 강요되고, 타의적으로 행동을 수행해 왔다면, 이러한 수동적인 자세를 능동적인 자세로 바꿀 수 있도록 도움이 될 수 있어야 한다.

그러므로 장애를 갖고 있는 서비스이용자에게 도움이 되는 장애인의 역량강화는 심리적이고 사회·경제적인 자원 이 두 가지를 가지고 있는지를 확인하는 일과 아울러 이 두 가지 모두를 효과적으로 사용하는지를 확인하는 일과 관련되어 있다. 그리고 개입과 관련해서는 심리적 요인, 경험적인 요인 그리고 환경과 관련된 요인들 모두에 개입이 필요하다.

## 2. 역량강화 기술 속에 내재된 주요 내용

역량강화 기술들 속에 담겨져 있어야 할 몇 가지 주요 내용들을 다음과 같이 제시한다.

### 1) 서비스이용자 격려와 욕구 파악

장애인을 대상으로 사회복지실천 과정을 수행해 갈 때, 사회복지사는 장애 서비스이용자가 자신의 문제에 대처하는 능력을 향상시키고, 문제에 대한 적응능력을 향상시키며, 그리고 사회변화에 적응하고 대처하는 능력을 향상시키거나 문제를 해결하기 위해서 사회복지실천의 주요 기술로 역량강화를 활용할 수 있다. 역량강화는 서비스이용자를 격려하여 자신의 문제나 욕구를 파악하도록 할 뿐만 아니라 억압 받고 있거나 자기역량이 되어 있지 못한 상황에 대해서도 이해할 수 있도록 한다. 이러한 역량강화 기술은 장애 서비스이용자의 문제를 해결하려는 준비단계에서의 실천방법, 혹은 억압이나 좌절과 소외 등을 경험하는 것을 예방하기 위한 방법이 될 수도 있다.

### 2) 강점 중심의 사정

서비스이용자의 기본적인 욕구(의식주, 그리고 경제·정서적 지원 등)를 해결하기 위해 서비스이용자의 기본적인 욕구가 무엇인지를 서비스이용자의 입장에서 확실하게 파악하는 것이다. 서비스이용자 자신이 진정으로 원하는 기본적인 욕구와 이를 해결하기 위해 서비스이용자 스스로가 내리고 있는 자신의 문제에 대한 정의를 인식하게끔 돕고, 문제 해결을 위한 동기를 부여해 주는 노력 등 서비스이용자의 경험의 세계를 공유할 수 있도록 공감적인 반응을 취해야 한다. 강점 사정을 활용하는 것이 동기부여를 위한 도구로서 유용하다.

### 3) 억압과 피해의식의 해소

장애인에게 가해진 억압의 원천과 자기 자신을 탓하는 내면적인 고통을 객관화시켜 이끌어 냄으로써 정신적인 안정과 자기존중을 유지하게끔 한다. 무엇보다도 장애인 당사자 자신이 경험했던 내용들을 있는 그대로 객관화시켜 직면할 수 있는 기회를 제공하는 것이 유용하다. 이를 위해서 사회복지사는 무조건적인 수용과 이해, 인정을 해야 한다.

### 4) 교육과 일상생활기술 습득, 다양한 삶의 기회의 제공

교육을 받을 수 있게끔 하며, 일상생활 속에서 필요로 하는 여러 기술, 생활하는 가운데에 경험하는 다양한 문화적 경험 등을 접할 수 있는 기회를 제공하는 일 등을 통해 문제해결 능력을 강화하고, 스스로 자신의 방향을 정할 수 있는 능력을 향상시킨다.

### 5) 동반자 의식에 기초한 실천

예를 들면 바람직한 장애 정체성을 자각하는 일, 교육에 대한 의욕을 가지는 일, 좋은 대인관계 태도를 형성하기 위한 훈련, 사회복지사와 서비스이용자 사이의 평등, 균형 그리고 동격이라는 의식을 만들어 나가는 데 도움이 된다.

### 6) 사회변화의 추구

사회변화를 위해서 집단과 지역사회 안에서 장애 서비스이용자를 효과적으로 역량강화시키기 위해 실제적인 기술을 사용하고자 할 때, 매우 유용하며 나아가 어떻게 사회변화를 실현해야 할지를 판단해야 할 때도 큰 도움이 된다.

### 7) 억압의 인식과정에 대한 파악

장애 서비스이용자가 자신의 정체성을 인식하는 일을 포함해서 억압의 경험을 인식하는 과정에 대한 파악은 서비스이용자와 함께 일하는 데 사회복지사가 반드시 고려해야 할 쟁점들 가운데 하나이다. 억압의 경험은 그 자체는 말할 것도 없고, 이것은 서비스이용자, 가족구성원 그리고 다른 관련된 사람들에게 영향을 미치게 된다. 따라서 억압의 인식과정은 구체적으로 조사되고 사정되어야 할 필요가 있다.

이상과 같은 역량강화의 내용들을 실행함으로써 서비스이용자가 자립해 가며 자기 성취를 발전시켜 나갈 수 있도록 격려할 수 있다. 그리고 무엇보다도 개인에게 우선적으로 중요한 것은 가치체계를 지원하는 것인데, 이는 사회문화적으로 연계를 맺도록 하는 일을 통해 가능하다고 볼 수 있다. 따라서 역량강화 기술을 효과적으로 활용하기 위해서는 서비스이용자에 대한 보호와 존중은 가장 기본적으로 요구되는 원칙이다. 아울러 역량강화는 장애를 갖고 있는 서비스이용자의 자기 존중을 강조하고 서비스이용자가 스스로 자신을 조절하며, 생활의 상황을 극복하는 것을 조절하도록 돕는다.

## 3. 옹호

때때로 서비스이용자에게 제공되는 서비스가 서비스이용자의 욕구에 적절하지 않거나 효과적이지 못한 경우가 있다. 프로그램을 이용하기 위해 요구되는 항목들이 서비스이용자에게 해당되지 않는 경우가 많고, 이러한 경우 서비스의 혜택을 받을 수 없게 된다. 또한 오랫동안 순서를 기다려야 하는 경우, 순서를 기다리는 동안 해결해야 할 욕구를 해결하지 못하고 순서를 지나치는 예가 있다. 특히 필요한 자료를 요구하기 위해 접근하는 것을 환경의 장벽으로 인해 차단당하기도 한다. 이때 필요한 개입기술들 중 가장 유용한 접근이 옹호 기술이 된다.

옹호 기술은 서비스이용자 스스로 옹호할 수 없는 서비스이용자의 욕구를 다루는 것이다. 서비스이용자가 가지고 있는 문제들은 적절하게 조사하기 어려운 일이다. 특히 지역사회 내에서 자신의 욕구를 충족하기 위해 가능한 자원을 쉽게 찾을 수 없으며, 뿐만 아니라 서비스이용자는 자신의 욕구를 충족하기 위해 효과적으로 스스로 옹호하는 것이 가능하지 못하다.

심각한 장애를 가지고 있는 서비스이용자, 예를 들어 발달장애인, 정신장애나 중증의 치매나 알츠하이머병을 앓고 있는 사람 등, 이들은 외부의 세계와 단절되어 있거나 혹은 의사소통이 원활하게 이루어지지 못하고 있기 때문에 자신을 옹호하는 능력이 매우 부족한 사람들이다. 사회복지사는 옹호 기술을 활용함으로써, 서비스이용자가 속한 기관, 지역의 프로그램, 기금의 원천 그리고 계획을 실시하는 기관 등에 대해 옹호와 관련된 다양한 역할을 수행하게 된다.

옹호 기술을 활용한 실천에서는, 서비스이용자 자신이 자신의 욕구를 표현할 수 없는 장애인과 자신의 욕구를 해결하기 위해 반드시 무엇을 해야 할 것인지에 관해 알지 못하고 있는 장애인을 구분하는 것이 필요하다. 욕구를 충족하기 위해 욕구를 표현하는 것과 자신의 선택을 훈련하기 위해서는 최소한 세 가지 능력이 요구된다. 첫째, 이해하고 반응할 수 있는 정신적인 능력이 가능해야 하며, 자신을 스스로 사정할 수 있는 능력이 있어야 한다. 둘째, 다른 대안들에 대해 고려할 수 있는 능력과 행동의 방향을 결정할 수 있는 능력이 요구된다. 셋째, 특정한 행동을 선택할 수 있는 능력이 있어야 한다.

취약한 장애 서비스이용자는 언어적인 방법으로 의사소통을 하는 일이 가능하지 못하며, 간혹 이들 서비스이용자는 신체적인 기능 수행이 이루어질 수 없는 경우가 있다. 예를 들면 전화를 사용하는 일, 정부나 공공기관을 방문하는 일, 서류를 작성하는 일 등을 수행할 때 잘 해내지 못하는 경우가 대부분이다. 그러나 이들 장애인 가운데는 매우 드물긴 하지만 자신의 일을 잘 감당할 수 있는 능력이 있고, 자신의 욕구를 표현하고, 자신의 행동을 스스로 충분히 결정해서 실행할 수 있는 서비스이용자도 있다.

이렇게 장애 서비스이용자와 함께 사회복지실천을 해 나갈 때, 사회복지사는 서비스이용자의 욕구를 파악하고 지원하는 일과 앞으로 서비스이용자를 옹호하기 위해 어떻게 행동을 취할 것인지, 어떻게 행동의 방향을 결정할 것인지 등이 실천의 기본이 된다. 사회복지사는 우선 서비스이용자로부터 자신이 서비스이용자를 대신해서 옹호자의 역할을 수행해도 좋은지를 허락받은 이후에 서비스이용자의 이득과 서비스를 위해서 서비스이용자를 옹호하는 활동을 하게 된다.

### 1) 윤리적 쟁점들

윤리적으로 문제가 없는 사회복지실천이란 서비스이용자의 동의와 허락을 받아서 수행하는 것을 말한다. 서비스이용자가 서비스를 원치 않거나 혹은 자원 동원이나 연계를 거부하고 있는 데도 사회복지사가 서비스이용자에게 도움이 된다고 믿고, 사회복지실천 서비스를 실시하고 나아가 서비스이용자를 위한 옹호에 힘쓰는 일은 바람직하지 못한 일이다. 사회복지사는 반드시 서비스이용자의 동의를 얻고, 실질적인 사회복지실천과 옹호활동을 시작해야 한다. 그래서 모든 사회복지실천 업무는 서비스이용자가 희망하는 것을 강조해야 하며, 서비스이용자가 선택하고 결정할 수 있는 권리를 존중하는 일임을 깨달아야 한다. 따라서 사회복지사의 옹호활동 역시 서비스이용자가 선호하는 것이 무엇인지를 확인하고 서비스이용자에게 진정으로 도움이 될 수 있는 사회복지실천을 해야 한다.

서비스이용자가 스스로 자신을 보호할 수 없다고 판단되는 경우에, 사회복지사는 이들 서비스이용자에 대한 보호를 반드시 수행해야 한다. 이때 사회복지사는 서비스이용자의 선택을 무시하고 서비스이용자를 일방적으로 보호하는 일을 해서는 안 된다. 서비스이용자 가운데 자신을 옹호하기 위해 혹은 반대로 그와 같은 옹호를 스스로 거절하기 위해서 적절한 노력을 발휘할 수 없을 때, 사회복지사는 서비스이용자에게 가장 최선이 무엇인지를 확인하게 되고, 서비스이용자에게 최선의 선택을 할 수 있도록 지원하는 노력이 필요하다. 이때 서비스이용자의 자기 결정은 중요한 원칙으로서 옹호활동을 하는 데에 기본적으로 고려해야 할 사항이 된다. 서비스이용자가 정신장애 혹은 인지적인 손상이나 발달장애 등으로 인하여 자신의 욕구를 정확히 표현할 수 없는 경우, 어떤 서비스를 선택할 것인지에 대해 적절한 반응을 전혀 할 수 없을 때, 그와 같은 장애를 갖고 있는 서비스이용자는 사회복지사에게 자신의 욕구를 충족하기 위한 목표, 방법, 행동 방향, 그들이 선호하는 행동을 해도 되는지에 대한 일 등을 논의하지 못하게 될 가능성이 많다.

이와 같은 상황에서 사회복지사는 서비스이용자와 그 가족 구성원들, 후견인, 법원, 정부기관들 가운데 적절하게 반응할 수 있는 사람들과의 접촉이 필요하다. 이와 같은 일련의 활동들은 잠재적인 행동에 대한 논의나 서비스이용자의 이득을 위해 옹호활동을 전개하기 이전에 함께 문제를 논의하는 것으로부터 옹호활동의 허락을 받아내기 위해 꼭 필요한 일이 된다.

### 2) 옹호활동을 실행하는 방법

옹호는 "의견을 표현하는 일, 상호의견을 교환하고, 자기주장을 펴는 일, 협상, 환경을 조절하는 일 등"으로 설명될 수 있으며(Compton & Galway, 1994: 434), 사회복지사는 서비스이용자의 복지와 최대한의 기능 수행을 위해 필요로 하는 자원과 서비스를 얻어내기 위해 옹호활동을 하게 된다. 사회복지사에 의해 수행되는 옹호는 서비스이용자에게 필요한 혜택과 서비스를 얻어내기 위한 방향으로 이루어지고 있는데, 서비스이용자는 옹호의 자격을 주는 사람이고, 옹호를 받는 사람이 아니라는 점을 기억해야 한다.

사회복지실천 모델로서, 옹호활동은 사회복지실천 과정에서 서비스이용자의 직접적인 참여 없이 사회복지사에 의해 수행될 수 있다. 그 이유는 사회복지사가 서비스이용자와의 접촉을 통해 옹호활동에 대한 이해를 구하게 되는데, 그 과정에서 서비스이용자는 사회복지사에게 서비스이용자 자신에게 유리한 것을 위해 사회복지사가 서비스이용자를 대신해서 옹호활동을 할 수 있도록 사회복지사에게 그 역할을 부여하고, 사회복지사를 옹호자로서 허가하게 되기 때문이다(Compton & Galway, 1994: 434-435). 만약 서비스이용자의 동의나 허가를 받을 수 있는 상황이 불가능한 경우에는 사회복지사는 서비스이용자를 대신해서 책임을 맡고 있는 대리인의 동의를 얻어야만 한다.

또한 옹호활동은 장애를 가지고 있는 서비스이용자의 특별한 욕구를 강조한다. 옹호활동에서 사회복지사는 개인적으로 매우 많은 부분에서 역동적인 역할을 수행하게 된다. 서비스이용자의 욕구, 서비스이용자의 희망, 서비스이용자가 원하는 것들에 대해 확인하고 조사하는 일에 최선을 다하게 된다. 사회복지사는 옹호자로서 서비스이용자가 희망을 채울 수 있도록 돕고, 서비스이용자와 자원과의 연계가 가능하도록 혹은 서비스이용자와 서비스와 연결이 가능하도록 최선을 다하게 된다. 사회복지사는 시설에 거주하는 서비스이용자에 관해서도 옹호를 한다. 또한 사회복지사는 서비스이용자의 사회적 욕구 충족과 관련하여, 이와 관련을 맺고 있는 서비스이용자의 가족들을 만나는 일을 통해 지원하게 된다.

# 제3절 사례관리와 자원연계

## 1. 사례관리

사례관리는 다양하며 복합적이고, 장기간의 관리와 지원 등을 필요로 하는 장애 서비스이용자의 문제들에 대해 다양한 측면에서의 실천개입을 수행하기 위해 20세기 후반에서 21세기 초에 활발하게 시도되어 오다가 최근 한국의 경우에는 가장 일반적으로 적용되는 사회복지실천 모델로 자리매김하였다. 특히 정신장애가 있거나, 발달상의 장애, 장기간의 보호와 관리가 요구되고, 다양한 서비스와 지원을 필요로 하는 장애 서비스이용자와 함께하는 사회복지실천에서 많이 활용되고 있다.

사례관리는 서비스이용자의 욕구가 장애로 인해 생겨난 욕구, 욕구가 심각한 상태, 그리고 이 욕구가 서비스이용자의 기능 전체에 영향을 미쳐 욕구가 확대될 가능성이 있는 경우 등에 적용하고 있다. 또한 장애를 가지고 있는 서비스이용자로서 다양한 관계에서 나타난 문제를 해결하기 위한 서비스를 제공받기 위하여, 교육과 재활의 목표를 수립하고 이를 구체적으로 실행하기 위하여, 그리고 다양한 위기개입 상황을 해결하기 위해서 사례관리가 실천되고 있다.

서비스이용자가 장애인인 경우에는 다양한 서비스가 요구되는데, 예를 들면, 의료적인 치료와 보호, 개인에 대한 서비스 제공, 교통수단, 교육, 직업훈련, 레크리에이션, 주택 혹은 영양관리, 자립적인 생활과 지원을 제공하는 타인과의 연계망 등의 서비스가 요구된다. 이러한 서비스들이 제공되는 경우에는 각각의 서비스가 개별적으로 제공되기보다는 통합적으로 이뤄지는 것이 효과적이다. 실제로 서비스이용자의 문제가 복합적인 경우에는 서비스를 제공하는 동안에 새로운 서비스 욕구가 생겨나기 때문에 이들에게 자립적으로 제공되는 개별 서비스는 각각의 서비스들 간에 상호연계되어 통합적으로 제공되는 것이 유용하다. 그러므로 사례관리는 서비스이용자의 욕구 충족을 위해 서비스의 내용이 포괄적이어야 하며, 지속적이어야 하며, 동시에 타 서비스와의 협조와 연계가 요구되는 특징이 있다.

사례관리는 서비스이용자 욕구, 기관이나 프로그램의 구성 내용에 따라 차이가 있다. 서비스이용자에게 초점을 맞춘 경우는 서비스이용자의 강점에 기초하고 일반적으로 옹호와 역량강화를 목표로 하는 실천계획을 수립한다. 서비스 제공자에게 초점을 맞춘 경우는 서비스 제공에 대한 중요성과 가치 그리고 서비스 제공계획에 서비스이용자가 따르도록 하는 특징이 있으며, 서비스 제공자는 서비스이용자의 욕구를 확인하고 서비스 제공의 결과를 평가하게 된다.

사례관리자는 욕구 사정과정에서 서비스이용자와 관련된 사항들을 확인하며, 서비스이용자의 욕구를 충족하기 위한 계획을 개발한다. 지역사회의 자원들은 욕구를 충족하기 위해 존재하고 있으며, 서비스이용자는 다른 서비스들과 연계되어 있다. 사례관리는 행정을 담당하는 사람들이 서비스를 직접적으로 제공하기보다는, 포괄적인 서비스를 제공하고 있으며 각각의 서비스들은 다른 서비스들과 협조체계를 갖추고 있는 특징이 있다. 따라서 기관과 프로그램들은 변화를 위한 노력을 하고 있는데, 예를 들어 어떤 사례관리를 실시하는 기관들은 상담 서비스와 지원 서비스 등을 제공하고 있으며, 위기개입과 서비스이용자의 가족들에게도 필요한 서비스를 제공하고 있다. 대체로 기관과 프로그램들의 역할에 있어 연계망의 제한, 협조의 부족과 서비스이용자의 모든 욕구를 포괄하지 못하는 제한 등으로 인해 다른 자원들에 의해서 서비스가 제공되고 있다. 사례관리자들은 정규적으로 서비스이용자의 욕구를 충족시키기 위한 계획을 다시 점검하고, 서비스이용자의 욕구가 무엇인지에 대한 사정을 실시하며 혹은 요구되는 다른 서비스와 자원들은 무엇인지 등을 확인한다. 사례관리자들은 서비스이용자를 위한 옹호에 대한 책임이 있다는 가정을 인식해야 한다.

### 1) 서비스이용자에게 적합한 서비스 결정하기

장애 서비스이용자는 다음과 같은 상황들이 고려된 사례관리 서비스를 필요로 한다(Rothman & Sager, 1998 : 5-7).

첫째, 사례관리 실천은 장애인에 대해 심각한 장벽 혹은 불리한 상황에 놓여 있는 서비스이용자를 자연적인 상태로 바꾸기 위한 서비스를 제공한다. 지금까지의 전통적인 사회복지실천의 방법과 치료 방법을 통해서 서비스이용자가 직면한 문제를 해결하는 데 비난을 받지 않도록 하고 있다.

둘째, 장애 그리고 기능에 손상을 입은 경우에는 장기간의 서비스가 요구되며 동시에 서비스이용자의 문제가 완전히 해결되지 않기 때문에 사례관리 실천의 적용이 필요하다.

셋째, 서비스이용자의 욕구는 서비스이용자의 연계망 안에서 가족, 친구, 그리고 다른 사람들과의 관계를 통해 욕구가 해결되는 것이 아니다. 그 이유는 서비스이용자에게 가능한 사회지원체계가 서비스이용자의 욕구 수준에 대해 적절하지 못하기 때문이다.

넷째, 서비스이용자는 자신의 부족한 대처기술, 낮은 자존감, 그리고 자원과 서비스에 대한 부족한 정보로 인해 욕구를 해결하는 일이 가능하지 못하다.

사회복지사가 알아야 할 중요한 사항은 사례관리 대상 서비스이용자는 많은 강점과 대처기술을 가지고 있다는 사실이다. 그러므로 사례관리자는 서비스이용자를 격려하고 지원함으로써 서비스를 위한 계획을 수립하고 서비스를 관리하는 모든 과정을 통해 서비스이용자 자신의 역할을 수행할 수 있도록 지원해야 한다. 소비자에게 초점을 맞추는 모델로서 서비스이용자의 자기 결정과 서비스이용자의 가치가 서비스 계획에 반영되도록 노력하여야 한다.

### 2) 사례관리 구성 요소와 사회복지사의 기능

#### (1) 구성 요소

로스만(Rothman)과 사저(Sager)가 제시한 사례관리에서 활용되는 세 가지 주요 구성 요소를 제시하면 다음과 같다.

① 목표
- 최대한의 자립생활이 가능한 지역사회에서의 생활
- 최대한의 기능

② 개입 구성
- 장기적인 서비스
- 다양한 학문 전문가들 간의 협조가 요구되는 서비스
- 지역사회를 기반으로 하는 서비스

③ 실천개입의 핵심
- 지지적인 기술 개발과 실행
- 외면적인 그리고 환경적인 개입
- 미시적인 범위에서 거시적인 범위까지 아우르는 개입

④ 실천개입의 형태

- 서비스이용자의 참여를 최대화하기
- 발생된 문제에 가능한 즉각적인 접근하기
- 서비스이용자에게 진실하고 긍정적으로 대하기

#### (2) 사회복지사의 기능

사례관리를 제공하는 실천 현장에서 사회복지실천은 유연성, 창조성, 인내 그리고 포괄성이 반드시 요구된다. 또한 지식과 관련하여서는 서비스이용자와 서비스이용자의 욕구를 충족시킬 수 있는 지역사회의 자원 모두를 고려해야 한다. 자원이 부족하거나 혹은 자원에 대한 접근이 부족한 경우에 사회복지사의 옹호가 필요하며, 이 밖에도 서비스이용자 자신이 스스로 자신에 대한 옹호를 할 수 없는 경우에는 사례관리자는 서비스이용자를 위한 옹호가 필요하다.

### 3) 사례관리의 과정

목슬리(Moxley, 1989)는 사례관리는 사정, 계획, 실행, 모니터링, 평가의 5단계로 이루어지며, 만일 서비스이용자의 욕구가 어떤 단계의 반복을 필요로 하면 그 단계를 반복하기도 한다고 말한다. 여기에서는 이러한 5단계 외에 '사례발견과 계약'과 '종결'을 첨부하고 평가와 종결은 한데 묶어서 총 6단계로 정리하여 사례관리의 과정을 살펴보고자 한다(이준우, 2005).

#### (1) 사례 발견과 계약

일정한 기준에 따라서 표적 집단에 있는 적절한 서비스이용자를 확인하는 인테이크(Intake)와 서비스를 찾지 못하는 잠정적 고객에게 접촉하는 사례발견 체계는 서비스 욕구를 가지고 있는 모든 사람을 확인하는 것으로 이들이 지역사회로부터 장애인복지실천 서비스를 받을 수 있는지 혹은 서비스 받기를 원하는지를 파악한 다음 사례관리 과정의 대상이 되는지를 사정하는 것이다.

사례 발견 이후, 장애인에게 보다 적절한 지원을 하기 위해서 이름, 연령, 종교, 교육 정도, 재정적 정보, 이전의 서비스 제공, 면담 시 행동, 생활시설, 성별, 가족 구성원과 이들의 거주지, 직업관계, 현재의 문제와 촉진적 사건, 사전에 준비된 사회복지사의 접촉과 자문,

의뢰 출처, 결혼 상태, 의료적 내력, 비상연락망과 같은 기초 자료 수집 업무를 실행해야 한다. 사례관리 서비스를 효율적으로 실행하기 위해서는 사례관리자와 장애인의 효율적인 원조관계가 중요하다. 이러한 원조관계를 잘 관리하기 위해서는 다음과 같은 측면들을 고려할 필요가 있다.

**① 부정적 관점**

서비스이용자와 사례관리자는 여러 가지 부정적 감정을 가지고 있는 상태에서 그들의 관계를 형성하게 되는 경우가 있는데, 이러한 감정을 갖게 되는 원인 중 하나는 사례관리의 과정을 주는 것과 받는 것으로 생각하기 때문이다. 일반적으로 원조자의 태도와 감정과 서비스이용자의 태도와 감정 사이에는 불평등이 두드러지게 나타난다. 도움을 받는 서비스이용자는 도움에 대해 부정적이고 불편함을 느끼고 무력감과 죄책감, 부담감, 수치심, 두려움을 가질 수 있다.

도움을 주는 것과 얻는 것에 대한 어려움들은 사례관리 과정에서 가장 빈번히 발생하는데, 여기에는 두 가지 이유가 있다(Ballew & Mink, 1996). 첫째, 사례관리가 필요한 사람들은 오랜 기간 동안 복합적 문제를 가지고 있으므로 도움의 필요성이 증가되고 이것이 도움에 대한 그들의 태도를 민감하게 만든다. 둘째, 서비스이용자들은 도움을 받아 본 경험은 있으나 이를 효율적으로 받아들이거나 활용한 경험을 갖지 못했을 수도 있다. 이러한 경험으로 인해 간접적이고 소극적으로 도움을 얻는 것에 대해 부정적 감정을 갖게 된다.

비록 도움이 필요할지라도 사람들은 도움에 대하여 긍정적 생각을 갖고 있지 않다는 것을 명심해야 하며, 사례관리자로서 첫 번째 과제는 이러한 일상적인 부정적 감정을 극복해야 한다. 이를 위해서 사례관리자는 장애인에 대한 공감과 동시에 부정적 감정을 없앨 수 있는 능력을 갖추고 개인적 공격에 대해 반응하지 않는 자세가 필요하다.

**② 기대에 대한 분류**

부정적 감정과 더불어 원조관계에서 자주 나타날 수 있는 주요 문제는 혼돈과 갈등이다. 서비스이용자는 사례관리자가 모든 양의 정보를 주길 희망하고 사례관리자는 서비스이용자가 자신이 준 정보를 이용해 스스로 일어섰으면 하는 희망을 가지고 있다. 역할기대와 관련되어 서비스이용자와 사례관리자 모두가 받아들일 수 있는 기대가 분류되고 타협되어야 할 것이다. 이를 위해서는 서비스 절차에 있어서 역할이 명료화될 필요가 있다.

역할 명료화는 다음의 세 단계, 즉 다양한 기대를 설명하고 기대에 대한 갈등을 규명하고, 합의점을 도출하는 것으로 진행된다. 첫째, 기대에 대한 설명은 장애인이 사례관리자에게 무엇을 원하는지 그리고 자기 자신에 대해 어떤 기대를 하고 있는지를 정확히 알아보는 단계이다. 둘째, 갈등에 대한 규명 단계는 장애인의 기대와 사례관리자의 기대가 일치하는지를 알아보기 위해 양자의 기대를 비교하는 단계로서 모든 갈등은 규명되어야 한다. 마지막으로 협상 → 타협 → 합의(함께 계획함)를 통해 사례관리자와 장애인 서비스이용자의 갈등은 해결될 것이다.

③ **계약**

사례관리자와 장애인이 이 과정 동안 주고받은 약속들을 수집, 공식화하는 것으로서 서비스 진행에 대한 사례관리자와 장애인 서비스이용자 간의 약속이다. 법적 약속과 달리 서비스 합의점은 유동적이고 융통성이 있으며, 책임과 행동 분류 수단으로 사용된다. 또한 사례관리자의 관심과 전문성을 장애인에게 강화시켜 주는 것이다. 초기 단계에 있어 계약은 대체로 일반적이고 범위가 한정되어 있으며, 이 단계에서의 계약은 네 단계로 이루어져 있다.

첫째, 사정에 대한 요약 단계로 환경 내에 존재하고 있는 자원에 의하여 충족될 수 있는 욕구를 가지고 있는 사람들에 대해 살펴볼 것이고, 둘째, 개인의 능력에 부합되는 요구를 하고 있는 환경에 대해 살펴볼 것이다. 이는 욕구·조사 목록표를 작성하면 된다. 셋째, 욕구·조사 목록표를 만든 후에는 우선순위를 설정해야 할 것이다. 이 시점에서 매우 구체적이고 임박한 문제에 대해서는 사례관리자가 혼자서 진행해 나가야 한다는 것을 명심해야 한다. 모든 일을 해결하기 어려우면 한두 가지 목표를 정해서 서비스를 진행해야 하는데, 이에 대한 한 가지 방법은 장애인이 관심을 가지고 있고 즉시 해결해야 한다고 생각되는 문제에 대하여 장애인이 스스로 우선순위를 결정할 수 있도록 장애인을 도와주는 것이다. 넷째, 과제를 규명하고 책임을 할당해야 할 것이다.

### (2) 사정

이 단계에서 사례관리자는 장애인 서비스이용자와 관계를 확립하고 연속적 서비스 계획을 위해서 사용할 수 있는 기초자료를 개발한다. 사정은 장애인의 문제에 대한 이해를 얻고 문제의 원인이 무엇이며, 그 문제를 완화하고 해소하기 위하여 장애인의 역량을 어떻게 강화시킬 수 있는지를 탐색하는 과정이다.

결국 장애인을 대상으로 하는 장애인복지실천 과정에서의 사정이라는 것은 장애인 개인의 장애와 관련된 문제를 감소시키거나 제거하기 위해 가장 적절한 서비스를 제공할 수 있도록 개인과 가족, 집단, 지역사회에 관한 정보를 수집하는 체계적 과정이다. 다시 말하면 적절한 장애인복지 실천 프로그램의 계획과 실행을 결정하기 위하여 서비스 대상인 장애인에 관한 정보를 확인하고 수집하는 절차이다.

즉, 사정은 장애인의 관심과 상황을 이해하고, 이로 인해 활동계획을 개발하기 위한 활동이다. 또한 사정은 협력적인 노력이다. 장애인과 사회복지사는 함께 활용 가능한 사실, 관찰, 그리고 다른 정보들을 이해하려고 노력하며 장애인의 관심사에 관해 무엇을 할 수 있을지를 결정하기 위한 기초로서 이해한 내용을 활용한다. 넓게 말해서 사정은 다음과 같은 질문, 즉 "문제, 이슈, 혹은 관심사는 무엇인가?", "누구에게 영향을 미치나?", "언제 그리고 어디서 발생하나?", "왜 그런 문제가 발생하나?", "어떻게 해결되거나 완화될 수 있는가?"에 답해야 한다.

장애인 개인과 그 가족, 집단, 조직이나 지역사회에 대한 사정은 장애인복지실천 과정에서 중요한 단계이다. 사정은 모든 장애인복지실천 계획 수립과 실행에서 주요한 요소이다. 가령 개인, 가족, 그리고 소집단과 직접적인 실천을 할 때, 사회복지사의 자료수집과 사정활동은 환경 속의 개인을 강조하는 특징이 있다. 이것은 개인의 욕구, 바람, 능력과 그의 환경이나 외부세계의 요구 사이의 적합성을 말한다. 이 적합성은 보통 교환, 협상, 그리고 타협을 통해서 달성된다.

사회복지사는 전통적으로 음식, 주거, 소득, 안전, 소속감, 자기 존중감 등과 같은 기본적인 욕구를 충족시키기 위해 개인, 가족, 그리고 지역사회의 능력에 관심을 두어 왔다. 사정은 그런 기본적인 욕구들을 인식할 수 있게 한다. 뿐만 아니라 어떻게 이런 욕구들이 표현되고, 그 표현방법이 물리적으로 그리고 심리적으로 정상적인지에 관해 초점을 두고 있다. 예를 들면, 서비스이용자는 마약을 '필요'로 하거나 다른 것들을 통제하기 위한 심리적인 욕구로 마약을 찾는다. 이런 것들도 욕구의 일종이지만 파괴적이다. 그 결과 사회복지사는 욕구를 충족시키기 위한 방법을 찾기보다는 이 욕구들을 변화시키려고 한다. 사정하는 동안 사회복지사는 서비스이용자의 욕구를 인식하고 해결하기 위해 서비스이용자의 의지와 능력 그리고 서비스이용자의 환경체계, 예를 들면 가족, 사회적 관계망, 고용, 지역사회, 정부기관 등도 검토한다.

자료에 기초한 사정이 매우 유용하기 때문에, 사회복지사는 정확하고 활용 가능한 자료를 수집하는 방법에 관해 알아야 한다. 자료는 실제로 의사결정과 실천활동 간의 차이를 나타낼 수 있을 때, 유용하다. 다음과 같이 몇 가지 자료수집 방법이 있다(이준우 외, 2006).

- 사회복지사가 일대일 면접과 같이 장애인에게 직접적인 질문을 구두로 한다.
- 사회복지사가 장애인에게 직접적인 질문을 하는 경우 질문지를 사용하여 한다. 예를 들면 문제 체크리스트, 질문지, 문항지 등을 사용한다.
- 사회복지사가 장애인에게 간접적 혹은 투사적 질문을 구두로 한다. 예를 들면 이야기 완성하기, 삽화에 관한 논의 등이 포함된다.
- 사회복지사가 장애인에게 간접적 혹은 투사적 검사질문지를 사용하여 한다. 예를 들면 문장을 완성하는 것과 같은 방법이다.
- 사회복지사나 훈련된 관찰자가 장애인의 자연스런 환경에서 장애인을 관찰한다. 예를 들면 가정방문, 학교에서 아동을 관찰하는 것, 가족과 함께 식사하는 것 등을 통한 관찰방법이다.
- 사회복지사가 실제 생활과 유사한 모의적인 실험상황에서 장애인을 관찰한다. 예를 들면 직업면접에서 역할놀이를 하거나 부모가 아동의 훈련 상황을 어떻게 다루는지에 관한 역할놀이 등이 포함된다.
- 문서화된 기록도구, 자료집이나 저널을 이용하여 장애인이 자기 점검과 자기 관찰을 한다.
- 보관되어 있는 기록을 활용한다. 예를 들면 기관기록, 신문, 학교기록, 의료기록, 위원회 보고서 등을 활용한다.

자료수집 방법이 한계를 갖고 있기 때문에, 사회복지사는 가능한 한 언제든지 한 가지 이상의 방법을 활용해야 한다. 이런 방법은 자료로부터 도출되는 추론을 정확하게 만들 수 있다. 대부분의 사회복지사는 구두적인 질문(즉, 일대일 면접)을 하는 데는 훈련을 받았지만 다른 방법을 활용하기 위한 준비는 거의 되어 있지 않다. 그래서 직접적인 질문지와 투사검사적 질문지를 사용할 필요가 있다.

이런 기법들은 체크리스트, 질문지, 그리고 삽화를 이용한다. 어떤 경우는 일대일 면접 동안 사용될 수 있고, 어떤 경우는 우편을 통해 자료를 수집하는 데 사용될 수 있다. 대부분은 간편하고, 비용이 적게 들며, 장애인이 이해하기 쉬운 것이다.

자료수집 도구가 면접 스케줄이나 단순히 원자료를 기록하는 질문지인 반면에, 사정도구는 한 단계 더 나아가서 몇 가지 유형의 점수절차를 조합하여 사용자가 그 자료에 관해 의미를 부여할 수 있도록 하는 것이다. 대부분 흔히 이것은 도구를 누구에게 활용할 것인가에 관한 장애인의 반응과 집단적인 반응을 비교하는 것이 포함된다.

한편 사정도구를 연구도구 즉, 연구목적을 위한 자료를 수집하기 위해 고안된 도구와 혼돈해서는 안 된다. 좋은 연구도구는 거의 좋은 실천도구가 되지 않는다. 왜냐하면 대부분 직접적 실천상황에서 활용하기에는 너무 복잡하거나 길기 때문이다. 사회복지사들이 가장 유용한 것으로 생각하는 도구는 간단하고, 활용하기에 간편하며 장애인에게 쉽게 이해될 수 있는 것이다.

자료수집과 사정에 관련된 이슈에 관해 사회복지사가 생각할 때, 장애인이 그 활동에 참여해야 한다는 것을 기억해야 한다. 장애인은 항상 사회복지사에 관한 정보를 수집하고, 이 사회복지사가 나를 정말로 도와줄까, 이 사람은 자기가 하는 일에 관해 잘 알고 있을까, '이 사회복지사는 믿을 만한 사람인가'와 같은 질문에 깊이 생각해야 한다.

사정의 기능은 장애인이 서비스에 적절한지를 파악하고, 사례관리활동이 일어나는 영역을 확인하고, 장애인의 상황에 변화를 일으키기 위한 노력의 효과를 평가하는 것이다. 사정의 목적은 장애인이 원하지만 가지지 못한 욕구가 무엇인지 그리고 장애인의 능력 부족 때문에 충족되지 못한 욕구는 무엇인지에 대해 사례관리자가 찾아내는 데 있다. 개별적 사정은 모든 인간서비스 활동과 동일하지만 사례관리에서는 다양한 욕구를 충족시키기 위한 지역사회의 자원 개발 및 활용이 강조된다.

일반적으로 사례관리에서 이루어지는 사정의 영역은 다음과 같다(정순둘, 2005; 문선화 외, 2005 재인용).

첫째, 장애인의 능력과 대인서비스 욕구에 대한 사정: 교육 정도와 취업 경험, 사회활동 정도, 문제해결 능력과 의사 결정 능력, 개인적 자질과 성격, 물리적·재정적 자원 소유, 문제해결에 대한 동기와 의지 등에 대한 영역이다.

둘째, 장애인의 사회적 망과 이러한 망 구성원들이 장애인의 욕구에 부응하는 능력에 대한 사정: 비공식적 원조자들을 찾아내야 함은 물론 장애인들이 관계하고 있는 사회적 지지체계에 대한 사정이 이루어져야 한다.

셋째, 대인서비스 제공자에 대한 사정과 이들이 장애인의 욕구에 부응하는지에 대한 사정: 장애인의 욕구와 자원 제공자의 요구가 일치하는지를 파악해야 한다.

① 자원 사정

사정의 첫 번째 단계는 장애인이 기관의 목적에 부합되는 서비스 욕구를 가지고 있는지, 없는지를 파악하는 것이다. 문제를 가지고 있다는 사실과 아직 해결하지 못하고 있다는 것은 장애인이 문제를 해결할 수 있는 충분한 자원이 없다는 것과 이용할 수 있는 자원을 활용할 수 있는 능력이 없다는 것을 의미한다.

자원이란 인간이 생활을 유지하고 성장과 발달을 지속하려는 데 필요한 재화와 서비스를 제공하여 주는 사람이나 사회제도로서 여기에서는 자원을 내부적 자원과 외부적 자원으로 분류하고자 한다. 우선 내부적 자원은 일반적으로 개인이 갖고 있는 장점(전문적 지식, 능력, 태도)을 의미한다.

명확한 의사소통, 가족에 대한 충성심, 가족 성원들의 정서적 지지를 제공할 수 있는 능력으로 중요한 내부적 자원이란 욕구가 필요하면 언제나 제공될 수 있는 것을 의미한다. 외부적 자원이란 개인이나 가족의 생활을 향상시켜 줄 수 있는 재화나 서비스를 제공하여 주는 사람이나 조직을 의미하며, 비공식적 자원으로는 친구, 친척, 이웃, 자원봉사자이며, 비공식적 자원 동원의 결과로 주어지는 것은 대체로 정서적 만족감을 말할 수 있다.

각자 활용할 수 있는 비공식적 자원은 조직화되어 있는 않는 망을 포함해서 생각하며, 이러한 망에는 혈족, 친구, 이웃들이 포함되어 있다. 비공식적 자원으로서 활동하고 있는 전형적 집단에는 신앙단체, 회사, 오락집단, 사회집단 등이 있다.

공식적 자원은 각종 기관, 조직체, 사회복지사를 의미하며, 이들의 원조는 정책이나 규정에 의해 정해져 있다. 그리고 법률이나 행정규칙의 지배를 받고 있으며 이러한 이용 규칙은 문서로 되어 있다.

공식적 자원과 고객 사이의 교류 조건은 명확하고 재정적인 것이다. 공식적 자원은 공적인 것과 사적인 것으로 구분할 수 있는데, 공적 자원은 세금에 의해 운영되고 법률에 의해 규정되며, 교류 조건은 절대적 경향이 있다.

② 제약요인 사정

본서에서는 사람들이 필요한 자원을 획득하기 위하여 효율적으로 도움을 활용하고 얻는 데 있어서 갖게 되는 어려운 점들을 제약요인이라고 규정하고자 한다. 이러한 제약요인 중의 몇몇은 환경 내에서 일어난다. 제약요인은 필요한 서비스를 활용할 수 없거나 장애인에게 적절하지 않을 때, 또는 장애인에게 제공할 수 없을 때 일어난다. 가장 흔히 볼 수 있는 제약요인은 도움을 얻는 것에 대한 장애인의 태도나 문제해결에 대한 동기와 관련되며, 장애인과 원조자 사이의 상호작용에서 기인하는 것이다. 즉 장애인이 비협조적이고, 원조자가 자신의 직무를 태만할 때 야기되는 것이다.

명심해야 할 첫 번째 이슈는 장애문제와 제약요인을 구별하는 것이다. 장애문제는 장애인의 생활 중의 곤란한 측면으로서 원조자와 장애인의 접촉에 의하여 교정되거나 약화되어야 할 것들이며, 제약요인은 이러한 접촉을 방해하거나 억제하는 것들로서 사례관리 활동의 진정한 초점은 장애문제가 아니라 제약요인이다. 두 가지를 혼동하면 사례관리자는 장애인 서비스이용자와 마찬가지로 복잡한 문제에 의해 압박을 받게 된다.

두 번째 이슈는 사례관리자의 역할이다. 사례관리자의 역할은 제약요인을 극복하고, 장애인과 원조자원 사이를 연결하여 주는 것이며, 문제를 해결하는 것이 사례관리자의 역할이 아니다. 대부분의 사례관리 서비스는 서비스이용자들이 다른 원조자들의 도움을 더 잘 활용할 수 있도록 하여 줌으로써 장애문제 해결에 간접적 영향을 끼친다. 직접서비스는 응급 시에 제공되거나 간접서비스의 목적을 증진시켜 줄 때 제공될 수 있다.

세 번째 이슈는 일반화의 가치에 대한 의문점의 제기와 제약요인의 유형과 관련되어 있다. 도움을 얻고 활용하는 데 있어서의 많은 어려움은 독특할 것이다. 제반 유형들을 규명하기 시작하자마자 개인의 독특한 욕구에 대해서 인식을 하지 않고 그들을 일반화하고 지지한다. 그러므로 새로운 서비스이용자들에 대한 사례관리 방법을 배우는 데 게을리하지 않아야 한다.

또한 사례관리자는 일상적으로 흔히 나타나는 제약요인의 유형을 규명하고자 노력해야 하는데, 사례관리자는 제약요인에 대한 개념을 이해하는 것과 장애인 서비스이용자가 도움을 얻고 활용하는 형태를 규명하는 것이 더 중요하며, 제약요인에 대한 규명은 독특한 서비스이용자에 대해 자연스럽고 논리적으로 사례관리를 개발하여 준다. 제약요인의 유형에는 외부적 제약요인, 내부적 제약요인, 선천적 제약요인이 있는데 각각의 특성은 다음과 같다.

우선, 외부적 제약요인은 필요한 원조를 이용할 수 없는 장애인 서비스이용자의 환경에 결함이 있는 것으로 이러한 결함은 다음의 세 가지 방법으로 이루어져 있다. 첫째, 원조자원이 존재하지 않거나 욕구 충족에 미흡한 경우이며, 둘째, 자원은 일반적으로 이용 가능하나 특수 상태에 처한 장애인들이 이용할 수 없는 경우이거나 마지막으로, 일차적 자원 이용을 위해 이차적 자원이 요구되나 이차적 자원이 없을 때 일차적 자원을 이용할 수 없는 경우이다.

내부적 제약요인은 필요할 때 도움을 모색하거나 받아들이는 데 방해 요소로 작용하는 장애인의 믿음, 태도, 가치 등이다. 이러한 유형의 제약요인은 비록 장애인 서비스이용자가 그것을 바꿀 수 없는 것이라고 생각하고 있을지라도 이것은 서비스이용자의 내부에 있고, 서비스이용자의 통제력 내에 있다.

선천적 제약요인은 서비스이용자의 통제력 밖에 있는 것으로서, 잠재적으로 원조자와 효율적 의사소통과 서비스이용자의 능력과 원조 과정에 적극적으로 참여를 하려는 서비스이용자의 능력을 감소시키거나 제거시키는 상태로 정신지체, 알코올중독과 약물남용, 심각한 정신질환, 의사소통에 영향을 끼치는 신체적 상태 등을 들 수 있다. 이러한 제약 목록들은 결코 장애문제 목록에 있는 문제점들이 아니기 때문에 장애인 서비스이용자와 토론될 필요도 없고 장애문제 목록에 제시해서도 안 된다.

마지막 이슈는 제약요인과 관련한 사정과정에 관해서이다. 제약요인 사정은 장애문제 사정과 동시에 일어나며, 장애문제에 관해 사례관리자가 얘기할 때, 서비스이용자가 자신의 문제를 다루어 나가는 능력을 동시에 알게 될 것이다. 선천적 제약요인을 사정하는 것이 가장 쉬운데, 그 이유는 장애인과 한두 번의 만남으로 명백하게 파악될 수 있기 때문이다. 다음은 외부적 제약요인을 사정하는데 이것은 장애인의 통제력 밖에 있기 때문에 장애인들은 이들에 대해 방어적 태도를 취하면서 얘기하지 않는다. 내부적 제약요인에 대해서는 대체로 마지막에 사정하는데 이는 장애인에 대한 세부적 지식을 가지고 있어야 하고, 장애인이 기능을 하는 데 있어서 중요한 정서적 영역이기 때문이다. 이러한 이유로 제약요인의 사정은 조심스럽게, 그리고 서서히 해야 한다.

외부적 제약요인은 환경상의 결함을 의미하며, 외부적 제약요인의 유형에는 세 가지 유형이 있다. 외부적 제약요인의 첫 번째 유형은 부적합한 자원으로서 필요한 자원을 활용할 수 없거나 장애인의 욕구를 충족하는 데 불충분한 자원으로서 필요한 자원을 활용할 수 없거나 장애인의 욕구를 충족하는 데 불충분한 것이다. 막대한 비용이 들거나 전문적 검진이 필요한 복잡한 의료적 서비스나 저급 주택의 경우를 예로 들 수 있다. 대부분의 사람들은 보다 멋진 주택에서 살고자 하지만 공적부조를 받고 있는 사람들이 그러한 욕구를 충족하는 것은 어려운 일이다. 또한 이용할 수는 있지만 장애인 서비스이용자 집단의 특정한 욕구를 정확하게 부합되는 자원이 없을 때 일어난다.

두 번째 유형은 자원의 고갈로서 필요한 서비스를 활용할 수는 있지만 장애인이 과거에 이것을 과용하였거나 너무 부적절하게 사용하였기 때문에 서비스 제공자들이 장애인 서비스 이용자에게 서비스를 제공하기를 꺼려하는 경우이다. 식품, 의류, 일시적 은신처 등과 같은 구체적 서비스를 제공하고 있는 프로그램에서 자주 발생한다. 장애인들이 너무 자주 부적절하게 프로그램을 이용함으로써 자원이 고갈되는 경우도 생긴다.

마지막 유형은 일차적 자원을 활용할 때 일차적 자원의 활용을 용이하게 하기 위해서 이차적 자원을 필요할 때 일어난다. 흔히 요구되는 이차적 자원으로서는 정보, 교통, 아동보호 등이 있다. 자원에 대한 무지는 가장 흔한 제약요인이고 가장 쉽게 치료될 수 있으며, 사례관리자가 해야 될 일이 필요한 정보를 제공하는 것이다. 교통편 제공이나 아동보호를 통해 장애인이 일차적 자원을 활용할 수 있도록 지원해야 할 것이다.

### (3) 계획

서비스 계획은 사례관리자가 목표하고 있는 방향으로 장애인을 변화시키고자하는 데 영향을 끼치는 장애인의 상황에 대한 제반 특징과 그러한 결과를 이행하는 제반 방법을 이해할 수 있도록 하여 준다. 서비스 계획은 충분한 경험을 기초로 수립되어야만 그 결과에 대하여 현실적 예측을 할 수 있으며, 또한 계획이 효율적으로 진행될 수 있는 가장 좋은 방법이 무엇인지를 파악하기 위해서는 계획을 수립하는 데 있어 사례관리 그 자체의 기본적 목표를 검토하는 것이 필요하다. 기본 목표는 장애인이 자원을 얻고 사용할 수 있도록 개인적 능력을 강화시키고 자원망을 구축해 주는 것이다.

이러한 목표를 달성하기 위한 바람직한 계획을 수립하기 위해서 고려해야 할 사항은 다음과 같다.

첫째, 필요한 서비스에 대하여 명확히 우선순위의 영역을 정한다.

둘째, 장애인 서비스이용자에 대한 실천개입 진행과정을 평가하기 위해서 사용될 수 있는 장·단기의 측정 목표를 정한다.

셋째, 목표를 성취하기 위하여 구체적 행동을 취한다.

넷째, 서비스를 제공하는 기관과 전문가를 정한다.

다섯째, 서비스 실천활동을 완결할 수 있는 실질적 시간 계획을 수립한다.

여섯째, 서비스 활용과 전달에 잠정적 방해물을 확인하고 이러한 문제에 대하여 가능한 해결책을 정한다.

① 자원 활용 계획의 개발

서비스 계획 작성이 필요한 것은 사례관리자가 조직적이고 능률적인 서비스를 진행할 수 있도록 도와주는 것이다. 자원 계획은 서비스 계획의 일부분이다. 이것의 목적은 장애인의 문제와 문제를 약화시키는 데 활용되는 자원 사이의 논리적 관계를 확립하려는 것이다. 자원 활용 계획의 기본적 요소로서 중요 문제 영역에 대한 자원을 규명하기 위해 욕구가 무엇인지를 파악하고 또한 장애인이 현재 소유하고 있는 자원과 수용능력에 대해 파악해야 한다. 또한 각 자원의 사용목적을 설명하고, 사례관리자 자신의 역할을 정하고 다른 사람의 역할을 분류하는 것이 필요하다.

② 계획과 목표의 관계

사정에서 수집된 정보는 계획의 목표를 형성하는 데 기초자료를 제공해 준다. 목표는 계획의 중심이다. 목표는 과제와 관련된 것이 무엇인지를 결정하여 주고, 계획과정에서 우선적인 것이 무엇인지를 결정하여 준다. 그러나 너무 목표에 치중하면 몇 가지 문제들이 제기될 수 있는데, 그중 첫 번째가 "누구의 목표인가?" 하는 것이다. 목표는 장애인을 포함해서 사례관리자, 사회, 원조망 등 몇 가지 자원에 의해 이루어진다. 이들은 서로 간 갈등관계에 처하기도 하고 우선순위의 설정을 복잡하게 만들기도 한다. 그러나 장애인의 목표가 가장 중요하며, 장애인의 관심사가 가장 우선시되어야 한다. 그리고 장애인은 자신의 능력 증진을 위해 노력해야 하며, 자신이 활용할 수 있는 자원을 효과적으로 활용하는 노력을 해야 한다. 장애인은 목표가 자기가 성취하고자 한 것이라면 더욱더 효과적인 노력을 할 것이다.

두 번째는 목표는 현실적이어야 한다는 것이다. 사례관리자의 개인적 기대는 목표를 결정하는 데 영향을 끼친다. 사정과정 동안 사례관리자는 장애인에 대해 나름대로 인상을 가지게 되며, 이것은 장애인을 독특한 개인으로 보는 것을 방해하게 된다. 그리고 이러한 지각과 가치들은 직접적이고 의식적으로 작용하고 있지 않을지라도 장애인의 목표에 아주 민감한 영향을 끼친다. 사례관리자는 장애인이 자신이 가능한 것이 무엇인지에 대한 이해를 충분히 할 수 있도록 도움을 제공해 주어야 한다. 또한 사례관리자는 장애인에게 강요해서는 안 된다. 사례관리자는 장애인에 관한 자신의 생각을 검토해 보는 것과 자신의 생각들을 장애인에게 직접적으로 표현해 보는 것이 매우 중요하다.

목표와 관련된 세 번째 이슈는 장기적 목표에 초점을 둘 것인가 아니면 단기적 목표에 초점을 둘 것인가이다. 장애인들은 종종 위기를 다룰 때처럼, 자신의 상황이 즉시 변화되기를 기대한다. 그러나 장애인들은 자신의 능력을 장기적으로 증진할 수 있는 목표를 필요로 하고 자신과 원조망의 능력을 결속하여 줄 수 있는 목표를 필요로 하고 있다. 사례관리자는 장기적 목표와 단기적 목표에 얼마나 많은 에너지를 투입해야 하는지를 결정하는 데 있어서 신중히 판단을 해야 한다.

마지막으로 목표를 성취하는 데에는 세 가지 방법이 있다. 방법 A는 장애인의 욕구와 사회의 요구를 충족할 수 있도록 자원을 직접 연결해 주는 것이다. 방법 B는 장애인의 욕구나 사회의 요구를 충족할 수 있도록 장애인의 능력을 개발하여 자원으로 활용하고자 하는 것이다. 기술을 개발하기 위한 직업훈련 등이 그 예가 될 수 있을 것이다. 방법 C는 장애인의 능력을 개발해 줄 수 있는 자원을 먼저 사용하고 후에 장애인의 욕구나 사회적 요구 충족에 도움이 되는 다른 자원을 활용하는 것이다. 이 방법들 중 어떠한 방법을 활용하는 것이 목표 성취에 더욱 도움이 되는지를 검토해야 할 것이다.

**③ 계획을 수립할 때의 방해요인**

계획 수립 시의 방해요인으로는 계획 과정에 참여하기를 꺼리는 장애인에 관한 것이다. 내부적 방해요인은 그들의 노력이 어떠한 변화도 가져올 수 없다고 믿고 있기 때문에 계획은 쓸모없다고 생각하는 염세주의와 운명주의적 특징을 가지고 있다. 냉소주의자는 사례관리자가 계획을 수행하기 위하여 계획과정에 참여할 것이라는 사실을 믿지 않는다. 비평주의자는 계획을 부적절, 부당한 것으로 생각하는 경향이 있다. 장애인 자신이 무능하다고 생각하는 것이 고통스러우므로 사례관리자는 계획적으로 접근을 하는 것이 잠재적으로 유용하다는 것을 알 수 있도록 장애인을 돕는 데 자신의 모든 공감적 기술을 활용하는 것이 필요하다.

### (4) 실행

서비스 실행은 서비스 계획과 확립된 절차에 따라서 이루어진 업무를 수행하는 것이다. 즉, 실행이란 사례관리자가 서비스 계획과 연계를 계속 이행하여 계획된 서비스가 제대로 수행되게끔 하는 총체적인 활동을 의미한다. 실행을 개입이라고도 하는데 엄밀하게 말하면 실행은 구체적이고도 실제적인 개입실천을 의미한다.

따라서 '개입'은 장애인의 사회적 망, 혹은 대인 서비스 수혜자 중 어느 하나를 변화시키기 위해 고안된 구체적인 서비스를 전달하는 데 집중하는 과정으로 사례관리자는 일반적으로 두 가지 유형의 개입을 활용한다(Ballew & Mink, 1996).

첫째, 직접적 개입으로 장애인 자신이 서비스에 접근하고 이용할 수 있는 능력과 기술을 향상시키도록 사례관리자가 사용하는 개입실천 기술을 의미한다. 가령 장애인에게 자기 표현 기술을 가르치거나 자기 옹호의 기술을 가르치는 것 등이 있다.

둘째, 간접적 개입으로 사례관리자가 장애인을 대신해 체계의 수행이나 행동을 변화시키려고 할 때, 사용하는 방법이다. 서비스 제공자와 장애인을 연결하는 것, 서비스를 중개하는 것, 장애인의 욕구가 충족될 수 있도록 장애인을 옹호하는 것 등이 있다.

**① 직접적 개입의 영역**

목표를 수행하기 위한 세부 일정 계획이 작성되면 가정에 통보해야 하며, 직접적 개입을 위해서는 다음의 단계를 거치게 된다. 첫째, 우선순위 결정의 단계인데, 가장 중요한 목표를 선택하는 데는 세 가지 기준이 있다. 그것은 장애인이 가장 중요하다고 생각하는 것, 임박한 생활상의 위험이 있는 것, 성취가 용이한 것을 우선적인 개입의 대상으로 선정해야 한다.

우선순위가 선정되고 나면 계획의 세부화, 구체화를 통해 목표에 도달하는 방법을 강구하는 전략 개발 단계이다. 목표를 달성하기 위한 최선의 방법들에 대해 장애인이 광범위한 선택권을 가지고 그 과정에 참여할 수 있도록 브레인스토밍 방법을 적극적으로 활용해야 할 것이다.

브레인스토밍에는 항상 두 가지 규칙이 있는데, 하나는 장애인과 사례관리자는 그들이 원하고 있는 것이 비현실적인 것이라 할지라도 자유롭게 제의할 수 있으며, 이러한 아이디어에 대해서 사정이나 비난은 허용되지 않는다는 것이다. 두 번째는 상이한 아이디어를 가능한 한 많이 도출해야 한다는 것이다.

브레인스토밍을 통해 전략이 개발된다면 어떠한 전략을 선택할 것인지를 결정해야 하는데 이때 사용되는 방법이 레빈(Levin)의 현장력 분석(force field analysis)이다. 레빈은 의미 있는 변화를 이루고자 할 때 변화를 도와줄 수 있는 힘과 변화를 방해하고 현 상태를 유지하려는 힘이 작용한다고 하였다. 이것을 활용하여 각각의 전략을 도와주는 힘과 방해하는 힘으로 나누어 기술해 보고 목록이 완성되면 도와주는 힘을 강화시켜 줄 수 있는 것은 어떠한 것이 있는지를 파악한다. 다음에는 방해하는 힘에 영향을 끼치고 있는 것을 감소시킬 수 있는 것이 무엇인지를 파악하여 실천전략을 선택하게 된다. 브레인스토밍과 현장력 분석과정에 직접적으로 장애인이 참여할 수 있도록 해야 할 것이다.

장애인에 대한 사정과 대안 전략들에 대한 사정이 이루어진 후 사례관리자는 실행에 대한 구체적 내용을 계획해야 할 것이다. 실행 단계에서는 무엇이 그들을 성취하는 데 요구되는 자원과 행해야 할 과제인지를 파악하고, 현재 활동에 참여하고 있는 원조망의 성원들과 앞으로 망에 참여가 필요한 사람이 누구인지를 살펴보아야 할 것이다. 마지막으로 일을 하는 데 최선의 순서를 파악하기 위하여 제반 활동에 대한 순서를 수립하고 순서의 주요 부분이 성취되는 날짜와 모든 전략이 완수되는 날짜를 설정해야 할 것이다.

**② 간접적 개입의 영역**

간접적 개입의 영역에서는 사람-환경 간의 교환과 장애인의 욕구와 능력을 환경적 자원과 요구에 적절히 조화시킬 수 있는 균형적 교류에 관해 살펴보아야 할 것이다. 간접적 개입의 영역에서 주로 사용되는 개입방법은 연결, 협상, 옹호가 사용된다.

첫째, 사례관리자가 연결을 할 때 사례관리자는 장애인과 필요한 자원 사이의 중간자(middleman)의 역할을 담당해야 한다. 성공적 연결을 위해서는 우선 장애인과 함께 하는 연결 활동을 수행해야 할 것이다. 이를 위해서는 장애인에게 자원에 관한 정보를 제공하고 자신에게 기대하는 것이 무엇인지를 장애인이 이해할 수 있도록 도와주어야 한다.

또한 다른 제공자들에게 전화를 걸어 장애인에게 약속을 보장해 주고, 장애인이 실제적으로 가기 전에 행동해야 할 방법을 사전에 예행 연습할 수 있도록 가르쳐 주어야 한다. 또한 두려워하는 장애인을 위해서는 함께 가주어 사례관리자가 모델로서 직접 행동을 보여줄 수도 있을 것이다. 그리고 사례관리자가 장애인과 함께 첫 번째 면담 후에 진행과정을 계속적으로 검토하고 제공자의 장점과 약점을 장애인에게 설명해 주는 방법 등을 통해 장애인에게 일이 어떻게 진행되고 있는지를 알려주는 것이다.

다음으로는 제공자들과 함께하는 연결활동으로서 자원 제공자들의 당면 요구, 초기 절차, 목표를 정확히 이해해야 할 것이다. 또한 사례관리자가 알고 있는 기관의 제공자들과 정기적으로 만나 장애인의 성공을 바라는 사례관리자의 관심을 그들에게 나타내 보이고 또한 기관의 변화된 요구조건들에 대한 정보를 파악해야 할 것이다. 그리고 제공자들이 장애인에게 적절한 도움을 줄 수 있다는 생각을 가질 수 있도록 그들에게 장애인의 욕구와 장점을 해석해 주어야 할 것이며, 제공자의 기대를 분류하고 제공자들과의 공식적 계약이나 합의문을 작성해야 할 것이다.

둘째, 협상의 기술이다. 협상은 요구되는 서비스와 제공되는 서비스 사이의 적합성을 증진시키려 할 때 사용되며, 협상이 사용되는 분야는 크게 세 분야인데 하나는 공식적 원조기관과 함께 할 경우이다. 때때로 협상은 적절한 서비스를 보장하기 위해 기관 내에서 사용될 수 있고 마지막으로 비공식적 원조자들이 중요한 자원을 효율적이고 장기간에 걸쳐 제공하게 될 때 협상의 기술이 사용될 수 있다.

이때는 양측의 관심 사항을 결정해야 하는데 사례관리자는 장애인의 관심사항을 분명히 파악하고 있어야 하며 불일치한 것이 무엇인지를 파악해야 한다. 그리고 양측에 의해 공유되는 몇 가지 공통 조건을 발견하고 대안을 발견해야 할 것이다. 그리고 문제로부터 사람을 분리해야 할 것이다. 모든 협상에서 두 가지 문제는 항상 존재하는데 하나는 이슈에 관한 불일치이고 다른 하나는 대인관계에 대한 것이다. 따라서 협상 단계에서 장애인이 제공자들을 어떻게 생각하고 있는지에 대한 자신의 감정을 표출할 수 있도록 하여 주는 것이 바람직하며, 그 후 장애인의 감정을 해결해야 할 이슈에서 분리해야 한다. 사례관리자는 해결이 용이한 문제영역을 먼저 다루어 나갈 수 있도록 문제를 부분화(partialize)해야 할 것이다.

셋째, 옹호는 연결과 협상이 장애인의 욕구와 활용 가능한 자원 사이에 필수적 적합성을 제공해 줄 수 없을 때 이루어진다. 옹호는 비공식적 체계에서보다 공식적 체계에서 더욱 유용하며, 옹호는 여섯 단계( i 호소 ➡ ii 밝힘 ➡ iii 설명 ➡ iv 전문적 지식활용 ➡ v 호소 ➡ vi 법적 행동)로 이루어진다.

우선, 거부당한 자원에 직접적으로 호소한다. 직접적으로 요구하는 방법은 먼저 필요한 도움을 명백하게 밝히고, 필요한 도움과 그러한 도움을 얻기 위한 장애인의 시도, 이러한 노력의 결과들에 대해 객관적으로 설명해야 한다. 다음 단계로 전문적 지식을 활용하고, 보다 힘 있는 기관에 호소하고 민원 처리과정을 활용하고 외부 권위당국에 호소하고 마지막으로 법적 행동을 취해야 할 것이다.

### (5) 모니터링 및 평가

사례관리자는 장애인의 상태와 제공된 서비스의 질을 계속하여 평가한다. 평가는 한 마디로 말해 장애인의 서비스 개입 이전과 개입 이후를 파악하는 효과성 측정이라 할 수 있다.

평가에는 프로그램 중간에 실시하는 형성평가와 모든 프로그램을 종결하면서 최종적으로 하는 총괄평가가 있다. 한동안 전국을 들썩였던 MBC TV 드라마 '대장금'을 기억해 보자. 장금이가 요리하면서 음식의 간(형성평가)을 본 후, 필요한 양념과 재료, 물 등을 더 넣거나 빼거나 한 뒤에 마침내 완성하여 왕께 바쳤고, 왕은 이에 대해 "역시 장금이로구나." 하면서 요리에 대한 평가(총괄평가)를 하곤 하였다.

흔히 평가라고 하면 총괄평가만을 떠올릴 수 있는데 실상은 형성평가가 매우 중요하다고 하겠다. 왜냐하면 형성평가가 잘 이루어질 때, 결과적으로 총괄평가에서 좋은 성과를 산출할 수 있기 때문이다. 사례관리에서는 형성평가를 모니터링이라고 보통 말한다. 그리고 모니터링의 결과는 프로그램의 계획을 변화시킬 수도 있다.

계획은 서비스 시간의 조정, 비공식 지지자의 책임을 검토하는 것 등과 같은 부분에서 약간의 수정을 필요로 할 수도 있다. 계획과 그에 따른 실행에 대한 적절한 모니터링은 장애인, 가족 그리고 서비스 제공자와 규칙적 접촉을 필요로 한다. 모니터링 기능의 목적은 장애인이 예상한 서비스를 받고 있으며 이러한 서비스가 장애인에게 필요하며 적절한지를 확인하는 것이다.

사례관리에서 모니터링을 위해 할 수 있는 것은 다음의 세 가지가 있다(Rothman & Sager, 1998). 첫째, 다양한 자료원에서 정보를 획득하고, 둘째, 장애인의 내면적인 부분과 외면적인 부분에 대한 모니터링이 동시에 이루어져야 하며, 마지막으로 장애인에 대한 서비스 전달의 질, 시간, 적절성 등을 모니터링해야 한다. 모니터링은 장애인과 사례관리자가 수립한 서비스 합의나 서비스 계획을 중심으로 이루어져야 한다. 모니터링의 준거틀로 계획을 활용함으로써 사례관리자는 서비스의 진행 정도를 파악하게 된다. 모니터링이란 계획과 서비스실천 결과 사이의 불일치를 지적하는 것으로 더욱 심각한 문제들에 직면하는 것을 방지하고 서비스 방향성을 수정 결정하는 것이다. 모니터링은 서비스가 상호협의한 것에 따라 이루어지는지를 감독하는 기능도 가지고 있으며, 서비스를 지속하기 위해서 모니터링을 해야 할 필요가 있을 경우 사례관리자는 어떤 방법으로 얼마나 자주 모니터링을 해야 할 것인지를 결정하여 모니터링이 적절한 시기에 이루어지도록 해야 할 것이다. 마지막으로 모니터링은 정확한 정보에 의해서만 가능하다(권진숙 외, 1999).

초기면접인 인테이크 과정 동안에 주를 이루고 있는 평가내용은 기관에서 제공될 사례관리 서비스가 장애인에게 적절한 것인지를 판단하는 것이 중심이며, 초기 사정기간 동안에는 그가 필요로 하고 있는 여러 가지 유형의 원조를 활용하고 얻을 수 있는지에 대한 장애인의 능력에 관한 평가가 중심이 된다. 사정기간 동안에 파악된 자원들에 대해서는 그러한 자원들이 사회적 요구와 장애인의 욕구에 부합되는지를 파악하기 위하여 평가가 이루어진다. 초기 사정 시에 중요한 부분은 나중에 고객의 변화된 상태를 파악하는 데 활용될 수 있는 일련의 기준 정보(baseline information)를 파악하는 것이다. 평가는 실질적으로 개선된 상황이나 악화된 상태를 파악할 수 있게끔 이루어져야 한다.

결과 평가는 장애인이 서비스 계획의 실행에서부터 어떤 이득을 경험하고 있는지에 관심을 갖게 되는데, 사례관리 서비스가 장애인의 삶의 질을 개선하고 있는가, 사회적 망 구성원들이 장애인을 지원하는 데에 있어서 그들의 능력을 발전시키고 있는 정도는 어떠한가 등에 대해 평가하게 된다. 재사정은 일반적으로 초기 사정 후에 프로그램 구조에 따라 다르지만 6개월에서 1년 사이에 정규적으로 계획된 간격으로 행하는 공식적 검토 작업이다.

### (6) 총괄평가와 사례 종결

총괄평가가 진행되고 나면, 모든 사례관리는 종결하게 된다. 종결은 사례관리자와 장애인의 관계가 끝나게 됨을 의미한다. 종결 원인은 크게 세 가지로 나뉘는데 장애인이 주도하는 종결은 장애인 서비스이용자의 참여에 대한 양가감정으로 인해 발생하고 사례관리자가 주도하는 종결은 수립한 목표가 성취되었을 때 발생한다. 그리고 사례관리자와 장애인이 서로 적합해 하지 않을 때에도 종결이 일어나게 된다.

종결을 위해서는 장애인이 종결에 대해 미리 준비되어 있어야 하는데 장애인 종결에 대한 측정 지표는 첫째, 장애인이 혼자서도 문제를 해결할 수 있고 결정을 내릴 수 있는 능력이 있는지 보여줄 수 있어야 한다. 둘째, 사례관리자와 파트너십에 대한 요구가 줄어들고 있는지의 표시로 그러한 행위가 나타나고 있는지를 보아야 한다. 마지막으로 장애인이 사례관리 네트워크나 자원의 도움을 필요로 할 때 적절하고 효과적으로 사용할 수 있는지를 보아야 한다.

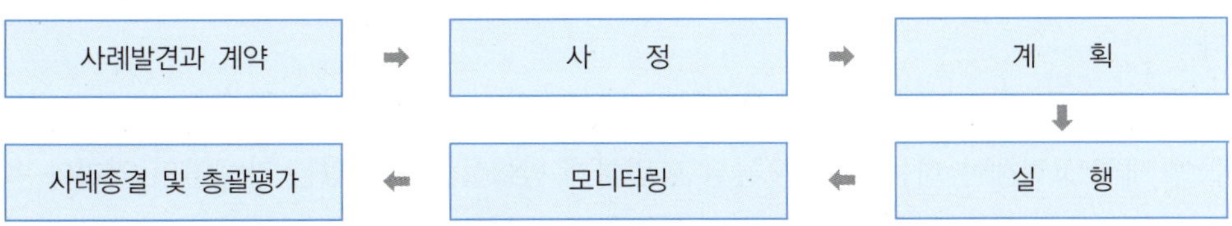


그림 9-1 장애인복지실천에서의 사례관리 과정

## 2. 자원 연계

장애인을 위한 자원연계와 지원망에 대해 잘 알고, 능숙하게 활용할 수 있는 능력을 갖고 있어야 하는 것이 사회복지사의 책임이며 감당해야 할 역할 중 하나이다. 새로운 친구를 사귀는 데 어려움을 겪었던 샌드라(Sandra)의 경험은 자원연계의 중요성을 잘 설명해 준다(이준우 번역, 2008 : 400).

> 나는 출생 이후에 시각장애인이 되었다. 여느 사람들과 차이 없이 평범하게 성장해 왔다. 나는 풍족하게 지내왔으며 주위에 있는 여러 자원과 환경을 맘껏 사용해 왔다. 내 인생은 순조로웠고, 즐거웠다. 4년 전에 나는 당뇨병성 망막증의 결과로 시각장애인이 되었다. 나는 지금 '흰 지팡이(Cane)'를 사용하고 있고, '안내견'의 도움으로 외출을 자주 한다. 하지만 이렇게 되기까지는 거의 4년이 소요되었다. 최근에야 나는 사람다운 생활을 하고 있다. 처음 시각장애인이 되었을 때, 어느 누구도 내게 활용할 수 있는 자원을 소개해 주지 않았다. 시각장애인을 지원하는 의사, 간호사들, 사회복지사들, 활용 가능한 자원들, 지지집단들, 보조기기 등 어느 한 가지에 대해서도 정보를 주지 않았다. 심지어는 나와 같은 시각장애인들의 모임이나 협회에 대해서도 알려주지 않았다. 그래서 한동안 나는 혼란 속에서 크게 방황할 수밖에 없었다. 그러다가 우연히 어떤 사회복지사 한 사람을 통해 내가 이용할 수 있는 다양한 자원들과 연결되었고, 이로 인해 내 인생은 획기적으로 변화할 수 있었다. 나는 많은 전문가들로부터 도움을 받고 있으며 특히 의료사회복지사의 지원으로 병원 치료와 여러 가지 사회복지실천 서비스를 적절하면서도 효과적으로 받고 있다. 이제는 스스로 자립해 나가고 있다.

장애에 대한 관심과 장애인이 필요로 하는 욕구 충족에 관한 관심은 오랫동안 사회계획을 수립하는 일에 있어서 공공분야나 민간 서비스 기관에서 모두 중요하게 여겨져 왔다. 자원이나 지원망을 개발하고 활용하는 것은 사회복지실천을 통해 장애인의 특별한 욕구를 충족시키기 위한 가장 우선해야 할 일로서 인식되고 실제로 적극적인 개발과 활용이 이루어지고 있다.

사회복지사가 장애 서비스이용자와 얽혀 있는 복잡하고 해결할 수 없는 서비스 체계와 조직들에 대해 고려해야 하는 것은 오늘날 당연하게 받아들여지고 있는 장애인의 권리와 욕구를 보장해 주는 기본적인 업무가 된다. 장애인의 권리와 욕구는 다양하게 사회 전반에 펼쳐져 있는 자원들과 지지망들을 장애인들로 하여금 효과적으로 누릴 수 있도록 함으로써 충족될 수 있다. 그러므로 사회복지사는 장애를 갖고 있는 서비스이용자들이 어떻게 자원과 지지망을 이해할 수 있을지를 고민해야 하고, 구체적으로 그들을 도와서 자원과 지지망을 활용할 수 있는 능력을 신장시켜야 한다.

또한 공공부문과 민간부문의 효과적인 연계는 보다 전문적인 서비스들을 장애인과 그 가족들에게 제공하게끔 한다. 장애인 고객에 대한 서비스는 때때로 복합적이며 다면적인 개입을 해야만 해결될 수 있는 경우가 많기 때문에 공공부문과 민간부문의 효율적인 협력은 장애인에게 큰 이익이 될 수 있다. 따라서 사회복지사는 공공부문과 민간부문의 자원들에 대해 구체적으로 파악하고 있어야 하며 그것들을 적절하게 연계하여 장애 서비스이용자가 충분히 활용할 수 있도록 지원하여야 한다. 이를 위해서 사회복지사는 수시로 서비스이용자에게 도움이 될 만한 정보들을 기록해 둘 필요가 있다. 그리고 사회에 널려 있는 실질적인 자원들을 유심히 검토하고 살펴서 필요한 때에 서비스이용자에게 소개해 줄 수 있어야 한다.

### 1) 공공부문에서의 자원 연계

공공부문의 자원과 공공의 서비스 측면에서, 사회적으로 유익한 것들을 사회 구성원들에게 골고루 나누는 것은 평등의 원리에 기초한 개인의 권리라고 볼 수 있다. 그러므로 이와 같은 평등을 향한 권리는 존중받아야 하며 존엄한 것이다. 장애인들의 경우 이들이 필요로 하는 욕구를 충족하기 위한 특별한 프로그램이나 자원을 일반적으로 서비스들이라고 칭하고 있다. 서비스를 제공받기 위한 조건을 확인하는 항목의 내용에는 기능적인 면에서 장애를 가지고 있는지 혹은 손상이 있는지를 확인하는 과정이 우선되어야 한다.

정부의 프로그램과 서비스는 중앙정부, 광역지자체, 기초지자체, 이 세 가지 체계들과 연계망을 이루고 있다. 이들 연계망을 통해 공공부문에서는 장애와 관련된 문제, 욕구, 가령 옹호, 법률적인 쟁점, 노동, 소득보장, 주택, 보건의료적인 보호와 관리, 개인보호, 돌봄 및 활동지원 인력 파견 서비스 교육과 각종 재활서비스, 이 밖에도 특별한 장애 상태와 관련한 욕구 등이 다루어진다. 먼저 중앙정부(예 : 보건복지부, 고용노동부, 교육부, 여성가족부, 문화체육부 등)에서는 각종 장애인복지 관련 제도들의 기본적인 골격 가령 재정 지원의 요건이 되는 기준과 같은 틀을 주로 규정하고, 제도들의 세부 규칙과 운영은 광역지자체(예 : 부산광역시, 경기도 등)나

기초지자체(예: 용인시, 수원시 등)가 담당하게 된다. 이로 인해 각각의 지역별로 미세하나마 자격요건, 급여수준 또는 프로그램의 규모가 다를 수 있다. 그래서 중앙정부, 광역지자체, 기초지자체들 간에는 유기적인 연계망이 반드시 필요하게 된다. 무엇보다도 장애인 관련법과 제도, 정책 등을 수립하기 위해서는 정부 조직들 간의 효율적인 상호작용을 위한 연계망이 반드시 필요하다. 사회복지사는 이러한 중앙정부, 광역지자체, 기초지자체 간, 혹은 중앙정부 간에 존재하는 유기적인 연계망들을 능숙하게 활용할 수 있어야 하며 이를 위해서는 정부 여러 부처와 산하 지자체별로 산재해 있는 여러 자원들에 대해 숙지하고 있어야 한다.

아울러 사회복지사는 미시적인 실천뿐만 아니라 정부 및 공공부문의 여러 자원들을 활용하고 연계하는 일을 포함하고 있는 중시적·거시적 사회복지실천까지 해낼 수 있어야 한다. 그러면서도 사회복지사는 정부 및 지자체 그리고 여러 유형의 공공조직으로부터 영향을 받으면서 동시에 연계하면서도 실천개입을 하는 그 지역의 특성에 맞는 특화된 지역사회복지실천을 새롭게 개발할 수 있어야 한다. 결국 사회복지사는 중앙정부와 광역지자체, 기초지자체 등 공공부문 모두를 고려할 수 있어야 하는 것이다. 왜냐하면 지역에서 이루어지는 서비스의 주된 대상자는 그 지역에 거주하는 장애인들이지만 서비스 실시에 따르는 예산은 중앙정부와 광역지자체, 기초지자체로부터 수립되어 집행되기 때문이다.

한편 사회복지사는 우선 공공부문에서 장애인에게 제공되는 각종 구호와 서비스들, 다양한 사회적 지원 등을 전반적으로 살펴보아야 한다. 그렇게 하면 의외로 중앙정부의 많은 프로그램들이 장애인들의 욕구들을 반영하고 있음을 알 수 있을 것이다. 이것이 가능한 이유는 중앙정부 차원의 구체적인 연구조사와 사회조사를 통한 실질적인 조사자료 및 통계자료들이 분석적으로 잘 정리되어 있기 때문이다. 기본적인 '의·식·주'와 고용, 경제활동 및 수입, 교육 그리고 삶의 여러 측면에서 요구되는 장애인의 다양한 욕구를 체계적으로 조사연구하여 분석해 놓은 실제적인 자료(예: 장애인실태조사 등)들을 중앙정부 차원에서 만들어 놓고 그것들을 효과적으로 서비스 실천에 활용함으로써 최근에 와서 공공부문의 장애인복지사업과 프로그램은 뚜렷한 성과를 점차 내놓고 있다. 커뮤니티케어, 사회서비스원 설치, 탈시설화, 활동지원 확대, 장애등급제 폐지 등 무엇보다도 중앙정부의 주요 프로그램들은 지역사회 통합, 주택, 수입 유지, 고용, 이동 및 건축 장벽 해소, 건강, 교육의 문제들을 해결하는 데에 큰 역할을 한다.

광역지자체의 프로그램들은 실질적인 장애인복지를 실행하는 것으로 설명할 수 있다. 이러한 광역지자체들의 서비스는 주로 고용, 교육, 재활, 주택의 문제를 해결하기 위한 일에 집중되어 있으며 산하 복지재단이나 관련 위원회 등과 같은 조직을 광역지자체 차원에서 구성하여 민간 전문가들의 전문성과 견해를 활용해서 서비스 실천을 하고 있다. 기초지자체들은 중앙정부나 광역지자체보다 지역의 상황에 맞는 장애인의 특별한 욕구들에 더욱 적극적으로 반응할 수 있다.

장애와 관련된 모든 수준의 정부 프로그램들에 대한 정보는 인터넷을 통해 각종 웹 사이트에서 쉽게 이용할 수 있다. 중앙정부, 광역지자체, 기초지자체는 각각의 웹 사이트를 다양한 업무에서 운영하고 있으며 이는 결과적으로 장애를 갖고 있는 여러 서비스이용자들에게 실질적인 도움을 주고 있다. 공공부문의 각종 서비스들은 과거와 달리 장애 서비스이용자에게 널리 알려지고 있으며 동시에 폭넓게 활용될 수 있게 되었다. 누구든지 쉽게 접근해서 이용할 수 있는 서비스가 바로 공공부문에 널려 있다는 것이다. 이제 더 이상 공공부문의 서비스들은 특별한 것이 아니라 정말 보편적인 서비스가 되었다. 사회복지사는 특별하다고 생각했던 정보들을 장애를 가진 모든 사람들이 손쉽게 이용할 수 있도록 도와야 한다.

### 2) 민간부문에서의 자원 연계

민간부문의 기관들은 장애를 갖고 있는 서비스이용자를 대상으로 상담, 직업훈련, 돌봄과 보호, 활동지원, 교통편의 및 정보제공, 다양한 지원과 사정 서비스, 지역사회 프로그램들, 성인 주간보호, 일시적 단기보호 등을 제공한다. 또한 민간 기관들은 장애 서비스이용자의 옹호와 정보제공, 자원 연결과 의뢰 등의 서비스들도 제공한다. 몇몇 기관들은 장애 관련 연구조사를 하기도 한다. 지역에 있는 장애인복지관, 장애인주간보호센터, 장애인사업장, 장애인직업재활센터, 자립생활센터 등을 들 수 있다.

특히 '커뮤니티 케어'에 기초한 사회복지전달체계로 전환되고 있는 상황 속에서 자립생활센터에 대한 관심이 커지고 있는데 이는 강력한 '탈시설화' 기조와 맞물려 향후에도 지속적으로 논의될 전망이다. 실제로 장애인의 자립생활을 실현하기 위해서는 지역사회마다 자립생활센터가 설립되어 장애인의 삶을 실질적으로 향상시키도록 해야 할 필요가 있다. 자립생활을 실천하기 위한 서비스는 장애인이 서비스이용자가 아닌 소비자라는 인식에 근거하여 장애 당사자인 소비자에 의해 운영되고, 지역사회 중심으로 전 장애영역을 포괄하여 거주시설이 아니면서 동시에 비영리기관을 통해 제공되어야 한다.

자립생활센터는 무엇보다도 먼저 장애인이 살아가면서 겪는 각종 차별에 대해 옹호하고, 그들의 권리를 지키고 나아가 권익을 신장시켜야 한다. 그래서 자립생활센터의 옹호활동은 사회운동의 성격을 가지게 된다. 다음으로는 활동지원 서비스를 효과적으로 운영해야 한다. 장애인이 아무리 주체적으로 살아가려고 해도 스스로 행동하는 데는 한계가 있고 이런 제약은 장애인의 인간다운 삶을 위협할 수 있다. 일상생활수행 기술의 향상을 최선으로 도모한다 해도 장애인이 할 수 없는 부분은 존재한다. 이럴 때에는 결국 누군가의 도움을 받아야 하는 것이다. 활동지원사는 장애인이 할 수 없는 일을 함으로써 불필요하게 시간을 소비하는 것을 방지하고 장애인이 좀 더 창조적인 일을 할 수 있도록 도와준다. 특히 활동지원사는 장애인이 고용하여 도움을 받는다는 일방적인 입장에서 대등한 조건을 가질 수 있도록 하여 장애인이 주체적으로 자기 삶을 살 수 있도록 해주는 장점이 있다.

또한 특화된 민간 조직들은 대체로 지역의 특성과 지역 내에 있는 장애인 집단들의 욕구들을 반영하고 있다. 특화된 민간 조직들은 장애 서비스이용자의 자립생활을 지원하고, 그들의 실제적인 권리를 옹호할 뿐만 아니라 장애로 인한 다양한 문제를 지역사회에 효과적인 연계활동을 통해 알려서 공동의 관심사로 이끌어 내어 문제에 대한 해답을 찾아나가게끔 크게 기여한다. 한국농아인협회, 지체장애인협회, 시각장애인연합회 등을 비롯하여 여러 장애인단체들을 예로 들 수 있다.

### 3) 고용과 임금 보장에서의 공공과 민간 자원

한국장애인고용공단의 적극적인 노력과 민간 기업들의 전향적인 고용 창출, 사회적 기업을 비롯한 새로운 형태의 고용이 확대되면서 장애인 고용은 그 어느 때보다도 활발하게 이루어지고 있다. 그럼에도 여전히 장애인은 일반 국민들보다 실직의 상황에 처하는 경우가 훨씬 많고, 비정규직도 높은 비율을 차지하며 장애가 직접적인 원인으로 작용된 실직은 더욱 증가하고 있다. 아직도 많은 장애인들이 여전히 가난한 삶을 살고 있고, 또한 가난한 많은 사람들이 극심한 장애를 가지고 있다.

취업률에 관한 논의는 장애인들의 삶에서 중요하게 자리매김하고 있으며 이것이 이 분야에 대한 실질적인 원조를 지금도 강력하게 필요로 하는 이유이다. 직업기술의 증가, 장애를 조절하는 새로운 기술의 학습, 직업탐색의 준비, 끈기를 요하는 직업 적응력을 얻기 위한 접근, 역량강화, 지원 등이 장애인의 취업률을 높일 수 있는 주요 방안의 영역으로 부각되고 있다. 사실 대부분의 장애인들에게 정규직에의 취업은 쉽지 않아 보인다. 안정적 수입을 보장하는 것은 서비스이용자가 유지하여야 하는 필수적인 수입이 제공되어야 하는 것이고, 이러한 요소는 공공과 개인의 자원 모두 포함되어 있다.

### 4) 사회적 지지와 레크리에이션 연계

돌봄과 보호, 일상생활 준비, 고용, 소득원조, 사회적 지지 그리고 레저와 레크리에이션을 포함한 여가활동은 장애 서비스이용자의 삶의 질과 사회적 관계, 의미 있고 즐거운 인생 여부를 결정하는 핵심적인 요소가 된다. 오랜 기간 혹은 전 생애에 걸쳐 무기력한 상황을 경험하고 있는 장애 서비스이용자들에게 효과적인 사회적 지지와 다양한 여가활동은 미흡한 사회화와 관련된 여러 사회부적응 문제들을 해결하는 데에 상당한 도움이 된다.

하지만 실제 장애인과 함께 하는 사회복지실천 현장에서는 사회적 지지나 여가 서비스에 대한 중요성이 크게 인식되어 있지 못한 상황이다. 특히 여가를 필요로 하는 특별한 요구나 쟁점이 없는 한 사회복지사는 장애 서비스이용자에게 여가와 관련된 정보나 서비스를 제공하지 않을 가능성이 많다. 그러나 만일 사회복지사가 사회화나 여가 욕구가 서비스이용자의 문제에 영향을 준다는 것을 파악하였다면, 사회복지사는 서비스이용자와 이러한 것들에 대해 의논하기를 매우 원할 것이다.

장애는 종종 사회적 관계를 변화시키거나 영향을 준다. 특히 서비스이용자가 성인이 되어 장애를 입었을 때에는 사회적 관계의 형태와 개인적인 자아개념에 영향을 줄 것이다. 친구들은 도움을 줄 수 있는 행동으로 반응할 것이나, 그들의 행동 중 몇 가지는 새로운 장애를 입은 개인에게 오히려 역기능적일 수 있다. 장애 집단에 참여하게 되면서 발생하는 새로운 욕구들과 비장애 사회에 살아남아야 되는 절박함 속에서 초래되는 사회적 욕구를 충족시키는 대안적 방법과 사회적 지지는 구분되어 검토되어야 할 것이다.

장애가 발생하는 순간, 가족의 역할과 책임은 장애로 인한 변화와 함께 동시에 변할 것이다. 오랜 시간 동안 보호자가 되어야 하는 가족 구성원 또한 장애로 인해 생겨난 여러 가지 특별한 욕구와 장애 서비스이용자에게 영향을 미치는 사회적 상황에 대해 염려하게 된다.

자기 결정권과 책임성, 의존성과 자립성, 신체적인 것과 감정적인 것, 강함과 약함 등 장애 서비스이용자가 흔히 겪게 되는 어려움들이 가족 구성원들에게도 크게 영향을 준다. 그러한 영향이 서비스이용자와 함께 살아가고 있거나 또는 서비스이용자를 보조하기 위한 책임감을 떠맡은 가족 구성원 사이에서 증가하는 동안, 모든 가족 구성원은 장애인에 의해 영향을 받는데 매일의 일과와 스케줄의 조정, 그리고 휴가, 여가계획은 모두 장애인의 상태에 따라 영향을 미친다.

적절한 레저와 여가활동은 가능할 것이고, 장애 서비스이용자와 가족들, 그리고 친구들이 함께 여가를 즐기기 위해 격려될 것이다. 필요시에 특정한 흥미는 지속될 것이고, 그리고 적절한 장비의 사용과 함께 새로운 레크리에이션과 여가활동은 발전될 것이다. 신체적인 활동은 장애 서비스이용자를 활력 있고, 건강하게 할 것이고, 특별한 자원은 장애 상황의 넓은 범위에도 통용될 수 있다. 그러므로 사회복지사는 사회적인 여가 욕구를 가진 서비스이용자와 가족을 지지하는 데 이용할 수 있는 자원 서비스를 탐색해야 한다. 아울러 사회복지사는 사회적 지지, 가족 보호 지지와 활동 그리고 여가 활동을 촉진하는 환경과 설비를 제공하는 조직에 대해서도 살펴보아야 한다.

사회적 관계 형성에서 의사소통이 기본이 된다는 것은 매우 중요하다. 의사소통에 제한을 가진 장애 서비스이용자가 여가활동을 통해 효과적인 의사소통 기술을 습득하고, 대안적인 의사소통 방법을 익혀서 사회적 관계를 긍정적으로 맺어갈 수 있게끔 하는 것은 장애인과 함께 하는 사회복지실천에서 매우 중요한 부분이다. 다른 사람과 상호작용이나 의사소통을 하는 데에 상당한 불편함이 있었던 장애 서비스이용자가 원활하게 교류할 수 있도록 돕는 여가활동 혹은 여가시간, 여가장소를 조성해 주는 것 자체가 든든한 사회적 지지가 될 수 있다. 다른 사람과 이벤트에 참석하거나 식사를 같이 하거나 일상생활을 자연스럽게 함께 하는 장애 서비스이용자는 진정으로 비장애인과 똑같은 사람이다. 장애인은 특별한 사람이 아니다. 뿐만 아니라 장애인 편의시설이나 장애인의 접근성을 충분히 고려한 주거 및 생활시설을 이용할 때에도 장애인만이 아니라 비장애인에게도 편리하다는 사실이다. 장애인도 당신과 똑같이 사회화 과정을 겪고 있으며 사회적 지지를 통해 성장하는 동일한 인간인 것이다.

#### (1) 사회적 지지 연계망에 대해 이해하기

사회적 지지 연계망은 가족 구성원, 동료, 친구, 클럽 그리고 기타 조직들로 구성되며 단순한 사람들의 집합이 아니라 구성원 간 연결이 개인의 행동에 영향을 미치는 사회적 관계 체계라 할 수 있다. 즉 사회적 지지 연계망은 제반 자원의 공유와 상호교류가 이루어지는 현상을 의미하며 사회복지사는 연계망을 형성함으로써 사회적 지지체계를 구축해 나가게 된다. 사회적 지지 연계망의 성원들이 사회복지사를 지지하고 사회복지사의 활동에 협력하는 것은 장애인과 함께 하는 사회복지실천을 실행하는 사회복지사의 개입을 원활하게 할 뿐만 아니라 사회복지사에게도 자신감을 갖게 한다. 특히 사회적 지지 연계망을 활용하는 것은 장애 서비스이용자의 욕구 중심에 초점을 둘 수 있다는 데 큰 의의가 있다. 무엇보다도 장애 서비스이용자 개인의 원조를 위해 사회적 지지 연계망에 참여하는 성원들이 다양한 지식과 기술, 자원을 사용하기 때문에 사회복지사 혼자 개입할 때보다 장애 서비스이용자의 복잡한 욕구에 한층 쉽게 접근할 수 있다.

### (2) 연계망 사정하기

장애를 가진 서비스이용자가 사회적 지지 연계망과 사회적 연대와 관련된 여러 가지 쟁점에 대한 논의를 시작하는 데 실용적인 도움이 될 수 있는 사정을 사회복지사는 실질적으로 수행해야 한다. 생태도를 그려보면서 다양한 사회적 지지 연계망을 확인할 수 있어야 한다. “말해줄 누군가”, “같이 영화를 보러갈 누군가”를 서비스이용자 주변에서 확인할 수 있을 것이다. 또한 소망하는 개인적 · 사회적 욕구 실현이나 “우정”, “같이 얘기 할 누군가”를 찾아내거나 확보할 수도 있을 것이다. 더욱이 사회복지사와 서비스이용자는 사정을 통해 서로 만나서 대화하는 가운데에 사회적 지지 연계망과 자연스럽게 연결될 수 있다.

### (3) 연계망 구축하기

최근에 장애 판정을 받은 서비스이용자는 아마도 기존의 장애인과 연결된 사회적 지지 연계망에 속하지는 않을 것이다. 부분적이든 영구적이든 활동에 참여할 경우 불편함과 무능력이나 또는 과거에 익숙하게 살아왔던 삶에 대한 고통스러운 기억들을 피하기 위한 욕구들로 인해 매우 움츠리거나 주눅들 가능성이 있다. 그러나 반대 또한 일어날 수 있다. 서비스이용자와 연계되는 가장자리에 있는 사람들은 아마도 돌보고, 관심 있는 지원자들이 될 수 있다. 그리고 새로운 사람들과 관계를 발전시킬 수 있다. 새로운 관계란 서비스이용자의 장애가 서비스이용자 정체성의 자연스런 부분과 장애가 합쳐지기 시작한 이후에 이루어진다.

연계는 사회적 지지 연계망의 성원들을 한데 엮는 것이다. 이를 위해 사회복지사는 각 성원들이 지니고 있는 능력을 찾아 성원 간에 결합되도록 해야 한다. 이 연계는 연계망이 활용될 때 성원 간에 튼실하게 결합되어야 함으로 사회복지사는 각 성원의 욕구와 성향을 파악하여 이를 적극 활용하는 전략을 사용할 필요가 있다. 한편 성원 간 갈등을 최소화하는 전략으로 성원 간 공유할 수 있는 접촉점을 점차 넓히는 작업도 필요하다.

연계망의 유지를 위해 사회복지사는 때로는 비공식 모임을, 또 때로는 성원의 활동내용에 관한 토의를, 또 한편으로는 관련 사업의 진행 과정을, 혹은 관련 쟁점에 관한 토의를 중심으로 사회복지사가 주도할 수도 있다. 사회복지사는 연계망의 정상적 활용을 위해 연계망을 점검한 후 작동시켜야 한다. 이 활용 단계에서 사회복지사는 특별히 참여 성원들이 자발적으로 움직일 수 있도록 전략을 세워 실행해야 한다.

종교 조직들, 사회행동 집단들, 다른 특별한 흥미 집단들이 사회적 지지 연계망을 구축해 나가는 데에 큰 힘이 된다. 그러므로 사회복지사는 연계망의 원활한 구축과 활용을 위해 평소 특정 주요 인물, 기관, 조직과 긴밀한 관계를 형성하고 있어야 한다. 또한 사회복지사는 참여 성원 간 쌍방 교류와 화합이 이루어지도록 노력해야 한다. 연계망의 유지와 활용은 참여 성원들의 태도에 크게 좌우되기 때문에 사회복지사가 이들 성원이 서로 협력하면서 참여할 수 있도록 유도해 나가야 한다.

### (4) 동료 지지 활성화하기

장애인은 억압과 열등감 속에서 형성된 장애 정체성을 갖고 살아왔기에 내적인 자기 해방과 비장애인과의 동등한 관계 맺기가 힘들다. 이런 문제들은 사회적인 활동에 지장을 가져오는데 자기와 비슷한 환경에 있는 사람들과 대등한 관계를 가짐으로써 자신감을 얻고 새로운 관계 맺기가 가능해진다. 일반적인 장애 또는 특정 종류 혹은 중증의 중복 장애 등 장애 내에서도 장애 간에 차이가 존재한다. 동료 지지 집단에서 가능한 원조적인 자원을 발견할 수 있다. 가장 중요한 동료 지지를 접촉하기 위한 기본적 자원 중의 하나는 서비스이용자의 욕구를 위한 특별한 서비스를 제공한다.

동료 지지의 핵심은 경험의 결과를 공유하는 것이다. 만남을 통해 자립생활에 필요한 기능들을 향상시키기 위해 상호 지지를 기반으로 한다. 자신과 동일시할 수 있는 상황에 처해 있는 장애인에게 경험은 최고의 사회복지사의 조언보다도 더 강력한 조정능력을 발휘하게 된다. 동료 지지는 장애인으로 하여금 자립심을 갖게 하는 데 도움이 될 뿐만 아니라 자신의 생활에 대한 책임감을 불러일으킬 수 있다. 동료 지지를 통해서 장애인을 더 이상 다른 사람들의 자선의 대상이 아닌 자신이 스스로 책임질 줄 알도록 지원한다.

#### (5) 여가와 레크리에이션 활동하기

사회적 연계망과 사회가 장애인과 그들의 가족들의 욕구들을 원조하는 동안 여가활동 시간과 기회를 제공하여 삶의 질을 올리는 것 또한 중요하다.

① 지역사회 활동

장애인들은 모든 지역사회 활동 안에 참여할 수 있다. 그러나 또한 그들의 특별한 관심사를 나누는 장애인 지역사회와 접촉을 원할지도 모른다. 서비스이용자는 지역사회 활동과 박람회 축제에 활동적으로 참여할 수 있도록 격려되어야 한다. 정치적인 회의 그리고 인적인 관심사에 대한 다른 행사에 참여할 수 있어야 한다. 특수 장애인과 교차 장애인 조직 또한 지역사회 행사를 후원하고 장애를 지각하는 것을 장려시켜 준다.

② 여가활동

거의 모든 활동 또는 관심사는 장애를 가진 누군가에 의해 적응하고 추구될 수 있다. 사회복지사가 만나는 서비스이용자의 관심사와 가능성의 넓은 범위에 대해 조사할 필요가 있다. 장애 친화적인 여행지나 펜션 혹은 공원 등과 같은 장애인을 위한 여가 자원들을 파악해 두어야 한다. 지역사회에 있는 영화관, 놀이 공간 등도 소중한 여가 자원이 된다. 아울러 신체활동과 야외활동도 중요하다. 장애를 가진 사람들에게는 그들의 건강을 유지하기 위해 특별히 중요하다. 당신의 서비스이용자가 좋아하는 신체활동을 조사하는 것은 중요한 일이다. 여가활동의 어떤 것들에는 강한 육체적인 구성요소가 있고 선택의 활동을 하기 위해서 제안된 자원은 사회복지사가 만나는 장애 서비스이용자를 원조하는 데에 핵심이 될 것이다.

신체활동, 체육, 운동 등과 같은 일정한 신체적 활동은 장애인들에게 크게 유용하다. 수영장과 레크리에이션 센터가 장애인들에게 도움이 될 것이다. 더욱이 팀 스포츠에 참여하는 것은 서비스이용자에게 운동 및 사회적인 네트워킹이라는 두 가지 이익을 제공한다. 참여는 목표 세우기, 목표 조정, 및 끈기와 능력을 길러주는 활동이다. 장애인 스포츠 분야에는 특별한 팀, 장비 및 조직이 있다. 휠체어 농구와 발달장애인 농구, 시각장애인 축구, 장애인 수영 등이 곳곳에서 실행된다. 한편 야외활동은 신체뿐만 아니라 마음도 회복하게 한다. 많은 사람들이 공원과 호수, 숲과 같은 자연적인 곳에서 시간을 보내는 것이 일상생활에 있어 아주 중요하다는 것을 발견한다.

이렇게 사회적 지지 연계망과 레크리에이션, 스포츠를 위한 자원들은 앞으로도 더욱 개발할 여지가 많다. 그러므로 사회복지사들과 장애를 갖고 있는 서비스이용자들은 이용 가능한 모든 선택들에 대해 창조적으로 생각해야만 한다. 특히 사회적 지지 연계망은 서비스이용자들이 현재 사용하고 있는 사회적 지지 연계망뿐만 아니라 사회적인 필요에 충족하는 더 나은 길을 만들어 갈 적당한 방법을 포함하고 있다. 장애로 인해 소외되고 좌절에 빠져 있는 사람들을 대상으로 하는 동료 지지는 장애인들에게 효과적인 지원과 정보 제공의 역할을 하게 된다. 나아가 사회적인 접촉의 근원으로서 자주 유용하게 도움이 된다. 다른 종류의 후원 집단들도 사회적 지지 연계망의 하나로서 수시로 도움이 된다. 또한 레크리에이션과 여가활동 연계망은 모든 장애인의 삶의 관심사를 넓혀주는 광범위한 정보를 제공하고 더 나은 삶을 향한 실제적인 방안을 제안한다. 특히 신체활동 및 팀 스포츠는 신체운동과 신체발달, 사회화를 위한 기회 그리고 야외의 자연과 접촉할 수 있는 기회를 제공하는 데 특별히 효과적이다.

## 제4절 지역사회 수준의 실천과 장애인 운동

### 1. 지역사회 수준의 사회복지실천

장애인을 대상으로 하는 지역사회 수준의 사회복지실천은 장애 문제를 다루는 데 있어 매우 유용하게 사용될 수 있다. 지역사회 수준의 실천은 장애 문제를 개인에다가 초점에 두는 것이 아니라 다양한 지역사회의 기능과 현상 속에서 발생하는 각종 문제를 지역사회의 관점에서 초점을 맞추어 다루는 데에 있다.

이러한 지역사회 수준의 사회복지실천은 무엇보다도 지역사회를 변화시키는 데에 큰 의의가 있다. 이를 위해 아래와 같은 일반적인 실천개입 과정을 확인하는 것이 도움이 된다.

첫째, 문제 확인과 바람직한 결과 예측하기
둘째, 변화를 위한 표적 체계 결정
셋째, 우선적인 지지자들, 가장 많이 고려하고 있는 사람들의 확보와 결정
넷째, 고려하여야 할 범위의 결정
다섯째, 다양한 사람들과 상황들을 고려한 후, 일차적인 사회복지실천 역할의 결정

한편 지역사회 수준의 실천은 반드시 지역사회의 문제에 의해 혹은 지역주민의 태도가 무엇인가에 따라서 그리고 행동을 이끌어 내는 가능성 등에 의해 영향을 받는 사람들을 확실하게 이해하여야 한다. 이를 위해서 무엇보다도 욕구 사정이 반드시 이루어져야 한다. 욕구 사정은 실천개입의 방향을 결정하고, 문제를 확인하기 위해 활용될 수 있기 때문에 매우 중요한 작업이다.

또한 변화하는 지역사회의 형태들 가운데 가장 오래되고 가장 효과적인 것이 자조집단이다. 자조집단들은 또래들에 의해 이끌어지고, 공동의 문제와 관심을 공유하고 있는 각자 구성원들로부터 상호 결속력과 공동 목표를 전달하기 위해, 자원과 정보 그리고 기회가 제공된다. 역량강화 집단은 자조집단으로부터 발전되어 왔다. 또한 역량강화 집단은 구성원들이 관심을 가지고 있는 쟁점을 다루기 위해 구성되었으며 동시에 구성원 개개인의 성장과 발전을 위해 기회를 제공하고 있다. 사회행동과 사회계획 집단은 구성원들이 관심을 가지고 있는 특별한 문제와 사회적으로 관련되어 있는 문제를 확인하며, 또한 지역사회의 욕구를 채우는 데 조직적으로 부족한 사항들을 채우기 위해 노력한다.

### 1) 지역사회 욕구 사정

지리적인 지역사회들은 각기 다른 특징을 가지고 있으며, 모두가 일정치 않다. 지역사회들은 역동적이며, 지속적으로 변화와 진화의 상태를 나타낸다. 지역사회 사정은 지역사회 구조의 이해를 제공하는데, 이는 필요한 것이며, 변화는 지역사회 안으로부터뿐만 아니라 밖에서도 모두 사람에 영향을 미치게 된다. 지역사회 사정은 지역사회 외부의 전문가나 혹은 내부의 구성원들에 의해 수행된다. 지역사회에 대한 사정은 사회 변화 집단이나 정부 프로그램 혹은 특별한 이익집단들에 의해 주로 시작된다.

지역사회 욕구 사정에 있어, 지역사회 주민의 참여와 관여가 이루어지고 지역사회 주민들이 사정 과정에서 대표적인 역할을 하게 된다. 이 경우 지역사회가 가지고 있는 핵심적인 문제에 관해서 그리고 사정이 수행되는 것의 필요성에 관한 지식을 가지고 있는 교육을 받은 핵심적인 지역사회 구성원 개인이 사정과정에서 자신들의 지역사회에 관한 지식과 정보를 제공함으로써 정확한 사정을 위해 도움을 주기 위한 것이다.

앞에서도 사정이 다루어졌는데 사실, 사정은 조사의 과정이다. 조사방법은 사정을 효과적으로 하는 것을 활용하는데, 사정은 질적인 방법과 양적인 방법 혹은 두 가지 방법을 동시에 사용하여 이루어지고 있다. 사정은 다양한 방법을 포함하고 있는데, 각각의 방법들은 다른 특성과 측면 그리고 각기 다른 이해를 위한 근거를 제공하고 있다. 사정이 효과적으로 이루어지기 위해서는 반드시 누구에 의해, 무엇을 사정할 것인지를 우선 결정함으로써 지역사회에 관한 사정을 시작하는 것이 필요하다. 다시 말해 누가 사정 대상자인지, 누가 지역사회의 구성원인지에 대한 확인이 반드시 우선적으로 이루어져야 한다.

사정은 반드시 경계를 지어야 한다. 이런 경계들은 매우 넓게 이루어질 수 있는데, 예를 들어 지역의 전체 대상자, 좁은 범위의 대상자, 한 기관의 서비스이용자, 한 건물에서 살고 있는 사람들이 될 수도 있다. 청각에 손상을 입은 사람들의 지역사회, 가령 전국에 거주하는 청각장애인 전체를 포함할 수 있으며, 혹은 수어를 제1언어로 사용하며 농 문화를 향유하며 살아가는 농 사회에 국한된 지역사회가 될 수도 있다. 또한 사정을 위해 다양한 방법들이 활용될 수 있는데, 그럼에도 사정은 반드시 욕구 사정을 포함하여야 한다. 사정에서 반드시 다뤄야 할 내용으로서 중요한 것은 누가 영향을 받는가, 그리고 어떻게 영향을 받는가를 확인하는 일이 중요하며 가능하면 지금까지 문제를 다루는 데 있어서 어떤 노력들이 이루어졌으며 그 결과는 무엇인지, 그리고 그 문제를 다루기 위해서는 어떠한 자원들이 지역 내에 존재하고 있는지 등을 확인하는 일이 중요하다. 따라서 일반적으로 지역사회 사정은 아래의 사항들이 고려될 필요가 있다.

첫째, 사정에 있어 지역사회에 관해 반드시 이해해야 하는데, 이는 독특하게 존재하는 지역사회의 특징과 타 지역사회와 유사한 특징이 있다. 만약 사회복지사가 지역의 사람들에 관한 조사를 하는 경우, 시각에 손상을 입은 사람은 누구인지, 또한 시각적인 손상을 입은 사람과 다른 장애인들로 구성된 지역사회, 예를 들어 농 사회 혹은 척수장애를 갖고 있는 사람들의 집단 그리고 비장애인들이 연결되어 살아가는 현장 등과의 차이점과 유사한 점은 무엇인지 등에 관한 사항을 조사하여야 한다.

둘째, 각각 다른 다양한 측면과 지역사회의 특성, 그리고 이들의 욕구를 사정하기 위해서는 다양한 도구를 사용하여야 한다. 이러한 방법들은 서베이, 전자 메일에 의한 질문, 센서스 자료의 활용, 직접 혹은 화상 면접, 관찰 그리고 주목을 받고 있는 집단이나 다른 집단을 활용하는 방법들을 포함한다. 사정방법을 선택하는 데 있어서는 항상 사정의 대상이 되는 지역사회와 지역주민들에게 적절하고 편안한 방법을 선택하여야 한다. 글로 작성하는 질문지 방법은 시각손상을 갖고 있는 지역사회의 사람들을 사정하는 방법으로 적절치 않은 방법이다. 예를 들어, 녹음에 의한 전화 혹은 핸드폰 면접은 응답 내용에 따라서 각각 번호를 입력하여야 하기 때문에 움직임에 제한을 가지고 있는 사람이나, 손을 사용하기 곤란하고, 전화에 접근하는 것이 곤란한 사람들에게 활용하는 방법으로는 적절치 않다. 전화 면접은 청각장애를 갖고 있는 사람들에게는 적절치 않은 방법이다. 개인적으로 우편이나 전자 메일을 보내고 받을 수 없는 상황에 있는 장애인을 대상으로 사정을 수행하는 경우에는 개인적인 질문이나 사생활이 노출될 수 있는 질문이 우편이나 전자 메일에 의한 설문지 내용에 포함하는 것은 바람직하지 않다.

셋째, 지역사회 내에서나 밖에서의 사정을 담당하는 사회복지사는 경청하고 이해하기 위한 의지와 열린 마음으로 자료를 수집하는 과정에 접근할 수 있어야 한다. 지역사회 주민들이 사정에 참여하는 동안에, 사회복지사들은 지역주민들을 격려하는 일이 중요하며, 욕구사정의 과정 동안 자연스러운 대인관계를 지속적으로 유지할 수 있어야 한다.

넷째, 개별적 차원의 욕구 사정은 서비스이용자의 욕구에 초점을 맞추는 반면, 지역사회 사정은 지역사회의 강점과 지역사회 내에 존재하고 있는 자원과 지역사회가 활용 가능한 자원을 확인하는 일이 중요하다.

지역사회의 역동적인 구성과 급속한 변화 추세에 맞춰, 조사 역시 효과적으로 또한 시기적으로 적절하게 이루어져야 한다. 가능한 한 가장 최근의 자료들은 확보해야만 정확한 실태를 파악할 수 있다.

### 2) 자조집단 구성과 운영 지원

특정한 문제, 경험, 그리고 다른 사람들로부터 지원이나 원조를 끌어들이고자 하는 욕구를 가지고 있는 개인은 자신의 문제와 관심을 공유하게 된다. 자조집단은 또래의 지원을 지속하는 것과 욕구를 효과적으로 다루고 있다. 가장 오래된 자조집단은 AA(Alcoholics Anonymous) 집단으로 1935년에 조직되었다(Magen, 1995: 162). 자조집단은 세밀하게 집단의 관심이나 문제에 있어 이해관계가 같은 전국 단위의 조직 혹은 국제적인 조직들에 의해서 최소한의 지원만을 받고 있다. 폭넓게 확대된 조직은 합법적인 방법을 따르고 있으며 지역사회 내부 집단을 촉진하는 역할을 한다.

사실 장애를 갖고 있는 서비스이용자의 중요한 쟁점들 가운데 하나가 자립생활이기 때문에, 자조의 철학적인 틀은 특히 자조집단을 구성하는 사람들에게 자신들의 강점, 자기 충족감 그리고 개인적인 존엄성을 전달하는 데 있어 매우 유용하다. 자조집단들은 장애인들의 자원을 연계하는 연계망의 중요한 부분이며, 지원, 옹호 그리고 교육적인 기능을 제공할 수 있다. 특별한 장애조건이나 관심에 초점을 맞추고 있는 모든 중요 조직들은 자조집단에 접근할 수 있도록 도움을 제공하고 있다.

한편 자조집단에서 사회복지사들은 대체로 구성원이기보다는 외부 사람으로서 전문가의 역할을 수행하게 된다. 사회복지사들은 집단을 조직하기 위해 구성원들을 자극하고, 집단의 구성원들에게 자문하고, 기본적인 훈련과 지원을 제공하고 있다. 또한 자원으로서 활용 가능한 도움을 찾아내고 잠재적인 지도자를 확인하는 역할을 한다. 자조집단회의가 진행되는 동안에는 사회복지사들은 욕구를 가지고 있는 사람으로서 기능하는 경우가 있는데, 이 경우에는 일반적으로 지도자의 역할을 가정하지 않아야 한다.

자조집단의 구성원 혹은 같은 종류의 문제를 공유한 서비스이용자이면서 동시에 전문가인 경우가 많지 않다. 대체로 자조집단 내에는 같은 유형의 구성원들 가운데 지도자로서 집단성원들에게 도움을 제공할 수 있는 능력이 있는 사람, 특히 전문적인 역할을 수행할 수 있는 사람이 거의 없기 때문에 역할의 갈등이 생겨나게 된다. 사회복지사와 집단의 구성원들은 이러한 갈등으로부터 어느 정도 스트레스를 경험하게 된다. 따라서 이러한 갈등은 개인의 역할이 지도자의 역할과 구성원으로서의 역할에 대한 구분과 확인을 위한 토론을 통하여 일반적으로 해결할 수 있다.

구성원들은 사회복지사가 전문가로서 집단활동에 참여하고 이야기하는 경우와 그가 집단의 구성원으로서 집단활동에 참여하고 이야기하는 것을 구분하여 이해할 수 있음은 매우 중요하다. 집단의 구성원으로서 역할 혹은 전문가로서의 역할을 구분하는 일은 역시 사회복지사들에게도 중요한데, 우선적으로 사회복지사들은 집단의 구성원들에게 개인적인 상담가로서 혹은 조언을 하는 사람으로서 욕구가 존재하는 것을 인식하는 것이 중요하다. 그리고 집단의 동료들 가운데 한 사람으로서의 역할을 수행하는 경우에는 개인적인 정보나 관심 그리고 자신의 삶에 있어서의 경험들을 공유하는 데 편안한 마음으로 할 수 있으며, 일반적으로 이와 같은 상황에서는 전문가의 행동의 일부분으로 생각하지 않는다.

또한 많은 자조집단들은 동료를 지원하는 데 추가적인 방법으로 사회행동 기능을 수행한다. 많은 사람들이 경험과 관심을 공유하고, 공통적으로 경험한 사실들을 확인하고 있다. 어떤 집단의 경우에는 구성원의 경험을 확인하는 과정과 경험의 타당성을 구체화하는 과정을 통해서 상호지지를 제공하고 있다. 집단의 다른 구성원들은 역량강화 집단 혹은 의식화 집단으로 발전하며, 궁극적으로는 사회행동에 참여하게 된다. 개별화된 집단들은 일반적으로 사회행동과 같은 목표로 지향하고 있는 개인들이나 타 집단의 지원 요구와 균형을 이루어 집단 운용방법을 결정한다. 전국적 단위의 집단이나 혹은 국제적인 조직은 다양한 집단 기능들 가운데 사회행동과 관련된 기능 수행을 위한 조직으로 구성되어 있다.

### 3) 지역사회 수준의 실천 내용

지역사회 수준의 사회복지실천을 하는 사회복지사들은 지역사회의 구조를 변화시키기 위해서 노력한다. 이에 따라 지역사회에서 발생되는 장애 관련 문제들을 정의하고, 지역사회의 현황을 사정하며 지역사회의 구성원들을 지원하기 위한 사회복지실천 계획과 실행을 할 뿐만 아니라 장애 서비스이용자의 권익을 보장하기 위해 사회행동을 하기도 한다. 따라서 지역사회 수준의 사회복지실천을 수행하는 사회복지사는 대단히 적극적인 활동을 해나가게 된다. 지역사회에 산재해 있는 여러 조직을 형성하고, 연결하며 필요한 정보를 제공해 주거나 자문을 하기도 한다. 해결해야 할 지역사회의 문제에 대한 연구 프로젝트를 수행하기도 하며 지역사회의 현안을 해결하는 각종 위원회의 위원으로 참여해서 실질적으로 정책 수정에 영향을 미치기도 한다.

지역사회 욕구 사정은 지역사회 수준의 사회복지실천을 수행함에 있어서 가장 기본적인 토대가 되는 활동이며 정말 필요한 개선안을 도출할 수 있는 변화를 향한 전문적인 실천과정의 하나라고 볼 수 있다. 그래서 지역사회 욕구 사정은 다양한 변수와 요인을 파악할 수 있는 연구조사 방법을 효과적으로 활용함으로써 정확하게 진행될 수 있다. 그러면서도 지역사회 수준의 사회복지실천은 장애인 집단과 장애인 당사자들의 협력과 연계 속에서 이루어질 때, 그 실효성을 충분히 얻을 수 있다고 할 수 있다. 이런 점에서 자조집단을 구성하고 자조집단이 지속적으로 운영되도록 지원하는 일은 장애인들의 자원을 연계하는 데에 효과적으로 활용될 수 있다. 자조집단에서 사회복지사들은 집단성원이라기보다는 외부 전문가로서의 역할을 충실히 수행해야 할 책무를 부여받는다. 많은 자조집단들은 장애 동료를 지원하기 위해 사회행동을 하기도 한다. 이를 통해 갈등 상황을 반전시키고, 장애인의 권리를 확보해 나갈 수 있게 된다.

특히 집단성원들이 채워지지 않은 욕구를 확인하고, 강조하는 일은 중요하다. 또한 집단성원들이 활용할 수 있도록 하기 위해 사회의 자원들을 재배치해야 한다는 것을 집단성원들이 알도록 하는 것은 매우 중요하다. 사회행동이 함축하고 있는 의미는 사회적 주류의 사람들이 항상 지배할 수 없다는 것이다(Sheafor, Horejsi & Horejsi, 2000 : 117). 예를 들어 장애인들과 같은 소수의 사람들의 욕구가 중요시되어야 한다는 것이며, 장애인의 요구나 권익은 반드시 사회정의가 실현되는 측면에서 다뤄져야 할 문제이다.

지역사회 수준의 사회복지실천에서 사회복지사는 다음과 같은 구체적인 역할을 수행할 수 있다.

첫째, 조직가로서의 역할이다. 집단을 구성하고 결속력을 만들어 나가는 데 도움을 준다. 동시에 지역사회 집단 활동을 통해 무엇을 다룰 것인가, 그리고 어떻게 다룰 것인가에 관한 여론의 일치를 찾는다.

둘째, 옹호자로서의 역할이다. 특별한 관심을 가지고 있는 사람들을 옹호하거나 혹은 집단(집단 내부 혹은 집단 외부)의 활동을 옹호한다.

셋째, 협상가로서의 역할이다. 특별한 관심을 가지고 있는 집단의 사람들과 함께 활동을 하며, 공적인 업무를 수행하는 사람들을 선발하고, 기금 출처 그리고 욕구를 채울 수 있는 방법을 위해 활동한다.

넷째, 교육자로서의 역할이다. 집단의 구성원들에게 가르치며, 연습하고 준비하도록 한다. 이를 위해 다른 사람들과 접촉하기도 하고, 자신의 의견을 말하도록 하고 새로운 회원들을 가입시키도록 하고 있다.

또 다른 한편으로 사회행동을 도모하는 집단들은 특별한 요구 혹은 지역사회 구성원들의 관심사에 의해 결속되어 있다. 외부적인 자원 혹은 내부적인 자원 등 모든 자원들은 집단에 의해 특별한 문제를 확인하는 것을 다루기 위해서 정리되어 있고, 순위가 정해져 있다. 어떤 집단이 활동을 함께하는가 하는 시간의 구조화, 예를 들어 법률적인 회의를 위한 준비, 선거를 위한 준비, 또한 지역사회 회의 등 반드시 행해야 할 다른 일들이 마련되어 있다. 이러한 지역사회에서 사회행동을 하는 집단들은 지역사회 구성원과 지역사회에 속하지 않는 다른 사람들로서 구성되어 있는데, 다른 사람들은 특별한 관심을 갖고 함께 하기 위해 합류하였고, 때로는 특정한 쟁점을 옹호하기 위해 함께 참여하고 있다. 또한 여기에는 장애를 가진 사람들도 참여하며 그들의 가족, 친구, 전문가 이 외에도 일반시민으로서 장애문제에 관심을 가지고 있는 사람들이 장애와 관련된 쟁점들에 대해 관심을 가지고 함께하기 위해 참여하기도 한다.

이때 사회복지사는 지시하거나 관리, 조직하는 역할을 하지 않고, 집단성원들을 온전히 지원함으로써 성원들 스스로 직접 실천 과정을 수행하게끔 해야 한다. 아울러 그 노력의 결과에 대해 예측하고 기대하도록 도와야 한다. 또한 사회복지사들은 장애 서비스이용자들을 조직하는 일을 지원하고 동시에 장애 문제에 대해서 관심이 많은 사람들의 모임을 촉진시키고 활성화함으로써 장애 문제를 발생시키는 잘못된 제도를 개선하기 위한 계획을 수립하게끔 돕게 된다.

## 2. 장애인운동

최근에 들어 점차 장애인운동을 통해 장애인이 스스로 힘을 갖고, 힘을 행사할 수 있는 자립적이며 긍정적인 장애인의 정체성을 만들어 나가려는 노력이 활발하게 이루어지고 있다. 주체적이며 권리적인 당당함에 기초한 장애인 정체성을 키워 나가는 일은 장애인과 비장애인 모두에게 편리한 환경 안에서 사는 일에서부터 가능하게 된다. 다른 사람들과의 관계는 장애인들이 자신이 살아가는 데 있어 보편적인 삶을 사는 것에서부터 비롯된다. 예를 들어, 장애인들은 자신이 속한 특정 장애집단이 경험한 세계와 경험한 내용들이 이들에게는 표준이며 보편으로 인식된다. 비록 장애인들이 경험한 세계가 각 유형별 장애인들과 각기 다른 차이를 보일지라도, 이들 장애인에게는 모두 보편적으로 받아들이게 된다. 이러한 생각들은 장애인과 관련하여 긍정적인 정체성을 개발시키는 데 중요한 관점이 된다.

장애의 역사 혹은 장애인 인권운동의 역사적 변천을 돌아보면, 역사적으로 중요한 핵심이 되는 사건이 무엇인지, 그리고 누가 이 사건에 포함되는지를 이해하는 일이 중요하다. 장애인운동은 강한 결속력을 발전시켜 자신들의 권리를 찾고 자신들의 정체성을 강화하는 내용이라는 측면에서 시민운동, 여성운동, 동성애자권리운동 등과 비슷하다. 장애인들은 자신들의 장애조건과 장애로 인한 제한을 뛰어넘어 자신이 가지고 있는 능력을 확인하고 가능성을 발견하는 것을 통해 자신들의 자존감과 능력을 키워오고 있다. 그럼으로써 잠재적인 능력에 관한 중요성을 알고 이를 키워나가는 것이다. 자신의 이미지로서 강점에 가치를 두는 것, 이러한 것들을 장애 맥락 안에서 살아가는 데 성취의 의미를 가능하게 한다.

특히 장애 정체성에 있어서 자기 존중감과 같은 긍정적인 것을 발달시키는 것은 역사적인 사건과 개인의 사건, 그리고 장애인운동 등에서 정체성에 대한 주장과 그렇게 제기된 정체성에 대한 승인이 이루어질 때 성취할 수 있는 것이다. 장애인의 긍정적인 정체성을 개발하거나 확보하는 또 다른 방법으로는 장애인들이 보편화(normalization)된 생활을 통해 비장애인들과 함께 사회화의 경험을 하는 것이다. 그럼으로써 긍정적이며 힘이 부여된 장애인의 정체성을 발견하고 개발하게 된다. 이를 통해 장애인에게도 다른 사람과 같은 존재, 다른 사람과 함께 살아가는 존재라는 사실을 발견할 수 있고, 이러한 삶이 장애인의 보편화이다. 사람들이 장애인의 정체성을 이해하는 데 있어 장애라는 특성이 장애인을 이해하는 하나의 측면이 되며, 동시에 장애는 한 장애인이 가지고 있는 여러 가지 특성들 가운데 가장 우선 떠오르는 특징이며, 가장 대표적인 특징, 장애인이 가지고 있는 특징의 전부라고 생각되는 부정적인 이미지에 대해 변화를 가져올 수 있게 된다.

사스카 비트너(Sascha Bittner)의 경험은 힘을 형성해가며 아울러 장애인의 긍정적 자기 정체성을 확립하는 과정을 이해할 수 있는 좋은 사례이다(이준우 번역, 2008 : 390).

> 나는 태어난 이후로 몇몇 마비 증세가 있었다. 어렸을 때, 나는 내가 다르다는 것을 알았다. 하지만 나는 그것이 진정으로 의미하는 것이 무엇인지 이해하지 못했다. 어머니는 놀라운 분이었다. 그분은 나를 사랑하셨고, 나를 도울 수 있는 모든 것을 다 하셨다. 우리가 외출을 하면, 사람들은 우리를 쳐다봤다. 나는 내가 예쁘기 때문에 사람들이 나를 쳐다보는 줄 알았다. 나는 그렇게 사람들이 쳐다보는 것이 내가 휠체어에 앉아 있기 때문이라는 것을 전혀 알지 못했다. 하지만 나는 결국 보통 사람들과는 다르게 보인다는 것을 배우

게 되었다. 나는 비장애아동들과 함께 학교에 다니길 원했다. 마침내 6학년까지 마칠 수 있었다. 나중에 장애권리교육보호기금과 함께, 나는 교육청을 상대로 학교의 정규교과과정만이 아니라 과외활동을 위해서도 반드시 필요한 접근권과 편의시설 확보를 위해 소송을 냈다. 그 결과 우리 학교의 정책은 변화되었다.

어머니와 나는 장애권리운동에 깊이 관여하게 되었다. 그리고 그것은 우리 두 사람의 정체성 형성에 큰 영향을 미쳤다. 우리는 매우 활동적이었다. 또한 내 마음속 깊이 영웅으로 각인된 두 사람, 바로 에드 로버츠(Ed. Roberts)와 쥬디 휴먼(Judy Heumann)을 알게 되었다. 나는 장애인권리 옹호와 자립생활을 추구하는 장애인 모임에 가입해서 그들과 함께 샌프란시스코, 워싱턴 등지에서 시위했고, 청소년 시기임에도 불구하고 체포되기도 하였다. 나는 보호관찰소에 들어갔으나, 보호관찰소 사무실에 접근하는 것이 쉽지 않았기 때문에 나는 사무원을 주차 장소에서 만나야만 했다.

나는 또한 미국 기자클럽(National Press Club)에서 장애인 취업의 장벽에 대해 알리기 위해 워싱턴으로 갔다. 어머니와 나는 공공교육기관에 장애이해 프로그램을 보여주기도 하였고, 수천 명의 아이들에게 여러 해 동안 강연하기도 하였다. 그것은 우리 모녀가 매년 함께 한 프로젝트였다. 나는 모든 사람이 장애권리 보장의 중요성과 필요성을 알게끔 하여, 그것의 중요성이 세상의 주목을 받길 원했다. 나는 또한 젊은 장애인들과 함께 일하면서, 그들이 그들 공동체와 문화에 대해 자부심을 갖도록 도와주었다. 나는 장애청소년을 위한 리더십 훈련 워크숍을 수행하면서, 장애 관련 쟁점과 의제에 대한 공동교육 워크숍과 장애인 동료 지지집단을 지원하였다.

나는 현재 캘리포니아 주립대학교 버클리 캠퍼스(UC Berkeley)의 학생이고, 장애학생연합의 부의장이다. 나는 자주 장애인들이 장애에 대해 이야기할 때, 그리 떳떳하지 못하다는 오해를 바로잡기 위해 노력한다. 내가 그런 경향이 있는 것을 포함해서 말이다. 때때로 나는 어머니를 포함해서 통역사를 대동하기도 한다. 하지만 내가 지역사회에서 외출을 하거나 수업시간에 이야기할 때, 나는 내가 이야기하는 것을 다른 사람들이 이해할 수 있게 할 수 있다. 물론 그것이 때때로 어려운 일이긴 하지만 말이다.

이렇게 긍정적인 장애 정체성을 형성하기 위해서는 사회적·정치적 변화가 반드시 필요하다. 왜냐하면 사회는 다수의 비장애인들을 중심으로 움직여지기 때문이다. 장애라는 현상을 갖고 있는 소수의 사람들에게는 소외와 배제가 필연적으로 따라올 수밖에 없는 사회구조 속에서 살아가야 하는 삶이 숙명적으로 주어진다. 그러므로 때때로 사회복지사는 사회적·

정치적 변화를 향한 장애인운동을 장애 당사자와 함께 일으켜 나가야만 하는 상황에 직면한다. 실제로 지역사회를 변화시키기 위해서는 단순히 지역사회에 거주하는 사람들이나 민간 조직의 변화만으로는 한계가 있다. 입법 및 의회활동 그리고 법률체계 등과 같은 광범위한 범위에서 지역사회의 변화에 영향을 미치기 위해 필요로 하는 다양한 사회행동이 요구된다.

사회적·정치적 변화를 위해서 사회복지사들이 효과적으로 활용하게끔 발전시켜 온 몇 가지 사회복지실천 접근들이 있는데 여기에서는 연계-구축 접근과 정치적 옹호 그리고 사회운동을 중심으로 설명하고자 한다. 각각의 접근들은 한국을 비롯하여 전 세계적으로 장애인 관련 법률과 제도들을 만들어 내는 데 널리 활용되었으며, 여전히 장애인 입법 활동에 있어 실질적인 변화를 이끌어 내는 데 효과적으로 상용되고 있다. 특히 옹호활동은 전국적인 차원에서 여러 장애인 단체들이 지속적으로 역점을 두고 있는 사업이기도 하다. 그 예로서 장애운동을 이끄는 활동가들은 국회와 국회의원들을 통해 특별한 욕구와 요구가 있는 장애인 집단들에 대해 적극적으로 옹호하고 있으며, 대규모 집회는 정당에 대해 정치활동을 활성화하도록 하고 있을 뿐만 아니라 조사활동을 통해 형성한 실질적인 자료 및 정책 보고서는 사회적 자원의 공정한 분배에 관한 논쟁이 활발해지도록 하고 있다.

연계-구축 접근은 사회행동이 목표로 하고 있는 중앙정부 내지 지자체 수준에서 변화를 이끌어 내기 위해 유권자의 힘을 결집하고, 역량을 확대하는 데에 크게 필요한 것으로 인식되고 있다. 지역에 펼쳐져 있는 소규모 지역사회는 개별적으로 자신의 목소리를 내는 일에 어려움을 느끼지만 이들 작은 지역사회들이 서로 함께 연계하고 연대했을 때의 힘은 그렇지 않음을 알 수 있다. 연계와 연대는 효과적인 관계망을 만들고, 이렇게 연계하기 위해서는 연계할 대상의 섭외를 위해 외부로 찾아 나서야 하며 동시에 연계할 대상 간에 중립적인 관심과 흥미를 공유하는 것을 전제한다.

정치적인 옹호는 효과적인 변화를 위한 중요한 매개로서 하나의 정치적인 과정을 만들어 내는 것이다. 이를 위해 정치적인 옹호는 다양한 방법을 가능한 최대로 활용한다. 가령 선거를 통해 선출된 공직자에게 지역사회의 변화를 이끌어 내기 위해 장애인의 특화된 장점이나 관심을 부각시키고자 실시되는 교육을 통한 방법 또는 로비활동을 통한 방법 나아가 유권자들을 통해 장애인의 이익과 권리에 도움이 되는 접근에 공직자들이 찬성하게끔 지지하도록 유도하는 방법 등이 있다.

사회운동은 크게 세 가지 측면에서 살펴볼 수 있다. 첫째, 오랫동안 지속되어 온 잘못된 관점을 변화시키고자 하는 측면, 둘째, 사회정의와 불의에 대해 대항하려는 측면, 셋째, 장애인의 권리를 찾으려고, 활동하는 장애인 조직이나 단체와 같은 장애인 사회의 내부와 외부의 비장애인 사회로부터 폭넓은 지지를 끌어내려는 측면이다. 사회는 단지 법률에 의해서만 변화되는 것은 아니다. 사회운동은 전체 사회에 크게 영향을 끼치는 일이나 행동 그리고 태도의 변화 등에 의해 사회적인 움직임을 가능하게 한다. 특히 장애인 권리운동은 일종의 사회운동이다. 즉, 시민권리운동으로서 이해될 수 있으며, 여성운동, 동성애자권리운동, 이 밖에도 소비자운동, 환경운동 등과 맥을 같이 하는 사회행동으로서 이해할 수 있다. 각각의 운동들은 사회를 중요시여기며, 또한 각각의 운동은 자신들의 욕구를 주장하기 위한 운동이라기보다는 자신들의 권리를 주장하는 것에 초점을 맞추고 있다.

### 1) 연계-구축 접근

연계-구축 접근은 전문가단체, 옹호단체 혹은 지역사회 내의 여러 집단을 연결하는 것을 포함하고 있다. 인간서비스를 제공하는 기관들이 연계한 조직은 사회로부터 필요한 지원을 얻어냄으로써 특별한 욕구를 가지고 있는 장애인을 돕는 데에 매우 효과적이다. 옹호 조직들은 특정한 문제나 대상들에 초점을 맞추고 있는데 이는 프로그램 개발과 정치에 영향을 미치고, 일반적인 대중을 대상으로 하는 교육에 있어서 효과적이다. 문제나 욕구를 가지고 있는 지역사회 집단들은 모든 지역사회 구성원들이 유권자로서 역할을 해 줄 것을 요구하고 있으며, 차츰 강력하고 효과적인 힘을 가지게 된다. 이들 집단과 조직들과 함께하는 사회복지사들은 지역사회의 변화를 지향하는 실천개입의 목표를 달성하기 위해서 중요한 역할을 수행한다.

개인, 기관 혹은 조직 등이 지역사회로부터 발생하는 문제 내지 해결되지 않은 욕구를 확인하고, 사회행동의 과정을 시작하게 될 때, 사회복지사들은 지역사회에서 의외로 활동할 수 있는 여지가 크지 않다는 사실에 당황하게 될 것이다. 또한 성취하고자 하는 변화의 목표를 수행하려고 할 때, 연계할 수 있는 자원이 예상보다 매우 부족한 상황일 가능성이 커다는 것도 깨닫게 될 것이다. 뿐만 아니라 사회복지사와 함께 활동하는 지역사회 집단이나 기관, 조직 등에 참여하는 회원 이외의 다른 사람들은 사회복지사가 고민하는 쟁점에 대해 관심조차 없으며 설령 있다고 해도 목표나 방향 등이 전혀 다를 수 있으며 실질적인 변화를 위한 견해도 완전히 달라서 마치 평행선상에 놓여 있는 것 같을 수 있다(Weil & Gamble, 1995 : 588).

### (1) 연계 및 연대 구축

연계 및 연대체제를 구성하는 것은 연계체제의 목표인 바람직한 변화에 영향을 미치고, 정치나 관련된 프로그램을 강화하기 위한 충분한 조직의 힘을 키우기 위함이다. 연계 및 연대체제는 개인이 역할, 욕구나 활동의 우선순위 그리고 실천전략 등에 관심을 두고 개별 조직체의 대표자들이 함께 토론에 참석하게끔 한다. 목표는 일반적으로 반드시 구성된 것을 받아들이고 있으며, 이러한 과정들은 폭넓은 관심사들을 모두 포함시키는 원래의 지역사회의 욕구에 적응하기 위한 필요성을 만들어 내고 있다. 기관, 지역사회 혹은 기타 조직들이 같은 생각을 가지고 있는 조직들과 연대하고 연계체제를 구성하는 과정에서 각각의 기관들이 가지고 있는 기본적인 욕구를 인식하는 것이 중요하다. 이 외에도 여러 조직과 기관, 단체 그리고 각각의 다른 집단에서 긍정적인 반응과 관심을 분명히 하고 있는 기관이 어디인지 혹은 누가 긍정적인 반응과 관심을 가지고 있는지 등에 대해 알아보는 것은 논의가 되는 쟁점에 관하여 상호 이해관계가 있는 사람들을 확인하게끔 한다.

효과적인 연계는 지역사회의 다양한 집단, 사회복지 및 휴먼서비스 기관 그리고 사회서비스 조직 및 관련 체제들로 구성되고 있다. 장애와 관련된 문제와 쟁점들을 가지고 일을 하는데 있어서, 효과적인 연계체제는 주요 서비스 조직, 휴먼서비스 기관 그리고 지역사회 집단들을 포함하고 있다. 예를 들면, 연계체제는 특수학교에서 발달장애학생들의 학급당 학생 수를 몇 명으로 할 것인지에 관심을 갖게 한다. 또한 발달장애가 있는 성인들의 조직이나 지역의 장애인부모회와 같은 지지집단, 학교운영위원회, 교사협의회의 대표자, 그 외의 휴먼서비스 기관 등이 이 과정에 참여하여 의견을 모으고 힘을 결집하게 되는 것이다. 또 다른 예로서, 연계체제가 장애인들의 낮은 고용율에 관심을 가지고 개입하려고 할 때, 지체장애인협회, 자립생활센터 연합회, 직업재활협회 그리고 장애인과 장애인의 가족을 지원하는 지지집단 등이 연계체제에 참여하게 될 것이다.

### (2) 사회복지사의 역할

사회복지사의 관계형성 기술은 연계 체제를 구축하는 과정에서 대단히 중요하다. 지역사회와 자원 등에 관한 지식을 통해, 사회복지사들은 잠재적인 연계 조직을 확인할 수 있게 된다. 사회복지사들은 전문가들과의 접촉을 통해서 연계를 위한 실질적인 조사과정을 시작할 수 있게 되며, 집단이나 조직이 접근하고 있는 것들에 대해서 사정이 가능하게 된다. 사회복지사들은 사람들과 함께하는 기술을 통해서 교섭과 중재를 위해 도움을 제공할 수 있게 된다. 사회복지사들은 지역사회 조직에 관한 지식을 통해서 넓은 범위의 연계체제와 함께 욕구를 가지고 있고, 지원을 필요로 하는 조직을 위해 대변자로서의 역할을 하게 된다.

#### (3) 변화과정

연계체제가 형성되는 데 있어서, 목표를 수립하고 행동계획을 만들게 되면 변화과정이 시작된다. 연계체제의 구성원들은 선발된 공직자와 정부의 대표자, 사회복지재단과 다른 자원들의 대표자들이 될 수 있으며 이들이 서로 만나서 협력하기로 결정할 때 비로소 제휴체제가 된다(Weil & Gamble, 1995 : 581). 종종 대표자들의 공식모임을 통해 의사결정과 실행을 결정하게 되며 이를 통해 구체화되는 사회행동으로, 기대하는 바람직한 결과에 영향을 미치게 된다. 해결을 필요로 하는 문제에 포함되는 내용으로서는 참가하고 있는 조직의 자원에 대해 관심을 요구하는 것을 포함하며, 간혹 연계체제들은 목표가 해결되면 문제가 해결되는 것으로 생각한다. 따라서 연계체제는 조직의 구성원들에게 영향을 미치는 관심과 다른 원인의 결과로서 나타나게 되는 조직과 지역사회의 연계망에 변화할 수 있게 된다.

### 2) 정치적인 옹호

정치적인 옹호는 사람들의 의견이 담겨진 지역사회 욕구에 의한 사정을 근거로 할 때 효과적이다. 사정이 완전히 끝났을 때, 사회복지사는 정치적인 분야에서의 개입이 필요한지에 관한 내용을 확인해야 한다. 개입을 통해 관료를 비롯한 관련 부서의 행정가들, 국회의원을 포함한 입법가들, 정부의 법률적인 기능 등의 문제에 관여하거나 혹은 욕구를 다루기 위한 개입으로서, 이러한 개입은 정책형성, 적용과 평가의 수준에서 이루어지게 된다. 계획이나 개입은 정부의 기능과 정책의 수준에 대해 적절하고 안정적으로 이루어져야 한다(Haynes & Michelson, 2000 : 56).

사회복지사의 정치적인 옹호는 다양한 모델로부터 선택된다. 선택은 실천적인 고려와 원인 혹은 관심에 대한 적절성에 의해 결정된다. 헤이니스(Haynes)와 미첼슨(Michelson)은 사회복지사에게 적합한 옹호 활동에 대한 여섯 종류의 잠재적인 모델을 소개하고 있다.

#### (1) 제도적인 모델(Institutional Model)

공공정책은 공공과 대중을 위해서 반드시 법률에 의하여 수립되고 실현되어야 하며, 강제되어야 한다. 따라서 제도적인 모델은 조직 구조에 대한 변화를 강조하게 되며, 이는 법률에 의해 결정되고, 실현되어 구체적인 실천으로 연결된다. 즉, 법률은 그 법률에 따라 정책이 준수되도록 강제하고, 만약 법률이 개정되면 그에 따라 정책도 변화된다. 그래서 공공정책은 사전에 수립된 법률이 있어야 할 것을 전제하고 있으며 적절한 수준의 선택이 강하게 요청되고 있다.

예를 들면 공공정책은 반드시 국회를 통과하여야 한다. 이러한 의례를 거치게 되면서 제정된 법률에 따른 공공정책의 실효성에 대해 다양한 측면에서의 심도 있는 논의가 이루어지게 된다. 혹시 발생할지도 모를 공공정책의 희생자가 나오지 않도록 국회에서는 제안된 정책을 신중하게 심의한다. 또한 공공정책의 실시에는 예산의 뒷받침이 있어야 하기 때문에 더더욱 예산 집행에 따른 정책 실시의 효과성과 효율성 등이 고려된다. 특히 공공정책은 사회문제에 대한 대응이라는 성격이 강하기 때문에 그 정책의 사회적 책무성을 충실하게 살펴보아야 한다. 이렇게 꼼꼼하게 검토되기 때문에 법률과 공공정책은 체계적인 내용으로 구성되며 예산 편성과 집행도 조직적으로 이루어지게 된다.

#### (2) 과정 모델(The Process Model)

의사를 결정하는 과정은 옹호활동의 매우 중요한 부분이다. 사회복지사들은 이 결정이 이루어지는 모든 과정을 살펴야 한다. 관련된 대표적인 자료와 필요로 하는 서류들로부터 따로 떨어져서 진행되는 하부 진행과정들까지 함께 고려해야 하고, 특히 의사결정이 이루어지는 과정을 관찰하고, 조사하게 된다.

예를 들면 발달장애인 지원법이 만들어지기까지 몇몇 장애인부모회들이 서로 힘을 모아 여러 국회의원들과 공조하여 법을 제정하고 시행할 수 있도록 실제적인 논리를 개발하는 연구를 해왔던 활동을 들 수 있다. 가슴 절절한 발달장애자녀 양육 경험을 풀어놓은 생생한 사례들과 구체적인 정책 대안이 담겨진 연구를 수행하고 당사자들과 단체들이 적극 참여하여 연구의 결과에 대해 지지하고, 옹호하는 모든 과정에서 사회복지사들의 관찰과 조사가 이루어지게 된다.

### (3) 집단치료 모델(The Group Theory Model)

연계-구축 접근과 유사한 모델로서 집단치료 모델은 집단들이 목표를 달성하고, 변화하기 위해 연합할 것을 제안하고 있다. 따라서 집단치료 모델에서는 집단들 간에 교섭의 욕구가 만들어지는 과정이기 때문에 긴장과 역동성의 과정이라고 부른다. 집단치료 모델은 그들의 욕구를 대표하는 다른 집단들의 기능을 강화하는 것에 초점을 맞추고 있다. 사회복지사의 역할은 집단들과 함께 약속을 만들어나가는 일을 촉진시키는 일이다.

예를 들면 '미국 장애인법'의 입법과정을 확인하기 위해서, 휴먼서비스기관, 서비스 조직, 지역사회 집단 그리고 관심이 있는 시민들이 강한 결속력을 보여, 입법자와 프로그램 개발자들에게 영향력을 행사하기 위해 협회를 만들었다. 협회는 '미국 장애인법'의 승인을 위해 강력한 대정부 제안을 하였고, 이를 통해 정부 및 여러 공공기관의 지지를 도출하였을 뿐만 아니라 장애인의 입장에서 발의된 '미국 장애인법'의 입법에 결정적인 영향력을 행사하였다. 이는 앞으로 더욱 폭넓은 장애인권리운동에 협회가 앞장서는 계기가 되었으며, 이후 다른 사회운동의 방향이 되어 새로운 도전과 기회를 제공하게끔 하였다. 나아가 언론의 주목과 대중의 관심까지도 얻어낼 수 있게끔 하였다.

### (4) 엘리트 이론 모델(The Elite Theory Model)

엘리트 이론 모델에 의하면 공공정책은 엘리트에 의해 결정되는 것이며 엘리트의 관심과 가치를 반영하는 것이라고 할 수 있다. 사회복지사들은 이 모델을 사용하는 데 있어서 엘리트 집단의 바람직한 변화가 장애인들에게 가치 있는 일인가 등에 대해 확신이 생기도록 납득시켜야 한다.

예를 들면, 투표소에 접근할 수 있도록 하는 일과 비밀 투표를 보장하는 일 등은 일반시민들에게는 너무도 당연한 권리행사이지만 장애인들에게는 대단히 힘들고, 어려운 일이 될 수 있다. 그래서 장애인들은 투표하는 일을 포기하거나 희생하는 경우가 빈번하게 발생하였다. 이러한 사례의 대부분은 장애인이 투표소에 접근하기가 곤란하거나 시각장애인들이 확인할 수 있는 점자투표 용지가 마련되어 있지 않은 경우이다. 장애인의 권리운동에서 투표장소에 대한 접근성을 위한 옹호와 투표를 할 때, 개인의 사생활을 보장받을 권리에 대한 옹호 등이 포함되었다. 선거를 담당하는 정부 부서에서는 장애인의 투표소 접근권을 보장할 수 있도록 투표 환경을 개선하게 되었고, 시각장애인들을 위한 점자투표 용지도 마련하였다. 뿐만 아니라 투표하는 과정에서 장애인 개인의 사생활이 보장될 수 있도록 하는 방안들이 마련됨으로써 장애인들이 겪게 되는 여러 가지 제한을 극복하게 되었다. 과거 장애인들이 참정권에 대한 억압을 빈번하게 경험해 왔기 때문에 장애인을 비롯한 소수시민을 대표하는 정당에 투표한 것으로 출구조사 결과 나타났다. 옹호는 장애인들의 투표 권리를 확실하게 하기 위한 것에 관심을 가지고 있다. 그리고 장애인들은 소수의 권익에 앞장서는 정당의 의원들에게 시민으로서의 권리인 투표권을 행사할 수 있게 됨으로써, 소수시민을 대표하는 정당의 의석이 늘어나게 되었으며, 소수시민을 옹호하는 정당이 의회에서 더욱 많은 영향력을 행사할 수 있는 결과를 낳았다.

### (5) 합리모델(The Rational Model)

합리적이며 이성적인 차원에서 의사결정을 하기 위해서는 적절한 도구가 필요하다. 의사결정은 어떤 정책이든 간에 그 정책의 이득과 비용을 고려함으로써 이루어진다. 그리고 의사결정은 어떤 정책이든지 기대할 수 있는 가장 좋은 결과와 해가 되는 결과, 그리고 효율성 등이 충분히 검토된 이후에 이루어진다. 사회복지사들은 이 모델을 활용하는 데 있어, 정책이 잘 이루어지도록 옹호하는 역할을 하려고 최선의 노력을 경주하게 된다. 실제로 유익한 정책은 정책의 표적이 되는 특정 집단의 사람들을 변화시키는 데에 유용하다. 그래서 사회복지사는 실천개입의 대상이 되는 집단이나 사람들에게 필요하다고 판단되는 정책이 수립되도록 옹호하는 일뿐만 아니라 사회 안에서 모든 사람들에게도 이익을 될 수 있는 일이 무엇인지에 관해 확실하게 인식할 필요가 있다.

예를 들면, 도로의 턱을 없애는 일이나 건축물의 출입구에 경사로를 설치하는 일은 휠체어를 사용하는 장애인들의 이동에 편리함을 제공하게 된다. 동시에 이동의 어려움이 있는 사람들, 예를 들어 목발이나 지팡이를 사용하는 사람들, 노인, 유모차를 밀고 가는 사람들, 임산부, 아동, 물건을 배달하는 사람들, 이 밖에도 단기간의 장애를 경험하고 있는 사람 등 모든 움직임에 어려움이 있는 사람들에게 도움이 된다. 그러므로 거리, 상점, 식당 등이 장애인들의 출입이 자유로울 수 있도록 개선되어야 한다.

#### (6) 점증 모델(The Incremental Model)

점증 모델은 효율적인 것을 특징으로 하고 있다. 이 모델은 존재하고 있는 정책들을 사용하고, 이들에게 중요한 변화를 고려하고 있다. 변화는 존재하고 있는 정책을 만드는 것이며, 존재하고 있는 것을 없애고 처음부터 다시 시작하는 것과는 기본적으로 다른 개념이다. 이 체계를 활용하는 데 있어서 사회복지사들은 현재의 정책을 확인하는 일이 중요하다. 현재의 정책은 바람직한 방향으로 점진적으로 변화하는 것과 이를 위해 적절한 옹호활동이 이루어져야 하는데, 이는 새로운 준비 혹은 프로그램이 이미 존재하고 있는 정책에 추가되는 것이다.

예를 들면, 미국의 1935년 사회보장법은 노인들, 시각장애인 그리고 장애아동에 대한 보험과 공공부조를 담고 있다. 장애인들의 임금보장에 대한 욕구가 증가하면서, 이러한 문제들이 법률제정자들에게 쟁점으로 떠오르게 되었다. 1956년 사회보장법에서는 시각장애인과 장애아동들에 대한 지원을 강화하는 내용이 추가되었다. 노인의 경우에도 65세 이하의 경우에는 노동하는 것을 강조하였으며, 65세 이후 노인이 장애를 가지게 되는 경우, 배우자와 사별한 남녀, 그리고 이혼한 여성들로서 장애를 가지고 있는 경우에는 연령이 50세에서 59세 사이의 경우에도 사회보장 혜택을 받을 수 있도록 하였으며, 더욱이 노동 가능한 경우에도 이들의 장애인 자녀들에 대해서 사회보장의 혜택을 받을 수 있도록 법률이 개정되었다.

사회복지사들은 여러 가지 방법으로 공공정책을 강조한다. 사회복지사들은 필요로 하는 각종 자료와 문헌을 제시하고 각각의 문제 혹은 해결되어야 할 욕구에 대해 증언하기도 한다. 사회복지사들은 증언자로서의 전문적인 역할을 하는데, 이들은 자신들의 경험과 함께 그 현장에서 신속하게 판단하고 정보를 제공하는 일을 담당하고 있다. 사회복지사들은 자신들의 전문적인 지식과 경험을 통한 자료를 기초로 하여 정책 마련을 위한 활동을 할 것을 요구받고 있다. 이와 같은 사회복지사의 활동을 통해 필요한 원인을 규정하고, 규명된 자료들과 필요한 정보들을 법률 입법자들에게 보냄으로써 이들 법률 입법자들로 하여금 법률을 개정할 수 있도록 영향을 가하고 있다.

### 3) 사회운동

사회복지실천 현장에서 가장 광범위한 변화를 이뤄낼 수 있는 모델은 사회운동이다. 사회운동은 일반적으로 대중과 정치체계 그리고 정당 등을 변화시키는 데에 효과적으로 활용되고 있다. 사회운동을 사용하는 사회복지사들은 사회정의를 명분 삼아 잘못된 제도나 법, 환경 등으로 인해 역기능적인 요인으로 지역사회에 펼쳐져 있는 부조리한 현실을 개선해 나갈 수 있다. 또한 사회운동의 효과는 특정 집단과 관련한 쟁점과 직접적으로 연결될 수 있는데, 경우에 따라서는 특정 집단에 관련된 쟁점이 점차 사회 속으로 스며들어가 확산되기도 한다.

억압, 차별, 권리 그리고 제도와 사회적인 편견 등에 대해 특정 집단이 사회운동을 위한 이론적인 기초를 만들고, 정비할 경우가 많은데 바로 장애인 집단에 의한 장애인권리운동을 대표적으로 들 수 있다. 장애인권리운동은 장애인의 완전한 참여를 위한 권리에 기초하고 있다. 장애인권리운동은 협력체계와 정치적인 옹호를 넘어서 폭넓게 성장한다. 장애인권리운동은 특정한 쟁점에만 집중되어 있는 것은 아니다. 즉, 장애인권리운동의 쟁점에는 제한이 없다. 장애인의 삶의 전 영역에서 사회문제로 부각될 수 있는 차별적 요소들이 모두 쟁점이 될 수 있다. 물론 시간적으로도 제한이 없다. 쟁점으로서의 가치가 소멸될 정도로 문제가 해결될 때까지 계속 사회운동의 재료가 될 수 있는 것이다.

현대사회에서 정치적 · 사회적 체계는 여러 집단과 계층 간의 이해관계가 표출되어서 갈등과 반목, 차별 등이 일어날 가능성이 팽배하다. 이러한 상황에서 사회운동은 역사의 과정에서 실질적으로 발생한 실제 사실이다. 또한 각기 다른 나라들에서 일어난 각각의 운동들은 각기 서로 다른 목표를 가지고 있으며 성공의 결과를 측정하는 방법도 각기 다른 것을 알 수 있다(Weil & Gamble, 1995 : 589). 그럼에도 전 세계적으로 함께 공유해야 할 공통의 문제들도 있다. 이와 같은 문제들은 세계화의 원인으로 작용하면서 동시에 전 세계가 함께 머리를 맞대고 해결해야 할 필요성을 제기한다. 가령 환경이나 세계적인 온난화 현상 등은 하나의 국가적인 경계를 넘어서 범세계적인 관심의 대상이 되고 있다는 것이다. 세계라는 큰 틀 속에서 지역사회를 바라보게 되면 사회운동도 이제는 지구촌 전체를 대상으로 전 세계 사람들의 광범위한 참여를 구체적으로 이끌어내야 할 필요가 점차 증가하고 있다고 할 수 있다.

#### (1) 참여의식

사회운동은 상당히 폭넓게 전개되는 특성이 있기 때문에, 참여의식에 있어서도 유동성이 매우 크다. 사회운동의 종류, 내용, 방법 등에 따라 참여의식도 크게 차이를 보이고 있다. 그리고 사회운동은 하위집단들이 구성되어 활동함으로써 진행되는 경우가 빈번하다. 이들 하위집단 사람들의 참여의식 수준과 관심은 전체 사회운동의 기능에 중요한 영향을 미칠 수 있다. 만약 하위집단의 구성원들의 참여의식이 미흡하게 되면 사회운동을 이끌어가는 집행부에 대한 헌신성이 떨어질 수 있으며 이는 결과적으로 사회운동의 역동성과 적극성의 약화를 가져오게 된다. 가령 여성운동의 경우 인간의 평등권에 관심이 있는 사람들, 동성애자의 문제에 관심이 있는 사람들, 지역의 폭력사건에 대해 우려를 표하고 관심을 가지고 있는 사람들 그리고 자녀출산 등의 선택에 대해 관심을 가지고 있는 사람들이 포함되는데 이들은 자신이 관심을 가지고 있는 쟁점과 관련하여 운동을 하는 경우에는 적극적이며 매우 활동적인 회원이 되지만 자신의 관심사와 관련이 없는 쟁점에 대해서는 전혀 참여하지 않거나 혹은 수동적으로 참여하게 되는 것을 들 수 있다.

### (2) 변화하는 패러다임들

사회운동은 문제에 의해 영향을 받고 있는 일반적인 사람들의 견해에 의해서 패러다임의 변화를 위한 시도를 하고 있다. 장애인권리운동은 장애인의 패러다임의 변화를 가져오게 만들었다(Weil & Gamble, 1995 : 589). 장애인권리운동은 장애인이 공공의 건축물에 접근할 수 있는 권리, 교육과 고용에 대한 권리 그리고 대중교통수단의 이용권리 등에 초점을 맞추고 이 문제를 해결하기 위한 운동을 전개하였다. 장애인을 비롯한 사회적 약자들의 편의 증진을 돕기 위한 법률의 통과와 함께 운동의 지도자와 운동에 참여한 모든 구성원들은 운동을 통해서 지금까지 많은 것들이 성취된 것처럼, 앞으로 성취하기 위해 이루어져야 할 많은 과업들에 대해서 인식하게 되었다. 지금까지 장애인들을 가로막고 있어, 기능수행에 제한을 가해왔던 건축물의 장벽들이 법률에 의해 제거되고 있다. 또한 장애인들은 자신들의 권리가 성취되고 있으며, 지금까지 장애인에 대해 불쌍하게만 보아왔던 장애인에 대한 공공의 태도가 변화하는 것을 인식하게 되었다. 장애인의 권리를 추구하고자 하는 바의 본질은 장애인을 불행의 대상으로 혹은 동정의 대상으로 느껴왔던 일반대중의 태도를 더 이상 지속할 수 없도록 변화시키려는 것을 목표로 하고 있다. 패러다임의 변화를 위해서 장애운동은 반드시 중요한 변화를 시도해야 한다. 이 변화는 장애나 권리에 초점을 맞추는 것이 아니라 능력과 성취에 초점을 맞추는 것으로 장애운동에 있어서도 중요한 변화를 시도해야 할 것이다.

### (3) 사회운동의 과정

사회운동은 관련 대상 인구들이 관심을 가지고 있는 쟁점과 욕구에 변화를 가하고 있다. 헤이네스(Haynes)와 미켈슨(Mickelson)은 주요 사회운동의 개발과 전개과정 등에 관한 이해에 도움이 되는 10단계의 과정을 소개하고 있다(이준우 번역, 2008 : 391-392).

- 1단계 : 욕구 혹은 문제에 대한 의식화는 인식되어야 하고 표현하여야 한다.
- 2단계 : 욕구 혹은 문제에 대한 의식화는 그것에 대해 타당성 있게 인식하고 자신의 문제로 받아들이는 다른 사람들과 공유하여야 한다.
- 3단계 : 사실 확인에 있어서 많은 집단들이 관여하며, 지도자의 위치에 있는 사람들에게 욕구와 문제를 소개한다.
- 4단계 : 관련되어 있고, 영향력을 행사하고 있으며, 문제해결의 기회를 만들거나 주요 변수가 될 수 있는 사람들이 가슴으로 느끼고 머리로 이해할 수 있게끔 효과적으로 정보를 제공해야 한다.
- 5단계 : 가능한 한 주어진 시간 내에서 최대한 많은 집단성원들과 지도자들에게 알림으로써 다양한 문제해결의 가능성을 창출해야 한다.
- 6단계 : 다양한 문제해결 방법과 선택 가능한 여러 대안 간의 차이에 대한 논란은 쉽게 끝날 수 없기 때문에 지속적인 논의가 요구된다.
- 7단계 : 갈등을 해결하기 위해서 그리고 문제해결의 방향을 결정하기 위해서 추가적인 정보가 필요한지를 결정할 상황이 발생할 수도 있을 것이다. 추가적인 정보들이 실질적으로 요구되는 것으로 결정될 때까지 그 정보들을 보관해 둘 수 있어야 한다.
- 8단계 : 공청회 등을 통해서 공개적인 토론을 정해진 기간 동안에 실시할 수 있다. 이때, 사회운동을 하는 특정 집단들은 문제해결을 위한 여러 대안들의 선택과 실행 등에 대해 영향을 미칠 수 있도록 노력해야 한다.
- 9단계 : 우여곡절 속에 선택된 해결방법에 의해 대체로 문제는 해결되는데, 이렇게 되기까지 많은 집단으로부터 여러 제안이 모아져 하나의 통합된 의견이 마련됨으로써 가능하였다는 사실을 인식해야 한다.
- 10단계 : 선택과 집중의 원리 속에서 불가피하게 배제된 관련 이익집단들은 자신의 입장을 포기하게 되거나 선택된 다른 집단의 견해에 함께 동참하여 힘을 보태게 되는데

이때, 다른 집단과의 연대는 오히려 원래 추구했던 집단의 요구를 더욱 적극적으로 표현할 수 있는 사회운동의 또 하나의 방안이 될 수도 있다.

#### (4) 사회복지사의 역할

사회복지사는 사회운동을 가능하게 하며, 장애인을 옹호하는 역할을 하며, 사회운동의 유권자의 일부로서 역할을 수행한다. 사회복지사는 인간의 기능수행이나 서비스 체계의 지식과 관련하여 전문가이기 때문에, 사회복지사는 운동의 목표를 위해 옹호하는 데 있어서 책임 있는 지도자로서의 역할을 맡게 된다. 사회복지사는 새로운 운동을 만들어 내지는 않는다. 문제 당사자들이 제기한 쟁점을 당사자들이 스스로 확산시켜 나가도록 지원하고 돕는 것이 사회복지사의 주요 역할이 된다. 그리고 동시에 사회복지사들의 활동은 사회운동이 주장하는 사회정의와 관련한 쟁점들에 의해 영향을 받게 된다(Weil & Gamble, 1995: 589).

이상과 같이 사회적·정치적 변화를 통해 장애 문제를 해결해 나갈 수 있는 세 가지 주요 사회복지실천 모델에 대해서 살펴보았다. 즉, 연대-구축 접근, 정치적인 옹호, 사회운동이다. 연대-구축 접근은 전문가단체, 옹호단체, 지역사회 내의 여러 집단을 유기적으로 연결하여 실제적인 힘을 만들어 내고 이를 바탕으로 장애인의 문제를 해결해 나가는 것이다. 지역사회와 여러 형태의 자원 등에 대한 지식을 통해 사회복지사들은 연계 및 연대할 조직들을 알고 확인할 수 있으며 이를 통해 실질적인 연계를 구축할 수 있게 된다. 정치적인 옹호는 법이나 제도를 수립하거나 정책을 결정하는 사회적 과정, 관련 집단의 응집력 향상, 공공정책에 지도력을 행사할 수 있는 엘리트들, 합리적인 정보와 자료들, 기존 제도와 정책에 대한 효과성과 효율성에 대한 점검 등에 영향력을 끼쳐서 변화를 주도해 나가는 데에 초점을 둔다. 사회운동은 매우 강력하면서도 광범위한 변화를 추구하는 실천 모델이라 할 수 있다. 억압, 차별, 편견 등에 대해 단호한 대처로서 널리 활용되고 있다. 사회운동은 많은 사람들의 의식을 바꾸어 바람직한 변화를 향한 활동에 적극적으로 참여하게 하고 궁극적으로는 패러다임 자체를 변혁시키고자 한다. 사회운동에 의하면 모든 문제나 욕구는 반드시 표현되어야 하고, 동시에 많은 대중들에게 널리 이해되고 인식되어야 한다.

## 제2부 생각다듬기

**제6장** 인권적 차원에서 우리나라 장애인복지정책과 관련법들을 살펴볼 때, 여전히 존재하는 우리나라 장애인들이 직면한 어려움들은 무엇이 있겠습니까?

**제7장** 장애자녀로 인해 스트레스 상황에 처해 있는 가정을 지원할 때, 사회복지사로서 고려해야 할 사항들은 어떤 것들이 있겠습니까?

**제8장** 당신은 장애를 가진 사람들이 거주하는 사회복지시설을 전면적으로 완전히 없애는 것이 가능하다고 생각하십니까? 탈시설화에 대한 당신의 의견은 어떻습니까?

**제9장** 당신이 사회복지사가 되었을 때, 가장 의사소통을 원활하게 잘 할 수 있다고 여겨지는 장애 영역은 무엇이며 만약 당신이 선택한 장애인 복지서비스 이용당사자와 의사소통을 하게 된다면 어떻게 구체적으로 하겠습니까?
또한 사회복지사인 당신이 맡고 있는 장애인 복지서비스 이용당사자를 사정하게 된다면 어떻게 사정하겠습니까? 무엇을 질문하고, 무엇을 파악하려고 애쓰시겠습니까? 어떤 장애 영역이든지 하나의 장애 영역을 선택하여 가정해서 생각해 보시기 바랍니다.

# 3 장애인복지와 융합 접근

# 10 장애인과 재활상담

일반적으로 재활(rehabilitation)은 의료적 · 심리적 · 사회적 · 교육적 · 직업적 개입을 제공하여 장애를 가진 사람들이 스스로 자립하여 사회와 기능적으로 상호작용할 수 있도록 돕는 통합적인 실천 프로그램이다(권선진, 2005). 어원적 측면에서 살펴보면, 원어의 'rehabilitation'은 접두사 're(다시)'와 어간 'habilit(적합한)'와 접미사 'ation(~으로 하는 것)'으로 되어 있다. 즉, 재활이란 '다시 적합하게 하는 것'을 의미하므로 재활은 사람답게 될 권리와 자격과 존엄이 어떤 원인에 의해서 손상된 사람이 그것들을 다시 회복하는 것을 의미한다. 근본적으로 장애를 은폐하는 것이 아니고 회복하는 것이다(김종인 · 우주형 · 이준우, 2004). 사람의 기능을 크게 나누면 하나는 항상 발달방향인 '헤빌리테이션(habilitation)'이고 다른 하나는 질병이나 사고 등에 의한 기능의 저하인 '디빌리테이션(debilitation)'이라고 할 때, 'debilitate' 된 것을 'habilitation' 하는 것을 'rehabilitation'이라고 한다. 그러므로 자신의 능력을 계발하여 전인격적 복권을 도모하려는 장애인의 노력을 기술적 · 심리적 · 사회적으로 지원하는 것이 재활이라 할 수 있다.

한편, 이준우(2019)는 재활치료사가 아닌 사회복지사가 인식하고 있는 재활은 사회복지적인 가치를 담고 있어야 한다고 하면서 '재활'의 의미를 '재개념화'하였다. 그에 따르면 재활은 다음과 같은 의미를 지닌다.

- 재활은 참여기회를 의미한다.
- 재활은 자립과 공존의 능력을 함양한다.
- 재활은 장애인 자기 주도적이어야 한다.
- 재활은 장애인이 스스로 배우는 과정이어야 한다.
- 재활은 삶의 성숙을 향한 활동이어야 한다.
- 재활은 협력과 조정을 기반으로 한다.

# 제1절 재활상담의 개념과 준비

## 1. 재활상담의 개념

사회복지실천 현장에서 활용될 수 있는 재활상담의 개념은 사례관리의 틀 속에서 이해해야 한다(이준우, 2005). 즉, 장애인을 대상으로 하는 사회복지실천 현장에서의 재활상담은 장애인의 사회복귀 또는 사회통합을 위해 사례관리의 틀 속에서 거시적 · 미시적 접근을 모두 포괄하는 체계적이고 전문적인 재활서비스(Human Rehabilitation Service)를 제공하는 상담이라 할 수 있다. 사회복지실천의 목적을 지향하는 차원에서 보면 재활상담이란 장애인이 스스로 삶의 통제권을 갖고 생활하고 일하며 자기 주도적으로 살아갈 수 있도록 전문적인 만남을 통해 개입하는 실천활동이라 할 수 있다(이준우, 2019).

따라서 재활상담은 재활대상자의 전인재활 과정에서 심리사회적 영역을 다루면서 전반적인 재활영역에 관계하는 기능을 한다. 고용, 전환서비스, 장애관리, 정신건강 관리, 개인 면담과 관계형성, 첨단지원기술(assistive technology)과 보편적 디자인(universal design) 등을 활용한 환경수정, 자립생활실천 등의 영역까지 포함한다.

당연히 재활상담을 수행하는 사회복지사는 재활상담의 기능을 맡아서 장애인의 심리사회적 적응과 경제적 자립을 도와주는 업무를 감당해야 하며 아울러 다양한 사회복지실천과 일반상담의 개입방법 등을 적용 및 응용하여 재활과정에서 중요한 요소를 관리하고, 서비스를 해 주는 등 장애인의 심리사회재활을 담당하게 된다.

## 2. 재활상담의 가치와 준비

### 1) 가치와 목적

#### (1) 가치

재활상담의 기본철학은 인간의 총체적 특성, 재활의 목적, 건전성, 자주성, 독특성, 건강관리에 대한 평등한 기회, 사회경제적 참여 등의 개념을 포함한다. 재활노력의 초점은 장애로 기인된 기능적 제한점에 있는 것이 아니라 통합적인 개념의 인간에 두고 있다. 또한 총체적 특성은 개인의 신체적 · 정신적 양상뿐만 아니라 가족과의 관계, 학교, 직장, 전반적인 환경 전체를 말한다. 인간에 대한 관점은 개별적인 구성요소의 집합체로 보는 것이 아니라 전체적으로 본다. 즉, 인간은 평가를 목적으로 필요에 따라 신체 · 정신 · 심리 · 문화 · 경제 등의 측면으로 나누어 볼 수 없다는 것이다.

#### (2) 목적

재활상담이 지향하는 바는 장애인 스스로의 회복과 재활에 대한 자주성을 최대화시키고, 전반적인 건강 유지와 증진을 도모하는 것이다. 그러므로 재활상담의 목적은 장애인이 그들의 일상생활에서 발생되는 상황에 잘 대처할 수 있도록 스스로가 가진 능력을 개발하고, 발휘하도록 도와주는 것이다. 재활상담에서는 개인의 유전적 특징, 생물학적 특성, 심리사회적 독특성을 강조하며, 각각의 개인에게 맞는 상담과 재활서비스를 제공한다. 이러한 개별적인 특성 때문에 개개인의 욕구에 기초한 상담접근과 재활계획이 요구된다.

### 2) 재활상담의 목표

재활상담의 목표는 장애인이 최대한 신체적 · 정신적 · 사회적 · 직업 및 경제적 독립을 성취할 수 있도록 원조하는 것으로 이는 사회가 지니는 제한점과 경제상황을 인식하는 동시에 장애인이 만족스러운 삶을 영위할 수 있는 최대의 능력을 배양할 수 있도록 도와주는 것이다. 최상의 건전함이란 신체적 · 정신적 · 심리적으로 완전히 평온한 상태로서 심한 질병을 앓거나 중증장애를 가지고 있는 사람이라고 할지라도 최적의 건강과 건전성을 유지하는 일이 필요하다.

### 3) 재활상담 준비

#### (1) 상담을 위한 준비

상담 구성을 위한 물리적인 준비는 상담목표의 성취와 재활상담을 수행하는 사회복지사와 장애인 간의 신뢰감을 촉진시킬 수도 저지시킬 수도 있다. 장애인과의 최초 접촉이 상담실(사무실) 밖에서 이루어질 때, 재활상담을 수행하는 사회복지사는 상담(인터뷰) 준비를 구성함에 있어서 제한을 받을 수도 있다. 최초의 접촉이 사무실 안에서 이루어질 때에는 재활상담을 수행하는 사회복지사가 신뢰감을 높이고, 관심을 전달할 수 있는 효율적인 가구를 배치하고, 불필요한 방해물을 제거하며, 적당한 시간계획이 있어야 한다.

### (2) 효율적인 가구배치

카두신(Kadusin)은 실용적인 방법으로 재활상담을 수행하는 사회복지사 자신과 서비스이용자 사이에 놓인 책상 같은 물리적인 장애물을 제거해야 한다고 충고한다. 이 점에 대하여 카두신(Kadushin, 1972)은 다음과 같이 서술하고 있다.

> "재활상담을 수행하는 사회복지사와 서비스이용자 사이의 책상은 서비스이용자 신체의 절반가량을 관찰할 수 없게 만든다. 하반신의 몸짓(떠는 발, 단단히 조린 무릎, 무릎 위에 꽉 쥔 손)은 시야에서 가려진다."

위저리와 스탁포르(Widgery & Stackpole, 1972)도 책상 위치와 상담자의 신뢰성에 대한 서비스이용자의 인식에 관한 연구에서 유사한 맥락으로 이야기하고 있다. 서비스이용자는 재활복지사와 서비스이용자 사이에 책상이 가로 놓여 있을 때보다 책상이 없을 때, 매우 불안하던 서비스이용자가 사회복지사에게 더욱 신뢰감을 갖게 된다고 했다. 따라서 신체적으로 불편한 서비스이용자와 재활상담을 수행하는 사회복지사를 위해 쉽게 유추될 수 있는 상식적인(일반적인) 접근은 방해가 되는 것을 피하도록 가구를 배치하는 것이다. 예를 들면, 장애인이 재활상담을 수행하는 사회복지사의 사무실로 들어오는 데 방해가 되지 않도록 책상이나 서류함 같은 가구를 재배치하라는 것이다. 신체적 장애를 가진 서비스이용자가 접근하는 데 문제가 되는 상담환경 구성은 그들로 하여금 2류 시민의식을 갖게 하거나 서비스이용자를 분노케 한다. 이러한 서비스이용자의 감정은 신뢰감 발전을 촉진시킬 수 없게 만든다.

### (3) 상담 전에 고려해야 할 다른 점

재활상담에 있어서 일반적인 상식은 서비스이용자를 산만하게 하는 것과 피상담자에게 보이고 싶지 않은 것을 그들이 도착하기 전에 치우는 일이다. 서비스이용자 파일, 서류, 양식, 의학적, 심리학적 보고서 등이 이에 포함된다.

재활상담을 수행하는 사회복지사는 비밀이 보장되는 장소에서 서비스이용자를 만나야 한다. 서비스이용자는 충분한 프라이버시가 보장되지 않은 장소에서는 진지하고 적절한 개인적 정보를 제공하지 않을 것이다. 재활상담을 수행하는 사회복지사는 서비스이용자와의 상담(인터뷰)목적을 달성하기 위하여 충분한 시간을 가져야 한다. 단시간에 너무 많은 서비스이용자와 예약을 하는 일은 피해야 한다. 서비스이용자는 일단 도착한 후에 자신이 재활상담을 수행하는 사회복지사의 관심대상이 된다고 생각하는 일이 중요하다. 그러므로 전화벨 소리나 방문의 노크 소리 같이 매우 정신을 산만하게 하는 요소를 제거하는 일이 예약된 상담(인터뷰)시간 전에 이루어져야 한다.

## 제2절 재활상담의 실천과정

### 1. 서비스이용자 연결

사례관리의 틀 속에서 이루어지는 재활상담은 접수면접이 이루어지기 전에 먼저 서비스이용자가 재활상담을 수행하는 사회복지사를 찾아오기 이전까지의 활동을 포함하고 있다. 즉, 서비스이용자를 효과적으로 연결하는 일이 매우 중요하다고 할 수 있다.

#### 1) 기관에 접근하기

서비스이용자는 자발적인 방문을 비롯하여 기관, 가족, 지역사회 조직, 성직자, 경찰, 학교로부터의 의뢰과정을 거쳐 기관과 접촉하게 된다. 그 외에 다른 접촉방법은 재활상담을 수행하는 사회복지사가 기관 밖으로 서비스이용자를 찾아나서는 아웃리치(outreach)로, 서비스 요구를 갖고 있지만 스스로 접촉하지 못하는 서비스이용자 집단을 찾아 나서는 것이다. 기관의 서비스이용자에 대한 접촉 노력이 지역사회에까지 확장되어 서비스이용자를 찾고, 기관의 서비스 체계로 들어오도록 장려하는 것이다. 일반적으로 서비스이용자를 위해 접근을 제공하는 일은 개개의 재활상담을 수행하는 사회복지사가 시작하는 것보다 체계적인 기능으로서 기관이 해야 한다.

#### 2) 재활상담 프로그램 홍보

재활상담에 대한 프로그램을 적극적으로 홍보하여 서비스이용자가 자신의 문제를 갖고 서비스 의뢰를 할 수 있도록 할 필요가 있다.

### 3) 서비스이용자 예측과 예약

신규 서비스이용자를 위해 조사연구는 소요시간이 짧아야 효과적이고, 예약은 하루 안에서 이루어져야 하며, 재활상담을 수행하는 사회복지사는 서비스이용자와 직접 바로 접촉해야 한다. 또한 재활상담을 수행하는 사회복지사는 서비스이용자의 유입을 위해 초기접촉을 위한 시간약속과 방문계획을 수립하는 것이 필요하다.

## 2. 접수면접, 사정, 목적설정

'접수면접 ➡ 사정 ➡ 상담의 목적설정'이라는 분리된 세 가지 기능은 각기 개별적으로도 실천개입이 가능하지만, 실제로는 중복되고 서로 영향을 미친다. 즉, 이 세 가지 기능은 같은 시간에 이루어지기도 하지만 독립적으로도 존재한다.

### 1) 접수면접

접수면접은 서비스이용자의 문제와 상황을 밝혀내는 것으로 재활상담을 수행하는 사회복지사는 적합한 기관과 서비스이용자의 배치가 이루어졌는지를 결정하고, 서비스가 필요한 집단이나 개인을 설정해서 대상화하는 것을 말한다. 서비스이용자의 자격조건을 검토하고, 경제적 상황을 평가한다. 서비스이용자에게는 기관 서비스, 요구사항, 제한점 등에 관한 정보를 제공한다. 때때로 이것은 오리엔테이션의 형태로 제공되고 집단을 기초로 수행되기도 한다. 최초의 개입계획이 시작되는 단계로 접수면접 과정은 개인의 일반적인 심리사회적 정보를 수집하고, 공식 신청서를 작성하며, 일상적인 지시나 교육을 하는 공식적인 과정이다. 이 과정을 치료과정의 시작, 즉 계약이라고 한다.

접수면접 단계에서의 재활상담 사회복지사의 활동은 ① 제시된 문제의 확인, ② 서비스에 대한 욕구를 결정하고, ③ 필요한 서비스의 소재를 파악하며, ④ 서비스이용자의 도움 요청에 대한 결정을 강화하고, ⑤ 이용 가능한 서비스의 성질을 묘사하며, ⑥ 원조과정에서의 장애인의 역할을 결정하고, ⑦ 필요한 경우 위기개입 서비스를 제공한다는 것으로 정리할 수 있다.

서비스이용자의 입장은 ① "나는 나의 문제가 무엇인지 알고 싶다.", ② 자기 반성과 변화에 대한 두려움이 있으며, ③ 원조 신청에 대한 불안과 양가감정을 가진다는 것으로 설명할 수 있다.

### 2) 사정(심리적 · 사회적 · 의료적)

사정에서는 보다 철저하게 문제 확인이 이루어질 수 있도록 서비스이용자의 사회적 · 심리적 · 신체적 기능수행 정도를 명확히 파악한다. 또한 가족이나 서비스이용자가 전에 이용하던 기관과 같은 외부 정보제공자도 활용한다. 서비스이용자의 능력부여가 중요한 목적이기 때문에 서비스이용자는 사정과 그 이전 과정에서의 모든 단계에서 그들 자신의 최대한의 잠재력을 끌어내도록 고무된다. 사정에서는 서비스이용자의 강점과 제한점을 함께 인식해야 하며, 서비스이용자와 함께 욕구사정을 수행한다.

또한 서비스이용자의 잠재적인 이익과 장기간 서비스이용자와 관계하기 위해 신중하게 사정을 수행해야 한다. 자료조사와 수집을 통하여 서비스이용자에게 제공할 수 있는 가능한 혜택과 서비스에 대한 사정뿐만 아니라 장애인과 그 가족의 대처능력, 협조, 노력 상황 등에 관한 면밀한 사정을 요구하며, 기관 내 다양한 분야의 전문가의 도움을 필요로 한다. 가족과 다른 역동성을 다루기 위해서는 충분한 시간이 주어져야 하고, 적절한 사정도구를 사용하거나 개발할 필요가 있다.

현재 우리나라에서는 사정 단계에서 '사회진단'지를 사정도구로 널리 활용하고 있다. 사회진단지는 재활상담 사회복지사가 서비스이용자에게 미치는 신체적 · 심리사회적 충격 조건을 탐구 측정하여 나타난 발견을 서비스이용자가 경험하는 사회문제와 연결시켜 봄으로써 행동계획 및 변화 목표를 산출하려는 통합적인 사정과정지이다. 사회진단지를 활용하는 재활상담 사회복지사는 ① 적절한 정보의 수집과 측정(정보수집의 내용은 신체적 기능, 심리적 기능, 사회적 기능, 환경적인 내용을 수집 측정한다.) ② 진단적 진술의 준비(제시된 문제, 생리 · 심리 · 사회 · 문화적 정보의 요약, 진단적 요약 등을 준비한다.) ③ 케이스 컨퍼런스와 직원회의를 수행한다. 사회진단지 작성 시에 서비스이용자로부터 나타나는 태도는 다음과 같다. ① "나는 도움이 필요하다는 것을 알고 있지만 누군가가 그것을 알게 될 것과 변화를 위해 노력해야 한다는 사실이 겁이 난다." ② 전문적인 도움의 필요성에 대한 의심이 되풀이 된다. ③ 미리 만들어진 해결방안에 대해 희망을 갖는다.

그리고 사정할 때, 정보획득을 위한 구조로 ① 직접적 면접, ② 가정방문, ③ 진단적 집단, 정신적, 심리적, 신체적 검사 ④ 중요한 타인과의 부차적인 접촉, ⑤ 직접적 관찰 등을 사용한다.

### 3) 목적설정

서비스 목표는 사정을 토대로 수립되며, 종합적인 서비스 계획을 전개하는 것을 말한다. 대부분의 재활상담 사회복지사는 서비스이용자가 개선이 필요하다고 인식하는 영역이 무엇인가를 알아보고, 전문적인 목표에 서비스이용자가 변화하기 원하는 개인 목표를 포함시킨다. 일반적으로 장 · 단기의 목적이 설정되는데 예를 들어 단기목표가 급성 스트레스와 같은 위기상황이나 즉각적인 수용의 요구라면, 장기목표는 자아존중감 향상, 직업적 목적, 주택마련 욕구 등을 들 수 있다. 실천계획이나 목적설정 시에는 서비스이용자의 한계와 현실적인 측면을 고려해야 한다. 서비스이용자의 변화를 위한 특정 목표의 파악을 위해서는 다음과 같은 사항들을 고려하여야 한다. ① 제시된 문제와 직접적인 관련을 갖도록 한다. ② 서비스이용자의 긴장을 해소하도록 한다. ③ 원조관계 외부에서의 개선 상태를 언급한다. ④ 구체적인 행동을 설정한다. ⑤ 평가가 가능한 것으로 한다.

성공적인 목적설정을 위한 재활상담 사회복지사의 활동은 다음과 같다. ① 제시된 문제를 반복한다. ② 전체 문제군(群)에서 문제를 결정한다. ③ 문제의 우선순위를 결정한다. ④ 바람직한 목표의 상태를 구체화 한다. 목적 설정 단계에서 흔히 겪게 되는 서비스이용자의 심리적 상태는 다음과 같다. ① "나는 시작도 끝도 없는 문제 속에 빠진 것 같다." ② 문제의 순서를 구체화시키는 데 어려움이 있다. ③ '내 스스로 처리하고 싶은' 욕구와 재활상담 사회복지사로부터 바로 해결방안을 얻고 싶은 욕구 사이의 갈등이 있다.

## 3. 개입계획과 자원 확인

특정 목적을 이루기 위한 개입서비스를 계획한 후에는 계획을 실행하기 위해 필요한 자원을 찾는 과정이 필요하다. 이 단계의 문제는 서비스 자원이 부족하고, 서비스 체계가 급속하게 변화한다는 것이다. 재활상담을 수행하는 사회복지사는 먼저 자원 가용범위(resource pool)에서 이용할 수 있는 것을 결정하고, 현실에 기초하여 서비스 계획을 수립한다.

### 1) 개입계획

개입계획의 개념은 상담과 치료를 포함하는 직접적인 치료계획과 더 나은 실천 원조를 위한 개입서비스 계획과 비공식적인 외적인 지지를 위해 서비스이용자의 연계를 포함한 서비스 계획 등을 포함한다. 개입계획의 수립에는 장·단기 목표를 성취하기 위한 방법이 포함되며, 서비스이용자와 다른 차원의 체계와 이를 가로막는 장애물을 고려하고, 이에 대응하는 부수 단계를 수립한다. 개입계획 수립과정에 서비스이용자의 직접적인 참여로 자신의 욕구를 정확하게 밝혀 효율적인 개입계획을 수립해야 한다. 이를 통해 다음과 같은 몇 가지 사항들이 수행된다. ① 사용하게 될 치료방법을 결정한다. ② 간접적 원조절차를 이용한다. ③ 보조 서비스를 활용한다. 계획 단계에서 재활상담 사회복지사는 다음과 같은 사항들을 결정하게 된다. ① 누가 서비스이용자인가를 결정한다. ② 문제의 특징과 변화목표를 결정한다. ③ 서비스이용자의 학습 형식과 방법을 결정한다. 그리고 서비스이용자는 다음과 같은 생각을 하게 된다. ① 나는 내 문제를 처리하기 위한 방향을 알고 싶다. ② 원조과정의 참여 약속에 대해 망설임이 있다. ③ 다시 정상으로 되돌아간 것 같은 인상을 갖는다. 여기에서 재활상담 사회복지사에게 부가적으로 요구되는 사항은 다음의 두 가지이다. ① 원조서비스의 대안에 대한 지식이 필요하다. ② 최근에 발달된 원조방법에 대한 지식이 필요하다.

또한 서비스이용자의 지원망을 발전시키기 위해 필요한 구성요소는 첫째, 계획안에서 실행해야 할 관련된 욕구영역에 대한 특정화, 둘째, 주요 목표의 명확화, 셋째, 서비스와 지지적 목표에 대한 분류화와 항목화, 넷째, 계획된 목표달성을 위해 고안된 특정 활동을 수행할 담당자의 선정, 다섯째, 각각의 목표달성을 위한 시간 안배, 여섯째, 각각의 목표가 성취되었을 때, 기대되는 변화에 대한 진술이 포함되어야 한다.

### 2) 자원 확인

이 기능은 접근을 용이하게 하기 위해 적절한 서비스 자원과 조직 정보에 대한 자료를 얻기 위해 필요한 것이다. 기관과 전화 접촉하기, 기관 대표자가 참석하고 있는 모임에 참석하기, 비공식적인 관계망, 개인적인 자원 자료를 확인하기, 사무실 보관문서를 확인하기, 주소록이나 인명부 확인을 통해 자원을 확인하며, 때로는 서비스이용자로부터 정보를 얻을 수 있다. 서비스이용자를 위한 특정 자원의 제공 기회가 결여되었거나 공급이 부족할 때는 새로운 자원을 개발할 필요가 있으며, 서비스이용자에 대한 서비스와 지원계획은 서비스이용자, 서비스이용자의 사회적 관계망, 여러 영역의 다양한 전문가가 함께 하는 팀워크를 통한 상호협력적인 과정을 거친다.

## 4. 실행 : 실제적인 상담과 치료과정

재활상담의 실행 단계는 실제적인 상담과 치료 개입실천을 통해 이루어지는 과정이다. 사회에 적응하는 장애인의 심리적인 능력을 향상시키는 과정이라고 할 수 있다.

### 1) 상담

재활상담 실천 개입에서 상담의 과정은 서비스이용자의 심리사회적인 기능을 향상시키는 활동과 장애인에 대한 정보와 조언을 제공하는 것으로 주거, 재정, 양육, 고용과 같은 영역에서 '지금-여기'의 문제해결, 현실검증, 사회화 기술, 지역사회에서 개별적 도움주기 등을 포함한다. 또한 상담에는 가족원, 기관 대표자 등에게 제공되는 자문이 포함된다. 효과적인 상담접근으로는 기본적인 생활 다루기, 역할 연습하기, 행동 모델링하기 등을 포함하여 자기 관리 기술을 촉진하고, 긍정적인 심리사회적 기능을 향상시키는 것이다. 상담의 과정은 대개 단기간에 이루어지므로 서비스이용자에 대한 병리적인 시각보다는 강점 시각에 토대를 두게 된다.

### 2) 치료

치료 단계에서 수행되어야 할 활동목표와 기본적인 방법은 다음과 같다. ① 사례계획을 수행한다. ② 변화목표를 달성한다. ③ 치료의 수행은 개별면접, 집단모임, 가족면접 등이 있다. 특히 서비스이용자의 긍정적인 행동변화를 강화 유지하기 위해 필요에 따라 가족원을 포함시키는 것이 중요하다. 또한 치료는 서비스이용자가 일상생활 상황을 다루도록 돕는 '지금-여기'를 강조한다. 사회적 지원은 개입의 가장 유용한 형태로 서비스이용자와의 관계, 사회적 저항, 즉각적인 실제 관리에 관심을 가지는 것이다. 서비스이용자가 상담과 치료를 기능적으로 중복해서 받고 있기 때문에 상담과 치료를 따로 떼어서 구분하기 어려울 뿐만 아니라 '치료'는 실제 개입과정에서 일반적으로 '상담'을 포함하기도 한다. 용어의 선택은 기본적으로 치료가 행해지는 것과 높은 관련성을 갖는다. 어떤 실천현장에서는 아동복지와 노인복지를 동시에 장애인에게 적용할 때, 확대된 치료를 위해 외부 자원과 연결될 수 있다. 따라서 치료기능은 직접적인 방법뿐만 아니라 의뢰를 통한 간접적으로도 나타날 수 있다.

치료 단계에서의 재활상담 사회복지사의 활동은 다음과 같이 말할 수 있다. ① 직접적인 원조절차는 집단을 이끌고, 가족치료 모임을 주관하며, 개별상담을 하는 것이다. ② 서비스이용자를 위해 부차적인 계약을 수행한다. ③ 서비스이용자의 진전사항을 모니터링 한다. ④ 새로운 정보를 재측정하고, 서비스이용자가 생의 위기를 처리하도록 도와준다. 치료 단계에서 서비스이용자는 다음과 같은 관점을 가지게 된다. ① "나는 어디서 왔고, 어디로 가고 있는 것일까?" ② "나는 변하였다."와 "나는 여전히 그대로이다."와 같은 갈등적 감정이 존재한다. ③ 재활상담을 수행하는 사회복지사가 좀 더 많이 도와주었으면 하는 생각을 갖는다. ④ 서비스이용자는 자신이 치료과정을 잘 이용하고 있다고 느낀다.

## 5. 지역사회 지지를 통한 서비스이용자 연계

연계는 모든 재활상담을 수행하는 사회복지사나 사례관리자가 일상적으로 반복하는 업무이다. 공식적 지지(support)와 비공식적 지지는 협력체계로서 고려되어야만 한다. 공식적 지지가 활동 단계에서 비공식적 지지보다 선행될 수 있을 뿐만 아니라 이 둘은 동시에 실행되기도 한다.

### 1) 공식적 연계 : 기관과 프로그램

공식적 연계는 다음과 같은 활동을 포함한다. 즉, 서비스 욕구를 명확히 하기, 기관에 장애인의 욕구를 세심하게 맞추기, 초기 전화접촉, 서비스이용자의 오리엔테이션, 문서 준비, 기관방문 등이다. 보다 효과적인 연계는 활동적이고 촉진적인 것이다. 재활상담을 수행하는 사회복지사는 생산적인 관계를 촉진하기 위해 구체적이고 정서적인 지지자를 제공하기를 원한다. 연계는 서비스 관계를 효과적으로 활용하기 위해 조직적 기술(누구와 연결시키고, 어떤 수준인지)의 사용과 지역사회 중심 기술(새로운 서비스가 개발되는 것에 대한 지식, 입법기관의 정책이 적용되는 것에 대한 지식, 이용 가능한 기금에 대한 지식)을 필요로 한다.

### 2) 비공식적 연계 : 사회적 관계망

비공식적 연계는 자연적인 원조관계망 범위를 정하는 것이다. 가족원은 중요하지만 가족이 부담을 견딜 수 있는지, 그들이 돕고자 하는 마음이 있는지를 먼저 사정해 보아야 한다. 재활상담을 수행하는 사회복지사는 필요한 지도훈련을 제공하고, 비공식적인지지 역할을 이행시키고, 자연적인 원조를 위해 필요한 상담을 제공하는 시간을 구조화해야 한다. 이러한 연계는 친구, 이웃, 지역사회로 확대된다.

## 6. 모니터링과 재사정

모니터링과 재사정의 기능은 큰 맥락 안에서 서로 중복된다. 모니터링과 재사정의 목적은 현재의 서비스 제공과 조정이 서비스이용자에게 어느 정도 만족스러운 상태인지 아닌지 혹은 새로운 변화의 필요성을 평가하기 위해 실시한다. 모니터링은 변화가 필요할지 어떨지를 결정하는 것으로 재사정 부분에 포함된다.

### 1) 모니터링

기관서비스 제공자와 비공식적 지지자와의 체계적 접촉은 모니터링의 핵심이다. 모니터링은 서비스이용자의 수립된 실행계획에서 정해진 서비스의 전달과정을 추적하는 방법으로서 재활상담을 수행하는 사회복지사에 의해 행해지는 활동적이고 유동적인 과정이라는 의미를 갖는다. 모니터링에는 전화접촉하기, 방문하기, 서비스이용자에게 전화하기, 개별적 지지자 확보하기, 서비스이용자가 재활상담을 수행하는 사회복지사에게 전화걸기 등이 있다. 그러므로 모니터링 활동은 업무시간의 유연성이 어느 정도 필요하다.

재활상담을 수행하는 사회복지사는 모니터링을 위해 다음과 같은 일을 검토한다. 첫째, 서비스이용자 지원망의 구성원이 목표를 달성했고, 특정 활동을 수행하며, 그들의 책임을 수행하고, 적절한 시간 안배가 이뤄지고 있는지, 둘째, 서비스이용자에 대한 계획이 수립된 시점에서 욕구를 충족시킬 수 있는 필요한 서비스와 자원을 갖고 있는지, 셋째, 서비스이용자에 대한 서비스와 지원계획이 어느 정도 잘 이해되고 있는지, 넷째, 그 계획이 성공적인지 혹은 역행적인 결과를 가져오고 있는지 등이다.

### 2) 재사정

서비스이용자에 대한 장기간 보호를 전제로 할 때, 상황에 대한 반복적인 평가가 필수적이며, 시간적인 간격을 두고 설정된 시점에 따라 공식적으로 평가가 요구되기도 한다. 각 초기의 서비스이용자 사정은 적절한 시간에 재사정을 요구한다. 재사정은 공식적이거나 비공식적일 수 있고, 간헐적으로 진행될 수도 있고 불규칙적이거나 반복적일 수도 있다. 재사정에는 여러 가지 장애요소가 있다. 분명치 않거나 잘못 설정된 목표는 사정을 어렵게 만들며, 서비스이용자가 정보를 제공치 않을 경우에 재사정을 하는 데 어려움을 준다. 또한 재사정은 업무과중이나 시간제한으로 방해받기도 한다.

## 7. 종결을 위한 장애인 평가

평가는 종결단계에서 이루어지는 재사정과는 다르다. 종결을 위한 성과평가는 서비스이용자가 보통 재활상담을 수행하는 사회복지사의 전문적 판단을 기초로 더 이상 서비스가 없어도 완전히 독립적인 방법을 수행할 수 있도록 준비되었을 때 시행한다. 대부분의 취약한 서비스이용자는 이러한 성과평가에 도달하기 어렵기 때문에 점선으로 처리하여 좀처럼 도달하기 어렵다는 것을 나타내고 있다. 그러나 이 성과평가는 때때로 적용된다.

성과평가의 종류는 첫째, 투입평가는 개입 계획 시에 구성된 전문 인력, 서비스, 자원이 목표로 한 서비스 목적을 달성하기에 적정한 것인가의 여부를 평가한다. 둘째, 과정평가는 서비스이용자에 대한 서비스와 지원계획에서 정해진 활동과 과업이 적절한 방법으로 수행되고 있는가의 여부를 평가한다. 셋째, 연관성 평가는 서비스이용자에 대한 서비스와 지원계획은 서비스이용자의 욕구에 부합하는 것인지를 평가하는 것이다. 재활상담 실천과정에서 평가는 '재활상담을 수행하는 사회복지사에 의해 형성되고 조정되는 서비스 계획, 구성요소, 활동이 과연 시간을 투자할 만한 가치가 있느냐 없느냐를 측정하기 위해 이용되는 과정'이라고 할 수 있다.

이와 같은 평가 단계를 통해서 서비스이용자의 변화목표 달성 정도를 측정하게 된다. 평가단계를 통해서 재활상담 사회복지사는 다음과 같은 구체적인 활동을 한다. ① 행동변화의 도표를 작성하고 측정한다. ② 행동변화에 대한 서비스이용자의 느낌을 파악한다. ③ 전체 원조과정을 측정한다. 평가 단계를 갖게 되는 서비스이용자의 관점은 대략 두 가지로 설명할 수 있다. ① "내가 여기까지 왔다는 것을 믿을 수 없다." ② 진전사항에 대한 의기양양함과 상관없이 하나의 인간으로 계속 인정받고 싶은 욕구가 있다.

## 8. 종결과 사후관리 단계

종결과 사후관리 단계의 목표는 서비스이용자가 재활상담 사회복지사의 원조관계로부터 지역사회의 다른 자원으로 원만하게 이양하도록 돕는 데에 있다. 종결과 사후관리 단계에서의 재활상담 사회복지사의 활동은 다음과 같다. ① 지역사회 내에서 가능한 지원서비스를 파악한다. ② 사후관리계획을 작성한다. ③ 원조관계를 초기, 중기, 종결 단계로 재구성한다. ④ 재활상담을 수행하는 사회복지사의 직접적인 도움 없이도 '처리해 나가는' 서비스이용자의 능력을 지지한다. 종결과 사후관리 단계에서 겪게 되는 서비스이용자의 관점은 다음과 같다. ① "내가 얼마나 많이 진전되었는지 알아요. 하지만 아직도 관계를 종결한다는 생각에 겁이 납니다." ② 미래에 대해 공포를 갖는다. ③ 재활상담을 수행하는 사회복지사를 향한 분노와 친근감의 양가감정이 생긴다. ④ 버림받는다는 느낌을 갖는다. ⑤ 원조 경험을 다른 측면으로 대치하고 싶은 욕구가 생긴다.

## 9. 간헐적 기능

간헐적 기능은 재활상담 실천을 수행하는 데 있어서 특정화하거나 규칙적으로 적용되는 것은 아니지만, 이 기능은 되풀이되는 구조로 상호교류하며, 실천과정의 모든 단계에서 사용될 수 있다.

### 1) 기관 상호 간 조정

기관 상호 간 조정(interagency coordination) 기능은 공식적 정책을 통하거나 조직 상호 간의 비공식적 동의에 의해 연계기능을 촉진하기 위해 기관 상호 간의 관계를 수립하는 것이다. 기관 상호 간의 조정은 서비스이용자와 서비스 체계 간의 성공적인 연계를 조장하는 수단으로 기관 상호 간에 상호의존적이고, 의미 있는 교환을 요구하고 있다. 기관 상호 간의 조정 이해는 서비스 프로그램의 시작 전이나 프로그램을 운영하는 과정에 언제라도 만들어질 수 있다는 것을 보여주고 있다. 최적의 초기 서비스를 제공하는 조직은 행정적 · 정치적 수준에서 초기의 방법을 분명히 해야 한다고 제시하고 있다. 그리고 기관 상호 간의 조정활동은 서비스이용자에 대한 정보의 공유, 상호의뢰, 시설 공유, 직원의 교류 등과 같은 성공적인 연계를 조성하는 방법으로 기관 상호 간에 의미 있는 변화를 가져온다는 자료를 제시한다.

### 2) 옹호

옹호는 재활상담의 전 과정에서 초기에 필요할 수도 있고, 후에 배치되거나 연계될 때 제공될 수도 있다. 특히 장애인재활, 복지 향상, 권익보호를 위해 필수적인 실천기법이다. 옹호는 적절한 서비스를 제공받지 못하거나 부당한 처우를 받을 때, 서비스이용자를 돕는 확실하고 단정적인 접근이다. 또한 옹호는 이익을 획득하기 위하여 관료적인 장벽에 부딪히는 서비스이용자를 원조한다. 옹호는 조직적인 정치성의 인식을 포함하여 조직이 구조화되고, 활동하는지에 대한 정교한 이해를 요구한다.

이상으로 재활상담의 실천과정을 서술하였다. [그림 12-1]의 도식은 재활상담 서비스를 제공하는 일련의 과정을 보여주는 지도와 같이 사용될 수 있다. [그림 12-1]의 도식은 재활상담을 위한 방침을 제공해 줄 뿐만 아니라 매우 취약한 서비스이용자인 장애인에게 서비스를 제공하는 데 있어서 복잡한 것을 어느 정도 질서 있게 해주는 작업도구이다.

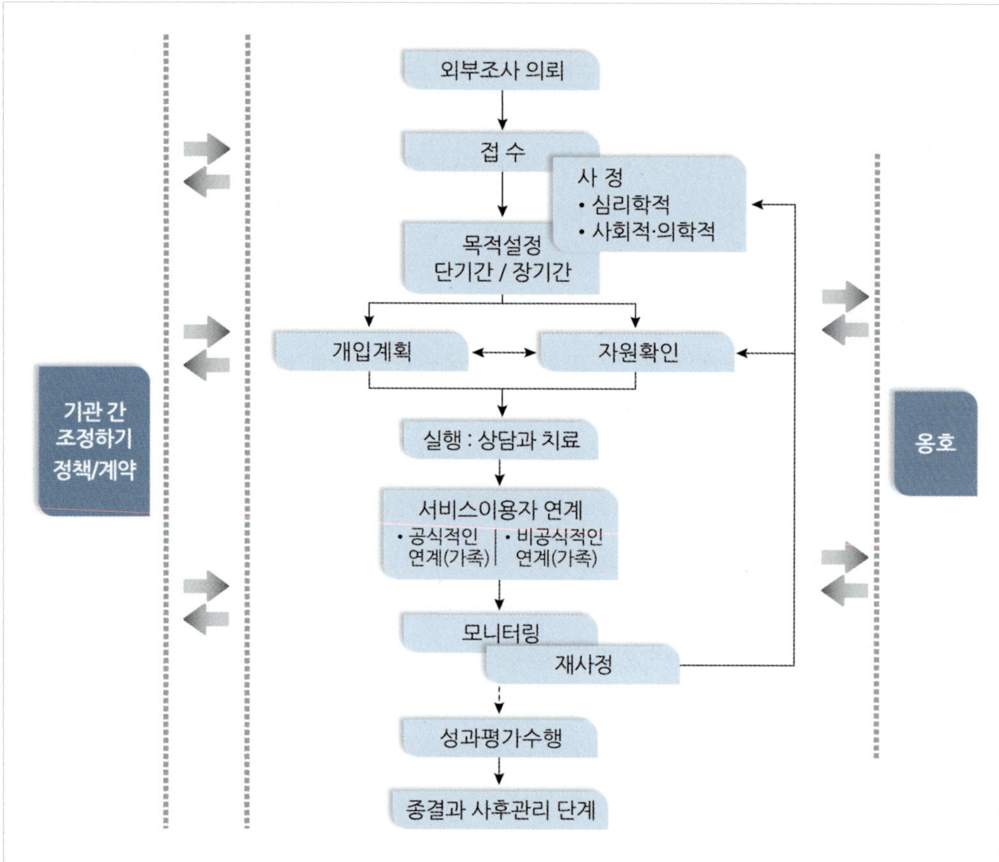


그림 12-1 재활상담 실천과정

## 제3절 재활상담 사회복지사의 역할과 기능, 기술

### 1. 재활상담 사회복지사의 역할과 기능

재활상담 사회복지사의 역할모델은 직접서비스를 대변하는 상담자 모델(counselor model) 역할과 간접서비스를 제공하는 조정자 모델(coordinator model) 역할을 동시에 수행할 수 있어야 한다. 이 두 역할은 재활의 전 과정 동안에 장애인에게 서비스를 제공하는 데 필수적인 것이다. 예를 들면, 일반 상담자는 단지 개인적인 심리적응 문제만을 다루는 데 반하여 재활상담 사회복지사는 일반 상담자 역할뿐만 아니라 조정자 역할인 심리사회, 환경, 문화, 정신적 문제를 가진 서비스이용자까지 다루게 된다.

에메너와 루빈(Emermer & Rubin, 1980)은 재활상담을 수행하는 사회복지사의 상담과 지도의 중요성을 강조하였는데 특히 재활상담을 수행하는 사회복지사의 실질적인 업무 역할은 정서적인 상담업무, 직업상담 업무, 서비스 조정업무라고 하였다. 라이트 등(Wright et al., 1987)은 미국 재활기관 내에 상담자의 활동을 나타내는 294개의 업무목록을 개발하였다. 이상의 연구에서 재활상담을 수행하는 사회복지사의 직업기능 역할은 진단기능, 상담기능, 지역사회 자원이용, 기록과 보고서 작성 및 서무 등인 것을 알 수 있다.

### 1) 재활상담 사회복지사의 기능

#### (1) 진단기능

① 서비스이용자에 관한 정보유도 기능

- 1, 2차 장애
- 사전 작업 적응에 관한 내용
- 직업에 관련된 육체적 한계
- 직업적성과 관심
- 교육배경
- 작업기술
- 심리사회적 적응
- 재활 프로그램을 위한 정서적 준비
- 경제적 상태
- 서비스이용자의 잠재적 개입과 가족의 관심

② 결정을 위한 정보수집 기능

- 서비스이용자의 장애가 직업적으로 중요한가?
- 서비스이용자의 성격과 직업목표가 일치하는가?
- 직업에 장애를 감소시키기 위한 의료와 심리적 서비스가 필요한가?
- 서비스이용자가 요청한 서비스가 적절한가?

- 교육훈련이나 알맞은 프로그램이 있는가?
- 적당한 직업이 있는가?

③ 재활상담 사회복지사의 진단적 능력 : 지식적 측면

- 진단을 위해 장애인의 교육적 · 작업적 · 사회심리적 정보를 사정할 수 있는가?
- 서비스이용자를 위한 평가도구나 기술을 확인할 수 있는가?
- 일(work)에 대한 태도나 직업선택에 영향을 주는 사회 · 사회심리적 요소를 사정할 수 있는가?
- 주요한 장애 상태에 의해서 존재하는 기능적 제한을 서술할 수 있는가?
- 서비스이용자의 의료적 자료를 이해하기 위해 신체구조와 기능에 관한 손상과 질병의 결과에 대한 충분한 지식을 설명할 수 있는가?
- 장애의 결과를 감소시키기 위한 외과적 정형과 성형, 보철술, 작업치료, 물리치료와 같은 의료적 회복서비스를 설명할 수 있는가?
- 사회와 직업적 적응에 관한 정신 · 정서장애의 가능한 결과에 대한 지식을 설명할 수 있는가?
- 서비스이용자가 직면한 문제, 압력, 사회적 압박을 사정할 수 있는가?
- 특별한 일을 위해 요구되는 교육이나 훈련을 사정할 수 있는가?
- 심리검사에서 사용되는 측정 용어를 정의할 수 있는가?

④ 재활상담 사회복지사의 진단적 능력 : 기술적 측면

- 서비스이용자의 훈련이나 취업알선을 위해 직업적 정보자원을 이용할 수 있는가?
- 직업군(분야)과 특정직업 사이에서 서비스이용자 기술의 변화를 알 수 있는가?
- 자영업, 지원고용, 보호고용, 경쟁고용 등 취업알선을 위해 서비스이용자의 준비를 결정할 수 있는가?
- 취업알선과 직업훈련에 대해 현실적인 장점을 찾기 위해 직업적 · 교육적 · 심리적 · 의료적 평가결과를 이용할 수 있는가?
- 포괄적인 재활계획의 개발을 위해 직업전망편람과 직업사전과 같은 직업정보의 기본적인 공공자원을 이용할 수 있는가?

이상과 같이 재활상담 사회복지사의 진단적 책무는 관련된 정보의 진전과정과 유도를 추구하며, 올바른 진단적 결정은 서비스이용자에 대해 이해할 수 있는 정보를 수집하고, 재활계획의 최종 내용을 구체화하는 데 있다.

### (2) 상담기능

상담기능은 정서적 상담, 직업상담, 가족상담, 직업알선의 상담의 네 가지 범주가 있다.

#### ① 정서적 상담기능

- 중요한 타자와의 관계와 그들 자신에 관한 느낌에 대해 변화나 이해를 하며, 그들을 돕기 위해 상담한다.
- 장애로 인해 부과된 제한성에 대한 정서적 · 지적인 수용을 성취하고, 그러한 것을 돕기 위해 내담자와 상담한다.
- 심리치료를 위해 서비스이용자의 진찰을 용이하게 하는 상담을 한다.
- 약물사용, 보철, 회복서비스, 의료적 치료나 수술에 관한 결정을 위한 상담을 한다.
- 재활기관에서 직업알선에 대한 불안을 감소시키는 상담을 한다.

정서적 상담은 재활프로그램의 참여에 관한 서비스이용자의 관여와 장애에 대한 느낌을 다루고, 서비스이용자의 지지를 지향한다. 재활상담 사회복지사는 서비스이용자를 이해하며, 탐색하여 서비스이용자를 돕는다. 정서적 상담의 강조점은 서비스이용자에게서 변화되는 것과 변화될 수 없는 것에 대해 서비스이용자의 인식을 용이하게 하는 데 있다.

#### ② 직업상담기능

- 고용능력 증가를 위해 서비스이용자와 함께 보다 나은 직업적응과 관련된 요인을 토론한다.
- 취업 인터뷰에 필요한 특수한 직업이나 일반 직업영역에 관한 정보를 소개한다.
- 서비스이용자의 직업목표와 관련된 자격, 의무, 직업 타이틀 등을 설명하기 위해 직업편감 등의 정보자료를 제작하거나 천거한다.
- 비현실적인 직업계획을 수정하고 인식하도록 상담한다.

- 서비스이용자에 대한 다양한 적성검사, 흥미검사, 지능검사의 결과를 해석한다.
- 서비스이용자에 대한 의료적, 심리적, 직업적 평가보고서를 해석, 통합하고 서비스이용자 자신의 직업적 강점과 약점에 대한 이해를 조장한다.

직업상담기능은 서비스이용자의 직업선택을 용이하게 하고, 직업 적응에 도움을 주며, 직업상담을 하는 동안 직업정보와 서비스이용자의 평가결과는 특별하거나 일반적인 직업에서 작업에 요구되는 제한성과 서비스이용자의 강점관계를 토론하고 소개한다.

③ 가족상담기능

- 재활서비스나 훈련 등으로부터 야기되는 관심문제와 관련하여 서비스이용자와 함께 상담한다.
- 부모나 보호자에게 현재의 정서적 상태, 훈련을 통해 얻는 것, 현재의 욕구, 서비스이용자의 장애결과를 설명해 준다.
- 서비스이용자에게 용이한 서비스 전달을 위해 서비스이용자와 가족관계에서 필요한 개선을 고무시킨다.

가족과 상담하는 과정에서 재활상담 사회복지사는 재활서비스의 욕구와 서비스이용자의 장애로 인한 문제의 본질을 설명해야만 한다. 재활상담 사회복지사는 재활프로그램에서의 서비스이용자의 진전도에 관한 정보나 재활과정 동안에 서비스이용자에 대한 가족의 지지를 고무하고, 서비스이용자의 재활 진척에 대해 가족으로부터 근거를 둔 장벽을 해결하기 위해 가족원과 상담을 수행해야 한다.

④ 직업알선 상담기능

- 직업알선과 관계되는 정보(정부의 기능, 사적 고용기관, 고용주 보수에 관한 법 등)를 서비스이용자에게 제공한다.
- 직장연수프로그램(on-the job training)과 적절한 취직자리(job opening)에 관해 서비스이용자에게 정보를 준비해 준다.
- 직업의 단서(cue)를 찾기 위한 방법(긍정적 태도, 어울리는 복장, 좋은 옷차림 등)에 대해 서비스이용자를 지도한다.
- 실질적인 취업인터뷰를 위해 사전에 서비스이용자와 함께 취업인터뷰에 대한 역할

극(role play)을 수행한다.

- 직업수행 스트레스 감소와 서비스이용자의 정서안정을 위해 지지적 상담기법을 사용한다.
- 직업 적응 문제를 측정하기 위해 서비스이용자와 사후지도를 한다.

직업알선 상담기능은 직업 찾기와 고용기간 동안에 적응상담을 수행하는 것을 말한다. 직업알선 상담에서 초점을 두는 사항은 첫째, 훈련기술에 의해 찾아진 직업, 둘째, 직업을 찾는 동안에 지지적 상담, 셋째, 적절한 취직자리에 대한 정보, 넷째, 지역사회 내에 있는 고용기관에 대한 지도, 다섯째, 고용 후 일어나는 직업 적응을 돕기 위한 사후지도 상담 등을 들 수 있다.

⑤ **재활상담 사회복지사의 상담능력 : 지식적 측면**

- 서비스이용자의 가치가 상담행동에 어떻게 영향을 미치는가를 설명할 수 있는가?
- 상담관계에 관한 서비스이용자와 재활상담을 수행하는 사회복지사의 기대결과를 설명할 수 있는가?

⑥ **재활상담 사회복지사의 상담능력 : 기술적 측면**

- 효율적으로 초기면접의 계획을 수립할 수 있는가?
- 다양한 서비스이용자와 효과적인 상담관계를 유지하고 수립할 수 있는가?
- 정확하게 상담에 참석한 행동을 설명할 수 있는가?
- 청각장애나 제한된 의사소통 기술을 가진 서비스이용자와 의사소통을 할 수 있는가?
- 재활목표와 관련되고, 이해되며, 유지되는 현재의 평가정보에 대해 서비스이용자로부터 환류를 얻을 수 있는가?
- 서비스이용자의 비언어적 단서를 판별할 수 있는가?
- 서비스이용자의 고정화된 사고, 존경, 성실성, 감정이입 등을 명시할 수 있는가?
- 서비스이용자와 건설적으로 개별상담 및 집단상담을 운영하고 계획할 수 있는가?
- 제시된 재활목표 안에서 서비스이용자를 보조할 수 있는가?
- 서비스이용자와 상호 동의된 재활목표를 설정할 수 있는가?
- 사례연구 동안에 자료를 확보하는 데 기초가 되는 흥미, 적성, 능력에 대해 서비스

이용자의 이해를 발달시킬 수 있도록 서비스이용자를 도울 수 있는가?
- 서비스이용자의 독립적인 능력을 증가시키는 태도에 관한 종결상담에서 서비스이용자를 도울 수 있는가?
- 서비스이용자와 미래 계획에 사용할 수 있는 참고정보를 이해하고 돕기 위해 서비스이용자와 상담할 수 있는가?
- 적절하게 대체된 상담전략을 이용하고 선택할 수 있는가?
- 서비스이용자가 갖는 성욕에 대해 사회심리적 · 육체적 측면을 논의할 수 있는가?
- 경험적인 직업탐구 방법을 사용할 수 있는가?
- 고용에 목표가 있는 서비스이용자를 돕기 위한 노동시장 과정의 지식을 이용할 수 있는가?
- 서비스이용자에 대해 직업적응 서비스와 개인의 목표를 설명할 수 있는가?

### (3) 지역사회 자원을 이용할 수 있는 기능

지역사회 자원의 이용은 재활과정 내내 일어난다. 재활상담 사회복지사는 확고한 의뢰조직과 지역사회 지도자와 접촉을 해야만 하며, 평가과정 내내 재활상담 사회복지사는 의사, 심리학자, 지능평가사 등과 함께 서비스이용자의 평가를 위해 준비하고 조정해야만 한다. 또한 재활상담 사회복지사는 각 영역의 유능한 전문가를 확인해야만 하고, 지역사회 고용주와 함께 직업개발 활동을 수행해야만 한다.

#### ① 지역사회 자원을 이용할 수 있는 기능

- 확실한 의뢰처의 지도자나 조직과의 협조관계를 설정해야만 한다.
- 필요한 의료적, 심리적 평가를 위해 서비스이용자를 의뢰할 수 있어야 한다.
- 케이스에 관한 지식, 수용, 준비를 위해 서비스이용자의 재활프로그램을 포함한 다른 전문가와 정보를 교환해야 한다.
- 재활계획의 목표를 달성하기 위해 서비스이용자에 관한 유용한 의료적 정보를 평가하고, 의료적 자문을 이용해야 한다.
- 정신과 치료를 위해 서비스이용자를 의뢰할 수 있어야 한다.
- 서비스이용자에게 가능한 직업을 찾을 수 있도록 지역사회의 고용자원과 접촉해야

한다.

- 직업 수정이 서비스이용자에게 개방적으로 결정되기 위해 직업분석을 수행한다.
- 고용주와 서비스이용자 간에 기술능력을 논의토록 하고 서비스이용자가 할 수 있는 직업을 열거한다.
- 서비스이용자의 작업수행 정도에 대한 정보를 고용주로부터 획득한다.

**② 지역사회 자원을 이용할 수 있는 기능 : 지식적 측면**

- 현재나 미래의 서비스이용자들이 이용할 수 있는 직업교육프로그램과 지역사회 특수교육을 알고, 사정할 수 있는가?
- 장애에 특별한 사항이나 꼭 필요하다고 간주되는 물질적 자원과 정보를 얻는 것에 대해 구체적인 방법을 알고 있는가?
- 궁극적으로 활용할 수 있는 법을 알고 있는가?
- 서비스이용자의 고용이나 직업알선에 영향을 주는 사회적 장벽을 알고 있는가?
- 직업의 수정과 재조직의 절차를 알고 있는가?

**③ 지역사회 자원을 이용할 수 있는 기능 : 기술적 측면**

- 의뢰자원에서 서비스이용자에 관한 환류를 효과적으로 준비할 수 있는가?
- 장애에 직면하는 문제에서 지역사회의 서비스와 자원을 사용할 수 있고, 각각의 관계를 효과적으로 유지할 수 있는가?
- 재활시설을 효과적으로 이용할 수 있는가?
- 직업재활기관의 자원을 사용하고, 사정할 수 있는가?
- 작업 수정과 재조직을 결정하기 위해 작업분석을 할 수 있는가?
- 직업개발 활동을 효과적으로 수행할 수 있는가?
- 서비스이용자와 전문가가 사용하기 위한 직업 관련 자료를 유지하고 개발할 수 있는가?
- 자문 의뢰서를 작성하고 활용할 수 있는가?
- 재활기관의 내부 직원과 외부 직원에게 자문 서비스를 이용할 수 있는가?

### (4) 기록과 보고서의 기능

기록과 보고서의 기능은 첫째, 서비스이용자의 사례기록을 보존한다. 둘째, 재활기관 내외의 적절한 전문가에게 서비스이용자의 진전에 관해 보호한다. 셋째, 서비스이용자의 재활프로그램을 수행하고 있는 기관이나 개인에게 서비스이용자를 설명하기 위해 요약된 보고서를 준비한다. 또한 기록과 보고서의 중요한 기능은 재활상담 사회복지사의 효과성 평가의 수단이라는 점으로 사례의 개관에 관해 지속적으로 강조하고 있다.

① 기록과 보고서 기능

- 함께 협력하는 전문가나 기관에게 서비스이용자를 설명하기 위한 서류나 요약된 보고서를 준비한다.
- 다른 사람이 서비스이용자의 진전도를 이해할 수 있도록 요약이나 사례 메모(진전 노트)를 작성한다.
- 다른 협력자나 재활팀에게 서비스이용자의 진전도에 관해 구두로 보고한다.
- 결재를 얻기 위해 슈퍼바이저에게 상정하고, 평가계획을 완성하며, 서비스이용자가 발전하는 것으로서 재활계획의 단계를 기록한다.

② 기록과 보고서 기능 : 지식적 측면

- 재활상담을 수행하는 사회복지사 업무에 적용되는 것으로 기관의 규범, 실무, 정책을 이해해야만 한다.

③ 기록과 보고서 기능 : 기술적 측면

- 직업재활에 따른 지위체계를 정확히 이용할 수 있는가?
- 최종 목적을 위한 서비스 프로그램, 목적의 측정, 특정한 욕구, 강점을 강조하는 평가보고서를 작성할 수 있는가?
- 보고서 작성기술과 효과적인 사례기록을 효과적으로 이용할 수 있는가?

## 2) 재활상담 사회복지사의 역할

### (1) 재활서비스의 통합 조정자의 역할

담당자는 서비스 상담자 및 관련 전문인(의사, 치료사, 특수교사, 임상심리사, 사회복지사), 자원봉사, 부모, 행정가 등과 협력하여 서비스 목표 및 과정상의 문제 등을 파악하고, 평가회의를 통하여 종합재활계획을 수립하여 서비스 케이스와 직접 관련된 전문기능이 통합될 수 있도록 조정 · 지원한다.

### (2) 접수상담 및 심리사회적 진단평가자의 역할

재활과정에서 접수상담을 통하여 처음 서비스이용자와 그 가족을 만나게 되며, 주 문제와 욕구를 파악하여 재활방향을 제시하고, 심리사회적 문제를 파악한 후 전 재활과정에 참여하여 전인재활의 목표를 달성시킨다.

### (3) 심리사회 문제의 상담치료자의 역할

① 개별적 수준의 사회복지실천

서비스이용자 및 부모의 사회심리적인 문제를 파악하고, 개별 치료적 관계를 유지하여 재활의지와 자아개념을 강화시킬 뿐만 아니라 심리적 · 정서적으로 원만한 인간관계를 유지할 수 있도록 한다. 상담자는 치료, 교육, 직업훈련, 보호작업 등의 영역별로 분할 전담한다.

② 집단적 수준의 사회복지실천

서비스이용자 및 부모가 동질 또는 이질 집단을 형성하여 장애와 관련된 제반 문제에 공동으로 대처하며, 집단과정이나 집단 역동성을 통하여 자신의 문제를 인식하고 스스로 해결할 수 있는 능력을 함양시킴으로써 치료, 교육, 훈련과 연관된 재활효과를 증진시킨다.

③ 가족치료

장애가족이 내 · 외적으로 스트레스와 가족의 역기능 및 구조상의 병리적 문제를 인식하고 함께 해결하도록 지원한다.

④ 심리사회적 치료

정서적 · 정신적 문제를 가진 서비스이용자의 심리치료를 위한 방법으로 행동치료, 놀이치료, 미술치료, 심리극, 음악치료 등을 실시한다.

#### (4) 종합판정 평가과정의 주무자 역할

① 판정회의

재활전문가(재활의사, 임상심리사, 특수교사, 언어치료사, 재활상담 사회복지사)와 보호자 등이 참석하여 접수진단 및 전문영역별 내용을 바탕으로 서비스이용자의 잠재능력을 파악하고 서비스 우선순위를 결정하며, 관련 서비스 기관을 선정하고, 일차적인 전인재활의 방향을 설정한다.

② 평가회의

기관 내 서비스를 받고 있는 모든 케이스를 대상으로 정기적인 사례회의와 평가회의를 실시하여 서비스 목표를 재조정하고 서비스의 효율성 향상을 위한 제반 방법을 통합시켜 최선의 재활목표를 달성하도록 한다.

#### (5) 사회복귀 및 사회통합자의 역할

서비스가 종료될 서비스이용자의 퇴원계획을 마련하고, 아울러 가정이나 직장취업, 다른 교육기관이나 사회에 복귀하는 과정에서 발생할 수 있는 문제를 파악하여 사전 준비시키며, 원활한 대인관계 및 사회적응을 준비할 수 있도록 지도한다.

#### (6) 지역사회 조직 및 자원동원자의 역할

지역사회에 널려 있는 관내 · 외의 공적 · 사적 · 인적 · 물적 · 환경적인 제반 사회자원 및 기존 복지체계를 최대한 활용하여 서비스이용자의 욕구와 자원을 최상으로 재활업무에 연결한다.

#### (7) 영세 서비스이용자 가족복지 실행자의 역할

서비스이용자를 가질 영세가정의 복지 향상을 위하여 치료, 교육, 훈련비의 사전 감면 혹은 면제하거나 사회경제적 문제를 해결토록 지원하고, 보장구 사용비, 수술비, 자립비 등을 도와준다.

#### (8) 부모회 육성 지도자의 역할

서비스를 받고 있거나 받았던 부모를 대상별 · 문제별 등으로 조직하여 상호의 의견 경험을 교환할 수 있도록 하고, 문제의 공동해결을 위한 매체 역할을 하도록 지도하며, 육성한다. 또한 전국 서비스이용자 부모회와 유대를 강화시키고, 서비스이용자 복지운동의 사회행동 주체기능으로 공동 유대를 갖도록 한다.

#### (9) 사회행동, 장애계몽 및 권리옹호자의 역할

가정이나 직장이나 지역사회의 편견이나 몰이해, 부정적 태도는 장애인이 이차적 장애를 일으키는 원인 중 하나이다. 그러므로 가정과 그 지역이나 직장에서 장애를 수용하고 받아들일 수 있도록 계몽과 교육, 법률의 개정, 제도개선, 환경개선 등과 권리를 옹호하는 데 노력한다.

#### (10) 심리사회재활 연구 및 재활자료 통합 활용자의 역할

심리사회적 재활영역에 대한 직원의 전문능력을 함양하고, 각종 재활 관련 이론과 방법의 검증과 재활효과를 증대시키기 위한 연구 개발을 담당해야 한다. 또한 각종 재활자료를 케이스별로 정리 보관하여 가장 효과적으로 활용할 수 있도록 각종 전문서비스의 자료가 통합 전달될 수 있도록 그 임무를 완수해야 한다.

## 2. 재활상담의 기술

### 1) 수용(acceptance)

서비스이용자의 이야기에 주의를 집중하고 있고, 수용하고 있다는 것을 보여주는 기법이다. 서비스이용자가 자신의 문제를 진술할 때 주로 많이 나타난다. "음", "네" 등의 긍정적인 언어표현과 함께 표정, 몸짓 등의 비언어적 요소도 포함된다.

### 2) 명료화(clarification)

진술의 내용을 반영해 주는 특별한 방법으로서 서비스이용자가 이야기한 것의 실체를 요약해 주는 기법이다. 서비스이용자의 감정을 밀어붙이지 않고 그의 방황이나 흩어진 반응 등을 단순화시켜 줌으로써 통찰의 발달을 촉진시켜 주는 방법이다.

### 3) 경청(listening)

말을 하지 않으면서 상담에 적극적으로 참여하는 기법이다. 침묵의 효과적인 처리로서 서비스이용자로 하여금 적극적으로 상담과정에 참여하게 하고, 자신의 이야기에 대해 생각할 여유를 제공하며, 통찰의 기회를 제공한다.

### 4) 탐색(probing)

서비스이용자에게 필요한 정보를 얻거나, 서비스이용자의 사고를 미리 지시하거나 서비스이용자가 선택한 주제를 정교화(elaboration)하는 의미를 갖는다.

### 5) 안심(reassurance)

넓은 의미에서 지지를 보장해 주는 기법이다. 서비스이용자의 현재 신념체계에 상담을 맞추어 주고, 서비스이용자의 의견에 동조해 줌으로써 불안을 감소시키는 기법이다. 장애인의 언어화에 대하여 시인해 주고, 숙지해 주는 방법과 상담 장면 이외에서의 활동을 예견하거나 추후 기술하는 방법이 있다.

### 6) 공감적 반영(reflection)

서비스이용자에 의해서 표현된 요소를 서비스이용자의 말을 그대로 되풀이하거나 그 내용을 반영해 주는 것이 아니라 그 밑바탕에 흐르고 있는 감정을 파악하는 것이 중요한다.

### 7) 구성(structuring)

서비스이용자 편에서 상담 진행의 성질, 조건, 제한점, 목적 등을 제시하는 기법이다. 예를 들면, 시간, 행동, 역할 등의 제한 범위를 분명히 함으로써 효과적인 상담을 수행하는 방법이다.

### 8) 종결(termination)

한 주제를 끝내거나 상담을 끝낼 때 사용하는 기법이다. 이미 언급된 사항을 한데 묶어

요약해 주고, 다음에 만날 약속을 정하며, 그에 적절한 태도를 표명하는 것 등이 포함한다.

### 9) 기타 기법

시작기법(opening), 해석(interpretation), 저항(resistance), 지지(support), 인식(awareness) 등의 기법이 있다.

# 11 장애인과 스포츠

## 제1절 장애인 스포츠의 역사

장애인 스포츠[39]는 장애인의 신체적·심리적·사회적 기능을 향상시킬 수 있는 사회복지 실천의 주요 영역으로 급부상하고 있다. 장애인 스포츠는 그 용어부터가 재활 스포츠, 특수체육, 특수체육재활, 운동처방 등 다양하게 혼용되고 있으며 그 개념도 학자나 실무자에 따라서 제각각 차이가 나는 등 아직까지 분명한 영역 규정과 독자적 정체성을 확보하고 있지 못한 상황이다(김종인 외, 2003). 오히려 장애인 스포츠보다는 '스포츠 재활'이라는 개념이 더욱 보편화되어 있는데 '스포츠 재활'이란 운동경기 중 부상을 당한 선수들의 회복을 돕는 방법으로 발전되어 온 전문적인 재활기술이라 할 수 있다.

하지만 최근에 이르러 장애인 스포츠는 기존의 일반적인 스포츠 재활의 개념을 뛰어넘는 보다 폭넓은 의미를 갖고 널리 보급되고 있다. 한국에서 장애인 스포츠는 크게 세 가지 유형으로 구분할 수 있다. 첫째, 장애인을 위한 운동처방과 치료, 둘째, 장애인 운동경기, 셋째, 특수학교와 장애인복지 시설 등을 중심으로 수행되는 장애인 생활체육이다. 중요한 사실은 이 세 가지 유형 모두 궁극적으로는 장애인의 실질적인 재활과 치료를 통한 복지 구현을 목적으로 한다는 것이다.

이 세 가지 중에서 가장 역사가 오래 되었을 뿐만 아니라 널리 알려진 분야가 장애인 운동경기이다. 사실 장애인 운동경기는 고대 그리스의 히포크라테스 시대부터 의료적인 목적으로 실시되어 왔다. 이후 두 차례의 세계대전을 거치면서 장애인 운동경기는 '전쟁 상이용

39) 장애인 스포츠에 관한 국내 최초의 인식과 접근은 김종인(2003)에 의해 학술적으로 이루어졌다. 이번 장에서 다루는 스포츠에 관한 내용은 김종인(2003)의 통찰에 힘입은 바가 큼을 밝힌다.

사'의 재활수단으로 각광을 받아 유럽을 중심으로 성행하게 되었다. 이러한 움직임을 조직화하고 체계화한 사람이 영국 스토크맨드빌 병원의 구트만(Gutmann) 박사였다(김종인 외, 2003). 구트만 박사는 전쟁기간 중 척추를 다친 상이용사를 중심으로 1948년 제1회 영국 척수장애 상이용사 체육대회를 개최한 이래 매년 그 규모를 확대하여 국제장애인경기연맹(International Stoke Mandeville Games Federation: ISMGF)이라는 국제 장애인 운동경기 연합기구를 설립하게 된다. 그 후 연차적으로 대회 규모를 계속 확대해 나갔으며 국제올림픽위원회(IOC)와의 협력관계도 다져나간 끝에 마침내 1960년 이탈리아 로마올림픽과 함께 제1회 국제장애인올림픽이 개최되게끔 하였다(김종인 · 우주형 · 이준우, 2004).

한편 장애유형별로 운영되어 오던 장애인복지 단체들이 각 경기연맹을 조직하고 기존의 척수장애인 경기연맹 외에 절단 및 기타 장애인 경기연맹(International Sports Organization for `the Disabled: ISD), 뇌병변장애인 경기연맹(Cerebral Palsy International Sports and Recreation Association: CP-ISRA)이 각각 설립되었고, 1982년부터는 이러한 각 경기단체의 업무관계를 통합적으로 조정하기 위한 국제장애인 운동경기 조정위원회(International Coordinating Committee of the World Sports for the disabled: ICC)가 발족하여 오늘에 이르고 있다(김종인 외, 2003).

또한 1986년 8월에 열린 ICC 정기총회에서는 국제지적장애인 운동경기연맹(International association Sports for Persons with Mental Handicap: INASMH)과 국제청각장애인 운동경기연맹(Committee International des Sporas des Sourds: CISS)의 2개 단체가 ICC에 가입함으로써 ICC 산하 경기단체는 6개 기구로 늘어났다. 이 기구들을 연합하여 장애인 운동경기를 보급할 뿐만 아니라 각종 대회를 주관하게 되었다(김종인 · 우주형 · 이준우, 2004).

따라서 장애인 스포츠는 출발 배경에서부터 장애인의 치료적인 목적과 재활의 수단으로 활용되어 왔던 것으로 볼 수 있다. 장애영역별 치료와 재활의 극대화를 목표로 장애인 스포츠가 처음에는 운동경기라는 방식을 통해 개발되었다고 할 수 있다.

## 제2절 장애인 스포츠의 개념과 의의

보건 · 의료기술의 발달과 사회문화적 의식의 변화 등으로 인해 장애인들의 스포츠 활동이 과거 어느 때보다도 더욱 두드러지고 있다. 하지만 과거에도 장애인은 일상생활 속에서 운동을 해왔다. 다만 운동경기의 방식으로 장애인들이 함께 모여 활동하기 시작한 것은 대략 100여 년 전부터라고 예측된다(김청훈 외, 2003). 물론 그 이전에도 운동경기를 통한 장애인의 재활과 치료가 이루어져 왔을지 모르지만 관련 문헌이 남아 있지 않아 분명하게 말하기는 어려울 것으로 판단된다. 아마도 20세기 이전까지는 장애인들이 스포츠 활동에 참여하는 일이 있었다 한들 아무도 관심을 갖지 않았기 때문에 장애인 스포츠 자체가 성립될 수 없었던 것으로 보인다. 장애인 스포츠는 최근에야 뚜렷한 관심을 받기 시작했다. 더욱이 우리나라의 경우 1990년대 후반에 이르러서야 장애인 선수들이 운동선수로서 인정을 받게 되었다.[40)]

그래서 우리나라의 경우 20세기 말에 와서야 스포츠와 장애는 장애인 스포츠라는 공유영역을 통해 접촉점에 도달했고, 지금 현재에 이르러서는 장애인 스포츠의 도약기를 맞이하고 있다. 스포츠 참여의 기회가 확산되고 장애인 스포츠가 점차 자리를 잡아가면서 스포츠 활동에 참여하는 장애인의 치료와 재활의 중요한 요소로 스포츠가 인식되고 있다. 나아가 운동경기라는 측면이 강조된 스포츠 활동에 개인적으로 두각을 나타내는 장애인 선수들도 있다. 이들은 스포츠를 통한 자아실현뿐만 아니라 직업 선수로서의 삶을 살아가기도 한다.[41)]

그래서 넓은 의미에서는 장애인 스포츠의 목적은 비장애인들에게도 똑같이 적용되는 원칙들을 구현하는 데 있다고 본다. 그럼에도 동시에 장애인 스포츠는 치료적 가치가 매우 크며 장애인들의 신체적 · 심리적 · 사회적 재활과 복지에 핵심적 역할을 수행한다.

최근 재활 방향은 대략 두 가지로 모아지고 있다. 하나는 전인적인 재활(hlistic rehabilitation)이다. 이것은 신체적 · 정신적 재활은 물론 영적인 재활까지 포함하는 전인적인 재활을 의미하는 것으로서 스포츠를 통해 장애인의 전인적인 재활을 추구하는 것이다(김종인 외, 2003). 또 다른 하나는 종합적 재활(total rehabilitation)이다. 의료적 · 심리사회적 · 교육적 그리고 직업적 재활을 총망라한 종합적인 재활에 장애인 스포츠를 활용하는 것이다. 따라서 장애인 스포츠란 장애인을 대상으로 스포츠를 적용 · 활용하여 전인적이며 종합적인 재활과 복지를 실현하는 전문적인 실천개입이라고 할 수 있다. 자립생활 패러다임의 급속한 확산은 전통적인 운동경기보다는 장애인 스포츠 중에서도 운동 처방과 치료, 장애인 생활체육의 필요에 대한

40) 장애인올림픽 등 국제대회 입상 경력을 통해 연금 혜택을 받게 된 것과 국내외 장애인 경기에 출전하는 사람들을 선수로 인식되기 시작한 시기는 대략 1990년대 말부터이다.

41) 장애인 선수로서의 삶은 너무도 열악한 실정이다. 그럼에도 사명감을 갖고 국가대표 선수로서 최선을 다하는 장애인들을 보게 된다. 앞으로 장애인 선수들의 생계보장과 처우개선이 확대되어서 국내외 장애인 운동 경기가 활성화되었으면 한다.

욕구를 확대시키고 있다. 이렇게 장애인 스포츠에 대한 긍정적인 시각이 점차 커짐에 따라 장애인 스포츠의 역할과 기능에 대한 중요성과 욕구도 증대되어 가고 있다.

또한 장애인 스포츠를 통하여 장애인이 신체적 · 정신적 · 사회적 · 정서적인 발달을 도모하여 사회활동에 적극 참여하고 심신의 불리한 조건을 극복하여 경제적 자립을 이룰 수 있도록 하게 되었다. 이에 장애인에게 신체활동을 더욱 권장하고 장애로 인한 신체기능의 약화를 예방하고 체력 향상을 이끌어 낼 수 있는 장애인 스포츠의 중요성은 날로 증대되고 있다. 장애인 스포츠는 장애인의 장애 극복과 원만한 사회생활을 영위하는 데 필수적인 요인이 된다. 재활과 복지의 수단으로서 기능회복과 건강 보호 및 유지 차원에서, 또는 신체기능 퇴화예방 차원에서도 그 중요성이 인정되므로 앞으로는 장애인 스포츠 중에서 장애인 생활체육 분야가 크게 확대될 것으로 예상된다.

## 제3절 장애인 스포츠의 가치와 전망

### 1. 장애인 스포츠의 가치

#### 1) 치료행위로서의 가치

장애인들에게 스포츠는 가장 자연스러운 치료 형태이며, 전통적 신체치료를 완결시켜 주는 효율적 수단이기도 하다. 장애인 스포츠는 근력, 신체의 조화, 스피드 및 인내력과 같은 체력의 회복에 있어서는 매우 큰 가치를 지닌다. 수행능력 제고를 위한 자신과의 투쟁과정에서 신체장애인은 골절, 절단 및 마비 발생 후 회복단계의 초기 과정에서 흔히 나타나는 현상인 피로감을 극복하게 된다. 그 결과 장애를 발생케 한 원인의 심각성은 낮아지게 된다. 특히 스포츠는 대사적 조절능력이 향상되는데 신체활동으로 혈당이 감소하여 당뇨병을 예방할 수 있으며, 콜레스테롤을 감소시킴으로써 혈액지방의 상태를 개선하여 동맥경화증의 위험을 방지한다(김창순, 1999).

또한 부정적 에너지 균형(negative-energy balance)을 통하여 체지방을 감소시킨다. 장애인에게는 식이요법을 엄격하게 적용하는 것 대신에 장시간의 저강도 운동을 처방하여 분위기가 침체되지 않도록 배려한다. 또한 의료적인 문제 감소로 장애를 경감시키는 효과도 있다. 지각에 근거한 불편의 정도는 기분 상태와 관련되어 있으므로, 기분을 고양시키고 신체 이미지를 증진시키는 신체활동으로 불편은 현저히 감소될 수 있다. 또한 장애인들의 비활동적인 생활양식은 심근경색(myocardial infarction)과 골다공증(osteoporosis)과 같은 병에 걸리기 쉽게 하므로 운동은 이러한 병의 예방과 치유에 효과가 있다(김종인 · 우주형 · 이준우, 2004).

### 2) 여가활동으로서의 가치

장애인 스포츠가 지니는 큰 장점은 여가활동으로서의 가치에 있다. 즉, 장애인 스포츠의 여가활동으로서의 가치는 모든 인간은 기본적으로 타고난 스포츠 활동에 대한 정열과 삶의 즐거움을 추구하는 욕구를 회복시키는 동기유발이 가능하다는 데 있다.

만일 장애인이 여가활동에서 기쁨을 느끼지 못한다면 재활의 수단으로서 스포츠가 지니는 장점의 대부분이 사라질 것이다. 따라서 여가생활은 장애인으로 하여금 장애인이 신체적 결함을 거부하지 않도록 하는 심리적 균형 감각을 제고하는 데 매우 중요한 요소로 작용한다(김종인 · 우주형 · 이준우, 2004).

왜냐하면 스포츠는 흔히 신체장애에 뒤따르는 심각할 정도의 적대적 심리 상태를 극복하는 데 도움이 되기 때문이다. 장애인 스포츠가 지향하는 목적들은 장애인의 심리적 활동 속에 자신감, 자존심, 자기억제 및 경쟁심과 동료애 등을 개발하는 것이며 이러한 심리적 태도는 장애인을 자기 중심적 격리 상황에서 끌어내는 데 필수 불가결한 것들이다. 따라서 수세기 간 내려와 사회적으로 공감되고 있는 '건강한 육체에 건전한 정신'이라는 슬로건은 이미 더 이상 타당한 것이 아니며 이 슬로건은 앞으로 '건강하거나 장애가 있는 신체 모두에 건전한 정신'으로 대체되어야 할 것이다(김종인 · 우주형 · 이준우, 2004).

### 3) 운동처방으로서의 가치

신체적인 운동은 장애인들로 하여금 '자신은 무능력하다'라는 부정적인 심리를 극복하게끔 하는 데 큰 도움을 준다. 운동은 건강유지, 상해예방, 상해재활에 필수적이며 무엇보다도 삶을 살아가는 데에 필요한 자신감을 공급해 주는 원천이 된다. 이미 장애를 입고 살아가는 장애인들이 건강관리를 제대로 하지 못하면 그 장애는 더욱 심화될 수밖에 없다. 나아가 비장애인의 상황에 맞추어져 있는 사회적 환경에 적응해 가기 위해서는 비장애인보다 갑절로 노력해야 하는데 여기에서 꼭 필요한 요소가 바로 체력이라고 할 수 있다. 그러므로 장애인 스포츠는 장애가 되는 기능을 회복시키고 긍정적으로 변화시키는 치료적인 접근 못지않게 건강과 체력을 강화시키는 데에 많은 역할을 할 수 있는 운동처방으로서의 가치도 매우 크다고 하겠다. 장애인은 자신의 능력에 꼭 맞는 운동 과제가 주어지길 바라므로 그러한 장애인의 운동 과제는 운동 시작단계에서 이미 사정되거나 진단된 바로 그때의 능력을 참고하여 처방되는 운동의 개별화가 기해져야 한다. 이를 위해서는 그들의 현재 체력 수준을 확인해야 한다. 이를 구체적으로 확인하기 위해서는 임상검사 및 운동검사로 참여 대상자들의 한계 등을 파악한 후 운동 강도와 종목 등에 대한 구체적인 처방을 내리는 과정이 필요하다.

그리고 많은 장애인들은 집단으로 운동할 때 자기가 떠맡아야 할 신체활동뿐만 아니라 전문가와 집단 구성원으로부터 받는 도움이나 조언, 그리고 그들과의 토의과정을 통해 바람직한 인성을 갖게 된다. 심리적 효과 제고를 위해서 전문가는 그들의 현재 수행능력을 항상 과거와 연관지어 해석하며, 현실적인 범위 내에서 적절한 기대를 하여 동기유발을 이끌어 내야 한다. 그리고 장애인의 신체 이미지 개선을 위해서는 장애 정도를 충분히 고려하여 가능하면 별도의 집단을 형성하기보다는 자연스럽게 비장애인 집단에 참여시킴으로써(mainstreaming) 여러 가지 사회 심리적 효과를 얻도록 해야 한다(김종인 · 우주형 · 이준우, 2004).

### 4) 사회복귀 수단으로서의 가치

재활스포츠의 가장 중요한 목적은 장애인을 자신의 이웃들과 더불어 생활할 수 있도록 도와주는 것이다. 즉, 재활스포츠는 장애인의 사회복귀를 보다 용이하게 하며 이를 가속화시킨다. 오늘날 체육시설에서 이루어지는 정기적 행사와 워크숍, 세미나 등은 여러 가지 신체적 결함을 지닌 장기 환자의 치료 시에 병원치료의 지루함을 해소하고 심적 활동과 자존심을 회복시키기 위한 매우 유용한 수단으로 인식되고 있다(김종인 · 우주형 · 이준우, 2004). 장애인 스포츠의 목적은 일반적인 스포츠의 목적과 동일할 뿐 아니라 사실상 이들 목적을 능가하는 것이기도 하다. 장애인들이 비장애인들과 함께 할 수 있는 몇 가지 스포츠가 있다. 예를 들면, 척수장애 및 지체장애인의 경우에는 양궁, 다트, 볼링, 당구가 가능하다. 아울러 지체장애, 시각장애, 청각장애의 경우에는 수영도 가능하다. 이러한 스포츠들은 장애인의 사회복귀에 큰 도움이 된다.

## 2. 장애인 스포츠의 전망

### 1) 전망

앞서 언급했던 것처럼 장애인 스포츠는 크게 세 가지 유형으로 구분할 수 있다. 첫째, 장애인 운동경기, 둘째, 운동처방 및 치료, 셋째, 장애인 생활체육이다. 이 세 가지 중에서 가장 크게 확산될 것으로 전망되는 영역은 역시 장애인 생활체육이다.

일상적인 삶 속에서 수행되는 장애인 생활체육의 기능과 역할은 매우 중요하다. 장애인이든 비장애인이든 모든 인간은 심신의 정서적·사회적 발달, 건전한 성장발달, 활동능력의 향상, 여가 선용, 질병에 대한 저항력의 증진, 노화 방지, 건강의 증진 및 체력 육성을 위한 운동 등을 할 수 있는 권리가 보장되어야 한다. 이에 장애인 생활체육을 통하여 보다 많은 신체활동의 기회를 장애인들에게 제공함으로써 즐겁게 활동하는 동안 그들의 다양한 측면에서의 발달 및 증진을 도모하고 신체적·정신적·사회적 건강에 기여할 수 있으며, 결과적으로 자기 적응력을 향상시켜 일상생활에의 자신감과 자기 존중감을 가질 수 있다. 또한 장애인 생활체육에 의한 실제적인 재활 효과는 운동 부족을 해소하고 체력을 높여주며 생활에서 오는 피로를 없애주고 기분을 명랑하게 해줄 뿐만 아니라 혈액순환을 활발하게 하고 운동신경을 발달시켜 준다(김종인, 2002).

그러므로 장애인 생활체육은 가벼운 운동이면서도 비장애인과 장애인이 함께 누구나 언제든지 참가할 수 있고 특별한 장소와 운동기구, 어려운 기술이 필요하지 않으며 규칙이 간단하여 인원수, 장애상황, 장소에 따라 적절한 프로그램을 개발·수정하며 운영할 수 있다. 이에 따라 스포츠의 즐거움을 알 수 있으며 경우에 따라서는 고도로 조직화된 운동경기의 기초적 기술을 연습할 수 있는 효과를 갖기도 한다. 여기에 장애인 생활체육의 역할과 사명이 중요시 된다.

특히 발달장애인은 비장애인에 비하여 운동능력, 운동수행력, 체력 등의 수준이 낮다. 이들은 근력, 지구력, 평형성, 달리기, 속도 등 신체의 각 부위를 이용하여 힘의 작용법을 잘 모르며 체력의 기능이 매우 떨어져 있다. 이는 생활에 대한 인지력이 낮고 운동을 할 수 있는 활동 영역의 기회가 적기 때문이라고 볼 수 있다. 발달장애인은 인지적인 결함의 문제로 바르지 못한 습관과 과민반응, 내성적인 성격으로 인한 스포츠 활동 참여의 결여, 주의집중력, 협동심의 결여 현상을 보이고 있으며 대인관계에서 사회성의 기초활동인 동료와 적절하게 관계를 맺지 못하는 특징도 보이기도 한다. 또한 일상생활 속에서의 비일관성, 고집 등 비전형적이고 부적절한 행동을 보이며 생활 스포츠 장면에서의 공간의 확보나 운동 개념의 어려움으로 인하여 참여 자체에서부터 어려움을 보이기도 한다. 또한 도구를 다룰 때의 서투름으로 인하여 이들이 목표하는 내면적인 문제가 해결되지 않고 무엇인가 불충분하다고 느끼면 이로 인한 문제점으로 자기들 나름대로의 신체표현을 다양한 방법으로 제시하기도 한다.

따라서 바람직한 행동의 변화를 가지기 위해서는 스포츠에 대한 반감을 갖지 않도록 이들의 지각 운동기능을 발달시켜 주어야 한다. 이들에게 적절한 생활체육 활동 프로그램이 주어진다면 운동능력, 운동수행력, 체력 등의 향상은 물론 생활체육에서의 성공적 경험을 가져 자아개념과 타인과의 관계형성, 문제행동 감소 등 정서발달에 도움을 줄 수 있다.

이렇게 장애인 생활체육은 신체의 다양한 유기적 체계의 발달을 통해 체력을 발달시키고 건전한 여가활동에 참가할 기회를 제공하며 운동기술의 발달과 생활체육의 올바른 참여로 인해 창출되는 다양한 사회적 경험을 통해 사회적응능력을 발달시킴으로써 동료들과 대인관계가 원만하게 이룰 수 있게 할 수 있으며 지력을 향상시키고, '무언가를 해냈다'라는 승리감을 맛볼 수 있고, 더 나아가 자신의 신체를 발달시키는 좋은 사례가 될 것이다(김종인 · 우주형 · 이준우, 2004).

따라서 장애인 스포츠를 활용하는 사회복지사들은 장애인들의 생활 속에서 운동경험 환경을 만들어, 쉽고 흥미로우며 반복적인 스포츠 활동의 경험을 증폭시켜야 한다. 그래서 장애인들이 스포츠를 마음껏 즐길 수 있도록 신체활동 프로그램을 극대화시켜야 한다. 적절한 활동을 통해 적당한 환경에서 효과적인 프로그램을 운영해야 한다.

### 2) 발전방안

장애인 스포츠의 발전방안을 몇 가지로 살펴보면 다음과 같다(김종인 · 우주형 · 이준우, 2004).[42]

#### (1) 지역사회 장애인의 욕구 파악

장애인 스포츠를 발전시키기 위해서는 우선 지역사회에 거주하는 장애인의 스포츠 욕구

42) 2019년의 현재 시점으로 보면 벌써 15년 전부터 제시한 방안들임에도 여전히 유효하다는 사실이 무척 안타깝다.

의 파악부터 시작된다. 파악해야 할 내용은 첫째, 장애인 스포츠 프로그램을 필요로 하는 대상자와 가족의 욕구, 둘째, 지역사회 장애인이 관심을 가지는 스포츠 욕구, 셋째, 인적, 물적인 지역사회의 스포츠 자원, 넷째, 지역사회의 특성 등이다.

이러한 욕구는 개별적 또는 종합적으로 파악해야 하고, 서비스의 내용이나 지역사회 장애인의 자립의식, 협력관계, 사회자원에 관한 이해 등도 파악하는 것이 필요하다. 다음으로 파악된 욕구를 장애인과 비장애인 모두에게 알리고, 지역사회의 핵심문제로 지각, 인식하며 구체적인 해결방안을 위한 광고홍보와 복지교육을 실시하는 것이다. 장애인 스포츠를 구체적으로 전개하기 위한 중심적인 조직구성은 활동과제의 결정, 활동프로그램의 계획, 장애인의 참가와 역할분담, 자원조달, 광고홍보, 서비스 전달, 효과 측정 등이 중요한 문제이다.

활동프로그램의 계획은 서비스 대상자와 비장애 지역주민 및 전문가의 합의 형성과 서비스를 종합적으로 실시하기 위한 계획의 수립이다. 특히, 최근에는 지방자치의 활성화로 인하여 장애인 스포츠 프로그램의 계획 중에서 민간단체나 지역사회 장애인 당사자들의 역할 등에 관심을 많이 가지고 계획을 수립하는 경우가 많아지고 있으므로 장애인의 요구에 귀를 기울여야 할 것이다.

### (2) 참여와 자원 동원의 촉진

지역사회 장애인의 참가와 지역사회 자원의 동원을 촉진하는 일이 필요하다. 그리고 이러한 참가는 다양한 형태로 참가하고, 참가의 활성화와 참가 촉진을 위한 홍보와 교육을 통하여 그들의 기능과 능력을 고려하여 참가시켜야 할 것이다. 이와 같은 욕구를 해결하기 위해 장애인 스포츠는 적극적으로 사회자원을 동원하고 개발해 나가야 한다. 이를 위해 자원의 성격과 기능에 대한 이해를 하여야 하고, 그 자원이 유용하게 사용될 수 있도록 조정하고 보완해 주어야 한다. 그 다음 활동 프로그램의 실시계획과 예산 수립, 공급체계의 구성, 교육과 훈련, 전문가에 의한 조정 작업, 서비스의 구체적인 제공, 서비스의 개선과 새로운 욕구의 발견, 서비스 이용자와 가족의 조직화, 효과 측정과 평가 등을 지속적으로 해 나가야 한다.

### (3) 공공체육시설의 장애인에 대한 개방 및 활용

장애인 스포츠의 참여 기회 확대를 위하여 장애인 체육관을 단계적으로 늘려 나가야 하며, 일반 공공 체육시설은 물론이고 민간 체육시설의 경우도 장애인이 활용할 수 있도록 문호를 더욱 개방해야 할 것으로 본다.

### (4) 행정적 · 재정적 지원

장애인 체육시설에서의 프로그램의 다양성과 질적 향상이 실현되도록 사회적 · 행정적 · 재정적 지원과 노력이 지속되어야 하며, 전문가의 양성 및 연수 프로그램이 체육시설 단위로 이루어질 수 있도록 지원책을 마련하는 일이 시급할 것이다. 또한 시설의 접근이나 시설 내에서의 이동 및 스포츠 활동을 불편 없이 할 수 있도록 각종 편의시설의 설치와 운영 개선이 요구된다. 장애인들의 이동 편의를 위해서는 스포츠 시설에서 장애인을 위한 셔틀버스 등의 운영이나 공공 교통노선에 특장차 투입 등 행정적 개선이 지속적으로 이루어져야 할 것이다. 그리고 생활의 안정 없이는 체육활동에 쉽게 참여할 수 없으므로 보다 많은 장애인의 스포츠 활동 참여를 위해 운동비용 보조 등 사회적 지원정책이 개발되어야 할 필요가 있다고 본다.

### (5) 경비지원 등 예산 배정

소득이 영세한 장애인들이 생활 스포츠를 위한 체육관 등의 시설을 이용하는 데 있어서 경비가 부담되는 경우 생활 스포츠프로그램 참여에 지장을 초래할 것이므로 이들을 위한 무료 프로그램의 운영이나 후원기관 등의 사회적 지원 시스템을 강화하여 보다 많은 장애인들이 부담 없이 참여할 수 있는 기회를 확대해 나가도록 노력하여야 한다. 장애인의 전반적인 생활 스포츠의 육성과 지원을 위해서는 정부 차원의 획기적인 정책지원 방안이 마련되어야 할 것이다.

### (6) 참여복지실현 · 재활 스포츠 전문가 육성 및 배치

장애인복지 패러다임이 바뀌고 사회문화적인 경험을 향상시키는 권리 중심의 사회복지로의 접근으로 다가가고 있는 시점에서 장애인 스포츠는 소비자주의(consumerism) 즉, 장애 대상자 우선을 기본 바탕으로 삼아야 할 것이며 아울러 장애인 스포츠 전문가의 육성과 배치도 고려해야 할 것이다.

# 장애인과 고용 12

장애인고용의 형태에는 첫째, 일반(경쟁)고용, 둘째, 보호고용, 셋째, 지원고용, 넷째, 전환고용, 다섯째, 자영창업 등이 있다. 이 중 일반(경쟁)고용은 할당제를 통한 의무고용을 활성화시키는 방법으로 주로 이루어지고 있으며 자영창업은 창업자금 대여와 창업 컨설팅, 창업이후 지도관리 등을 통해 권장되고 있는 실정이다. 하지만 현실적으로 직업재활 분야에서 일하는 대다수 사회복지사들의 영역은 보호고용과 지원고용 현장이라고 할 수 있다. 이에 제도의 측면에서 비중 있게 다루고자 하는 것은 일반(경쟁)고용, 보호고용, 지원고용에 관한 실제적인 내용이다.

## 제1절 일반고용과 보호고용

### 1. 일반(경쟁)고용

장애인의 일반(경쟁)고용 상황은 매우 열악하다. 장애인의 일반(경쟁)고용 증대를 위해 정부는 1990년에 「장애인고용 촉진 등에 관한 법률」을 제정하여 상시근로자 300인 이상을 고용하고 있는 사업장에서는 고용인원의 2% 이상을 장애인으로 고용할 것을 의무화하였으며, 이와 더불어 이러한 의무를 위반한 경우에는 의무고용인원에 미달하는 인원수만큼 고용부담금을 납부하도록 하였다(강위영 외, 2001).

### 1) 장애인 의무고용제도(할당고용제)

우리나라는 일정 수의 근로자를 고용하는 사업주에게 일정비율 이상의 장애인을 고용할 것을 강제로 하는 기준고용률 제도인 장애인 의무고용제도를 채택하고 있다. 자유경쟁을 원칙으로 하는 사회에서 심신의 장애로 인해 취업의 어려움이 있는 장애인의 고용현장을 확보한다는 것은 어려운 일이다. 이러한 이유로 사회연대책임의 원칙에 의하여 장애인 고용의무를 국가 및 지방자치단체, 민간 사업주에게 부과하는 것이다(강위영 외, 1993).

이렇게 의무고용 제도를 시행함에도 불구하고 2019년 7월 현재에도 장애인의 취업은 여전히 기대에는 미치지 못하고 있다. 그 이유는 장애인 개인적 차원의 문제도 중요하나, 장애인고용을 둘러싼 노동시장 등 환경 요인이 더 크게 작용하는 것으로 보인다. 이윤 극대화를 추구하는 민간 기업은 좀 더 생산성이 높은 노동력을 선호하는 것이 자본주의의 기본 논리이므로 장애인의 고용 여지는 크게 축소될 수밖에 없다. 따라서 국가가 좀 더 강력하게 개입하여 장애인고용을 의무화할 뿐만 아니라 효과적인 직업교육과 직종 개발을 통한 종합적인 직업재활 대책이 필요하다.

### 2) 장애인고용 부담금 제도

장애인고용의무를 미이행한 사업주에 대해 미고용한 장애인 1인당 노동부장관이 정한 부담 기초액을 곱한 금액을 부담금으로 징수하고 있다. 우리나라의 부담기초액은 최저임금의 65~75% 수준으로 장애인평균비용(최저임금의 85~95%)보다 낮은 수준에 있어 의무이행을 강제하는 수단으로 미약하다고 판단된다. 장애인고용부담금은 사업주가 장애인을 고용하지 않았다는 이유로 부과되는 강제금으로서 이 돈은 장애인고용관련 직접비용으로 사용되어야 한다고 본다. 따라서 장애인고용과 직접관련이 없는 용도로 사용되는 것은 부담금 징수목적에 위배되므로 순수한 장애인복지비용은 일반회계에서 전액 부담하는 것이 바람직하다고 본다.

### 3) 고용 장려금 제도

「장애인 고용촉진 및 직업재활법」 제26조에서는 노동부 장관은 장애인의 고용촉진과 직업안정을 위하여 장애인을 고용한 사업주에게 고용 장려금을 지급할 수 있는데, 이전에는 지원금 · 장려금 지원 업무를 노동부 및 관할 지방 노동청에서 담당해 왔으나, 2001년부터

2019년 7월 현재까지 부담금 징수와 더불어 장려금 지급 업무도 관할 지방사무소에서 규정된 지급기준에 따라 담당하고 있다.

## 2. 보호고용

일반 기업체에 취업하기 어려운 중증장애인을 위한 보호고용제도는 1986년 장애인복지시설 내의 자립작업장 설치운영계획에 의하여 22개의 보호작업장이 설치되면서부터 본격화되었다(한국장애인재활협회, 1997). 보호고용이라는 용어가 장애인복지정책에서 처음 사용된 것은 1955년의 국제노동기구(ILO)의 제 99호 권고안으로 사료된다(강위영 외, 1993). 그러나 몇몇 선진국에서는 보호고용이라는 용어는 아니지만, 1944년 영국의 장애인 고용법에서 장애인의 유보고용제도(Designated Employment Scheme)를 규정하고 있고, 1943년과 1954년의 미국의 직업재활법에서도 보호작업장의 지도에 관한 사항이 포함되어 있음을 볼 때 그 의미에 대해서는 이미 그 이전에도 사용되고 있었음을 알 수가 있다(강위영 외, 2001).

일반적으로 보호고용은 "통상적인 고용이 될 수 없는 장애인을 위하여 보호적 조건하에서 행하여지는 훈련 및 고용"으로 정의된다. 또한 보호고용이 이루어지는 장소와 종사자에 대한 보호고용시설에 대하여는 다음의 몇 가지 기본 원칙이 제시되고 있다(권도용 외, 1998).

첫째, 국가는 관련 민간기구와 협력하여 일반 경쟁고용에 적절하지 못한 장애인들을 위하여 보호조건하에서 훈련과 고용방안을 개발하기 위하여 모든 조치를 취하여야 한다. 이러한 조치에는 보호작업장 설립과 신체적, 심리적 또는 지리적 이유로 규칙적으로 작업장에 오고 갈 수 없는 장애인을 위한 특별한 대책이 포함되어야 한다.

둘째, 보호작업장은 효과적인 의료와 직업적 지도 아래 유용하고 수익성 있는 작업을 제공할 뿐만 아니라 직업적 적응의 기회와 다른 경쟁고용으로의 전출이 가능하도록 조직되어야 한다.

셋째, 적절한 의료와 직업 지도하에서 유용하고 수익성이 보장되는 작업이 그들 자신의 자택에서 가능하도록 특별한 재가장애인 프로그램이 마련되고 개발되어야 한다.

넷째, 보호작업장에 취업된 장애인에게도 일반 근로자들에게 적용되는 법적 임금규정과 고용조건이 적용되어야 한다.

이러한 보호고용의 개념은 그 후 몇 번의 세미나(1959년 네덜란드, 1966년 스웨덴, 1975년 영국)에서 발표되었으며, 1966년 스웨덴 스톡홀름에서 개최된 국제세미나에서 보호고용의 이념, 대상, 원칙, 국가책임, 보호고용의 유형 등에 대해 구체적으로 정리하였다(김종인, 2000).

### 1) 보호고용의 이념

장애인은 비장애인과 동등한 권리를 가지며 이에 따라 동등한 고용 기회를 갖게끔 하는 것이 직업재활의 주요 목적이 된다. 또한 개방된 노동시장에 정상적인 조건으로 적절한 임무를 부여하지 못할 경우에는 보호고용이라는 수단에 의해서라도 고용의 기회를 제공하여야 하는 것이다.

### 2) 보호고용의 대상

보호고용의 대상이 되는 장애인은 신체적·정신적 혹은 다른 장애를 가진 취학연령 이상으로, 어느 정도의 노동능력을 가진 사람들 중에서 특별한 원조가 주어지지 않으면 개방된 노동시장에서 고용이 확보되기 어려운 사람이다.

### 3) 보호고용의 개념

보호고용은 노동시장의 경쟁에서 생존하지 못하는 장애인의 일시적이거나 영구적인 고용 욕구를 채우기 위해 특별히 계획된 조건 하에서 수행되는 훈련 및 고용을 의미한다. 이는 보수가 있는 취업 기회를 제공하여 장애인의 직업적 욕구를 충족시키는 것이다.

### 4) 보호고용의 목적

보호고용의 일차적인 목적은 장애인에게 일을 제공하는 것이다. 하지만 장애인을 보호고용의 형태로 취업시키는 경우, 그 사람의 개인적, 직업적 적성 및 지역 특성에 관하여 충분한 주의를 기울일 필요가 있다. 이렇게 할 때, 장애인이 자신의 노동능력과 취업을 통해 생계 향상을 가져올 수 있고, 유지할 수 있는 것이며, 노동력을 가진 인간으로서의 건설적인 분위기와 능력에 비해 높은 생산성을 자기 것으로 획득할 수 있을 것이다. 이러한 목적하에 의료, 심리, 사회, 교육 및 재활과 같은 전문적인 여러 서비스는 국가와 지방행정체계의 상황에 따라 여러 자원이 동원되고 보호작업장이라는 현장이 장애인에게 제공되는 것이다.

### 5) 보호고용에 대한 국가 책임

보호고용에 관해서 기본적인 책임을 갖는 것은 국가이다. 이 주도권을 국가가 갖지 않을 경우, 국가는 그것을 전담할 기관을 선정하고 효과적인 지원을 함으로써 국가책임의 대행을 감당케 해야 한다. 이 책임을 완수하기 위하여 국가는 보호고용에 대한 국가적 계획 수립, 연락 조정, 조직, 행정 및 실천서비스 발전방안 등을 지지하고 실천해야 된다. 또한 설치기준이나 필요한 법제의 정비나 조사에 대해서도 책임을 져야 한다. 이렇게 함으로써 보호고용에 맞는 기관이 국가, 지방자치단체, 또는 민간단체 어디에 의하든지 설치되어야 한다. 이와 같이 볼 때, 보호고용의 개념은 통상적인 고용이 될 수 없는 장애인을 위하여 보호적 조건하에서 행해지는 훈련 및 고용으로 중증장애인을 수용시설에서 그 생애를 마치게 하는 것보다 사회활동을 통해 그들이 사회에 통합되어 가는 것을 의미함을 알 수 있다.

## 제2절 지원고용

한국에서 지원고용이 실시된 것은 이미 1990년대 초반부터의 일이다. 장애유형이 보다 중증화되면서 특히 지적장애인을 중심으로 한 발달장애인 지원고용 프로그램을 실시하게 되었으며, 2000년 「장애인고용촉진 및 직업재활법」이 직업적 중증장애인에 대한 직업재활과 지원고용 서비스 제공을 규정하면서 이들의 취업을 지원하기 위해 지원고용 서비스의 제공이 보다 절실히 요구되게 되었다(김종인 외, 2001).

지원고용 제도는 중증장애인을 대상으로 '선-배치, 후-훈련'을 실시하여 지역사회 내의 사업장에 고용기회를 확대하고 독립된 사회 구성원으로서의 역할과 직업능력을 향상시켜 안정적인 고용 상태를 유지하도록 지원하며 사회통합을 촉진시키는 데 있다. 그 목표는 다음과 같다(이준우, 2001).

첫째, 고용을 통한 사회 구성원으로서 역할수행을 할 수 있다.

둘째, 직업생활을 통하여 직업적응능력이 향상되고 직업성취감과 만족감을 느낀다.

셋째, 직업과 관련된 다양한 경험으로 장애인의 삶의 질을 향상시킬 수 있다.

넷째, 장애인에 대한 통찰력을 갖고, 능력 향상을 위한 적절한 원조를 할 수 있다.

다섯째, 기업체는 안정적인 노동력을 확보하고 장애인복지에 대한 연대책임을 실현한다는 측면에서 기업에 대한 이미지를 개선할 수 있다.

## 1. 지원고용의 철학과 이념

지원고용의 핵심철학은 지적장애를 비롯한 직업적 중증장애인을 비장애인과 더불어 경쟁고용으로 통합시키는 것을 궁극적인 목표로 하는 보편화(normalization)의 이념이다. 뿐만 아니라 지원고용은 '직업재활 패러다임'과 '자립생활 패러다임' 모두를 만족하는 것으로서 중증장애를 가진 피고용인이 지역사회에 존재하는 기업에 취업하여 비장애인들과 더불어 생산적이고 효율적으로 일하며 기업에 유용한 노동력으로서 역할을 다할 수 있도록 직업재활 전문가에 의해 전문적이고 집중적인 지원서비스를 정기적으로 제공받는 것을 말한다(권선진, 2005).

지원고용이라는 것은 장애인과 비장애인의 통합사회 조성에도 크게 기여하는 철학적·이념적 정신이 내포되어 있고, 직업재활과 사회복지 그리고 자립생활에의 궁극적인 목표인 사회복귀 실현에도 기여하고 있는 것이다(김종인·우주형·이준우, 2004). 원래 지원고용은 도저히 통합·경쟁고용이 어려운 중증 장애인에게 첫째, 비장애인과 통합하여 고용하며 둘째, 1주일에 20시간 이상씩 정기적으로 일을 하고 정상적인 월급을 받으며 셋째, 부족한 노동력만큼 정부가 계속 지원해 주는 제도를 말하는 것이다.

## 2. 지원고용의 모델

지원고용의 몇 가지 모델은 다음과 같다(손광훈, 2004; 이준우, 2001; 강위영 외, 2001).

### 1) 개별배치 모델(individual placement model)

개별배치 모델은 지원고용 서비스를 전달하는 가장 보편적인 방법이다. 이 모델은 직업코치(job coach)가 장애인을 1명 단위로 배치하여 지역사회에 존재하는 직업현장에서 훈련을 시키고 그 사람이 그 자리를 계속 보유할 수 있도록 필요한 훈련과 사후지도 서비스를 제공하는 것으로써 선 배치-후 훈련(place-train) 서비스 전략이라고 말할 수 있다.

개별고용의 취업지는 각 개인의 구체적인 직업목표와 성과에 기초하여 지역사업체 안에서 개발된다. 안정성을 지닌 적절한 취업지를 구한 후에, 지원고용전문가는 만족스러운 작업수행을 보증하기 위해서 사업장 내부에서나 혹은 사업장 외부에서 직업훈련, 고용관리, 지원서비스를 제공할 수 있어야 한다. 사업체는 각 지원자의 목표와 욕구에 따라 전일제나 시간제로 구별될 수 있다. 미국의 경우, 전형적으로 개별배치모델에 의한 지원고용대상자는 최저임금 이상을 받고 있으나, 노동성의 규정에 의거하여 그 이하의 임금을 받을 수도 있다. 지원고용대상자 대부분은 해당 사업체의 고용인으로 배치되어 있으나, 특별한 상황에서는 정부관청에서 임금을 지급 받기도 한다(이준우, 2001).

개별배치모델에 대한 긍정적 측면과 한계점은 다음과 같다.

#### (1) 긍정적 측면

첫째, 낮은 생산성 때문에 고용되지 않았던 많은 장애인에게 고용기회를 제공하였고, 둘째, 지원고용전문가가 작업장에 배치되어 일대일로 지원이 이루어지므로 지원이 효과적이며, 셋째, 지원고용대상자의 월평균 임금이 다른 모델에 비해 높다.

#### (2) 한계점

첫째, 과제가 매일 변화되기 때문에 중증장애인이 적응하기 어려울 수 있다. 둘째, 수용할 만한 행동기준이 지원고용 대상 업체에 의해 정해지기 때문에 작업장에 적응하는 데 제한점이 있을 수 있다. 셋째, 슈퍼비전이 작업시간에만 부분적으로 주어지기 때문에 훈련을 하는 데 어려움이 있을 수 있다. 넷째, 프로그램의 효과는 소수의 지원고용전문가에게 달려 있고, 다섯째, 한 사람의 지원고용대상자를 훈련하는 데 드는 비용이 다른 모델에 비하여 많다는 것이다.

### 2) 소집단 모델(enclave model)

소집단 모델(enclave model)은 보통 셋 내지 여덟 명의 장애인을 집단으로 지역사회 내에 있는 기업 내에 배치하는 것으로서 일반적으로 개별적 배치 모델에서보다는 심한 장애를 가지고 있어서 개별적인 통합이 어려운 경우에 사용된다(이준우, 2001).

소집단 작업은 전형적으로 직업 흥미와 프로그램 서비스의 유형이 비슷한 사람들의 집단으로 구성된다. 작업장 안에 배치된 지원고용대상자들은 고용주와 서비스 제공자 사이에 만들어지는 협상에 따라 일을 수행한다. 이러한 협상은 다양한 작업상황과 작업생산과정 부분도 포함할 것이다.

#### (1) 긍정적 측면

첫째, 작업수행기준을 계속 유지하는 데 필요한 가장 집중적이며, 지속적이고 믿을 만한 정도로 지원고용전문가의 지도가 제공된다. 둘째, 광범위한 지원이 필요하기 때문에 작업장을 이용할 수 없는 중증장애인에게도 작업장에 쉽게 접근할 기회를 부여한다. 셋째, 지원고용대상자의 통합과 수용을 촉진할 수 있도록 사업체 내부의 전문직원이 투입될 수 있다. 넷째, 유사한 직업 흥미와 목표, 서비스 욕구를 가진 사람이 모여 있으므로 고용전문가의 시간 사용이 경제적이다.

#### (2) 한계점

첫째, 지원고용대상자의 고용의 질이 그들을 위해 일하는 상급자의 능력에 의존해야 한다. 둘째, 사업체가 지원고용대상자 중 일부에서 나타날 수 있는 이상행동에 적절히 대처해야 한다는 것이다.

### 3) 이동작업대 모델(mobile crew model)

이동작업대 모델(mobile crew model)은 소집단 모델처럼 보통 세 명 내지 여덟 명의 작업자를 짝지어서 고용시키는 집단고용의 방식을 취하지만 고정된 장소에서 일하는 것이 아니라 공공건물 청소대행을 비롯하여 빌딩이나 극장관리, 눈 제거, 도색작업 등 지역사회를 이동해 다니며 하청서비스를 수행한다는 점이 다르다. 이해를 돕기 위해 이동작업대 모형의 지원고용 프로그램의 사례를 소개한다(김종인 외, 2003).

> 지적장애, 뇌성마비, 뇌전증, 자폐성향이 있는 장애인으로 구성된 이동작업대는 여덟 명으로 구성되어 있었다. 일반적인 직장의 일과가 끝나는 매일 오후 5시면 일과가 시작되기 때문에 오후 4시 30분이면 어김없이 청소도구와 각종 약품을 밴에 싣고 감독관 한 명

> 과 일곱 명의 장애인이 청소 현장으로 달려간다. 청소일정을 감독·관리 그리고 직접 참여하는 감독관(supervisor)은 장애 특성이나 능력에 맞게 작업현장 배치를 하게 된다. 올해 42세인 다운증후군 지적장애인이 청소기로 카펫 청소를 훌륭히 하도록 하며, 55세로 왼쪽의 기능을 거의 상실한 반신불수(hemiplegia) 뇌성마비 할머니는 화장실과 휴게실에 알맞은 약품을 넣고 청소하는 의무를 부여한다. 이렇게 작업 배치된 장애인은 각자 맡은 일을 잘 담당한다. 이렇게 해서 한 달 동안 번 돈은 장애인 한 사람에게 700불 정도, 이 금액으로는 어느 정도 만족한 생활을 영위하는 데 부족하다고 판단한 정부당국에서는 한 사람에게 500~600불 정도를 지원하여 지급해 준다. 장애수당으로 지원하는 것이 아니라 이 500~600불은 부족한 노동력만큼 지원해 주는 '지원고용제'를 채택하고 있는 것이다. 물론 이 일을 비장애인 근로자가 한다면 이동작업반의 절반인 네 명이면 해낼 것으로 생각된다.

원래 미국에서의 '지원고용제'는 시각장애인을 포함한 중증장애인이 비장애인과의 함께 고용, 1주일 20시간 이상 작업에 참여하고 정상적인 월급을 받을 때 부족한 부분만큼 정부에서 지원해 주는 제도를 말하는데 이런 관점에서 장애인 '청소대행업'은 장애인들로만 구성했기 때문에 '지원고용' 대상이 되는지 의문을 가질 수도 있다. 그러나 이런 '청소대행업'도 '지원고용'의 이동작업대 모형으로 지원을 받고 있는 것이다. 비록 미국 정부당국에서는 장애인에게 부족한 노동력만큼 지원하지만 "세금"을 내는 납세자로 바뀌게 되어 실질적으로 국가에도 이익이 된다는 것이다(김종인 외, 2003).

국가에서 일방적으로 지급하는 사회보장금을 받지 않고 부족한 노동력에 보탬을 주기 때문에 일에 대한 의욕도 높이고 실질적인 복지가 이루어진다는 것이다. 그러니까 납부한 세금의 일정금액이 연금으로 계산되기 때문에 노후보장 등 실질적인 사회보장체계 속에 들어갈 수 있다는 것이다.

#### (1) 긍정적 측면

첫째, 직업상의 변수를 다소 쉽게 조절할 수 있다. 둘째, 서비스 제공자들은 지역사회 안에서 작업하는 사람, 작업배치계획, 특별히 생산수준이 낮은 고용인의 관리, 차량관리, 그리고 고용의 가능성을 결정짓는 다른 요소들을 보다 잘 통제할 수 있다.

#### (2) 한계점

첫째, 장애인들까지 이동하기 때문에 이 모델은 통합의 가치가 조금은 떨어지는 경향이 있다. 둘째, 이동작업대원이 비장애 근로자와의 접촉 기회가 현저히 부족하다.

### 4) 소기업 모델(small business model)

이 모델은 상품을 생산하거나 서비스를 제공하는 소규모의 사업체를 설립·운영하는 형태이다. 이들 소기업은 사업체 운영을 통하여 수익을 얻고 그것을 채용된 장애인 근로자들의 임금으로 지급하는 식으로 통상적인 일반 기업과 형태로 운영된다(이준우, 2001).

#### (1) 긍정적 측면

기존 작업활동센터 혹은 주간보호센터에서 서비스를 받던 중증장애인에게 유급 고용기회를 제공할 수 있다.

#### (2) 한계점

첫째, 작업장에서 작업과 프로그램이 동시에 수행되므로 작업을 하는 동안 사회적 통합을 위한 기회를 갖기가 부족할 가능성이 있다. 둘째, 일부 하청 중심으로 이루어지는 소기업은 하청물량에 따라 고용 여부가 결정되는 기존의 보호작업장의 단점을 그대로 가지는 한계가 있다.

## 3. 지원고용의 내용

지원고용은 중증장애인이 경쟁고용에서 많은 어려움을 겪고 있는 데에 따른 적절한 고용대안 프로그램으로 시작되었다(Whitehead, 1979; 김종인 외, 2001 재인용). 그래서 지원고용에는 효과적인 여러 직업재활적인 요소를 포함하고 있다. 트라치와 러치(Trach & Rusch, 1989), 맥도넬과 동료들(McDonnell, Nofs, Hardman, & Chambless, 1989), 바커와 동료들(Wacker, Fromm-Steege, Berg, & Flynn, 1989)은 다음과 같은 지원고용의 요인들을 제시하였다(김종인 외, 2001).

### 1) 지역사회 조사와 직무분석

취업가능성이 있는 직업배치 장소와 미래의 고용주와의 개별적인 접촉을 위해 지역사회 노동시장에 대한 조사를 실시한다. 다음 단계로 취업에 요구되는 직업적·사회적 기술을 판별하기 위해 취업 가능성이 있는 직업배치 장소에 대한 직접적인 관찰을 실시한다.

### 2) 직업 연결 및 배치

근로자 특성은 직업이 요구하는 조건과 관련되어 있다. 고용전문가는 지역사회 조사에서 획득한 정보와 근로자의 직업적·사회적 기술을 평가한 정보를 비교하여 적합한 직업 연결을 하게 된다. 잠재력 있는 근로자는 직업 연결 과정의 한 부분이 된다. 지적장애인은 자신이 선호하는 직업을 표현하고 직업이 요구하는 조건에 자신의 직업적·사회적·개인적 강점을 맞추어 볼 수 있도록 교육된다. 이러한 교육은 자기계획과정과 다양한 지역사회 작업장을 직접 방문하는 과정에서 이루어진다. 그 이후 실제 직업을 수행하면서 자신의 선택을 검증해 보게 된다. zero-reject 원칙에 의해 어떠한 장애인도 취업에 있어 배제되지 않으며 승진과 임금 향상의 기회가 고려된 후 지역사회 내의 적합한 직업에 배치된다.

### 3) 취업능력의 신장

배치 후 일반적으로 감독자가 훈련을 하는데 지원고용에서는 직업코치 혹은 직무지도원이 근로자의 의뢰기관에서 추가훈련, 작업행동에 대한 지원, 근로자에 대한 옹호 등을 제공함으로써 감독자를 보다 많은 영역에서 지원한다. 감독자의 허락 하에 직업코치는 행동분석, 직무조정을 실행하고 직업행동의 유지를 위해 계획을 수립한다.

대부분의 전통적인 재활서비스의 고용모델은 훈련된 전문가가 직업적응 과정에 있어 배치 이후 즉각적인 훈련이나 지원을 제공하지 않았다. 고용주가 이러한 훈련을 모두 책임졌으며 배치기관은 단지 단순하며 비정규적인 사후 관리를 배치 후 단기간 동안 실시할 뿐이었다. 그러나 지원고용 모델은 근로자 개인의 직업환경에 대한 초기 적응력을 향상시키고 장기간 직업을 유지할 수 있도록 강화된 현장훈련과 지지서비스를 강조한다.

지원고용 과정의 일반적인 첫 번째 단계는 직업과 관련된 요구조건을 결정하기 위한 현장평가를 실시하는 것이다. 직업코치는 면접과 직무과업을 실제 수행하는 것을 관찰하는 것이다. 예를 들어 장애인을 음식서비스업에 배치하였을 경우 감독자에게 그 직무과업이 시작되고 종료되는 시간을 명시해달라고 질문하는 것과 같은 것이다. 감독자가 세 명의 근로자가 제시간에 과업을 완수하지 못했다고 한다면 다음 단계는 근로자가 실제로 그 과업을 시작하고 완수하는 시간을 파악하기 위해서 근로자를 관찰하는 것이다. 이러한 직접적인 관찰의 결과 지원고용 근로자가 감독자의 기준을 대부분 넘지 못했다면 그 영역을 판별하여 직업코치가 실제로 그 과업을 수행한 뒤 적합한 방법을 개발하여 근로자들의 수행능력을 향상시킬 수 있도록 전략을 수립하게 된다.

여러 연구결과들에 의해 지원고용 근로자들의 독립적 작업수행능력을 향상시키기 위해서 적극적인 참여자가 될 때 효율적인 지원전략이 될 수 있다는 사실들이 제시되고 있다. 즉 지원고용의 과정은 근로자들이 의사를 결정하고, 독립적으로 수행하고, 자신의 수행을 평가하고, 미래의 수행 정도에 대한 적합한 계획을 스스로 세울 수 있도록 하는 과정이 되어야 한다는 것이다(Mithaug, Martin, Husch, Agran, & Rusch, 1988).

의사결정 단계에 있어 근로자는 자신의 과업을 판별하는 것을 배우고, 독립적인 작업수행 단계에 있어서는 작업을 일과표대로 수행함으로써 완수하게 된다. 일반적으로 지원고용의 근로자들은 처음에 효율적인 계획수립, 일과표 짜기, 행동관리 기법을 배우게 된다(Rusch, Martin, & White, 1985). 자기평가 단계에서는 자신의 수행을 스스로 기록하여 관찰하게 된다(Connis, 1979).

이렇게 자신의 기대수준과 실제 수행 정도를 비교해 봄으로써 근로자들은 자신의 목표를 달성했는지 인식하고 이를 기초로 수행정도를 평가하고 미래에 대한 계획을 수립하는 기회를 갖게 된다. 조정단계에서는 과업수행을 위해 변화가 있어야 하는지를 결정하게 된다.

즉, 과업 시작과 완료시간, 과업 선택, 조직, 완성의 정확성에 대한 변화를 결정하게 된다. 만일 근로자가 의사결정 단계에서 수립한 목표를 완수했다면 이러한 조정은 거의 요구되지 않는다. 반대로 목표달성에 실패했다면 과업수행 방법이나 과업 자체에 대한 변화가 요구되는 것이다. 직업코치는 장애근로자들이 작업수행에 대한 기대수준의 변화와 책임감과 기회 증대와 같은 요인에 적응할 수 있도록 이렇게 근로자의 능력을 향상시켜야 한다.

장애인을 대신하여 지지 혹은 비지시적 중재를 하는 것은 이 단계의 중요한 요소이다. 작업코치는 장애인의 장애에 대한 감독자의 의문점(예를 들어 간질, 약물복용, 보조장비의 필요성, 동료들과의 관계 등)에 대해 응답하거나 장애인의 부모나 친지와 장애인의 수행 정도에 대해 이야기를 나누는 것이다.

직업코치의 현장 지원은 점차 소거되기 때문에 행동관리는 작업 현장의 중요한 타인 혹은 자극제로 전이되어야만 한다. 이러한 '자연적 지원'은 작업 현장 여러 곳에서 일어날 수 있다. 즉 직업코치는 동료의 지원이나 시계, 호루라기, 그림과 같은 다른 요소를 '자연적 지원' 요소로 사용할 수 있다.

#### 4) 계속적인 지원과 사후지도

전통적인 배치모델에서는 직업코치가 장애인을 배치한 후 장애근로자의 작업수행의 적절성을 평가하기 위해 고용주와 만나게 된다. 그러나 중증장애인을 배치할 때에는 작업수행을 성공적으로 하기 위해서 요구되는 지원 서비스의 강도와 기간이 다르기 때문에 이러한 유형의 모니터링만으로는 평가가 불충분하다. 지원고용에서는 장애인 모니터링은 배치 이후 수년간 계속되는 지속적 활동이다.

배치 직후 직업코치는 발생될 수 있는 문제나 고용주의 불만족 사항을 판별하기 위해 2주마다 한 번씩 감독자의 평가를 받아야 한다. 그 후 직업코치는 장애인의 행동을 평가하고 개입전략을 수립하며 감독자에게 장애근로자를 재평가하도록 요청한다. 만일 문제가 소거되지 않고 지속되고 있다면 이러한 과정은 반복된다. 장애근로자와 부모 또한 자신의 직무만족 수준을 정기적으로 평가하여야 한다.

#### 5) 기관 간 협력

지원고용에 있어 중증장애인을 지원하기 위한 기관 간 협력은 매우 효과적인 것으로 나타났다. 이는 아마도 지원고용이 장애근로자들에게 서비스를 제공하는 데 있어 매우 강화된 지속적인 기관 간 협력을 요구하기 때문인 것으로 보인다.

## 제3절 전환고용과 자영창업

### 1. 전환고용

#### 1) 전환고용의 개념

전환이라는 용어는 '전환서비스', '전환지원', '학교에서 사회로 전환', '성인 삶을 위한 전환'이라는 용어들로 통용되고 있다. 전환의 의미와 범위는 제시하는 학자들에 따라 차이가 있지만 윌(Will, 1984)이나 웨먼(Wehman 등, 1985)이 주장하는 고용에 초점을 둔 성과중심의 과정이라는 개념과 핼펀(Halpern, 1985)과 클라크(Clark et al., 1998)과 같이 보다 포괄적인 관점에서 학교에서 성인생활로의 연계로 보는 개념으로 구분하여 제시한다.

### (1) 윌(Will, 1984)과 웨먼(Wehman et al., 1985)의 개념

고용에 중점을 두고 있는 윌(1984)과 웨먼 등(1985)의 개념을 살펴보면 다음과 같다.

#### ① 윌(Will, 1984)의 개념

윌(1984)은 미국 특수교육 및 재활서비스국의 '학교에서 직업생활로의 가교'라는 전환 연구를 통해 "학교에서 직업생활로의 전환을 고용에 이르는 일련의 광범위한 서비스와 경험을 포함하는 결과중심의 과정으로 고등학교, 졸업시점, 계속되는 졸업 이후 교육이나 성인 서비스를 포함하는 한 시기를 의미한다고 보고 있다. 그리고 이 시기는 학교의 안전한 체제에서 성인생활의 위험과 기회 사이를 연결하기 위해서 중등학교에서는 견실한 준비를 해야 하고, 학교를 졸업하는 시점에서는 적절한 지원, 필요할 경우 성인 상황에서 안전한 기회와 서비스를 제공해야 하는 과정"이라고 설명하고 있다.

#### ② 웨먼(Wehman et al., 1985)의 개념

웨먼 등(Wehman, Kregel, & Barcus, 1985)은 "직업전환은 3년에서 5년 이내에 학교를 떠나거나 졸업하는 장애학생들을 위해 고용이나 부가적인 직업훈련을 위한 계획을 수립하고 수행하기 위해 학교 인사나 성인 서비스 제공자, 즉 직업재활 전문가가 시도하는 주의 깊게 계획된 절차를 의미한다고 하였고, 이 과정에는 특수교사, 직업담당 교사, 부모나 학생, 그리고 가능하면 고용주가 포함되어야 한다."고 설명하고 있다.

이상에서 제시된 특징은 장애학생의 교육 및 취업에 관련된 모든 관계자들, 즉 학교와 지역사회 인사들, 그리고 학부모와 학생 본인이 전환과정에 참여해야 하며 학생이 학교를 떠나기 3~5년 전에 구체적이고 체계적인 전환계획이 수립되어 학생들이 적절한 자격을 갖추고 졸업할 수 있도록 해야 한다는 것이다.

### (2) 핼펀(Halpern, 1985)과 클라크(Clark et al., 2000)의 개념

핼펀(1985)과 클라크 등(2000)은 윌(1984)과 웨먼 등(1985)에 비해 좀 더 포괄적인 접근방식을 취하고 있다.

핼펀(1985)은 전환을 독립생활과 지역사회 적응이라는 개념으로 보았다. 즉, 장애학생의 성공적인 전환은 고용뿐만 아니라 지역사회 내에서 다른 사람과 함께 살아가는 데 필요한 사회적, 대인관계 기술을 갖추는 것이라고 보았다.

그리고 클라크 등(2000)은 장애학생들이 현재 가치와 장래의 잠재력을 지니고 있으므로 적절한 개입이 이루어져야 한다고 보았다. 이러한 개입의 유형으로 클라크 등(2000)은 고용과 중등교육 이후의 독립생활, 지역사회 참여, 사회적 · 대인관계를 포함해야 하며, 전환의 성과를 고용에 두기보다는 고용이전 학교에서의 각 과정별 전환도 중요하다고 강조하였다.

이상과 같이 전환과 관련된 이론들은 미국을 중심으로 장애인교육법, 재활법, 직업기술교육법 등을 통해 법제화되면서 보다 체계적인 적용을 하게 되었다. 각각의 법률에서 내포하고 있는 전환서비스의 정의는 다음과 같다.

먼저 1990년 미국 장애인교육법 PL 101-476섹션 602(a)에서는 상기의 정의에 기초하여 전환을 보다 포괄적인 의미로 접근하고 있다. 즉, "전환 서비스는 학교에서 학교 이후 활동으로의 이동을 증진하는 성과중심의 활동에서 고안된 학생을 위한 일련의 조정된 활동으로 여기에는 고등교육, 직업훈련, 통합고용(지원고용 포함), 계속적인 성인교육, 성인서비스, 독립생활, 지역사회 참여가 포함되고, 일련의 조정된 활동은 개별 학생의 욕구, 우선적인 선호도, 관심에 근거하여 교육이나 지역사회 경험, 직업개발, 학교 이후의 성인생활 내용 등이 수행되어야 하고, 필요하다면 일상생활기술 습득 및 기능적인 직업평가가 포함되어야 한다."고 밝히고 있다. 그리고 1997년 개정된 장애인교육법 PL 105-17은 전환과 관련하여 중요한 변화를 추가하고 있다. 즉, 전환의 기본 정의에 덧붙여 관련 활동들, 즉 교통수단과 관련된 서비스, 말 · 언어병리 · 청각서비스, 심리적 서비스, 물리치료와 작업치료, 여가, 사회복지서비스, 상담서비스(재활상담 포함), 오리엔테이션과 이동서비스, 진단과 평가를 위한 의료적 서비스와 같은 지원서비스를 포함할 수 있다고 규정하고 있고, 이와 더불어 전환계획이 시작되어야 할 시기를 16세에서 14세로 하향 조정하였으며, 모든 장애학생을 위한 개별화 교육 프로그램에 학생의 전환 서비스 요구를 포함시키도록 규정하였다.

다음으로 1992년 개정된 재활법 PL 102-569는 소비자 역량강화법안으로 동법은 1990년 IDEA에 포함된 정의를 그대로 활용하였고, "장애학생을 위한 IWRP를 작성할 때 장기목표와 단기목표, 기타 서비스는 해당 학생을 위한 개별화 교육 프로그램과 연동되어야 한다."고 명시하여 특수교사와 재활전문가, 장애학생이 상호 간에 더욱 협력할 수 있도록 하였다.

끝으로 1994년 학교에서 직업으로 기회법 PL 203-239는 클린턴 정부에 의해 통과된 것으로 "학생들로 하여금 직업과 다음 단계의 교육을 준비시키고, 그들의 첫 번째 직업이 높은 기술수준의 높은 임금의 진로들로 진입할 기회를 증가시키는 데 그 목적을 둔 법안이다."

동법으로 인해 특수교사들은 학교에서 직업과 관련된 프로그램을 운영할 때 일반교사와 직업담당 교사들과 함께 일할 기회를 얻게 되었고, 장애학생들에게는 더 나은 수준의 직업을 얻을 수 있도록 학업적 · 직업적 기술을 습득할 수 있도록 기회를 제공함과 동시에 적절한 지원과 조정을 할 수 있게 되었다.

결국 전환고용은 전환서비스라는 용어로 대체될 수 있는 것으로 궁극적으로 장애학생이 학교를 졸업한 후 지역사회에서 임금을 받고 고용될 수 있도록 하는 데 목적을 두고 있는 과정으로 교사, 직업재활 전문가, 부모와 학생, 가능하다면 고용주 등이 함께 개입하여 학교 교육과정에서부터 적절한 직업기술들을 갖추도록 하고, 그 외 성인교육, 독립생활, 지역사회 참여 등의 상황에서 필요로 하는 모든 교육 프로그램과 관련 서비스들을 제공하는 고용방법을 의미한다고 볼 수 있다.

## 2) 전환고용의 모형

전환고용의 모형은 앞서 개념에서 언급된 바와 같이 고용에 초점을 맞추는 윌(1984)의 OSERS 모형과 웨먼 등(1985)의 모형, 지역사회 적응에 초점을 맞추고 있는 핼펀(1985)의 모형, 그리고 포괄적인 접근을 보이는 클라크 등(2000)의 모형으로 살펴 볼 수 있다.

### (1) 윌(Will)의 OSERS 전환 모형

이 모델은 미 교육부 차관이었던 윌에 의해 특수교육 및 재활서비스국에서 제안된 모델이다. OSERS(the Office of Special Education and Rehabilitation Service)의 전환 모형은 1983년 제정된 미 공법 PL 98-199의 Section 626, 장애인이 학교에서 사회로의 원활하게 이행할 수 있도록 교육적 조치를 충실히 도모해야 한다는 것으로 장애학생의 전환을 효과적으로 돕고 지원하기 위한 고용중심의 모형이라 할 수 있다. 이를 위해 주요 내용으로 특수교육과 직업교육의 협력체제, 연계교육의 기회 증가, 대등한 고용 기회, 학교와 지역사회 이행기관과의 긴밀한 협력체계를 들고 있다. 특히, 학교에서 고용장면으로 옮겨가는 가교 역할을 하는 프로그램으로 질 높은 중등교육을 토대로 성인 취업으로 전환하기 위하여 일반적 서비스, 시간제한적인 서비스, 계속적인 서비스 등 세 가지 프로그램을 제시하고 있는데 각각의 내용은 다음과 같다.

첫째, 일반적인 서비스는 장애학생이 고등학교 때까지 교육받고, 자신이 습득한 자원을 활용하여 졸업 후 외부의 지원 없이 성인세계로 나아가는 방법을 스스로 찾는 것으로 지역고용기관이나 학교의 생활지도 차원 등 다수의 비장애인이 사용하는 고용서비스의 형태를 들 수 있다.

둘째, 시간제한적 서비스는 장애인의 취업을 도울 수 있도록 특별히 구성된 전문적인 재활 및 기타 성인 서비스를 말하는 것으로 장애인이 성공적으로 취업할 때까지 행해지게 된다.

셋째, 지속적인 서비스는 특히 고용이 어려운 중증장애인에게 필요한 것으로 직무 및 직업사회에서 성공적으로 통합될 수 있도록 뒷받침해 주고 유지시키는 데 필요한 서비스이다. 이러한 서비스는 지도감독, 이동 보조, 서비스 담당 기관의 지속적인 참여 등을 통해 이루어질 수 있다.

그러나 이 모형은 전환서비스의 목적을 고용 및 직업 적응에 두고 있어 고등학교 이전 단계에서의 다양한 전환과정, 대학진학 및 훈련, 성인생활의 적응에 필요한 비고용적인 차원은 간과되고 있고, 전환 시기를 고등학교에서 성인 직업사회로 나아가는 몇 년간으로 국한하고 있는 것이 제한점으로 작용한다.

### (2) 웨먼 등(Wenhman, Kregel, & Barcus)의 직업전환 모형

웨먼 등의 모형은 윌의 전환모형을 수용하지만 그 과정을 취업에 이르기 위한 하나의 과정으로 보지 않고, 학교교육, 전환과정을 위한 계획, 의미 있는 직무배치까지 연계되는 세 가지 단계로 보았다. 각각의 단계를 살펴보면 다음과 같다.

첫째, 학교교육 단계로 이는 학교에서 장애학생에게 실제로 필요한 교육과정과 방법을 구성하여 제공하는 투입과 기초 단계라고도 한다. 적절한 중등교육 프로그램의 주요 특성으로 기능적 교과, 통합된 학교, 지역사회에 기초한 서비스 전달 등을 들고 있는데 특히, 기능중심의 교과를 통해 장애학생은 학교를 졸업할 때 이미 취업을 한 상태이거나 쉽게 취업할 수 있는 가능성이 높아지게 된다고 보고 있고, 통합된 환경을 통해 일반인과 동료들과의 대인관계를 강조하고 있다.

둘째, 전환계획 단계로 이는 실질적인 직업전환을 위하여 가장 중요한 단계로 모든 장애학생에 대하여 공식적으로 개별화 전환계획을 개발하고 제공해야 하는 단계이다.

셋째, 직무배치 단계로 이 단계는 전환과정의 결과로 취업, 즉 경쟁고용, 지원고용, 보호고용 등의 취업이 이루어지는 과정이며 전환서비스에 대한 평가와 사후관리가 함께 행해지게 된다.

이 모형은 장애 청소년에 대하여 직업전환 계획을 수립하여 학생이 학교를 떠나기 전에 적절한 자격을 갖출 수 있도록 전환서비스가 계획적이고 체계적으로 실시되어야 한다는 점을 강조하고 있다는 점에서 우수한 모델이라 할 수 있다. 그러나 이 모형도 중등학교에서 직업으로의 전환에 초점을 두고 있어 OSERS의 모형과 마찬가지로 지역사회 적응과 성인생활의 다른 측면들을 간과하고 있다는 것이 제한점으로 작용하고 있다.

### (3) 핼펀(Halpern)의 전환 모형

핼펀의 모형은 OSERS의 모형을 보완하여 전환의 개념을 고용뿐만 아니라 지역사회 적응이라는 관점으로 확장시킨 모델이다. 이 모형에서 핼펀은 장애인의 지역사회 적응을 사회 내에서 다른 사람과 함께 살아갈 수 있는 기술과 질적인 주거환경, 취업이 능숙하게 행해지는 것으로 보았고, 전환과정에서 가장 중요한 요소는 사회 내에서 다른 사람과 함께 살아가는 데 필요한 사회적·대인관계 기술이라고 보았다. 장애인이 성인사회에 성공적으로 적용하기 위하여 고려되어야 할 영역들, 즉 취업과 주거환경, 사회적·대인관계 기술을 보다 자세히 살펴보면 다음과 같다.

첫째, 취업영역은 취업과 직접적인 관계가 있는 직업훈련 프로그램에서부터 직업조사 기술, 최저임금수준 고려 등의 간접적인 관계가 있는 것을 의미한다.

둘째, 주거환경은 거주지역에 접근할 수 있는 거리 내에 지역사회 서비스와 레크리에이션 활용 기회 가능 여부, 이웃관계와 안전 등을 포함하는 환경, 즉 장애인이 독립할 수 있는 질적인 거주환경을 말한다.

셋째, 가장 중요한 영역인 사회적·대인관계 기술은 일상적인 의사소통 기술, 자아존중, 가족지원, 정서적 성숙, 우정, 친밀한 관계와 같은 인간관계 영역을 의미한다.

헬펀의 모형은 전환서비스의 영역을 취업에서부터 주거환경, 사회적·대인관계 기술까지 그 범위를 확대 발전시켰다는 점에서 의의가 있다.

### (4) 클라크 등(Clark, Sitlington & Kolstoe)의 포괄적 전환 모형

클라크 등이 제시한 포괄적 전환 모형은 인생에 있어서 전환이 한 번만 있는 것이 아니고, 하나의 성공적인 전환이 그 이후의 전환을 성공적으로 이끌 가능성이 높다고 가정한다. 그리고 발달이나 생의 단계는 영유아기에 시작하여 생의 모든 연속적인 단계를 포함하고 있으며 각 단계마다 가족과 전문가가 단계계획을 세울 때 그들이 목표로 삼아야 할 일련의 기준 결과나 진출시기가 제시된다고 본다.

클라크 등의 포괄적 전환 모형에서는 장애학생이 직업적응과 자립생활을 하기 위해 필요한 전환 요소로 아홉 개의 지식과 기술영역을 제시하고 있다. 지식과 기술영역은 발달단계에 따라 즉, 태어나서 죽음에 이르기까지 각 단계에 성공적으로 적응하기 위하여 요구되는 기대치를 의미하는 것이다.

포괄적 전환 모형에서 제시하는 아홉 가지 지식과 기술 영역에는 의사소통과 학업성취, 자기 결정, 대인관계, 통합된 지역사회 참여, 건강과 신체관리, 독립적·상호의존적 일상생활, 여가 및 레크리에이션, 고용, 계속교육 및 훈련기술등이 있으며 각각의 내용을 정리해 보면 다음과 같다.

#### ① 의사소통 및 학업수행 기술

의사소통 기술은 표현 기술과 듣기 기술을 말하고, 학업수행 기술은 기본적인 읽기 기술에서부터 향상된 읽기 속도와 어려운 자료들의 이해, 그리고 쓰기(문법, 구문론, 철자), 수학 이해, 수학 계산 기술까지를 포함한다.

#### ② 자기 결정 기술

자기 결정은 자신의 자아에 대한 인식과 자신의 자아를 가치 있게 여기는 것에서 시작된다. 이 단계에서부터 개인은 의사결정을 하고, 개인적인 목적을 설정하며, 이 목적을 충족시키기 위한 행동을 계획하고, 구체적인 결과를 예측하기 위한 정보를 가지게 된다.

### ③ 대인관계 기술 또는 사회화 기술

대인관계 기술 또는 사회화 기술은 연령 수준에 따라 변화하지만 가족, 학교, 지역사회 관계에서 사용되는 기본적인 대인관계 기술을 의미한다. 그 예로 공유하기, 협동하기, 협력하기, 타인의 사생활과 자산 존중하기, 타인의 감정과 선호도에 민감하게 반응하기, 문화적 차이와 가치에 민감하게 반응하기, 특정 환경의 사회적 행동에 대한 기대를 보이기와 같은 긍정적인 사회적 행동을 들 수 있다.

### ④ 통합된 지역사회 참여 기술

통합된 지역사회 참여는 지역사회의 흥미로운 환경에 접근하는 방법부터 그런 환경에 참여하는 실제적인 지식과 기술까지를 의미한다. 예로 쇼핑 등의 환경에 접근하고 참여하기, 지역사회 행사(축제, 박람회, 퍼레이드 등)에 참여하기, 공원과 레크리에이션센터, 종교활동이나 지역사회 활동에 참여하기, 공동 도서관 이용하기 등이 해당될 수 있다.

### ⑤ 건강과 체력 관련 기술

건강과 체력 관련 기술은 투약, 치료절차, 정기적인 검사나 의료적 처치, 물리치료 등과 같은 의료서비스뿐만 아니라 건강문제나 건강양호도를 체크하기 위해서도 필요하다.

### ⑥ 독립적/상호의존적 일상생활 기술

독립생활의 지표는 연령수준에 따라 변화하는데 청소년기에는 일상생활 기술과 독립적 생활 기술, 보다 세련된 옷 입기 기술과 옷에 대한 의사결정, 개인위생 기술, 기본적인 음식 준비, 옷을 관리하고 보관하기, 운전하거나 대충교통 이용하기, 자기 돈을 관리하기, 자기 투약에 대한 책임을 지거나 도움 요청하기, 가정, 학교, 지역사회의 규칙에 따르기 등이 해당된다.

### ⑦ 여가 및 레크리에이션 기술

여가시간 활용은 학교에서 직업으로의 전환과정에서 종종 간과되어 온 부분이다. 비록 가정, 학교, 지역사회 활동에서 자신의 경험을 제한받고 있지만 장애인들은 여가, 레크리에이션, 놀이에 대하여 동일한 욕구와 권리를 가지고 있다. 따라서 장애학생의 여가에 대한 인식과 지식을 개발하고, 확대하며, 활동, 사회적 기대, 자기 결정과 관련된 기술뿐만 아니라 여가 기회에 대한 자신의 욕구와 권리를 주장할 수 있도록 해야 한다.

⑧ 고용기술

장애학생을 위한 고용 기술은 일반적 고용 기술, 일반적 직업 기술, 구체적인 직업 기술이 포함될 수 있다. 일반적 고용 기술은 지시에 따르기, 과제 중 행동, 양질의 일에 대한 관심, 작업 속도에 대한 관심, 오류나 문제를 인식하고 수정하기, 시간엄수, 지시나 비평을 수용하는 능력과 같은 기술을 의미한다. 일반적인 직업 기술은 직장을 찾고 얻는 기술, 읽기, 수학, 의사소통, 대인관계에서 초보 수준의 기술, 부과된 작업과제의 속도, 정확성, 정밀성, 작업환경 변화에 적응하기, 작업수행의 반복성과 단조로움에 적응하기, 직업유지 기술 등이 해당된다. 그리고 구체적인 직업 기술은 컴퓨터 조작, 서비스업 관련 기술, 사무업무 기술 등 작업수행 훈련이나 경험을 통해 학습되는 구체적인 기술을 의미한다.

⑨ 고등학교 이후 교육과 훈련 기술

고등학교 이후 교육과 훈련은 공교육체계를 떠나 이후에 행해지는 공식적인 교육이나 훈련으로 학교 졸업 이후 어떤 분야에서든지 계속교육과 훈련이 중요하다는 것을 의미한다.

이상과 같은 포괄적 전환 모형은 유아에서 성인에 이르기까지 전 생애에 걸쳐 전환이 일어난다고 보고, 모든 개개인의 전환계획을 세울 때 반드시 그 시기에 적합한 지식과 기술 영역, 그리고 여러 가지 서비스 전달 대안들 간의 연관성을 고려하여 계획이 수립되어야 함을 강조하고 있다는 점에서 의의가 있다.

### 3) 전환고용의 단계

이상에서 다룬 전환고용의 개념과 모형에 기초하여 전환과정을 정리해 보면 크게 세 가지 단계로 구분해 볼 수 있다. 즉, 학교교육 단계에서 행해지는 교육서비스, 학교에서 사회로 전환하기 위해 행해지는 전환계획, 그리고 졸업 이후 단계에서 행해지는 중등교육 이후 서비스로 구분할 수 있고, 각 단계별 내용과 목표는 서비스를 받는 개개인의 욕구에 따라 다양하게 제시될 수 있다.

#### (1) 학교서비스

학교서비스는 교육과정의 개발 및 적용, 교육내용과 관련된 여러 가지 요인을 고려해야 한다. 특히, 교과과정은 당면 목표가 고용이든 중등 이후 지속적인 교육(예 : 대학)이든 최대한 독립적인 성인생활을 할 수 있도록 하는 기능적 기술에 기초하여 편성되어야 한다.

그리고 교육내용에는 현재와 미래에 필요한 가정, 사회, 지역사회, 그리고 직업 기술과 독립적인 삶의 분야들이 반영되어야 한다. 따라서 학교 교육에서는 생태학적 평가에 기초하여 교과과정 및 교육내용을 개발하고, 이를 기반으로 통합교육과 지역사회 중심교육, 그리고 일반화가 이루어질 수 있도록 해야 할 것이다.

**① 생태학적 평가**

생태학적 평가 모형은 고용주, 기관, 가족, 친구 등 장애학생 주변 사람들과의 상호관계를 통해 재활이 이루어지고, 특히 고용주가 장애학생의 고용과정에서 적극적인 파트너로 참여하는 협력 모델을 의미한다. 이 과정에서는 장애학생의 현재와 잠재된 미래의 교육, 고용, 거주, 지역사회에의 적응에 대한 기술과 욕구를 사정하게 되는데 주된 평가영역으로 특정 분야에서 학생의 장・단점, 장애학생이 지닌 잠재적인 지원체계, 학생 및 가족의 흥미와 목적 등을 중심으로 이루어진다.

개인의 장・단점에 대한 평가는 개인의 잠재적인 기술 욕구와 특정 과업분석, 목표 장면에서 적응하는 데 필요한 사회적 기술의 분석과 기술 진행 과정, 다양한 목표상황에서 필요로 하는 통합된 기술 등을 통해 이루어진다. 잠재적인 기술욕구는 목표 장면에서의 관찰, 동료 상황 관리자와의 면접, 목표하는 기술영역에서의 교육과정 사정, 장애학생의 생활 기술을 측정하기 위하여 개발된 생활중심 진로교육 능력평가 척도, 독립생활기술 검사도구 등과 같은 상업용 검사도구를 통해 확인할 수 있다.

**② 통합교육**

통합교육은 전환고용의 목적을 효과적으로 이루기 위해 장애학생을 통합된 학교환경, 즉 비장애학생과 함께 교육받게 해야 한다는 것이다. 이러한 통합교육에 대해 논쟁의 여지는 남아 있다. 즉, 일반교사가 장애학생을 일반수업에 어떻게 참여시키는지, 장애학생이 일반수업에 어느 정도 통합될 수 있는지, 장애학생의 사회적 통합을 증진시킬 수 있는 가장 좋은 방법이 무엇인지 등의 문제는 계속해서 논쟁이 되고 있지만 그럼에도 불구하고, 장애학생은 특별히 보호되지 않는 환경을 접해야 하고, 그러한 사회적 분위기를 만들어야 한다.

③ 지역사회 중심 교육

지역사회 중심 교육은 보다 효과적인 전환을 위하여 학교서비스가 가정, 고용 장면, 그리고 지역사회라는 좀 더 큰 환경에서 통합적으로 접근되어야 한다는 것이다. 이를 위하여 실제 상황에서 교육을 제공하고, 다양한 지역사회에서 효과적으로 기능하도록 지역사회에서의 생존 기술에 중점을 두고 교육해야 한다(예 : 식당, 가게 등). 중증장애인은 종종 한 상황에서 배운 기술을 새로운 상황에 적용할 때 어려움을 경험한다. 이는 상황에 따라 학습한 행동을 일반화하는 데 문제를 가지고 있기 때문인데 지역사회 중심 교육은 고등학교에 다니는 동안 지역사회 변화나 당면한 현실, 그리고 경험을 기초로 학습하므로 이후 지역사회에서 성공적으로 기능할 수 있도록 도울 것이다.

④ 교육절차

교육절차는 장기적으로 학생이 독립하여 살게 될 곳으로 예상되는 지역사회 장면에서 자연적으로 발생하는 역할과 결과를 활용하도록 가르치는 것이다. 사실 장애학생은 한 가지 기술과 한 가지 상황에서 필요한 방법, 그리고 인위적인 역할연습만으로는 실제 지역사회에서 그들 자신의 기능과 역할을 할 수 없을지도 모른다. 단일 기술과 단일 상황(예 : 교실 대 다른 지역사회 장면)은 일반화에 어긋난 역할을 할 수도 있다. 게다가 인위적인 역할을 계속적으로 이용하는 것은 오히려 학생을 의존적으로 만들 수 있으며 이러한 의존성은 고용에 엄청난 장벽을 초래할 수 있다. 학생의 독립을 증진시키기 위한 양질의 교육은 학생이 자신의 행동에 대한 잠재적인 결과를 알고, 자연적인 강화에 반응하며 다음 행동을 이끌기 위해 피드백(동료 또는 관리자로부터)을 이용하도록 도와주는 것이다. 이때 피드백을 이용하는 것은 고유한 문제해결 방법 중의 하나로 이러한 문제해결 과정을 통해 장애학생이 문제를 알고 잠재적 해결을 일반화하며 잠재적인 자원을 기록하고, 잠재적인 결과를 예상할 수 있도록 가르친다면 전환과정에서의 성공확률은 더욱 높아질 것이다.

### (2) 전환계획

전환계획은 적어도 졸업하기 3년에서 5년 전에 시작되고, 전환계획을 개발하기 위하여 팀이 구성되게 된다. 기본적으로 전환계획 팀에는 특수교사, 직업담당교사, 직업재활전문가, 재활기관 관계자(직업시설 혹은 생활시설), 정신건강상담가, 사례관리자, 직업재활전문가, 대리인,

고용주나 인사담당자 등 다양한 분야의 관계자와 훈련 실무자들이 포함될 수 있고, 그 외에 부모나 보호자, 장애학생이 개인의 의사결정을 위한 동등한 구성원으로 참여하게 된다. 전환계획은 학생의 직업적 목표를 성취하는 데 필요한 특별한 서비스, 적당한 기관 소개, 특수한 배치, 구체적인 사후지도 과정과 서비스가 포함된다. 그리고 1986년 미국 장애아교육법의 개정으로 학생과 부모는 팀의 활동적이고 중요한 성원이 되며 그들은 교직원에 의해 수립된 계획에 더 이상 수동적인 자세를 취하지 않게 되었다.

#### (3) 중등교육 이후 서비스(post-secondary services)

중등교육 이후 서비스는 전환과정에서 제기될 수 있는 여러 가지 문제를 고려해야 하는 시기이다. 중등교육 이후 서비스의 궁극적인 목표는 학생이 의미 있고, 유리하게 고용되고, 최대한 독립생활을 준비할 수 있도록 하는 것으로 학교에서 직업으로 전환은 대학교육, 독립생활, 현장교육, 지원고용 등을 통해 이루어질 수 있다. 이 과정에서 윌은 장애학생이 특별한 서비스 없이 고용될 수 있는 유형과 시간제한적 서비스가 필요한 유형, 지속적인 서비스가 필요한 유형으로 구분하여 고용유형을 제시하고 있다.

### 4) 전환고용에 영향을 미치는 요인

전환고용을 효과적으로 달성하기 위해서는 다음과 같이 전환과정에 영향을 미치는 여러 가지 요인을 잘 이해하고 활용할 수 있어야 한다.

#### (1) 초기 개입

초기 개입은 장애학생이 특별한 욕구를 가진 것으로 확인되거나 필요로 할 때 즉시 개입되어야 한다는 것이다. 1984년 미국 특수교육 및 재활서비스국에서 전환고용이라는 용어가 처음 사용될 때는 14세에서 16세에 전환서비스를 시작하기로 하였으나 1997년 장애인교육법을 개정하면서 14세 이하로 하향조정하여 초기 개입의 중요성을 인정하였다. 우리나라의 경우, 전환서비스의 개입은 초등학교에서부터 장애아동의 교육계획에 수반되어야 한다. 교육목표가 장애인이 지역사회의 일원으로 완전히 참여하는 데 있다면 전환고용 계획도 장애아동이 성인이 되었을 때 일과와 주거, 여가생활을 포함한 모든 영역에서 독립적인 삶을 살아갈 수 있도록 하는 데 맞추어 이루어져야 한다.

### (2) 기관 간 연계

기관 간 연계는 학교에서 사회로 성공적인 전환을 하기 위하여 장애학생과 부모, 학교, 재활기관이 일련의 체계화된 전달체계 속에서 서로 자원이 되어 협력하는 것을 의미한다. 즉, 장애학생이 학교를 떠나기 전부터 학교와 재활기관은 상호 협력하여 학교 졸업 후의 성인 서비스가 시작될 수 있도록 해야 하고, 이러한 서비스는 장애인의 독립된 생활을 하기 전까지 지속적으로 제공되어야 한다. 그러나 학교와 재활기관은 그 기관에서 사용하는 용어나 적격성 기준이 서로 달라 제대로 연계되지 않을 수도 있다. 그럴 경우, 기관 간의 서비스 중복이 나타나고, 장애인이 현재의 고용 상태와 독립적인 생활을 유지하도록 지원하는 성인 프로그램은 절대적으로 부족하게 된다. 기관 간의 효율적인 연계는 서비스 경계상의 여러 가지 분쟁이나 기금문제를 해결할 뿐만 아니라 각 프로그램의 가치나 철학, 목적을 조정하여 공동의 사업이 되게 할 수도 있다. 따라서 이러한 기관 간의 연계를 쉽게 하여 이중적인 서비스를 빙자하고 적절한 고용훈련과 직무배치가 이루어질 수 있도록 해야 한다.

### (3) 체계적이고 종합적인 계획수립

체계적이고 종합적인 계획수립은 전환과정에 매우 중요한 부분으로 장애학생의 개별화 전환고용 계획을 개발하는 것이다. 미국에서 개별화 전환고용 계획은 특별한 형식을 가지고 있지 않지만 일반적으로 개별화 교육 프로그램 개발 시 사용되는 것과 비슷한 절차와 형식을 따르는 경우가 많다. 다만 전환고용 계획을 개발할 때 다음과 같은 내용은 반드시 포함되어야 한다.

첫째, 전환고용 서비스의 대상이 누구인지를 분명히 해야 한다. 이상적으로 특수학교를 졸업하는 모든 학생이 전환서비스를 받아야 한다. 그러나 전환고용이 보다 효과를 거두려면 학교 졸업 후 고용을 유지하거나 독립적인 생활이 어려운 자로 한정해야 한다.

둘째, 전환고용 서비스의 주체가 누구인지를 분명히 해야 한다. 당연히 전환고용 서비스의 주체는 특수학교가 될 것이다. 그러나 직업재활 기관의 참여 없이는 성공을 기대할 수 없다. 따라서 기관 간 협력과 조정이 반드시 필요하다.

셋째, 전환고용을 계획할 때 관련자 모두를 포함해야 한다. 전환고용 계획은 지역수준과 개별화에 따라, 그리고 장애의 정도와 유형에 따라 달라지겠지만 계획을 수립할 때 특수교사, 직업담당교사, 직업재활 전문가, 부모, 학생 등이 포함되어야 한다.

넷째, 모든 상항을 전환고용 계획에 포함해야 한다. 전환고용 계획에는 직업배치와 고용 목표, 지도력, 이동수단, 독립생활 목표, 사회보장 지원 등 전환과 관련된 사항이 모두 포함되어야 한다.

#### (4) 적절한 통합

적절한 통합은 효과적인 전환서비스를 위하여 장애학생의 통합을 극대화해야 한다는 것이다. 장애학생이 일상생활을 준비하며 비장애인과 함께 일하는 것은 독립생활에 중요한 경험이 된다. 적절한 통합 장면에 학생이 고용되고, 일과 사회를 경험하며, 비장애인과 함께 지역사회 환경에서 함께 생활함으로써 그들은 자연스럽게 일과 지역사회의 요구와 기대를 이해하게 된다. 그리고 일과 관련된 대중교통 수단의 이용과 레저 프로그램은 작업환경의 외적인 측면에서 장애인을 통합시키는 중요한 요인으로 작용하기 때문에 전환고용 계획에는 이러한 사항도 반드시 포함되어야 한다.

#### (5) 지역사회 중심 생활 및 작업 기술 교육과정

지역사회 중심 생활 및 작업 기술 교육과정은 전환서비스 계획이 지역사회 중심의 생활 및 작업 기술을 기초로 해야 한다는 것이다. 만일 이것이 뒷받침되지 않으면 특수학교에서의 전환서비스는 장애학생이 사회에서 독립적인 생활을 유지하는 데 별 도움을 주지 못한다. 지역사회 중심 훈련은 버스와 지하철 이용을 비롯하여 대형 할인매장이나 백화점에서 쇼핑하거나 소비자로서의 기술을 훈련하며 통합된 작업 현장에서 훈련하는 것이다. 이러한 현실적인 직업 경험은 학생이 작업환경과 고용주 또는 동료가 기대하는 바를 현실적으로 이해하는 데 많은 도움이 되고, 실제 작업장에서 장애학생의 성공과 실패는 전환고용을 계획하는 전문가에게 교육과정을 평가하고 사정할 수 있는 기회를 준다는 면에서 의의가 있다.

#### (6) 마케팅과 고용주 관계

마케팅과 고용주 관계는 효과적인 전환서비스를 위하여 장애학생을 배치할 수 있는 직무를 개발하고 노동시장을 분석하며 고용주와 전환고용에 대해 많은 토론을 하는 등의 노력을 해야 한다는 것이다. 이것은 직무개발 및 배치에서 언급하고 있는 전략을 활용하면 도움이 될 것이다.

#### (7) 인력개발

잘 훈련된 인력의 부족은 전환고용 서비스를 효과적으로 진행하는 데 중요한 문제점으로 지적되어 왔다. 미국 특수교육 및 재활서비스국에서 이루어진 전환고용 실태조사는 전환서비스의 지체나 문제의 주된 요인이 전문인력의 훈련과 고용에 있다고 지적하고 있다. 인력개발은 전환서비스를 직접 담당하는 인력을 훈련하는 것도 중요하지만 지원하는 인력도 함께 훈련해야 한다는 것으로 관련 직원 간에 의사소통을 원활하게 할 때 전환서비스의 효과는 증진될 수 있을 것이다. 따라서 전환과정의 주요 인력인 직업담당 교사, 특수교사, 상담교사는 학생의 영향을 주는 문제를 지속적으로 살필 수 있어야 한다.

#### (8) 프로그램 평가

프로그램 평가는 전환서비스의 유지와 발전, 성공의 중요한 열쇠로 전환서비스에 대한 평가를 통해 장애학생들에게 무슨 일이 일어났는지를 알 수 있다. 전환 프로그램에 대한 평가는 양적인 면과 질적인 면을 모두 중요하게 다루어야 한다. 따라서 전환고용 담당자는 직무형태, 임금, 사회보장 급여, 근로시간, 직업보유기간, 통합수준, 지역사회 지원서비스의 접근, 지역사회 참여서비스에 대한 고객의 만족 등의 정보를 수집해야 한다. 그리고 전환서비스를 평가하는 척도로는 삶의 질에 대한 정보, 생활유형만족도, 비용·편익분석이 있다. 프로그램 평가의 결과는 유용성과 프로그램 변경을 위해 활용될 수 있다. 일반적으로 전환고용에 대한 최선의 노력에도 불구하고 많은 장애인들은 특수교육을 마치고 나면 고용과 독립생활을 유지하기에 어려운 문제에 봉착하게 된다. 이러한 문제는 지속적인 사정과 평가결과를 통해 상당 부분 개선될 수 있을 것이다.

## 2. 자영창업

장애인고용의 다른 한 형태는 자영창업이다. 현행 노동법에서는 이를 고용으로 간주하지 않고 있으나 사실상 장애인의 직업재활에 있어서 자영창업은 장애인의 유망한 적합직종 중의 하나이다. 실례로 시각장애인의 안마·지압원 운영이나, 장애인의 공공시설 자판기나 매점 운영, 장애인 노점상, 시계수리나 금·은세공기술훈련과 구두기술훈련 등은 모두 자영창업을 위한 직업훈련이다. 자영창업의 유형은 다음 세 가지로 정리할 수 있다.

### 1) 독립 자영창업

장애인 스스로 혹은 독립적인 관계에서 동업자와 더불어 사업을 실시하는 것으로 공단의 창업자금융자제도나 중·소기업 창업자금융자 제도 등의 제도를 활용하여 자본금을 지원받을 수 있다. 이 경우 창업 관련 분야에 해당하는 특허, 기술, 재직경력 등이 있을 경우 지원과 성공률이 높다.

### 2) 협력 자영창업

장애인이 주인이 되어 영업을 하나 장애로 인해 일부 보조원을 고용하여 영업하는 형태이다. 그러나 단지 필요한 직원을 고용하여 영업하는 것은 독립 자영창업에 해당한다.

### 3) 사회적 경제조직을 통한 자영창업

시장과 공공 사이에서 양자를 통해 충족되지 못한 요구를 해결하기 위해 재화와 서비스를 제공하는 경제활동 영역을 사회적 경제라고 볼 때, 협동조합, 공제조합, 연합체의 성격을 가진 다양한 비영리조직 및 재단 등이 사회적 경제조직이 된다. 사회적 경제조직은 사람중심의 가치를 갖고 첨예한 시장주의 논리와 산업화로 인한 불평등 심화, 인간성의 황폐화와 공동체 파괴 등을 회복하려는 성향을 띤다. 즉 이윤 극대화를 지향하는 자유주의 시장경제의 문제를 극복하고 이기적인 인간이 아닌 이타적인 인간, 인간성 회복을 위해 서로 협력하고 연대하고 그에 대한 결과로 지역 내 공동체가 형성되는 사회를 추구하는 것을 목표로 한다. 그런 맥락에서 장애인이 장애 동료 내지 의식 있는 비장애인들과 함께 사회적 경제조직을 기반으로 자영창업을 하는 것은 매우 의미 있는 일이라고 본다.

# 장애인과 이동, 접근, 보조공학 13

접근성과 이동성의 부족이나 손상이 장애인의 삶의 질을 낮추는 요인이라는 것은 누구나 쉽게 알 수 있다. 하지만 이를 해결하기 위해 애쓰고 수고하며 노력하는 것은 또 다른 차원의 일이다. 사람들은 머리로 아는 것을 행동으로 옮기려 하지 않을 때가 많으며, 자신에게 이익이 되지 않는 한 쉽게 움직이지 않는다. 삶의 질은 모든 사람에게 중요하다는 것을 아는 것과 그렇게 중요하다고 생각하는 것을 현실 세계에 반영시키는 것은 별개라는 사실이다. 그런데 장애를 가진 서비스이용자들도 여느 사람들과 똑같이 자립과 사회적인 존엄과 자유를 포함한 삶의 우수한 가치를 소망한다. 이것은 그들이 선택한 안전한 장소에서 생활할 수 있는 능력과 그들의 환경을 스스로 좌우하는 능력, 그리고 비장애인들이 중심이 되는 사회에서 고용을 획득하고, 모든 사회적 활동에 배제되지 않고 참여할 뿐만 아니라 원하는 곳, 어디든 떠날 수 있는 능력을 포함한다.

한국사회에서 장애인들의 삶은 1990년대부터 본격화된 강력한 장애인운동으로 인한 제도와 정책의 변화를 통해 개선된 바가 크다. 그 이전만 해도 주택, 교육, 고용 그리고 교통과 물리적 사회환경은 장애인들로 하여금 제한된 생활과 외출할 수 없는 여건을 당연한 것으로 받아들이게 했었다. 장애인들을 바깥으로 나오게끔 안내하는 사람들이 흔치 않았다. 그런 상황에서 장애 당사자들이 적극적으로 자신의 이동과 사회적 환경에의 접근, 이를 뒷받침할 수 있는 보조공학적인 접근들을 말하기 시작했다. 그 결과 점차 법이나 법규 같은 것들이 장애인들이 필요로 하는 방향으로 바뀌게 되었다. 비록 천천히 하나하나씩 변화되었지만 하나의 변화가 또 다른 변화를 만들어 낼 때는 급격히 가속화되었다. 장애인에게 편리한 것은 비장애인에게도 편리하다는 인식도 조금씩 자리 잡아갔다. 장애인의 이동과 접근이 보장된 새로운 주거 형태는 과거 오래된 주거 형태에 적합했던 삶의 형태를 바꾸었고, 편리한 삶을 위한 필수적인 요건이 있음을 사회에 각인시켰다. 현재 널리 보급되고 있는 유니버설 디자인이라고 불리는 '보편적 설계'는 건축 양식과 공공에 의해 설계된 공립학교들과 공공건물 등을 통해 확산되고 있다.

가장 기본적인 접근방법은 규칙대로 일반적으로 인정된 공공시설과 거리 가장자리에 배치한 인도를 장애인이 다닐 수 있도록 구획하는 데에서부터 시작되었다. 교통신호에 소리가 들리게끔 설치되었고, 엘리베이터에 소리음이 났으며 심지어 점자 표시가 부착되었다. 장애인들을 위한 주차공간은 모든 공공 거리와 쇼핑센터에까지 배치되었다. 공공 화장실은 변기에 각종 편의기구들이 장착된 장애인용 화장실이 의무적으로 생겨났다.

마침내 장애인들이 자신의 집에서 길과 거리, 음식점, 공원과 극장 등으로 나오게 되었다. 이런 변화들 사이에 법과 정책들은 장애인들로부터 영향받아 또 다른 발전적인 법과 제도의 개혁 등이 나타났다. 예를 들면 급격한 발전을 거듭하고 있는 과학기술과 흥미롭고 창조적인 혁신기술로 만들어진 '먹기 편한 음식'과 '입기 편한 의상', 요리, 주택 청소, 이동, 읽기, 쓰기, 걷기, 전화 사용, 의사소통 그리고 그밖에도 장애인들에게 수많은 편리한 것들이 고안되어 강화되었다. 그러므로 사회복지사는 당연한 권리로서 이동과 접근, 보조공학 등이 장애인들에게 보장되고 지원될 수 있도록 노력해야 한다.

실제로 주거공간에 대한 수정과 조절은 장애인의 자립과 자기 만족을 가능하게 한다. 유니버설 디자인 운동은 장애인들을 위한 접근성과 적응성에 대한 새로운 접근을 제안한다. 유니버설 디자인은 사람들의 필요가 수명을 바꿀 것이라고 생각한다. 그리고 모든 사람들의 그 필요가 모든 사람에 의해 즉시 사용 가능한 환경을 디자인하는 것으로 장애인과 비장애인 모두를 행복하게 할 것이다.

또한 장애를 지닌 사람들의 필요를 충족시키는 기술을 받아들이는 창조적이고 혁신적인 아이디어는 좋은 삶의 질의 가능성을 향상시키는 데 아주 중요한 요건이 된다. 통신기기는 거의 모든 사람들이 의사소통을 하도록 해준다. 그리고 다양한 기술을 통해 작동되는 환경제어와 가정관리 도움은 사람들이 개인적으로 편안한 환경을 창조하고 유지하도록 도와준다. 첨단기술은 개인적으로, 또 대중적으로 새로운 교통수단을 제공하기도 했다. 교육적으로 적용 가능한 기술은 교육적 기회뿐만 아니라 고용과 훈련 가능성을 확장하였다.

따라서 사회복지사는 장애를 가진 서비스이용자들이 이런 변화된 모든 사용을 극대화하기 위해서 열정적으로 지원해야 한다. 법과 프로그램을 이용하기 위해서, 그들 자신의 능력과 창조성뿐만 아니라 기술과 건축 설계는 그들이 삶을 살기 위한 바람에 대한 모든 적극적이고 의미 있는 참여를 가능하게 해준다는 것을 사회복지사는 결코 잊어서는 안 된다.

# 제1절 이동과 접근

## 1. 장애인의 주변 환경과 교통수단, 거주공간

### 1) 주변 환경

아무리 주변 환경이 장애인이 살기에 좋아졌다고 하지만 그래도 한 번 집과 거리로 나가 보자. 어떤 상황이 장애인들에게 일어날 수 있겠는가? 각 도시와 마을에서는 장애를 가지고 있는 사람들을 위한 권리와 서비스 업무라는 조건으로 전문용어를 의미심장하게 변경하고 있다. 그렇지만 장애인들의 삶은 크게 달라지지 않았다.

장애인을 위한 주변 환경은 어떤 것들이 있어야 할지를 생각해 볼 필요가 있다. 먼저 휠체어를 이용하는 사람들을 위해 극장에 편의시설을 설치하여 이동의 편리성을 제공하고 음식점에서는 들어가는 입구에 경사로를 갖추어야 한다. 슈퍼마켓과 모든 가게에서는 빈번히 전동 휠체어를 타고도 움직이기 쉽도록 장애인 고객들을 위해 공간이 넓은 계산대를 확보해야 한다. 공공기관의 엘리베이터는 점자와 허리선에 조작 버튼이 있어야 한다. 최소한 종합병원이나 장애인이 자주 이용하는 재활병원 등과 같은 곳에서는 가급적 낮은 높이의 안내 카운터를 가지고 있어야 한다. 그래야 휠체어에 탄 장애인이 배제되지 않을 수 있다.

만일 장애를 갖고 있는 서비스이용자가 주변 환경으로부터의 스스로 이동하는 데에 어려움을 느낀다면 사회복지사는 이 일의 심각성을 인지하고, 이동에 장벽이 될 만한 모든 가능한 상황을 예상하여 서비스이용자와 함께 주변 환경을 면밀히 살펴볼 필요가 있다. 예를 들면 장애를 갖고 있는 서비스이용자의 주거환경은 가파른 언덕 위에 있거나 움직임이 제한된 곳은 아닌지, 식당이나 생활시설들에 접근하기가 어렵지는 않은지, 그리고 혹시나 혼잡하고 시끄러운 곳은 아닌지, 거리의 한 쪽 면만 보행자 보호선이 있는 것은 아닌지, 마트나 편의점 혹은 식료품점이 접근하기에 너무 먼 곳에 위치하고 있지는 않는지, 서비스이용자의 주거공간이 안전하지 못할 뿐만 아니라 지나치게 시끄럽고 번잡한 네거리에 있지는 않은지 등을 살펴야 한다.

각각의 서비스이용자들이 필요로 하는 욕구들과 주변 환경은 서로 일치하지 않을 것이다. 하지만 사회복지사는 가능한 한 주변 환경을 장애 친화적인 환경으로 개선하기 위해 노력해야 한다. 그와 같은 일을 통해 장애를 갖고 있는 서비스이용자가 자유롭게 이동할 수 있는 현실이 이루어질 수 있는 것이다. 장애인의 이동을 보장할 수 있는 지역사회 환경 조성의 첫 걸음은 문제 상황에 대한 인식을 하고 지역주민과 지역사회가 함께 공감하는 것이다. 그런 다음 서비스이용자와 함께 사회복지사는 보다 실질적이며 세부적인 필요를 충족시킬 수 있는 다양한 접근들을 도출할 수 있다.

### 2) 교통수단

사람들은 보통 일을 하러, 학교에 가기 위해, 그리고 건강을 관리하기 위해, 친구들과의 교제를 위해, 기분전환을 위해 그들의 집을 떠나 다른 지역으로 떠나거나 여행을 간다. 이것은 대중교통이나 자가용 같은 교통수단을 요구한다. 운전을 할 수 있으나 적합한 장치가 필요한 장애인들은 브레이크, 가속기 장치, 기어 변환, 그리고 클러치(연축기) 제어기, 조종 부품, 회전 신호와 라이트 제어기 그리고 다른 운전 제어장치와 같은 특수한 운전 제어장치와 함께 차를 구매하거나 임대할 수 있다. 승강기와 이동트랩을 갖춘 승합차(예 : 솔라더) 또한 가능하다.

서비스이용자들은 운송수단(자가용, 오토바이 등)을 운전할 수 없을 수도 있고, 또는 대중교통수단을 선호할 수도 있다. 물론 장애인 콜택시를 이용할 수도 있다. 특히 대량 운송 시스템은 승강기가 있는 버스, 철도 시스템의 승강기나 엘리베이터, 기차의 계단 높이에 맞춘 플랫폼, 그리고 높은 접근성을 갖는 다른 방법들과 같은 도움을 제공하며 장애를 갖고 있는 사람들을 위해 편의를 도모하고 있다. 그러나 모든 대량 운송수단의 접근이 용이한 것은 아니다. 접근성은 특정한 노선, 특정한 시간 간격, 또는 특정한 정류장(또는 역)에만 제한되어 있다. 그 결과 장애를 갖고 있는 모든 서비스이용자들이 대량 운송 시스템을 사용할 수 있지는 않다. 그러므로 고정 노선 시스템을 이용할 수 없는 사람들을 위하여 보조 교통수단 서비스를 제공해야 한다. 보조 교통수단 시스템에 대한 접근을 확대하기 위한 가장 큰 쟁점은 역시 적격성이다. 사회복지사는 보조 교통수단을 제공해야 할 때, 고려해야 할 적격성에 대한 다음과 같은 세 가지 요건을 이해하고 있어야 한다.

첫째, 스스로 오르고(배, 기차, 비행기 등), 타고(자가용 등), 그리고 내리는 것이 불가능한 사람들이다.

둘째, 휠체어 승강기를 갖추고 있지 않은 고정 노선에서 휠체어 승강기 등과 같은 보조 장치가 필요한 사람들이다.

셋째, 날씨와 거리, 그리고 유사한 “자연적 또는 인공적 장벽(장애물)” 때문에 고정 노선을 이용할 수 없는 사람들이다.

이런 경우에 사적 교통수단 또한 장애인 콜택시 등과 같은 보조 교통수단이 시스템화되어 보다 체계적으로 장애인들에게 서비스 제공이 이루어져야 한다.

한편 비행기와 장거리 여행도 장애를 가진 사람들이 손쉽게 이용할 수 있도록 해야 한다. 단지 장애라는 이유로 탑승을 거부하거나 어떤 비행기나 장애인들의 수를 제한하면 안 된다. 장애인이라는 이유로 여행안내의 접근을 거부당하거나 운송수단의 탑승 거부는 아마도 겉모습이나 행동에 영향을 받는다. 장애인 고객이 문제를 겪는다면, 항공사 측의 고충관리 업무를 담당하는 곳에서는 즉각적으로 해결 가능할 수 있도록, 즉 장애인 고객이 원하는 것에 즉각적으로 대처할 수 있도록 해야 한다. 만약 문제가 해결되지 않을 경우 사회복지사는 적극적으로 옹호해야 하며 관련 기관과 소통하여 신속하게 문제를 중재하고 해결해야 한다. 아울러 공항들도 일반적으로 공항 근처에 장애인의 접근성이 용이한 주차 공간과 의료시설, 화장실, 식수시설, 표 발매 시스템(티케팅 시스템), 탑승수속과 수화물 찾기의 접근성, 항공기 탑승과 하차에 관련된 도움 등을 제공해야 한다. 사회복지사는 이와 같은 물리적이며 구조적인 공항 환경에 대한 점검과 조사를 늘 하여야 한다. 그래서 장애인들이 더 이상 국내나 해외를 여행할 때마다 경험하는 배제되거나 제한된다는 느낌을 갖지 않도록 해야 한다. 기차나 버스를 통한 장거리 이동은 언제든 접근 용이하고 어느 도시, 어느 나라나 마음껏 갈 수 있는 시스템을 개발하여 시행해야 한다. 사회복지사는 장애인이 여행을 즐겁고 문제 없이 할 수 있도록 사전에 미리 계획을 짜고 실행할 수 있도록 도와야 한다.

### 3) 거주공간

기존 거주공간을 수정해야 할 때가 있다. 거주공간의 변경은 장애를 가진 서비스이용자가 자신의 가정환경에서 편안하고 안전할 수 있도록 도움을 주는 데에 필수적일 수 있다. 서비스이용자의 요구사항을 해결하는 데에 도움이 되는 몇 가지 거주공간의 개선방안을 제시하면 다음과 같다.

첫째, 청각 제한에 대한 대응이다. 청각장애를 가진 사람들은 현관 벨소리, 전화 및 화재경보 같은 경고벨 소리 같은 일상적 소리를 들을 수 없을 것이다. 변경 가능 부분은 소리 확대, 시각적 신호기, 진동벨 설치 등이다.

둘째, 시각 제한에 대한 대응이다. 시각장애를 가진 사람들은 낮은 불빛이나 눈부신 빛 아래에서 곤란을 겪을 수 있고, 안개가 낀 듯이 보이거나, 세세한 부분을 볼 수 없을 수도 있다. 자동온도조절장치, 기계조절장치, 인쇄물, 전화번호부 등을 보고 읽는 데에 영향을 끼칠 수 있다. 집 변경 가능 부분으로, 조명, 특히 특정 공간에 중점을 둔 업무 조명 확대, 눈부심을 줄이기 위한 블라인드나 커튼 사용, 바닥과 기타 물건들에 비광택 마감재 사용 등이 있다. 소재 변경 같은 촉각 감지도 도움이 된다.

셋째, 후각 감소에 대한 대응이다. 향기를 감지하지 못하거나, 여러 냄새들을 구별하지 못하는 사람들도 있다. 그들은 화재, 가스 누출, 독소 같은 위험한 냄새들을 감지하지 못할 수도 있다. 시각적 혹은 청각적 신호기가 있는 검출기 등이 도움이 된다.

넷째, 촉각 및 손재주 변화를 통한 대응이다. 열기, 냉기 또는 소재의 성질 등을 감지하는 데에 어려움이 있거나, 끼워서 조이거나 쥐는 동작 같은 섬세한 손가락 동작을 할 수 없는 사람들도 있다. 그들은 문손잡이, 수도꼭지, 기계조절장치, 문과 창문, 전기선 등을 다루기가 힘들다. 구별이 가능한 소재를 사용하면 도움이 된다. 레버 핸들, 로커 조명 스위치, 기타 쥐기 쉽고 조작이 쉬운 장치 등을 설치하고 안전을 위해, 온수 온도계의 위치를 낮추고, 온도제한장치를 설치하고, 눈에 잘 띄는 표지와 스토브 버너 덮개를 사용한다.

다섯째, 체력 감퇴 및 동작의 범위를 개선함으로써 대응하는 것이다. 물건 들어올리기, 밀기, 당기기, 손을 뻗어 잡기, 구부리기, 무릎 굽히기, 또는 오래 서 있기 등이 어려운 사람들이 있다. 발판과 손잡이 등이 도움이 된다. 조절장치를 접근하기 쉬운 곳에 두고, 이동식 선반, 다른 높이의 작업대, 넣고 빼기 쉬운 서랍장, 높이 조절이 가능한 찬장 기둥, 싱크대 연결 장치용 긴 호스, 기타 많은 변경이 가능하다.

여섯째, 이동성과 민첩성 감소에 대한 대응이다. 집 안팎에 이동에 방해가 되는 장애물을 제거하거나 줄이고, 경사로와 차고 문 전자개폐장치를 설치, 출입구를 더 넓게 만들고, 문지방을 교체 또는 제거하고, 공간과 가구를 재배치하는 것이 도움이 된다. 샤워보조기구를 갖춘 욕실, 리프트를 설치한 침실, 충분한 손잡이 등이 유용하다.

일곱째, 균형감각 또는 근육공동작용 상실에 대한 대응이다. 이것은 사람들이 서 있거나 걸을 때 불안정하게 만들고, 넘어질 위험이 있다. 의자와 침대에 오르고 내릴 때도 힘들다. 도움이 되는 변경은 작은 깔개들을 치우고, 문지방과 침대를 낮추고 의자를 올리는 것 등이다.

여덟째, 인식력의 변화에 대응이다. 인식력에 변화가 있는 사람들은 위험을 인식하지 못하거나 정신이 산란해질 수 있다. 주의가 산만해지는 것을 막을 수 있는 안전한 장치가 도움이 된다. 칼, 가위, 뜨거운 버너, 전기 소켓, 약품 등 위험한 물건들을 가까이 두지 않는다.

## 2. 유비쿼터스

인터넷, 디지털 멀티미디어 방송, 인터넷 방송, 와이브로, 5G 시스템에 기초한 가상현실 및 증강현실 기술 등 첨단 과학기술 문명 속에서 일상화된 다양한 미디어들이 현대인들의 삶을 통째로 바꿔 놓았다. 가히 코페르니쿠스적 혁명이라 부를 만하다. 언제, 어디서나 다양한 미디어에 접속이 가능할 뿐 아니라 이를 통해 다양한 서비스를 제공받을 수 있는 시대가 도래하였다. 특히 증강현실 기술은 스마트 디바이스 화면이나 HMD(Head-Mounted Display),[43] 안경 형태 등을 통해 구현되어 차량의 내비게이션, 위치 검색, 전투기 및 차량 정비 훈련 및 제작, 모바일 광고 등에서 실제 사용되고 있다. 가상현실이 사용자에게 완벽하게 인위적인 환경을 제공하는 것과 달리 증강현실은 사용자가 화면에 삽입된 가상 객체를 실제 세계와 혼합하여 증강된 세계를 볼 수 있도록 하기 때문에 현실감이 더욱 향상된다. 또한 실시간으로 물리적인 현재 환경을 직접 또는 간접적으로 보여주면서 컴퓨터가 만든 소리나 그래픽 등의 감각 입력으로 그 감각이 '증강'되는 것을 뜻한다(이기호·배성한, 2013; 김미리혜, 2011 : 645-646).

43) HMD(Head Mounted Display)는 머리 부분에 장착하여 이용자의 눈앞에 직접 영상을 제시하는 디스플레이 장치로서 증강현실에 대한 연구 중 이러한 착용 컴퓨터 개발이 주를 이룬다(Wikipedia, 검색어 : HMD, 증강현실, 검색일 : 2019년 7월 3일).

이는 기술력의 도움으로 현실에 대한 지각이 가상으로 확장 또는 증강된다는 의미를 가지며, 증강현실 기술이 시각적 매체에 제한하지 않고 오디오, 촉각, 심지어 후각이나 미각까지도 그 범위에 포함되어(Schmalstieg & Hollerer, 2016 : 3) 증강현실 기술이 갖는 이점을 교육, 의료, 재활, 복지 등 다양한 분야와 다수의 산업으로 확대될 잠재력과 가능성이 크다고 볼 수 있다.

이러한 엄청난 세상 변화의 중심엔 보편화된 디지털 기술의 보급이 있다. 유비쿼터스 환경으로 사회가 구축되어 가고 있는 것이다. 과거의 정보혁명은 컴퓨터 속에 사무실과 쇼핑몰, 도서관을 집어넣었다. 그렇게 해서 만들어진 것이 '사이버 스페이스'이며 '온라인 공간'이었다. 하지만 똑같은 컴퓨터 기술에 기반을 두면서도 유비쿼터스 체제는 정보혁명의 패러다임과는 근본적으로 다르다. 유비쿼터스는 물리적 공간 속에 컴퓨터를 집어넣는 것이다. 세상의 모든 사물에 컴퓨터 칩이 내장되고 이것이 네트워크로 연결됨으로써 사실상 온-오프라인의 구분이 없어지고 있다. 이미 고전적인 공간 개념은 상당히 약화되었다. 자고 일어나면 새로운 환경과 새로운 문화가 나타나고 있다.

### 1) 유비쿼터스 환경의 개념

유비쿼터스(Ubiquitous)는 '언제 어디에나 있는, 편재(偏在)하는'이라는 뜻을 가진 라틴어로 흔히 "하나님은 언제 어디서나 존재한다"는 의미로 사용된다. 그런 유래를 가진 유비쿼터스는 오늘날 사용자가 네트워크나 컴퓨터를 의식하지 않고, 장소에 상관없이 자유롭게 네트워크에 접속할 수 있는 정보통신 환경을 말한다. 이와 같은 유비쿼터스 환경은 장애인들에게 새로운 도전과 가능성 그리고 기회를 제공해 주고 있다. 이제 그 어떤 중증장애인이라 하더라도 유비쿼터스 환경의 혜택을 권리로서 누릴 수 있다면 상당한 장애 극복을 실현할 수 있을 것이다.

이렇게 장애인들에게 소중한 유비쿼터스는 1988년 미국의 사무용 복사기 제조회사인 제록스의 마크 와이저(Mark Weiser)가 '유비쿼터스 컴퓨팅'이란 용어를 사용하면서 쓰이기 시작했으며, 국어연구원이 권장하는 우리말은 '두루누리'다. 유비쿼터스 환경을 적극 이용하는 사람을 유비쿼터스족 또는 유티즌(Utizen)이라 부른다.

### 2) 유비쿼터스와 장애인

유비쿼터스는 이제 장애인의 삶에도 새로운 혁명을 불러일으킬 수 있는 충분한 잠재력을 확보하고 있음이 분명하다. 하루 종일 누워만 있어야 하는 중증장애인이 더 이상 힘들게 밖으로 나오지 않아도 사회와 상호작용을 할 수 있는 세상이 도래한 것이다. 유비쿼터스 환경은 집에서도 전자도서관을 활용할 수 있으며 나아가 사이버 공간을 통해 자신의 의사를 표현할 수 있게 했다. 뿐만 아니라 원하는 모든 정보를 활용하여 자신의 삶을 보다 풍족하게 키워갈 수 있게끔 한다. 유비쿼터스는 장애인들의 삶을 바꿔 놓고 있다. 다음은 가상으로 장애인의 삶을 구성해 본 것이다.

> 올해 나이로 54세인 청각장애를 갖고 있는 독신 농인인 김철수 씨는 평소 습관대로 오전 6시에 기상한다. 침대에 진동벨 기능이 탑재되어 있어서 어려움 없이 일어난다. 우선 잠을 깨우고 갈증을 달래기 위해 물 한 잔 마신 후, 스마트폰으로 수어통역서비스가 제공되는 뉴스를 보면서 용변을 해결한다. 변기에 칩이 장착돼 소변과 대변을 분석해 신장 및 소화 기능과 대장 상태 등 김철수 씨의 건강을 체크한다. 칩은 인터넷과 연결되어 분석 데이터가 매일 건강관리센터로 보내진다. 주치의는 이를 분석해 맞춤건강관리를 해 준다. 김철수 씨는 아침 식사를 하면서 TV 포털을 통해 자신의 홈 서버에 도착한 메시지나 이메일을 확인한다. 중요한 메일은 즉시 열어본다. 일정 역시 컴퓨터와 TV를 겸용으로 하는 모니터를 통해 체크한다. 특히 청각장애를 갖고 있기 때문에 거의 모든 정보는 문자와 수어로 전달된다. 홀로그램으로 형상화되는 수어통역은 점심 약속이 있는지를 알려주는 등 개인비서의 역할까지 담당한다. 한편 개인로봇비서인 '길동'이가 나타나 가슴에 있는 영상 모니터로 수어서비스를 제공함으로써 철수씨는 필요한 다양한 정보를 얻는다. 오후 쇼핑을 마치고 집으로 돌아오면서 휴대폰 문자로 아파트에 신호를 보낸다. 밥솥은 자동으로 밥을 짓고, 욕실에선 따뜻한 목욕물을 받는다. 커튼이 쳐지고, 집안의 난방이 시작된다. 집안에 들어서자 개인로봇비서가 새로운 메시지를 전달하고, 무엇을 먼저 해야 할지 알려준다. 피곤한 하루를 욕실에서 풀면서, 거울 모니터를 통해 수어통역사가 통역해 주는 정보를 통해 세상 뉴스와 접속한다.

이에 이제 장애인들도 유비쿼터스를 활발하게 적용하기 위한 다양한 노력을 보다 구체화할 필요가 있다. 장애인들을 대상으로 하는 유비쿼터스 재활치료센터가 생겨날 것이다. 사회복지사와 시설, 서비스이용자 정보 등이 무선 네트워크로 연결된 센터가 실제적으로 널리 활용될 것으로 본다. 유비쿼터스는 언제 어디서나 서비스이용자와 쌍방향 통신이 가능하게 끔 함으로써 신속한 서비스 개입실천이 가능하도록 한다. 또한 시간과 장소에 구애받지 않고 노트북과 태블릿 PC, 스마트 워치 등으로 업무를 처리할 수 있는 환경을 갖추게 되어, 장애인들의 재택근무를 더욱 활발하게 이뤄지게 한다.

## 3. 사물인터넷(Internet of Things: IoT)

4차 산업혁명의 핵심기술인 사물인터넷(Internet of Things: IoT)은 인간과 사물, 서비스 세 가지가 분산된 환경 요소에 대해 인간의 명시 개입 없이 상호 협력적으로 센싱, 네트워킹, 정보처리 등 지능적 관계를 형성하는 사물 공간 연결망을 의미한다(Bandyopadhyay & Sen, 2011). 즉, IoT는 이전에 다룬 유비쿼터스와 비슷한 개념이지만, 사람이 주체가 된 네트워크 환경인 유비쿼터스와 달리 인간의 개입이 최소화된 네트워크 환경이라고 볼 수 있다.

이러한 IoT 시스템을 구축하기 위한 핵심적인 요소는 세 가지로 나눠 볼 수 있는데, 인간, 사물 그리고 서비스이다. 인간은 독립적인 주체로 사람과 사람의 사고, 행동양식을 의미하며, 사물은 물리적 객체로서의 유형의 사물과 가상의 객체로서의 IT 서비스에서 어떤 기능을 수행하는 함수, 객체의 무형의 사물을 의미한다. 서비스는 특정 목적을 달성하기 위해 구현된 프로세스와 동작 메커니즘의 집합을 의미한다. 이러한 세 가지 요소 간의 상호 유기적인 소통을 통해 IoT는 구성된다(황세영 · 서장일 · 박성준 · 박상원, 2016).

한편 주변에서 최근 쉽게 볼 수 있는 IoT는 스마트 주거라고 볼 수 있다. 근래에 지어진 아파트와 건물들은 대부분 스마트 주거 형태로 건축이 될 정도로 현대사회에서 각광받는 분야이다. 한국 스마트홈산업협회에 따르면 스마트 주거란 '주거환경에 IT를 융합하여 국민의 편익과 복지증진, 안전한 생활이 가능하도록 하는 인간중심적인 스마트 라이프 환경'으로 정의하고 있다(김종서, 2019). 따라서 스마트 주거환경의 가장 핵심적인 기술은 IoT라고 볼 수 있는데, 개인의 집 내부에 위치한 각종 가전제품과 기기들을 블루투스, 무선인터넷 등의 방법으로 하나의 통신망으로 연결하여 모바일 기기와 TV, 스마트워치 등을 통하여 조정 · 관리하는 것을 의미한다. 이러한 형태를 홈IoT라고 부르기도 한다.

스마트 주거의 형태는 예를 들어 집 밖으로 나가기 위해 현관의 문을 열면 엘리베이터 버튼이 눌러진다거나, 아침에 침대에서 일어나면 화장실 불이 켜지는 등 사물끼리 알아서 상황을 파악하고 상황에 맞는 특정한 기능을 수행하는 것으로 나타난다. 따라서 인간의 개입이 최소화된 상태에서 인간의 삶을 편리하게 만들어주는 기술은 스스로 개입과 조작을 하기 어려운 장애인들에게 타인의 도움을 최소화하여 자기 주도적 삶을 살아가도록 돕는다.

## 4. 인공지능(Artificial Intelligence: AI)

4차 산업혁명의 또 다른 한 축을 차지하고 있는 인공지능(Artificial Intelligence: AI)은 주목받고 있는 기술이자, 정형화된 문제해결을 넘어 산업 생태계를 진화시킬 수 있는 차세대 성장 동력이다. 인공지능은 컴퓨터를 통해 인간의 사고나 학습과 같은 지적인 능력을 구현하는 기술로 빠른 속도로 발전이 이뤄지고 있으며, 인간의 삶 속에 중요한 기술로 자리잡고 있다(차영란, 2018).

1956년 미국 뉴햄프셔의 다트머스 대학에서 열린 학술회의에서 수학과 조교수였던 존 매카시(John McCarthy)에 의해서 최초로 언급된 인공지능은 인공적으로 지능을 실현하는 기술, 혹은 과학이라고 정의할 수 있는데, 여기서 '사람', '이성', '생각', '행동'을 중심으로 네 가지 영역으로 나뉠 수 있다. 먼저 '사람처럼 행동하는 시스템'은 사람이 하는 일을 대신 할 수 있는 능력을 가진 시스템을 뜻한다. 두 번째로 '사람처럼 생각하는 시스템'은 인간 두뇌의 작동 메커니즘을 실현할 수 있는 시스템을 의미한다. 세 번째로 '이성적으로 생각하는 시스템'은 생각의 절차를 모형화하여, 주어진 사실로부터 새로운 사실이나 결론을 유추해 낼 수 있는 시스템이다. 마지막으로 '이성적으로 행동하는 시스템'은 주어진 정보에 기반하여 목표 달성의 가능성을 가장 높일 수 있을 것으로 기대되는 절차를 수행하는 시스템이다(도용태 · 김일곤 · 김종완 · 박창현 · 강병호, 2013).

이러한 인공지능은 인간의 삶에서 로봇과 드론, 자율주행 차량뿐만 아니라 가전제품과 같은 물리적인 장치에도 연결돼 스마트 주거 전반에 걸쳐 영향을 미치고 있다. 음성인식 프로그램, 안면인식 프로그램, 세탁기, 에어컨, 청소기 등 인간의 삶 전반에 인공지능이 조금씩 스며들고 있다. 예를 들어 스마트폰에 음성인식 프로그램은 손을 자유롭게 사용하지 못하거나, 시각적인 제약으로 화면을 보지 못하는 사람에게 유용하게 쓰일 수 있다.

이에 IoT와 마찬가지로 인공지능기술 역시 이전에 불가능했던 것들을 가능하게 하여 이전에 사회에서 허용되었던 이분법적인 경계를 모호하게 만든다. 유능과 무능, 장애와 비장애의 경계가 그에 해당하며, 인공지능은 이와 같은 경계를 자연스럽게 허물 수 있다. 따라서 인공지능을 통한 공학적 지원은 과거의 장애가 자연 상태의 비장애보다 더 유능해질 수도 있기 때문에 장애를 비장애로 만들 수 있다. 더욱이 인공지능 시대는 인공 기계의 능력이 인간의 능력을 초월하는 현상을 발생시켜 인간능력과 장애에 대한 새로운 해석을 요구하여, 장애를 '역량'으로 보는 긍정적 시선을 확대할 수 있다(허승준, 2018).

## 5. 정보 접근

### 1) 정보기술과 정보의 디지털화

유비쿼터스 환경은 현대인들로 하여금 정보 없이는 살 수 없게 하고 있다. 유비쿼터스 환경 그 자체가 편리한 정보 공유와 활용을 담보한 것이다. 그러므로 유비쿼터스 환경 속에서 정보는 현대인들에게 삶의 주요 수단이 되었다. 사람들은 삶의 질을 높이기 위해 정보의 양과 질을 높이고자 하며, 이를 위해 정보수집 능력을 기르고자 하고, 정보능력을 키우기 위해 다양한 매체들을 잘 다룰 줄 아는 법을 배우려 한다. 정보매체를 갖고 있거나 그것을 잘 다룰 줄 앎으로써 인간은 온갖 정보들을 사용할 수 있다. 보다 많은 그리고 보다 좋은 정보의 사용은 인간에게 보다 수준 높은 삶의 가능성을 열어 줄 것이다. 그래서 현대사회는 '정보사회'로 불리며, 정보를 수집하고 얻는 기술이 사회의 가장 중요한 자원으로 여겨진다.

정보기술은 현대를 근본적으로 유비쿼터스 환경으로 구축하는 기술이다. 정보기술을 통해 생산된 '온갖 정보들'은 현실세계와는 전혀 차원이 다른 '가상세계(Cyber World)'를 구성하기였다. 정보처리 기계로서의 컴퓨터를 통해 열리는 이 '가상세계'는 '디지털 정보'에 의해 구축된다. 가상공간은 일종의 '정보공간'이다. 그곳에서는 서로 서로 빛의 속도로 연결될 수 있고, 필요한 모든 정보를 검색해 얻을 수 있으며, '자기 자신'을 다양하게 표현할 수 있다. '가상 공동체'를 만들거나 '게임'을 즐기는 등 다양한 방식으로 그곳에 '거주'할 수도 있다.

그래서 정보화는 곧 디지털화를 말한다. 디지털 정보는 그것이 비록 공간적으로는 코 앞에 놓여 있을지라도 컴퓨터와 스마트 기기를 통해서만 인간에게 직관될 수 있고, 그때에만 그것의 내용이 인간에게 알려질 수 있다. 이 말은 디지털 형식의 정보는 인간과 기계 간의 상호작용을 통해서만 그 실재성을 얻는다는 뜻이다. 기기 속에 들어 있는 디지털 형식의 정보는 그것이 컴퓨터 스크린이나 스마트 폰 화면, 스피커나 TV를 통해 인간에게 '직관되었을 때'에만 그 실재성을 갖게 된다.

그런데 인간은 갖가지 정보매체들로부터 주고받는 수많은 정보더미 속에 파묻혀 살아감에도 불구하고 여전히 정보의 불확실성과 궁핍에 불안해하면서 정보 획득에 열광한다. 그 이유는 정보사회에서의 자기 실현이 정보 획득과 정보 활용, 즉 정보생활을 통해 가능케 되기 때문일 것이다. 개인은 물론 기업과 국가조차도 정보전쟁에 뛰어들지 않을 수 없고, 거기서 살아남기 위해서는 정보에 사활을 걸어야만 한다. 그런데 장애인의 경우, 장애로 인해 정보 접근 자체가 어려워질 수 있다. 이는 동시에 정보로부터 소외된 장애인들이 사회적으로 하층계급화되는 요인으로 작용할 수 있다.

### 2) 장애인과 정보격차 그리고 정보화

장애인 정보화는 장애인의 일상생활에서 매우 중요하며 사회에서 살아가는 데 필수적인 삶의 조건이 되었다. 장애인 정보화란 정보통신 기술과 서비스를 활용하여 장애인과 비장애인 모두의 사회통합을 도모하는 일체의 노력을 의미한다. 그렇지만 장애인은 장애로 인한 여러 가지 어려움 때문에 정보화가 되기 곤란한 대상으로 알려져 있다. 이렇게 정보화 경향에 뒤처지게 되면 정보격차(digital divide)가 발생한다.

정보격차는 새로운 정보기술에 접근할 수 있는 능력을 보유한 자와 그렇지 못한 자 사이에 경제적 · 사회적 격차가 심화되는 현상을 의미한다. 「정보격차 해소에 관한 법률」에 의하면 정보격차는 경제적 · 지역적 · 신체적 또는 사회적 여건으로 인하여 정보통신망을 통한 정보통신서비스에 접근하거나 이용할 수 있는 기회에 있어서의 차이로 규정하고 있다.

이러한 정보격차의 특성을 간단히 요약하면 정보접근보다는 정보 활용의 격차가 심각하다는 점이다. 또한 사회부문 중 특히 연령 간 그리고 학력 간의 정보격차가 소득이나 지역 간 격차보다 큰 것이 특징이다. 특히 고령층, 농어민, 저소득층, 장애인 등은 하나 이상의 장애로 인해 이중적인 정보격차를 겪고 있다는 문제가 있다. 따라서 장애인의 정보환경의 개선을 통해 환경으로 인해 발생하는 정보격차 때문에 야기될 수 있는 사회적 · 경제적 불평등을 해소하는 것이 가장 시급하고 중요한 일이다.

# 제2절 유니버설 디자인

유니버설 디자인(Universal Design)의 개념은 적응할 필요 없이 모든 사람이 사용 가능한, 또는 전문화된 디자인이 모든 사람들에게 혜택을 주는 제품과 환경을 고안하는 것이다. 즉, 인간의 존엄성과 평등을 실현할 수 있는 가장 창조적인 패러다임 중 하나가 유니버설 디자인인 것이다. 유니버설 디자인은 특별히 장애에 중점을 두지는 않는다. 무장애 디자인(Barrier Free Design)에서 출발했기 때문에 장애인, 노인을 위한 디자인의 개념을 넘어 오히려 어린이부터 성인에 이르기까지 인간의 전체 생애주기를 포함한다(이연숙, 2016).

유니버설 디자인은 인간의 삶을 윤택하고 보다 사람답게 살 수 있는 시스템이자 도구로서 그 역할을 할 수 있다. 다만 유니버설 디자인은 생애주기 변화에 따라 인간의 기능과 능력이 달라지는데 이들 변화하는 특성을 유연하게 담아주어 삶의 질이 향상될 수 있게 도와주는 데 그 목적이 있다. 이러한 목적은 모든 생애 단계에서 다 해당되지만 크게 나누어 대부분의 사람들의 일상적인 생활을 지원하는 디자인, 아동의 성장을 도모하는 디자인, 노화를 지연시키는 디자인, 장애를 완화시키는 디자인 등으로 나누어 볼 수 있다. 이들 각 범주별로 흔히 일어나는 행위는 각기 다양하며 이들 범주 간 또는 범주 내의 여러 상황을 포용력 있게 만족시켜 주고자 하는 것이 '유니버설 디자인'이다.

## 1. 유니버설 디자인의 기본원리

유니버설 디자인의 기본원리는 다음과 같다(이연숙, 2016).

### 1) 기능적 지원성

기능상 필요한 도움을 제공하면서 아울러 도움을 제공하는데 어떠한 부담도 야기시켜서는 안 된다. 예를 들면 조명의 밝기와 방향을 달리 조절할 수 있는 방안, 섬광이 없고 청소가 용이한 부엌의 작업 면 등을 고려하는 것이다.

### 2) 수용성

상품이나 환경이 다양하게 변화하는 대다수의 사람들의 요구를 충족시켜 주어야 한다.

시간적 요인과 요구의 다양성을 만족시키기 위한 선택 가능성과 능력의 다양성을 수용하기 위한 조절 가능성 등의 요인이 포함된다. 예를 들면 조절 가능한 세면대나 작업대, 서체와 글자의 크기 조절이 가능한 컴퓨터 프로그램 등이 있다.

### 3) 접근성

장애물이 제거된 상태로 일반적으로 많은 사람들에게 방해가 되거나 위협적인 물리적 환경을 변화시키는 것을 의미한다. 예를 들어 휠체어 사용자나 자전거를 타는 사람들을 위해 길가에 단차를 없애는 것이나, 휠체어나 보행보조기의 통과를 위해 폭이 넓은 문을 설치하는 것 등이 있다.

### 4) 안전성

건강과 복지의 증진을 위해 개선하고 예방하는 것을 뜻한다. 안전사고 등의 기존 문제를 제거하기 위해 개선할 수도 있고, 안전사고가 발생하지 않더라도 이를 미연에 방지하기 위해 고려하는 측면들이기도 하다. 예를 들어 대조적인 색채와 패턴을 사용하여 단차를 표시해 상해를 예방하거나, 책상이나 싱크대의 모서리를 둥글게 처리하는 것 등이다.

## 2. 유니버설 디자인의 전망

전 세계적으로 고령화가 급격하게 진행되고 장애 범주가 확대되며 의료와 재활 기술이 발전함에 따라 장애 인구수도 대폭 증가되고 있다. 이에 따라 유니버설 디자인의 시장 잠재력이 커지고 있다고 판단되며, 한국사회가 선진화되고 노령화될수록 유니버설 디자인에 대한 중요성은 더욱 부각될 것으로 보인다(이준우, 2005a 재인용). 모든 사람은 다양한 신체조건과 능력을 가지며 또한 그러한 다양성은 나이에 따라, 상황에 따라 변화하는 것이 자연스러운 현상이기 때문이다. 따라서 환경과 제품은 평균적인 인간을 대상으로 디자인하는 것이 아니라 사람의 다양한 개성을 있는 그대로 포용해 주어야 한다.

또한 장애인을 위해 이루어진 많은 환경적인 변화가 실질적으로 모든 사람들에게 유익한 것이라는 점을 고려하여, 유니버설 디자인은 더 이상 특수한 분야가 아니라 모든 사람들이 주목해야 할 분야라는 것을 인지해야 한다.

# 제3절 보조공학

첨단의 기술들을 사회복지와 재활의 목적으로 활용할 때, 이를 보조공학이라 하며 이와 같은 보조공학은 특히 장애의 보완적 대체 수단으로 사용되어 장애인들의 삶의 질을 향상시켜 주거나 다양한 생활방식에 적용되어 장애인의 보편화(normalization)와 사회통합에 크게 기여할 수 있다.

그래서 보조공학이란 장애진단 및 평가를 통한 보조공학 기기의 처방(개조를 위한 처방 및 주거환경 개선을 위한 설계 처방 포함)과 보조공학 엔지니어링 영역에서 개발된 공학기기의 적용 및 사용방법을 훈련시켜, 장애인 및 노인의 학습권 및 정보접근권을 높여주기 위한 소프트웨어의 개발 및 컴퓨터 사용방법 등에 중점을 두어 이루어지는 소프트웨어적 공학 분야를 말한다고 본다(김종인 · 우주형 · 이준우, 2004).

장애인의 일상생활은 보조공학을 활용한 보조기기와 뗄 수 없는 삶이다. 여기서 보조기기는 「장애인 · 노인 등을 위한 보조기기 지원 및 활용촉진에 관한 법률」 제3조에 따라 장애인 등의 신체적 · 정신적 기능을 향상 · 보완하고 일상활동의 편의를 돕기 위해 사용하는 각종 기계 · 기구 · 장비로서 보건복지부령으로 정하는 것을 말한다. 보조기기는 장애의 유형과 정도에 따라 나타나는 그들의 욕구와 필요에 의해 개발되어 다양하게 구성된다.

## 1. 보조공학의 영역

국제표준화기구(ISO)에서는 "장애인이 사용하는 제품, 기기, 시스템으로 장애를 경감 또는 완화시키기 위해 제작되는 제품"을 보조공학기기로 정의하고 있으며, 일본에서는 "신체장애인의 일상생활과 사회생활의 향상을 도모하기 위하여 그들의 상실 및 손상된 신체기능을 보전할 목적의 용구"를 보장구(補装具)라 하여, 의지, 보조기, 자조구, 휠체어로 분류하고 있다. 일반적으로 보조공학의 영역은 다음과 같이 열 가지로 구분되고 있다(박을종, 2003; 김종인 · 우주형 · 이준우, 2004 재인용).

첫째, 감각장애인을 위한 보조공학(sensory aids for persons with visual, auditory, or tactile impairment)

둘째, 컴퓨터 대체 접근(computer adaptive access)

셋째, 보완대체 의사소통(augmentative and alternative communication : AAC)

넷째, 일상생활동작(activities for daily living)

다섯째, 이동(technologies for personal mobility)

여섯째, 착석 및 자세(seating and position)

일곱째, 환경조정(environmental control)

여덟째, 주택 및 직장환경 개조(home and environment modification)

아홉째, 여가 활동(leisure and recreation activities)

열째, 작업장 조정(workplace accommodation)

이외에도 다양한 생활영역에서 보조공학은 장애인의 제한된 삶을 보상해 줄 수 있는 수단으로 활용할 수 있으며, 궁극적으로 장애인들이 보편적으로 이웃과 교류하고, 교육과 직업훈련을 받음으로써 지역사회에서 일할 수 있는 기회를 확대시키고 자립생활을 위한 기본적이고 중요한 수단으로 활용되고 있다. 그러므로 보조공학기기는 장애인 개개인의 특성을 고려하여 제공되어야 하며, 사용하는 사람의 신체적 기능에 대한 평가가 우선적으로 이루어져야 하고, 활용방법을 잘 훈련하는 것이 원칙이다. 또한 보조공학에 있어서도 의사, 보조기사, 작업치료사 등 다학문적인 팀 접근을 통해 장애인 개인의 특성에 맞는 서비스를 제공하는 것이 필요하다.

## 2. 보조공학의 기능

보조공학의 기능을 종합적으로 정리하면 다음과 같다(오길승, 2005; 이준우, 2005a 재인용).

### 1) 바람직한 장애 패러다임 실천의 한 영역

보조공학은 장애문제를 올바르게 바라보고 접근하는 패러다임에 기초하고 있다. 현재 장애인복지는 개별적 모델(individual model)에서 사회적 모델(social model)로 패러다임이 이미 전환되었다. 사회적 모델에 기초한 장애 패러다임은 장애라는 환경과의 연관성 속에 비로소 장애가 정의될 수 있는 것이지 환경을 떠나서는 논의될 수 없는 것이다. 아울러 장애문제의 진정한 소재지는 그들이 가지고 있는 기능적 능력이나 직업기술의 한계보다는 오히려 장애인에게 불리한 물리적 환경과 사회 전반에 팽배해 있는 차별적 사회 환경이라는 관점을 제공한다. 보조공학은 바로 장애인들을 둘러싸고 있는 물리적 환경들을 개선하는 데 초점을 두고 있으며, 또한 그 일에 매우 효과적인 수단 중의 하나로서 장애인들이 지니고 있는 문제들을 해결하는 데 실질적으로 도움이 될 수 있다.

### 2) 혁신적 생활 창조

보조공학은 장애인의 광범위한 생활영역에 혁신적인 도움을 준다. 인간의 광범위한 생활영역에 걸쳐, 각 영역별로 다양한 보조공학기기들이 많이 개발되어 있기 때문에, 이를 잘 활용한다면 일상생활, 교육, 직업, 건강, 취미, 여가, 레크리에이션, 스포츠, 문화 등 거의 모든 생활영역에서 장애인을 둘러싸고 있는 장애물들을 극복하는 것이 가능해짐으로써 궁극적으로 그들의 삶의 질에 획기적인 향상을 가져다 줄 수 있다.

현재 장애인복지관을 비롯한 여러 장애관련시설을 통해 장애인들에게 제공되고 있는 재활 서비스 중에서 보조공학 서비스만큼 광범위한 영역을 아우를 뿐만 아니라 다양한 유형의 장애인들에게 도움을 줄 수 있는 서비스는 존재하지 않을 것으로 본다. 그만큼 보조공학 분야는 장애인의 복지와 재활에 지대한 영향을 미치고 있다.

### 3) 강력한 장애인복지실천의 도구

보조공학 서비스는 장애인 개인의 재활과 복지의 성패를 좌우하며 나아가 삶의 질 향상에 결정적인 영향을 미치고 있다. 가령, 장애인들이 교육이나 직업, 사회참여 등 각 분야에서 재활을 성공적으로 수행하고, 여가나 스포츠, 문화 등의 활동에 참여함으로써 그들의 삶의 질이 향상되기 위해서는 우선 이동능력을 확보하는 것이 중요하다. 최근 미국과 같은 선진국들의 경우, 고도로 발달된 기술의 활용으로 심한 중증장애인들도 바깥으로 이동이 충분히 가능하게끔 하는 고기능과 고성능을 갖춘 이동관련 보조공학기기들이 수없이 많이 개발되어 있다. 따라서 장애인들도 보조공학 분야가 활성화됨에 따라 보조공학 기기들을 보다 손쉽게 획득하여 사용할 수 있다면, 성공적으로 재활하는 것이 가능해지고 각종 사회활동에의 참여를 통해 궁극적으로 삶의 질 향상이 실현될 것이다.

### 4) 경제적 효율성과 재활효과

장애의 종류와 상태, 욕구에 부합된 적절한 보조공학기기를 개발하여 상용화한다면 비용효과(cost-benefit)가 높고 즉각적인 재활의 효과를 가져다 줄 수 있다. 보조기구 사용의 가장 중요한 목표는 장애로 인해 제한된 신체적 · 심리적 기능을 보완하여 수행능력을 증진시키는 것이다.

이러한 목표를 달성시키기 위해서는 개별화된 적용(individualized application)이 필수적이다. 보조공학 서비스는 원래부터 개인별 맞춤형 서비스를 지향하기 때문에, 장애인 개인에게 보조기기를 적용하는 데 있어서 무조건 고가의 고급공학(high technology)기기를 우선적으로 적용하기보다는 사용자의 개별적인 욕구와 필요를 충족시킬 수 있는 적절한 기기를 선정하고 적용하는 방식을 통해, 보조공학 서비스가 제공될 때 사업 자체로는 비용효과(cost-benefit)를 최대한으로 높일 뿐 아니라 보조공학 기기를 사용하는 장애인에게도 그것을 사용하는 효과가 즉각적이고 매우 유용하게 나타나도록 하는 것이 중요하다.

### 5) 고용창출 기여

보조공학 서비스의 활성화는 국가산업동력의 증대와 비장애인의 고용창출에도 기여할 가능성이 높다. 앞으로 보조공학 서비스에 대한 수요는 지속적으로 증가할 것으로 전망된다. 그것은 다원화된 선진국형 민주사회를 지향하면서 사회복지에 대한 국가적 관심과 정책적 배려가 확대될 것이고, 삶의 질을 강조하는 과학기술의 발전으로 보조공학에 대한 연구개발과 기술발전이 크게 이루어질 것이기 때문이다. 나아가 각종 산업재해와 교통사고 등에 의한 신체적 장애인, 물질만능주의와 도덕적 황폐화로부터 간접적으로 생겨나는 정신적 장애인, 그리고 고령화 사회로 인한 노령 장애인의 발생으로 보조공학에 대한 사회적 수요는 가히 폭발적으로 늘어날 것으로 전망된다.

또한 정보화 사회, 지식기반 경제의 도래에 따라 신체적 장애인들이 생산적인 경제활동과 보편적인 사회활동을 할 수 있는 기회는 더욱 확대될 가능성이 높으며 장애인들이 그러한 활동을 원활히 하는 데 궁극적인 도움이 될 수 있는 보조공학 서비스의 중요성도 동시에 부각될 것이기 때문이다. 이러한 추세에 따른 보조공학산업의 성장과 아울러 새로운 시장 기회의 확대는 커다란 고용창출 잠재력을 가지고 있고, 이에 따라 고용창출의 기회가 현실화될 것으로 보인다.

이미 여러 선진 국가들은 이 분야에 대한 연구 및 제품개발에 대한 집중적인 투자를 증가시키고 있다. 그에 반해 우리나라의 보조공학 분야의 경우 여전히 보조공학기기를 생산하는 기업은 규모가 영세하고 기술수준은 대외 경쟁력을 충분하게 갖추지 못한 것으로 보인다. 현재의 추세대로라면 국내시장을 남에게 내어 주어야 하는 것은 물론 성장일로에 있는 세계시장에도 참여하는 기회를 놓치게 될지도 모른다.

이에 보조공학의 발전을 위한 관심과 노력은 새로운 기술개발과 적용을 활성화하여 장애인들이 자립적으로 생활하고 사회 · 경제생활에 보다 온전하게 참여하는 것을 가능하게 하는 사회적 측면과 장애인의 필요에 부응하는 제품과 서비스 부문의 산업과 시장을 향상시킨다는 산업적 측면 모두에서 아주 중요한 의미를 가지고 있기 때문에 이를 위한 거국적이고 집중적이며 체계적인 대책 마련이 시급하다고 본다.

## 제3부 생각다듬기

**제10장** 당신이 사회복지사로서 재활상담을 수행한다고 했을 때, 장애인 복지서비스 이용당사자의 삶의 질을 향상시킬 수 있는 재활상담의 과정과 기법을 어떻게 활용할 수 있겠습니까? 당신이 가장 자신 있는 재활상담의 기법을 중심으로 생각해 보십시오.

**제11장** 사회복지사인 당신에게 양쪽 하반신 마비로 인한 중증의 지체장애를 갖고 있으면서 휠체어를 탄 장애인 서비스 이용당사자가 찾아왔다고 합시다. 그는 장애인이 되기 전에 달리기를 즐겨했고 농구도 좋아했을 뿐만 아니라 축구도 아주 잘했습니다. 그의 욕구를 채워줄 수 있는 자원을 당신의 지역사회에서 찾아서 정리해 보십시오.

**제12장** 장애인이 일할 수 있도록 환경을 조성하는 일과 장애인에게 실제로 일하도록 요구하는 것 사이에는 차이가 있습니까? 만약 있다면 당신은 그 간격을 어떻게 좁히거나 없앨 수 있겠습니까?

**제13장** 당신이 공부하고 있는 강의실이나 혹은 일하고 있는 사무실이 있는 건물에 대해 생각해 보십시오. 충분하게 접근이 가능합니까? 화장실, 엘리베이터, 사무실 카운터, 강의실에서의 가구 배치, 장애인 주차장의 위치, 그리고 건물 사이의 경사로 등을 점검해 보십시오. 아울러 기본적인 것은 갖춰져 있으나 실제로 장애인이 사용하기에는 여전히 불편한 부분은 없는지 면밀하게 들여다 보십시오.

# 에필로그 : 감사와 비전, 사명

우리나라의 장애인복지는 지난 20여 년 동안 급격하게 진화해 왔다. 2007년에 「장애인차별금지 및 권리구제 등에 관한 법」이 신설되었고, 같은 해 「장애인 등에 대한 특수교육법」과 「장애인복지법」도 전면 개정됨으로써 장애인의 보편화(normalization)와 사회적 통합을 법적·제도적으로 최소한이나마 보장할 수 있게 되었다. 또한 장애연금제도 시행과 활동지원서비스 및 바우처 제도 확대 등을 비롯하여 최근의 '커뮤니티 케어 혹은 지역사회 통합 돌봄 선도 사업'과 '탈시설화' 정책 시행은 장애인의 삶 자체를 지역사회의 구성원으로서 부여된 권리를 향유할 수 있도록 적극 지원하는 모습으로 변모시키고 있다.

특히 '커뮤니티 케어'와 '탈시설화'는 돌봄이 필요한 장애인이 지역사회에서 자택(예 : 케어안심주택 등)이나 자립체험주택 혹은 소규모 그룹홈 등 자신의 생태학적 환경 속에서 개개인의 욕구에 맞는 서비스를 누리고 일반 시민과 함께 어울려 살아갈 수 있게끔 통합적인 지원이 확보된 지역주도형 사회서비스 정책이라고 할 수 있다. 아울러 2014년에 제정되어 2015년부터 시행되고 있는 「발달장애인 권리보장 및 지원에 관한 법」에서도 발달장애인의 의사를 최대한 존중하여 그들의 생애주기에 따른 특성 및 복지 욕구에 적합한 지원과 권리옹호 등이 체계적이고 효과적으로 제공될 수 있도록 필요한 사항을 규정함으로써 발달장애인의 사회참여를 촉진하고, 권리를 보호하며, 인간다운 삶을 영위할 수 있는 법적 기준과 방향을 제시하고 있다.

드디어 우리나라에서도 장애인의 권리에 기초한 사회복지가 점차 구현되고 있는 것이다. 참으로 바람직한 현실이다. 감격스럽고 기쁘다.

그러나 안타깝게도 장애를 갖고 있는 사람들이 스스로 인식하고 있는 장애인복지실천의 욕구와 요구를 정작 사회복지사들은 따라가지 못하고 있다. 너무 빨리 변해서일까? 더 놀라운 것은 장애인복지와 관련하여 사회복지사가 공부할 수 있는 교재나 책들도 현실을 따라가지 못하고 있는 형편이다. 이런 상황 속에서 사회복지사가 갖고 있어야 할 사회복지적인 가치와 관점 및 이론과 실천 능력 및 기술 등을 체계적으로 정리하여 우선 예비 사회복지사들에게라도 제대로 가르치는 일은 매우 중차대하다. 이들이야말로 조만간 장애인과 함께 사회복지실천을 해나가야 할 실무자들이기 때문이다.

인생을 좀 살아보니 분명히 깨닫게 되는 것은 나이가 든 사람들은 쉽게 잘 안 바뀌더라는 거다. 세상이 아무리 변해도 기존 사람들은 잘 변하지 않는 거다. 그러니까 오히려 가장 빠르고 확실한 대처는 새로운 세대를 변화시키는 거다. 새로운 세대를 바르게 가르치면 된다. 물론 무엇이 바른지에 대한 것도 고민이기는 하다. 그래도 최소한 장애 당사자의 권리와 욕구가 보장될 수 있는 사회복지실천을 수행할 수 있게 하는 정도는 필요하다고 보아야 할 것이다. 여기에서 아주 중요한 핵심을 발견할 수 있다. 진정으로 장애인을 이해할 수 있는 사회복지사를 길러내야 하는 것이다. 나아가 변화된 상황 속에서 변화되어 가는 정책과 제도를 깊이 이해한 후, 서비스이용자인 장애인들에게 양질의 서비스를 효과적·효율적으로 제공할 수 있는 사회복지사를 양성해야 하는 것이다. 그런 면에서 그 무엇보다도 사회복지사의 의사소통 능력은 아무리 강조되어도 부족함이 없다고 할 것이다.

하여 이 책을 쓴 우리 두 사람은 무엇보다도 사회복지사는 장애인들과 함께하는 사회복지실천에서 의사소통 전문가로서 탁월한 역량을 발휘해야 한다고 확신하였다. 의사소통이 원활하게 이루어진다는 것은 의사소통의 과정을 거쳐 자신의 생각을 타인에게 전달하는 것이 가능하다는 것을 뜻하며, 동시에 타인의 의견을 청취하고 이해하는 일이 가능해졌음을 의미한다. 사회복지실천에서 서비스이용자와 사회복지사 사이에 의사소통이 원활하게 이루어지게 되면, 결국 서비스이용자에게는 사회참여와 사회통합의 기회가 늘어나게 되고, 사회참여의 확대를 통해서 결과적으로 서비스이용자 자신이 스스로 의사를 결정하는 일이나 스스로 힘을 형성하는 일 등이 가능하게 된다. 그러므로 그 어떤 어려운 여건에서도 사회복지사가 서비스이용자와의 전문적 관계를 효과적으로 형성하는 것은 창조적인 능력, 용기, 헌신 등을 필요로 한다. 동시에 사회복지사는 서비스이용자에게 희망과 능력을 고취시켜야 하며, 옳은 판단을 내리도록 도울 뿐만 아니라 개인적인 가치와 전문가의 가치가 동시에 실현되도록 애써야 하는 것이다.

아울러 사회복지사는 서비스이용자가 스스로 자신의 상황을 인식하고 설명할 수 있도록 이끌어야 하며 서비스이용자 자신이 스스로 의사결정을 할 수 있도록 지원하여 서비스이용자 스스로 자기역량을 강화해갈 수 있어야 한다. 더욱이 가능하다면 서비스이용자 자신들의 생활을 스스로 책임질 수 있도록 하는 일과 다른 대안적인 행동을 심사숙고하여 선택할 수 있도록 하는 일 등 장애를 가진 서비스이용자의 실제적인 변화를 창출할 수 있어야 한다.

이 책을 탐독하고 이 책에서 저자들이 제시한 통찰들과 지식을 습득하게 되면 장애를 갖고 있는 사람들과 함께 사회복지실천을 성공적으로 수행하는 데에 어려움이 없는 사회복지사가 될 것으로 확신한다.

다만 아쉬운 점은 원래 이 책을 통해 다루고 싶었던 '장애인을 대상으로 하는 학교사회복지'를 지면 관계상 원래의 초고에서 통째로 덜어낼 수밖에 없었다는 것이다. 향후 이 책이 개정판을 낼 때에는 보다 좋은 원고로 추가할 것이다.

책을 마무리하면서 감사할 대상들이 생각난다. 먼저 저자들로부터 〈장애인복지론〉을 배웠던 강남대학교 사회복지학부 학생들과 대학원 석사과정 학생들에게 고마운 마음을 전하고 싶다. 이들로 인해 이 책의 내용이 정리될 수 있었음을 밝힌다. 강의하면서 준비된 원고들이 이 책의 기초가 되었기 때문이다. 다음으로는 강남대학교 일반대학원 사회복지학과 석사과정의 강이슬 양과 강남대학교 사회복지전문대학원 박사과정을 수료한 이진영 선생, 그리고 박종미 교수에게 감사한 마음이다. 이 세 사람은 최근 국내외 장애인복지 동향과 다양한 자료들을 찾아다 주었으며 아울러 이 책의 초고를 꼼꼼히 읽어주고, 교정과 교열을 정성껏 봐주었다. 또한 예정된 기한을 지키지 못했음에도 최선을 다해 이토록 멋지게 책을 만들어주신 양서원 출판사에게도 감사드린다.

끝으로 이 책을 쓸 수 있도록 인도해 주시고 우리 두 사람에게 가족을 허락해 주신 하나님께 감사드린다. 내 아내와 세 자녀 그리고 최희철 교수의 아내와 아들이 늘 든든한 힘이 되어 주었기에 이 책이 완성될 수 있었으며 이 모든 일을 하나님께서 주관하셨음을 고백한다.

2019년 7월 12일

이준우 · 최희철

# 참고문헌

## 1. 국내문헌


강위영 외 (1993). 『직업재활과 지원고용』. 서울 : 성원사.

강위영 외 (2001). 『직업재활개론』. 서울 : 나눔의 집.

경기도무한돌봄복지과 (2014). 『2014년 무한돌봄 사례관리 두 번째 이야기』. pp.104-109.

고용개발원 (2005). 『함께해요 장애인고용』. 서울 : 한국장애인고용촉진공단.

교육부 (2018). 『2018년 특수교육통계』.

구양회 · 정무웅 (2003). "시각장애인의 공간지각 · 인지특성과 Wayfinding 측면을 고려한 건축계획에 관한 연구 - 교육시설을 중심으로 -". 『대한건축학회 학술발표대회논문집』, 23(2), 303-306.

권도용 외 (1998). 『현대장애인복지개론』. 서울 : 홍익재.

권선진 (2005). 『장애인복지론』. 서울 : 청목출판사.

권진숙 · 진석균 역 (1999). 『사례관리』. 서울: 하나의학사.

김도현 (2007). 『당신은 장애를 아는가』. 서울 : 도서출판 메이데이.

김문수 (2003). "간질장애인의 실태 및 욕구 장애범주확대에 따른 지원책 확보를 위한 공청회". 한국간질협회 · 한국장루협회 · 한국화상가족협의회 · 한국장애인단체총연맹.

김미리혜 (2011). "건강심리학 장면에서 가상현실과 증강현실의 활용". 『한국심리학회지: 건강』, 16(4), 643-656.

김미옥 외 (2002). "장애아동 어머니의 정신건강 증진을 위한 집단프로그램의 효과 연구 : 자존감의 향상과 우울감의 감소를 중심으로". 『한국아동복지학회지』, 제14호.

김미옥 외 (2004). 『장애와 사회복지』. 서울 : 학지사.

김미옥 · 이미선 (2013). "청각장애인 재난대응 욕구에 관한 연구". 『한국장애인복지학』, 65(2), 155-177.

김봉선 (2010) "장애인 자립생활운동에 나타난 임파워먼트 과정 연구", 『한국사회복지학』, 62(2), 75-397.

김성수 (2009). "정부부문 장애인고용 부담금 부과에 대한 법률적 검토와 대안". 노동부 위탁과제.

김용득 (2000). "생애주기와 장애인복지서비스". 『노틀담복지관 개관 13주년 기념세미나 자료집』.

김용득 (2002). "장애개념의 변화와 사회복지실천 현장 함의". 『제2차 UN ESCAP 장애인의 10년(2003-2012) 및 한국장애인10년의 전망과 회고 자료집』. 서울 : 한국장애인재활협회.

김용득 (2008). "이용자 선택과 장애인거주서비스의 개편". 2007 성공회대학교 사회복지연구소 연구성과 발표회. 성공회대학교 사회복지연구소.

김용득 (2012). 『장애와 사회복지』. 서울 : EM커뮤니티.

김용득 · 김진우 · 유동철 (2007). 『한국 장애인복지의 이해』. 서울 : 인간과 복지.

김윤정 (1997). "우리나라 장애인운동의 역사적 전개에 관한 고찰". 가톨릭대학교 대학원 석사학위논문.

김인철 (2007). "시각장애인을 위한 전시공간의 스마트기술 적용에 관한 연구 : 시각장애인의 행태분석을 통한 체험공간 구현을 중심으로". 국민대학교 석사학위논문.

김종인 (2000). 『희망은 장벽을 넘습니다』. 서울 : 도서출판 토기장이.

김종인 (2002). 『장애인복지현황 및 향후 정책과제』. 서울 : 국립보건원.

김종인 외 (2001). 『지원고용의 한국적 모형개발』. 천안 : 나사렛대학교.

김종인 외 (2003). 『재활학 개론 강의안』. 천안 : 나사렛대학교.

김종인 · 우주형 · 이준우 (2004). 『재활복지개론』. 서울 : 인간과 복지.

김종인 · 우주형 · 이준우 (2007). 『장애인복지론』. 고양 : 서현사.

김창순 (1999). "한국장애인복지정책의 현황과 전망". 「사회복지법인 국제교육재활교류재단편, 제7회 장애인재활국제학술대회 : 21세기 장애인 재활의 기회와 도전」, 서울 : 사회복지법인 국제교육재활교류재단.

김청훈 외 (2003). 『스포츠재활방법론』. 서울 : 형설출판사.

김홍덕 (2010). 『장애신학, 하나님 앞에서 나는 누구인가』. 서울: 대장간.

김효진 (2004). "화상인의 실태 및 현안". 신규장애인의 정책적 지원을 위한 세미나. 한국간질협회 · 한국장루협회 · 한국화상가족협의회 · 한국장애인단체총연맹.

나운환 외 (2003). 『21세기 장애인복지개론』. 서울 : 홍익재.

도용태 · 김일곤 · 김종완 · 박창현 · 강병호 (2013). 『인공지능 개념 및 응용』. 고양 : 사이텍미디어.

문선화 외 (2005). 『장애인복지론』. 파주 : 양서원.

박상섭 (2005). "간장애". 신장장애인 및 내부장애인 바로알기. 한국신장장애인협회.

박옥희 (2010). 『장애인복지론』. 서울: 학문사.

박을종 (2005). "보조공학서비스 활성화를 위한 관련기관의 효과적 협력 방안". 『보조공학세미나 자료집』, 한국장애인고용진공단.

박종희 (2004). "장루장애의 실태 및 현안". 『신규장애인의 정책적 지원을 위한 세미나 자료집』. 한국간질협회 · 한국장루협회 · 한국화상가족협의회 · 한국장애인단체총연맹.

박희찬 (2000). "생애주기별 서비스 모델 적용과 전망에 대한 토론". 『노틀담복지관 개관 13주년 기념세미나 : 생애주기별 서비스 모델 적용과 전망 자료집』.

법제처 (2019). 『발달장애인 권리보장 및 지원에 관한 법률』. 보건복지부 장애인서비스과.

변용찬 외 (2001). 『2000년도 장애인 실태조사』. 한국보건사회연구원.

보건복지부 (2018a). 『2018년 장애인복지시설 일람표』.

보건복지부 (2018b). 『2018년 지역장애인권익옹호기관 사업안내』.

보건복지부 (2019). 『2019년 정신건강 사업안내』.

보건복지부 (2019a). 『2019 장애인연금 사업안내』.

보건복지부 (2019b). 『2019년 장애인복지 사업안내 제 I 권』.

보건복지부 (2019c). 『2019년 장애인활동지원사업안내』.

보건복지부 (2019d). 『2019년 장애인복지 사업안내 제 II 권』.

보건복지부 (2019e). 『2019년 장애인복지시설 사업안내 제 III 권』.

보건복지부 (2019f). 『2019 발달장애인지원센터 사업안내 제 IX 권』.

손광훈 (2004). 『장애인복지론』. 파주 : 현학사.

송현주 (2019). “중도시각장애인의 삶의 경험에 대한 질적연구”. 충북대학교 대학원 박사학위논문.
숭실대학교 장애인복지연구회 (2004). 『현대장애인복지론』. 파주: 현학사.
신현숙 (2004). “간질장애의 실태 및 현안”. 『신규장애인의 정책적 지원을 위한 세미나 자료집』. 한국간질협회 · 한국장루협회 · 한국화상가족협의회 · 한국장애인단체총연맹.
오길승 (2005). 『지방자치단체의 재활공학서비스 활성화를 위한 정책 세미나자료집』. 재활공학서비스연구지원센터.
오혜경 (2005). 『장애인복지론』. 서울: 창지사.
유동철 (2017). 『인권 관점에서 보는 장애인복지』. 서울: 학지사.
유수옥 (2005). 『유아특수교육론』. 서울: 학지사.
윤경아 · 이윤화 · 이익섭 (2000). “장애노인의 사회복지서비스 욕구에 관한 연구”. 『한국노년학』, 20(3), 77-91.
윤상용 (2006). “장애인의 추가비용에 영향을 미치는 요인에 관한 연구』. 『재활복지』, 10(3), 65-89.
윤상용 · 김태완 (2009). “장애인가구의 빈곤 실태 및 장애 추가비용의 빈곤 영향력”. 『재활복지』, 13(1), 61-83.
이기호 · 배성한 (2013). “증강현실의 공간적 개념에 관한 연구”. 『예술과 미디어』, 12(4), 213-232.
이동석 (2004). “장애학의 다중 패러다임에 따른 한국 장애인 운동의 성격 분석”. 『재활복지』, 8(1), 34-67.
이선우 (2009). 『장애인복지의 이론과 실제』. 서울: 집문당.
이성규 (2001). 『장애인복지정책과 노말라이제이션』. 서울: 홍익재.
이연숙 (2016). 『유니버설 디자인2』. 서울: 도서출판 미세움.
이준우 (2001). 『장애인과 지역사회』. 서울: 한국밀알선교단출판부.
이준우 (2005). 『장애인복지론 강의안』. 용인: 강남대학교.
이준우 (2007). 『장애인복지실천론』. 인간과 복지.
이준우 (2012). 『장애인 복지정책과 실천』. 파주: ㈜나남.
이준우 (2019). 『박사과정 재활상담 강의안』. 용인: 강남대학교 사회복지전문대학원.
이준우 외 (2006). 『사회복지실천론-개정판』. 서울: 인간과 복지.
이준우 · 김연신 (2011). “청각장애인의 사회경제적 특성이 정보격차 발생에 미치는 영향에 관한 연구 - 문해능력의 매개효과를 중심으로-”. 『재활복지』, 15(4), 159-182.
이준우 · 이현아 (2017). “청각장애인의 위험 판단을 위한 소리 정보, 인지 조건과 행동 반응에 관한 연구”. 『한국장애인복지학』, 38, 149-180.
이준우 · 정지웅 (2017). 『한국 장애인복지정책의 실제와 대안』. 서울: 도서출판 신정.
이호상 (2005). “장애인심부름센터 이용실태 및 이동욕구 조사연구”. 한신대학교 대학원 석사학위논문.
인천광역시 (2019). 『2019 장애인복지 사업안내』.
임정빈 (2006). 『검정고무신에서 유비쿼터스까지』. 서울: 랜덤하우스코리아㈜.
임종호 · 이영미 · 이은미 (2018). 『장애인복지론』. 서울: 학지사.
임진이 (2006). “시각장애인을 위한 사인의 유니버설디자인 적용에 관한 연구”. 『옥외광고학연구』, 3(1), 67-82.
임혜경 · 박재국 · 이연재 (2017). “발달장애 자녀의 성인기 삶을 준비하는 어머니의 견해에 대한 근거이론적 접근”. 『특수교육 저널: 이론과 실천』, 18(4), 289-326.

장애우권익문제연구소 (2001). 『생애주기별로 엮은 장애우 정보집』. 장애우권익문제연구소.
전지혜 (2015). 『수다 떠는 장애』. 서울 : 도서출판 울력.
정무성 · 양희택 · 노승현 · 정진옥 (2015). 『장애인복지론』. 파주: 정민사.
정순둘 (2005). 『사례관리실천의 이해』. 서울: 학지사.
정연수 (2017). “대학기반 비학위과정으로 운영된 발달장애성인 평생교육프로그램실천사례연구 : D대학 평생교육 프로그램을 중심으로”. 『지적장애연구』, 19(1), 185-207.
정영숙 외 (2003). 『장애인복지론』. 파주 : 현학사.
조영길 · 김정미 · 노경수 (2016). 『장애인자립생활개론』. 서울 : 학지사.
진교영 (2005). “호흡기장애인 현황 및 치료실태개선안”. 『호흡기장애인협회공청회자료집』.
차영란 (2018). “광고 및 미디어 산업 분야의 인공지능(AI) 활용 전략 : 심층인터뷰를 중심으로”. 『한국콘텐츠학회논문지』, 18(9), 102-115.
한국보건사회연구원 (2006). 『2006년도 장애인 실태조사』. 보건복지부.
한국장애인고용공단 (2018). 『2018년 직장 내 장애인 인식개선교육 강사양성교재』.
한국장애인고용공단 고용개발원 (2018). 『한눈에 보는 2018 장애인통계』.
한국장애인고용촉진공단 (1999). 』.장애유형별 고용정책, 어떻게 접근할 것인가』..
한국장애인재활협회 (1997). 『비교장애인복지정책』, 12-13.
한상교 (2003). “화상장애인의 실태개선을 위한 정책적 제안”. 『장애범주확대에 따른 지원책 확보를 위한 공청회 자료집』. 한국간질협회 · 한국장루협회 · 한국화상가족협의회 · 한국장애인단체총연맹.
허승준 (2018). “인공지능 시대의 능력과 장애의 재해석 : 센(Amartya Sen)의 역량접근을 중심으로”. 『열린교육연구』, 26(1), 55-77.
황세영 · 서장일 · 박성준 · 박상원 (2016). “자가응형 IoT 시스템 개발 동향과 자가응형 개념을 활용한 IoT 비교분석”. 『컴퓨터 및 통신 시스템』, 5(1), 17-26.

## 2. 해외문헌

Allen-Meares P., & Law, B. A. (1993). “Grounding Social Work Practice in Theory : Ecosystem”. In J.B. Rauch, ed., *Assessment*. Milwaukee : Families International.
Appleby, G. A., Colon, E., & Hamilton, J. (2001). *Diversity, Oppression, and Social Functioning : Person-in-environment Assessment and Intervention*. Boston : Allyn and Bacon.
Auld, W. M. (1927). “The Crippled Child: Why You Should Share the Care.” *Cripple's Journal,* 4(14). Aurora of Central New York.
Bailey, D. B., & Simeonsson, R. J. (1988). *Family assessment in Early Intervention*. Englewood Cliffs, NJ: Prentice-Hall.
Ballew, J. R., & Mink, G. (1996). *Case Management in Social Work: Developing the Professional Skills Needed for Work With Multiproblem Clients.* Springfield, IL: Charles C. Thomas Publisher, Ltd.
Bandyopadhyay, D., & Sen, J. (2011). “Internet of Things Applications and Challenges in Technology

and Standardization." *Journal of Wireless Personal Communications, 58(1), 49-69.*

Barber, P., Turnbull, A., Behr, S., & Kerns, G. (1988). "A family systems perspective on early childhood special deucation". In S. Odom & M. Karnes(Eds.), *Early intervention for infants and children with handicaps.* Baltimore, MD : Paul Brookes.

Barnes, C., Mercer, G., & Shakespeare, T. (1999). *Exploring Disability : A Sociological Introduction*. Cambridge, UK : Polity Press.

Bowe, F. (1995). *Birth to five : Early childhood special education.* New York : Delmar.

Bricker, D. (1989). *Early intervention for at risk and handicapped infants, toddlers, and preschool children*. Palo Alto, CA : VORT Corp.

Brisenden. S.(1989). *A charter for personal care in Progress 16*. Disablement Income Group.

Bronfenbrenner, U.(1975). "Is early intervention effective?" In B. Friedlander, G. Sterritt, G. Kirk (Eds.), E*xceptional infant, Assessment and intervention*(Vol.3), New York: Brunner/Mazel.

Byrne, E. A., & Cunningham, C. C. (1985) "The Effects of Mentally Handicapped Children on Families: A conceptual review". *Journal of Child Psychology and Psychiatry*, 26(6), 847 - 864.

Clark, G. M. (1998). *Assessment for transitions planning.* Austin, TX: Pro-Ed.

Compton, B., & Galway, B. (1994). *Social Work Processes*. Pacific Grove, CA : Brooks/Cole.

Connis, R. (1979). "The effects of sequential pictorial cues, self-recording, and praise on the job task sequencing retarded adults". *Journal of Applied Behavior Analysis,* 12, 353-362.

Cook, R. E., Tessier, M. D., & Klein, A. (2004). *Adapting early childhood curricular for children in inclusive setting.* Upper Saddle River, NJ : Peason Prentice-Hall.

DEC. (1993). *DEC recommended practice : Indicators of quality in program for in infants and young children with special needs and their families*. Reston, VA : Division for Early Childhood Councial for Council of Exceptional Children.

DeJong, G. (1981). *Environmental accessibility and independent living outcomes.* East Langsing, Michigan: University Centre for International Rehabilitation.

Dunlap, G., & Fox, L. (1999). "A demonstration of behavioral support for young children with autism". *Journal of Positive Behavior Interventiona*, 1, 77-87.

Dunst, C. J. (1990). "Family support principles: Checklists for program builders and practitioners". *Family Systems Intervention Monograph,* 2(5), Morganton.

Dunst, C. J., Johanson, C., Trivette, C. M., & Hamby, D. (1991). "Family-oriented early intervention policies and practices: Family-centered or not?" *Exceptional children*, 58(2), 115-126.

Dunst, C. J., Trivette, C. M., & Deal, A. G. (1988). *Enabling and empowering families : Principles and guidelines for practice*. Cambridge, MA : Brookline Books.

Dunst, C. J., Trivette, C. M., & Deal, A. G. (1994). "Enabling and empowering families". In C. J. Dunst, C. M. Trivette, & A. G. Deal(Eds.), *Supporting and strengthening families*(pp.2-11).

Cambridge, MA : Brookline Books.

Dunst, C. J., Trivette, C., Gordon, N., & Pletcher, L. (1989). "Building and mobilizing informal family support networks". In G. Singer & L. Irwin(Eds.), *Support for caregiving families.* Baltimore, MD : Paul Brookes.

Emermer, W., & Rubin, S. (1980). "Rehabilitation counselor role and functions and source of role strain". *Journal of Applied Rehabilitation Counseling,* 11.

Fast, B., & Chapin, R. (2002). "The Strengths Model with Older Adults-Critical Practice Components". In D. Saleevey(Ed.), *The Strengths Perspective in Social Work Practice.* Allyn and Bacon.

French, S. (2001). "Can you see the rainbow? The Roots of Denial". In K.E. Rosenblum & T.M. Travis(Eds.), *The Meaning of Difference.* Boston; McGraw Hill.

Gargiulo, R. M., & Graves, S. B. (1991). "Parental feelings : The fogotten component when working with parents of handicapped preschool children". *Childhood Education,* 67(30), 176-178.

Halpern, A. S. (1985). "Transition: A Look at Foundations". *Exceptional Children,* 51, 476-486.

Hanson, M. J., & Lynch, E. W. (1995). *Early intervention : implementing child and family service for infants and toddlers who are at risk or disabled.* Austin, TX : Pro-Ed.

Haynes, K. S., & Mickelson, J. S. (2000). *Affecting Change : Social Workers in the Political Arena*( 4th ed.). Boston : Allyn and Bacon.

Hepworth, D., Rooney, R., & Larsen, J. (1997). *Direct Social Work Practice : Theory and Skills.* Pacific Grove, CA : Brooks/Cole.

Iezzoni, L., & Israel, B. (Dec. 2000). "The Reluctant Identity." *Journal of Health Politics, Policy, and Law.* (Durham, NC), 1157-67.

Johnson, B., McGonigel, M., & Kaufmann, R. (1989). *Guidelines and recommended practices for the individualized family service plan.* Chapel Hill, NC : Nectas.

Johnson, J., Baumgart, D., Helmstetter, E., & Curry, C. A. (1996). *Augmenting basic in natural contexts.* Paul H. Brookes Publishing Company.

Kadushin, A. (1972). "The racial factor in the interview". *Social Work,* 17(3), 88-98.

Kaiser, A., & Hemmeter, M. (1989). "Value-based approaches to family intervention". *Topics in Early Childhood Special Education,* 8(4), 72-86.

Kubler-Ross (1969). *On Death and Dying.* New York, Macmillan.

Mackelprang, R. W., & Salsgiver, R. O. (1999). *Disability : A Diversity Model Approach in Human Service Practice.* Pacific Grove, CA : Brooks/Cole.

Magen, R. H. (1995). "Practice with Groups." In C. H. Meyer & M. A. Mattaini(Eds.), *The Foundations of Social Work Practice.* Washington DC : NASW Press.

McDonnell, J., Nofs, D., Hardman, M., & Chambless, C. (1989). "An analysis of the procedural components of supported employment programs associated with worker outcomes". *Journal of*

*Applied Behavior Analysis,* 22, 417-428.

McLean, M., Bailey, D., & Wolery, M. (1996). *Assessing infants and preschoolers with special needs* (2nd eds.). Englewood Cliffs, NY : Prentice-Hall.

Mithaug, D- E., Martin, J. E., Agran, M., & Rusch, F. R (1998). *Why special education graduates fail : How to teach them to succeed.* Colorado Springs, CO : Ascent.

Moxley, D. P.(1989). *The practice of case management.* CA: Sage Publications Inc.

Oliver, M. (1996). *Understanding Disability : From Theory to Practice.* New York : St. Martin's Press Olmstead Decision.

Parke, R. D., & Tinsley, B. R. (1982). "The early environment of the at-risk infant: Expanding the social context". In D. Bricker (Ed.), *Intervention with at-risk and handicapped infants.* Baltimore, MD: University Park Press.

Parker, R. M., & Szymanski, E. M. (1998). *Rehabilitation Counseling : Basics and Beyond.* Austin, TX : Pro-Ed.

Philips, W.R.F., & Rosenberg, J. (Eds.). (1980). *Changing Patterns of Law: The Courts and the Handicapped.* New York: Ayer.

Piastro, D. B. (1999). "Coping with the Transitions in Our Livers : From 'Afflicted' Identity to Personal Empowerment and Pride." *Reflecions*, 5(4), 42-46.

Pilling, D. (1992). *Approach to case management for people disabilities.* London : Jessica Kingsley Publishers.

Powell, T. H., Hecimovic, A., & Christensen, L. (1992). "Meeting the unique needs of families". In D. E. Berkell (Ed.), *Autism: Identification, education and treatment*(pp. 187-224). Hillsdale, NJ: Erlbaum.

Rhodes, R. (1993). "Mental Retardation and Sexual Expression : An Historical Perspective". In R. W. Mackelprang & D. Valentine(Eds.), *Sexuality and Disabilities : A Guide for Human Service Practioners*. Binghamton, NY : Haworth Press.

Robinson, C., Rosenberg, S. & Beckman, P. (1988). "Parent involvement in early childhood special education". In J. Jordan, J. Gallagher, P. Hutinger, & M. Karnes (Eds.), *Early childhood special education : Birth to three.* Reston, VA : Council for Exceptional Children.

Roessler, R. T., & Rubin, S. E. (1998). *Case Management and Rehabilitation Counseling : Procedures and Techniques*(3rd ed.). Austin, TX : Pro-Ed.

Rooney, R. H., & Larsen, J. A. (1997). *Direct social work practice: Theory and skills*. Pacific Grove, CA: Brooks/Cole.

Rothman, D. J. (1971). *The Discovery of the Asylum : Social Order and Disorder in the New Republic*. Boston : Little Brown.

Rothman, J., & Sager, J.S. (1998). *Case Management : Integrating Individual and Community*

*Practice.* Boston : Allyn and Bacon.

Rusch, F. R., Martin, J. E., & White, D. M. (1985). "Competitive employment: Teaching mentally retarded employees to maintain their work behavior". *Education and Training of the Mentally Retarded, 20*, 182-189.

Saleebey, D. (2002). *The Strengths Perspective in Social Work Practice*. Boston: Allyn and Bacon.

Sameroff, A. J. (1987). "The social context of development". In N. Eisenberg(Ed.), *Contemporary topics in development psychology*(pp. 273-291). New York : Wiley.

Schmalstieg, D., & Hollerer, T. (2016) *Augmented reality: Principles and practice.* Boston: Addison-Wesley.

Shapiro, J. P. (1994). *No Pity : People with disabilities forging a new civil rights movement*. New York : Times Books.

Sheafor, B., Horejsi, C., & Horejsi, G. (2000). *Techniques and Guidelines for Social Work Practice.* Boston : Allyn & Bacon.

Shonkoff, J., & Hauser-Cram, P. (1987). "Early intervention for disabled infants and their families : A quantitative analysis". *Pediatrics*, 80(5), 650-658.

Stone, K. G. (1997). *Awakening to Disability : Nothing About Us Without Us*. Volcano, CA : Volcano Press.

Torres, M. C., & Buceta, M. J. (1998). "Effect of parental intervention on motor development of Down syndrome infants between birth and age two years". *The British Journal of Developmental Disabilities*, 44, 94-101.

Trach, J. R. & Rusch, F. R. (1989). "Supported Employment Program Evaluation: Evaluating Degree of Implementation and Selected Outcomes". *American Journal on Mental Retardation,* 94, 134-139.

Turnbull, A. P., & Turnbull, H. R. (1997). *Families, professionals, and exceptionality*. Upper Saddle River, NJ : Merrill/Prentice-Hall.

Turnbull, A. P., & Turnbull, H. R. (2001). *Families, professionals, and exceptionality : A special partnership*. Columbus, OH : Merrill.

Turnbull, A. P., Summers, J. A., & Brotherson, M. J. (Eds.)(1983). *Working with Families with Disabled Members : A Family System Approach*. Lawrence, KS : University of Kansas Research and Training Center.

Turnbull, H., Turnbull, A., P., & Wheat, M. (1982). "Assumptions about parental participation : A legislative history". *Exceptional Education Quartely*, 3, 1-8.

Vincent, L. J., & Beckett, J. A. (1993). "Family participation". In DEC (1993). *DEC recommended practice : Indicators of quality in program for in infants and young children with special needs and their families*. Reston, VA : Division for Early Childhood Council for Council of Exceptional Children.

Wacker, D. P., Fromm-Steege, L., Berg, W. K., & Flynn, T. H. (1989). "Supported employment as an intervention package: A preliminary analysis of functional variables". *Journal of Applied Behavior Analysis,* 22, 429-439.

Wehman, P., Kregel. J. & Barcus, J. M. (1985). "From School to Work: A Vocational Transition Model for Handicapped Students". *Exceptitional Children,* 52(1). 24-37.

Weil, M. O,, & Gamble, D. N.(1995). "Community practice models". In Edwards, R., *The Encyclopedia of The Well Spouse Foundation*.

Weissbourd, B. (1993). "Family support programs". In C. Zeanah (Ed.), *Handbook of infant mental health*(pp. 402-413). New York : Guilford Press.

Weissbourd, B., & Kagan, S. L. (1989). "Family support programs: Catalyst for change". *American Journal of Orthopsychiatry*, 59(1), 20-31.

Whitehead, C. W. (1979). "Sheltered workshops in the decade ahead: Work and wages, or welfare". In G. T. Bellamy, G. O'Connor, & 0. C. Karan (Eds.), *Vocational rehabilitation of severely handicapped persons*(pp. 71-84). Baltimore: University Park Press.

WHO (1980). *International Classification of Impairments, Disabilities and Handicaps.* Geneva : Author.

WHO (1997). *International Classification of Impairments, Disabilities, and Handicaps-2.* Geneva : Author.

WHO (2001). *International Classification of Functioning, Disability and Health*. Geneva : Author.

Widgery, R., & Stackpole, C. (1972). "Desk position, interviewee anxiety, and interviewer credibility: An example of cognitive balance in a dyad". *Journal of Counseling Psychology*, 19(3), 173-177.

Will, M. C. (1984). *OSERS programing for the transition of youth with disabilities: Bridges from school to working life.* Washington, DC: Office of Special Education and Rehabilitation Services. U. S. Department of Education.

Wright, G., Leahy, M., & Shapson, P. (1987). "Rehabilitation skill inventory: Importance of counselor competencies". *Rehabilitation Counseling Bulletin*, 31(2).

Ziger, E., & Berman, W. (1983). "Discerning the future of early childhood intervention". *American Psychologist,* 38 (8), 894-906.

### 3. 번역서

권진숙 외 역 (1999). 『사례관리』, 서울 : 하나의학사.

성명옥 역 (2004). 『정상화 원리의 연구』. 창지사.

에이타 야시로 외 저, 송영욱 역 (1993). 『ADA의 충격』. DPI출판부.

Colin Barne & Michael Olive & Len Barton 저 (2002). *Disability Studies Today*. 김도현 역 (2007). 『장애학의 오늘을 말하다』. 서울 : 그린비.

David Bolt 저 (2014). *Changing Social Attitudes Toward Disability*. 전지혜 역 (2018). 『장애 인문학』. 서울 : 학지사.

David Johnstone 저 (2001). *An Instruction to Disavility Studies*. 윤삼호 역 (2007).『장애학개론』. 대구: 대구DPI.

Dorothy J. O'Shea & Lawrence J. O'Shea & Robert Algozzine & Diana J. Hammitte 저 (2001). *Families and Teachers of Individuals with Disabilities*. 박지연 · 김은숙 · 김정연 · 김주혜 · 나수현 · 윤선아 · 이금진 · 이명희 · 전혜인 역 (2006).『장애인 가족지원』. 서울: 학지사.

Ellen Notbohn 저 (2006). *Ten Things Your Student With Autism Wishes You Knew*. 이경희 역 (2009).『자폐성 장애 학생이 알리고 싶은 열가지』. 서울: 사회복지법인 한국재활재단.

Ivan Brown & Rpy I. Brown 저 (2003). *Quality of Life and Disability*. 최현 · 이금주 · 이지은 역 (2014).『장애와 삶의 질』. 서울: 학지사.

Juliet C Rothman 저 (2003). *Social Work Practice Across Disability*. 이준우 역 (2008).『장애인과 함께 하는 사회복지실천』. 서울: 파란마음.

Kate Strohm 저 (2002). *Sibilings : brothers and sisters of children with special needs*. 전혜인 · 정평강 역 (2008).『장애아의 형제자매』. 서울: 한울림스페셜.

Kirstein Rummery 저 (2002). *Disability, Citisenship and Community Care : a case for welfare rights?*. 김용득 역 (2005).『장애인의 시민권과 영국의 지역사회보호』. 서울: EM커뮤니티.

Len Barton & Michael Oliver 편 (1997). *Disability Studies : Past, Present and Future*. 윤삼호 역 (2006).『장애학: 과거 · 현재 · 미래』. 대구: 대구DPI.

Michael Oliver 저 (1990). *The Pilitics of Disablement*. 윤삼호 역 (2006).『장애화의 정치』. 대구: 대구DPI.

Smith, Marcia Datlow & Belcher, Ronald G & Juhrs, Patricia D. 저 (1995). *A guide to Successful Employment for Individuals with Autism*. 김효정 역 (2005).『자폐인의 성공적인 고용을 위한 안내서』. 서울: 시그마프레스㈜.

### 4. 기사 및 사이트

연합뉴스, 2016.12.15.

비마이너, 2014.5.9.

국립재활원. www.nrc.go.kr

교육부. www.moe.go.kr

보건복지부 사회서비스 전자바우처. www.socialservice.or.kr

국가지표체계. www.index.go.kr

한국장애인고용공단 홈페이지. https://www.kead.or.kr

# 찾아보기

ㅇ

# 저자소개

**이준우** (李峻宇)

총신대학교 종교교육학과 졸업
총신대학교 신학대학원 실천신학 수료
숭실대학교 대학원 사회복지학 석사박사(MA, Ph.D)
미국 사우스웨스턴침례신학대학원 목회학 박사(D.Min)

강남대학교 복지융합대학 사회복지학부 교수
강남대학교 일반대학원 수화언어통번역학과 주임교수
강남대학교 산학협력단 부설 한국CISM연구소 소장
미국 풀러신학대학원 한국학부 겸임교수(adjunct professor)
베데스다복지재단 부설 베데스다사회복지연구원 원장
한국기독교사회복지실천학회 학회장
한국수어학회 학회장
지구촌교회 농아부 지도목사
목사이면서 교수이고 사회복지사이다. 대학시절 하나님의 섭리 가운데 마주한 청각장애인들과의 만남을 시작으로 장애인과 함께하는 사회복지실천, 교회를 중심으로 펼쳐지는 지역사회복지실천에 헌신해 왔다. 2005년부터 현재까지 강남대학교 사회복지학부 및 사회복지전문대학원 교수로 있으면서 '사람과 세상을 변혁시키며 행복을 창출하는 데 기초가 되는 연구자로서의 삶'을 지향하며 사회복지 전문인력과 연구인력을 양성하고 있다. '비전은 속도가 아니라 방향'이라고 생각하며 끊임없이 도전하는 사회복지사, 열정이 넘쳐나는 수어통역사, 능력 있는 말씀을 선포하는 목사, 고뇌하며 연구하여 가르치는 교수로 활발히 활동해 온 경험을 살려 삶 속에서 '복지선교'와 '복지목회', '복지경영', '수화언어 연구' 사역을 소명으로 실천해 나가고 있다.

**최 희 철** (崔熙澈)

숭실대학교 및 동 대학원 졸업
숭실대학교 대학원 사회복지학 석사·박사(MA, Ph.D)

강남대학교 복지융합대학 사회복지학부 교수
강남대학교 글로컬사회공헌센터장, 장애학생지원센터장
강남대학교 사회복지학부장 역임
강남대학교 실천신학대학원 교학부장 역임
(2009~2010) 경기복지재단 책임연구원
(2003~2007) 태화해뜨는샘 시설장(정신보건사회복지사)
(1995~2003) 태화샘솟는집 과장(정신보건사회복지사)
(1994~1995) 서울아산병원 정신과 사회사업 인턴
강남대학교 사회복지학부 교수로 《정신건강론》, 《정신건강사회복지론》, 《사례관리론》, 《인간행동과 사회환경》, 《복지와 테크놀로지》 등 다수의 공저가 있으며, 용인시사회복지협의회 이사, 경산복지재단 이사, 2011~2020년 보건복지부 정신재활시설평가 분과위원장, 2010~2019년 보건복지부 장애인거주시설평가 현장평가위원, 한국기독교사회복지실천학회 총무, 한국정신건강사회복지학회 감사 등 특별히 우리 사회의 정신건강 및 장애인복지에 관심을 갖고 활발히 활동하고 있다.

# 장애인복지론

1판 1쇄 발행 2019년 8월 30일
1판 2쇄 발행 2021년 1월 15일

지 은 이 | 이준우 · 최희철
발 행 인 | 박철용
발 행 처 | 양서원
주 소 | 경기도 파주시 직지길 522 파주출판도시
전 화 | 031-955-8000(代)
팩 스 | 031-955-8005
홈페이지 | www.yswpub.co.kr
이 메 일 | yswgroup@naver.com
출판등록 | 1987년 11월 24일 제406-2003-037호

ISBN 978-89-994-0940-0

정가 21,000원